DE DAVID LYNCH

ESPAÇO PARA SONHAR

EM ÁGUAS PROFUNDAS – CRIATIVIDADE E MEDITAÇÃO

DE KRISTINE MCKENNA

ESPAÇO PARA SONHAR

TALK TO HER

BOOK OF CHANGES

THE FERUS GALLERY: A PLACE TO BEGIN

Espaço para Sonhar

david lynch e kristine mckenna

Espaço para Sonhar

Tradução
Cristina Cavalcanti

2ª edição

Rio de Janeiro | 2025

CIP-BRASIL. CATALOGAÇÃO NA PUBLICAÇÃO
SINDICATO NACIONAL DOS EDITORES DE LIVROS, RJ

L996e

Lynch, David, 1946-
    Espaço para sonhar / David Lynch, Kristine McKenna; tradução Maria Cristina Torquilho Cavalcanti. – 2ª ed. – Rio de Janeiro: Best*Seller*, 2025.

    Tradução de: Room to dream
    ISBN: 978-85-7684-569-0

    1. Lynch, David, 1946-. 2. Diretores e produtores de cinema – Estados Unidos – Biografia. I. McKenna, Kristine. II. Cavalcanti, Maria Cristina Torquilho. III. Título.

19-59502

CDD: 791.430233092
CDU: 929:791.633-051

Meri Gleice Rodrigues de Souza – Bibliotecária – CRB-7/6439

Texto revisado segundo o novo Acordo Ortográfico da Língua Portuguesa.

Título original
Room To Dream

Copyright © 2018 by David Lynch and Kristine McKenna
Copyright da tradução © 2019 by Editora Best Seller Ltda.

Editoração eletrônica: Juliana Brandt
Projeto original: Simon M. Sullivan

Todos os direitos reservados. Proibida a reprodução, no todo ou em parte, sem autorização prévia por escrito da editora, sejam quais forem os meios empregados.

Direitos exclusivos de publicação em língua portuguesa para o Brasil
adquiridos pela
Editora Best Seller Ltda.
Rua Argentina, 171, parte, São Cristóvão
Rio de Janeiro, RJ – 20921-380
que se reserva a propriedade literária desta tradução

Impresso no Brasil

ISBN 978-85-7684-569-0

Seja um leitor preferencial Record.
Cadastre-se no site www.record.com.br e receba informações
sobre nossos lançamentos e nossas promoções.

Atendimento e venda direta ao leitor
sac@record.com.br

Dedicado à Sua Santidade
Maharishi Mahesh Yogi
e à família mundial

SUMÁRIO

11   *Introdução*

15   Pastoral Americana

45   A Vida Artística

73   Bolsas de Morte sorridentes

103   Spike

149   O Jovem Americano

183   Mesmerizado

213   Um romance suburbano, só que diferente

251   Enrolada em Plástico

290   Encontrar o Amor no inferno

313   As pessoas sobem e depois descem

341 A um passo dA escuridão

369 UmA dose de uísque branco e uma garoTA

401 UmA fatia de Alguma Coisa

417 O MAis feliz dos finais felizes

448 No eStúdio

481 Meu tronco esTÁ ficando dourado

519 Agradecimentos

521 Filmografia

543 Cronologia de exposições

549 Fontes

551 Notas

563 Legendas e créditos das fotografias

573 Índice

599 Sobre os autores

INTRODUÇÃO

Há alguns anos, quando decidimos escrever *Espaço para sonhar,* tínhamos dois objetivos. O primeiro era chegar o mais perto possível de uma biografia definitiva; isso significava que todos os fatos, cifras e datas deveriam estar corretos e todos os participantes relevantes deviam ser levados em conta. Em segundo lugar, queríamos que a voz deles tivesse papel proeminente na narrativa.

Para tal, criamos uma maneira de trabalhar que alguns podem estranhar; contudo, esperamos que o leitor consiga encontrar nela uma espécie de ritmo. Primeiro, um de nós (Kristine) escreveu um capítulo empregando as ferramentas usuais da biografia, o que exigiu pesquisas e entrevistas com mais de cem pessoas — parentes, amigos, ex-mulheres, colaboradores, atores e produtores. Depois, o outro (David) revisou o capítulo, corrigiu erros e imprecisões e, em resposta, escreveu outro capítulo baseando-se nas recordações alheias para desenterrar as suas próprias. O que você lê aqui é, basicamente, uma pessoa conversando com a sua própria biografia.

Quando embarcamos neste livro não estabelecemos regras, e nada foi proibido. As diversas pessoas que gentilmente concordaram em dar entrevistas puderam contar as suas versões dos acontecimentos. O livro não tem a intenção de ser um estudo dos filmes e obras de arte que fazem parte dessa história; esse tipo de material pode ser encontrado em outros lugares. O livro é uma crônica de coisas que aconteceram, e não a explicação do que significam.

ESPAÇO PARA SONHAR

À medida que a nossa colaboração chegava ao fim, ambos chegamos à mesma conclusão: o livro parece sucinto, e mal toca a superfície da história. A consciência humana é vasta demais para caber entre as capas de um livro, e toda experiência tem mais facetas do que se pode contar. Quisemos ser definitivos e, no entanto, isso não passa de um vislumbre.

DAVID LYNCH E KRISTINE MCKENNA

A mãe de David Lynch era uma pessoa urbana, e o pai cresceu no campo. É uma boa maneira de começar esta história, pois é uma história sobre dualidades. "Tudo está num estado tão tenro, toda essa carne, é um mundo imperfeito", comentou Lynch, e esta visão é central em tudo o que fez.[1] Vivemos em um mundo de opostos, um lugar onde o bem e o mal, o espírito e a matéria, a fé e a razão, o amor inocente e o desejo carnal coexistem lado a lado em uma paz incômoda; a obra de Lynch reside na zona complexa onde o belo e o maldito colidem.

A mãe de Lynch, Edwina Sundholm, descendente de uma família de imigrantes finlandeses, cresceu no Brooklyn. Foi criada na fumaça e na fuligem das cidades, no odor de óleo e gasolina, no artifício e na erradicação da natureza; isso é parte integral de Lynch e sua visão de mundo. Seu bisavô paterno se estabeleceu em uma propriedade rural no cinturão do trigo, perto de Colfax, Washington, onde o filho dele, Austin Lynch, nasceu em 1884. Moinhos de madeira e árvores portentosas, o odor da grama recém-aparada, céus noturnos estrelados que só existem longe das cidades, isso também faz parte de Lynch.

Austin, o avô, tornou-se produtor rural de trigo, assim como o próprio pai, e casou-se com Maude Sullivan, uma moça de St. Maries, Idaho, que conheceu em um funeral. "Maude teve uma boa educação e criou o nosso pai para ser alguém com iniciativa", conta Martha Levacy, a irmã de Lynch, sobre a avó, que foi professora na escola de uma sala só que ficava nas terras que ela e o marido possuíam perto de Highwood, Montana.[2]

18 ESPAÇO PARA SONHAR

Austin e Maude Lynch tiveram três filhos: Donald, o pai de David, foi o segundo, e veio ao mundo em 4 de dezembro de 1915, em uma casa sem água encanada nem eletricidade. "Ele morava num lugar ermo e adorava árvores, que não existiam nas pradarias", conta John, o irmão de David. "Ele não queria ser fazendeiro e viver nas pradarias, então estudou silvicultura."[3]

Em 1939, Donald Lynch fazia uma pós-graduação em entomologia na Universidade Duke, em Durham, Carolina do Norte, quando conheceu Edwina Sundholm, que cursava o bacharelado em alemão e inglês. Conheceram-se durante um passeio na floresta, e a cortesia dele, ao afastar um ramo baixo para que ela passasse, impressionou-a. Ambos serviram na Marinha durante a Segunda Guerra Mundial, e em 16 de janeiro de 1945, casaram-se na capela da Marinha na Ilha Mare, Califórnia, 37 quilômetros a nordeste de São Francisco. Pouco depois, Donald conseguiu um emprego de pesquisador no Departamento de Agricultura dos EUA em Missoula, Montana, onde o casal começou a construir uma família.

David Keith Lynch foi o primogênito. Nascido em Missoula em 20 de janeiro de 1946, tinha dois meses quando eles se mudaram para Sandpoint, Idaho, onde morou por dois anos, durante os quais Donald trabalhou no Departamento de Agricultura de lá. Em 1948, eles moravam em Sandpoint quando o irmão mais novo de David, John, também veio ao mundo em Missoula: Edwina Lynch — conhecida como Sunny — voltou à cidade para dar à luz o segundo filho. Mais tarde, naquele ano, a família se mudou para Spokane, Washington, onde Martha nasceu em 1949. A família passou o ano de 1954 em Durham para Donald terminar os estudos na Universidade Duke, voltou a morar em Spokane por um breve período, e em 1955 estabeleceu-se em Boise, Idaho, onde permaneceu até 1960. Foi onde David Lynch viveu os anos mais significativos da sua infância.

O período posterior à Segunda Guerra Mundial foi uma época perfeita para ser criança nos Estados Unidos. A Guerra da Coreia terminou em 1953, o presidente Dwight D. Eisenhower, comedidamente apaziguador, ocupou a Casa Branca entre 1953 e 1961 em dois mandatos consecutivos, a natureza ainda florescia e, aparentemente, não havia muito com o que se preocupar. Embora Boise seja a capital do estado de Idaho, naquela época tinha um ar de cidadezinha, e as crianças da classe média desfrutavam de um grau de liberdade que hoje seria impensável. A hora marcada para as brincadeiras ainda estava por ser inventada, e os pequenos simplesmente vagavam em grupos pelas ruas do bairro criando coisas por conta própria; assim foi a infância de Lynch.

"A nossa infância foi realmente mágica, principalmente no verão, e as minhas melhores recordações de David são dos verões", rememora Mark Smith, um dos melhores amigos de Lynch em Boise. "As portas dos fundos das nossas casas ficavam talvez a 10 metros uma da outra; nossos pais serviam o café da manhã, e em seguida corríamos para fora e brincávamos o dia todo. Havia terrenos baldios na vizinhança e levávamos pás de casa, cavávamos grandes fortes subterrâneos e depois ficávamos por lá deitados. Estávamos na idade em que os meninos brincavam muito de soldados."[4]

Os pais de Lynch tinham dois irmãos cada um, dos quais só um não era casado nem tinha filhos, então a família era grande, com muitas tias, tios e primos, e de vez em quando todos se reuniam na casa dos avós maternos no Brooklyn. "A tia Lily e o tio Ed eram carinhosos e acolhedores, e a casa deles da Fourteenth Street era um paraíso — Lily tinha uma mesa enorme que ocupava quase toda a cozinha, e todos se reuniam lá", recorda Elena Zegarelli, prima de Lynch. "Quando Edwina, Don e os filhos vinham, era uma ocasião especial, Lily preparava um farto jantar e ninguém perdia."[5]

Todos dizem que os pais de Lynch eram pessoas excepcionais. "Nossos pais nos deixavam fazer coisas meio malucas, que hoje não deixaríamos", conta John Lynch. "Eram muito abertos e nunca tentaram nos forçar a ir por aqui ou por lá." A primeira esposa de David Lynch, Peggy Reavey, recorda: "Uma coisa extraordinária que David me contou sobre os pais dele é que se algum filho queria aprender ou fazer algo, aquilo era levado muito a sério. Eles tinham uma oficina onde faziam todo tipo de coisa, e a questão imediata era: como vamos fazer isso funcionar? Aquilo deixava de ser uma ideia vaga na cabeça e virava algo concreto num instante, o que era uma coisa poderosa."

"Os pais de David apoiaram os filhos para que fossem eles mesmos", continua Reavey, "mas o pai tinha padrões definidos de comportamento. Não se podia tratar mal as pessoas e, quando se fazia algo, tinha de ser bem-feito — ele era rígido nesse ponto. David tem padrões impecáveis de elaboração, e tenho certeza de que o pai tem a ver com isso."[6]

Gordon Templeton, outro amigo de infância, lembra-se da mãe de Lynch como "uma dona de casa excelente. Ela fazia as roupas dos filhos e costurava muito bem."[7] Os pais de Lynch eram carinhosos um com o outro — "ficavam de mãos dadas e se beijavam ao se despedirem", conta Martha Levacy — e às vezes ela assinava bilhetes como 'Sunny' e desenhava um sol junto ao nome dela e uma árvore junto ao nome de 'Don'. Ambos eram presbiterianos devotos. "Isso foi uma parte importante da nossa criação", ressalta John Lynch, "e frequentávamos a escola dominical. Os Smith, nossos vizinhos, contrastavam conosco. Aos domingos eles entravam em um Thunderbird conversível e iam esquiar, e o Sr. Smith fumava cigarros. A nossa família embarcava no Pontiac e ia à igreja. David achava os Smith legais e a nossa família enfadonha."

Jennifer Lynch, filha de David, lembra que a avó era "puritana e muito ativa na igreja. Sunny tinha um grande senso de humor e amava os filhos. Nunca achei que David fosse o preferido, mas certamente era com quem mais ela se preocupava. Papai amava profundamente meus avós, mas desprezava toda aquela bondade, a cerca branca de madeira e tudo o mais. Ele tem uma ideia romântica da coisa, mas ao mesmo tempo odiava aquilo, porque queria fumar cigarros e ter uma vida artística, e eles frequentavam a igreja e tudo era perfeito e calmo e bom. Aquilo o deixava meio pirado."[8]

Os Lynch moravam em uma rua sem saída, onde havia vários meninos mais ou menos da idade de David nas casas vizinhas, e eles ficaram amigos. "Nós éramos uns oito", recorda Templeton. "Tinha o Willard 'Winks' Burns, Gary Gans, Riley 'Riles' Cutler, eu, Mark e Randy Smith, e David e John Lynch, e éramos como irmãos. Gostávamos da revista *Mad*, andávamos muito de bicicleta, no verão passávamos muito tempo na piscina e visitávamos as meninas para ouvir música. Tínhamos muita liberdade — andávamos de bicicleta até 10 da noite, íamos de ônibus ao centro da cidade sozinhos e cuidávamos uns dos outros. Todos gostavam de David. Ele era amigável, gregário, despretensioso, leal e prestativo."

Lynch parece ter sido uma criança esperta que ansiava por um tipo de sofisticação que não havia em Boise na década de 1950, e menciona o "anseio de que acontecesse algo fora do comum" quando era criança. A televisão estava levando realidades alternativas aos lares americanos pela primeira vez e começava a alterar o caráter regional singular de cidades e povoados por toda parte. Pode-se imaginar que uma criança intuitiva como ele tenha percebido a mudança profunda que começava a transformar o país. Ao mesmo tempo, pertencia à sua época, e era um membro dedicado dos escoteiros; já adulto, algumas vezes alardeou o seu status de escoteiro Águia, o posto mais alto a que se podia almejar.

"Estivemos juntos na Tropa 99", conta Mark Smith. "Havia diversas atividades — natação, nós e amarrações — e uma delas era um acampamento de sobrevivência de uma noite, em que um cara ensinava o que se podia comer na floresta para sobreviver, ensinava a caçar e cozinhar um esquilo, por aí vai. Tivemos algumas sessões aprendendo aquilo e depois fomos à montanha colocar em prática. Antes de sair compramos todos os doces que pudemos, e na primeira hora já tínhamos comido tudo. Chegamos a um lago e nos disseram para pescar um peixe — o que ninguém conseguiu — e ao anoitecer pensamos que íamos morrer de fome. Então ouvimos um avião circulando no alto, que despejou uma caixa num paraquedas. Foi muito dramático. A caixa continha vários itens, como ovo em pó, e nós sobrevivemos."

Lynch tinha uma habilidade natural para o desenho, e seu talento artístico ficou evidente desde cedo. A mãe recusou-se a dar-lhe livros de colorir — achava que limitavam a imaginação — e o pai trazia do trabalho grandes quantidades de papel quadriculado; Lynch tinha todos os materiais de que necessitava, e era estimulado a se deixar levar pela imaginação ao sentar-se para desenhar. "Foi pouco depois da guerra, e havia sobras de equipamentos do exército por toda parte, então eu desenhava pistolas e punhais", rememora. "Estava interessado em aviões, bombardeiros e caças, os Tigres Voadores e as submetralhadoras Browning automáticas resfriadas com água."[9]

Martha Levacy recorda: "Naquele tempo, a maioria dos meninos usava camisetas comuns, mas David começou a customizar camisetas para os garotos da vizinhança com as canetas hidrográficas Magic Marker, e todos compravam dele. Lembro-me que o Sr. Smith, da casa ao lado, comprou uma para um amigo que ia fazer 40 anos. David fez um desenho tipo 'A vida começa aos 40' com um homem olhando uma mulher bonita."

Criança talentosa e carismática, Lynch era "definitivamente alguém por quem as pessoas sentiam-se atraídas", conta Smith. "Era popular, e é fácil imaginá-lo dirigindo um set de filmagem — sempre teve bastante energia e muitos amigos, porque sabia fazer as pessoas rirem. Lembro que na quinta série sentávamos no meio-fio lendo a revista *Mad* em voz alta e rolávamos de rir, e quando vi o primeiro episódio de *Twin Peaks* reconheci aquele senso de humor." A irmã de Lynch acrescenta que "grande parte do humor daquele período das nossas vidas está na obra de David."

Lynch foi eleito representante de turma na sétima série e tocou trompete na banda escolar. Como a maior parte dos cidadãos saudáveis de Boise, esquiava, nadava — era bom nas duas atividades, diz a irmã — e jogava na primeira base na Little League. Também gostava de cinema. "Quando assistia a um filme que eu não tinha visto, ele me contava tudo detalhadamente ao voltar para casa", relata John Lynch. "Ele gostou muito de um em particular, *O homem que matou o facínora*, e não parava de falar dele." O primeiro filme que Lynch se lembra de ter visto foi *Cavalgada de paixões*, drama pessimista dirigido por Henry King em 1952 que culmina com a morte do personagem principal em uma barbearia. "Assisti a esse filme num drive-in com os meus pais e recordo a cena em que um sujeito é metralhado numa cadeira de barbeiro, e outra em que uma menina brinca com um botão", rememora Lynch. "De repente, os pais percebem que ela está com o botão entalado na garganta e recordo que fiquei horrorizado."

À luz da obra que produziu, não surpreende que suas recordações infantis sejam uma mescla de luz e sombra. Talvez o trabalho do pai, que lidava com árvores doentes, o tenha imbuído da consciência aguda do que descreveu como "a dor e a decadência selvagem" que espreitam sob a superfície das coisas. Seja qual for o motivo, Lynch era singularmente sensível à entropia que instantaneamente começa a carcomer tudo o que é novo, e isso o inquietava. As viagens com a família para visitar os avós em Nova York também o deixavam ansioso, e ele se perturbava enormemente com o que via por lá. "As coisas que me incomodavam eram pequenas em comparação com os sentimentos que provocavam", conta. "Acho que as pessoas têm medo, embora não saibam o motivo. Às vezes você entra num cômodo e sente que há algo errado, e quando estava em Nova York esse sentimento me cobria como um lençol. O medo de estar na natureza é diferente, mas também há medo ali. Podem acontecer coisas muito ruins na natureza."

Uma pintura de Lynch de 1988, intitulada *Boise, Idaho*, descreve este tipo de lembrança. No quadrante inferior direito de um campo preto, o perfil de uma propriedade está rodeado por uma colagem em letras miúdas que compõem o título da pintura. Quatro linhas verticais dentadas alteram o campo preto, e um furacão ameaçador, à esquerda do quadro, parece avançar sobre a construção. É uma imagem perturbadora.

Aparentemente, as tendências mais turbulentas da mente dele não eram evidentes para os colegas de Boise. Smith diz: "Quando aquele carro preto sobe a ladeira em *Cidade dos sonhos*, você sabe que algo assustador vai acontecer, mas na infância David não era assim. As trevas na sua obra me surpreendem, não sei de onde vêm."

Em 1960, quando Lynch tinha 14 anos, o pai dele foi transferido para Alexandria, Virgínia, e a família se mudou outra vez. Smith conta que "quando a família de David se mudou foi como se tivessem desenroscado a lâmpada do poste. A família tinha um Pontiac 1950, e o símbolo do Pontiac era uma cabeça de índio, e havia uma cabeça de índio enfeitando o capô. O nariz do índio estava quebrado, por isso chamávamos o carro de Chefe Nariz Quebrado, e eles venderam o carro para os meus pais antes de ir embora." Gordon Templeton também recorda o dia em que os Lynch se mudaram. "Eles foram embora de trem e alguns de nós fomos de bicicleta à estação para nos despedir. Foi um dia triste."

Embora Lynch tenha se destacado como aluno do ensino médio em Alexandria, o tempo que passou em Boise sempre ocupou um lugar especial em seu coração: "Quando penso em Boise, vejo o otimismo cromado da década de 1950." Depois que os Lynch deixaram a cidade, outros vizinhos também se mudaram, e John Lynch se lembra de ter ouvido o irmão dizer: "Foi quando a música parou."

David estava começando a deixar a infância antes da mudança. Ele recorda que ficou muito decepcionado ao saber que havia perdido a estreia de Elvis Presley no *Ed Sullivan Show*, e tinha começado a se interessar vivamente pelas meninas. "David tinha começado a sair com uma menina muito bonita", conta Smith. "Eles estavam muito apaixonados." Segundo a irmã, ele "sempre teve namoradas, desde muito cedo. No colegial ele me contou que tinha beijado todas as meninas da sétima série durante um passeio numa carroça de feno."

Ao terminar a nona série na Virgínia, Lynch passou o verão em Boise, onde por várias semanas ficou hospedado na casa de amigos. "Ele voltou diferente", comenta Smith. "Tinha amadurecido e se vestia de outro jeito, com um estilo próprio; usava calças e camiseta pretas, o que não era comum no nosso grupo. Parecia muito confiante, falou das suas experiências em Washington, D.C. Ficamos impressionados. Tinha uma sofisticação que me fez pensar: meu amigo foi para algum lugar além de mim."

"Ao terminar a escola, David parou de vir a Boise e perdemos contato", prossegue Smith. "Minha filha caçula é fotógrafa e mora em Los Angeles, e em 2010 foi assistente de um fotógrafo que disse a ela: 'Hoje vamos fotografar David Lynch.' Durante uma pausa na sessão ela o abordou e falou: 'Sr. Lynch, acho que o senhor conhece o meu pai, Mark Smith, de Boise.' David respondeu: 'Você está de sacanagem comigo', e quando visitei minha filha nos encontramos na casa dele. Eu não o via desde o ensino médio, ele me deu um

24 ESPAÇO PARA SONHAR

abraço apertado e me apresentou às pessoas do seu escritório dizendo: 'Quero que conheçam Mark, meu irmão.' David é muito leal, e mantém contato com a minha filha — como pai, fico feliz por ele estar por perto. Queria que ainda morasse na casa ao lado."

Para Lynch, a década de 1950 nunca realmente passou. Mães sorridentes com vestidos de algodão abotoados que retiram do forno tortas recém-assadas; pais de peitorais largos e camisas esportivas que preparam churrasco ou vão trabalhar de terno; os cigarros ubíquos — todos fumavam naquele tempo; o rock'n'roll clássico; garçonetes de toucas miúdas; garotas de meias soquete e sapatos Oxford, suéteres e saias plissadas — são elementos do vocabulário estético de Lynch. Porém, o aspecto mais significativo que reteve foi o espírito da época: o verniz brilhante da inocência e da bondade; as forças ocultas subjacentes que pulsam e a sensualidade que permeou aqueles anos são uma espécie de fundação da sua arte.

"O lugar onde *Veludo azul* foi filmado se assemelha muito à nossa vizinhança em Boise, e a meia quadra da nossa casa havia um edifício de apartamentos assustador como o do filme", comenta John Lynch. A sequência de abertura de *Veludo azul,* com idílicas vinhetas americanas, foi extraída de *Good Times on Our Street* [Os bons tempos na nossa rua], livro infantil permanentemente alojado na mente de Lynch. "A cena do passeio no carro roubado também veio de uma experiência em Boise. Certa vez, David e uns amigos foram parar num carro com um garoto mais velho que prometeu descer o Capitol Boulevard a 160 km por hora. Acho que foi assustador, aquele maluco mais velho num carro suspeito dirigindo perigosamente, e a lembrança ficou gravada na mente de David. Ele usa muitos acontecimentos da infância em sua obra."

Lynch faz, sim, referência à infância em sua obra, mas o seu impulso criativo e as coisas que produziu não se explicam com uma simples equação. Pode-se dissecar a infância de alguém em busca de pistas que expliquem a pessoa em que a criança se transformou; no entanto, geralmente não há um incidente instigador, um Rosebud. Simplesmente já nascemos com parte do que somos. Lynch nasceu com uma capacidade extraordinariamente intensa para a alegria e o desejo de se deixar encantar, e sempre foi confiante e criativo. Não foi um garoto que comprava camisetas com desenhos irreverentes. Era o garoto que as confeccionava. "David é um líder nato", define o irmão John.

É gentil da parte do meu irmão dizer que eu era um líder nato, mas eu era só um garoto comum. Tinha bons amigos, não me questionava se era popular ou não, e nunca me senti diferente.

Pode-se dizer que meu avô materno, o avô Sundholm, era um operário. Ele tinha ferramentas fantásticas em sua oficina de marcenaria no porão de casa, baús de madeira finamente elaborados, sistemas para marchetaria e coisas do gênero. Aparentemente, os parentes desse lado da família eram excelentes marceneiros que confeccionaram muitos móveis para lojas da Quinta Avenida. Quando era criança, fui de trem com a minha mãe visitar esses avós. Recordo que era inverno e o meu avô passeava comigo, e parece que eu falava muito. Conversava com o jornaleiro da Prospect Street, e acho que também sabia assobiar. Fui uma criança feliz.

Nos mudamos para Sandpoint, Idaho, pouco depois de eu nascer, e a única coisa que recordo da cidade é de ter sentado numa poça de lama com Dicky Smith. Era uma espécie de buraco debaixo de uma árvore que encheram de água com uma mangueira, e me lembro de brincar com lama naquela poça e de aquilo ser um paraíso. A parte mais importante da minha infância transcorreu em Boise, mas também adorei Spokane, Washington, onde moramos depois de Sandpoint. Lá havia céus azuis incríveis. Devia haver uma base da força aérea nas redondezas, porque aviões gigantescos sobrevoavam, e iam bem devagar porque eram aviões de propulsão. Sempre adorei criar coisas, e minhas primeiras criações foram armas de madeira, em Spokane. Eu as esculpia e cortava com serrote, e elas eram muito toscas. Também adorava desenhar.

Em Spokane eu tinha um amigo chamado Bobby, que morava numa casa no fim do quarteirão, onde havia um edifício residencial. Era inverno e eu trajava um casaquinho de neve, e digamos que na época eu estava no jardim de infância. Com nossos casaquinhos de neve, meu amigo Bobby e eu andávamos por ali e fazia um frio de rachar. O edifício ficava no canto da rua e avistamos um corredor que levava aos apartamentos, e a porta de um deles estava aberta. Entramos e não havia ninguém em casa. Por algum motivo tivemos a ideia de fazer bolas de neve e as enfiamos na gaveta de uma escrivaninha. Enfiamos bolas de neve em todas as gavetas — eram umas bolas bem duras. Algumas eram grandes, com uns 60 centímetros de diâmetro, então decidimos colocá-las na cama e nos outros quartos. Depois pegamos toalhas no banheiro e as estendemos na rua, como bandeiras. Os carros diminuíam a velocidade, mas os motoristas pensavam "Foda-se" e passavam por cima delas. Vimos uns carros passarem por cima das toalhas enquanto fazíamos mais bolas de neve. Depois voltamos para casa. Eu estava na sala de jantar quando o telefone tocou, e achei que não fosse nada. Naquele tempo o telefone quase nunca tocava, mas não me assustei. A minha mãe deve ter atendido e passado o aparelho para o meu pai, que falou de um jeito que me deixou tenso. Acho que o meu querido pai deve ter pagado muito dinheiro pelo prejuízo. Por que fizemos aquilo? Vai saber...

Depois de Spokane moramos na Carolina do Norte por um ano, para o meu pai terminar os estudos, e quando ouvi a canção "Three Coins in the Fountain" já tinha certa estatura e estava fitando o prédio da Universidade Duke, onde havia uma fonte. Havia a luz ensolarada brilhante de 1954 e foi incrível ouvir aquilo ao fundo.

Meus avós por parte de mãe moravam numa bela casa de arenito na Fourteenth Street, em Nova York, e tinham um edifício que o meu avô administrava na Seventh Avenue. Devia haver umas lojas no térreo, mas era um prédio residencial. Os moradores não tinham permissão para cozinhar. Certa vez fui lá com o meu avô, a porta de um apartamento estava aberta, e vi um sujeito fritando um ovo no ferro de passar. As pessoas sempre dão um jeito de fazer as coisas. É verdade que, quando eu era adolescente, ir a Nova York me incomodava. O metrô era simplesmente enlouquecedor. Tudo naquele lugar me apavorava, o cheiro, o vento que vinha com os trens, o som — muitas coisas em Nova York me metiam medo.

Meus avós paternos, Austin e Maude Lynch, moravam numa fazenda de trigo em Highwood, Montana. O meu avô era como um caubói, e eu adorava vê-lo fumar. Cresci querendo fumar, e ele reforçou esse desejo. Quando eu era muito pequeno, meu pai fumava cachimbo, mas teve pneumonia e depois disso parou. Havia cachimbos dele por toda parte, e eu adorava brincar de fumá-los. Meus pais enrolaram fita crepe nas boquilhas porque achavam que estavam sujas, então havia muitos cachimbos enrolados com fita, uns retos, outros curvos, que eu adorava. Comecei a fumar muito jovem.

Os meus avós tinham uma fazenda, e a cidade mais próxima era Fort Benton. Em algum momento da década de 1950 eles se mudaram para uma fazenda menor em Hamilton, Montana, com uma casa e vastas terras. Era bem rural. Eles tinham um cavalo chamado Pinkeye que eu montava, e recordo de um dia em que Pinkeye foi beber água num arroio e precisei fazer muita força para não cair pelo pescoço dele. Podia-se sair dando tiros no pátio dos fundos sem atingir coisa alguma. Cresci amando as árvores, e na infância tinha uma forte ligação com a natureza. Era tudo o que conhecia. Quando a família cruzava qualquer lugar do país, nós parávamos no meio da estrada e meu pai armava a barraca para acamparmos — nunca ficávamos em hotéis de beira de estrada. Naquele tempo havia campings pelas estradas, que já não existem. Na fazenda, todos os consertos eram feitos por eles mesmos, então havia um monte de ferramentas para tudo, e o meu pai sempre teve oficinas de marcenaria. Ele era um artesão, reformava instrumentos musicais e fez dez ou onze violinos.

Projetos! A palavra "projeto" deixava toda a família animada. Alguém tinha uma ideia de um projeto e logo em seguida todos já estavam juntando as ferramentas necessárias para fazê-lo acontecer. Ferramentas são algumas das coisas mais fantásticas no mundo! É incrível o que as pessoas inventam para tornar as coisas mais precisas. Como Peggy falou, os meus pais levavam tudo muito a sério quando eu queria fazer alguma coisa.

Meus pais eram muito bons e amorosos. Os pais deles também eram bons, e todos gostavam dos meus pais. Eles eram íntegros. É algo em que ninguém costuma pensar, mas quando se ouve as histórias de outras pessoas é possível se dar conta de que teve muita sorte. E o meu pai era uma figura. Sempre digo que se cortassem a correia, ele ia parar direto no bosque. Certa vez fomos caçar

32 ESPAÇO PARA SONHAR

veados. A caça fazia parte do mundo em que ele cresceu, todos tinham armas e caçavam, então ele era um caçador, mas não um caçador ávido. Quando matava um cervo nós o comíamos. Alugávamos um congelador e de vez em quando íamos ao porão cortar um pedaço e comíamos carne de veado no jantar, o que eu odiava. Nunca atirei num veado, o que me deixa contente.

Continuando, eu devia ter uns 10 anos quando fomos caçar veados. Saímos de Boise e pegamos uma estrada de duas pistas. A única luz era a dos faróis do carro e estava escuro como breu. Hoje é difícil imaginar isso, porque praticamente não há mais estradas escuras como breu. Continuamos seguindo por uma estrada sinuosa em direção às montanhas quando um porco-espinho atravessou o nosso caminho. O meu pai odiava porcos-espinhos, porque eles comem o topo das árvores e elas morrem, então ele tentou atropelar o animal, mas ele conseguiu cruzar. Meu pai foi para o acostamento, pisou no freio, abriu o porta-luvas, pegou a pistola .32 e disse: "Vamos, Dave!" Atravessamos a estrada correndo e começamos a seguir o porco-espinho pela montanha pedregosa, escorregamos tentando avançar colina acima, e no topo daquela pequena colina havia três árvores. O porco-espinho subiu numa delas, então começamos a atirar pedras para saber em qual árvore ele estava. Descobrimos qual era e o meu pai começou a subir na árvore e disse: "Dave! Atire uma pedra e veja se ele se mexe. Eu não estou enxergando!" Então atirei uma pedra, e ele gritou: "Não, em mim não!" Então atirei mais pedras, ele ouviu o bicho correr e — pum! pum! pum! — o bicho caiu da árvore. Voltamos para o carro e saímos para caçar veados, e na volta paramos para ver o porco-espinho e ele estava rodeado de moscas. Arranquei uns espinhos dele.

Comecei a segunda série em Durham, Carolina do Norte, e o nome da minha professora era Sra. Crabtree. Meu pai tinha voltado para a cidade para obter o doutorado em silvicultura, então à noite estudava na mesa da cozinha, e eu estudava com ele. Fui o único da turma a tirar 10 em todas as matérias. A minha namorada na época, Alice Bauer, tirou alguns 9 e ficou em segundo lugar. Certa noite, meu pai e eu estávamos sentados estudando quando ouvi meus pais falarem de um rato na cozinha. No domingo, minha mãe levou meus irmãos à igreja, e a ideia era que meu pai ficaria em casa para pegar o rato. Ele me fez ajudá-lo a mover o fogão do lugar, e o camundongo correu e entrou no closet. Meu pai pegou um taco de beisebol e golpeou as roupas que estavam penduradas lá dentro até o camundonguinho ensanguentado sair.

Idaho era a maior cidade do estado, mas quando nos mudamos para Boise provavelmente havia umas cem pessoas morando lá no verão e cinquenta no inverno. Era onde ficava o centro de pesquisas da Floresta Experimental da Bacia de Boise, e meu pai era o responsável pela floresta. A palavra "experimental" é tão linda. Eu adoro. Eles faziam testes sobre erosão, insetos e doenças, e tentavam descobrir como deixar as árvores mais saudáveis. Todos os prédios eram brancos com bordas verdes, e no pátio havia postes com casinhas de madeira no alto. Eram como ninhos com portas, e dentro havia todo tipo de instrumentos para medir coisas como a umidade e a temperatura. Eram bonitas, pintadas de branco com bordas verdes, como os prédios. Você entrava num escritório com bilhões de gavetinhas, dentro das quais havia insetos presos com alfinetes. Havia grandes estufas com mudas, e muitas árvores da floresta tinham etiquetas por causa de um experimento ou outro. Elas eram monitoradas.

Nessa época eu atirava em tâmias. Meu pai me levava para o bosque na caminhonete do Serviço Florestal, e eu adorava aquelas caminhonetes — elas rodavam suavemente, e tinham o verde do Serviço Florestal. Eu levava a minha .22 e um lanche e ele me buscava no fim do dia. Eu podia atirar em todas as tâmias que quisesse, porque a floresta estava coalhada delas, mas não podia atirar em pássaros. Certa vez eu estava lá e vi um pássaro voando bem no alto de uma árvore, apontei a arma e puxei o gatilho. Não pensei que fosse acertar, mas devo ter atirado bem na mira, pois as penas explodiram e ele veio girando, caiu num riacho e sumiu.

Nós morávamos no Park Circle Drive em Boise, e na casa ao lado viviam os Smith: o Sr. e a Sra. Smith, os quatro filhos, Mark, Randy, Denny e Greg, e a avó, Nana. Ela estava sempre cuidando do jardim, e dava para saber quando ela estava fazendo jardinagem pelo tilintar do gelo no copo. Ela ficava lá com luvas de jardinagem, um drinque numa das mãos e uma pazinha na outra. O Pontiac que a minha família vendeu aos Smith ficou com ela. Não era totalmente surda, mas precisava pisar fundo no acelerador para saber que o carro estava ligado. Quando vinha um barulho tremendo da garagem, sabíamos que Nana ia sair. Aos domingos as pessoas em Boise iam à igreja, e os Smith frequentavam a igreja episcopal. Eles iam numa perua Ford, e o Sr. e a Sra. Smith sentavam-se na frente com um pacote de cigarros. Não era um par de maços. Era um pacote.

Naquela época as crianças tinham muita liberdade de ir aonde quisessem. Íamos a toda parte e nunca, jamais, ficávamos em casa durante o dia. Ficávamos na rua e era fantástico. É horrível que as crianças não possam mais crescer daquele jeito. Como fomos deixar isso acontecer? Só tivemos TV quando eu estava na terceira série, e na infância eu via um pouco, mas não muito. O único programa que eu não perdia era *Perry Mason*. A televisão fez o que a internet faz hoje em dia: uniformizou tudo.

Isso é algo muito importante da década de 1950 que nunca vai voltar: os lugares eram diferentes. Em Boise, as garotas e garotos vestiam-se de certo modo, mas se você fosse à Virgínia encontraria um estilo de se vestir totalmente diferente. Se fosse a Nova York, também veria as pessoas se vestindo de um modo completamente distinto, e ouvindo outro tipo de música. Se fosse ao Queens acharia que as garotas são algo completamente diferente de tudo que já tinha visto! E que as do Brooklyn são ainda mais diferentes que as do Queens! Sabe aquela fotografia da Diane Arbus do casal com o bebê, e a garota com um cabelo grande e bonito? Nunca veríamos algo assim em Boise ou na Virgínia. E a música. Se captasse a onda da música em um lugar e visse aquelas garotas e ouvisse o que elas estavam ouvindo, você entenderia o espírito da coisa. O mundo em que elas viviam era completamente estranho e singular e dava vontade de conhecer aquele mundo, saber do que elas gostavam. Hoje esse tipo de diferença praticamente acabou. Ainda há diferenças mínimas, como os hipsters, mas você encontra hipsters em outros lugares que são iguaizinhos aos da sua cidade.

Desde muito jovem eu tinha uma namorada nova a cada ano, e todas eram incríveis. No jardim de infância, ia caminhando para a escola com uma menina e carregávamos nossas toalhas para cochilar. Era o que se fazia com as meninas na época. O meu amigo Riley-Cutler, cujo nome coloquei no meu filho, está casado até hoje com uma garota que namorei na quarta série, Carol Cluff. Judy Puttnam foi minha namorada na quinta e na sexta séries, e no ensino fundamental troquei de namorada a cada duas semanas. Era comum ter uma namorada por um tempo e depois procurar outra. Tenho uma foto beijando Jane Johnson numa festa num porão em Boise. O pai dela era médico, e nós folheávamos livros de medicina juntos.

Vou lhe falar de um beijo que recordo bem. O patrão do meu pai se chamava Sr. Packard, e uma vez ele veio com a família no verão se hospedar no centro de pesquisas. Na família havia uma menina bonita da minha idade chamada Sue, que trouxe um vizinho, e eles transavam. Eu estava tão longe de fazer sexo que fiquei atônito quando eles falaram disso com tanta naturalidade. Um dia Sue e eu dispensamos o namorado dela e saímos sozinhos. Nos bosques há pilhas de agulhas de pinheiro com uns 60 centímetros de espessura chamadas humo. É uma coisa macia e incrível, e nós corremos entre as árvores, nos jogamos no humo e demos um longo beijo. Foi tão fantástico. O beijo ia cada vez mais fundo e acendia um fogo.

Lembro-me principalmente dos verões, porque inverno significava escola, e nós, seres humanos, bloqueamos a escola porque é horrível. Mal recordo das salas de aula, só me lembro das aulas de arte. Embora tenha tido um professor de arte muito conservador, adorava as aulas dele. Porém, gostava ainda mais de estar fora dali.

Esquiávamos num lugar chamado Bacia de Bogus, que ficava a 29 quilômetros de distância pelas estradas sinuosas nas montanhas e tinha uma neve muito boa, melhor que em Sun Valley. O lugar era pequeno, mas quando se é criança tudo parece grande. No verão era possível obter um passe para a estação trabalhando alguns dias na Bacia de Bogus, aparando grama ou fazendo outras coisas. Certa vez estávamos lá trabalhando e topamos com uma vaca morta inchada junto a um córrego. Tínhamos picaretas, então resolvemos tentar estourar a vaca. Numa ponta da picareta há uma espécie de lâmina, e a outra é feita de aço, que foi a que enfiamos na vaca, mas assim que fizemos isso vimos que tínhamos entrado numa fria. A cada golpe, a picareta ricocheteava — podíamos ter matado alguém. A vaca peidava quando batíamos muito forte, e o odor era venenoso, porque ela estava em decomposição, e não conseguíamos estourá-la. Acho que desistimos. Não sei por que tentamos fazer aquilo. Sabe como é, garotos... querem fazer coisas.

Naquele lugar, em vez do teleférico, os assentos para chegar ao topo da montanha eram umas barras em forma de T, e no verão encontrávamos coisas na área onde as pessoas faziam fila para conseguir um assento. Elas deixavam cair coisas que nós encontrávamos quando a neve derretia. Notas de cinco dólares, moedas — era tão bom encontrar dinheiro. Uma vez eu estava passando pela escola para pegar o ônibus do esqui, havia 15 centímetros de neve no chão, e encontrei um moedeiro azul bem gordo. Peguei-o, estava encharcado de neve, e quando abri tinha um rolinho de dinheiro canadense, que funciona muito bem na América. Naquele dia gastei boa parte do dinheiro esquiando. No albergue havia uns doces folhados, e devo ter comprado alguns para os meus amigos. Levei o resto do dinheiro para casa e o meu pai me obrigou a publicar um anúncio no jornal avisando sobre o moedeiro perdido, mas ninguém o reclamou e eu fiquei com ele.

A minha professora da quarta série se chamava Sra. Fordyce, e nós a chamávamos de Sra. Quatro-Olhos. Eu sentava na terceira ou quarta fila, e uma menina que sentava atrás de mim usava um bracelete e ficava se esfregando que nem louca. Eu meio que entendia o que ela estava fazendo, mas na verdade não sabia. As crianças aprendem essas coisas aos poucos. A minha namorada na sexta série, Judy Puttnam, tinha uma amiga chamada Tina Schwartz. Um dia, na escola, as meninas foram levadas para outra sala, e depois voltaram. Sou muito curioso. O que estava rolando? Naquela tarde fui à casa de Judy, depois fomos à casa de Tina e ela anunciou: "Vou lhe mostrar o que nos disseram." Ela pegou um Tampax, se agachou e me mostrou como se usava aquela coisa, e fiquei muito impressionado.

Na década de 1950 as pessoas amadureciam bem mais tarde. Na sexta série circulava uma história sobre um cara da nossa turma que fazia a barba e era mais taludo que a maioria de nós. A história é que ele entrou no banheiro dos meninos, fez uma coisa no pênis e jorrou um líquido branco. Eu disse: "o quê? Não acredito nisso, mas algo me diz que é verdade." Comparo isso a transcender na meditação. Você não acredita que alguém se torna iluminado, mas no fundo algo lhe diz que pode ser verdade. Foi a mesma coisa. Então pensei: vou tentar essa noite. Levou uma eternidade. Não acontecia nada, certo? Mas de repente aquela sensação — de onde vem essa sensação? Uau! A história era verdadeira, e inacreditável. Foi como descobrir o fogo. Como uma meditação. Aprende-se a técnica e, veja só, as coisas começam a mudar e pronto. É real.

Também recordo de quando era apenas um menino e descobri o rock'n'roll. O rock faz você sonhar e provoca um sentimento, e foi muito poderoso ouvi-lo pela primeira vez. Desde então a música mudou, mas não se compara com o surgimento do rock, porque o que havia antes era muito distinto. É como se tivesse surgido do nada. Havia o rhythm and blues, mas não ouvíamos isso, e tampouco jazz, exceto Brubeck. Em 1959 o Dave Brubeck Quartet lançou "Blue Rondo à la Turk" e eu pirei. A Sra. Smith tinha o LP, ouvi na casa deles e me apaixonei.

Nos anos cinquenta o cinema não era importante em Boise. Lembro-me de ter assistido a *E o vento levou* num cinema ao ar livre em Camp Lejeune, Carolina do Norte, numa linda relva bem aparada. Ver aquele filme na tela gigantesca, ao ar livre, numa noite de verão, foi muito legal. Não recordo de ter conversado sobre filmes com o meu irmão, nem de quando vi *O mágico de Oz* pela primeira vez, mas aquilo me marcou, seja lá quando foi. E não só a mim; marcou muita gente.

O clima das cidadezinhas dos anos 1950 é diferente, é importante captar aquela atmosfera. A atmosfera daqueles anos é sonhadora, mas não totalmente positiva. Eu sempre soube que coisas estranhas aconteciam pelas redondezas. Quando estava na rua de bicicleta depois que escurecia, algumas casas tinham luzes cálidas, ou eu conhecia quem morava lá. Noutras casas as luzes eram mortiças, algumas estavam quase apagadas e eu não conhecia os moradores. Tinha a sensação de que naquelas casas aconteciam coisas que não eram felizes. Eu não parava para pensar, mas sabia que aconteciam coisas por trás daquelas portas e janelas.

Uma noite eu estava no fim da rua com o meu irmão. Hoje em dia tudo fica aceso depois que escurece, mas nos anos 1950, em cidadezinhas como Boise, a luz na rua era fraca e tudo era mais escuro. Isso tornava a noite mágica, porque tudo simplesmente ficava preto. Então, estávamos no fim da rua à noite e uma mulher nua de pele branca surgiu na escuridão — foi tão incrível. Talvez tivesse a ver com a luz e o modo como saiu da escuridão, mas achei que a pele dela era cor de leite, e ela tinha sangue na boca. Ela não conseguia andar direito e parecia mal, e estava totalmente nua. Eu nunca tinha visto aquilo, e ela veio na nossa direção, mas não nos viu. O meu irmão começou a chorar e ela se sentou no meio-fio. Eu quis ajudá-la, mas era pequeno e não sabia o que fazer. Talvez tenha perguntado, você está bem? O que houve? Mas ela não disse nada. Estava com medo e machucada, e era bonita, embora estivesse traumatizada.

38 ESPAÇO PARA SONHAR

Nem sempre que saía de casa no Park Circle Drive encontrava os meus amigos. Certa vez saí sozinho de manhã e o dia estava um pouco nublado. Depois da casa dos Smith ficava a da família Yontz, e a grama dos Smith meio que se misturava com a deles, e entre as duas casas havia um espaço com arbustos de um lado, uma cerca do outro e um portão que dava para uma rua sem saída. Do lado de cá do portão havia um menino sentado no chão que eu nunca tinha visto, e ele estava chorando. Aproximei-me e perguntei: "Você está bem?", mas ele não respondeu. Então perguntei o que tinha acontecido e ele respondeu: "O meu pai morreu." Ele chorava tanto que mal conseguia articular as palavras, e o modo como falou me deixou gelado. Sentei ao seu lado por um tempo, mas entendi que não podia ajudá-lo. Quando se é criança a morte está longe e é abstrata, então você não se preocupa muito com isso, mas senti uma coisa horrível com aquele menino.

Na Vista Avenue havia todo tipo de lojas de hobbies e de ferragens, onde comprávamos apetrechos para construir bombas. Aprendemos a fazer bombas-tubo, e armamos três bem poderosas no porão da casa de Riley--Cutler. Ele explodiu uma perto de um canal de irrigação grande, e contou que foi incrível. Atirei a segunda diante da casa de Willard Burns. Todos jogávamos beisebol, então tínhamos bons braços, e atirei bem alto; ela caiu e repicou, mas não explodiu. Então atirei de novo, e desta vez ela caiu no chão, quicou e explodiu que nem doida. Transformei o tubo em estilhaços e explodi uma tábua na cerca de Gordy Templeton, na casa ao lado. Gordy estava no trono e saiu puxando as calças com o papel higiênico na mão. Dissemos, pera aí, isso podia ter matado alguém ou arrancado as nossas cabeças, então atiramos a última numa piscina vazia, onde podia explodir sem machucar ninguém.

Aquilo fez um barulhão ao explodir na piscina, então Gordy e eu fomos para um lado e todo mundo correu para o outro. Fui à casa dele, e na sala de estar havia uma janela enorme que dava para a rua. Ficamos no sofá e a Sra. Templeton fez sanduíches de atum e batatas fritas, que eu nunca comia em casa, a menos que viesse com um ensopado de atum. Foram as primeiras batatas fritas que comi. E nada de doces, exceto, talvez biscoitos de aveia com passas. Coisas saudáveis. Então, estávamos comendo sanduíches e de repente, do lado de fora da janela, apareceu uma motocicleta enorme preta, branca e dourada com um policial enorme. Ele pôs o capacete embaixo do braço, veio até a porta, tocou a campainha e nos levou para a delegacia. Eu era o representante de turma da sétima série, e tive de fazer uma redação para a polícia sobre os deveres e obrigações da liderança.

Fiquei em apuros por outro assunto. Martha, a minha irmã, estava no primário, e eu, no ensino fundamental. Ela passava pelo ginásio para chegar à escola. Instruí a minha querida irmãzinha a mostrar o dedo do meio às pessoas em sinal de amizade quando passasse pelo prédio do ginásio. Não sei se ela fez isso alguma vez, mas comentou com o meu pai que ficou muito chateado comigo. Uma outra vez um menino roubou um monte de balas .22 do pai e me deu algumas. Eram pesadas, como pequenas joias. Eu as guardei por um tempo, depois comecei a achar que ia me meter em encrenca, então as embrulhei num jornal, enfiei tudo numa sacola e joguei no lixo. No inverno, a minha mãe queimava lixo na lareira, então jogou todos os papéis e acendeu, e em pouco tempo as balas estavam voando pela sala. Aquilo me trouxe problemas.

Um dia estávamos num campeonato de badminton no pátio dos fundos da casa dos Smith e ouvimos uma explosão enorme, corremos para fora e vimos fumaça no fim da rua. Fomos até lá e encontramos Jody Masters, que era mais velho que nós, construindo um foguete com um tubo. Aquilo acendeu acidentalmente e arrancou o pé dele. A mãe, que estava grávida, saiu e viu o filho mais velho sem conseguir se levantar. Ele tentou, mas tinha o pé pendurado pelos tendões numa poça de sangue e bilhões de cabeças de fósforos queimadas. Costuraram o pé e ele ficou bem. Em Boise construíamos muitas bombas e coisas movidas à gasolina.

Saímos de Boise e nos mudamos para Alexandria, Virgínia, quando terminei a oitava série, e fiquei triste quando fomos embora. Não sei expressar quão chateado estava, era o fim de uma era — meu irmão tem razão em dizer que foi quando a música parou. Depois da nona série, no verão, minha mãe, minha irmã, meu irmão e eu voltamos a Boise de trem.

Meu avô Lynch morreu naquele verão, e fui a última pessoa a vê-lo com vida. Ele tinha uma perna amputada que nunca sarou, porque as artérias estavam muito endurecidas, e ele vivia numa casa com outras cinco ou

40 ESPAÇO PARA SONHAR

seis pessoas que eram cuidadas por enfermeiras. Minha mãe e minha avó o visitavam diariamente, mas um dia não puderam ir e pediram: "David, você poderia visitar o seu avô hoje?", e eu concordei. O dia passou e ficou tarde, me lembrei da visita, peguei uma bicicleta emprestada de um garoto em frente ao prédio da piscina do ginásio e pedalei até a Shoshone Street. Ele estava na cadeira de rodas, pegando um ar no jardim. Sentei-me com ele e tivemos uma conversa muito boa. Não me lembro do que falamos — talvez eu tenha perguntado sobre o passado, e houve momentos em que ninguém disse nada — mas sempre gostei de ficar sentado ao seu lado. Até que ele disse: "Bem, Dave, é melhor eu entrar", e respondi: "Ok, vovô." Subi na bicicleta e quando estava indo olhei para trás e vi que as enfermeiras tinham ido buscá-lo. Fui em frente e cheguei numa garagem verde de madeira que bloqueava a visão, então a última coisa que vi foram as enfermeiras indo até ele.

De lá fui à casa de Carol Robinson, porque o primo dela, Jim Barratt, tinha construído uma bomba do tamanho de uma bola de basquete e ia detoná-la. Ele pôs a bomba na grama recém-aparada do pátio dos fundos, que tinha um cheiro maravilhoso. Há muito tempo não sinto esse cheiro e não vejo muitas gramas aparadas aqui em Los Angeles. Bem, havia uma cuba de porcelana de uns 45 centímetros de diâmetro, ele pôs aquilo em cima da bomba, acendeu o pavio e o negócio saiu voando de um jeito que não dá para acreditar. A louça voou uns 60 metros para o alto, atirou lixo por todo lado e criou uma linda fumaça que emanava da grama num raio de uns três ou quatro metros. Foi impressionante.

Passado um instante ouvi sirenes e pensei que talvez a polícia estivesse chegando, então pedalei rápido até a piscina e devolvi a bicicleta do garoto. Quando estava caminhando de volta para o apartamento dos meus avós, vi minha mãe na entrada. Ela ia na direção do carro, e ao me ver começou a acenar agitada, então acelerei o passo e perguntei: "O que foi?" Ela respondeu: "É o seu avô." Dirigi rapidamente com ela até o hospital no centro de Boise, onde ele estava; parei em fila dupla e minha mãe entrou. Quinze minutos depois ela voltou e logo vi que algo ia mal. Ao entrar no carro, ela disse: "O seu avô morreu."

Eu estivera com ele quinze minutos antes daquilo acontecer. Retrospectivamente, quando ele falou: "Dave, é melhor eu entrar", tenho certeza de que algo já estava errado — acho que teve uma hemorragia interna — mas ele não quis dizer nada na minha frente. Naquela noite, sentei-me junto à minha avó e ela quis saber tudo sobre a visita. Depois entendi que a sirene não era por causa da bomba; eles iam buscar o meu avô. Eu era muito ligado aos meus avós, aos quatro. Esse foi o primeiro que perdi, e eu o amava muito. A morte do avô Lynch foi muito difícil para mim.

Voltei a Boise, em 1992, para investigar o que acontecera com uma conhecida que tinha se suicidado ainda garota na década de 1970. Porém, essa história tinha começado muito antes. Quando me mudei de lá para Alexandria, depois da oitava série, a minha namorada era Jane Johnson, e no primeiro ano em Alexandria — o meu pior ano, nona série — escrevia para ela e meio que mantive o relacionamento. Quando voltamos a Boise no verão seguinte, em 1961, Jane e eu rompemos, comecei a sair com outra garota e, ao voltar para Alexandria, passei a escrever para ela. Trocamos cartas durante anos, e naquele tempo eram cartas longas.

No verão seguinte à minha formatura no ensino médio, fui num ônibus da Greyhound visitar a minha avó. O ônibus tinha um motor grande bem barulhento, o motorista ia a 100 ou 130 km por hora por estradas de duas pistas e a viagem inteira foi basicamente olhando a vegetação típica do oeste. Lembro que havia um passageiro que parecia um caubói de verdade. Usava um chapéu de caubói manchado de suor, tinha o rosto totalmente marcado, feito couro, e olhos de um azul frio; passou a viagem toda olhando pela janela. Um caubói ao velho estilo. Chegando a Boise fui à casa da minha avó, que morava com a Sra. Foudray, ambas estavam velhas e me mimaram muito. Elas me achavam lindo. Foi muito bom.

Minha avó me deixou usar o carro dela e fui ao mezanino de um hotel, meio estranho e escuro, com um balcão onde se vendia refrigerantes, onde a garota a quem eu escrevia trabalhava. Convidei-a para ir ao drive-in naquela noite depois de jantar com a minha avó e a Sra. Foudray. Naquele tempo havia drive-ins por toda parte, era fantástico. Começamos a nos agarrar, ela me contou coisas e percebi que era muito louca. Depois disso ela teve uns namorados esquisitos, talvez porque caras supostamente normais, como eu, tivessem um pouco de medo dela. Recordo que ela me disse: "A maioria das pessoas não sabe o que quer da vida e você tem sorte porque sabe." Acho que a vida dela já ia numa direção sombria.

Continuamos a nos escrever — na verdade, eu ainda escrevia para ela e duas outras garotas quando me casei com Peggy. Há anos escrevia para as três, até que um dia Peggy falou: "David, agora você está casado; precisa parar de escrever para essas garotas." Ela não era nem um pouco ciumenta, mas disse: "Escreva uma carta legal e elas entenderão", como seu eu fosse criança. Então parei de escrever.

Anos depois, em 1991, estava filmando *Twin Peaks: Os últimos dias de Laura Palmer*, e na hora do almoço ia ao trailer para meditar. Um dia, depois de meditar, abri a porta e alguém da equipe disse: "Tem um homem chamado Dick Hamm dizendo que conhece você." Perguntei: "Dick Hamm? Sério?" Eu tinha feito o primário com Dick Hamm e não o via há décadas. Fui cumprimentá-lo, ele veio com a mulher, que era de Nova York, e foi ótimo vê-lo. Perguntei se tinha notícias da garota com quem tinha ido ao drive-in e ele contou: "Ela morreu. Se jogou no canal grande e se matou." Comecei a conjeturar. Que história é essa? O que houve com ela? Então voltei a Boise quando a filmagem terminou para pesquisar o assunto. Fui à biblioteca, li artigos sobre ela, vi os inquéritos policiais sobre o dia em que morreu.

Ela tinha se casado com um homem mais velho, que o irmão e o pai dela odiavam, e estava tendo um caso com um cidadão proeminente de Boise. Numa sexta-feira à noite esse homem terminou com ela, que ficou arrasada. Não conseguia disfarçar a tristeza, e talvez o marido tenha suspeitado de alguma coisa. Na manhã do domingo seguinte, um vizinho fez um *brunch* e ela e o marido compareceram separadamente. Segundo relatos, o marido voltou para casa, e pouco depois ela voltou também, entrou no quarto, pegou uma pistola .22 estilo caubói, foi à área de serviço, apontou contra o próprio peito, puxou o gatilho, cambaleou até o jardim e morreu na grama, diante de casa. Pensei: se cometeu suicídio, por que cambaleou pelo jardim?

Acho que a polícia foi chamada pelo seu ex-amante: "Foi suicídio; não cheguem perto para não espirrar em mim; não se metam, caras. Varram pra debaixo do tapete." Fui à delegacia e tentei ludibriá-los dizendo: "Estou procurando uma história para um filme; vocês sabem de alguma garota que tenha se suicidado nesse período?" Não funcionou, porque nunca trariam à tona aquela história. Fui autorizado a fotografar a cena do crime/suicídio, preenchi formulários e alegaram: "Desculpe, mas os arquivos daquele ano foram para o lixo." Eu conhecia aquela garota havia anos, desde menina, e não entendo por que a vida dela deu no que deu.

Mas sei que muito do que somos já está determinado quando chegamos aqui. Chamam isso de roda do nascimento e da morte, e eu acredito que rodamos muitas, muitas vezes. Segundo uma lei da natureza, você colhe o que planta, e nasce com a certeza de que parte do seu passado o visitará nesta vida. Pense numa bola de beisebol: você bate, ela vai, e só volta quando atinge algo e começa a fazer o percurso de volta. Há tanto espaço vazio que a bola pode seguir por muito tempo, mas por fim regressa para você, que a pôs em movimento.

Acho que o destino tem um enorme papel na nossa vida, pois não há explicação para certas coisas. Como foi que recebi uma bolsa para cineastas independentes e fui parar no Centro de Estudos Cinematográficos Avançados do Instituto Americano de Cinema? Como você conhece uma pessoa, se apaixona por ela e deixa de conhecer todas as outras? Chegamos ao mundo com um tanto do que somos, e embora pais e amigos possam influenciar-nos um pouco, desde o início somos basicamente nós mesmos. Os meus filhos são muito diferentes entre si, são eles mesmos e vieram ao mundo com suas pequenas personalidades. Posso conhecê-los muito bem e amá-los, mas isso não tem muito a ver com o caminho que vão trilhar na vida. Algumas coisas estão determinadas. No entanto, as experiências da infância podem moldar uma pessoa, e a infância em Boise teve uma importância tremenda para mim.

Era uma noite de agosto, em 1960. A nossa última noite em Boise. Um triângulo de grama separava nossa entrada de carros da dos Smith, e meu pai, meu irmão, minha irmã e eu estávamos do lado de fora, no triângulo, despedindo-nos dos meninos Smith: Mark, Denny, Randy e Greg. De repente, o Sr. Smith aparece, conversa com o meu pai e eles se saúdam apertando as mãos. Ao ver aquilo comecei a perceber a gravidade da situação, a enorme importância daquela última noite. Durante todos aqueles anos como vizinhos, eu nunca tinha falado diretamente com o Sr. Smith, e agora ele vinha na minha direção. Estendeu a mão e a tomei. Ele deve ter dito algo como "Vamos sentir saudades de você, David", mas não ouvi o que disse — caí no choro. Entendi que a família

Smith era muito importante para mim, que todos os amigos de Boise eram importantes, e o sentimento foi crescendo cada vez mais. Eu estava mais do que triste. Foi quando percebi a escuridão do desconhecido aonde me encaminharia no dia seguinte. Através das lágrimas fitei o Sr. Smith ao final do aperto de mãos. Não conseguia falar. Definitivamente, foi o fim da mais linda era dourada.

A vida artística

Alexandria, Virgínia, era um mundo muito diferente. Cidade relativamente sofisticada, a 11 km do centro de Washington, D.C., é essencialmente um subúrbio da capital onde moram milhares de funcionários do governo. No início da década de 1960, a população da cidade era cinco vezes maior que a de Boise, mas aparentemente Lynch permaneceu impávido ante o mundo mais amplo em que acabara de entrar. "Pelo que ouvi, David era a estrela do ensino médio, e sabia que era o garoto de ouro", conta Peggy Reavey. "Ele sempre foi assim."

O curso da vida de Lynch ficou significativamente mais claro quando, no início do primeiro ano, fez amizade com Toby Keeler. "Conheci David na frente da casa da namorada dele, e o primeiro impacto quem causou foi ela, e não ele", conta Keeler, que acabou conquistando a tal namorada, Linda Styles. "David morava noutra parte da cidade, mas a idade mínima para dirigir em Alexandria era 15 anos, e ele ia até a casa dela no carro da família, um Chevrolet Impala com asas grandes. Gostei dele logo de cara. David sempre foi uma das pessoas mais queridas do planeta, e há anos fazemos piadas com o fato de eu ter roubado a namorada dele. Pertencíamos à fraternidade da nossa escola, a Hammond, cujo lema secreto era 'Confie do princípio ao fim', mas o David que conheci não era um desses caras típicos de fraternidade."[1]

Os dois se tornaram grandes amigos, mas foi o pai de Toby, o artista Bushnell Keeler, que realmente mudou a vida de Lynch. "Bush teve um grande impacto em David, pois teve coragem para romper com a vida que levava, montar um ateliê e simplesmente fazer arte", conta Toby. "David me contou que uma bomba explodiu na cabeça dele quando soube disso. '*Um artista plástico? Isso é possível?*'"

O irmão mais novo de Bushnell Keeler, David, lembra-se do irmão como "um cara muito instável". Tinha um diploma de administração do Darmouth College e casou-se com a filha de uma família rica de Cleveland. Era um executivo iniciante e estava indo bem, mas odiava aquilo, então se mudou com a família para Alexandria e se preparou para ser pastor, só que depois de dois anos percebeu que tampouco queria isso. Era um jovem irascível, sempre desafiando tudo, e tomava drogas estimulantes e calmantes, o que não ajudava. Por fim entendeu que o que realmente queria era ser artista, e foi o que fez. O casamento não sobreviveu àquela decisão.

"Bush percebeu o que naquele momento ninguém enxergava: David queria realmente ser artista", prossegue David Keeler a respeito do irmão, que morreu em 2012. "Ele viu que David estava num bom momento da vida para receber estímulos nesse sentido, o que os pais dele não davam, então o apoiou totalmente. Muitas vezes David ficava na casa de Bush, que abriu um espaço no ateliê para ele trabalhar."[2]

A dedicação de Lynch à arte se aprofundou ainda mais ao conhecer Jack Fisk no primeiro ano do ensino médio, e os dois formaram uma amizade sólida que dura até hoje. Atualmente designer de produção e diretor respeitado, Fisk — que à época se chamava Jhon Luton — era um garoto bonito e esguio, natural de Canton, Illinois, irmão do meio de uma família de três filhos; sua irmã Susan era quatro anos mais velha, e Mary, um ano mais nova. Com a morte do pai em um acidente aéreo, a mãe de Fisk casou-se com Charles Luton, cujo emprego de supervisor na construção de fundições obrigou a família se mudar com frequência. (Mais tarde Fisk retomou o sobrenome de batismo, assim como a irmã Mary.) Na infância, Fisk frequentou uma escola militar católica, e a família morou em Kalamazoo, Michigan; Richmond, Virgínia e Lahore, no Paquistão. Por fim eles se estabeleceram em Alexandria, quando Fisk tinha 14 anos.

"David e eu tínhamos ouvido falar um do outro, porque ambos nos interessávamos por pintura," conta Fisk. "Lembro-me dele de pé, no batente da porta da escola, se apresentando — ele me disse que estava no segundo ano, mas eu sabia que ainda estava no primeiro. Às vezes rimos dessa mentira daquele dia. Eu trabalhava servindo refrigerantes na Herter's Drug Store, ele foi até lá e conseguiu emprego entregando remédios no jipe da drogaria."[3]

O emprego fazia Lynch rodar por toda a cidade, e ele não passou despercebido. "Eu trabalhava entregando jornais, e dois anos antes de conhecê-lo, via aquele cara com umas bolsinhas tocando campainhas", conta o artista Clark Fox, que cursava o ensino médio com Lynch. "Ele não se encaixava muito bem. Naquele tempo o cabelo comprido era meio chamativo, mas o cabelo dele era o mais longo que se podia usar sem atrair problemas, e ele era muito pálido. Estava sempre de gravata e jaqueta quando trabalhava para a drogaria. Era muito peculiar."[4]

A infância de Fisk foi tumultuada, ao passo que a de Lynch foi bucólica e segura, e, apesar de terem temperamentos diferentes, compartilhavam o objetivo de dedicar a vida à arte, e se acompanhavam. "Como tinha me mudado tantas vezes, eu era meio solitário, mas foi fácil fazer amizade com David. Todos gostavam dele", explica Fisk. "Quando ele fala você quer ouvir, e sempre foi assim. E ele sempre foi excêntrico. Estávamos numa escola careta que tinha fraternidades — eu era o único que não participava de nenhuma — e os caras usavam camisas xadrez e calças cáqui. David concorreu à tesouraria da escola — o seu lema de campanha foi 'Poupe com Dave' — e fizemos uma assembleia em que os candidatos falaram. Ele chegou trajando um terno de anarruga com tênis. Hoje isso não é estranho, mas à época ninguém pensava em usar terno com tênis."

Lynch foi eleito tesoureiro do ensino médio, porém, mais ou menos naquela época o interesse pela pintura tinha eclipsado quase todo o resto. "Ele já não queria se ocupar da tesouraria", rememora Fisk. "Não sei se foi demitido ou se ele se demitiu, mas não durou muito."

A rebelião faz parte da adolescência da maioria das pessoas, mas a teimosia de Lynch foi distinta, no sentido de que não se rebelou porque sim; rebelou-se porque havia encontrado fora da escola algo de importância vital para ele. "Não era comum, naquele tempo e lugar, que alguém se interessasse tanto por pintura a óleo", comentou John Lynch, "e os nossos pais se chatearam porque ele estava indo por um mau caminho. A rebelião começou na nona série e, embora nunca tenha enfrentado problemas com a lei, havia as festas e a bebida, e no primeiro ano em Alexandria ele saiu de casa à noite às escondidas e foi pego. E tinha o jantar. Minha mãe preparava jantares normais, mas David achava que eram normais *demais* — dizia 'a sua comida é insossa demais!' Em Boise ele tinha levado o escotismo a sério, mas quando nos mudamos para a Virgínia, também se rebelou contra aquilo. Meu pai o incentivou a seguir e obter o grau de escoteiro Águia, e David obedeceu, mas acho que em parte o fez pelo nosso pai."

No seu aniversário de 15 anos, Lynch deu uma espécie de adeus ao escotismo ao ser escolhido, com alguns escoteiros Águia, para ocupar assentos VIP no juramento de John Kennedy à presidência. Ele se lembra de ter visto Kennedy, Dwight Eisenhower, Lyndon Johnson e Richard Nixon passarem de limusine a poucos metros do seu assento.

Certamente aquilo foi impressionante, mas a mente dele estava em outro lugar. Martha Levacy explica: "Pouco depois de nos mudarmos para Alexandria, David só queria pintar, e eu fui a mediadora. Conversava com ele sobre o que estava chateando os nossos pais, explicava a eles o ponto de vista de David e tentava manter a paz. Nossos pais eram bem pacientes e David sempre os respeitou, então não houve grandes brigas, apenas divergências."

Uma prima, Elena Zegarelli, descreve os pais de Lynch como "pessoas muito caretas, conservadoras, religiosas. Sunny era uma bela mulher, de voz suave e doce, mas rígida. Recordo que fui a um restaurante no Brooklyn com toda a família na comemoração do aniversário da nossa bisavó Hermina. David tinha 16 anos, todos tomaram vinho para celebrar e a mãe não o deixou tomar uma taça. Vendo a obra dele, é difícil acreditar que tenha vindo daquela família. Acho que, por serem tão rígidos, ele foi na direção oposta."

Independentemente das restrições que enfrentou em casa, Lynch estava encaminhado. "David alugava um cômodo de Bushnell Keeler quando nos conhecemos", recorda Fisk, "e ofereceu: 'Quer compartilhar o meu ateliê?' Era muito pequeno, mas topei — custava uns 25 dólares por mês — e Bushnell vinha e fazia críticas. Ele recomendou a David *The Art Spirit* [O espírito da arte], de Robert Henri, David me mostrou o livro, lia-o em voz alta e fazia comentários. Foi ótimo encontrar alguém que escrevesse sobre tornar-se pintor — de repente você não se sentia tão só. Com o livro de Henri conhecemos artistas como Van Gogh e Modigliani, e todos na França da década de 1920 nos interessavam."

Figura proeminente na Escola Ashcan de Arte Americana que defendia um realismo duro e cru, Robert Henri foi um professor respeitado, e entre seus alunos estavam Edward Hopper, George Bellows e Stuart Davis. Publicado em 1923, *The Art Spirit* é uma destilação técnica útil de várias décadas dos seus ensinamentos, e causou grande impacto em Lynch. Hoje a linguagem e a sintaxe do livro parecem datadas, mas o sentimento que expressa é atemporal. Trata-se de um livro notável e estimulante com uma mensagem simples: permita-se expressar-se do modo mais livre e completo possível, acredite que o esforço vale a pena, e que você é capaz.

No início de 1962, aos 16 anos, Lynch decidiu que era hora de deixar o ateliê de Bushnell e buscar algo próprio, e os pais concordaram em contribuir para o aluguel. "Eles deram um grande passo", comenta Levacy. John Lynch relembra que "Bushnell conversou com nossos pais sobre o ateliê e assegurou: 'David não está à toa. Ele usa o ateliê para pintar.' David conseguiu um emprego para ajudar a pagar o aluguel, que era bem barato. Na década de 1960 havia uma zona chamada Old Town, uma espécie de bairro marginal de Alexandria. [Hoje a área é luxuosa, repleta de boutiques e empórios de cafés caros.] As ruas eram ladeadas de casas de tijolos construídas há 200 anos que estavam em péssimo estado, e David e Jack alugaram uma ainda pior que o resto. Ficaram com o segundo piso, e a construção tinha escadas antigas e estreitas que rangiam quando pisávamos. Eles fizeram umas festas, mas usavam o espaço realmente como ateliê, David ia lá todas as noites e pintava até tarde. Tinha hora para voltar, e havia um relógio elétrico que ele desligava quando chegava em casa, para os nossos pais saberem a que horas tinha voltado. Ele tinha dificuldade em acordar pela manhã e às vezes papai punha um pano molhado no rosto dele, o que David odiava."

Durante o ensino médio, Fisk e Lynch frequentaram a Escola de Arte Corcoran, na capital, e o foco de ambos foi se dirigindo cada vez mais para a vida fora do campus. "A escola me deu um aviso de que iria levar bomba em arte, e acho que David também ia mal em arte, mas pintávamos o tempo todo e tivemos vários ateliês juntos", conta Fisk. "Lembro-me de um, na Cameron Street; conseguimos alugar a casa inteira e pintamos um quarto de preto só para pensar. Quando o conheci, David pintava cenas de rua parisienses, e tinha um jeito legal de fazê-las com papelão e têmpera. Um dia chegou com uma pintura a óleo de um barco no cais. Estava usando muita tinta naquele tempo; uma mariposa pousou na pintura e, ao tentar se desvencilhar da tinta, riscou um lindo redemoinho no céu. Ele ficou muito empolgado com aquilo, ao ver a morte misturada à pintura."

"David estava indo em certa direção com a sua arte, e eu encontrei outro caminho", prossegue Fisk. "Sempre nos estimulamos mutuamente para melhorarmos, o que ajudou na evolução do nosso trabalho. A minha pintura ficou cada vez mais abstrata, e David passou a pintar coisas sombrias — o cais à noite, animais moribundos — uma coisa muito depressiva. Ele sempre teve

52 ESPAÇO PARA SONHAR

uma personalidade alegre e solar, mas é atraído por coisas sombrias. É um dos seus mistérios."

Enquanto isso, em casa, os pais dele estavam perplexos. "David conseguia desenhar o Capitólio perfeitamente, e fez desenhos perfeitos das casas dos nossos avós", conta Levacy. "Lembro que mamãe sugeriu: 'Por que não desenha algo bonito, como costumava fazer?'" Lynch buscava coragem para desafiar o que era considerado o comportamento normal, e as mudanças em sua personalidade provocaram atritos em casa. Contudo, certas coisas não mudaram. Ele é essencialmente gentil, o que fica evidente em coisas simples, por exemplo em como tratava o irmão mais novo. "No ensino médio David e eu dormíamos no mesmo quarto e tivemos algumas brigas, mas ele sempre fazia coisas para mim", conta John Lynch. "Era muito popular na escola, e em vez de ter vergonha do irmão mais novo, ele meio que me levava junto, então conheci os amigos dele e os meus amigos também fizeram um pouco parte da turma. Alguns dos meus amigos eram mais nerds também."

Durante a adolescência de Lynch, na primeira metade da década de 1960, os filmes americanos estavam numa fase ruim. A revolução social que insuflou vida nova no cinema americano ainda não tinha começado, e os estúdios produziam comédias românticas pudicas com Doris Day, filmes sobre festas na praia, musicais de Elvis Presley e épicos históricos grandiloquentes. No entanto, foi a era de ouro dos filmes estrangeiros, quando Pier Paolo Pasolini, Roman Polanski, Federico Fellini, Michelangelo Antonioni, Luís Buñuel, Alfred Hitchcock, Jean-Luc Godard, François Truffaut e Ingmar Bergman produziram obras-primas. Stanley Kubrick foi um dos poucos cineastas americanos a abrir fronteiras, e Lynch diz ter grande admiração pela sua adaptação de *Lolita*, o romance erótico de Vladimir Nabokov. Também guarda boas recordações de *Amores clandestinos*, com Sandra Dee e Troy Donahue. Embora o irmão afirme que à época ele assistia aos filmes de Bergman e Fellini, Lynch não se lembra disso.

Sua namorada mais importante na adolescência foi Judy Westerman: eles foram eleitos o casal mais bonito da escola, e no anuário há uma foto de ambos em uma bicicleta dupla. "David tinha uma namorada muito conservadora, mas também saía com algumas mulheres 'fáceis' da escola", conta Clark Fox. "Ele costumava dizer que eram 'mulheres uau' e, embora não entrasse em detalhes, sei que eram meio loucas. Ele tinha curiosidade pelo lado louco da vida."

Fisk rememora: "David e Judy eram muito unidos, mas não tinham um relacionamento do tipo que evolui para algo físico. Ele não era mulherengo, mas tinha fascínio pelas mulheres." Quando David conheceu a irmã mais nova de Fisk, não houve atração instantânea, mas ambos recordam aquele primeiro encontro. "Eu tinha 14 ou 15 anos quando conheci David", conta Mary Fisk, que em 1977 se tornou a segunda mulher de Lynch. "Estava na sala de estar, Jack entrou com David e disse: 'Esta é a minha irmã Mary.' Na sala havia um vaso de latão com cigarros e acho que isso o chocou, pois a família dele não fumava. Não sei o motivo, mas ele sempre me associou a cigarros — e disse isso muitas vezes."

"Naquele tempo ele namorava firme a Judy Westerman, mas na verdade estava apaixonado por Nancy Briggs", prossegue. "No verão antes do último ano, fiquei loucamente a fim de David — ele tinha uma capacidade extraordinária de se conectar com as pessoas. Saímos algumas vezes, nada sério, porque ambos estávamos envolvidos com outros. Isso foi no verão, depois de David e Jack terminarem o ensino médio, e no outono cada um seguiu o seu caminho."[5]

Lynch terminou o ensino médio em junho de 1964, e três meses depois o emprego do pai levou a família para Walnut Creek, na Califórnia, justo quando ele tinha começado a estudar na Escola do Museu de Belas Artes de Boston. Jack Fisk, por sua vez, tinha começado a estudar na Cooper Union, uma universidade particular em Manhattan, que era e continua sendo excelente — à época o corpo docente incluía Ad Reinhardt e Josef Albers. Mas Fisk abandonou os estudos após um ano e foi para Boston se reunir com Lynch. "Fiquei em choque quando entrei no apartamento dele, que estava repleto de pinturas de outro tipo", conta. "Eram em laranja e preto, o que era meio forte para David, e me impressionei ao ver o quanto tinha produzido. Recordo que pensei: *Meu Deus, esse cara tem trabalhado*. Um dos motivos pelos quais conseguiu produzir tanto foi que ficou em casa pintando, em vez de ir à escola. Para ele, a escola era uma distração."

É interessante notar a disparidade entre o envolvimento de Fisk e Lynch com a arte e o que sucedia em Manhattan, naquele momento o centro internacional do mundo artístico. O apogeu do expressionismo abstrato tinha passado, e o modernismo tardio começava a ceder espaço à pop art, catapultada à linha de frente no avanço da narrativa na história da arte. Robert Rauschenberg e Jasper Johns desenvolviam novas estratégias para superar o

54 ESPAÇO PARA SONHAR

hiato entre arte e vida, e o conceitualismo e o minimalismo começavam a se difundir. Boston ficava a curta distância de trem de Manhattan, onde Fisk vivia, mas aparentemente eles não estavam muito interessados no que ocorria fora dos seus ateliês, e seguiam mais a linha de Robert Henri que a da revista *Artforum*. Para ambos, a arte era um chamado nobre que exigia disciplina, solidão e uma tenacidade feroz; o sarcasmo descolado do pop e os coquetéis do mundo artístico nova-iorquino não tinham lugar em suas práticas artísticas. Eles eram românticos no sentido clássico da palavra, e seguiam uma trajetória totalmente diversa.

No fim do segundo semestre em Boston, as notas de Lynch iam por água abaixo, e ele largou a escola ao ser reprovado nos cursos de escultura e design. Mas não foi fácil deixar a cidade. "Ele tinha feito uma zona no apartamento de Boston com tinta a óleo e o proprietário quis que pagasse os prejuízos, então meu pai contratou um advogado para negociar um acordo", conta John Lynch. "Papai não gritava conosco, mas sabíamos quando se zangava, e acho que se decepcionou com David."

Aonde ir em seguida? O irmão de Bushnell Keeler tinha uma agência de viagens em Boston e conseguiu passagens gratuitas para Fisk e Lynch como receptivos de turismo na Europa; a tarefa de ambos começaria recebendo um grupo de moças no aeroporto e terminaria acompanhando-as ao avião. Os dois partiram no fim da primavera de 1965, com o plano de estudar na Academia Internacional de Belas Artes de Verão, em Salzburg, instalada no castelo Fortaleza de Hohensalzburg. Também denominada "Escola de Visão", foi fundada em 1953 pelo expressionista austríaco Oskar Kokoschka na cidade que serviu de cenário para o impecável musical *A noviça rebelde*. Lynch comenta: "em pouco tempo percebi que não queria trabalhar lá." Eles chegaram dois meses antes do início das aulas, a cidade lhes pareceu entediante, e não tinham o que fazer. "Juntos, tínhamos uns 250 dólares, e David adorava Coca-Cola, que custava um dólar, e cigarros Marlboro, um dólar o maço, e eu só via o dinheiro encolher", rememora Fisk. O dinheiro durou 15 dias.

"Quando voltei, o meu padrasto me deu mil dólares, que naquele tempo era muito, e tentei me inscrever na Academia de Belas Artes da Pensilvânia, porque estavam recrutando para o Vietnã e assim era possível obter um adiamento estudantil," prossegue Fisk. "Fui à Filadélfia, mas não pude me inscrever, pois tinha perdido o prazo, então consegui um emprego no *The Philadelphia Inquirer* checando anúncios para a Guia de TV do jornal. Uma

A VIDA ARTÍSTICA   55

ou duas semanas depois o presidente Johnson intensificou a guerra, começaram a recrutar mais gente e a escola ligou: 'Vamos deixar você se matricular', e foi como entrei. Aluguei um quartinho por 30 dólares ao mês na esquina das ruas Twenty-First e Cherry."

Para Lynch as coisas não foram tão fáceis. "Os pais ficaram furiosos porque ele não estava frequentando a faculdade, e disseram: 'Vire-se'", recorda Peggy Reavey. "Ele passou o resto de 1965 em Alexandria, passou por uma série de empregos ruins e momentos difíceis. Acho que nessa época foi convocado ao exército — mas se livrou, provavelmente devido a problemas estomacais. Ele tinha muitos problemas estomacais na juventude." (Lynch tinha problemas nas costas que o salvaram do recrutamento.)

Quando Lynch voltou da Europa para Alexandria, os Keeler o receberam. Ele fazia diversos trabalhos na casa, como pintar o banheiro do segundo piso que, segundo Toby Keeler, "levou uma eternidade. Ele usou um pincel minúsculo e passou três dias pintando o banheiro, e talvez um dia inteiro só pintando o radiador. Pintou cada curva e cada cantinho e ficou melhor do que quando era novo. A minha mãe ainda ri quando se lembra de David naquele banheiro."[6] Certa noite em que os Keeler tinham convidados para jantar, Bushnell anunciou: "David decidiu se mudar e procurar um lugar para si." Lynch ouvia aquilo pela primeira vez, mas Keeler achava que ele precisava seguir em frente e conviver com os seus pares.

"David devorava toda a arte que podia", conta David Keeler, "e sempre parecia alegre — usava expressões ingênuas, como 'estupendo'. A sua favorita era 'muito jovial'. Bush lhe sugeria tentar uma coisa ou outra, e David respondia: 'Ok, muito jovial, Bushnell!' Mas acho que naquela época estava à deriva. Andava meio desesperado e precisava de dinheiro, porque tinha achado um lugar, então consegui um emprego para ele numa firma de engenharia onde eu era desenhista. Ele trabalhava sozinho na sala do cianótipo e adorava fazer experimentações com os materiais. Vinha à minha mesa e dizia 'Dave, o que acha disso? Olha só!' Passava um tempão fazendo coisas que não tinham a ver com a companhia. Não lembro qual dos dois foi demitido primeiro."

"Ele custava muito a acordar de manhã", prossegue Keeler. Eu passava pela casa dele a caminho do trabalho e gritava debaixo da janela: 'Lynch! Acorde! Você vai se atrasar!' Ele morava no prédio de um sujeito chamado Michelangelo Aloca, que tinha uma loja de molduras logo abaixo do quarto dele. Era paraplégico, um cara grandão, muito forte, de olhar intimidador."

Quando Lynch perdeu o emprego na firma de engenharia, Aloca o contratou para a loja de molduras. Perdeu esse emprego quando arranhou uma moldura, então Aloca o pôs de zelador. Ele fazia o melhor que podia, mas foi um período difícil, e ficou aliviado ao reencontrar Fisk. "Uma vez voltei para casa em Alexandria e encontrei David varrendo uma loja de arte — ele é um excelente varredor", conta Fisk. "Ainda gosta de varrer e orgulha-se muito disso, mas não ganhava quase nada. Morava num apartamento belamente decorado com coisas baratas — lembro que as cortinas eram laranja — mas acho que sua vida estava meio estagnada. Eu disse: 'Você deveria vir comigo à Filadélfia', então ele foi dar uma olhada na escola e se inscreveu."

No fim do ano Lynch foi para a Filadélfia, partindo de Alexandria para sempre, não sem deixar a sua marca. A mãe de Fisk era a administradora da casa que os Lynch alugavam, e ele havia pintado um mural no teto do seu quarto. "Quando se mudaram foi muito difícil apagar a pintura", contou Fisk. "David tinha usado uma tinta azul-da-Prússia, uma das suas cores favoritas, e a cor impregnou na parede."

A nona série foi o pior ano da minha vida. Tinha saudade dos amigos de Boise e do ambiente, da luz e do cheiro, e a Virgínia me pareceu muito sombria. Detestei a natureza em Alexandria — as florestas eram completamente distintas das de Boise —, me juntei com uns caras que não eram boa coisa e virei uma espécie de delinquente juvenil. Um deles, o cabeça, muito mais velho que a sua idade real, era como um adulto. Um sonso. Lembrava Rock Hudson, só que menor, roubava o carro do vizinho, pegava umas pessoas e íamos para a capital, às duas ou três da manhã, a 190 km por hora pela rodovia Shirley, e íamos a lojas de conveniência, bebíamos, coisas assim. O que me atraía nele era que eu não gostava da minha vida, e meio que gostava da ideia de fazer coisas estranhas. Gostava e não gostava. Uma vez ele foi à minha casa com um cigarro atrás da orelha e o maço preso na manga enrolada da camiseta, e os meus pais o conheceram. Não ficaram muito satisfeitos. Pensaram, pobre David, anda metido em alguma coisa...

Esse cara tinha muitas namoradas e acho que havia largado a escola. Depois da nona série fui a Boise, e quando voltei a Alexandria ele tinha sumido. Um dia, na hora do almoço, eu estava no estacionamento, talvez indo para a área de fumantes, e ele apareceu num conversível com uma garota, uma coisa completamente perfeita. Todos contentes; era o Sr. Cool. Não sei que fim levou.

O meu quarto dava para um pátio no segundo piso, e eu podia descer por ali sem ser visto; mas no dia seguinte tinha de ir à escola. Uma vez

62 ESPAÇO PARA SONHAR

cheguei em casa e assim que pus a cabeça no travesseiro ouvi o despertador. Foi uma loucura, os meus pais sabiam que eu escapava, mas não o que eu andava fazendo. Eu não estava tão louco, mas fiquei muito bêbado algumas vezes, uma delas com gin. Estava bebendo gin, disse a umas meninas que era água e terminei no jardim da casa de Russell Kefauver. Acordei, vi um poste de madeira com um número, fiquei olhando o número, e por fim entendi que estava num jardim, deitado, na casa de Russell. Não sei como cheguei em casa.

Quando estava na nona série, meus pais se preocupavam comigo. Naquele tempo as revistas faziam concursos que diziam 'Desenhe-me' e, só pra ver se era capaz, desenhei uma coisa e enviei. Certa noite um homem veio à nossa casa e disse aos meus pais que o meu desenho era tão bom que eu tinha ganhado uma espécie de falsa bolsa de estudos. Eu estava no segundo andar, eles estavam na sala com aquele homem, e foi tão lindo. Eles estavam tentando me ajudar a encontrar um caminho melhor.

Acho que na infância eu acreditava em Deus do meu jeito. Não pensava muito nisso, mas sabia que algo mais ou menos dirigia a coisa toda. Num domingo de manhã, eu tinha 14 anos e pensei: não ganho nada indo à igreja. Sabia que aquilo não era a verdade, e olhando para trás vejo que ia na direção do Maharishi. Quando estava trabalhando em *Eraserhead* vi fotografias de mestres indianos e pensei: este rosto conhece coisas que desconheço. Será que a iluminação existe? É real ou é só uma coisa indiana? Hoje sei que é real. De qualquer modo, parei de frequentar a igreja.

Como em qualquer escola, em Hammond os atletas eram os mais populares. E havia as fraternidades, onde os caras não eram exatamente maus, mas não ligavam a mínima para esportes, estavam em outra. Eu estava numa fraternidade, Lester Grossman era o nosso presidente, era a figura suprema. Depois da escola ele trabalhava numa loja de calçados e toda noite roubava uma calçadeira metálica, chegava em casa, atirava a calçadeira no chão do quarto, e havia uma pilha grande de calçadeiras. Um parente dele conseguiu um monte de lâmpadas superbaratas e nós as vendemos de porta em porta. Vendemos aquilo num instante, juntamos muito dinheiro e depois organizamos uma festa enorme. Não foi só para a nossa escola. Foi para todas as escolas da área de Washington, D.C., uma coisa gigantesca. Contratamos uma banda chamada Hot Nuts, tinha ingresso pago e fizemos um dinheirão. Tínhamos tanto dinheiro que fomos passar uma semana em Virgínia Beach, a fraternidade alugou uns bangalôs, pagou o jantar todas as noites e talvez até tenha distribuído dinheiro para gastar. Enquanto estive no ensino médio participei de fraternidades. As pessoas faziam festas dançantes nos porões, que eu também frequentava. Na adolescência o cinema não significava nada para mim. As únicas vezes em que ia ao cinema era no drive-in, para dar uns amassos. Fui ao cinema algumas vezes, mas por que ir? Era frio e escuro, enquanto o dia estava correndo lá fora. Havia tantas outras coisas para fazer.

Hoje me visto como me vestia naquele tempo, e no ensino médio não me dava conta de que tinha um estilo próprio. Comprava roupas na Penney's. Adorava calças cáqui e gostava de usar casaco e gravata — era como me sentia confortável. Usei três gravatas por um longo tempo, duas borboletas e uma comum, mas não dava o laço das gravatas-borboleta — só um nó no alto. Sempre abotoei o último botão da camisa porque não gosto do ar na clavícula, e não gosto que nada toque esta parte do corpo. Isso me deixa louco, não sei por quê. Deve ser um dos motivos para usar gravatas, proteger o pescoço.

Conheci Jack Fisk na escola e ficamos amigos porque ambos tínhamos interesse em arte, mas o que realmente me atraía é que ele era um trabalhador dedicado. É muito bonito observar a seriedade com que trabalha e constrói coisas. Tenho um tremendo respeito por ele; nos conhecemos ainda jovens, e esses são os amigos que você conserva por mais tempo. Posso passar meses sem falar com ele, mas é o meu melhor amigo. Também lembro muito bem de quando conheci Mary, a irmã dele. Ela era uma beleza, e sempre me atraiu. Saímos umas vezes, demos uns amassos e acho que Jack ficou muito chateado com isso.

No primeiro ano do ensino médio, minha namorada era Linda Styles. Era miúda e muito dramática, e nos agarrávamos no porão da casa dela. Os pais dela eram gentis — o pai era da Marinha e a mãe era um doce, e me deixavam fumar na casa. A maioria das pessoas não se incomodava com cigarro naquela época. Mais tarde Linda acabou namorando um desses líderes de gangues, e acho que ele comia ela. Sabe, só cheguei lá aos 18 anos, no verão depois de terminar o ensino médio. Talvez eu fosse lento, mas acho que fui bem normal para a época. Eram outros tempos. Depois de Linda Styles saí com outras garotas. Não sei se tinha um tipo, mas acho que pode-se dizer que gostava das morenas do tipo bibliotecárias, sabe, cuja aparência oculta o fogo interno...

Judy Westerman foi a minha principal namorada no ensino médio, e eu a amava muito. Ela meio que parecia com a Paula Prentiss. Fui fiel? Não. Quero dizer, fui e não fui. Saía com outras garotas e ia mais longe com elas, porque Judy era católica. Provavelmente fizemos mais nos primeiros encontros que depois, porque ela frequentava o catecismo e ia descobrindo novas coisas que não podia fazer. Só uma garota me deixou arrasado, e o nome dela era Nancy Briggs. Ela namorava o meu amigo Charlie Smith, e não sei se ele sabia que eu gostava da namorada dele. Porém, ela não gostava de mim. Fui doido por ela durante a primeira metade do tempo que estudei em Boston, e estava de coração partido.

Quando estudava em Boston, no recesso de Natal eu estava pirando, e David Keeler sugeriu: "Por que você não a convida para almoçar e vê o que acontece?" Então fiz o convite e fomos a um McDonald's. Levamos a comida para o carro, perguntei se ela gostava de mim, e ela respondeu que não, e foi só. Carreguei aquilo comigo por muito tempo e sonhava com ela. Por que Nancy Briggs? Eu simplesmente a amava, e quem sabe por que a gente se apaixona por alguém. Nunca houve nada entre nós, mas não conseguia tirá-la da cabeça. Quando terminei de filmar *Veludo azul* estava em Wilmington, e por algum motivo resolvi telefonar para ela. Não sei como consegui o número, e assim que ouvi a voz dela a piração acabou. Fui do sonho à realidade, e o sonho era a coisa poderosa. É incrível o que fazemos com o nosso cérebro. Por que passei tantos anos naquela piração? Vai saber...

No fim dos anos cinquenta as coisas começaram a mudar no país, e a mudança que percebi ao nos mudarmos para a Virgínia também estava ocorrendo em Boise. Quando Kennedy foi assassinado, tudo ficou muito ruim. Lembro bem daquele dia. Estava sozinho, instalando uma exposição de arte numa vitrine grande de vidro na entrada da escola, perto da direção, e ouvi algo no rádio sobre o presidente. Não disseram que tinha morrido, só que estava no hospital, e aí começou o alvoroço. Quando terminei o que estava fazendo, uma mulher disse: "Você precisa voltar para a sua sala", então voltei, fizeram o anúncio e fecharam a escola. Acompanhei

Judy à casa dela, e ela chorava tanto que não conseguia falar. Kennedy também era católico, e ela o adorava. Ela morava no segundo piso de um prédio, então subimos, entramos e a mãe dela estava na sala de estar. Judy se afastou, passou pela mãe, entrou pelo corredor até o quarto dela e não saiu por quatro dias.

À época não questionei quem teria matado Kennedy, mas depois a gente começa a pensar. Dizem: pense em quem teria motivos. LBJ vivia no Texas e o levou até lá, e sonhava ser presidente desde que se entendia por gente. Dizem que LBJ era o senador mais poderoso que já existiu, e desistiu para ser vice-presidente? Ele estava a uma bala de 25 centavos de distância da presidência e acho que odiava Kennedy; armou aquilo para ser presidente. É a minha teoria.

Por algum motivo, na oitava série eu gostava de ciências, então na nona me matriculei em todas as matérias de ciências. Hoje mal posso acreditar nisso. Quatro anos mergulhado em ciências! Na nona série conheci Toby Keeler, que me contou que o pai dele era pintor — não um pintor de paredes, pintor *artístico* — e, literalmente, bum! Uma bomba explodiu na minha cabeça. Aquilo teve o efeito de uma bomba de hidrogênio e pronto, era só o que eu queria fazer. Mas tinha de ir à escola, e o ensino médio foi a pior parte. Passar tantas horas naquele prédio todos os dias parecia ridículo. Tenho três recordações de sala de aula no ensino médio, e nenhuma é boa. Lembro-me de pedir a Sam Johnson: "Diga-me! Diga-me!" Estávamos a ponto de fazer uma prova, ele me falava o que eu deveria memorizar para a prova. Nunca estudei, não conseguia me livrar das aulas de ciências e fui expulso do conselho estudantil porque levei bomba em física e me recusei a ir às aulas. Em vez disso, ia à secretaria implorar: "Tirem-me disso; não quero ser físico", e respondiam: "David, há coisas na vida que é preciso fazer, goste ou não." O meu irmão mais novo desde pequeno se ligou em eletrônica e foi o que acabou fazendo. Acho que quando criança a gente sabe o que vai fazer. Deveriam nos tirar da escola para nos concentrarmos nisso, seja o que for. Caramba! Podia ter pintado durante todo o tempo que passei na escola! E não me lembro de nada. Nada! Não consigo me lembrar de porra nenhuma que aprendi na escola.

No fim de semana depois de conhecer Toby Keeler, ele me levou ao ateliê do pai, e naquela época Bushnell tinha um ateliê foda em Georgetown. Ele levava uma vida artística, pintando o tempo todo. Só vi o ateliê

66 ESPAÇO PARA SONHAR

de Georgetown uma vez, porque em seguida ele se mudou para Alexandria, onde era dono de um prédio inteiro. Eu queria um ateliê, e ele propôs me alugar um quarto no novo espaço. Conversei com meu pai e ele disse: "Pago a metade se você achar um emprego e pagar o resto." Consegui um emprego na Herter's Drug Store entregando remédios no jipe vermelho e branco da loja. Era um jipe aberto com câmbio manual. Não acredito que fiz aquilo. Tinha de achar os endereços das pessoas e levar os remédios, era muita responsabilidade. Às vezes, nos fins de semana, trabalhava no balcão de charutos da Herter's. Naquela época, Bushnell contratava modelos e eu me sentava para desenhar, e sempre havia café. Um cara chamado Bill Lay entrou no ateliê comigo, mas nunca aparecia por lá.

Jack tinha começado a trabalhar no meu ateliê no prédio de Bushnell, mas ele era pequeno para nós dois, então nos mudamos para um espaço em cima de uma loja de calçados. A proprietária era a Sra. Marciette, que era desdentada. Ela reclamava muito — "Não vou gastar luz a noite inteira para dois gatos de rua; limpem isso; cansei; não sei por que alugo para vocês" — e sempre andava por lá. Quando eu acendia a luz no quarto, por um milésimo de segundo via dez milhões de baratas, que desapareciam instantaneamente. O lugar estava infestado, mas Jack e eu tínhamos um quarto para cada um, e havia uma cozinha, e era ótimo para pintar.

No sótão, acima de nós, vivia um cara chamado Radio que viemos a conhecer. Era corcunda e subia uma escada muito estreita nos fundos que levava à sua porta de madeira, com um cadeado. Aquele era o quarto dele. Radio não tinha muitos dentes tampouco, e em seu quarto havia talvez umas 50 revistas pornô espalhadas, uma chapa onde cozinhava bifes — só bifes — e destilados baratos. Era telefonista do circo, ia às cidades antes do circo chegar e telefonava para empresários locais proeminentes pedindo que financiassem a entrada de crianças carentes. Eles alugavam um quarto em alguma parte, mandavam instalar doze telefones, e um monte de homens telefonava para os habitantes, era uma fraude. Mandavam talvez um ônibus com crianças carentes ao circo e ficavam com o resto da grana. Radio dizia: "Me chamam de Radio porque não conseguem me desligar." Jack e eu tínhamos um telefone, e uma noite ele desceu e pediu para usá-lo. Dissemos: "Claro, Radio", ele entrou e havia uma mesinha com um telefone de disco. Ele pegou o aparelho, começou a discar e foi instantâneo. Nunca vi ninguém discar o telefone daquele jeito. Foi como se tivesse posto todos os dedos no disco ao mesmo tempo e, numa fração de segundo, alguém atendia e ele começava a conversar. Se fechasse os olhos você juraria que estava ouvindo um santo inteligentíssimo falando daquelas crianças carentes. Radio era incrível.

Ao lado da casa da Sra. Marciette vivia Frankie Welch, que parecia uma versão morena de Doris Day. Essa região era próxima da prefeitura, era bem horrível, e Frankie Welch foi a primeira pessoa a ir para lá. Ela tinha visão, e uma loja de roupas muito luxuosa. Ela também criava roupas e acabou ficando próxima de Betty Ford fazendo roupas para ela. Quando descobriu que éramos artistas, me fez pintar letreiros bacanas com tinta a óleo. Mas então a Sra. Marciette nos mandou embora. Frequentemente ficávamos até tarde da noite com as luzes acesas, ela pagava a eletricidade e havia tinta por todo lado. Em geral eu deixava os lugares piores do que quando entrava. Não estragávamos nada de propósito, como os astros do rock, mas quando se pinta, a tinta respinga. Depois que nos mudamos vi Radio outra vez. Estava no centro, levava uma maleta e esperava o ônibus que o levaria a outra cidade.

Quando estava no ensino médio fui ao médico porque estava tendo espasmos intestinais, provocados pela tensão e todas as coisas erradas que andava fazendo. No ensino médio eu tinha uma vida de ateliê, uma vida de fraternidade e uma vida familiar, e não queria que elas se misturassem. Nunca levei amigos à casa dos meus pais, e não queria que eles soubessem de nada. Sabia me comportar em casa, o que era diferente de como me comportava na fraternidade, e diferente de como era no ateliê. Sentia muita tensão, e vivia nervoso com aquelas vidas separadas.

Eu não ligava para o mundo artístico de Nova York, e estudar lá não significava nada para mim. Não sei por que escolhi a Escola do Museu de Boston — tinha só uma coisa em mente: queria ir para Boston. A Escola do Museu de Boston parecia bacana, mas não gostei nem um pouco e quase não conseguia ir porque tinha medo de sair do apartamento. Tive agorafobia, e ainda tenho um pouco. Não gosto de sair. Meu pai disse que eu precisava achar alguém para dividir o aluguel comigo, porque era caro demais, então pus um anúncio no mural da escola e Peter Blankfield — que depois trocou o nome para Peter Wolf e virou cantor da J. Geils Band — me procurou e disse: "Gostaria de rachar o apartamento com você." Respondi: "Legal", e ele se mudou naquela noite.

Outro cara, Peter Laffin, tinha uma caminhonete, e nós três fomos de Boston ao Brooklyn ou Bronx ou a outro lugar buscar as coisas de Peter. Eles fumaram maconha no carro, mas eu nunca tinha fumado, então estava ficando doidão só com a maresia. Me deram o baseado e dei uns tapas. Eles sabiam como a maconha funcionava e sabiam que eu não sabia, então propuseram: "David, não seria bom comer uma rosquinha agora?" E respondi: "Eu *preciso* comer uma rosquinha!", então pegamos umas rosquinhas dormidas cobertas de açúcar de confeiteiro e eu estava tão ansioso para devorá-las que inalei uma montanha de açúcar. É preciso ter cuidado.

Chegou a minha vez de dirigir. Íamos pela estrada e estava tudo muito quieto quando ouço alguém dizer: "David." Houve outro silêncio, até que alguém disse: "David! Você parou no meio da estrada!" Eu estava fitando as faixas da estrada, que começaram a ficar cada vez mais lentas, e estava adorando aquilo, e ia cada vez mais devagar, até que as faixas pararam de se mover. Era uma autoestrada de oito pistas, os carros passavam voando e eu tinha parado! Aquilo foi muito perigoso!

Por algum motivo fomos a um apartamento cuja iluminação era só com lampadinhas de Natal, principalmente vermelhas. Na sala havia uma motocicleta gigantesca desmontada, umas cadeiras, e parecia que tínhamos entrado no inferno. Depois fomos à casa de Peter, descemos ao porão, e quando estávamos lá fiz um oco com as mãos, despejei ali uma água escura e, flutuando na superfície da água, vi o rosto de Nancy Briggs. Vi o rosto dela. Foi a primeira vez que fumei maconha. Na manhã seguinte pusemos as coisas de Peter no carro, fomos visitar Jack, que me contou que uns alunos da sua escola estavam usando heroína. Fui a uma festa no edifício dele e vi um cara meio encolhido com uma camisa de seda, que tinha tomado heroína. Naquele tempo também começamos a ver hippies, e não os desprezei, mas parecia uma moda, e muitos comiam passas e nozes. Alguns se vestiam como se viessem da Índia e diziam que faziam meditação, mas naquele tempo eu não queria saber de meditação.

Meses depois mandei Peter embora. Acontece que fui a um show do Bob Dylan e acabei sentado ao lado de uma garota com quem eu tinha acabado de terminar o namoro. Não podia acreditar que estava sentado ao lado dela. Claro que o encontro tinha sido marcado quando estávamos juntos, mas rompemos, então fui sozinho ao show, estava doidão e lá estava ela! Lembro-me de ter pensado que era uma coincidência estranha estar sentado ao seu lado. Os nossos assentos eram ruins e estávamos *bem* no fundo de um auditório gigantesco, muito longe. Isso foi em 1964, e Dylan não tinha uma banda — estava sozinho no palco e parecia incrivelmente pequeno. Usando o polegar e o indicador, medi os jeans dele e disse à garota: "Os jeans dele têm só um centímetro e meio!" Depois medi o violão e disse: "A guitarra também tem só um centímetro e meio!" Aquilo parecia uma mágica estranhíssima e fiquei superparanoico. Por fim, houve um intervalo e corri para fora; fazia frio, estava fresco e pensei, graças a Deus saí dali, e fui andando para casa. Estava lá quando Peter chegou com um monte de amigos e exclamou: "O quê? Ninguém larga um show do Dylan!" Respondi: "*Eu* saio da porra do show do Dylan. Desapareça daqui." Expulsei todos eles. Lembro que quando ouvi Dylan pela primeira vez no rádio do carro estava com o meu irmão e começamos a rir que nem doidos. Era "Blowing in the Wind", e o jeito como ele cantava era muito legal, mas um legal engraçado.

Frequentei a Escola do Museu de Boston por apenas dois semestres, e nem apareci nas aulas na segunda metade. A única aula de que gostava era a de escultura, no sótão do museu. A sala tinha uns 8 metros de largura por uns 30 de comprimento, e o teto era incrivelmente alto, com uma claraboia de ponta a ponta. Havia baldes grandes com materiais como gesso e barro, e foi onde aprendi a moldar. O professor era Jonfried Georg Birkschneider, e ao receber o pagamento ele o entregava num bar de Boston com um balcão de madeira escura polida de 30 metros de comprimento, e bebia. A namorada dele se chamava Natalie. Depois do primeiro semestre voltei para Alexandria no Natal e ele se hospedou na minha casa com Natalie. Quando voltei deixei que ficassem no apartamento, e eles passaram uns meses lá. Eu pintava num quarto, e ele e Natalie ocupavam o outro; ele ficava lá sentado, mas não me incomodava. Ele me apresentou Moxie, um refrigerante de Boston. Detestei aquilo, até descobrir que colocando as garrafas no congelador a tampa saltava e formava um gelo macio muito gostoso. Era como neve meio derretida. Não sei que fim levou Jonfried Georg Birkschneider.

Larguei os estudos e Jack e eu fomos à Europa. Aquilo era parte do sonho com a arte, mas foi totalmente improvisado. Só eu tinha dinheiro

— embora Jack provavelmente pudesse ter conseguido um pouco se tivesse escrito aos pais — mas nos divertimos muito, ou quase. Não gostamos de Salzburg, e quando mandamos aquilo às favas ficamos livres. Não tínhamos planos. De lá fomos a Paris, onde passamos um ou dois dias, tomamos o Orient Express para Veneza, os trens eram elétricos, e depois pegamos um trem a vapor para Atenas. Chegamos lá à noite e quando acordei na manhã seguinte havia lagartos no teto e nas paredes do quarto. Quis ir a Atenas porque o pai de Nancy Briggs tinha sido transferido e dois meses depois Nancy iria para lá, mas só passamos um dia em Atenas. Pensei, estou a 11 mil quilômetros de onde realmente queria estar e só quero ir embora daqui. Acho que Jack pensava o mesmo.

Mas ficamos totalmente sem dinheiro. Voltamos a Paris, e no trem conhecemos quatro professoras que nos deram o endereço de onde iam se hospedar em Paris. Quando chegamos Mary tinha enviado uma passagem para Jack, mas eu não tinha passagem, e ele foi para o aeroporto. Antes disso fomos ao endereço que aquelas moças tinham nos dado, mas elas não estavam, então entramos num café, pedi uma Coca-Cola e entreguei a Jack o resto do dinheiro, para pagar o táxi para o aeroporto. Fiquei lá sentado sozinho; terminei a Coca e fui bater à porta delas, mas nada ainda. Voltei ao café e me sentei, voltei lá, bati outra vez e tinham chegado. Elas me deixaram tomar banho e me deram 20 dólares. Não havia como falar com os meus pais porque eles tinham saído de férias, então liguei para o meu avô, despertei-o às 4 da manhã e ele rapidamente conseguiu dinheiro para a passagem; voei de volta para o Brooklyn. Voltei com algumas moedas europeias e as dei a ele. Quando ele morreu encontraram uma bolsinha com um pedaço de papel pregado com um alfinete de segurança que dizia: "Estas são moedas que David me trouxe da Europa." Ainda as guardo em algum lugar.

As coisas ficaram estranhas depois que voltei da Europa. Meus pais se chatearam quando souberam que eu não iria à escola em Salzburg, e quando voltei a Alexandria fiquei na casa dos Keeler. Bushnell e a mulher dele não estavam, mas Toby sim, e ele se surpreendeu ao me ver. Eu ia ficar fora três anos, e quinze dias depois estava batendo à porta dele. Mais tarde consegui um lugar para mim, e gosto de arrumar os espaços. É quase como pintar. Quero que o espaço onde vivo seja agradável para trabalhar. Tem a ver com a mente; ela quer algo, um arranjo.

Michelangelo Aloca era um pintor gestualista dos anos cinquenta, dono de uma loja de molduras, e me deu emprego. Era um sujeito estranho. Tinha a cabeça do tamanho de uma lata de 18 litros, barba comprida, o peitoral enorme, e as pernas de uma criança de três anos. Vivia numa cadeira de rodas, mas era muito forte. Certa vez estávamos andando de carro, passamos por uns trilhos de ferro enormes e ele se arrastou para fora, foi até lá, pegou um trilho, ergueu-o e o jogou no chão. Ele era doido. Tinha uma mulher e uma criança lindas. Uma mulher sensacional! Ele me demitiu do emprego na loja de molduras e me contratou como zelador para varrer o prédio. Um dia perguntou: "Quer ganhar cinco dólares extras?" Respondi: "Claro." E ele: "As garotas acabam de se mudar do prédio. Limpe o banheiro delas." Aquele banheiro... se desse um vento transbordava. Estava até a borda, uma água marrom, branca, vermelha, até a borda. Limpei tão bem que seria possível comer ali. Ficou tinindo.

Uma vez fui à casa de Mike Aloca e ele estava conversando com um cara negro. Quando o cara foi embora, Mike disse: "Quer uma TV de graça?" Respondi: "Claro," e ele disse: "Pegue esse dinheiro e essa arma, vá a tal lugar e esse cara vai levar você às TVs." Chamei Charlie Smith e alguém mais para me acompanhar, fomos a D.C., encontramos o sujeito, ele nos indicou aonde ir e disse: "Parem aqui — vou lá buscar as TVs." Entrou, voltou e disse: "Não me deram as TVs; querem o dinheiro primeiro." Dissemos que não, então ele entrou e saiu outra vez sem as TVs, e repetiu que precisava do dinheiro primeiro. Continuamos negando, então ele voltou lá e desta vez saiu com uma caixa de TV e resolvemos arriscar. Entregamos o dinheiro, ele entrou e nunca mais saiu, e lá estávamos nós, com uma pistola carregada debaixo do assento do motorista. Por sorte, Mike riu quando contamos o que tinha acontecido. Às vezes ele era assustador. Uma vez disse que eu estava gastando todo o dinheiro que recebia em tinta: "Quero que você me mostre a comida que compra; você precisa comer." Eu devia estar com cara de doente ou algo assim. Mostrei o leite, a manteiga de amendoim e um pedaço de pão e ele aprovou: "Está bem."

Fui despedido de todos os empregos que tive. Por um tempo trabalhei para um artista de Alexandria que fazia círculos vermelhos, azuis e amarelos em acrílico e tinha uma lojinha que me contratou para cuidar. Ninguém entrava lá, e de vez em quando eu roubava uma moeda de dez centavos para comprar uma Coca-Cola. Um dia Jack veio e contou que ia entrar para a

Marinha, mas a decisão durou três segundos, porque em seguida ele soube que estava na Academia de Belas Artes da Pensilvânia, na Filadélfia. Então, ele estava lá e eu aqui.

Bushnell sabia que o melhor para mim era sair de Alexandria e sabia que Jack estava na Academia, então pensou: "Vamos complicar as coisas para David por aqui." Ele e o irmão começaram a me evitar, eu não sabia por que agiam assim, e fiquei magoado. Até que Bushnell escreveu uma carta para a Academia dizendo que eu era ótimo, e acho que isso me ajudou a ser aceito. Ele tinha me feito entender que queria ser pintor, depois me deu um ateliê; ele foi uma inspiração para mim, depois escreveu aquela carta, me ajudou de diversas formas. Ele e a mulher me falaram do Instituto Americano de Cinema (AFI). Souberam que eu tinha feito dois filmes pequenos e me disseram que o AFI oferecia bolsas. Ele foi uma pessoa tremendamente importante na minha vida.

Bushnell me ajudou muitíssimo naqueles anos mas, de maneira geral, ser adolescente não foi muito legal para mim. Ser adolescente é algo eufórico e emocionante, mas está mesclado com aquela corrente aprisionante que é o ensino médio. É um tormento.

Bolsas de Morte sorridentes

A Filadélfia era uma cidade arruinada na década de 1960. Nos anos posteriores à Segunda Guerra Mundial, a escassez de moradia, aliada a um influxo de afro-americanos, disparou uma onda de emigração de brancos e, entre 1950 e 1980, a população da cidade diminuiu. As relações raciais sempre foram tensas por lá, e na década de 1960 muçulmanos negros, nacionalistas negros e um ramo militante do NAACP baseado na Filadélfia tiveram um papel crucial no nascimento do movimento *black power*, o que intensificou tremendamente a tensão. A animosidade que vinha sendo cozida a fogo lento entre hippies, ativistas estudantis, policiais, traficantes de drogas e membros das comunidades afro-americana e católica irlandesa chegou ao ponto de ebulição diversas vezes e se espalhou pelas ruas.

Um dos primeiros protestos raciais da era dos direitos civis eclodiu na Filadélfia menos de um ano e meio antes da mudança de Lynch para lá, deixando 225 lojas danificadas ou destruídas; muitas não voltaram a abrir, e avenidas que até então fervilhavam se transformaram em corredores vazios, com portas fechadas e vitrines quebradas. O intenso tráfico de drogas contribuiu para a violência, e a pobreza deixava os habitantes desmotivados. Perigosa e suja, a cidade foi adubo para a imaginação de Lynch. "A Filadélfia era um lugar assustador", comenta Jack Fisk, "e mostrou a David um mundo muito sórdido".

Situada no centro, como se fosse uma zona desmilitarizada, localizava-se a Academia de Belas Artes da Pensilvânia. "Havia muitos conflitos e paranoia

76 ESPAÇO PARA SONHAR

na cidade, e a escola era como um oásis", rememora Bruce Samuelson, colega de Lynch.[1] Instalada em um prédio vitoriano ornamentado, a escola de arte mais antiga do país era conservadora no período em que Lynch a frequentou, mas foi a plataforma de lançamento de que necessitava.

"David se mudou para o quartinho que eu tinha alugado", contou Fisk. "Chegou em novembro de 1965 e ficou lá até começarem as aulas, em janeiro. O quarto tinha dois sofás, onde dormíamos, e eu tinha um monte de plantas mortas espalhadas por toda parte — ele gostava de plantas mortas. No dia de Ano-Novo alugamos uma casa em frente ao necrotério, numa parte industrial tenebrosa da cidade, por 45 dólares ao mês. As pessoas tinham medo de nos visitar, e David saía na rua carregando um pau com pregos na ponta, para o caso de ser atacado. Certo dia um policial o deteve, e ao ver o pau disse: "Muito bem, conserve-o." Trabalhávamos a noite toda, dormíamos de dia e não tínhamos muito contato com os professores: só fazíamos pintar."

Lynch e Fisk não se preocupavam em ir à escola com frequência, e logo toparam com uma comunidade de estudantes que pensavam como eles. "David e Jack eram como uma dupla dinâmica, e entraram para o nosso grupo", recorda o artista Eo Omwake. "Éramos cerca de uma dúzia de pessoas alternativas e experimentais, um círculo íntimo de estímulos, e tínhamos um estilo de vida frugal e boêmio."[2]

Nesse círculo estava a pintora Virgínia Maitland, que recorda de Lynch como "um cara melodramático, arrumadinho, que bebia muito café e fumava cigarros. Era tão careta que chegava a ser excêntrico. Em geral andava com Jack, que era alto como Abraham Lincoln e meio hippie, e o cão de Jack, Five, costumava acompanhá-los. Eles formavam uma dupla interessante."[3]

"David sempre usava calças cáqui, sapatos Oxford e meias grossas", conta o colega de classe James Harvard. "Logo ficamos amigos, porque gostei da sua empolgação com o trabalho — ele realmente mergulhava na coisa quando fazia o que gostava. Naquela época a Filadélfia era assustadora, e mal sobrevivíamos. Não saíamos muito à noite porque era perigoso, mas ao nosso modo éramos loucos, e David também. Ficávamos na minha casa ouvindo Beatles e ele batucava numa lata de batatas fritas de 2 quilos como se fosse uma bateria. Ficava batucando naquilo."[4]

Samuelson ficou impressionado com "o modo cavalheiresco de David se expressar, e a gravata — naquela época só os professores usavam gravatas. Quando nos conhecemos me despedi achando que havia algo errado, e ao me

BOLSAS DE MORTE SORRIDENTES **77**

virar e olhar para trás vi que ele estava usando duas gravatas. Acho que não tentava chamar a atenção — as duas gravatas simplesmente faziam parte de quem ele era."

Peggy Lentz Reavey tinha entrado para a Academia cinco meses antes de Lynch. Filha de um advogado bem-sucedido, terminou o ensino médio, inscreveu-se na Academia e vivia no alojamento estudantil no campus quando conheceu Lynch. "Ele definitivamente me atraiu", recorda. "Eu o vi sentado na lanchonete e pensei *aquele garoto é lindo*. Ele estava meio confuso naquela época, usava camisas puídas e parecia meigo e vulnerável. Era exatamente o tipo de pessoa angelical, de olhos arregalados, de que uma garota queria cuidar."

Quando se conheceram, ambos estavam envolvidos com outras pessoas, então por vários meses foram apenas amigos. "Costumávamos almoçar juntos e gostávamos de conversar, mas lembro que no início achei-o meio lento, porque não se interessava pelas coisas que eu cresci adorando e que associava a um artista. Eu achava que artistas não deveriam ser populares no ensino médio, mas ali estava aquele garoto sonhador que participara de uma fraternidade escolar e contava histórias maravilhosas de um mundo que eu desconhecia. Viagens para esquiar com a escola, caça a coelhos no deserto nos arredores de Boise, o rancho de trigo do avô — tudo tão estranho e divertido! Culturalmente vínhamos de mundos totalmente distintos. Eu tinha um disco legal de canto gregoriano, e ele ficou horrorizado quando ouviu aquilo. 'Peg! Não acredito que você gosta disso! É tão deprimente!' Na verdade, ele estava deprimido quando nos conhecemos.

Omwake concorda: "Acho que David passou por um período depressivo quando morava perto do necrotério — dormia umas 18 horas por dia. Certa vez fui ao apartamento onde ele morava com Jack, e Jack e eu estávamos conversando quando David acordou. Ele apareceu, bebeu quatro ou cinco Cocas, conversou um pouco e voltou para a cama. Dormia muito naquela época."

Quando estava desperto, Lynch devia ser muito produtivo, pois progrediu rapidamente na escola. Cinco meses depois de começar as aulas recebeu menção honrosa em um concurso estudantil com uma escultura de técnica mista com um rolimã que disparava uma reação em cadeia onde luziam uma lâmpada e um fogo de artifício. "A Academia era uma das poucas escolas de arte que ainda davam ênfase na educação clássica, mas Davi não passou muito tempo assistindo às aulas no primeiro ano, como a de desenho vivo," comenta Virgínia Maitland. "Em seguida passou para as aulas avançadas. Havia ateliês grandes para os que estavam nas categorias avançadas, e éramos cinco ou seis. Recordo que me empolgava vendo-o trabalhar."

Lynch já tinha habilidade técnica quando entrou para a Academia, mas ainda não tinha desenvolvido a voz única que marca o seu trabalho maduro, e no primeiro ano tentou diversos estilos. Há retratos gráficos detalhados, surreais e estranhos, traçados com punho firme — um homem com o nariz sangrando, outro vomitando, outro com o crânio partido; figuras que ele descreveu como "mulheres mecânicas", em que combinou a anatomia humana com partes de máquinas; e desenhos delicados, carregados de sensualidade, que evocam a obra do artista alemão Hans Bellmer. Todos apresentam grande destreza, mas a sua potente sensibilidade ainda não se manifestara. Em 1967 ele produziu *A noiva*, o retrato de 1,80m por 1,80m de uma figura espectral vestida de noiva. "Ele mergulhou de cabeça na obscuridade e no medo", observa Reavey sobre a pintura, cujo paradeiro é desconhecido, que considera um ponto de inflexão. "Era muito bem executado, com a renda branca do vestido atenuada contra o fundo escuro, e a figura enfia a mão esquelética sob o vestido para abortar. O feto é apenas sugerido, e não sangra... é sutil. Era uma pintura excelente."

Lynch e Fisk continuaram morando em frente ao necrotério até abril de 1967, quando se mudaram para uma casa na Aspen Street 2429, um bairro católico irlandês. Eles ocuparam um sobrado conhecido como "Pai, Filho e Espírito Santo", de três pisos; Fisk ocupou o segundo, Lynch o terceiro, e no térreo ficavam a cozinha e a sala. Reavey vivia a curta distância de ônibus, e àquela altura ela e Lynch formavam um casal. "Ele fazia questão de chamar aquilo de 'amizade com sexo', mas eu estava muito envolvida", conta ela, que frequentava a casa regularmente e terminou indo morar lá com Lynch e Fisk até que, meses depois, este último mudou-se para um loft perto dali, em cima de uma oficina de lanternagem.

"David e Jack eram hilários juntos — você ria o tempo todo com eles", conta ela. "David costumava vir pedalando de bicicleta ao meu lado na volta da escola, e um dia encontramos um passarinho machucado na calçada. Ele ficou muito interessado, levou-o para casa e, quando o bicho morreu, David passou a maior parte da noite fervendo-o para retirar a carne e fazer algo com o esqueleto. David e Jack tinham um gato preto chamado Zero, e na manhã seguinte estávamos tomando café e ouvimos Zero na sala ao lado mastigando os ossos. Jack riu que nem doido."

"O lugar preferido de David para comer era o café que ficava dentro de uma farmácia na Cherry Street, onde todos nos conheciam pelo nome", prossegue Reavey sobre os primeiros meses de vida em comum "Ele brincava com a garçonete e adorava Paul, o senhor do caixa. Paul tinha cabelo branco, usava óculos e gravata e vivia falando da sua televisão. Contava como a tinha comprado, dizia que era muito boa e terminava a conversa muito solene: 'É, Dave... fui abençoado com uma boa recepção.' David até hoje fala de Paul e da boa recepção."

O evento crucial na criação do mito David Lynch ocorreu no início de 1967. Quando pintava uma figura de pé entre folhagens em tons escuros de verde, ele sentiu o que descreveu como "um ventinho" e vislumbrou um leve movimento na pintura. Como um dom advindo do éter, a ideia de uma pintura em movimento acionou um gatilho em sua mente.

Ele conversou com Bruce Samuelson, que na época fazia pinturas carnais e viscerais do corpo humano, sobre colaborarem em um filme, mas logo descartaram a ideia. No entanto, Lynch estava determinado a explorar a nova direção que se apresentara, alugou uma câmara na Photorama no centro da cidade, e rodou *Six Men Getting Sick (Six Times)* [Seis homens passando mal (seis vezes)], animação de um minuto que se repete seis vezes e é projetada em uma tela esculpida de 1,80m por 3m. Feito com um orçamento de 200 dólares e rodado em um quarto vazio de hotel de propriedade da Academia, o filme junta três rostos detalhados moldados primeiro em gesso, depois em fibra de vidro — Lynch moldou o rosto de Fisk duas vezes e este moldou uma vez o rosto de Lynch — com três rostos projetados. Lynch estava experimentando com diferentes materiais e Reavey conta: "David nunca tinha usado resina de poliéster e a primeira porção que misturou pegou fogo."

Os corpos das seis figuras na peça são pouco articulados e se centram em órbitas vermelhas inchadas representando estômagos. Os estômagos animados enchem-se de um líquido colorido que sobe até os rostos estourarem com jatos de tinta branca que escorrem por um campo púrpura. Todo o tempo soa uma sirene, a palavra "doente" chispa na tela e mãos acenam aflitas. A peça recebeu o Prêmio em Memória do Dr. Willliam S. Biddle Cadwalader, compartilhado com o pintor Noel Mahaffey. O estudante H. Barton Wasserman ficou tão impressionado que encomendou uma instalação semelhante para a sua casa.

80 ESPAÇO PARA SONHAR

"David me pintou com uma tinta acrílica vermelha que ardia pra burro, e pôs um chuveiro naquela coisa", explica Reavey sobre a encomenda de Wasserman. "No meio da noite precisou de um chuveiro e uma mangueira, então se meteu num beco e voltou com eles! Essas coisas sempre aconteciam com ele." Lynch levou dois meses para filmar dois minutos e 25 segundos, mas ao revelar o filme descobriu que a câmera que tinha usado estava escangalhada e só se viam manchas. "Ele enfiou a cabeça entre as mãos e chorou por dois minutos", conta Reavey, "depois disse 'Foda-se' e mandou consertar a câmera. Ele é muito disciplinado." O projeto foi descartado, mas Wasserman deixou Lynch guardar o resto do dinheiro.

Em agosto de 1967 Reavey soube que estava grávida, e um mês depois, no início do semestre, Lynch deixou a Academia. Explicou a decisão em uma carta à administração da escola: "Não regressarei no outono, mas irei aí de vez em quando tomar uma Coca-Cola. Ultimamente não tenho dinheiro suficiente, e o médico disse que sou alérgico a tinta a óleo. Estou desenvolvendo uma úlcera e lombrigas, além dos meus espasmos intestinais. Estou sem energia para fazer um trabalho escrupuloso na Academia de Belas Artes. Saudações — David. P.S.: Em vez disso, tenho me dedicado seriamente a filmar."[5]

No fim daquele ano Reavey também abandonou a escola. "David propôs: 'Vamos nos casar, Peg. A gente vai se casar de qualquer modo, então melhor casar logo'", recorda. "Eu não conseguia pensar em dizer aos meus pais que estava grávida, mas dissemos, e foi mais fácil porque eles adoravam David.

"Nos casamos em 7 de janeiro de 1968, na igreja dos meus pais, onde havia um pastor novo que foi sensacional", prossegue. "Ele estava do nosso lado: Ah, vocês encontraram o amor, fantástico. Eu estava mais ou menos no sexto mês de gravidez, usei um vestido branco longo e tivemos uma cerimônia formal que achamos engraçada. Meus pais estavam constrangidos, mas convidaram os amigos, e me senti mal por isso, mas seguimos em frente. Depois fomos todos à casa dos meus pais onde serviram canapés e champanhe. Nossos amigos artistas foram, havia muito champanhe rolando e foi uma festa doida. Não saímos em lua de mel, mas eles reservaram um quarto para nós por uma noite do hotel Chestnut Hill, que hoje está bonito, mas naquele tempo era um lixo. Ficamos num quarto horrível, mas estávamos felizes e nos divertimos muito."

Com os fundos restantes da encomenda de Wasserman, além da ajuda financeira do pai, Lynch embarcou em seu segundo filme, *The Alphabet* [O alfabeto]. Com quatro minutos e estrelado por Reavey, foi inspirado na história de uma sobrinha dela que recitava o alfabeto ansiosamente em sonhos. O filme abre com um plano de Reavey de camisola branca, deitada em uma cama forrada com lençóis brancos em um vazio preto, e intercala atores e animação. Os desenhos são acompanhados de uma trilha sonora inovadora, que começa com um grupo de crianças cantando "a, b, c" e segue com um barítono (Robert Chadwick, amigo de Lynch), entoando uma canção sem sentido em tons estentóreos; o choro de um bebê e a mãe que o acalenta; e Reavey recitando o alfabeto. Descrito por Lynch como "um pesadelo sobre o medo ligado à aprendizagem", é um filme cativante, com uma ameaça subjacente. Termina com a mulher vomitando sangue enquanto se debate na cama. "*The Alphabet* foi apresentado num cinema de verdade num lugar chamado Band Box", recorda Reavey. "Quando o filme começou, o som estava desligado." Lynch se levantou gritando "Parem o filme" e correu para a sala de projeção, com Reavey detrás dele. Os pais dela estavam lá, e Lynch recorda aquela noite como "um pesadelo".

"O trabalho de David era o centro da nossa vida, e assim que fazia um filme, a coisa era conseguir fazer outro", conta Reavey. "Eu sabia que me amava, mas ele avisou: 'O trabalho é o principal e tem de vir primeiro.' E assim foi. Eu estava extremamente envolvida no trabalho dele — tínhamos uma boa conexão no sentido estético. Ficava admirada com as coisas que ele fazia, e dizia: 'Nossa, você é um gênio!' Dizia isso toda hora, e acho que é verdade. O que ele fazia parecia certo e original."

Reavey trabalhou na livraria do Museu de Arte da Filadélfia em 1967 até entrar em trabalho de parto. Jennifer Chambers Lynch veio ao mundo em 7 de abril de 1968, e Reavey relembra: "David ficou encantado com Jen, mas tinha dificuldade com o choro dela à noite. Não conseguia tolerar aquilo. Dormir era importante para ele, e não era nada divertido acordá-lo — tinha problemas estomacais e pela manhã seu estômago estava sempre irritado. Mas Jen era ótima, uma criança fácil, e esteve no centro da minha vida por muito tempo — os três fazíamos tudo juntos e éramos uma família idílica."

Quando Reavey e Lynch se casaram, o pai de Reavey deu a eles dois mil dólares, e os pais de Lynch contribuíram com fundos adicionais que lhes permitiram comprar uma casa. "Ficava na Poplar Street 2416, esquina com Ringgold", conta Reavey. "As janelas de sacada no quarto — sob as quais ficava a nossa cama —, davam para a Igreja Católica Ucraniana e havia mui-

82 ESPAÇO PARA SONHAR

tas árvores. A casa permitiu fazer muitas coisas, mas algumas foram complicadas. Arrancamos o linóleo e nunca terminamos de lixar o piso de madeira, que tinha umas partes esburacadas. Quando algo derramava na cozinha, a madeira estufava. A mãe de David veio nos visitar pouco antes de nos mudarmos para a Califórnia e brincou: 'Peggy, você vai sentir saudade desse piso.' Sunny tinha um senso de humor seco, maravilhoso. Uma vez ela olhou para mim e disse: 'Peggy, há anos estamos preocupados com você. A mulher de David...' ela sabia ser engraçada, e Don também tinha um grande senso de humor. Sempre me diverti com os pais de David."

A vida como mulher de Lynch era interessante e rica, mas a violência da Filadélfia não era brincadeira. Reavey tinha crescido lá e pensava que não era pior do que qualquer outra cidade grande do nordeste na década de 1960, mas admite que "Não gostava quando alguém levava um tiro diante da nossa casa. Ainda assim, saía diariamente empurrando o carrinho de bebê pela cidade para comprar filme e coisas de que necessitávamos, e não tinha medo. Mas podia ser assustador."

"Certa noite em que David não estava vi um rosto na janela do segundo piso, e quando ele voltou ouvimos alguém pular para o jardim. No dia seguinte um amigo emprestou uma arma a David, e passamos a noite sentados no sofá de veludo azul — do qual ele tem saudade até hoje — com ele segurando o rifle. Outra vez estávamos na cama quando ouvimos alguém forçar a porta da frente e abri-la. Tínhamos uma espada cerimonial debaixo da cama, um presente do meu pai, e David vestiu a cueca ao contrário, agarrou a espada, correu para o alto da escada e berrou 'Fora daqui!' A vizinhança era volátil, e muita coisa aconteceu naquela casa."

Lynch não tinha emprego quando a filha nasceu, e tampouco procurava, quando Rodger LaPelle e Christine McGinnis — graduados na Academia e dos primeiros a apoiar o trabalho dele — ofereceram-lhe emprego fazendo impressões em uma loja onde tinham uma bem-sucedida linha de gravuras artísticas. A mãe de McGinnis, Dorothy, também trabalhava na loja, e LaPelle relembra: "Almoçávamos todos juntos diariamente, e só falávamos de arte."[6]

As pinturas mais notáveis de Lynch daquela época foram produzidas nos dois últimos anos que passou na Filadélfia. Ele tinha ficado impressionado com uma exposição da obra de Francis Bacon, entre novembro a dezembro de 1968, na Galeria Marlborough-Gerson, em Nova York. Não foi o único e, segundo Maitland, "a maioria de nós foi impactada por Bacon, e eu via isso

BOLSAS DE MORTE SORRIDENTES **83**

em David o tempo todo." Bacon está inquestionavelmente nas pinturas de Lynch do período, e ele o incorporou amplamente à sua visão.

Como ocorre na obra de Bacon, as primeiras pinturas de Lynch são retratos, com linhas simples, verticais e horizontais, que transformam a tela em cenário de acontecimentos curiosos. As ocorrências são as próprias figuras. Criaturas surpreendentes parecem emergir do solo argiloso: aglomerações impossíveis de membros humanos, formas animais e brotações orgânicas dissolvem os limites que costumam distinguir uma espécie da outra; elas retratam todas as coisas vivas como partes de um só campo energético. Isoladas em ambientes pretos, as figuras frequentemente parecem viajar por um terreno sombrio carregado de perigo. *Flying Bird with Cigarette Butts* [Pássaro voando com guimbas de cigarro] (1968) retrata uma figura que plana em um céu preto com uma espécie de filhote preso ao ventre por um par de cordas. Em *Gardenback* (1968-1970), uma águia parece ter sido enxertada em pernas humanas. Coisas brotam das costas arredondadas da figura, que caminha de perfil e tem um volume parecido com um seio que eclode da base da sua espinha.

Essas pinturas visionárias são do final da década de 1960 e, embora naquela época o último disco dos Beatles girasse permanentemente no toca-discos, as águas mais profundas da contracultura não interessavam muito a Lynch. "David nunca usou drogas — não precisava", explica Reavey. "Certa vez um amigo nos deu um pouco de haxixe e aconselhou fumá-lo e fazer sexo. Não entendíamos daquilo, então fumamos tudo sentados no sofá de veludo azul, e depois mal conseguimos nos arrastar escada acima. A bebida tampouco foi grande coisa em nossa vida. Meu pai costumava fazer o que chamava de 'o especial Lynch', um drinque com vodca e o refrigerante Bitter Lemon, que David apreciava, mas seu consumo de álcool acabava ali."

"A única vez em que vi David embriagado foi no meu casamento, quando todos estavam caindo de bêbados", confirma Maitland. "Mais tarde, lembro-me de ouvir minha mãe dizer: 'Seu amigo David ficou pulando no meu lindo sofá amarelo!' Provavelmente foi a única vez que ele ficou bêbado desse jeito."

Estimulado por Bushnell Keeler, Lynch concorreu a uma bolsa de 7.500 dólares do Instituto Americano de Cinema em Los Angeles, e anexou *The Alphabet* e um roteiro novo que escrevera, intitulado *The Grandmother* [A avó], como parte do seu currículo. Recebeu 5.000 dólares para fazer *The Grandmother*, a história de um garoto solitário que é continuamente punido pelos pais cruéis por molhar a cama. Crônica de 34 minutos da tentativa bem-sucedida do garoto de plantar e cultivar uma avó amorosa, o filme traz Dorothy McGinnis, colega de trabalho de Lynch, no papel da avó. Richard White, um vizinho, interpretou o garoto, e Robert Chadwick e Virgínia Maitland atuaram como os pais.

Lynch e Reavey transformaram o terceiro piso de casa num set de filmagens, e ela se lembra de "tentar descobrir como pintar o cômodo de preto sem perder a definição da forma do quarto; terminamos traçando com giz os cantos onde teto e paredes se juntavam." O cenário exigiu a eliminação de diversas paredes, o que "criou uma bagunça tremenda", ela disse. "Passei muito tempo enchendo sacos plásticos com gesso e colocando-os na rua. Sacos grandes teriam sido pesados demais, então usamos sacos pequenos com alças que pareciam orelhas de coelho. Um dia estávamos na janela quando os lixeiros chegaram e David rolou de rir, porque aqueles saquinhos espalhados pela rua pareciam uma coelhada enorme."

Maitland conta que sua participação em *The Grandmother* começou com o convite de Reavey. "Peggy perguntou: 'Você topa fazer isso? David lhe paga 300 dólares.' Lembro-me muito bem de ir à casa deles, de como ele arrumou tudo de um modo muito lúgubre. Ele pôs elásticos de borracha no nosso rosto para criar um ar estranho e nos pintou de branco. Há uma cena em que Bob e eu estamos no chão, enterrados até o pescoço, e ele precisava de um lugar onde cavar buracos fundos, então filmamos a cena na casa dos pais de Eo Omwake em Chadds Ford, na Pensilvânia. David cavou os buracos, entramos, ele nos cobriu de terra, e lembro que ficamos lá um tempo que me pareceu excessivo. Mas isso é o que faz dele alguém tão extraordinário — já naquela época era um diretor incrível. Convencia qualquer um a topar qualquer coisa, e o fazia de um modo muito amável."

Um elemento crucial em *The Grandmother* avançou quando Lynch conheceu Alan Splet, uma espécie de gênio do som independente. "A parceria de David e Al foi bem bacana — eles simplesmente se entenderam", explica Reavey. "Al era excêntrico e gentil, tinha sido contador na cervejaria Schmidt, e era naturalmente dotado para o som. Tinha uma barba ruiva, cabelo ruivo e os olhos intensos de Vincent van Gogh, era magrelo como um lápis e cego como um morcego, então não podia dirigir e ia andando a toda parte, o que não o incomodava. Vestia-se de um modo totalmente sem graça, com camisas baratas de manga curta, e era um violoncelista maravilhoso. Quando morou conosco em Los Angeles às vezes chegávamos em casa e ele estava ouvindo música clássica num volume altíssimo, sentado no sofá, regendo-a."

Lynch descobriu que as bibliotecas de efeitos sonoros existentes eram inadequadas para as necessidades de *The Grandmother*, então ele e Splet produziram novos efeitos e criaram uma trilha sonora nada convencional que é vital no filme. *The Grandmother* estava quase terminado em 1969 quando o diretor do Instituto Americano de Cinema, Toni Vellani, tomou um trem de Washington, D.C. à Filadélfia para uma exibição; ele gostou do filme e prometeu que Lynch seria convidado para estudar no Centro de Estudos Avançados de Cinema do AFI no outono de 1970. "Recordo que David tinha um folheto do AFI e costumava sentar e lê-lo", recorda Reavey.

Vellani cumpriu a palavra, e em carta aos pais, em 20 de novembro de 1969, Lynch contou: "Achamos que é um milagre. Provavelmente passarei o mês que vem tentando me acostumar à ideia de que sou muito sortudo, e depois do Natal Peggy e eu vamos começar a 'rodar', como se diz no meio."

A Filadélfia tinha exercido a sua estranha mágica, e expusera Lynch a coisas que até então desconhecia. Violência aleatória, preconceito racial, comportamentos estranhos que costumam ir lado a lado com a pobreza — ele vira isso nas ruas da cidade, e a sua visão de mundo tinha sido alterada. O caos da Filadélfia era diametralmente oposto à abundância e otimismo do mundo em que crescera, e reconciliar os dois extremos viria a ser um tema duradouro na sua arte.

O caminho estava pavimentado para a agonia e o êxtase de *Eraserhead*, e Lynch foi para Los Angeles, onde encontraria condições para que o filme tomasse pé e crescesse. "Quando nos mudamos, vendemos a casa por 8 mil dólares", conta Reavey. "Hoje, quando nos encontramos, falamos daquela casa e do sofá de veludo azul comprado na loja Goodwill — até hoje David se empolga rememorando o que compramos lá. Exclama: 'Aquele sofá custou 20 dólares!' Por alguma razão Jack estava na prisão um dia antes da mudança, e não pôde nos ajudar a tirá-lo. David até hoje reclama: 'Droga! Deveríamos ter trazido o sofá!'"

Antes de ir para a Filadélfia eu não entendia nada de política nem da situação da cidade. Não é que não me importasse, é que não era ligado à política. Acho que naquele tempo nem votava. Então, fui aceito na Academia, entrei num ônibus e fui, e foi o destino que me fez acabar naquela escola. Jack e eu não comparecíamos às aulas — só estávamos na escola para encontrar gente que pensava como nós; havia algumas, e nos inspiramos mutuamente. Os estudantes com quem eu andava eram pintores sérios, e eram muitos. O grupo de Boston era fraco. As pessoas não eram sérias.

Meus pais me sustentaram enquanto estive na escola, e o meu querido pai nunca me deserdou, mas há algo de verdade no que Peggy e Eo Omwake disseram sobre eu estar um pouco deprimido quando cheguei à Filadélfia. Não era depressão exatamente — era uma melancolia, e não tinha a ver com a cidade. Era como estar perdido. Ainda não tinha encontrado o meu caminho e talvez estivesse preocupado com isso.

Fui para lá no fim de 1965 e morei com Jack no quartinho dele, que tinha um cachorrinho chamado Five, então havia jornal por todo lado porque ele estava treinando o cão. Havia um som de jornal amassado quando andávamos pela casa. Five era um ótimo cachorro e Jack o teve por muitos anos. Na porta ao lado ficava o Famous Diner, de Pete e Mom. Pete era um cara grande, e Mom, uma garota grande com cabelo de um amarelo estranho. Parecia a mulher das sacas de farinha — sabe, com avental azul, como uma garçonete. O Famous Diner funcionava num vagão de trem, tinha um balcão longo e mesas e assentos compartimentados ao longo das janelas, e era fantástico. Eles entregavam rosquinhas de geleia em domicílio às 5h30m da manhã.

O apartamento de Jack era tão pequeno que precisamos sair dali, e encontramos um lugar na esquina das ruas 13 e Wood. Fizemos a mudança no dia de Ano-Novo e lembro como se fosse hoje. Devia ser uma da manhã e estávamos usando um carrinho de supermercado. O colchão de Jack e todas as coisas dele estavam ali, eu só tinha uma sacola, estávamos empurrando o carrinho e passamos por um casal contente, provavelmente bêbado, que disse: "Vocês estão de mudança no Ano-Novo? Precisam de dinheiro?" Gritei de volta: "Não, nós somos ricos!" Não sei por que disse isso, mas me sentia rico.

A casa parecia uma fachada de loja; nos fundos ficavam a privada e o lavabo. Não havia chuveiro nem água quente, mas Jack improvisou uma cafeteira de aço que esquentava a água, ficou com o primeiro piso e fiz o meu ateliê no segundo, junto a Richard Childers, que ocupava um quarto nos fundos, e arrumei meu quarto de dormir no sótão. A janela do quarto estava quebrada, então preguei um pedaço de compensado e tinha uma panela onde mijava e depois esvaziava no pátio traseiro. As paredes do quarto estavam todas rachadas, então fui a uma cabine telefônica e arranquei as páginas brancas — não queria as páginas amarelas, queria as brancas. Misturei pasta de trigo e empapelei o quarto com elas, e ficou bem bonito. Eu tinha um aquecedor elétrico, e uma vez James Havard me acordou para me dar carona à escola e o compensado da janela tinha caído, então havia um monte de neve fresca no piso. Meu travesseiro estava quase em chamas, porque o aquecedor estava perto demais da cama, então talvez ele tenha salvado a minha vida.

James era o cara. Era mais velho, um artista incrível e trabalhava o tempo todo. Conhece a palavra "pictórico"? Esse cara era pictórico. Tudo o que James tocava tinha essa qualidade fantástica, organicamente artística, e ele era muito bem-sucedido. Uma vez fomos a Nova York em um grupo de seis ou sete porque James estava numa exposição enorme no norte da cidade. Não tenho certeza se eu estava dirigindo, mas tenho essa lembrança. Era uma ou duas da manhã e passamos pelos sinais todos verdes do norte ao sul da cidade. Foi incrível.

Virgínia Maitland acabou virando uma pintora séria, mas me lembro dela mais como uma garota festeira. Uma vez ela estava na rua e um homem assobiava pios de pássaros numa esquina. Ele o levou para casa, ele imitou os pios na sala dela, que gostou daquilo e o manteve lá, e esse era Bob Chadwick. Bob era torneiro mecânico, e o patrão o adorava — ele não errava. Trabalhava num torno de 10 metros, com dez mil engrenagens que faziam cortes complicados, e era o único que sabia operá-lo. Fazias as coisas intuitivamente. Não era artista, mas era o artista das máquinas.

Nossa vizinhança era bem esquisita. Vivíamos ao lado do Pop's Diner, administrado por Pop e Andy, filho dele, e conheci um sujeito no Pop's que trabalhava no necrotério que me disse: "Quando quiser visitar avise, é só tocar a campainha à meia-noite." Uma noite fui, toquei a campainha, ele abriu a porta, e na parte da frente havia um pequeno hall de entrada. Havia máquina de cigarros, máquina de doces, piso de ladrilhos antigos dos anos quarenta, uma pequena recepção, um sofá e um corredor que levava a uma porta ao fundo. Ele abriu aquela porta e disse: "Entre e fique à vontade." Não havia ninguém, fiquei sozinho. Havia vários cômodos com diferentes coisas, e entrei na câmara frigorífica. Estava fria porque precisavam preservar os corpos, que ficavam em prateleiras que pareciam beliches. Todos tinham sofrido acidentes ou algum tipo de violência e tinham machucados e cortes — não sangravam, mas eram feridas abertas. Passei muito tempo lá, pensei em cada um deles e no que deviam ter vivido. Não estava inquieto, apenas interessado. Havia uma sala com pedaços de pessoas e bebês, mas nada ali me assustou.

Certo dia, a caminho da White Tower para almoçar, vi as bolsas de morte sorridentes. Descendo pela viela via-se a parte traseira do necrotério, e havia umas bolsas de borracha para os cadáveres dependuradas com pregadores. Elas eram lavadas com mangueiras, a água e os fluidos corporais escorriam e a parte do centro afundava, formando grandes sorrisos. As bolsas de morte sorridentes.

Naquele período devo ter mudado e ficado meio sujo. Judy Westerman estava na Universidade da Pensilvânia, num alojamento de fraternidade, acho, e certa vez Jack e eu conseguimos um emprego para levar pinturas até lá. Pensei, ótimo, vou ver a Judy. Chegamos, fizemos a entrega e fui ao dormitório dela, que era muito limpo; eu era um vagabundo da escola de arte e as garotas me olharam torto. Disseram à Judy que eu estava lá, e acho que a deixei constrangida. Elas deviam estar pensando: "Quem é aquele vagabundo?" Mas ela veio e tivemos uma conversa muito legal. Ela estava acostumada com aquele lado meu, mas as outras não. Foi a última vez que a vi.

Uma vez fizemos uma festona na 13 com a Wood. A festa estava rolando, tinha algumas centenas de pessoas na casa, e alguém me procurou e disse: "David, fulano tem uma arma. Precisamos tirá-la dele e escondê-la." O cara estava puto com alguém, então pegamos a arma e a escondemos no banheiro — cresci com armas, então não me sinto intimidado. Havia muitos estudantes de arte, mas nem todos estudavam arte, e tinha uma garota que parecia um pouco simples, mas era extremamente sexy. Uma bela combinação. Devia ser inverno, porque todos os casacos estavam no meu quarto no sótão, então quando alguém ia embora eu subia para pegar o casaco. Uma hora subi e na minha cama, em cima de uma espécie de casaco de mink, estava a tal garota, com as calças arriadas, e obviamente alguém tinha se aproveitado dela. Ela estava completamente bêbada e eu a ajudei a se levantar e se vestir; esse tipo de coisa também aconteceu na festa.

A festa estava lotada, a polícia veio e avisou: "Houve uma queixa; todos para casa." Bem, a maioria foi embora, e umas quinze pessoas ficaram por lá. Um cara tocava violão baixinho, muito suavemente, mas os policiais voltaram: "Achamos que tínhamos dito a vocês para irem embora." Então, uma garota chamada Olivia, provavelmente bêbada, mostrou o dedo do meio e falou a um deles: "Por que você não vai se foder?" "Ok, todos no camburão." Havia um estacionado na porta, entramos — eu, Jack, Olivia e os outros — e nos levaram à delegacia. Durante o interrogatório descobriram que Jack e eu éramos os anfitriões, então fomos presos por sermos os proprietários da casa turbulenta. Olivia era a desbocada, e foi para a prisão feminina. Jack e eu entramos na cela e havia duas travestis — uma chamada Cookie na nossa cela, a outra na do lado — que passaram a noite conversando. Havia um assassino — o catre era dele — e pelo menos outras seis pessoas na cela. Na manhã seguinte fomos ao juiz e um monte de estudantes de arte veio pagar a nossa fiança.

Chegamos à Filadélfia pouco antes dos hippies, dos meganhas e coisas assim, e a princípio os policiais não estavam contra nós, embora fôssemos estranhos. Mas foi ficando esquisito pelo rumo das coisas no país. Richard tinha um caminhão, e uma noite fui com ele ao cinema. Na volta para casa ele viu pelo retrovisor que um policial nos seguia. Estávamos chegando a um cruzamento e quando a luz ficou amarela Richard parou, o que para os policiais deve ter significado que estávamos nervosos. A luz ficou verde, cruzamos, e as sirenes e luzes se acenderam. "Pare no acostamento!" Richard parou numa calçada larga, junto a um muro de pedra. O policial parou diante do carro, diante dos faróis, pôs a mão na arma e disse: "Saiam do caminhão!" Saímos. "Ponham as mãos no muro!" Pusemos. Revistaram o Richard e pensei, estão revistando o Richard, não a mim, baixei as mãos e imediatamente fui empurrado contra o muro. "Mãos no muro!" De repente tinha um camburão e uns vinte policiais, nos enfiaram lá e seguimos naquela jaula de metal. Ouvimos alguém no rádio da polícia descrever dois sujeitos e as roupas que usavam, nos entreolhamos e percebemos que éramos iguaizinhos aos procurados. Chegamos à delegacia e entrou um velho com uma faixa manchada de sangue na cabeça, puseram-no diante de nós, que nos fitou e falou: "Não são eles", e os caras nos liberaram. Aquilo me deixou muito nervoso.

Dizem que gosto do aspecto das silhuetas nos jardins à noite, mas não gosto muito de jardins, só de um tipo determinado. Certa vez desenhei um jardim com motores elétricos para bombear petróleo, que é do que gosto — o homem e a natureza juntos. Por isso adoro fábricas velhas. Mecanismos e óleo, toda aquela engenharia mecânica, fornalhas gigantescas e barulhentas despejando metal fundido, fogo, carvão e chaminés, moldes e chiados, texturas e sons — isso acabou, tudo agora é limpo e silencioso. Todo um tipo de vida desapareceu, e essa era uma parte da Filadélfia que eu adorava. Também gostava dos quartos, a madeira escura, um certo tipo de proporção, certo tom de verde. Era uma espécie de verde vômito com um pouco de branco, e havia essa cor em diversas áreas pobres. É uma cor que parece velha.

Não sei se tinha uma ideia clara quando comecei *Six Men Getting Sick* — simplesmente comecei a trabalhar. Procurei e achei uma loja chamada Photorama, onde havia câmeras de 16mm mais baratas que em outras partes. O lugar era meio sujo, mas aluguei uma câmara Bell and Howell a corda, com três lentes, linda. Filmei num hotel velho da Academia, onde os quartos estavam vazios e em ruínas, mas os corredores, repletos de tapetes

94 ESPAÇO PARA SONHAR

orientais enrolados, luminárias de latão e lindos sofás e cadeiras. Fiz um negócio com um papelão, como uma lona, pregado no alto de um radiador, e apoiei a câmera do outro lado do quarto numa cômoda que achei no corredor e levei para lá. Preguei a cômoda no piso para assegurar que a câmara ficasse estável.

Não sei de onde surgiu a ideia de fazer a tela em relevo. Não acho que a resina plástica tenha entrado em combustão quando a misturei, mas ficou muito quente e soltou vapor. A mescla era feita em recipientes de papel, e eu adorava misturar aquilo quente. O papel ficava marrom e chamuscado, a coisa esquentava tanto que dava pra ouvir o craquelado e ver os gases que soltava. Quando o filme ficou pronto montei uma estrutura como a do brinquedo de armar Erector para fazer o filme rodar até o teto e voltar no projetor, e tinha um gravador com uma sirene em *loop* que pus no set. O filme foi exibido numa exposição de pintura e escultura, os estudantes me deixaram desligar as luzes por 15 minutos a cada hora, e foi muito bom.

Bart Wasserman era um ex-aluno da Academia cujos pais tinham morrido; ele herdou muito dinheiro, e quando assistiu a *Six Men Getting Sick* me disse que me daria mil dólares para fazer uma instalação em filme na casa dele. Passei dois meses trabalhando no filme, mas quando mandei revelar não tinha nada, só manchas. Todos dizem que fiquei arrasado com isso, então devo ter ficado, mas em seguida tive ideias para uma animação e um filme com atores. Pensei, isto é uma oportunidade e está acontecendo por alguma razão, e talvez Bart me deixe fazer esse tipo de filme. Liguei para ele, que disse: "David, estou contente por você, só me mande uma cópia." Depois encontrei a mulher dele na Borgonha, França — ela se mudou para lá —, que me contou que Bart nunca tinha feito algo altruísta na vida, à exceção do que fez por mim. O fato de o filme não sair acabou sendo uma grande entrada para outra coisa. Não poderia ter sido melhor. Eu nunca teria conseguido a bolsa do AFI se aquilo não tivesse acontecido.

O filme que fiz com o resto do dinheiro de Bart, *The Alphabet*, em parte é sobre esse assunto de escola e aprendizagem que, do jeito que é feito, é uma espécie de inferno. Pensei em fazer um filme pela primeira vez quando ouvi um vento e vi uma coisa se mexer, e o som do vento era tão importante quanto a imagem em movimento — tinha de ser som e imagem juntos. Precisava gravar um monte de sons para *The Alphabet*, então fui ao laboratório Calvin de Frenes e aluguei um gravador de fita

Uher. É alemão, muito bom. Gravei um monte de coisas, depois percebi que estava quebrado e distorcia o som — e adorei! Ficou incrível. Levei de volta e falei que estava quebrado, então não paguei nada e ainda fiquei com sons maravilhosos. Depois levei tudo para Bob Column, no Calvin de Frenes, que tinha uma mesa de som de quatro canais e mixei tudo com ele. A mixagem e a sincronização foram mágicas.

Antes de me juntar com a Peggy tive relacionamentos breves e depois seguia em frente. Por um tempo saí com uma garota chamada Lorraine; ela estudava arte e morava com a mãe num subúrbio da Filadélfia. Parecia italiana e era divertida. Às vezes estávamos na casa da mãe dela e íamos os três para o porão, abríamos o freezer e pegávamos uma comida congelada. O freezer estava cheio de comida pronta que a mãe dela esquentava para nós. Era só colocar no forno e rapidinho podíamos jantar! Era bom! Lorraine e a mãe eram divertidas. Ela acabou se casando com Doug Randal, que fez os stills de *The Alphabet*. Também saí um tempo com uma garota chamada Margo, e outra chamada Sheila, e gostei muito de Olivia, a que foi presa, mas ela não foi minha namorada. Há um filme chamado *Jules e Jim — Uma mulher para dois*, e Olivia, Jack e eu éramos meio assim — andávamos juntos.

Peggy foi a primeira pessoa por quem me apaixonei. Gostei de Judy Westerman e de Nancy Briggs, mas elas não tinham nem ideia do que eu fazia no ateliê e estavam destinadas a ter outro tipo de vida. Peggy sabia e gostava de tudo, era minha fã número um. Eu não sabia datilografar, ela passava os meus roteiros a limpo e era incrível, muito incrível. Começamos como amigos e nos sentávamos para conversar na lanchonete ao lado da Academia, era muito legal.

Um dia ela falou que estava grávida, uma coisa levou à outra e nos casamos. A única coisa que recordo do nosso casamento é que Jack usava uma camisa de taxista. Eu amava Peggy, mas não sei se teríamos nos casado se ela não tivesse engravidado, porque o casamento não combina com a vida artística. Ninguém imaginaria que penso assim, já que fui casado quatro vezes. Bom, meses depois Jennifer nasceu. Na época ela nasceu os pais não costumavam entrar na sala de parto, e quando perguntei se podia entrar o cara me olhou de um jeito engraçado. Disse: "Vou ver como você se comporta", então quando tirou sangue de Peggy e não desmaiei, ela vomitou e não me incomodei, ele disse: "Pode entrar." Lavei as mãos e entrei. Foi bom. Queria estar lá só para ver. Ter uma filha não me fez pensar *ok, agora você precisa se acomodar e virar um homem sério*. Era como... não como ter um cachorro, mas como ter outro tipo de textura em casa. Os bebês precisam de coisas e com algumas eu podia contribuir. Soubemos que bebês gostavam de ver objetos em movimento, então peguei uma caixa de fósforos, dobrei os fósforos em diferentes direções, pendurei-os num fio, pus aquilo diante do rosto de Jen e girei, como um móbile modesto. Acho que aquilo fez bem para o QI dela, porque Jen é muito inteligente!

Sempre achei que o trabalho era o mais importante, mas há pais que hoje em dia adoram passar tempo com os filhos, vão às apresentações na escola e coisas assim. Na minha geração não era assim. Os meus pais nunca foram aos nossos jogos de beisebol. Está brincando? Aquilo era assunto *nosso*! Por que iriam? Eles trabalhavam e se ocupavam com as coisas *deles*. Aquilo era assunto *nosso*. Hoje todos os pais vão torcer pelos filhos. É ridículo.

Pouco antes de Jen nascer, Peggy disse: "Você precisa ver a casa de Phyllis e Clayton. Eles moram num lugar inacreditável." Peguei a bicicleta para visitar aquele casal de artistas que conhecíamos, e eles moravam numa casa enorme. Eram pintores, e cada um tinha um andar para pintar; eles me mostraram a casa e comentei: "Vocês têm a maior sorte — isso aqui é excelente." Phyllis disse: "A casa ao lado está à venda", então fui ver e era uma casa de esquina ainda maior que a deles. Havia uma placa com o nome da imobiliária, visitei a Imobiliária Osakow, me apresentei a uma senhora rechonchuda e simpática que ocupava um escritório apertado que perguntou: "Como posso ajudá-lo?" Fui direto ao ponto: "Quanto custa a casa na Poplar Street, 2.416?", e ela respondeu: "Bem, David, vamos dar uma olhada." Abriu um fichário e disse: "A casa tem doze quartos, três andares, dois conjuntos de janelas salientes, lareiras, porão com piso de barro, aquecimento a óleo, pátio traseiro e árvore. Custa 3.500 dólares, 600 dólares de entrada." Respondi: "Vou comprá-la." E foi o que fizemos. Ela ficava na fronteira entre o bairro ucraniano e o bairro negro e havia muita violência no ar, mas era perfeita para fazer *The Grandmother* e tive muita sorte de consegui-la. Peggy e eu adorávamos a casa. Ela tinha sido um centro comunista, e encontrei vários jornais comunistas debaixo do piso de linóleo. Havia um piso de madeira, e fixaram o linóleo por cima dos jornais. O linóleo estava muito velho, e um dia eu estava arrancando e atirando aquilo na parte da frente da casa quando ouvi um ruído forte como de água. Era estranho, algo muito incomum. Abri as persianas, olhei para fora e havia dez mil manifestantes marchando rua abaixo, fiquei assustado. Foi no dia do assassinato de Martin Luther King.

Não íamos muito ao cinema. Às vezes eu ia ao Band Box, o cinema de arte onde vi a *nouvelle vague* francesa e outras coisas pela primeira vez, mas não frequentava muito. Mesmo que estivesse fazendo um filme, não achava que pertencia àquele mundo. De jeito nenhum! Meu amigo Charlie Williams era poeta, e quando assistiu a *The Alphabet* perguntei: "Esse é um filme de arte?" Ele respondeu: "É, David." Eu não sabia de nada. Adorei *Bonnie e Clyde*, embora não tenha sido por isso que comecei a usar chapéu panamá da Stetson. Comecei a usá-lo simplesmente porque encontrei um na loja Goodwill. Na hora de tirá-lo você meio que espreme a parte frontal da aba, e eles começam a estragar. Os Stetson que comprava eram velhos, então a palha rachava e furava. Há várias fotos minhas com chapéus furados. Eu tinha dois ou três; adorava aqueles chapéus.

A Goodwill na Filadélfia era incrível. Eu precisava de camisas, certo? Descia a avenida Girard até a Broad Street, onde havia uma Goodwill cheia de araras com camisas. Limpas. Passadas. Algumas até engomadas! Sem uso. Como novas! Eu escolhia e levava ao caixa: quanto é? *Trinta centavos*. Eu gostava de lâmpadas médicas, e naquela Goodwill havia lâmpadas com todo tipo de ajustes e coisas diferentes, então na nossa sala havia quinze lâmpadas médicas. Deixei-as na Filadélfia porque Jack ia ajudar a pôr as nossas coisas no caminhão que dirigi até Los Angeles, mas ele trabalhava num lugar pornô que foi invadido pela polícia e estava preso no dia em que carregamos o caminhão. Éramos só o meu irmão, Peggy e eu para fazer isso, e algumas coisas legais ficaram para trás.

Quando passei a morar com Peggy, Jack se mudou para um apartamento em cima de uma oficina de lanternagem, de um cara de Trinidad chamado Barker, e todos o adoravam. Suas pernas pareciam de borracha, se agachava e quicava de volta, e tinha nascido para a lanternagem. Um dia passamos por montes de carros empilhados e fomos até o fundo da oficina, onde uma lona velha empoeirada cobria algo. Ele puxou a lona e disse: "Quero que fique com este carro. É um Volkswagen 1966 pouco rodado. Levou uma batida traseira e teve perda total, mas posso consertá-lo, e é seu por 600

98 ESPAÇO PARA SONHAR

dólares." Respondi: "Barker, isso é maravilhoso!". Então ele consertou o carro, que ficou como novo — até cheirava a novo! Rodava firme e suavemente, o carro dos sonhos, como se fosse novo. Adorava aquele carro. Eu o via estacionado na rua quando escovava os dentes no banheiro do segundo andar, era lindo. Uma manhã estava escovando os dentes, olho para fora e penso, onde estacionei o carro? Não estava lá. Era o meu primeiro carro, e tinha sido roubado. Então passei para o segundo carro. Havia um posto de gasolina no fim da rua onde a família da Peggy morava, o pai dela me levou lá e disse ao proprietário: "David precisa de um carro. Quais carros usados você tem?" Fiquei com uma perua Ford Falcon, que também era um sonho. Tinha três marchas de câmbio manual, o carro mais simples que havia — tinha aquecimento, rádio e só, mas pneus para neve na traseira, então eu podia ir a qualquer lugar. Meio que me apaixonei por aquele carro.

Estava esperando a placa do Ford Falcon chegar por correio, e enquanto isso fiz uma provisória. O projeto da placa foi bem divertido. Cortei um papelão com a espessura da placa. Cortei-o do tamanho exato, medi a altura das letras e números, verifiquei as cores e fiz um adesivo de registro fluorescente. O problema era que a placa que copiei tinha só letras ou só números, e a placa que fiz tinha letras *e* números, e só depois soube que as letras e números não têm o mesmo tamanho. Então um policial novato viu que minha placa era falsa, porque era tudo da mesma altura, e virou herói na delegacia por causa disso. Os policiais vieram bater em casa e Peggy chorou — foi sério! Depois eles voltaram e me pediram a placa para o museu da polícia. Era um trabalho muito bem-feito! Foi a primeira vez que um museu adquiriu uma obra minha.

Certa noite cheguei em casa do cinema, fui para o segundo piso e comecei a contar a Peggy sobre o filme, e ela estava com os olhos arregalados como pratos, porque tinha alguém do lado de fora da janela saliente. Desci para telefonar e nesse instante a nossa vizinha Phyllis ligou. Ela é uma figura, e ficou falando à beça até que a interrompi e falei: "Phyllis, preciso desligar e ligar para a polícia. Alguém estava tentando entrar na casa." Enquanto estava no telefone com ela vi um tubo mexendo, depois ouvi barulho de vidro se quebrando, vi alguém do lado de fora da janela e saquei que tinha gente no porão também — eram duas pessoas. Não me lembro de ter sentado no sofá com uma arma como Peggy contou — e não me lembro de ter armas em casa. Mas, sim, esse tipo de coisa acontecia lá.

Em outra ocasião eu dormia profundamente e quando acordei o rosto de Peggy estava a cinco centímetros do meu. "David! Tem alguém na casa!" Levantei, vesti a cueca ao contrário, peguei uma espada cerimonial que o pai dela tinha nos dado debaixo da cama, fui até o alto da escada e berrei: "Fora daqui!" Havia dois casais negros lá embaixo, me olhando como se eu fosse totalmente doido! Tinham entrado para transar, fazer uma festa ou algo assim, porque pensaram que a casa estava abandonada. Disseram: "Você não mora aqui", ao que respondi: "Que porra é essa de que não moro aqui?"

Quando Jen nasceu eu tinha largado a escola e mandado aquela carta mentirosa à direção. Aí consegui um emprego. Christine McGinnis e Rodger LaPelle eram pintores, mas para ganhar dinheiro ela fazia gravuras de animais, e a mãe dela, Dorothy, cujo apelido era Flash, trabalhava lá. O emprego era perfeito para mim. Flash e eu trabalhávamos lado a lado; tinha uma televisãozinha na nossa frente, e atrás uma prensa e umas pias. Você começava colocando a tinta na placa, depois pegava meias de nylon usadas que Rodger juntava, dobrava-as de certa maneira e fazia aquele nylon dançar na placa, golpeando as montanhas e evitando os vales. Depois imprimia num papel muito bom. Quando trabalhava na loja, Rodger me disse: "David, te pago 25 dólares para pintar no fim de semana e fico com as pinturas que fizer." Quando mudei para Los Angeles, ele me enviava papel e lápis para desenhar para ele, e continuou pagando. Rodger era e é amigo dos artistas.

Uma tarde achei na Photorama uma Bolex usada num belo estojo de couro por 450 dólares e quis comprar, mas me disseram: "David, não podemos reservar esta câmera. Se alguém quiser, temos de vendê-la. Se trouxer o dinheiro amanhã e ela ainda estiver aqui é sua." Entrei em pânico, porque não queria que ninguém a levasse. Naquele tempo não conseguia acordar de manhã, então Jack, a namorada dele, Wendy, e eu tomamos anfetaminas, passamos a noite acordados, e quando abriram eu estava lá para comprar a câmera.

Fiz desenhos excelentes sob o efeito de anfetaminas. Naquele tempo as garotas iam ao médico buscar pílulas para emagrecer e distribuíam aquilo aos montes. Vinham do médico com bolsas de pílulas! Eu não era contra as drogas. Só que isso não tinha importância para mim. Uma vez Jack e eu fomos à fazenda de Timothy Leary, em Millbrook, tomar ácido e ficar por lá, mas foi uma ilusão que só durou um par de dias. Não fomos ao concerto de Woodstock, mas fomos a Woodstock. Era inverno e fomos porque tínhamos ouvido falar de um eremita que vivia lá, e eu queria ver o cara. Ninguém conseguia vê-lo. Ele construiu uma espécie de montículo de barro, pedras e galhos, com bandeirolas, e quando chegamos estava tudo coberto de neve. Ele vivia lá, e acho que tinha pontos de observação para saber se vinha alguém sem que o vissem. Não o vimos, mas o sentimos.

Não sei de onde veio a ideia de *The Grandmother*. Há uma cena em que Virgínia Maitland e Bod Chadwick saem de buracos no chão, e não sei explicar por que queria que emergissem da terra — mas tinha de ser assim. Não precisava parecer real, mas tinha de ser de certa maneira, então cavei buracos para eles se enfiarem. Quando a cena começa, só se vê folhas e arbustos, e de repente surgem aquelas pessoas. Bob e Ginger atuaram muito bem. Não estavam enterrados, só precisaram se livrar das folhas. Então Richard White sai de um buraco, os dois latem para ele e há uns closes distorcidos dos latidos. Eu estava fazendo uma espécie de *stop motion*, mas não sei como fiz aquilo. Era uma coisa de pobre, mas funcionou para mim. Sempre digo que fazer filmes depende de bom senso. Quando sabe como quer que fique, você meio que sabe como fazer. Peggy disse que as coisas naturalmente davam certo quando eu fazia aqueles filmes, e é um pouco verdade. Eu simplesmente as encontrava. Eu as pegava.

Na hora de fazer o som de *The Grandmother* procurei o departamento de som da Calvin de Frenes, Bob abriu a porta e falou: "David, estamos tão ocupados que precisei contratar um assistente, e você vai trabalhar com ele: Alan Splet." Fiquei decepcionado e fitei aquele cara — magro feito um palito, pálido, de terno preto velho e brilhante — de óculos de fundo de garrafa que sorriu, estendeu a mão e senti os ossos no braço dele estalarem. Esse é o Al. Disse a ele que precisava de um monte de sons, ele me fez ouvir umas gravações de efeitos sonoros e perguntou: "Você quer algo assim?" Respondi que não. Ele tocou outra faixa e perguntou: "Talvez assim?", e repeti que não. Ficamos assim um tempo, até ele dizer: "David, acho que vamos ter de fazer sons para você", e passamos 63 dias, 9 horas por dia, produzindo sons. Por exemplo, os assobios da avó. Na Calvin de Frenes não havia equipamentos nem módulo de reverberação. Então Al pegou um tubo de ar-condicionado de uns 9 ou 12 metros de comprimento. Assobiei no duto e ele pôs o gravador na outra ponta. Por causa do vazio do tubo, o assobio chegava um pouquinho mais longo no outro extremo.

Depois, ele ligou o gravador no tubo por um alto falante e gravou outra vez, e a reverberação ficou duas vezes mais longa. Fizemos isso uma e outra vez até ficar bom. Criamos todos os sons e foi tão divertido que não dá para explicar. Depois mixei tudo na Calvin de Frenes e Bob Column falou muito sério: "Em primeiro lugar, você não pode tirar o filme daqui enquanto não pagar a conta. Em segundo, se cobrarem por hora, a sua conta vai ser estratosférica, mas se cobrarem a cada dez minutos de rolo vai ser um ótimo negócio para você." Ele conversou com os patrões e consegui o preço de dez minutos.

Era preciso apresentar um orçamento ao AFI para conseguir uma bolsa, então calculei que o filme custaria 7.119 dólares, e acabou custando 7.200. Não sei como consegui, mas foi assim. A bolsa original era de 5 mil dólares, mas eu precisava de outros 2.200 para tirar o filme da Calvin, então Toni Vellani pegou o trem em Washington, D.C. Fui buscá-lo na estação, mostrei o filme e ele disse: "O dinheiro é seu." No carro ele propôs: "Acho que você devia vir para o Centro de Estudos Avançados de Cinema em Los Angeles." Era como dizer a alguém: "Você acaba de ganhar 500 trilhões de dólares!" Ou até mais! Era como dizer: "Você vai viver para sempre!"

Em 1970, quando Lynch deixou a Filadélfia para estudar no Instituto Americano de Cinema, em Los Angeles, foi como sair de um armário escuro para o resplendor do sol. Naquela época o AFI estava instalado na Mansão Greystone, uma residência luxuosa de 55 quartos no estilo Tudor, rodeada por sete hectares de terras, construída em 1928 pelo barão do petróleo Edward Doheny. Adquirida pela cidade de Beverly Hills em 1965 para impedir a sua demolição, entre 1969 e 1981 a Mansão Greystone foi arrendada ao AFI ao custo de um dólar ao ano, na esperança de que a instituição a restaurasse e conservasse. Fundado por Georges Stevens Jr., o Instituto Americano de Cinema foi dirigido por Toni Vellani de 1968 a 1977; foram eles que reconheceram o talento de Lynch e o levaram à escola.

John Lynch se formou na Universidade Politécnica da Califórnia, em San Luís Obispo, pouco antes de David se mudar para o oeste. John dirigiu até a Filadélfia, ajudou David a empacotar e colocar seus pertences em um caminhão Hertz amarelo, e deixou seu carro no pátio traseiro de um amigo de David para acompanhá-lo de carro até Los Angeles. "No último minuto Jack Fisk decidiu vir conosco trazendo seu cachorro, então éramos três caras e um cão, e nos divertimos muito", recorda John Lynch.

Vellani e Stevens ficaram tão impressionados com o trabalho de Alan Splet em *The Grandmother* que o nomearam chefe do departamento de som do AFI. Ele se mudou para Los Angeles em julho, e já tinha se instalado quando, em agosto, Lynch chegou para hospedar-se com ele. Após duas semanas resolvendo

106 ESPAÇO PARA SONHAR

assuntos de moradia, Lynch e o irmão foram a Berkeley visitar os pais — que viveram lá por um breve período — e buscar Peggy e Jennifer.

"O pai de David nos deu 250 dólares ao mês durante dois anos, tempo que supostamente duraria a graduação no AFI, e o aluguel da nossa casa era 220 ao mês", conta Reavey. "A casa não era grande, mas tinha vários cômodos pequenos, e a nossa parte do aluguel era 80 dólares, porque muita gente morava lá conosco." A casa era ladeada por prédios residenciais de três pisos — "certa vez, num daqueles prédios tocaram muito alto 'I'll be there', do Jackson 5, por quatro horas seguidas", conta — "instalamos uma lavadora velha no pátio dos fundos. Não tínhamos secadora, então sempre havia roupa no varal."

Mary, irmã de Fisk, também foi e voltou de Los Angeles no início da década de 1970. Queria morar perto do irmão, que se mudara para lá pouco depois de Lynch, e depois de terminar um curso de comissária de bordo na Pan Am ela se mudou para Los Angeles e alugou uma casa vizinha à dos Lynch.

As aulas de Lynch começaram em 25 de setembro, e nesta primeira turma de graduação do AFI estavam os cineastas Terrence Malick, Caleb Deschanel, Tim Hunter e Paul Schrader. Àquela altura o currículo consistia principalmente em assistir a filmes e discuti-los, e para os 30 alunos da turma eram particularmente importantes as análises propostas pelo professor tcheco Frank Daniel. Ele havia chegado aos EUA em 1968 apoiado por George Stevens Jr., que lhe enviou passagens de avião para deixar o país com a família quando os soviéticos invadiram a Tchecoslováquia. Daniel é citado por muitos alunos do AFI como uma presença inspiradora. Ele criou o que se conhece como o paradigma das sequências no roteiro, que sugere criar setenta elementos relacionados a cenas específicas, escrever cada um deles num cartão de anotações e organizá-los numa sequência coerente. Siga-o e terá um roteiro. Uma ideia simples, que foi útil para Lynch.

O ambiente no AFI era relaxado e despreocupado, mas não estava isento de pressões; os estudantes deviam procurar seus próprios caminhos. Lynch passou grande parte do primeiro ano tentando encontrar o seu. "Ele tinha trabalhado no roteiro de *Gardenback*, um filme sobre infidelidade inspirado numa pintura que tinha feito na Filadélfia, mas no fundo não era o que queria" conta Reavey, "então não conseguia avançar."

Frank Daniel e Caleb Deschanel adoraram *Gardenback*, e este último apresentou o roteiro a um produtor amigo na Twentieth Century Fox, que ofereceu a Lynch cinquenta mil dólares para ampliar o tratamento de 40 páginas e transformá-lo em um longa-metragem. Lynch participou de uma série de sessões de escrita com Daniel, Vellani e o escritor Gill Dennis, mas quando chegaram ao roteiro de longa-metragem ele tinha perdido o interesse pelo projeto, e abandonou-o no fim da primavera de 1971.

Eraserhead começou a cristalizar em sua mente no verão. Lynch comenta: "Eu senti *Eraserhead*, não o pensei", e quem se entregar completamente ao filme entende o que quer dizer. Muito já se disse sobre o seu humor incômodo, mas centrar-se nos aspectos cômicos é fazer uma leitura superficial de uma obra que tem várias camadas. Filme magistral que opera sem qualquer tipo de filtro, *Eraserhead* é id puro. A narrativa é simples. Em uma distopia pós-industrial sombria, o jovem Henry Spencer conhece uma garota chamada Mary, e a engravida. Henry é assaltado pela ansiedade com a chegada do filho disforme de ambos e quer se livrar do horror que sente. Ele vivencia o mistério do erótico, em seguida a morte da criança e, por fim, os seus tormentos chegam ao fim com a interferência divina. Em certo sentido, é um filme sobre a graça.

A escrita de Lynch é direta e clara, e o roteiro de *Eraserhead* tem o rigor e a precisão de uma peça de Beckett. Com apenas 21 páginas, traz um mínimo de direção de cena e foca principalmente na descrição evocativa; é aparente que o ambiente do filme — palpável e levemente sinistro — é fundamental. A primeira metade segue o roteiro passo a passo; contudo, na segunda parte, a narrativa difere significativamente do roteiro. Na visão original, o filme concluía com Henry sendo devorado pelo bebê demoníaco, o que não ocorre; em vez disso, surge uma personagem que muda a conclusão da história. Lynch teve uma iluminação espiritual durante os cinco anos em que *Eraserhead* esteve em produção, e faz sentido que o filme tenha mudado nesse tempo.

"*Eraserhead* é sobre carma", explica Jack Fisk, que interpreta o Homem no Planeta. "Quando estávamos trabalhando nele eu não entendia, mas o Homem no Planeta move alavancas que simbolizam o carma. Há diversos aspectos espirituais em *Eraserhead*, e David o fez antes de começar a meditar. Ele sempre foi assim, e com o tempo foi se tornando mais espiritualizado."

Lynch afirma: "*Eraserhead* é o meu filme mais espiritual, mas ninguém sacou. Acontece que tive uns sentimentos, mas não sabia do que se tratavam. Então peguei a Bíblia e comecei a ler, encontrei uma frase e pensei: 'É isso aí.' Mas não sei que frase foi."

108 ESPAÇO PARA SONHAR

Quando Lynch voltou ao AFI, em setembro de 1971, viu que estava matriculado como aluno do primeiro ano, e ficou furioso com a escola. Estava se preparando para largar tudo quando recebeu um sinal verde entusiasmado para ir em frente com *Eraserhead*, e resolveu ficar. O filme precisava de financiamento, mas a política de financiamento do AFI era complicada. No ano anterior, a escola tinha dado uma soma de peso ao aluno Stanton Kaye para terminar *In pursuit of treasure* [Em busca do tesouro], que seria o primeiro filme produzido pelo instituto. Muito dinheiro foi investido no filme de Kaye, que não chegou à pós-produção e foi considerado um fiasco, então a perspectiva de financiar outro filme estudantil foi um anátema por um bom tempo. Para Lynch isso não foi um problema, pois o roteiro enxuto de *Eraserhead* correspondia ao de um curta. A escola entrou com 10 mil dólares e o filme entrou em pré-produção no fim de 1971.

Abaixo do complexo da mansão do AFI havia um conjunto abandonado de alojamentos para empregados, uma estufa, estábulos e um palheiro; Lynch fincou sua bandeira naqueles prédios decrépitos, onde criou um estúdio modesto que ocupou por quatro anos. Havia uma sala de câmera, banheiro, um espaço para refeições, uma área de edição, um camarim e um amplo *loft* para os cenários. Também havia privacidade; a escola permitiu o acesso aos equipamentos e deixou-o em paz para fazer o filme.

Para montar elenco e equipe, Lynch primeiro procurou amigos de confiança e chamou Splet, Fisk e Herb Cardwell, diretor de fotografia com quem tinha trabalhado na Calvin de Frenes. Um membro importante se somou à equipe quando Doreen Small assumiu a gerência de produção. Nascida e criada em Nova York, Small foi visitar amigos em Topanga Canyon em 1971, e alugou um espaço em Laurel Canyon. Pouco depois de se mudar, o proprietário, James Newport, disse a ela que era assistente de Jack Fisk no filme *blaxploitation Cool Breeze,* e que estavam precisando de mais assistentes. "Andei de lá para cá procurando objetos de cena e figurinos", recorda ela, "até que Jack falou: 'Tenho um amigo no AFI que precisa de ajuda. Quer conhecê-lo?'"

"Fui ao estábulo encontrar David", prosseguiu. "Ele usava três gravatas, chapéu panamá, camisa social azul, calças cáqui largas e botas de operário. Era muito bonito e logo ficou claro que era uma pessoa singular — todos notavam aquela faísca. Ele disse que, na verdade, precisava de um gerente de produção, e perguntou: 'Sabe fazer isso?' Respondi que sim, e ele: 'Também preciso de um continuísta; sabe fazer isso?' E eu: 'Claro', então ele comprou um cronômetro para as anotações."[1]

Pouco depois Small foi a uma festa em Topanga, onde conheceu Charlotte Stewart, jovem atriz de televisão proeminente à época. Elas resolveram alugar um apartamento juntas, onde moraram nos dois anos seguintes. "Doreen sabia que David procurava uma atriz para o filme, então convidou-o para jantar em Topanga, que na época era uma área rural", recorda Stewart. "Abri a porta e lá estavam David e Peggy, e ele era um jovem entusiasmado. Ele pegou um saco de sementes de trigo, que me entregou e agradeci, mas pensei: Que diabos? Acho que ele deve ter pensado, Ah, elas vivem no campo, talvez queiram semear um pouco de trigo.

"Durante o jantar ele pareceu ser um cara legal, e era muito jovem," prossegue. "Trouxe o roteiro de *Eraserhead*, dei uma olhada e não entendi nada — pelo que pude ver, tratava-se de um casal jovem e um bebê que não era bem um bebê. Não havia muitos diálogos e pensei, bem, posso fazer isso em algumas semanas."[2]

Lynch procurava o ator principal quando conheceu Catherine Coulson e Jack Nance. Coulson e a família dela se mudaram de Illinois para a Califórnia quando o pai foi contratado para dirigir uma estação de rádio em Riverside, e lá ela estreou no rádio aos 4 anos, em um programa chamado *Café da manhã com os Coulson*. Ela obteve um diploma em História da Arte do Scripps College, em Claremont, e quando entrou na pós-graduação na Universidade Estadual de São Francisco, seu foco tinha mudado para o teatro. Em 1967 os membros do Centro de Teatro de Dallas eram artistas residentes na Universidade de São Francisco, e Jack Nance era da trupe. Coulson e Nance se uniram e, depois de se casarem em La Jolla, Califórnia, em 1968, tornaram-se membros do David Lindeman's Interplayers Circus, companhia teatral fundada por Lindeman, que frequentou o AFI por um breve período, em 1971. Este comentou com Lynch que Nance talvez se encaixasse no papel de Henry Spencer, e Lynch achou-o perfeito.

Alguns atores com papeis pequenos em *Eraserhead* foram indicados por Coulson, e vários outros — inclusive Judith Roberts (Garota Bonita no Corredor), Allen Joseph (Sr. X) e Jeanne Bates (Sra. X) — eram membros da companhia de repertório Theater West. Bates era uma veterana de cinema e TV, e tinha mais de 50 anos quando foi escalada para *Eraserhead*. Ainda assim, Lynch a achava bonita demais para o papel, então acrescentou uma pinta

110 ESPAÇO PARA SONHAR

com um pelo no rosto dela. Como a maioria das pessoas que o conhecia, ela ficou encantada por Lynch. "Lembro-me dela pacientemente sentada enquanto David aplicava aquela pinta feia", conta Small. "David estava lidando com atores muito experientes, que desde o início perceberam o quanto era um gênio e confiaram nele."

Montar o elenco foi rápido; criar o universo onde o filme acontece exigiu mais tempo, e foi onde a genialidade de Lynch ficou evidente. Construído pincipalmente com materiais descartados, o mundo de Henry é uma espécie de milagre, já que Lynch fez muito com pouco. Tudo foi reaproveitado e reutilizado em cenários meticulosamente construídos que incluíram um apartamento, um hall de entrada, um palco de teatro, uma fábrica de lápis, uma casa de subúrbio, um escritório e uma varanda. Lynch e Splet deixaram os cenários à prova de som isolando-os com cobertores e sacas recheadas de fibra de vidro, e Lynch alugou equipamentos para algumas sequências especiais. *Eraserhead* inclui a filmagem de efeitos complexos, e as respostas às questões técnicas frequentemente envolveram ligações inesperadas para gente de estúdios locais. Lynch é prático e gosta de resolver problemas, e aprendeu com tentativa e erro.

Doreen Small vasculhou mercados de pulgas e brechós em busca de roupas e objetos de cena, e Coulson e Nance usaram itens da própria sala para montar o hall do apartamento de Henry. Um recurso particularmente valioso foi a tia de Coulson, Margit Fellegi Laszlo, que morava em uma casa de 17 quartos em Beverly Hills. Estilista da Cole of California, empresa de trajes de banho, ela tinha um porão repleto de coisas, e Coulson e Lynch foram lá várias vezes procurar objetos. "Foi onde encontramos o umidificador para o bebê", recorda ela.[3]

A lista de objetos de cena de *Eraserhead* incluía coisas consideravelmente mais incomuns que um umidificador. "David queria uma cadela com uma ninhada, então liguei para alguns veterinários para encontrar pessoas com cadelas recém-paridas, e pedi que emprestassem os cães", recorda Small. "Para conseguir cordões umbilicais, menti aos hospitais e disse que eles ficariam em jarras, ao fundo, numa cena do filme. O que aparece são cordões umbilicais de verdade, e conseguimos cinco ou seis deles — Jack os chamava de 'cordinhas'. Tive de ir atrás de coisas fora do comum."

O bebê de *Eraserhead* — batizado de "Spike" por Nance — é o objeto de cena mais importante do filme, e Lynch começou a trabalhar nele meses antes de iniciar as filmagens; ele, o elenco e a equipe nunca revelaram como o bebê foi feito. O filme exigia também dois objetos grandes — um planeta e uma cabeça de bebê — feitos com materiais diversos. A "cabeça de bebê gigantesca", como se referiam a ela, foi montada no pátio da casa de Lynch ao longo de vários meses. "Ela ficou lá um bom tempo, e os vizinhos a chamavam de 'o ovo grande'", conta Reavey.

Como parte da pré-produção, Lynch projetou *Crepúsculo dos deuses* e *Um lugar ao sol* para o elenco e a equipe. A fotografia em preto e branco desses filmes é particularmente saturada e rica, explica Small: "Ele queria que entendêssemos o seu conceito da cor preta. E nos estimulou a procurar um tal de James, que vivia num cânion, para que lesse nosso horóscopo."

A filmagem começou em 29 de maio de 1972, e a primeira cena a ser rodada foi o jantar de Henry com os pais de Mary, o Sr. e a Sra. X. "Não dá pra acreditar como aquilo se arrastou tanto na primeira noite", recorda Charlotte Stewart, "e foi assim porque David fazia de tudo — sério, ele fez *tudo*. As luzes tinham de ser assim e assim; ele fez os frangos do jantar — precisava pôr a mão em tudo no set. Recordo que pensei: *Ah, meu Deus, esse garoto não vai conseguir; não entende que nesse negócio não se pode demorar tanto. Fiquei com pena por ele não entender isso.*"

O filme avançou a passos de tartaruga; um ano depois, o diretor de fotografia Herb Cardwell declarou que precisava de um emprego com um salário decente e largou o filme. Isso abriu espaço para o fotógrafo Fred Elmes. Nascido em East Orange, New Jersey, Elmes estudou fotografia no Instituto de Tecnologia de Rochester e depois se matriculou no programa de cinema da Universidade de Nova York. Quando um instrutor lhe falou do AFI, transferiu-se para a costa oeste.

Elmes entrou para o AFI no outono de 1972, e recorda que "meses depois da minha chegada, Toni Vellani disse: 'Temos um cineasta que precisa de um diretor de fotografia e você devia conhecê-lo.' Fui conhecer David, que me mostrou um rolo com cenas e não entendi a que estava assistindo, mas fiquei interessado. Tinha sido filmado em um branco e preto lindo, incomum e bem desenhado, e o estilo de atuação era fascinante. Tudo aquilo me deixou pasmo e não tive como dizer não."[4]

"Um dos principais desafios era iluminar um filme preto de modo que desse para ver", prossegue ele sobre o longa, que foi quase todo filmado à noite. Era o que o filme exigia em termos de ambiente, claro, mas era também o único horário em que havia silêncio no AFI para trabalhar. "Filmávamos à noite", conta Coulson, "até Splet avisar: 'Pássaros, ouço pássaros', e era quando sabíamos que era hora de parar."

O filme "nunca estava suficientemente escuro", comenta Elmes, que passou duas semanas trabalhando com Cardwell para se inteirar antes de substituí-lo. "David e eu víamos as cópias das cenas e dizíamos: 'Vejo um detalhe naquela sombra preta que não deveria estar lá — vamos fazê-lo mais escuro.' Concordávamos que o mais importante era o ambiente. Sim, há a escrita e a atuação, mas o ambiente e a atmosfera da luz fazem o filme decolar. Em *Eraserhead* a história é quase toda contada pela atmosfera e a aparência das coisas."

Sobre as escassas externas diurnas, Coulson relembra que "fizemos muitas delas, inclusive a cena de abertura, debaixo de uma ponte no centro de Los Angeles. Trabalhávamos rápido nas locações, porque nunca tínhamos autorização para filmar, então era meio estressante, mas divertido".

"As pessoas adoram trabalhar para David", ressalta Reavey. "Se você fizer algo insignificante, como levar-lhe uma xícara de café, ele fará você pensar que fez a coisa mais importante do mundo. É fantástico! Acho que é assim que ele se sente. David gosta de se empolgar com as coisas."

"David é uma pessoa carismática e poderosa", reforça Elmes, "e todos estávamos muito envolvidos. Claro que estávamos fazendo o filme dele, mas David se mostrava grato pelo trabalho de cada um, e sem pensar muito elevava o padrão de tudo à sua volta. Estava sempre desenhando, por exemplo, o que era inspirador. Estimulava-nos a trabalhar duro e tentar coisas novas."

Lynch não tinha tempo para trabalhar no ateliê quando *Eraserhead* estava em produção, mas não parou de fazer arte visual naquele tempo. Qualquer superfície vazia servia, e fez vários trabalhos, inclusive séries em carteiras de fósforos, guardanapos de restaurantes e blocos de papel baratos. Usou suportes simples, mas a obra não deve ser descartada como rabiscos. É trabalhada e pensada demais para isso.

Imagens intricadas executadas em carteiras de fósforos vazias, a série traz universos minúsculos que parecem vastos e expandidos, apesar do tamanho. Outra série gira em torno de padrões obsessivos e funciona de modo diferente:

os ninhos de linhas padronizadas são implodidos e densos, e parecem ligeiramente ameaçadores. Os desenhos nos guardanapos trazem formas estranhas em vermelho, preto e amarelo que flutuam em campos brancos; é *quase* possível ver ali algo identificável, mas são pura abstração geométrica. Outros desenhos são claramente estudos preparatórios para *Eraserhead*. Há um retrato de Henry fitando um monte de lixo em uma mesinha de cabeceira, e uma imagem do bebê deitado junto a uma forma vulcânica com um ramo solitário brotando no alto. O esboço do bebê com o cueiro branco cortado tem uma qualidade lírica que a cena do filme com ele relacionada, muito repulsiva, definitivamente não apresenta.

Lynch sempre soube o que queria em *Eraserhead*, mas pedia sugestões ao elenco e adotava as boas ideias. Charlotte Stewart recebeu a tarefa de arrumar o cabelo de Nance na noite inicial da filmagem, e penteou-o para trás freneticamente. Todos no quarto estavam rindo, e quando Lynch entrou e viu aquilo decretou: "É isso aí." O penteado característico de Henry Spencer foi fruto de uma coincidência.

A abordagem de Stewart para sua personagem também pareceu a Lynch intrinsicamente correta. "Perguntei a ele se seria bom fazer o meu vestido, porque Mary parecia uma garota que costurava as próprias roupas, mas sem destreza, e nada lhe caía bem — queríamos que a parte de cima não encaixasse muito e que a alça do sutiã dela caísse no ombro", contou. "Mary não tem autoconfiança, por isso é encurvada e retraída, e tem uma infecção no ouvido. Antes de rodar, David sempre fazia uma ferida supurante na entrada do meu ouvido direito. Ela não aparecia, mas sabíamos que estava lá."

"Não sei por que David pensou que eu seria boa naquele papel. Ele tem um jeito estranho de escalar elenco, não liga para a sua história e nunca pede aos atores para ler. Conhece você, conversa sobre madeira ou o que for, vê o que precisa. O jeito como trabalhou com os atores em *Eraserhead* é o mesmo até hoje", conta Stewart, que atuou nas três temporadas de *Twin Peaks*. "Ele é muito cuidadoso com os atores, nunca dá instruções com gente por perto. Aproxima-se silenciosamente e sussurra em seu ouvido. É uma direção muito reservada."

Lynch gosta muito de ensaiar e, embora Henry Spencer aparentemente não faça muito, foi preciso um esforço considerável para alcançar aquele

114 ESPAÇO PARA SONHAR

efeito; Lynch coreografou os movimentos de Henry de um modo tão complexo que o menor gesto está carregado de significado. Ao refletir sobre a sua relação de trabalho com ele, Nance comenta: "Tínhamos conversas longas e estranhas, sessões cabeça, e as coisas iam se revelando à medida que avançávamos. E Henry era muito fácil. Incorporar o personagem era como usar um terno confortável. Eu vestia o paletó e a gravata e lá estava Henry."[5]

O elenco de *Eraserhead* era reduzido, a equipe ainda menor, e às vezes resumia-se a Coulson. "Fiz de tudo, de enrolar papel para parecer que o elevador estava em movimento a empurrar o *dolly*." Ela trabalhava como garçonete na época, e muitas vezes contribuiu para a produção com as suas gorjetas e comida. "Fred era o meu mentor, me ensinou a fazer *stills* e a ser assistente de câmera. Eu também ia ao laboratório que processava o filme. Precisávamos tê-lo num determinado horário, então eu pegava o Fusca e corria para a Seward Street no meio da noite para entregá-lo a Mars Baumgarten, um sujeito legal que trabalhava no turno da noite. Como trabalhávamos horas seguidas, comíamos nos estábulos, e eu cozinhava numa frigideira com uma plaquinha elétrica. Era quase sempre a mesma comida, porque David só comia duas coisas: sanduíche de queijo quente ou de salada de ovo."

Eraserhead estava começando a consumir a vida de Lynch, mas em 1972 suas relações familiares permaneciam relativamente fortes. "Tínhamos uma mesa de carvalho redonda na sala de jantar, e no meu aniversário David e Jen empilharam barro nela formando uma montanha, cavaram refúgios e cavernas, fizeram figuras de gesso e as puseram lá", recorda Reavey. "Amei aquilo. Comemos na sala com os pratos no colo por um bom tempo, pois ninguém queria desmanchar a montanha. Ela ficou meses naquela mesa."

Havia distrações momentâneas, mas *Eraserhead* foi a preocupação central na residência dos Lynch a partir do momento em que o filme começou a ser feito. "Talvez isso seja prova da genialidade do meu pai como diretor, mas ele nos convenceu de que *Eraserhead* era o segredo da felicidade e compartilhou aquilo conosco", comenta Jennifer Lynch. "Eu ia ao set com frequência, *Eraserhead* fez parte da minha infância. Achava aquilo incrível e só fui perceber que tinha uma infância incomum aos 10 ou 11 anos. Nunca achei o meu pai esquisito e sempre me orgulhei dele. Sempre."

Lynch achava que o elenco e a equipe deveriam ser pagos, então cada um recebeu 25 dólares por semana nos primeiros dois anos das filmagens. (Quando o filme terminou ele tinha sido forçado a reduzir o pagamento para 12,50 dólares.) Era uma quantia modesta, mas na primavera de 1973 ele já tinha gastado o dinheiro recebido do AFI. Disseram-lhe que podia continuar usando os equipamentos da escola, mas que não haveria mais fundos, e *Eraserhead* passou por hiatos intermitentes por quase um ano.

"David estava sempre tentando conseguir dinheiro para o filme, e eu lhe dei um pouco quando terminei de fazer *Terra de ninguém*", conta Fisk, que foi diretor de arte do primeiro filme de Terrence Malick, em 1973 (Lynch e Splet apresentaram Fisk a Malick). "Estava acostumado a receber 100 dólares por semana e de repente passei a ganhar muito mais, era como se fosse um dinheiro gratuito. Ao longo dos anos talvez eu tenha dado a David uns 4 mil dólares, e recebi tudo de volta e mais."

A atriz Sissy Spacek, que coestrelou *Terra de ninguém*, casou-se com Fisk um ano depois de se conhecerem, e foi apresentada ao mundo de *Eraserhead*. "Quando conheci Jack em *Terra de ninguém* ele me falou do seu melhor amigo, David, e assim que voltamos a Los Angeles me levou para conhecê-lo", conta. "Chegamos no meio da noite e tudo estava envolto em intrigas e segredos. David morava nos estábulos do AFI, onde passava a noite filmando, e a equipe o deixava lá trancado durante o dia para que pudesse dormir. Era preciso tocar certo número de vezes ou ter a chave, era como entrar em Fort Knox."

"Jack foi o primeiro artista de verdade que conheci", continua, "ele me apresentou a pessoas incrivelmente talentosas, inclusive David. Sempre fui grata por tê-los conhecido num momento da minha vida e carreira em que podiam me influenciar. David e Jack são artistas no sentido lato da palavra — jogam-se em todos os aspectos do trabalho, nunca trairiam os seus princípios, e amam criar."[6]

Depois de viver na Costa Leste, em 1973 a irmã de Fisk, Mary, voltou para Los Angeles. Ela estivera casada por um curto período e vivera em Laurel Canyon por seis meses antes de se separar e voltar para o leste. Em Los Angeles tinha trabalhado para a Nash Publishing, onde ajudara Reavey a conseguir trabalho como recepcionista.

Naquele hiato Lynch teve diversos empregos, e o financiamento para retomar as filmagens era irregular; os intervalos, aliados à laboriosidade extrema que Lynch imprimia ao trabalho, fizeram da paciência uma qualidade essencial para o elenco e a equipe. Esta tinha de estar pronta para entrar em ação

116 ESPAÇO PARA SONHAR

a qualquer momento, e suficientemente comprometida para esperar enquanto ele aprimorava tudo no set.

"Esperávamos muito, por isso Jack Nance era ideal para o papel de Henry — ele conseguia passar longos períodos sentado", comenta Stewart. "David estava sempre ocupado com um objeto de cena ou algo assim, Catherine fazia o que David mandava, e Jack e eu esperávamos sentados, mas ninguém se irritava. Todos tínhamos complicações domésticas e ficamos amigos."

Mais ou menos um ano após o início da filmagem, Doreen Small passou a viver no set de *Eraserhead*. "Topanga era muito longe", explica, "e acabei tendo um envolvimento com David — aconteceu um dia, na sala de música, e foi uma relação intensa. Meu pai morreu durante as filmagens e minha mãe se mudou para Santa Mônica, e às vezes David ficava conosco. Todos nos aproximamos muito, e a minha mãe comprava roupas e materiais artísticos para David".

Obviamente, a vida doméstica de Lynch ia por água abaixo, e ele e Reavey se encaminhavam para a separação. "Na Filadélfia eu era parte de tudo o que David fazia, mas isso mudou em Los Angeles.", conta ela. "Já não participava daquilo, e havia todas aquelas garotas assistentes em volta dele — não havia lugar para mim. Minha irmã veio a Los Angeles, visitou o set e comentou: 'Sabe que todas estão apaixonadas por ele', e respondi 'Legal, né?' Eu era muito ingênua."

Foi um período estressante. Lynch estava fazendo um filme no qual acreditava fervorosamente, mas o dinheiro era um problema constante, e sua vida pessoal estava se complicando. O mais importante é que sentia-se perturbado em um nível profundo, que ultrapassava o dinheiro e o amor. Os pais dele se mudaram para Riverside em 1973, e a irmã, Martha Levacy, que visitava regularmente o sul da Califórnia, teve papel central em um acontecimento transformador que afetou os sentimentos mais profundos de Lynch à época.

A história começa em 1972, quando Levacy estava em Sun Valley treinando para ser instrutora de esqui. Certa manhã, ela foi escalada para um curso de professores no alto da montanha: "Eu estava no assento suspenso do teleférico ao lado de um jovem simpático", recorda. "Comentei que ele parecia muito alerta tão cedo de manhã, e ele falou do descanso profundo proporcionado pela Meditação Transcendental e passou o trajeto até o topo da montanha falando nisso. Aprendi a meditar, e isso se tornou parte importante da minha vida."[7]

Pouco depois de começar a meditar, ela conversava com Lynch no telefone quando ele percebeu algo diferente na voz dela. Perguntou o que estava acontecendo, ela falou da MT e indicou-lhe o centro do Movimento de Regeneração Espiritual. "Era o lugar ideal para David dar o passo seguinte", explica. "Nem todos os centros o teriam empolgado, mas aquele era perfeito — ele gostou do ambiente e, no dia 1º de julho de 1973, aprendeu a meditar. Muito antes ele tinha comentado que andava pensando sobre as grandes questões da vida, e a crença da MT de que a iluminação é possível o tocou."

O centro do Movimento de Regeneração Espiritual era dirigido por Charlie Lutes, uma das primeiras pessoas nos Estados Unidos a entrar no programa de meditação do Maharishi Mahesh Yogi, que consiste numa técnica simples baseada na antiga sabedoria védica que permite aos praticantes atingir níveis profundos da consciência. Após levar a técnica para os Estados Unidos, em 1959, o Maharishi abriu centenas de centros pelo mundo em parceria com Lutes, inclusive o primeiro centro de MT americano em Santa Mônica, cujas palestras semanais atraíam muita gente na década de 1970. Lynch as frequentou regularmente. "Charlie era como um irmão para o Maharishi, e foi fundamental para David, que ficou amigo dele e da mulher, Helen", conta Levacy.

Quem conhecia Lynch se surpreendeu com a mudança que a meditação operou nele. "David era muito mais sombrio antes de começar a meditar", recorda Small. "Ficou mais calmo, menos frustrado, aliviado. Foi como se tivesse se livrado de um peso."

Depois de dedicar todos os instantes do dia a *Eraserhead* por quase dois anos, Lynch abriu espaço em sua vida para a meditação. "Fomos ver o Maharishi quando ele foi ao *The Mervin Griffin Show*", recorda Levacy. "Catherine veio com David, que usava um blazer bonito e uma camisa branca, e quando eles entraram alguém disse 'Vocês dois! Por aqui!', e os puseram na primeira fila — acho que gostaram da aparência deles — então David acabou sentado bem na frente, com bom aspecto, e deve ter sido de arrepiar."

Naquele período Lynch fez vários desenhos que refletem essa mudança. Em *Infusing the Being* há um par de imagens escuras com formas arbóreas lado a lado; na base da forma da esquerda há um prisma de luz, ao passo que a da direita tem cor na base e no alto. Há imagens evocativas de crescimento

118 ESPAÇO PARA SONHAR

que apresentam formas subterrâneas que apontam para a superfície, além de composições sem título que combinam elementos reconhecíveis — árvores, nuvens — com padrões abstratos, criando a impressão de entradas de catedrais abobadadas.

"Eu tinha 5 anos quando papai começou a meditar e definitivamente percebi uma mudança quando isso aconteceu", recorda Jennifer Lynch. "Lembro que os gritos diminuíram, e foi quando também comecei a perceber que ele vinha menos para casa."

A meditação trouxe algo de que Lynch precisava em sua vida, mas acelerou a ruptura do seu casamento. "David adorava Charlie Lutes, que era legal, mas nada do que dizia me interessava", comenta Reavey. "Ele não concebia que eu não me interessasse pela meditação, porque naquele momento realmente buscava a espiritualidade, e eu só queria sair e me divertir."

Àquela altura, Mary Fisk vivia na Costa Leste e trabalhava para o senador da Geórgia Herman Talmadge, em Washington, D.C. "Certa noite estava no escritório conversando com Jack na linha do plano WATS de interurbano planejado, quando David pegou o telefone e me falou da meditação — foi quando começamos realmente a nos comunicar", conta ela, que voltou a Los Angeles no fim daquele ano.

Lynch a levou ao centro do Movimento de Regeneração Espiritual e ela passou a frequentá-lo regularmente. "Charlie Lutes era um homem dinâmico, perceptivo e bonito que sabia transformar a energia do ambiente", conta. "Os Beatles o chamavam de Capitão Kundalini — ele era impressionante."

"A meditação mudou David, que ficou conservador — parou de comer carne e de fumar. Contou-me que há meses andava com um cigarro de 1,5 metro na cabeça — não conseguia parar de pensar naquilo — mas conseguiu parar de fumar. Também passou a se vestir de outro modo, e as duas gravatas e os chapéus comidos por traças desapareceram. Ele se vestia bem para ir ao centro."

Naquele período, o casamento de Lynch se deteriorou ainda mais. "Uma vez cheguei do trabalho para almoçar em casa e David estava lá", recorda Reavey, "e propus: 'Acho que devemos pensar em nos separar.' Ao que ele respondeu: 'Você já não me ama como antes, né?', querendo dizer que tampouco me amava como antes, e retruquei: 'Acho que não.' Eu tinha chegado a um ponto em que já não me fascinava tanto o funcionamento da mente dele, e queria tempo para mim. É claustrofóbico viver na cabeça de outra pessoa. Além disso, o que se pode fazer? Lutar para manter um casamento? Eu não ia competir com uma garota qualquer da vizinhança. Teria sido eu contra um monte de mulheres, além de Hollywood."

Naqueles anos Lynch teve uma vida completamente noturna, e pouco depois de separar-se de Reavey arranjou um emprego de entregador do *Wall Street Journal* por 48,50 dólares por semana. Uma vez Levacy acompanhou a sua rota da meia-noite e definiu-a como "uma grande experiência. Ele tinha tudo organizado, com os jornais empilhados no assento do passageiro, e sentei-me atrás no Fusca, porque as janelas deviam ficar livres. Ele conhecia a rota como a palma da mão e transformou o ato de atirar os jornais pela janela em arte. Gostava de atingir umas casas de certo modo porque assim acendia a luz delas".

A filmagem de *Eraserhead* foi retomada em maio de 1974 e prosseguiu, esporadicamente, ao longo do ano seguinte. Aproximadamente nessa época, Splet foi embora de Los Angeles para passar uma temporada em Findhorn, uma comunidade utópica no norte da Escócia, cujos fundadores, Peter Caddy e Dorothy Maclean, diziam ter contato direto com os espíritos no mundo natural. Pouco depois, Doreen Small mudou-se para Santa Bárbara, e tudo ficou mais difícil para Lynch. George Stevens Jr. combinou com Sid Solow, diretor do laboratório da Consolidated Film Industries, de processar o filme de graça, mas o AFI começou a retirar equipamentos e, como sempre, não havia dinheiro. "Em determinado momento David disse: 'Acho que temos de parar'", recorda Elmes. "Catherine, Jack e eu nos entreolhamos e dissemos: 'David, não dá pra parar, ainda não acabou. Vamos dar um jeito.'"

Foram em frente. Um dia, Lynch estava desenhando no refeitório quando uma figura, que ficou conhecida como a Dama no Radiador, tomou forma no bloco de desenho. Ele viu na personagem o elemento necessário para fechar a história de Henry e, para seu deleite, descobriu que o radiador que estava no set tinha uma forma que acomodava a sua visão de como a personagem funcionaria na história. A Dama no Radiador, interpretada pela cantora Laurel Near, vivia em um lugar de aconchego e calor e representava unidade e esperança; a sua chegada marca uma mudança na narrativa e permite ao filme concluir em um tom otimista. Uma loura de olhos arregalados e bochechas grotescamente exageradas, a Dama no Radiador exigiu muita maquiagem, que Lynch passou horas aplicando, e ele escreveu a letra de uma canção para ela, chamada "In Heaven". Seu amigo Peter Ivers a musicou e gravou para a trilha sonora; é a voz dele que se ouve no filme.

Os frequentes períodos de suspensão da filmagem deixaram Lynch disponível para buscar financiamento — certamente uma das piores partes do cinema — e às vezes ele se divertia. Em 1974, os executivos do AFI estavam tentando decidir se usariam fitas de vídeo Ampex ou Sony nos projetos de direção da escola, e pediram a Elmes um teste para compará-las. Lynch soube disso e propôs a Elmes escrever a cena do teste; de uma tirada escreveu o roteiro do curta intitulado *The Amputee* [O amputado], do qual Coulson concordou em participar. "David interpreta um médico que enfaixa o coto de um amputado, e eu interpreto em *off* o monólogo do amputado", recorda Coulson. "Filmamos duas vezes, em fitas diferentes, num dos vários cômodos abandonados da Mansão Greystone, e Fred levou aquilo à belíssima sala de projeção do AFI para mostrar aos executivos. Quando acabou lembro que alguém gritou 'Lynch! Lynch está metido nisso!'"

No fim de 1974 o casamento de Lynch terminou oficialmente. "Procurei apoio legal, paguei 50 dólares pelos formulários e uma amiga foi comigo à corte, onde os preenchi", rememora Reavey sobre o seu divórcio singularmente amigável de Lynch. "Meus pais adoravam David e ficaram tristes quando nos separamos. Eu adorava os pais dele e, embora eles tenham se esforçado para manter os vínculos, essa foi uma grande perda quando nos divorciamos." Jennifer Lynch revela: "Foi doloroso quando os meus pais se divorciaram. Odiei aquilo."

Lynch morava no set de *Eraserhead* naquele momento, mas no fim de 1974 pediram-lhe para devolver os estábulos do AFI e ele se mudou para uma cabana na Rosewood Avenue, em West Hollywood. "Havia um jardim minúsculo com cerca de madeira e um pé de laranja enorme que os papagaios adoravam — sempre havia muitos papagaios por lá", conta Mary Fisk sobre a casa, cujo aluguel era de 85 dólares ao mês. "David instalou claraboias e uma prateleira na cozinha, que não tinha pia; quando só se come sanduíche de atum não se precisa muito de cozinha. Jen passava os fins de semana com o pai. Ele tinha pouquíssimo dinheiro e não conseguia cuidar bem de si, muito menos de uma criança."

"Quando ficava com papai ele não 'tomava conta de mim' do modo convencional", explica Jennifer Lynch. "Fazíamos coisas de adultos. Distribuíamos jornais e caminhávamos ao redor de poços de petróleo; conversávamos sobre ideias, cavávamos e coletávamos coisas nos montes de lixo e comíamos no Bob's. Lembro que quando *Eraserhead* foi exibido no Nuart, íamos ao Bob's; sabe aqueles suportes plásticos com as ofertas do dia? Tirávamos o anúncio dali e escrevíamos no verso, que era branco, 'Vá assistir a *Eraserhead'* e púnhamos o papel de volta no suporte. Quando vivia na Rosewood meu pai estava ligado em coisas como pólen, soja e ginseng e tomava vitaminas. Estava totalmente ligado nessas coisas."

"Só entendi que éramos pobres quando tinha uns 9 anos", prossegue. "Levei uma amiga para passar o fim de semana quando papai vivia na Rosewood. Mary Fisk nos levou à Disneylândia, armamos uma casa de bonecas com David e jogamos boliche. Foi um fim de semana legal, certo? Domingo à noite passei mal e não fui à escola na segunda-feira, e na terça de manhã as meninas falaram: 'Sherry disse que você vive numa garagem.' Não convidei mais ninguém por um bom tempo."

Lynch é uma pessoa de hábitos, e naquela época criou um ritual que seria parte da sua vida nos oito anos seguintes: diariamente, às 14h30, ia ao Big Boy do Bob's e tomava várias xícaras de café e um milk-shake de chocolate. Se alguém teve uma reunião com ele naquele tempo, provavelmente foi no Bob's. (Ele concordava em ir a outras lanchonetes, e também frequentava a Du-par's, no San Fernando Valley; a Ben Frank's, no Sunset Boulevard, e a Nibblers, no Wilshire Boulevard.)

Meses depois da mudança de Lynch, Splet voltou da Escócia, e eles transformaram a garagem dupla junto à cabana da Rosewood em um espaço de pós-produção, onde Splet se alojou. Do verão de 1975 ao início de 1976, Lynch montava e Splet editava o som, e naqueles oito meses de trabalho intenso *Eraserhead* se tornou a obra-prima que é hoje. Há uma tensão quase insuportável na trilha sonora, e as camadas de som — o ladrido ameaçador do cão, o apito distante de um trem, o chiado de uma máquina, o som vazio do quarto que é a própria encarnação da solidão — são tão complexas e ricas que é como se fosse possível fechar os olhos e vivenciar o filme apenas ouvindo-o. "David e Alan captaram o poder dos sons industriais e fizeram aquilo realmente funcionar para controlar o ambiente e a atmosfera do filme", opina Elmes. "O modo como criaram a trilha sonora é brilhante."

Durante a pós-produção, Mary Fisk morava em um apartamento alugado a poucos quarteirões da cabana de Lynch, e eles começaram a namorar. "David e Alan tinham combinado que não sairiam com ninguém até o filme acabar, mas David me encontrava para almoçar diariamente e não contava a Alan. Naquele tempo ele também saía com Martha Bonner, uma amiga nossa do centro, e passou dois anos oscilando entre nós duas. Ele não me escondeu que se sentia atraído por Martha, ela sabia que ele saía comigo e que era enrolado, então a coisa não foi muito longe com ela", conta Mary.

Qualquer que fosse o tipo de relação entre eles, Fisk acreditava firmemente em *Eraserhead* e persuadiu Chuck Hamel, amigo da família, a investir 10 mil dólares no filme. O dinheiro permitiu a Lynch dedicar-se a terminá-lo, e quando ele e Splet finalizaram o som, pôde fazer a montagem final. Àquela altura ele marcou uma reunião com o núcleo do elenco e da equipe no Hamburger Hamlet, um restaurante em Sunset Boulevard que já fechou, e, para surpresa de todos, anunciou que eles estavam entre os catorze beneficiários que receberiam uma porcentagem dos lucros futuros do filme. Ele redigiu os termos do acordo em guardanapos, e "anos depois todos recebemos cheques pelo correio", conta Coulson. "É incrível que tenha feito isso." Os beneficiários ainda recebem cheques anualmente.

Eraserhead teve sua pré-estreia extraoficial em uma exibição para o elenco e a equipe no AFI. "Quando David nos mostrou o filme pela primeira vez, aquilo pareceu uma eternidade", comenta Stewart sobre a projeção de uma hora e cinquenta minutos. "Depois ele me ligou, perguntou o que achei e respondi: 'Foi como uma dor de dente — doeu muito.' Foi cansativo assistir àquilo." Lynch ouviu o que o seu círculo íntimo tinha a dizer, mas ainda não estava pronto para editar o filme.

Representantes do Festival de Cinema de Cannes estavam de visita no AFI quando Lynch estava mixando o filme, e se entusiasmaram com o que viram; naquele momento ele decidiu levar *Eraserhead* a Cannes. Foi um esforço infrutífero, e o filme foi rejeitado também pelo Festival de Cinema de Nova York. Não foi um bom período para Lynch. "Lembro que o encontrei para almoçar no Bob's depois do divórcio e ele disse: 'Estou pronto para entrar no círculo — cansei de estar à margem'", rememora Reavey. "A sensibilidade dele é subterrânea e sombria, e ao se envolver com Hollywood ele não queria ser um bicho raro, queria trabalhar onde as coisas aconteciam de verdade — e era como devia ser. Eu odiaria viver num mundo em que alguém como David não consegue levar as suas coisas adiante."

Quando a Exposição Internacional de Cinema de Los Angeles (Filmex) começou a selecionar filmes para a programação de 1976, Lynch estava desmoralizado demais para pensar em inscrever *Eraserhead*. Fisk insistiu, porém, e o filme terminou sendo aceito e foi exibido ao público pela primeira vez no Filmex. A crítica da *Variety* foi negativa, e vê-lo em meio ao público foi uma experiência esclarecedora para Lynch. Ele entendeu que o filme ficaria melhor com uma edição mais enxuta, editou a cópia com som e descartou 20 minutos de filme com pelo menos quatro cenas substanciais, inclusive aquela em que Henry chuta um móvel no hall do apartamento, e a de Coulson e sua amiga V. Phipps-Wilson amarradas em camas com cabos de bateria, ameaçadas por um homem que porta um aparelho elétrico. Lynch adorava aquelas cenas, mas entendeu que puxavam o filme para baixo e precisavam ser eliminadas.

Em Nova York, Ben Barenholtz ouviu falar de *Eraserhead* e pediu uma cópia. Produtor e distribuidor que havia décadas era um herói do cinema independente, ele criou a sessão de meia-noite que foi o salva-vidas de cineastas iconoclastas que não conseguiam exibir seus filmes de outro modo. A inovação permitiu que filmes como *Pink Flamingos*, de John Waters, encontrassem um público, e o seu apoio a *Eraserhead* foi crucial. A companhia de Barenholtz, a Libra Films, concordou em distribuir o filme, e ele enviou um colega, Fred Baker, a Los Angeles para selar o acordo com Lynch. O aperto de mãos oficial ocorreu na Schwab's Pharmacy, set de uma cena de *Crepúsculo dos deuses*, o que lhe conferia um significado especial aos olhos de Lynch.

Enquanto *Eraserhead* rumava a um porto seguro, a vida pessoal de Lynch continuava confusa. "Certo dia, pouco depois de Ben concordar em distribuir o filme, David me disse que queria ficar com Martha Bonner", conta Fisk. "Àquela altura vivíamos juntos, e respondi 'Ok, vou voltar para a Virgínia', e fui embora. Três dias depois ele ligou e me pediu em casamento. Minha mãe se opôs, porque ele não tinha dinheiro, e meu irmão tampouco achou que eu deveria me casar com ele. Ele sentou-se diante de mim e explicou: 'David é diferente, Mary, esse casamento não vai durar', mas não liguei. David traz um amor incrível dentro de si, e você se sente a pessoa mais importante do mundo quando está com ele. Seu tom de voz e o cuidado que tem com as pessoas são extraordinários."

Em 21 de junho de 1977, Lynch e Fisk se casaram em uma cerimônia íntima na igreja frequentada pelos pais dele em Riverside. "Nos casamos numa

124 ESPAÇO PARA SONHAR

terça-feira; o pai de David pediu que guardassem as flores do culto de domingo para nós, então havia flores, e ele contratou um organista", conta Fisk. "Foi um casamento tradicional, com lua de mel de uma noite em Big Bear."

Dezesseis dias depois, Lynch registrou no Sindicato de Roteiristas o tratamento de roteiro do que esperava ser o seu próximo filme, *Ronnie Rocket*, e em seguida o casal foi para Nova York. Lynch passou três meses no apartamento de Barenholtz trabalhando em um laboratório, tentando obter uma cópia satisfatória de *Eraserhead*. Barenholtz pagou pelos direitos da música de Fats Waller, importante para criar a atmosfera do filme, que finalmente ficou pronto. A estreia foi naquele outono, no Cinema Village, em Manhattan, e um cartão de participação de nascimento fez as vezes de convite para o lançamento oficial.

Conseguir um distribuidor para *Eraserhead* não ajudou a resolver os problemas financeiros de Lynch, e ao regressar de Nova York ele passou meses em Riverside trabalhando com o pai na reforma de uma casa que pretendiam vender. Enquanto ele estava em Riverside, Fisk trabalhava na divisão de administração imobiliária do Coldwell Banker, e o visitava nos fins de semana. "Depois que nos casamos, vivemos de modo intermitente com os pais de David. Quando ele e o pai voltavam para casa depois de trabalhar na reforma da casa, a mãe corria para a porta de braços abertos e os abraçava. A família era muito amorosa. O lucro da casa reformada foi de sete mil dólares, e os pais lhe deram o dinheiro. Preocupavam-se com David porque não enxergavam os sonhos dele — no entanto, ajudaram a financiar *The Grandmother*. É extraordinário que o filho fizesse um trabalho que não entendiam e, ainda assim, o apoiassem."

No fim de 1977 Lynch ainda estava em um buraco negro financeiro, por isso converteu suas instalações de pós-produção em uma oficina e começou o que denomina a fase "construção de cabanas", que significa exatamente isso — construiu cabanas e fez diversos trabalhos de carpintaria. Embora isso soe desanimador, ele mantinha a esperança. "Estava animado", contou Mary Fisk. "Havia terminado o filme, que tinha ido para o Filmex, e havia um burburinho. Quando acordávamos, ele estava com um grande sorriso, pronto para o dia. Estava pronto para o que viesse."

"Nossa vida social girava ao redor do centro, com a comunidade de meditação", prossegue. "Íamos todas as sextas-feiras, e os frequentadores se tornaram os nossos melhores amigos. Íamos com eles ao cinema — assisti a muitos filmes com David — mas não estávamos nem um pouco envolvidos com o meio do cinema."

Enquanto isso, aos poucos, no boca a boca, *Eraserhead* virava uma sensação no circuito das sessões de meia-noite, e tinha início um período de quatro anos em cartaz no cinema Nuart de Los Angeles. *Eraserhead* surgiu no momento certo, quando o tipo de público capaz de apreciá-lo começava a se formar em Los Angeles. A arte performática radical estava no auge, o punk rock ganhava ímpeto e publicações arrojadas como *Wet*, *Slash* e *Los Angeles. Reader*, que exaltavam tudo o que fosse experimental e underground, estavam florescendo. Membros destes grupos urbanos ocupavam os assentos do Nuart e receberam Lynch como um igual. John Waters instou seus fãs a assistirem ao filme, Stanley Kubrick o adorou, e o nome de Lynch começou a circular.

Ele continuava sendo um *outsider*, mas sua vida havia se transformado. Seguia uma prática espiritual que o ancorava, tinha uma nova mulher, e fizera um filme exatamente como o imaginara. "Fui muito fiel à minha ideia original em *Eraserhead*", conta, "que inclusive tem cenas que parecem estar mais na minha mente que na tela." Por fim, um punhado de gente da indústria do cinema e milhares de espectadores compreendiam o que tinha feito.

"David se conecta com muito mais gente do que seria de se esperar, e as pessoas se identificam com algo em sua visão", afirma Jack Fisk. "A primeira vez que assisti a *Eraserhead* foi na sessão de meia-noite no Nuart; o público estava siderado e sabia os diálogos de cor. Pensei, que legal, ele achou uma plateia para suas loucuras!"

Jack, o cachorro dele, Five, e meu irmão John cruzaram o país de carro comigo partindo da Filadélfia, e a viagem para o oeste foi linda. Lembro-me de um momento em que entramos num vale gigantesco e o céu era tão imenso que, ao chegar ao cume, podia-se ver quatro tipos distintos de clima ao mesmo tempo. Havia sol numa parte do céu e uma tempestade violenta noutra. Dirigimos 30 horas direto até Oklahoma City, onde nos hospedamos na casa dos meus tios, e no segundo dia dirigimos um longo trecho até parar à noite na beira da estrada, no Novo México. Era uma noite sem lua e dormimos junto a uns arbustos. Estava tudo muito silencioso, mas de repente ouvimos um zumbido e vimos um cavalo amarrado a um arbusto. Quando acordamos na manhã seguinte, uns indígenas pilotavam umas caminhonetes fazendo círculos à nossa volta. Era uma reserva indígena, e provavelmente eles queriam saber por que diabos estávamos na sua propriedade, e não os critico. Não sabíamos que era uma reserva.

Chegamos a Los Angeles depois da meia-noite, no terceiro dia. Entramos no Sunset Boulevard, dobramos no Whisky a Go Go e fomos para a casa do Splet, onde passamos a noite. Na manhã seguinte, ao despertar, descobri a luz de Los Angeles. Quase fui atropelado, porque estava parado no meio do San Vicente Boulevard — não podia acreditar na beleza daquela luz! Amei Los Angeles logo de cara. Quem não amaria? Então estava parado lá apreciando a luz, olhei adiante e vi uma placa ALUGA-SE no San Vicente 950. Em poucas horas aluguei aquela casa por 220 dólares ao mês.

132 ESPAÇO PARA SONHAR

Eu tinha vendido o Ford Falcon na Filadélfia e precisava de um carro, então Jack, John e eu fomos ao Santa Monica Boulevard e esticamos o dedão. Uma atriz nos deu carona e explicou: "Todas as revendedoras de carros usados ficam no Santa Monica Boulevard, em Santa Mônica, vou para lá e posso levá-los." Entramos e saímos de algumas lojas, até o meu irmão achar um Volkswagen 1959 com a pintura cinza desbotada. Ele entende de carros, examinou e disse "este é um bom carro." Eu tinha acabado de ganhar o segundo lugar na premiação do Festival de Cinema de Bellevue com *The Grandmother*, e o prêmio tinha sido 250 dólares. Comprei o carro com esse dinheiro, talvez tenha custado 200. Precisava de seguro, e do outro lado da rua havia um State Farm, subi os degraus de madeira e topei com um cara simpático no segundo andar que fez o seguro. Em um dia eu tinha carro com seguro e casa. Surreal. Muita gente viveu conosco naquela casa — Herb Cardwell, Al Splet, o meu irmão, e Jack também morou um tempo conosco. Não me incomodava ter toda aquela gente morando lá, mas hoje isso me perturbaria muito.

Quando Jack, meu irmão e eu fomos ao AFI, não acreditei quando vi aquela mansão pela primeira vez. Fiquei muito contente de estar lá. Quando cheguei a Los Angeles queria fazer *Gardenback* e tinha terminado um roteiro de 40 páginas; conheci Caleb Deschanel, que gostou do roteiro. Achou que fosse um filme de horror ou algo assim, e levou-o a um produtor conhecido seu que fazia filmes de horror de baixo orçamento. O cara disse: "Quero fazer isso, vou lhe dar 50 mil dólares, mas você precisa fazer um roteiro de 100 ou 120 páginas." Aquilo me deixou bem deprimido. A história toda estava ali, e ainda assim passei a merda do ano letivo encontrando-me com Frank Daniel e um estudante chamado Gill Dennis, que era meio compincha de Frank, enchendo aquilo de diálogos mundanos que eu odiava. No fundo pensava, quero mesmo fazer isso? Porque já estava começando a ter ideias para *Eraserhead*.

Um dia, no primeiro ano no AFI, Toni Vellani fez um convite: "Quero que conheça Roberto Rossellini." Fui ao escritório dele e lá estava Roberto. Saudamo-nos com um aperto de mãos, sentamos, conversamos e imediatamente nos demos bem. Ele disse ao Toni: "Gostaria que David fizesse um intercâmbio e viesse a Roma estudar na minha escola de cinema, o Centro Sperimentale di Cinematografia." Escreveram na *Variety* que eu iria para lá, mas logo em seguida a escola de Rossellini fechou. É o destino. Não estava escrito que eu deveria ir. De qualquer modo, foi legal conhecê-lo.

Precisava de dinheiro, então Toni propôs: "Você pode fazer um estágio com Ed Parone, que está montando *Major Barbara* no Mark Taper Forum", e eu fui. O trabalho como estagiário era levar café para Ed Parone. A peça foi estrelada por David Birney e Blythe Danner, e foi a estreia de Richard Dreyfuss, que roubou o espetáculo. Odiei a peça e não gostei do diretor. Ele não foi muito gentil comigo. Talvez os cafés que eu lhe entregava não fossem bons, não sei. Não me comportei como deveria e não tinha o menor interesse em teatro. Mas Blythe Danner era legal.

Toni sabia que eu fazia coisas com as mãos, então me conseguiu um emprego em Utah construindo objetos de cena para o filme *In pursuit of treasure*, de Stanton Kaye. Antes de começar, ouvi várias histórias sobre Stanton Kaye, por exemplo que precisavam arrastá-lo até o set para dirigir o filme, que estava sempre atrasado e não dava a mínima para nada. Ele andava agindo de forma estranha. Fui para Utah e comecei a construir os tesouros para *In pursuit of treasure*. Eu fazia deuses astecas e tijolos de ouro, ficava fazendo coisas, e éramos só eu num porão e um cara chamado Happy, que trabalhava num circo. Eu o chamava de "Happ". Era para ficar só uma semana, e depois de duas semanas quis ir embora e falei: "Meu amigo Jack pode fazer isso." Jack veio, conheceu muita gente que sacou que ele era ótimo, e isso lhe abriu portas. Acho que aquilo foi uma virada na vida dele.

No primeiro dia do segundo ano fui ao AFI e tinham me matriculado nas aulas do primeiro ano, como quem levou bomba. Além disso, eu tinha desperdiçado a porra do ano anterior, e fiquei fora de mim. Avancei corredor abaixo, Gill viu a minha cara e gritou: "David, pare! Pare!" Ele correu atrás de mim, mas entrei no escritório de Frank, ignorei a assistente dele, Mierka, e falei: "Vou embora!" Saí, procurei Alan e ele disse: "Também vou!" Então fomos ao Hamburger Hamlet e nos queixamos, xingamos e tomamos café. Horas depois voltei para casa e Peggy perguntou quando me viu: "O que houve? A escola ligou, estão muito chateados porque você foi embora." Voltei lá e Frank estava preocupado: "David, se você quer ir embora é porque estamos fazendo algo errado. O que quer fazer?"

134 ESPAÇO PARA SONHAR

Respondi: "Quero fazer *Eraserhead*", e ele topou: "Então você vai fazer *Eraserhead*."

Quando comecei a trabalhar no filme, parei de ir às aulas, mas de vez em quando assistia a uns filmes. O projecionista da sala grande do AFI era pra lá de louco por cinema, e quando sugeria: "David, você *tem* de ver esse filme", sabia que era algo especial. Uma coisa que ele me mostrou foi *O sangue das bestas*, um filme francês que alterna entre dois namorados que caminham pelas ruas de uma cidadezinha francesa e um matadouro grande ao estilo antigo. Pátio de paralelepípedos, correntes imensas, instrumentos de ferro. Eles trazem um cavalo e sai vapor das narinas dele; colocam uma coisa na testa do cavalo e bum!, lá se foi o cavalo. As correntes prendem as patas dele, alçam-no, ele é rapidamente escorchado e o sangue escoa pelo ralo; corta para o casal caminhando. Impressionante.

Estava buscando atores para *Eraserhead* e David Lindeman, um diretor de teatro, estudava no AFI. Descrevi o personagem de Henry e perguntei se conhecia alguém que poderia interpretá-lo, e ele indicou dois nomes. Um deles era Jack Nance, e resolvi procurá-lo. Em *Eraserhead* cada primeira pessoa que conheci foi escalada, todas elas. Não é que eu quisesse qualquer um, é que todas eram perfeitas.

A mansão Doheny ficava numa colina e tinha térreo, primeiro piso e, debaixo do térreo, um porão com cômodos que tinham virado escritórios. Havia também uma pista de boliche e uma lavanderia, onde os Doheny lavavam a roupa. Como o sol é bom para limpar a roupa, eles tinham um fosso, que não se via da rua de nenhum ângulo. Tinha uns muros de quase 5 metros, era aberto, e ali penduravam a roupa. Um belo fosso. Paredes de concreto e degraus bem-feitos subindo e descendo. Foi onde montei o cenário da Dama no Radiador. Passei um tempo lá, pois demorou muito para montá-lo, provavelmente porque eu não tinha dinheiro.

Bem, Jack Nance e eu nos encontramos num daqueles escritórios no porão. Ele chegou de mau humor, tipo: que merda é essa de filme estudantil. Sentamos para conversar, mas era tudo muito forçado e não funcionou. Quando acabou a conversa eu disse: "Vou acompanhá-lo", cruzamos a sala em silêncio e saímos para o estacionamento. Chegando lá, Jack viu um carro e disse: "Bacana esse rack de teto." Respondi: "Obrigada", e ele perguntou: "É seu? Ah, meu Deus!", e de repente virou outra pessoa.

Começamos a falar de Henry ali mesmo, e eu disse: "Henry tem um olhar confuso", então ele lançou um olhar confuso, mas repliquei: "Não, não é assim, digamos que Henry parece perdido." Ele lançou um olhar perdido e insisti: "Não, também não é assim. Talvez ele esteja assombrado", e ele fez cara de assombro. Voltei a dizer não, até que o peguei pelos ombros e disse: "Fique totalmente inexpressivo." Ele ficou inexpressivo e falei: "Jack, é isso!" Depois disso ele ia por aí dizendo "Henry é totalmente inexpressivo." Eu o levei à minha casa e o apresentei a Peggy, que fez um sinal de ok pelas costas dele, e voltamos para o AFI. Jack era absolutamente perfeito em todos os aspectos. Já pensei quem mais poderia ter interpretado Henry, de todos os atores do mundo que vi desde então, e não há ninguém. Foi o destino. Jack era perfeito e, como a Charlotte disse, não se incomodava em esperar. Ficava sentado dando voltas a muitíssimas coisas em sua cabeça, não ligava para o que ocorria à sua volta.

Quando o conheci, Jack usava uma espécie de afro. Não queríamos que o cabelo dele parecesse recém-cortado para o filme, então uma semana antes de começar a filmar chamei um barbeiro aos estábulos, que cortou o cabelo dele ali mesmo. Queria que fosse curto dos lados e longo no alto — esse era o visual, era muito importante. Por algum motivo era algo que eu gostava desde sempre. O corte de cabelo de Jack era muito importante, mas foi só na primeira noite de filmagem, depois de Charlotte mexer nele, que o cabelo ficou perfeito. Ele ficou bem mais alto do que eu teria feito, então ela teve um papel importante na criação de Henry.

Bem na ponta leste do Sunset Boulevard havia um estúdio incrível que ia fechar e estavam vendendo tudo, então aluguei um caminhão com uma caçamba de 10 metros de comprimento e Jack e eu fomos lá num dia nublado. Saímos com uma pilha de quase 4 metros, o caminhão carregado com telas, barris de pregos, fiação, um pano de fundo preto de 10 metros por 12, o radiador do quarto de Henry, várias coisas. Perguntamos: "Quanto é?" O cara respondeu: "Cem paus." Construí todos os cenários do filme com aquelas telas. Havia uma loja de tapetes no mesmo trecho do Sunset que parecia um posto de gasolina velho ou uma oficina mecânica. Era de estuque, com uma placa desbotada, tudo horrivelmente escuro e poeirento, com pilhas enormes de tapetes no piso sujo. Você ia olhando as pilhas enquanto avançava, e quando achava algo os vendedores saíam

136 ESPAÇO PARA SONHAR

da escuridão, enrolavam a pilha e puxavam o que escolheu. Se você não gostasse, jogavam o tapete de volta na pilha e a poeira se espalhava. Foi onde comprei todos os tapetes do filme, e conseguimos os efeitos sonoros de que precisávamos em latões de lixo da Warner Bros. Estavam repletos de lindos rolos de fitas magnéticas descartadas. Al e eu tiramos o assento traseiro do Fusca e pegamos centenas de rolos usados de efeitos sonoros. Você pode reutilizá-los usando um desmagnetizador, e foi o que Al fez. Eu não queria chegar perto daquela coisa, porque é um ímã gigantesco, você enfia o rolo no desmagnetizador, gira de um certo jeito, ele rearranja as moléculas, depois tira o rolo do jeito certo e está limpo.

Ninguém usava os estábulos do AFI, então me instalei lá, e por quatro anos tive um estúdio de um tamanho bastante bom. Algumas pessoas da escola vieram na primeira noite de filmagem e nunca voltaram. Tive tanta sorte — foi como morrer e ir para o céu. No primeiro ano só estavam lá os atores, Doreen Small, Catherine Coulson, Herb Cardwell, depois Fred, que substituiu Herb, e eu. Al estava quando gravamos o som do set, e além desses não houve mais ninguém. Nunca. Num período de quatro anos aparecia gente para ajudar de vez em quando nos fins de semana, mas no dia a dia era a equipe. E só.

Doreen Small era parte essencial de *Eraserhead* e fez um excelente trabalho. Mas eu nunca mandei ninguém fazer mapa astral. As pessoas dizem: "David me fez aprender MT", mas não se pode forçar ninguém a fazer esse tipo de coisa. Tem que vir de um desejo.

Alan Splet foi quem me falou de James Farrell, que morava numa casinha em Silver Lake onde se estacionava o carro no chão de terra. Fui vê-lo, ele era astrólogo e médium, um cara fora do comum. Era um médium muito especial, fazia leituras mágicas. A gente chegava, cumprimentava a mulher dele, ela saía e ele fazia a leitura. Eu não tinha dinheiro, mas fui várias vezes porque ele cobrava um preço razoável — naquele tempo tudo era razoável.

Anos depois, quando estava fazendo *Duna*, procurei-o, e ele tinha se mudado para um prédio em Century City. Abriu a porta e estava diferente, quase flutuando, e disse: "David, virei totalmente gay!" Estava tão contente sendo gay, sem problemas. "Legal", falei, e ele fez a leitura. Perguntei sobre umas garotas com quem estava saindo e ele respondeu: "David, elas todas se conhecem." Ele quis dizer que as garotas têm o exterior, mas parte delas sabe muito mais, e para mim aquilo fez sentido. As garotas são mais avançadas em vários aspectos, porque são mães, e a maternidade é muito importante. Segundo o Maharishi, a mãe é dez vezes mais importante para os filhos que o pai. Se as mulheres governassem o mundo acho que a paz estaria muito mais próxima.

Uns cinco anos depois daquela visita estava conversando com Mark Frost numa mesa do Du-par's, no Ventura Boulevard. Havia gente entrando e saindo, alguém passou com uma mulher e vi de relance as calças de um homem, um suéter rosa alaranjado e uma cabeça rosa amarronzada. Continuei conversando e a ficha começou a cair. Virei para trás, ele se virou também e perguntei: "James?" E ele: "David?" Fui cumprimentá-lo, e havia algo estranho nele, tinha a pele de um tom vermelho alaranjado, e mais tarde soube que tinha morrido de Aids. Foi um astrólogo brilhante, um médium incrível, e uma pessoa muito boa.

Eu colocava para tocar *Tannhäuser* e *Tristão e Isolda*, de Wagner, no refeitório dos estábulos, e Jack e eu ouvíamos aquilo do pôr do sol até escurecer, antes de começar a filmar. Eu deixava o volume bem alto, e também tocava *Moonlight Sonata*, com Vladimir Horowitz. Meu Deus, esse homem sabia tocar. Tocava lentamente, e soube que tinha a capacidade de tocar as teclas do piano em cem intensidades distintas, da nota mais minúscula à que estilhaça a vidraça. Essa alma aparece quando toca. E Beethoven escreveu aquilo já surdo! Impressionante. Captain Beefheart foi um grande artista, e eu também ouvia *Trout Mask Replica* o tempo todo. As pessoas começavam a chegar aos estábulos por volta das seis da tarde, e Jack e eu as esperávamos no refeitório, ouvindo música a todo volume. Estávamos na melhor parte de Beverly Hills e nos sentávamos para apreciar os bosques e a luz que ia minguando, fumávamos cigarros e ouvíamos música bem alta.

No primeiro ano do filme eu me afastei de casa, mas não foi de propósito — simplesmente trabalhava o tempo todo. Peggy e eu sempre fomos amigos e não havia brigas em casa, porque ela também é artista. Quando Jennifer e eu fizemos a escultura de barro para ela na mesa de jantar, juntamos baldes e baldes de barro e o monte chegou a pelo menos um metro, ia até a beirada da mesa. Quantas mulheres gostariam daquilo na sala de jantar? Uma! Qualquer outra ficaria pirada! Diria: "Você vai estragar a mesa." Peg adorou. Ela é uma garota incrível e me deixava ser artista, mas teve de ocupar o assento traseiro por tempo demais, e acho que ficou deprimida. Não foi uma boa época para ela.

Fiquei sem dinheiro um ano depois de começar *Eraserhead* e Herb foi embora, mas compreendi sua decisão. Ele era um sujeito muito interessante. Era um piloto excelente porque pensava em três dimensões, e um tremendo engenheiro mecânico. Certa vez ele perguntou a Peg e a mim: "Vou pegar um avião. Vocês gostariam de passar o dia voando pelo deserto comigo?" Dissemos: "Ótimo." Voltamos quando estava escurecendo, e enquanto taxiava ele ligou o rádio e deu boa-noite à torre. O modo como falou me deu um arrepio na nuca. Tive a sensação de que em outra época Herb havia sido piloto espacial de longa distância. O modo como deu boa-noite foi tão bonito, como se dissesse aquilo fazia um milhão de anos.

Certa vez Herb e Al decidiram voar para o leste. Al é legalmente cego, mas faria a navegação, então decolaram para cruzar o país com escala em Pocatello, Idaho. Herb se comunicou por rádio com o aeroporto de lá, e o cara respondeu: "Tem um carro alugado para você com as chaves na ignição. Desligue as luzes e tranque quando for embora." Herb parou o avião, entraram no carro alugado e rumaram à noite para Pocatello, Eles iam numa estrada de mão dupla, Herb estava na direção, e de repente começou a falar. A voz dele começou a subir de tom e ele subitamente saiu da estrada. Al falou: "Herb!", e ele voltou para a estrada. Continuou falando, a voz subiu mais ainda e ele saiu da estrada novamente, até sair completamente, e a sua voz estava super alta. Al gritou: "*Herb!*" e por fim Herb saiu daquilo, voltou para a estrada e ficou legal. Vai saber o que aconteceu.

Às vezes filmávamos até duas ou três da manhã, e ficava tarde demais para rodar outra cena, então íamos embora. Herb morava conosco, mas não vinha para casa. Ninguém sabia aonde ia, e às 9 da manhã o carro dele estava lá estacionado. Ele entrava, não dizia uma palavra, e sabíamos que não devíamos fazer perguntas. Jen se lembra dele pela manhã movendo-se muito lentamente, não de mau humor, mas tampouco contente, pegando umas barras de chocolate para o café da manhã numa pilha que ninguém podia tocar. Jen queria tanto uma barra de chocolate, mas acho que ele nunca lhe deu uma.

Quando ele trabalhava na Calvin de Frenes às vezes era preciso ter autorização de segurança máxima para trabalhar em filmes, porque eram filmes do governo, e Herb tinha autorização — muitos pensavam que trabalhava para a CIA. Tempos depois, ele conseguiu emprego criando projeções de 16mm para aviões, e foi a Londres a trabalho. Foi com uns caras que sabiam que ele era uma pessoa interessante. Eles iam se encontrar certa manhã na área de Gatwick, e os caras foram, esperaram, e Herb não apareceu. Ligaram para o quarto dele, ninguém atendeu, ligaram para o gerente do hotel, pediram que verificassem o quarto, e Herb estava morto na cama. Fizeram a autópsia em Londres e não descobriram a causa da morte. A mãe dele tem uma funerária na Carolina do Norte, fez outra autópsia e tampouco descobriram a causa da morte. Assim era Herb.

Fred Elmes chegou quando Herb foi embora, e o filme mudou à medida que avançava. Eu estava sempre desenhando coisas no refeitório, estava desenhando uma mulherzinha e ao terminar o desenho olhei bem, e foi quando nasceu a Dama no Radiador. Não sei se à época eu tinha a letra de "In Heaven", mas a Dama estava lá, e sabia que ela vivia no radiador, que é quente. Corri para o quarto de Henry, porque tinha esquecido como era o radiador, e de todos os radiadores que vi desde então nenhum tem o que este tinha, que era um pequeno compartimento onde alguém podia viver. Eu não podia acreditar. Você simplesmente não questiona coisas assim. A última cena de Henry com a Dama no Radiador é bela porque ela simplesmente ardeu em branco. Brilhando.

Quando tínhamos de armar um cenário fora dos estábulos trabalhávamos sexta-feira, sábado e domingo e tínhamos de deixar tudo limpo na segunda, antes que os jardineiros chegassem. Podíamos nos meter em encrenca se os perturbássemos. A cena em que chegamos ao planeta foi filmada numa área do AFI onde guardavam lenha; o feto flutuando no espaço foi feito na minha garagem. As cenas de Henry flutuando e da superfície do planeta foram feitas na sala de estar de Fred. Construí uma peça grande na minha casa e levei à casa de Fred, e ele montou um lindo trilho para a câmera ficar num ângulo bem íngreme e se mover por ele. Então, você está chegando no planeta, corta, e viaja pela superfície do planeta. Fred fez um gato acima do quadro de eletricidade da casa dele, então roubamos energia, e havia cabos grossos entrando na casa. Quando tínhamos dúvidas sobre

140 ESPAÇO PARA SONHAR

efeitos especiais procurávamos lugares de filmes C — não de filmes B, mas filmes C. Conhecemos umas figuras e aprendi algo em todos os lugares onde estive. Aprendi principalmente que tudo é meio senso comum, e que podíamos criar os efeitos por conta própria.

Construí o planeta para ser quebrado num ponto, e queria fazer uma catapulta para atirar um pedaço dele, junto com chumbo ou aço, que explodisse ao atingir o planeta. Al teve uma ideia totalmente diferente para a catapulta, e falei: "Isso não vai funcionar", e ele: "Não, a sua é que não vai funcionar." Então fizemos as duas e nenhuma funcionou. Por fim atirei um pedaço do planeta, mas só a metade da peça quebrou, e atirei outro pedaço. Aí funcionou muito bem, pois houve duas explosões em vez de uma.

Tivemos de filmar várias coisas duas vezes. Como a Garota Bonita no Hall. Herb iluminou a cena com áreas de luz dura, mas Judith não ficou bem naquela luz e a atmosfera não estava legal. Ele refez a coisa, que ficou como uma brisa suave de luz tingida de preto, lindo.

Certo fim de semana estávamos filmando o que chamamos "a cena da moeda de 10 centavos"; eu tinha esvaziado a minha conta no banco e consegui 60 dólares em moedas de 10 centavos. Aquilo se baseava num sonho que tive com uma parede de adobe. Eu raspava a superfície da parede, via um brilho prateado, e dentro da parede de terra havia fileiras e fileiras de moedas. Era só escavar! Foi incrível.

Na cena, que Henry via da janela do apartamento, uns meninos encontram as moedas e aparecem uns adultos que os enxotam e começam a brigar pelas moedas. Levei muito barro, uns canos e fiz um poço de água barrenta e oleosa. Tivemos de colocar a câmera no alto para encontrar o ponto de vista de quem via a cena do alto. Levou um tempão levar aquelas coisas pesadas ao alto da colina e construir aquilo, e só tínhamos três dias para fazer tudo. Recordo que Jack disse: "Lynch, ninguém vai saber" e, de certo modo, isso se aplica a tudo. Há tanta coisa nos filmes que as pessoas nunca saberão. Você pode contar a história que quiser, mas não expressará o que foi a experiência. É como contar um sonho a alguém. Isso não lhe dá o sonho.

Fizemos a cena, mas só uma parte entrou no filme. Jack estava bebendo naquela noite, e quando terminamos de filmar, Catherine me chamou num canto para avisar: "David, Jack está pondo as moedas no bolso." Fui até ele e pedi: "Jack, quero as moedas de volta", e ele respondeu: "É, Lynch, você quer tudo!" Aquilo me atingiu. Naquela noite resolvi que daria participação no filme às pessoas, porque tinham me acompanhado até ali. Foi quando decidi.

Jack ficou furioso com a Catherine por tê-lo dedurado sobre as moedas, e gritou: "Entre na cocheira, sua cara de cavalo!" Ela era maior que ele, revidou com um soco no nariz dele, que caiu no chão e levou um corte porque ela usava um anel. Ela foi embora; eu estava lá e propus a Jack: "Vamos tomar um café"; fomos ao Copper Penny e naquela noite tivemos uma conversa esplêndida.

Eu era um buscador antes de conhecer a MT, e tinha procurado diversas formas de meditação. Al estava ligado em Ouspensky e Gurdjieff, mas eles não me tocavam, e às vezes Al e eu tínhamos grandes discussões sobre esse assunto. Ele não bebia o tempo todo porque não tinha dinheiro, mas quando bebia ficava loquaz, e frequentemente se enfezava e ia embora. Tivemos boas brigas.

O pai de Peggy estava sempre lendo, e um dia me deu um livro sobre zen budismo. Ele nunca me deu nenhum outro livro. Li aquilo e na semana seguinte saí para caminhar com ele num bosque, e estávamos conversando quando ele disse: "Aquele livro diz que a vida é uma miragem; você entende?" e respondi: "É, acho que sim." E entendi mesmo. Ele era uma pessoa muito interessante. Quando morávamos na Filadélfia jantávamos na casa dos pais dela aos domingos. Isso foi antes de eu comprar o carro, então ia de trem para o trabalho, e num domingo o pai da Peggy falou: "Ok, quarta-feira de manhã, quando chegar à estação de trem, vá à plataforma nove. O meu trem estará chegando e o seu ainda não terá partido. Esconda-se detrás do trem, e exatamente às 9h07 saia de lá, diga alô e vá embora. Farei o mesmo. Vamos coordenar nossos relógios desde já." Tinha que ser na quarta, então tive de ficar ligado naquilo por dois dias. Chegou a quarta, fui à estação e estava escondido detrás do meu trem, esperei, esperei, 20 segundos mais, esperando e esperando, cinco, quatro, três, dois, um; saí e o vi sair de detrás de um trem, nos saudamos e fomos embora. Só isso, e para mim foi muito bom, porque não o decepcionei.

142 ESPAÇO PARA SONHAR

Estava em busca de algo e ainda não tinha encontrado, mas um dia estava conversando com a minha irmã no telefone e ela me falou da Meditação Transcendental. Pensei: "Um mantra! Preciso de um mantra!", desliguei o telefone e perguntei à Catherine: "Quer começar a meditar comigo?" Ela topou. Pedi a ela para descobrir aonde deveríamos ir, ela ligou para o centro do Movimento de Regeneração Espiritual. Em Los Angeles havia a Sociedade Estudantil Internacional de Meditação e o MRE, e a minha irmã tem razão em dizer que o MRE era o lugar perfeito para mim. Charlie Lutes dava palestras introdutórias e era o cara certo para mim, pois se interessava pelo aspecto espiritual da meditação, em contraste com o lado científico. Agradeço por tido Charlie e Helen — eu os adorava e aprendi muito com eles. Charlie viu que eu usava camisas furadas e me deu umas que para ele eram velhas, mas para mim estavam novas. Eles cuidaram um pouco de mim.

Charlie amava o Maharishi, e no início foi meio que o braço direito dele. Antes de conhecê-lo meteu-se em todo tipo de coisa, e às vezes contava histórias inusitadas, como a noite em que foi abduzido por alienígenas e voou de Los Angeles a Washington, D.C. e de volta a Los Angeles em questão de minutos. Certa noite, após uma palestra, ele perguntou: "Você viu?" "Vi o quê?" Ele disse: "Havia um anjo enorme ao fundo da sala durante a palestra." Ele não era pirado, mas estava noutra frequência. Antes de se mudarem para Scottsdale, ele e Helen foram a Vlodrop ver o Maharishi, que sugeriu: "Venha para cá e fique comigo", ao que Charlie respondeu: "Temos cachorros para cuidar", e o Maharishi fez um gesto de desdém com a mão. Muita gente em volta dele se chateou com Charlie, mas o Maharishi não. Ele não se chateava.

Eu não dava a mínima para a meditação quando os Beatles estavam meditando, mas depois foi como se tivessem ligado um botão, e quis isso cada vez mais. Tudo em mim mudou quando comecei a meditar. Duas semanas depois de começar, Peggy veio me perguntar: "O que está havendo?" Respondi: "Do que você está falando?", porque ela podia estar se referindo a várias coisas. Ela explicou: "A sua raiva. Onde foi parar?" Eu era horrível pela manhã, e se o cereal não estivesse perfeito eu pegava no pé dela. Peggy me via levantar da cama, corria para o Sun Bee Market no Sunset e voltava com o cereal. Naquele tempo eu não estava feliz e descontava nela. Certa vez mostrei a Doreen Small algo que estava escrevendo antes de começar a meditar, e ela chorou porque havia tanta raiva naquilo. Depois que comecei a meditar a raiva sumiu.

Antes de começar temia que a meditação me fizesse perder o foco, e não queria perder o pique para fazer coisas. Descobri que ela te dá mais pique para fazer coisas, mais alegria ao fazê-las, e muito mais agudeza. As pessoas pensam que a raiva é aguda, mas é uma fraqueza que envenena o ambiente à sua volta. Não é saudável, e certamente não é boa para os relacionamentos.

Quando Peggy e eu nos separamos fui viver nos estábulos, que era o melhor lugar. Eu me trancava no quarto de Henry e adorava dormir lá, mas depois tive de sair e me mudei para uma cabana na Rosewood Avenue. O proprietário era Edmund Horn, e a cabana ficava no fim da entrada de carros dele, ao fundo. Em *Eraserhead* há uma cena com um desocupado num banco de ônibus que usa um suéter de Edmund. Ele tinha uns 60 anos quando o conheci; era um pianista de concerto e tinha feito turnês com Gershwin na década de 1930. Era homossexual e viveu até os 100 anos e, como não tinha filhos, começou a comprar imóveis e terminou dono de vários espaços em West Hollywood. Era multimilionário, mas não ligava para dinheiro; usava roupas sujas e se vestia como um mendigo. Era melindroso e podia ficar de mau humor e descontar em você, mas me dei muito bem com ele. Ele aceitava tudo o que eu pedia, e acho que me considerava um bom inquilino porque fazia consertos para ele. Instalei muitos aquecedores de água para Edmund e adorava fazer aquilo. Quando consegui o emprego de entregador de jornais sempre sobravam alguns, deixava-os na sua varanda dos fundos e ele adorava lê-los.

Ele tinha um Volkswagen estacionado diante da casa, mas ficava coberto com uma caixa de geladeira de papelão, tinha os pneus rachados, que ele nunca usava. Caminhava para toda parte. Costumava recolher água da chuva em pratos de porcelana, levava a água para dentro e raspava o sovaco com ela. Nada na casa dele tinha sido modernizado — só havia coisas da década de 1920 — e ele tinha uma lâmpada de 40 watts. À noite assistia à TV e aquela era a única luz da casa. Era muito frugal. Certa noite ouvi umas batidas vindo da casa de Edmund, saí para ver o que era e ele estava socando a parede com os punhos e gritava "Socorro" das profundezas do seu ser. Não pedia ajuda a alguém. Pedia ajuda ao cosmos, aos berros.

144 ESPAÇO PARA SONHAR

Quando se aluga um espaço, em geral a garagem vem junto, mas com Edmund não havia garagem. Edmund, por que não tenho uma garagem? Olhe a garagem. O que há lá? Caixas de papelão. As suas favoritas eram as de frutas, enceradas. E não eram dobradas — estavam empilhadas, do piso ao teto, caixas de papelão. Convenci-o a me deixar construir outra garagem para ele e usar a velha que já estava lá, que era grande. Construí uma garagem nova e ele ficou contente, mas subiu um pouco o aluguel e tive de levar tudo da garagem velha para a nova. Construí um paiol em formato de L no pátio e outro paiol para guardar minhas ferramentas. A serra de mesa ficava no pátio e sempre passava WD-40 nela para não enferrujar, e a cobria com uma lona. Foi na antiga garagem de Edmund que fiz a pós-produção de *Eraserhead*. Tinha uma Moviola bem velha; ela foi aperfeiçoada com um visor e era muito suave para o filme. Então editava numa Moviola, que não era nem de mesa, e tinha os filmes em prateleiras, uma mesa de edição e uns sincronizadores.

Ainda estava trabalhando no filme quando Al foi para Findhorn, e fiquei muito deprimido quando ele partiu. Al era engraçado. É uma pessoa obcecada e quando decide uma coisa vai e faz. Tudo bem. Mas eu queria muito que ele me ajudasse com *Eraserhead*. E ele foi embora. Acho que ficou contente lá por um tempo, mas voltou depois de vários meses, e fiquei muito feliz ao tê-lo de volta. Ele morou na garagem quando voltou, e comia salada, e comia do mesmo jeito que fazia tudo o mais. Preparar e comer saladas era algo feroz. Al tinha uma mesa num canto da garagem e, embora mal tivéssemos equipamentos de som, fazia som ali. De manhã fazia o que chamávamos "pôr os olhos" e era sempre a mesma coisa. Pegava um lenço de papel, dobrava-o de um modo determinado, e tinha uma tigela rasa com um líquido e o estojinho das lentes de contato. Abria o estojo, pegava uma das lentes e a banhava na solução rapidamente, punha a lente e secava o dedo no papel. Depois fazia o mesmo com a outra, mexia a lente que nem doido na solução, a colocava e pronto.

Havia um salão na mansão Doheny chamado Grande Hall que tinha sido originalmente um salão de baile, e o AFI montou um piso inclinado, instalou uma tela grande e uma cabine de projeção com sincronizadores num balcão que tinha sido o espaço da orquestra. Abaixo ficava o console de mixagem. No Grande Hall havia um candelabro que se alçava até o teto, cujas luzes escureciam à medida que subia, então assistir a um filme lá era um show. Um dia Al e eu estávamos mixando e entraram umas pessoas. Eu não queria ninguém no lugar e pedi para saírem. Logo apareceu alguém e perguntou: "Esse pessoal é de Cannes. Podem entrar e ver? Isso pode ser bom para você, David." Normalmente eu teria dito não, mas concordei, por um instante. Não os tinha visto, imaginei um monte de gente de boina, e eles assistiram talvez a cinco ou sete minutos. Mais tarde soube que disseram: "Ele buñuelou Buñuel" e que eu deveria levar o filme a Nova York, onde iriam escolher os filmes para Cannes.

Aquilo abriu a porta para sonhar que talvez pudéssemos ir a Cannes, e Al alertou: "Se quiser estar lá nessa data precisamos trabalhar dia e noite, e você tem de parar de ir ao Bob's." Aquilo quase me matou. Tinha de desistir dos milk-shakes. Al teve pena de mim, e um dia disse: "Vamos dar uma parada e ir ao Hamburger Hamlet." Fomos, tomamos café, e vi uma fatia de torta de maçã holandesa na vitrine. Pedi um pedaço e era tão bom, mas era caro, então não podia repetir. Outro dia estava no supermercado e vi uma torta de maçã inteira que custava pouco mais que a fatia, então comprei a torta, li as instruções, pus no forno e ela cozinhou. Cortei uma fatia, enrolei-a em papel alumínio, guardei na jaqueta e fui ao Hamburger Hamlet tomar café e comer aquela torta com café. Terminamos o filme a tempo para ir a Cannes.

Costumava ir ao Du-par's no Farmers Market, onde havia uns carrinhos de compras altos de madeira cinza-azulada com duas rodas, então procurei o escritório do gerente do Farmers Market, subi os degraus de madeira e entrei num belo escritório no segundo ou terceiro piso do prédio. O gerente me recebeu e pedi: "Preciso levar 24 rolos de filme a Nova York. O senhor poderia me emprestar um carrinho de compras para transportá-los?" Ele respondeu: "Ouça, meu chapa, as pessoas roubam essas porras todo dia e nunca vêm aqui pedir. Foi legal da sua parte pedir, então claro que pode. E boa sorte." Eu tinha doze rolos de filme e doze de som, empacotei-os no carrinho, fechei tudo com fita e mandei como bagagem. Tirei todo o dinheiro do banco para comprar a passagem num voo da madrugada e estava bem doente, gripado e com febre. A irmã da Dama no Radiador vivia lá e me ofereceu o café da manhã, me ajudou a pegar um táxi e fui para o cinema no centro. Entreguei o filme a um cara que disse: "Ponha-o ali — esses filmes aqui estão na sua frente", e apontou para uma longa fileira de filmes. Fui pegar café e rosquinhas e passei o dia andando de cá

146 ESPAÇO PARA SONHAR

pra lá, até que por fim o projecionista começou a rodá-lo no fim da tarde. Fiquei ouvindo na porta — o filme parecia tão longo! Até que ele avisou: "Ok, feito", empacotei tudo e fui embora.

Uma semana depois, talvez, soube que não havia ninguém na sala, e que ele tinha projetado no cinema vazio. Aquilo me deixou muito mal. Então propus o filme ao Festival de Cinema de Nova York e também foi rejeitado. Não pensava em apresentá-lo ao Filmex, mas Mary Fisk me pressionou: "Vou levar você, e você vai apresentá-lo", então carreguei o filme e fui para lá com uma atitude desafiante. Coloquei aquele negócio na mesa e disse: "Rejeitado em Cannes, rejeitado no Festival de Cinema de Nova York — vocês provavelmente vão fazer o mesmo, mas aqui está." O sujeito respondeu: "Calma lá, meu irmão. Temos nossa própria opinião. Não interessa onde foi rejeitado", e o filme foi exibido no Filmex na sessão de meia-noite.

Achei que o filme estivesse pronto quando entrou no Filmex, mas precisava de edição, e o que me fez enxergar isso foi a projeção lá. Ele foi exibido numa sala gigantesca e me disseram: "David, sente-se aqui nesta cadeira no fundo. Sente um botãozinho sob o assento? Se você apertá-lo ele aumenta o volume em um decibel." Estava sentado, o filme começou e o som estava muito baixo, então apertei o botão umas três vezes. Ainda estava baixo demais, apertei novamente, mas *continuava* baixo. Devo tê-lo pressionado mais algumas vezes. Ficou tão alto que quando Henry põe a faca no prato na casa de Mary o som quase corta as cabeças do pessoal na primeira fila. Saí do cinema e fiquei andando pelo hall até o fim do filme. Naquela noite Fred me deu carona, e no caminho eu disse: "Fred, vou cortar a porra do filme", e ele respondeu: "Não faça isso." E eu: "Sei exatamente o que cortar e vou cortar", e passei a noite trabalhando nisso. Não fiz os cortes ao acaso — pensei bem — mas cometi o erro de cortar uma cópia com som. Não foi exatamente um erro — sabia que estava cortando uma cópia com som — foi estupidez, mas assim foi. Então, no Filmex ele tinha 20 minutos a mais — 1h50; hoje tem 1h30.

Um jovem que trabalhava com distribuição de filmes assistiu a *Eraserhead* e por sorte percebeu que Ben Barenholtz era o homem certo para ele; ele entrou em contato com Ben, que pediu para ver o filme. Ben é uma figura. É meio sério e um homem de negócios, mas na verdade é um artista que é homem de negócios, e é o avô das sessões da meia-noite. Ele disse: "Não vou fazer muita propaganda, mas posso garantir que em dois meses as filas vão dar a volta no quarteirão." E foi isso mesmo.

Depois que Peggy e eu nos divorciamos, Mary apareceu e foi morar com Jack e Sissy, quando eles viviam em Topanga. Aparentemente não lhe davam muita atenção e ela não estava feliz, nós nos enganchamos, e uma coisa levou a outra. Casei-me novamente porque a amava.

Logo que nos casamos fomos a Nova York terminar o filme. Ela passou uma semana lá — cansou-se rapidamente — e eu passei o verão no apartamento de Ben, trabalhando num lugar chamado Precision Lab. Talvez existam laboratórios meio artísticos por aí. Os caras lá eram mais tipo choferes de caminhão. Era um laboratório nada sofisticado, não podiam acreditar que eu quisesse o filme escuro daquele jeito e não queriam fazê-lo tão escuro. Diziam: "Não, não se pode fazer escuro assim." Eu dizia mais escuro, eles faziam um *pouquinho* mais escuro, eu retrucava, não, mais escuro. Levou dois meses para a cópia ficar escura como eu queria. Foram feitas muitas cópias, todas horríveis. Por fim ficou legal e o filme foi exibido no Cinema Village. Não fui à estreia, mas houve exibições com festa de lançamento na quinta e na sexta para gente do meio legal e amigos, e estreou no sábado. Soube que havia 26 pessoas na noite de estreia e 24 na noite seguinte.

Eu continuava sem dinheiro depois do lançamento do filme, então quando voltei a Los Angeles fui para Riverside e trabalhei numa casa com o meu pai. Não me sentia desmoralizado. De jeito nenhum! Estava agradecido porque o filme tinha terminado e estava sendo distribuído. Não chamaria aquilo de êxito, mas tudo é relativo. Se pensar em dinheiro, *Tubarão* é um sucesso. Em termos de sentir-se bem terminando um trabalho e tendo um espaço para que as pessoas o vejam — para mim era o sucesso. Trabalhei com o meu pai diariamente, voltávamos para casa à noite e a minha mãe nos esperava para jantar. Comíamos juntos e eu me retirava para o meu quarto, deitava na cama e escrevia dez páginas de *Ronnie Rocket, or the Absurd Mystery of the Strange Forces of Existence* [Ronnie Rocket ou o absurdo mistério das estranhas forças da existência]. Não dormia enquanto não escrevesse dez páginas, porque estava tudo na minha cabeça. Naquele tempo, se você tomasse o trem de D.C. para Nova York, passava pelo ter-

148 ESPAÇO PARA SONHAR

ritório de *Ronnie Rocket*. Aquilo foi antes do grafite, havia antigas fábricas que ainda não estavam totalmente dilapidadas, bairros fabris, era muito lindo. Depois aquilo simplesmente sumiu. O mundo que eu via do trem desapareceu. Não ganhei dinheiro com *Eraserhead*, mas adorava o mundo que tinha visto, e começava a pensar em fazer *Ronnie Rocket*.

O Jovem Americano

De fato, Lynch tinha encontrado um público para seu trabalho, mas *Ronnie Rocket,* seu roteiro seguinte, era ainda mais difícil. A cena inicial — um paredão de fogo que chega a 60 metros de altura num palco — já dava o tom do que viria em seguida. Há tantos elementos surreais na história que teria sido impossível filmá-la no fim dos anos de 1970, quando as imagens geradas por computador estavam engatinhando: um pássaro de pescoço quebrado dá cambalhotas para trás; fios elétricos se agitam como serpentes sibilantes; o amor romântico provoca explosões no céu e uma chuva de serpentinas; um porco falante anda nas patas traseiras.

Ronnie Rocket é ambientado em um lugar onde "nuvens pretas avançam sobre uma cidade sombria coberta de fuligem", e remete à Filadélfia e *Eraserhead*. Porém, a abordagem da narrativa difere significativamente do minimalismo de *Eraserhead* ao entremear dois enredos complexos. Um deles segue um detetive que viaja a uma zona proibida conhecida como cidade interior à procura de um vilão que roubou toda a energia e a reverteu para produzir escuridão ao invés de luz. O segundo enredo acompanha a triste desventura de um garoto de 16 anos que é uma espécie de Frankenstein, sujeito a ataques gerados por eletricidade. Lynch explicou que o filme tem muito a ver com o nascimento do rock 'n' roll, e Ronnie Rocket se torna uma estrela do rock e é explorado para fins comerciais, mas se mantém incorruptível. A metáfora central é a eletricidade, que aparece por toda parte — ela estala e estoura na fiação elétrica, dispara das pontas dos dedos, arqueia e dança nos cabos ferroviários e se alastra acima da cidade. Trançados no roteiro há elementos recorrentes na obra de Lynch, como encontros sexuais peculiares, uma família disfuncional e floreios extravagantes de violência.

Esses elementos disparatados se unem para criar uma parábola das crenças espirituais que tinham se tornado centrais na vida de Lynch. Um sábio ensina ao detetive da história a importância de manter a consciência; na história, perder a consciência é morrer, e amor e dor são as energias que permitem às pessoas permanecerem conscientes. O tema recorrente do círculo — o detetive visita uma casa noturna chamada Circle Club onde ouve que "as coisas avançam em círculos" e "a vida é uma rosquinha" — alude à roda do carma e do renascimento. O filme termina com a imagem de uma figura de quatro braços que dança em uma folha de nenúfar tentando pegar um ovo de ouro. Os Vedas, os textos sagrados hindus, afirmam que o universo material, surgido da mente de Brahma, é um ovo de ouro que flutua como um sonho nas águas da consciência divina.

Lynch descreveu *Ronnie Rocket* como um filme sobre carvão, petróleo e eletricidade, mas ele é também uma estranha lenda sobre a iluminação revestida de humor negro, e surpreende que tenha despertado certo interesse. Nos meses seguintes ao lançamento de *Eraserhead,* Lynch recebeu um telefonema de Marty Michelson, da Agência William Morris, interessado em representá-lo, e ele tentou obter financiamento para *Ronnie Rocket*, mas isso não foi adiante.

Àquela altura entrou em cena Stuart Cornfeld, que ajudou Lynch a dirigir seu filme seguinte, *O Homem Elefante.* Nascido em Los Angeles, Cornfeld estudava no programa de produção do AFI, onde concentrava suas energias na oficina de direção para mulheres. A atriz Anne Bancroft estudava lá à época, e Cornfeld produziu um curta de meia hora para ela. Após trabalhar com ele em outro curta, *Fatso,* Bancroft chamou-o para ser o produtor quando ela ampliou o curta na sua estreia como diretora.

Na turma de graduação de Cornfeld, em 1976, também estava o diretor Martin Brest, que o incitou a ver *Eraserhead* no Nuart. "Simplesmente amei", rememora ele. "David meio que rompeu o código sobre como fazer um filme sombrio, porque ele pode ser bem sombrio e, no entanto, manter um toque transcendente no final. Ele cria um buraco assustador onde você cai e, em circunstâncias normais, ficaria apavorado com a queda, mas há certa paz subjacente à sua obra. Fiquei totalmente chapado com *Eraserhead.*"

Ele prossegue: "Sabia que David tinha estudado no AFI, pedi o telefone dele à escola e liguei: 'Seu filme é incrível; o que você está fazendo agora?' Marcamos de nos encontrar num café chamado Nibblers e começamos a nos ver. Naquela época ele era pobre e morava na Rosewood, e recordo de ter ido à casa dele pouco depois disso. Ele tinha uma caixa de som Voice of the Theater, e pôs "96 Tears" no toca-discos para mim. Passamos a almoçar juntos uma vez por semana, ele era sempre divertido e tinha o senso de humor certo. Gosto dos humanistas sombrios.

"Ele me deu o roteiro de *Ronnie Rocket*, que achei incrível e apresentei em vários lugares, sem resultado. David tivera uma reação negativa da indústria de Hollywood com *Eraserhead*, e eu disse a ele: 'O mais importante é começar outro filme.'"[1] Foi quando Lynch começou a considerar dirigir algo escrito por outro roteirista.

Anne Bancroft apresentou Cornfeld ao marido, Mel Brooks, que o contratou como assistente de filmagem do seu sucesso de 1977, *Alta ansiedade*; o primeiro assistente de direção do filme era um jovem novato chamado Jonathan Sanger. Nascido em Nova York, Sanger mudou-se para Los Angeles em 1976 e seu amigo, o cineasta Barry Levinson, o apresentou a Brooks, que o contratou para *Alta ansiedade*; Cornfeld e Sanger ficaram amigos durante as filmagens.

A saga de *O Homem Elefante* começou de verdade quando a babá de Sanger, Kathleen Prilliman, pediu-lhe que lesse um roteiro que o namorado dela, Chris De Vore, tinha escrito com o amigo Eric Bergren quando eram estudantes no norte da Califórnia. Ambos pretendiam ser atores, mas dedicaram-se ao roteiro depois de ler um livro intitulado *Very Special People* [Pessoas muito especiais], que trazia um capítulo sobre o Homem Elefante.

Nascido em Leicester, Inglaterra, em 1862, afligido por doenças que o deixaram gravemente deformado, o Homem Elefante — cujo nome era Joseph Merrick — sobreviveu a um período brutal em que foi a atração em um show de aberrações, até ser internado no London Hospital, onde foi tratado e protegido por Sir Frederick Treves até morrer, aos 27 anos. (Erroneamente, Treves referiu-se a ele como John, e não Joseph, em seu livro de 1923 *The Elephant Man and Other Reminiscences*. [O Homem Elefante e outras reminiscências])

"Fiquei fascinado com o roteiro", recorda Sanger. "Adquiri os direitos por mil dólares durante um ano, e eles o negociaram com a condição de participarem do projeto como autores."[2] Cornfeld também se empolgou com o roteiro e depois de lê-lo imediatamente ligou para Sanger avisando: "Sei quem pode dirigir isso." E telefonou para Lynch: "Você precisa ler isso."

O Homem Elefante é uma história sombriamente romântica, o tipo de coisa que punha Lynch a sonhar, e quando ele e Sanger se encontraram no Bob's na semana seguinte, Lynch afirmou que tinha adorado o roteiro e quis saber se já tinham escolhido o diretor. "Ele contou como imaginava o filme e, tendo visto *Eraserhead*, eu sabia que podia fazê-lo", conta Sanger. De Vore e Bergren pensaram o mesmo depois de ver o filme. "Pensamos, uau, esse cara é realmente capaz", explica De Vore. "Quando o conhecemos no Bob's de Century City nos convencemos de que ele tinha o tipo de mente selvagem que queríamos para o filme."[3]

Tendo Lynch em mente como diretor, Cornfeld e Sanger ofereceram o roteiro a seis estúdios, mas não eram suficientemente influentes para atrair alguém com poder de dar luz verde. Àquela altura, Brooks interviu. "Dei o roteiro a Randy Auerbach, secretária de Mel, e ele o leu no fim de semana", conta Sanger. "Ele me ligou na segunda-feira de manhã porque o meu nome estava no roteiro, e propôs: 'O roteiro é fascinante, vamos conversar.' No dia seguinte encontrei com ele e seu advogado no Beverly Hills Hotel e Mel bateu o martelo: 'Vamos fazê-lo.' Eu mal podia acreditar."

Brooks estava montando uma produtora, chamada Brooksfilms, com a qual pretendia fazer filmes diferentes da sua outra companhia, a Crossbow Productions, dedicada exclusivamente a comédias. "Sempre fui um intelectual secreto que ama Nicolau Gogol e Thomas Hardy, mas desde cedo me identificaram como palhaço, e sabia qual era o meu lugar", conta. "Contudo, isso não me impediu de produzir filmes sérios, e descobri que isso era possível, sempre que mantivesse o nome Mel Brooks de fora."[4]

Ele achava que *O Homem Elefante* seria um ótimo veículo para o diretor Alan Parker, mas Cornfeld se contrapôs: "Não, tem de ser David Lynch — ele é o cara", e Brooks concordou em conhecê-lo. "David chegou ao meu escritório na Twentieth Century Fox vestido como James Stewart preparado para interpretar Charles Lindbergh", rememora. "Usava uma jaqueta *bomber* de couro, camisa social branca abotoada até o pescoço e o cabelo com um corte um tanto provinciano. Era muito direto e tinha um sotaque forte do centro-oeste. Conversamos sobre o roteiro e ele disse: 'Acho uma história comovente', e me convenceu ali.. Passamos muito tempo falando de uma coisa ou outra, e quando ele foi embora pensei: 'Esse é o homem. Não preciso conhecer mais ninguém.'"

Cornfeld sugeriu a Brooks que assistisse a *Eraserhead* antes de dar o trabalho oficialmente a Lynch. Acompanhado de Sanger, Brooks teve uma projeção privada do filme no teatro Darryl F. Zanuck, no porão da Twentieth Century Fox, e Lynch e Cornfeld esperaram do lado de fora. Ao final da sessão Lynch obteve o trabalho.

Brooks afirmou que tinha adorado *Eraserhead* "porque tudo são símbolos, mas é real", e contou a Cornfeld e Sanger onde planejava apresentar o projeto. O primeiro alegou que já tinham procurado aquelas pessoas, e tinham dito não. "Disseram não a *vocês*", rebateu Brooks. "Ninguém quer me dizer não, então alguém vai ligar de volta e dizer que gostou" — e tinha razão, claro. O roteiro foi apresentado com David no papel de diretor, e a Paramount e a Columbia ligaram de volta.

À época, Michael Eisner e Jeff Katzenberg dirigiam a Paramount, e Brooks entregou o roteiro ao primeiro. "Pedi a ele: 'Leia-o, por favor', conta. "Michael ligou de volta em seguida: 'Adorei e quero fazê-lo.'" (Naquela época, a crítica de cinema Pauline Kael dava consultoria à Paramount e instou Eisner a assumir a produção do filme. Ela em seguida enviou um bilhete a De Vore e Bergren, assinalando que o roteiro deles tinha negligenciado a sexualidade de Merrick.)

Embora Lynch tenha declarado que o roteiro original de *O Homem Elefante* era muito bom, este passou por extensas revisões. O esboço original de Bergren e De Vore tinha 200 páginas, e a primeira coisa que fizeram foi enxugar a história.

Cornfeld, que era produtor executivo do filme, recorda que "David e Mel foram as forças motrizes por trás da redação, e Mel contribuiu muito para o roteiro." Sanger concorda: "Mel deu contribuições importantes ao roteiro e tornou a história mais dramática. Ela difere do que realmente aconteceu, mas Mel assegurou: 'Não importa o que de fato tenha ocorrido; a questão é como isso opera emocionalmente no filme.'"

Lynch, De Vore e Bergren receberam um escritório diante do escritório de Brooks no complexo da Fox, e nos dois meses que passaram trabalhando no roteiro o trio se reunia com ele no fim da semana. "Eles liam em voz alta o que tinham escrito e Mel fazia comentários", recorda Sanger, que produziu o filme. "Mel tentava qualquer coisa, pois era como trabalhava as comédias; às vezes suas sugestões não funcionavam, outras vezes eram certeiras — Mel é um sujeito muito inteligente."

156 ESPAÇO PARA SONHAR

A seleção do ator para interpretar o Homem Elefante tornou-se prioridade assim que o dinheiro inicial para o filme ficou garantido, e foram aventados diversos nomes. Uma grande estrela ajudaria a obter o financiamento adicional — Dustin Hoffman foi considerado, dentre outros — mas, ao mesmo tempo, seria mais difícil que se fundisse no personagem. "Ouvimos falar da atuação de John Hurt em *Vida nua,* então Mel e eu fomos ver e ficamos impressionados", contou Sanger. "David queria Jack Nance no papel de Merrick, mas Mel achava que ele precisava trabalhar com alguém que o tirasse da zona de conforto, o que Jack não faria, então começamos a insistir em John Hurt para o papel."

Naquela época, Hurt estava em Montana rodando *O portal do paraíso*, do diretor Michael Cimino, mas foi a Los Angeles no início de 1979 para a cerimônia do Oscar, pois havia sido indicado como melhor ator coadjuvante por seu trabalho em *O expresso da meia-noite.* "Mel ligou para o agente de John e pediu para vê-lo quando viesse à cidade", prossegue Sanger. "Ele teve a ideia de pendurar no escritório fotografias ampliadas do verdadeiro Homem Elefante, do tamanho das paredes, e orquestrou a coisa toda. Determinou: 'Ok, John vai se sentar aqui e as fotos vão ficar ali, mas não vamos falar delas. Vamos nos limitar a falar do filme.'"

"Entramos, nos sentamos, Mel começou a vender o filme e observávamos os olhos de John passeando pelas fotos", relata Sanger. "John foi muito educado e o agente dele disse coisas como 'Soa interessante', e de repente John o interrompe e decide: 'Quero fazer esse filme.' David se levantou para apertar a mão dele, e imediatamente os dois criaram uma relação especial. Havia algo em David que deixava John muito intrigado. Os dois são muito diferentes, mas David tem uma personalidade magnética — é difícil resistir a ele — e os dois criaram um vínculo logo de cara."

O filme avançava rapidamente e Lynch se jogou nele por inteiro. "Ele adorou o projeto e a história lhe tocava de alguma forma, mas o fato de fazer um filme em Hollywood era algo totalmente novo para ele", rememora Mary Fisk. "Tudo era muito rápido, sempre havia um monte de coisas para fazer. Meu irmão duvidava de que ele daria conta, porque David é um artista."

Aparentemente, Lynch nunca duvidou da própria capacidade de dar conta do filme — ele é destemido no que se refere à arte — e inicialmente planejou recorrer à mesma metodologia caseira que empregara em *Eraserhead.* "David deixou claro que, se fizesse o filme, queria se encarregar pessoalmente da maquiagem", recorda Brooks. "Respondi: 'Já dirigi alguns filmes e você estará bastante ocupado', mas concordei." Pouco depois de Hurt regressar à filmagem de *O portal do paraíso*, os Lynch viajaram a Montana, onde ele fez um molde de todo o corpo do ator. "Fazer o molde foi um suplício", recorda Mary. "John estava lá, completamente engessado, com canudos enfiados nas narinas, ele foi demais."

Com uma versão concluída do roteiro em mãos e um ator principal ligado ao projeto, Lynch, Sanger e Brooks foram a Londres dar início à pré-produção. "Senti muito frio logo que chegamos", conta Brooks, "então comprei um sobretudo azul para David, que ele usou durante toda a filmagem."

O trio aterrissou em Londres e foi para Wembley, subúrbio insignificante a 45 minutos de carro a noroeste da cidade. Outrora uma área manufatureira próspera, Wembley não tinha nada interessante além do estádio de futebol quando Lynch esteve lá. Porém, o Lee Studios, estúdio de televisão recém-reformado dos irmãos John e Benny Lee, ficava lá, e era um bom espaço para o filme. Tratava-se de um estúdio modesto, comparado com as três maiores instalações cinematográficas londrinas — Shepperton, Elstree e Pinewood Studios —, mas o gerente de produção Terry Clegg o escolheu porque pensou que seria melhor não precisar competir com produções maiores pelos serviços dos estúdios. Antes de voltar a Los Angeles, Brooks passou meia hora por dia no set nos três primeiros dias de filmagem, "sendo muito contente, carinhoso e solidário", rememora Lynch. "Ele contou que tinha sido ajudado na vida e queria fazer o mesmo por gente jovem que estava começando."

À exceção de Anne Bancroft e John Hurt, o elenco foi escalado em Londres e supervisionado pela diretora de elenco Maggie Cartier. Anthony Hopkins foi escalado para o papel de Sir Frederick Treves, e Sir John Gielgud e a Dama Wendy Hiller compareceram para discutir papéis secundários. "Fiquei surpreso de que gente daquele calibre viesse à reunião, mas estavam contentes em fazê-lo", recorda Sanger. "Wendy Hiller era encantadora, e John Gielgud um homem doce e discreto, com uma bela voz e dicção perfeita. Ele adorou o papel e com ele as coisas eram do tipo 'o que *você* quiser'. David achou maravilhoso trabalhar com John porque dizia que queria um pouco mais de algo e ele fazia exatamente o que era preciso. David ficou muito impressionado com sua capacidade técnica."

Foi um pouco mais difícil recrutar Freddie Jones, que depois atuou em vários outros filmes de Lynch, inclusive *Duna* e *Coração selvagem*. "David

158 ESPAÇO PARA SONHAR

gostou dele de primeira — é um homem sonhador, incomum, e se encaixou perfeitamente no mundo de David", analisa Sanger. "Mas Freddie achou o personagem monocórdico demais; ele tinha de ser algo além do sujeito que surra aquela criatura indefesa. Ele não estava nos descartando totalmente, então David argumentou: 'Gosto muito de você; deixe-me examinar o roteiro do ponto de vista do personagem.' Ele concordou que os sentimentos do personagem pelo Homem Elefante precisavam ser mais complexos, então a contribuição de Freddie definitivamente aparece no roteiro final."

Em duas cenas no filme há um carnaval de figuras bizarras, típico do período vitoriano, que foi difícil escalar. A popularidade dos shows de bizarrices começou a declinar em 1890, e em 1950 tinha desaparecido quase por completo. Além disso, os avanços da medicina do século XX reduziram drasticamente a incidência de anomalias físicas estranhas, que foram o foco dos shows de aberrações no século XIX. "Maggie Cartier publicou um anúncio num jornal londrino dizendo: 'Precisa-se de figuras humanas bizarras'", conta Sanger, "e ouvimos muita merda por causa disso!"

A Feira de Gansos de Nottingham acontece anualmente na Inglaterra desde o período elisabetano, e uma das suas principais atrações é um show de aberrações. Quando fazia a pré-produção, Lynch soube que alguém afiliado à feira agenciava um par de gêmeos siameses. "Ele ficou muito animado com aquilo", recorda Sanger, "então ligamos para o cara, que disse: 'Sim, tenho os gêmeos — sou o agente deles.' David e eu fomos à Feira de Gansos, que no fim das contas era um fim de mundo, com um monte de trailers pequenos. Batemos à porta do trailer e um sujeito gordo com uma camiseta encardida abriu, e ele e a mulher nos convidaram a entrar. O lugar parecia saído dos sonhos de David. O homem falou: 'Querida, pegue os gêmeos', ela foi até o fundo do trailer e voltou com uma jarra com formol e o embrião de um par de gêmeos. David ficou decepcionado."

Cartier encontrou uma agência em Londres chamada Ugly que apresentou o gigante e vários anões que figuram no filme; Lynch e seu departamento de arte criaram os demais personagens do show. O sobrinho-neto de Frederick Treves fez uma ponta como um vereador, assim como os roteiristas De Vore e Bergren. "Aparecemos brevemente na primeira cena do filme", explica De Vore. "Somos menestréis que tocam a Lyra Box, um instrumento singular que David construiu com o diretor de arte, Bob Cartwright. Era uma pianola com a estranha adição de uma espécie de bexiga no alto, elaborada por David Lynch."

Durante as filmagens, Fisk e Lynch moraram em uma casinha em Wembley, com uma garagem que ele transformou em ateliê, onde trabalhou na maquiagem do Homem Elefante nas 12 semanas da pré-produção. "David era um cientista louco trabalhando sozinho na garagem, e ninguém sabia o que acontecia lá", recorda Sanger.

Só uma pessoa podia ignorar o aviso proibindo a entrada. "Passei um tempo no set de *O Homem Elefante*", rememora Jennifer Lynch, "e minha cabeça serviu de modelo para a maquiagem. Essa é uma recordação forte. Eu tinha canudos enfiados nas narinas, uma sensação de compressão cálida; ele falava e fazia sons, os lábios dele se mexiam quando pensava em voz alta, e senti que conhecia o processo dele. Foi legal."

Menos legal foi o dia em que Lynch mostrou a maquiagem aos colegas. "Ele fez uma coisa que parecia a escultura da pessoa real, mas era basicamente uma máscara", conta Sanger. "Ele não tinha trabalhado diretamente em John Hurt, então era impossível mesclar aquilo ao rosto dele, e obviamente não ia funcionar, o que deixou David arrasado."

Quando a filmagem terminou, Lynch disse a Sanger que estava considerando pegar um avião e largar o filme, pois sentia que havia fracassado. "David estava numa onda de que seria capaz de fazer tudo, porque a vida toda tinha feito coisas singulares e especiais", conta Fisk. "Porém, por mais talento que tivesse como artista, não sabia fazer aquilo. Quando perceberam que a maquiagem teria de ser refeita, David e Jonathan refizeram o cronograma para que as cenas sem John Hurt fossem gravadas antes. Encontraram uma solução para o problema da maquiagem, mas David ainda se sentia mal. Passou três noites sentado na cama com as costas eretas, e estava aterrorizado. Ele passa a impressão de que sempre pisa firme e não se deixa afetar pelas coisas, mas não é sempre assim. Pouco depois do fiasco da maquiagem, Mel telefonou para animá-lo: 'David, quero que saiba que eu o apoio mil por cento', e isso surtiu efeito. Foi incrível como Mel o apoiou."

Hopkins estava escalado para *Amantes em família*, com Bo Derek, e tinha data para terminar, então não havia tempo para as minúcias da maquiagem. Sanger imediatamente chamou Chris Tucker, nascido em Hertford, Inglaterra, em 1946, que abandonara uma carreira na ópera em 1974 para tornar-se maquiador. Para o trabalho, Tucker exigiu o molde original do rosto de Joseph Merrick, que fazia parte da coleção permanente do Museu e Arquivos do Royal London Hospital, então Lynch e Sanger foram conversar com o curador-chefe,

160 ESPAÇO PARA SONHAR

Percy Nunn. "No início ele se mostrou totalmente indiferente ao assunto", rememora Sanger. "Pensou que fazer o filme seria uma espécie de sacrilégio, mas conversando com David entendeu que ele pretendia fazer algo bom. Eu achava que ele não nos emprestaria o molde de Merrick — e até hoje acho alucinante que o tenha feito. Era a *pièce de résistance* da coleção deles, e David perguntou apenas: 'Podemos pegar emprestado?' Ele foi bastante ingênuo em perguntar, mas simplesmente enfeitiçou aquele homem."

O molde facilitou o trabalho de Tucker, mas ele funcionava devagar. A maquiagem da cabeça levou oito semanas, e envolveu quinze partes distintas de espuma macia sobrepostas; cada peça seria usada apenas uma vez, e Tucker cozinhava diariamente um conjunto novo de peças no forno do seu armazém. A aplicação da maquiagem demorava cerca de sete horas, então Hurt trabalhava em dias alternados. Chegava ao set às 5 da manhã e passava sete horas sentado durante a aplicação da maquiagem. Incapaz de comer, às vezes tomava ovos crus batidos com suco de laranja, e depois rodava do meio--dia às 10 da noite.

Felizmente, o elenco e a equipe não riram ao ver a maquiagem pela primeira vez, Hurt recorda. "Podia-se ouvir um alfinete cair no piso, e David, que era um diretor muito jovem na época, sentiu-se confiante. Naquele momento ele soube que tínhamos algo em mãos."[5]

As filmagens começaram em setembro de 1979 e avançaram pelo Natal e o início de 1980. Lynch queria uma tela grande, então rodou o filme em panorâmica, que costuma ser usada para faroestes e épicos. A atmosfera londrina após a Revolução Industrial é estranhamente evocativa dos mundos de *Eraserhead* e *Ronnie Rocket*: envolve muita fuligem e fumaça, que Lynch manipula brilhantemente para obter efeitos dramáticos. A fotografia é de Freddie Francis, que ganhou o Oscar duas vezes e foi importante na definição do visual da nova onda cinematográfica britânica; Francis foi diretor de fotografia de vários clássicos em preto e branco do período. O formato panorâmico que Lynch escolheu deu-lhe espaço para jogar com luz e sombras.

A maior parte da história de Merrick transcorre no Royal London Hospital, onde viveu seus últimos anos. Era impossível filmar naquele local — é um hospital em funcionamento; além disso, em 1979 a maioria dos elementos da era vitoriana já tinha sido apagada do prédio. Então, o filme foi rodado no Eastern Hospital, em Homerton, um complexo fundado em 1867 que estava começando a reduzir os serviços prestados quando Lynch chegou. (Foi fechado em 1982 e demolido pouco depois.) O hospital tinha pavilhões abandonados que se encaixavam perfeitamente na sua visão do London Hospital da era vitoriana. Algumas cenas foram filmadas no East End londrino, onde ficavam os piores cortiços do período vitoriano, e trechos de ruas com paralelepípedos gastos do período ainda sobreviviam quando o filme foi rodado, o que já não ocorre. Lynch comentou que teria sido impossível fazer *O Homem Elefante* na Inglaterra depois de 1980. Ele chegou na hora certa.

Ele adorava o mundo duro e brilhante do hospital, com lâmpadas a gás, lareiras de ferro fundido, pisos laqueados e marcenaria primorosa. Justaposto à escuridão e à imundície das fábricas Vitorianas, aquele ambiente combinava perfeitamente com a sua estética. No entanto, a equipe demorou a entender sua sensibilidade visual. "Inicialmente, a questão com David era que tudo ficava muito escuro", explica Sanger, "e Bob Cartwright, o diretor de arte que trabalhava com Stuart Craig, reclamou: 'Estamos fazendo todo esse trabalho, mas não conseguimos ver nada.' Porém, David tinha ideias muito claras do que queria, e escolhia sabendo qual seria o resultado final."

"David era muito diretivo e impositivo no set", recorda Brooks, "mas por trás daquela fachada estava um ser infantil que pensava: Uau, estamos fazendo um filme! Agia como adulto, mas a criança nele dirigiu o filme."

Com *O Homem Elefante* Lynch provou que era um diretor de atores, e trabalhou bem principalmente com o elenco com formação clássica. Hopkins teve o que, sem dúvida, foi uma das grandes atuações de sua carreira. "Há uma cena em que os olhos de Anthony Hopkins ficam marejados e cai uma lágrima enorme, e David pegou o ângulo e a luz certos — ele simplesmente conseguiu", elogia Brooks. "Todos gostaram dele imediatamente, mas houve algumas rebeliões. John Hurt sempre aprovou tudo, e John Gielgud e Wendy Hiller foram absolutamente profissionais. Quando um oficial passa, um cabo do Exército o saúda; David era o diretor, e eles o saudavam. Anthony Hopkins não tentou fazer com que David fosse despedido, mas reclamou: 'Não acho que ele entenda realmente o que deve ser feito aqui.'"

Sanger rememora: "Hopkins não foi abertamente hostil, mas indiferente, e um dia me chamou ao seu camarim e indagou: 'Por que esse cara está dirigindo o filme? O que ele fez? Um filmezinho. Não entendo.' Então, Hopkins não estava contente. A única vez em que houve realmente problemas foi ao filmar a cena em que Treves leva Merrick à sua casa e lhe apresenta sua esposa. Hopkins cruza a porta e entra no hall com um espelho na parede; David queria que entrasse e fitasse o espelho. Hopkins se recusou. Alegou: 'Meu personagem não faria isso.' Com seu jeito direto, David tentou persuadi-lo de que aquilo não seria ilógico, mas Hopkins bateu o pé. Por fim, David cedeu: 'Ok, vou mudar a cena', e acabou-se a discussão. No fim do dia, David me confessou que não faria outro filme se não pudesse criar os personagens, pois não tolerava que lhe dissessem o que o personagem deveria fazer."

Fisk rememora: "Foi difícil fazer o filme, David estava sendo testado o tempo todo. Lá estava aquele garoto de Montana, dirigindo John Gielgud e Wendy Hiller, e devem ter pensado: *quem é esse americano?* Eles estavam no fim de suas carreiras, e será que queriam terminar fazendo aquilo? Tenho uma foto de John Hurt como o Homem Elefante com uma frase de John Gielgud: 'Espero que valha a pena.'

"Para David foi duro," prossegue. "Mas ele comparecia diariamente às 5 da manhã, e havia um chofer maravilhoso com quem tomava café e comia croissants a caminho de estúdio, e havia muitas coisas na realização do filme que ele amava. David desfruta a vida. Mas trabalhavam longas horas, e o domingo era o único dia da semana em que descansavam, e nesse dia ele ficava catatônico."

No tempo em que passou no set, Jennifer Lynch percebeu que "papai teve de enfrentar muita loucura e muitos talentos que se achavam mais velhos e espertos que ele. Sei que Hopkins não foi gentil com ele e depois se desculpou, mas não me pareceu que papai estivesse estressado. Pensando retrospectivamente, fico impressionada como segurou a onda, pois não parecia chateado. Lidou muito bem com tudo aquilo."

"David foi ganhando em competência à medida que o filme avançava", recorda John Hurt. "Estava na Inglaterra, era jovem e ninguém o conhecia. No início as pessoas foram circunspectas e depreciativas, mas no fim acho que mudaram. Ele é muito determinado quando tem uma ideia. Não se deixa dissuadir facilmente."[6]

Como era seu costume, Lynch viveu modestamente durante as filmagens. Almoçava um sanduíche de queijo diariamente e poupou o suficiente da sua diária para comprar um carro ao voltar para Los Angeles. O set era fechado, e havia poucos visitantes. "David deixou claro que não me queria no set e queria manter à parte a sua vida criativa", conta Mary Fisk. "Aquilo não me incomodava, mas ao voltar para casa me contava o que tinha acontecido naquele dia, e eu era como uma caixa de ressonância quando ele precisava."

O JOVEM AMERICANO **163**

Pouco depois de chegar a Londres, Fisk e Lynch adotaram um cachorro. "David gostava dos Jack Russel Terriers, e comprei uma com um criador", prossegue. "Nós a batizamos Sparky, e ela era doida, mas se entendia muito bem com David. Que eu saiba, foi o único cão com que David se relacionou, e ele fazia brincadeiras que ela entendia. Ele quis colocá-la em *Veludo azul*, e no início do filme ela figura numa cena."

Fisk passou a maior parte do tempo sozinha em um país estrangeiro enquanto Lynch trabalhava, e engravidou de gêmeos quando o filme estava em pré-produção. "David ficou contente, e disse: 'Vamos chamá-los Pete e Repeat.'" Contudo, foi uma gravidez difícil, e ela passou três semanas hospitalizada no primeiro trimestre. "David vinha dia sim, dia não, e sentava-se comigo no hospital depois de filmar o dia todo. Só conseguia chegar às 10 da noite, quando o pavilhão estava fechado, mas as enfermeiras gostavam tanto dele que o deixavam ficar comigo. Depois Mel entrou em cena e pagou todas as despesas médicas — ele foi incrível." Quando ela voltou para casa, a mãe de Lynch chegou para ajudar, mas Fisk sofreu um aborto duas semanas depois.

Na fase final da filmagem, Lynch encontrou uma locação a uma hora de Londres que lhe pareceu adequada para filmar uma cena passada na Bélgica. Filmar lá teria sido proibitivamente caro, então Stuart Craig encontrou um modo de recriá-la no estúdio; porém, o set que criou exigia um estúdio muito maior do que os que havia em Wembley. Os irmãos Lee tinham acabado de adquirir o Shepperton Studios, instalação muito maior do outro lado de Londres que também poderia acomodar as necessidades de pós-produção do filme, então Fisk e Lynch mudaram-se para um apartamento em Twickenham e a produção mudou-se para Shepperton, onde o filme foi finalizado.

Em Shepperton havia sete estúdios de gravação (hoje há quinze), e quando Lynch chegou todos estavam ocupados com produções. *Absolute Beginners*, de Julien Temple, estava começando e consumiu muito espaço em um grande cenário externo. "David e eu tínhamos de estacionar longe dos escritórios, porque agora éramos o filminho do fundo", recorda Sanger.

Na fase final das filmagens Alan Splet foi a Shepperton trabalhar com Lynch em uma sala, sem combinar com a equipe de som que já existia. "O pessoal do som não sabia por que Alan estava lá, porque àquela altura não se sabia muito bem o que era design de som. Ainda não havia muitos designers de som no cinema, e Alan foi um dos pioneiros nesse campo", conta

164 ESPAÇO PARA SONHAR

Sanger sobre Splet, que ganhou o Oscar em 1979 pelo design de som de *O corcel negro*, de Carroll Ballard.

Fisk recorda: "Quando a filmagem estava terminando David achou que o filme estava se perdendo. Eu o entendia, pois falávamos disso o tempo todo, então ele propôs que eu assistisse à primeira montagem. Umas pessoas que trabalhavam no filme souberam da projeção e compareceram. Depois, alguém telefonou, disse a David que tinha odiado o filme e queria o seu nome fora dele, pois ninguém ia acreditar que tinha feito aquela porcaria. Precisei erguer David do chão.

"Enquanto David montava o filme, a EMI fez uma versão sem sua participação, ligou para Mel e disse que tinha uma versão editada para mostrar", prossegue. "Ele respondeu: 'Não quero ver o que vocês fizeram. Vamos seguir com a versão de David.' Os caras do estúdio te esmagam e iam esmagar David, mas Mel foi um maravilhoso defensor."

A primeira montagem do filme era de quase três horas, refeita para a versão final de 2h06. "Havia muitas tomadas de gente andando por longos corredores e detalhes de atmosfera que acabaram sendo cortados", conta Cornfeld, "mas a maior parte do que foi filmado permaneceu. Mel tinha a decisão final, mas deixou-a nas mãos de David e não levou nenhum crédito, pois não queria que seu nome criasse expectativas sobre o filme."

A ideia de relaxamento de Lynch é fazer alguma coisa, então quando Fisk voltou aos EUA para um tratamento médico adicional após o aborto, ele criou um projeto. No dia em que ela foi embora de Londres, foi a uma peixaria, comprou uma cavala, levou-a para casa, dissecou-a, desmembrou as partes, nomeou-as para facilitar o remembramento e fotografou o conjunto. "Meu conceito de grotesco não é o mesmo que o de uma pessoa comum", comenta. "Sou obcecado por texturas. Estamos cercados de tanto vinil que constantemente busco texturas." Ele denominou o projeto Kit do Peixe, e fez instruções para "colocar o peixe terminado na água e alimentá-lo". Foi o primeiro de uma série de kits, como o Kit da Galinha e o Kit do Pato. Ele também colecionou seis camundongos mortos para um Kit do Camundongo que não chegou a fazer, e deixou os bichos no congelador da casa de Wilmington, Carolina do Norte, onde morou enquanto fazia *Veludo azul*. Pretendia fazer kits de animais maiores, mas nunca teve a oportunidade.

Os cineastas também são fotógrafos — é um aspecto crucial na busca de locações — e Lynch começou a se dedicar intensamente à fotografia enquanto fazia *O Homem Elefante*. O material fotográfico que produziu nos últimos 38 anos traz dois temas constantes: mulheres e fábricas abandonadas. Mais de uma vez ele comentou que considera atraente o poder e a grandeza da maquinaria, e desenvolveu um fascínio singular por ruínas industriais nos meses que passou na Inglaterra. "Ouvi dizer que no norte da Inglaterra estavam as fábricas maiores, então organizei uma viagem com Freddie Francis, mas provavelmente cheguei tarde demais", comenta. "Aonde íamos, as fábricas tinham sido demolidas. Foi uma viagem deprimente."[7]

A pós-produção continuava em andamento quando Fisk regressou a Londres, no início do verão de 1980. "Ele já não estava sob tanta pressão, e pintávamos aquarelas em casa", recorda. "Tiramos uma semana de descanso e fomos a Paris, e foi fantástico. Porém, a primeira noite foi horrível, porque David é pão-duro e eu ficava sempre tensa ao gastar em qualquer coisa, então achei um hotel que o deixou horrorizado. A vizinhança não me pareceu ruim, mas ele disse: 'Não vou sair do quarto!'"

Em setembro de 1980 Lynch regressou a Los Angeles com uma cópia do filme, cuja divulgação começou de imediato. Ele e Fisk ainda moravam na cabana minúscula em Rosewood quando um outdoor de *O Homem Elefante* foi erguido no Sunset Boulevard e, segundo ela, "quando voltamos para casa não parecia ter havido muitas mudanças. David só começou a receber muita atenção com o lançamento do filme, em outubro, então mais ou menos seguimos de onde havíamos parado."

Lynch tem uma capacidade impressionante de fazer várias coisas ao mesmo tempo, e ao voltar a Los Angeles figurou na adaptação para o cinema da autobiografia de Carolyn Cassady, *Os beatniks*, do diretor John Byrum, estrelada pela amiga Sissy Spacek. Ele interpreta um artista, e fez também as pinturas que aparecem no filme.

Ele também aprofundou seu envolvimento com a fotografia e fez uma série de fotos em um poço de petróleo abandonado no coração de Los Angeles. Era uma relíquia peculiar de um passado perdido, e foi uma espécie de padrão de todas as imagens que se seguiriam. Suas fotografias industriais apresentam uma composição clássica, formal, e uma suavidade inefável, como se tivessem sido impressas em veludo. Os brancos nunca são duros nem estridentes, e tudo se enche de cinzas. As primeiras fotos tiradas em Los Angeles exibem mangueiras enroladas, tubos, torneiras e grandes tanques envoltos em linhas retas de

166 ESPAÇO PARA SONHAR

rebites, elegantes como o bordado de uma camisa. Vinte anos depois, Lynch encontraria as fábricas dos seus sonhos em Łódź, na Polônia, e a raiz do que fotografou lá é visível em suas imagens de Los Angeles de 1980.

Ele se manteve ocupado à medida que se aproximava a data de lançamento de *O Homem Elefante*, e se dedicou a outras coisas. "David não foi à projeção para o elenco e a equipe — estava uma pilha de nervos — mas eu fui e me sentei ao lado de Jeremy Irons, grande amigo de John Hurt", conta Fisk.

Lynch também faltou à estreia. "David estava nervoso demais para ir e ficou em casa cuidando do meu filho de seis meses, Andrew, enquanto eu ia à estreia com nossos pais e duas tias, Margaret e Nonie, irmãs do nosso pai", conta Martha Levacy. "Ele não nos disse muito sobre o filme, então não sabíamos o que esperar, e piramos à medida que aquele filme incrível rodava na nossa frente. Estávamos sem palavras, e o público ficou maravilhado."

Lançado em 3 de outubro de 1980, o filme recebeu oito indicações ao Oscar: Melhor Filme, Diretor, Ator, Roteiro Adaptado, Montagem, Trilha Sonora Original, Direção de Arte e Figurino. "Recordo que Charlie Lutes disse: 'Agora David vai entrar num mundo totalmente novo", conta Levacy, "e a vida dele mudou muito depois de *O Homem Elefante*."

A mudança foi rápida. "Jack e eu sempre soubemos que David era incrível, mas depois de *O Homem Elefante* tivemos de compartilhá-lo com o resto do mundo", explica Sissy Spacek. "Todo mundo que trabalha com ele quer repetir a dose e se aproximar daquela chama novamente, pois ele se entrega por completo ao processo criativo. Às vezes é como arar um campo, noutras é como estar num foguete, mas é sempre animado, e David carrega todos na sua viagem."

Mary Fisk relata a emoção de Lynch quando o filme recebeu as indicações: "Quando vivíamos em Rosewood eu tinha um carrinho de compras e ia a um supermercado que ficava em frente a um restaurante chique chamado Chasen's. Eu só tinha 30 dólares para gastar por semana. Certa noite olhei para o Chasen's, vi parar uma limusine e dela desceram Diahann Carroll e Cary Grant, tudo muito glamoroso. Mais ou menos um ano depois, uma limusine se deteve diante do Chasen's e David e eu desembarcamos para a festa de *O Homem Elefante* com os executivos, atores, escritores e produtores. David sempre tinha sonhado grande, mas eu nunca tinha visto sonhos se tornarem realidade como aconteceu com ele. Literalmente, fomos de mendigos a milionários."

"David sempre soube que seria famoso", acrescenta. "Tinha essa visão de si."

A carreira de Lynch tinha adquirido muito impulso no fim do ano, quando Fisk engravidou novamente. "Quando David me pediu em casamento, eu disse a ele que queria uma família", conta Fisk, "ao que ele respondeu: 'Quando eu ganhar 75 mil dólares ao ano teremos filhos.' Ele nem tinha emprego quando disse aquilo, então a ideia de ganhar tanto dinheiro parecia remota, mas esse foi exatamente o valor que recebeu para fazer *O Homem Elefante*. Vários meses depois voltei a tocar no assunto, e ele disse: 'Você pode ter um bebê se Sissy tiver um bebê', achando que ela nunca engravidaria porque estava focada no trabalho. Sissy engravidou em outubro de 1981, mas David continuava resistindo à ideia. Por fim, decidi fazer uma laqueadura e agendei o procedimento, mas ele não gostou da ideia, e em 28 de dezembro disse: 'Vamos fazer amor essa noite, e se você engravidar é porque é pra ser.' E engravidei."

Era hora de mudar da pequena cabana em Rosewood. Os dois começaram a procurar imóveis, e no início de 1982 compraram uma casa pequena em Granada Hills por 105 mil dólares. "David não gostava de morar no Valley, mas não podíamos pagar nada em Los Angeles", prossegue. "Tínhamos ficado amigos de Jonathan Sanger e da esposa, que viviam em Northridge, e Charlie e Helen Lutes e outros amigos que meditavam viviam no Valley, então gravitamos para lá."

Levacy descreve a casa nova como "boa, mas muito previsível", não era o tipo de casa que David escolheria. Porém, ele sabia que aquilo era importante para Mary, e nunca o ouvi se queixar. Estavam esperando um bebê e foi cuidadoso da parte dele comprar a casa, e fez isso por Mary. Mas não parecia um lugar para ele."

Lynch e Fisk não duraram muito tempo em Granada Hills; a elite de Hollywood por fim o descobriu e ele estava a ponto de ser arrastado por um redemoinho de atenções que o levaria para fora do San Fernando Valley e o tiraria um pouco do prumo. A maioria dos estúdios e produtores que o procuravam não sabia muito bem o que fazer com ele, mas todos concordavam que era extremamente talentoso.

"Na verdade, David é um pouco gênio, sem sombra de dúvida", conclui Mel Brooks, "ele entende a psique, as emoções e o coração humanos. Ele também é bem fodido da cabeça, claro, projeta suas próprias confusões sexuais e emocionais no trabalho e nos ataca com os sentimentos que o atacam. E faz isso brilhantemente em cada filme que dirige. Amo esse cara, e sou-lhe grato por ter feito o que talvez seja o melhor filme que a Brooksfilms já produziu."

Sabe aquela história de Bushnell Keeler ter sido uma pessoa muito importante na minha vida? E como todos temos pessoas importantes? Stuart Cornfeld é outra dessas pessoas importantes. Um dia cheguei em casa e Mary Fisk avisou: "Um homem chamado Stuart Cornfeld ligou." Aquele nome grudou na minha cabeça e fiquei zanzando pela casa e repetindo: "Stuart Cornfeld ligou, Stuart Cornfeld ligou." Ele ligou de novo e quando atendi exclamou: "Você é um gênio!" E me senti bem com aquilo. Ele propôs sairmos para almoçar, então fomos ao Nibblers, e ele queria me ajudar a pôr *Ronnie Rocket* nos trilhos. Stuart tinha um ótimo senso de humor e uma energia boa — é um cara que vai em frente, e gostei disso.

Antes de conhecê-lo, um sujeito chamado Marty Michelson tinha tentado me ajudar por um tempo. Ele havia gostado de *Eraserhead* e acho que foi meu agente por um curto período, mas não aconteceu nada. Também tive uma reunião sobre *Ronnie Rocket* num estúdio com o produtor de *Car Wash: Onde acontece de tudo*. Ele perguntou: "E aí, figurão, qual é a sua onda?" Respondi: "Tenho um filme chamado *Ronnie Rocket*" E ele: "É sobre o quê?" "Sobre um homem de 1,10m de altura com um topete vermelho, que funciona numa corrente elétrica alternada de 60 ciclos." Ele mandou: "Fora do meu escritório."

Ronnie Rocket não estava acontecendo, então não foi difícil considerar dirigir algo escrito por outra pessoa. Estava casado, sem emprego, vivendo no modo construtor de depósitos, fazendo biscates e, às vezes, quando tinha dinheiro, trabalhando com arte. Não ligava para dinheiro e Mary me sustentava. Ela era uma tremenda secretária executiva e arranjava trabalho num segundo. Tinha aparência de chefe e era eficiente no trabalho; de manhã parecia valer um milhão de dólares quando ia rumo ao mundo executivo, enquanto eu ficava em casa como um vagabundo. Não recordo o que fazia o dia todo, provavelmente ficava pensando em *Ronnie Rocket*. Até que minha sogra disse à Mary: "Não vai acontecer nada com *Ronnie Rocket*, então é melhor você botar isso para andar. Talvez ele pudesse dirigir algo escrito por outra pessoa."

Eu também andava pensando em fazer isso, então liguei para Stuart e propus: "Você sabe de algum filme que eu possa dirigir?" Ele respondeu: "Sei de quatro filmes — encontre-me no Nibblers." Fui, e assim que nos sentamos falei: "Ok, Stuart, diga lá." E ele: "O primeiro se chama *O Homem Elefante*", e uma bomba de hidrogênio explodiu no meu cérebro: "É esse." É como se já soubesse daquilo em algum lugar profundo do passado. Era aquele, nunca soube nem quis saber do que tratavam os outros três filmes. Stuart disse: "Há um roteiro", e eu: "Quero lê-lo."

Jonathan Sanger tinha comprado o roteiro, e ele e Stuart se conheceram trabalhando para Mel Brooks. Mel estava ocupado montando a companhia Brooksfilms, e Stuart conseguiu que Anne Bancroft, sua esposa, lesse o roteiro. Por sorte, ela adorou e deu-o a Mel. Ele leu, também adorou e resolveu: "Vai ser o primeiro filme da Brooksfilms." Então reuniu todo mundo, apontou para cada um e disse: "Você está dentro" e depois perguntou: "Quem é esse David Lynch?" "É o cara que fez *Eraserhead*." Ele respondeu: "Quero assistir." Ligaram para mim avisando: "Mel quer assistir a *Eraserhead* antes de te dar o trabalho", e respondi: "Foi legal conhecer vocês." Pensei: *bem, acabou*. Mas eles insistiram: "Ele vai assistir ao filme hoje à tarde e você precisa vir conhecê-lo." Quando eu estava no hall da sala de projeção, as portas se abriram abruptamente e Mel veio na minha direção, me abraçou e declarou: "Você é um louco, eu te adoro!" Aquilo foi demais.

Chris e Eric tinham um bom roteiro que captava a essência do Homem Elefante, mas faltava um certo distúrbio, e Mel, um sujeito inteligente, ordenou: "Precisa ser reescrito", e passei a ser roteirista, junto com Chris e

Eric. Eu andava distribuindo jornais e coisas assim, ganhando 50 dólares por semana, e de repente passei a ganhar 200 por semana para me divertir escrevendo! Minha sogra ficou muito contente, aquilo era dinheiro fácil — eu tinha conseguido. Trabalhávamos num escritório no complexo da Fox, almoçávamos na cantina e, de uma hora pra outra, eu estava na indústria cinematográfica.

Mel envolveu-se muito com o roteiro. Gosto de coisas mais abstratas, mas precisávamos imprimir-lhe certa tensão; não sei quem teve as ideias, mas surgiram o porteiro noturno, o bar e as prostitutas, então havia uma força em oposição ao Homem Elefante. Ninguém ali datilografava, o que fez Chris ou Eric escreverem à mão o que criávamos e quem não estava escrevendo fazia malabarismo. Eles tinham umas bolinhas de sementes para isso e aprendi a jogá-las.

Àquela altura da vida não tinha viajado de avião para muitos lugares, mas lá estava eu com Jonathan num voo para Londres, com escala em Nova York, para uma reunião com um diretor de fotografia que estava fazendo *Parceiros da noite*, o filme de Billy Friedkin, porque talvez ele fosse filmar *O Homem Elefante*. Visitamos uma amiga rica de Jonathan, casada com um âncora da TV, que vivia em Central Park West. Chegamos ao edifício e havia um porteiro, tomamos um belo elevador de madeira antiga que não dava no hall; a porta se abria dentro do apartamento, que era gigantesco. O mordomo nos recebeu e nos conduziu pelas salas, com paredes forradas de camurça verde-escura, marrom e violeta. Entramos numa sala com uma janela imensa que abria para o Central Park e o mordomo começou a trazer acepipes e vinho, e comemos e conversamos. Foi a primeira vez que fui exposto a esse tipo de riqueza. Enquanto isso, Billy Friedkin estava no Central Park filmando *Parceiros da noite* com o diretor de fotografia que tínhamos ido conhecer, e precisávamos ir lá. Eu não queria ir, pois nunca gostei de ir aos sets dos outros. Então, Jonathan foi e esperei no Central Park, que fedia a urina. Trilhas completamente escuras, urina, uma atmosfera ruim por toda parte, odiei aquilo. Nova York me deixa apavorado, sabe? Então estava em pânico. Acho que encontramos o diretor de fotografia, um cara legal, mas ele não se comprometeu, e no dia seguinte embarcamos no Concorde.

Três horas e vinte minutos depois estávamos em Londres. Ainda estava claro porque era verão, então demos uma volta e, quando regressamos ao hotel, Stuart estava lá. Estávamos sentados conversando e ele disse: "Mel vem para cá porque não está seguro de que David consiga alcançar os pontos emocionais deste filme." Falei: "O quê?", me levantei e disse: "Estou fora dessa." Subi e não conseguia dormir, tive um febrão e passei a noite suando que nem doido. Foi um tormento. De manhã tomei banho, me vesti, meditei e desci pensando em voltar para casa se ninguém se desculpasse e acertasse as coisas. As portas do elevador se abriram e Stuart estava lá para me dizer: "Sinto muito, David. Mel confia cem por cento em você." Não sei por que ele tinha dito aquilo no dia anterior, mas foi assim ao longo da realização desse filme. Foi como um teste.

Eu queria muito que Jack Nance fizesse o Homem Elefante, mas logo soube que isso não iria acontecer. Contudo, assim como Denis Hopper *foi* Frank Booth, John Hurt *foi* o Homem Elefante. Estava escrito que interpretaria esse papel, e não recordo de termos considerado outros atores.

Eu ia fazer a maquiagem do Homem Elefante, mas um monte de coisas estranhas aconteceu quando cheguei a Londres. A casa onde morávamos em Wembley tinha uma garagem onde eu trabalhava na maquiagem, com glicerina, talco infantil, borracha e outros materiais. Morávamos numa casinha inglesa com bibelôs por toda parte, e um dia estava cruzando a sala de jantar quando de repente tive um *déjà vu*. Em geral, o *déjà vu* é tipo "Ah, isso já aconteceu", mas entrei numa onda que foi para o futuro! Vi e disse a mim mesmo: "A maquiagem do Homem Elefante vai ser um fiasco." Porque eu vi, vi o futuro. Você pode ir ao futuro. Não é fácil, e não é quando você quer, mas pode acontecer. Naquele momento eu estava muito ligado na maquiagem, mas quando fiz uma prova no rosto de John Hurt ele não conseguiu se mover e me consolou: "Foi um bravo esforço, David."

Quando Kennedy foi assassinado, o país passou por quatro dias sombrios; bem, foi quando começaram os meus quatro dias tenebrosos. Não aguentava estar acordado, e quando dormia eram só pesadelos. Pensei que seria melhor me matar, porque mal conseguia habitar o meu próprio corpo. Aquilo era uma coisa tão poderosa que pensei: como alguém aguenta estar num corpo com esse tormento? Encontraram Chris Tucker, e ele se divertiu à beça debochando de mim, dizendo a todos que eu era uma piada e ele ia resolver tudo. Foi horrível, eu um maldito caso perdido. Mel interveio: "Vou para aí e quero encontrar o David", e depois de uma espera de quatro dias ele chegou. Entrei, ele sorriu e falou: "David, o seu trabalho é dirigir o filme. Você não deveria ter se encarregado disso — é muita coisa. Graças a Deus temos Chis Tucker", e a coisa morreu ali.

Naquele tempo em certas ruas de Londres você poderia jurar que estava no século XIX. As pessoas, as ruas, os rostos e vestimentas, a atmosfera — era como se Sherlock Holmes fosse sair por uma porta, uma carruagem puxada por cavalos fosse dobrar a esquina, ou Jack o Estripador fosse surgir na sua frente. Incrível. Dois anos depois de terminarmos o filme, o grande diretor de fotografia Freddie Francis ligou e me contou que quase todas as locações que tínhamos usado tinham desaparecido. A renovação urbana atingiu Londres pouco depois de terminarmos.

Tivemos um tremendo elenco naquele filme. Em princípio, Alan Bates interpretaria Frederick Treves, mas por algum motivo isso não aconteceu, e Mel escolheu Anthony Hopkins. John Gielgud foi um dos homens mais elegantes que conheci. Ele fumava cigarro, mas você nunca via cinzas nas suas roupas, nunca. A fumaça se afastava dele! Fumava cigarros ovais feitos especialmente para ele numa loja londrina.

Um filme de que eu gostei muito foi *Filhos e amantes*, que tem uma atmosfera semelhante à de *O Homem Elefante*. É em preto e branco, e gostei de Dean Stockwell nele, assim como da Dama Wendy Hiller, e ela ia interpretar a Sra. Mothershead. Então entrei numa sala e lá estava Dama Wendy Hiller, que olhou para mim, me tomou pelo pescoço, ela era miúda, e me conduziu pela sala apertando o meu pescoço e dizendo: "Não sei quem você é, vou ficar observando você." Ela morreu, abençoada seja, e eu a adorava. Adoro Freddie Jones também. É meu tipo de cara. Algumas pessoas transmitem grandes sentimentos, e Freddie é uma delas. Ele é muito divertido, gosto de estar com ele. Ele ia fazer *Império dos sonhos*, no papel que acabou com Harry Dean Stanton, mas Freddie saiu de casa para vir a Los Angeles e teve um colapso andando dentro do aeroporto. Recebi um telefonema dizendo que ele não viria, que estava sob cuidados médicos. Não sei o que houve, mas Freddie é resiliente e está resistindo.

Mary engravidou quando morávamos em Londres e soubemos que seriam gêmeos. Em *Ronnie Rocket* há dois personagens chamados Bob

178 ESPAÇO PARA SONHAR

e Dan, então quis que fossem meninos para chamá-los Bob e Dan, eles teriam sapatos pretos reluzentes arredondados e cabelos curtos. Garotinhos legais. Estava muito empolgado com isso e uma noite cheguei em casa e Mary estava sangrando e, por algum motivo, sabe-se lá por quê, fomos de Wembley a Wimbledon, que era longe, para um hospital católico. Não sei quanto tempo levamos para chegar lá. Mas fiquei acordado até de madrugada, e depois tive de acordar bem cedo para ir trabalhar. Cheguei de manhã e uma mulher me avisou: "Anthony Hopkins quer falar com você." Entrei no camarim dele no fim de um longo corredor, estava pálido, não tinha dormido, e ele partiu para cima de mim falando, entre outras coisas, que eu não tinha o direito de dirigir aquele filme. Respondi: "Tony, é uma pena que você se sinta assim, mas sou o diretor e vou continuar na direção", e saí. De um modo torto, ele tinha razão — eu não tinha o direito de dirigir *O Homem Elefante*. Era de Missoula, Montana, e o filme era um drama vitoriano com estrelas fulgurantes, e só tinha feito um filmezinho visto por dez pessoas — aquilo era meio louco. Mas lá estava eu. Esse filme foi um batismo de fogo. Você não acreditaria em tudo o que aconteceu.

No início do filme há uma cena em que o Dr. Treves chama o Homem Elefante ao hospital, e este chega de táxi. Há várias pessoas no hall, duas mulheres estão brigando e arrancando a roupa uma da outra, uma enorme confusão, e a Sra. Mothershead está em sua escrivaninha. Ela nunca tinha visto o Homem Elefante, então olha para ele, de casaco e capuz, e as pessoas no hall o fitam porque ele exala um odor, mas a Sra. Mothershead não liga para o cheiro. Então, supostamente, o Dr. Treves chega. Estávamos ensaiando, Anthony Hopkins chega quase correndo, se adianta e rapidamente agarra o Homem Elefante, e digo: "Espere um pouco." Levei Tony para um canto e falei: "Você entrou rápido demais." Ele respondeu bem alto, para todos ouvirem: "Diga-me logo o que quer!" e tive um ataque de raiva como poucas vezes na minha vida. Aquilo explodiu de um jeito que não dá pra acreditar — não consigo nem imitar os gritos que dei, machucaria a garganta. *Gritei* com ele, gritei o que queria que fizesse, e Wendy Hiller virou-se para ele e disse, baixinho: "Você deveria fazer o que ele manda." E foi o que ele fez. Na hora do almoço ele ligou para Mel, exigindo: "Quero que esse merda desse sujeito seja demitido", e Mel o acalmou. Tony está perfeito no filme, simplesmente magnífico, mas esteve taciturno durante a maior parte da filmagem. Foi como aqueles quatro dias sombrios que tive. Quando aquilo está dentro de nós, simplesmente sai sem que seja possível impedir. Tony estava de mal com a vida.

Estávamos procurando um hospital e fomos ao Eastern Hospital, uma instalação decadente onde tudo estava simplesmente abandonado, e não podia ter sido melhor. Havia cocô de pombo por toda parte, janelas quebradas, mas só precisava de limpeza. As camas ainda estavam lá, havia lindos aquecedores e lâmpadas a gás — já tinha eletricidade, mas a instalação de gás continuava lá. Então um dia estava parado num corredor observando o pavilhão, veio um vento e eu soube o que era viver na Era Vitoriana. Eu *soube*. Simples assim. Ninguém podia me tirar aquilo — eu sabia como foi aquela porra toda. Qualquer um pode entrar em sintonia com algo e saber, não importa de onde vem.

Depois do aborto Mary quis um cachorro, e foi quando conseguimos Sparky. Sempre digo que ele foi o amor da minha vida — você não imagina como era maravilhoso. Descobrimos que Sparky adorava morder água — ele simplesmente mordia água —; e se a mangueira estivesse aberta ele ia lá e mordia. Ele faz isso no início de *Veludo azul*.

Quando terminamos de filmar, Al veio trabalhar no som, e ele era outro *outsider*. Os britânicos tinham o seu próprio departamento de som e pensavam que sabiam mais, certo? Depois de *O Homem Elefante*, Al disse: "Odeio essa merda desses britânicos!" Um dia quando eu estava mixando com ele em Shepperton, alguém da equipe de produção entrou e perguntou: "David, você não acha que seria boa ideia fazer uma projeção para o elenco e a equipe?" Concordei: "Sim, tudo bem, mas ainda não está pronto", e ele: "Eles vão entender — é só que adorariam vê-lo." Então fizeram a projeção, as pessoas não gostaram do filme e algumas me escreveram dizendo o quanto não tinham gostado, o que estava errado e como estavam decepcionadas. Terminei o filme pouco depois e fui embora naquele clima ruim.

Mary e eu voltamos para casa e passei pela alfândega com a única cópia do filme, porque Mel queria vê-lo imediatamente. John Hurt estava na cidade com um monte de pessoas que queriam vê-lo, então marcaram uma sessão na Fox. Falei com Al: "Eu não vou, mas deixe o som bem legal, ok?" Então, a projeção já devia ter começado e recebi uma ligação de Al: "David, não está nem em mono! O sistema de som quebrou. É o pior som que há — está horrível." Passaram o filme daquele jeito mesmo e John Hurt, abençoado seja, declarou: "Tenho muito orgulho de estar nesse filme. Adorei." Então foi tudo bem, e foi o início da virada do filme, que começou a receber críticas pra lá de brilhantes —eram meio cósmicas. As pessoas adoraram o filme. O Homem Elefante deveria ser relançado a cada quatro anos, porque melhora o mundo das pessoas que o veem. É uma bela história, uma bela experiência, e é eterna.

Tive de ir à Europa fazer a divulgação para a imprensa e provavelmente fui de Concorde novamente, embora muitas vezes voasse pela TWA. Tinha primeira classe, e naqueles dias, imagina. Um 747 gigantesco, você ali adiante, no nariz no avião, com serviço da hora que embarca até desembarcar. Os talheres são pesados, oferecem coisas a você antes mesmo de começar o jantar — belíssimo o tratamento na primeira classe.

Fui à Alemanha encontrar um cara, Alexander, que trabalhava para um produtor e distribuidor de filmes, e o pai dele tinha um hotel. Ele quis que eu me hospedasse no hotel do pai, que era bom, e me deram um quarto enorme. Porém, eu estava congelando ali, e na primeira noite desci porque tinha congelado até os ossos e disse: "Os alemães são muito resistentes." Alguém perguntou: "Como assim?", expliquei que o quarto estava muito frio e ele quis saber: "Você ligou o aquecedor?" O caso era que eu tinha que ligar os radiadores, que ficavam atrás da cortina, então eu não tinha visto. Quando estava lá fui entrevistado por uma jornalista e, enquanto conversávamos, fiz um desenho do Homem Elefante, porque era disso que estávamos falando. Quando terminamos ela pediu para ficar com o desenho e concordei, e os olhos de Alexander se arregalaram. Quando me despedi, ele disse: "David, você faria um desenho daquele para mim?" "Claro, ok", mas nunca fiz. Muito tempo depois, um cara que trabalhava com ele veio a Los Angeles e encontrei-o no Chateau Marmont. Ele falou: "Alexander me pediu para lembrar-lhe da promessa do desenho do Homem Elefante", e respondi: "Lembro, sim. Quanto tempo você vai ficar?" Fiz o desenho e ele o entregou a Alexander, que ficou contente. Pouco depois ele foi atropelado por um ônibus quando atravessava a rua e morreu. Fiquei muito agradecido por finalmente tê-lo presenteado com o desenho do Homem Elefante.

Depois estive em Paris e adorava aquelas *pommes frites* — batatas fritas, certo? Serviam toneladas de batatas fritas enquanto eu dava entrevistas, com molho *Americaine*, que eu chamo de ketchup. Estava comendo batatas fritas, o telefone tocou, fui ao quarto atender e era Mary: "David, você acaba de receber oito indicações ao Oscar." Perguntei: "Quem foi indicado?" "Você recebeu duas, mas Freddie não teve nenhuma", e exclamei: "Você está me sacaneando!" Não era justo. Freddie tinha feito um trabalho incrível no filme, me apoiou e foi um amigo incondicional.

Foi interessante ir à premiação do Oscar. Martin Scorcese estava lá por causa de *Touro indomável*, sentado atrás de mim. Naquela época... bem, hoje nenhuma estrela chega perto da fama incandescente que Robert Redford tinha, e ele estava lá com *Gente como a gente*. Fui à premiação do Sindicato dos Diretores, Robert Redford subiu a uma espécie de pódio e os paparazzi não paravam de tirar fotos. Ele teve de pedir que parassem. Nunca tinha visto algo assim. Ele era muito famoso. *Gente como a gente* levou todos os prêmios, e Marty e eu não ganhamos nada.

Eu ainda morava na cabana quando tudo isso aconteceu, mas tem uma coisa: se estivesse sozinho, teoricamente poderia estar morando lá até hoje. Agora tenho mais espaço, o que é bom, mas gostava da simplicidade da cabana, e podia construir coisas lá. Como a garagem que construí para Edmund — foi tão divertido, e podia ter construído outra sala grande ao lado. Podia ter seguido construindo coisas. Sabe o piso de madeira de certas fábricas antigas, que não são de carvalho, mas de madeira macia? Tenho essa ideia de perfurar o piso, despejar óleo e deixar uma marca preta ao redor dos furos. Adoro encanamentos, e sabia fazer encanamento com tubos de cobre, mas não o cobre novo e brilhante — eram de cobre antigo. Instalava diferentes tipos de pias, encanamentos e torneiras. Não sei por que isso me atrai, mas a aparência e o design me fascinam. O encanamento guia a água, e controlar a água é fascinante.

Mudamo-nos para Granada Hills, para uma casinha de bairro, mas era uma casa, foi barata, e lá comecei a escrever *Veludo azul*. Construí uma cabana de seis por sete metros no pátio traseiro para trabalhar, e quando ficou pronta instalei um deque, então você saía pela porta dos fundos, descia uns centímetros, cruzava o deque, subia uns centímetros e estava na cabana. Ficou ótimo. Como o deque era um pouco elevado, as laranjas ficavam mais baixas, e Sparky adorava frutas. Certa vez ouvi um grito horrível, saí e Sparky estava balançando na árvore com os dentes presos numa laranja. Ele tinha pulado e mordido a fruta, e ficou dependurado porque não conseguia tirar os dentes dela. Foi muito engraçado. Não me incomodei de morar em Granada Hills. Tinha um espaço meu, e uma coisa que gosto no Valley é que os vizinhos construíam coisas. Tinham motocicletas no jardim, consertavam carros — eram trabalhadores. E dava para fazer o que quisesse. Isso faz uma diferença enorme.

Nos primeiros meses de 1981, Rick Nicita, agente do que na época era o mais poderoso conglomerado de entretenimento no país, a Creative Artists Agency, começou a representar Lynch. "Fui apresentado a ele por Jack Fisk, casado com Sissy Spacek, que era minha cliente desde 1974", conta. "Ele veio ao meu escritório usando um fio ao redor do pescoço com uma caneta pendurada. Perguntei: 'O que é isso?', e ele explicou: 'É uma caneta para fazer anotações.' Eu quis saber: 'Você faz muitas anotações?' 'Não, nunca."

"Como ocorre com todo mundo, minha primeira impressão de David é que era uma pessoa maravilhosa, divertida, inteligente, única", prossegue Nicita. "Quando me perguntavam quem eram os meus clientes e eu mencionava David, as pessoas levantavam as sobrancelhas. Pensavam que era um sujeito taciturno, sombrio, de capa preta, mas ele não é assim."[1]

Quando Nicita entrou em cena, Lynch tinha começado a receber ofertas, mas Hollywood não dá cheques em branco a ninguém; vários produtores queriam outro *O Homem Elefante*, mas ninguém queria outro *Eraserhead*. "Depois de *O Homem Elefante* David quis fazer *Ronnie Rocket*, mas ninguém se interessou", conta Mary Fisk. "Jonathan e Mel lhe ofereceram *Frances*, com Jessica Lange, que Eric Bergren e Chris De Vore estavam escrevendo, e ele se interessou, mas, por algum motivo, aquilo não foi adiante. Então lhe ofereceram *O retorno do Jedi*, e o agente dele disse: 'Você vai ganhar três milhões de dólares', então ele foi conversar com George Lucas, mas não se sentiu à vontade com o assunto."

186 ESPAÇO PARA SONHAR

Relutantemente, Lynch adiou *Ronnie Rocket*, mas tentou vender outro roteiro original, o de *Veludo azul*. As ideias foram surgindo em partes desde 1973, e o projeto adquiriu cada vez mais importância em sua mente, mas ele não conseguia financiá-lo.

Foi quando Nicita lhe apresentou *Duna*. Romance best-seller de ficção científica, *Duna* é uma história de amadurecimento ambientada em um futuro distante, escrita por Frank Herbert e publicada em 1965. Primeiro de uma série de seis livros, *Duna* é complexo, e vários diretores tinham tentado levá--lo à tela e fracassaram.

Em 1971, os direitos do livro foram comprados por Arthur P. Jacobs, produtor independente que morreu de ataque cardíaco pouco depois. Três anos mais tarde, um consórcio francês, liderado por Jean-Paul Gibon, comprou os direitos e contratou Alejandro Jodorowsky, o cineasta chileno, que quis transformar o romance em um filme de dez horas com design de H. R. Giger e estrelado por Salvador Dalí. O projeto desmoronou, apesar de terem sido gastos dois milhões de dólares e dois anos de pré-produção. (O documentário de 2013, *Duna de Jodorowsky*, ilustra essa loucura desmedida.)

Dino De Laurentiis adquiriu os direitos em 1976, por dois milhões de dólares, e encomendou um roteiro a Herbert, mas o resultado foi um texto longo demais. Em 1979 De Laurentiis contratou Rudy Wurlitzer para fazer o roteiro, que seria dirigido por Ridley Scott, porém sete meses depois Scott abandonou o projeto para dirigir o filme *noir* de ficção científica *Blade Runner*, de 1982. Àquela altura entrou em cena Raffaella, filha de De Laurentiis; depois de assistir a *O Homem Elefante*, ela decidiu que Lynch deveria dirigir *Duna*.

"Fiquei impressionada com a capacidade de David de criar um mundo totalmente crível", conta Raffaella De Laurentiis. "Tendemos a etiquetar os diretores, mas, quando são bons, podem trabalhar com vários gêneros diferentes, e estava certa de que David daria conta de *Duna*."

"Eu estava presente quando meu pai e David se conheceram, e o adorei logo de cara", prossegue. "David e eu éramos jovens na época, nos divertimos muitíssimo juntos e ele virou quase um membro da família. Papai adorava diretores, e achou David tão bom quanto Fellini. Ele era um grande fã de David."[2]

O destino levou Lynch a conhecer a família De Laurentiis, mas atrapalhou os planos de Stuart Cornfeld: "Quando David e eu nos conhecemos, a ideia era fazer *Ronnie Rocket*, só que não conseguíamos concretizá-la, pois naquele tempo todos achavam David doido", recorda. "Isso mudou com o *O Homem Elefante*, e havia uma chance de fazer *Ronnie Rocket*. Um dia nos encontramos para almoçar e David disse que Dino De Laurentiis tinha lhe oferecido *Duna* e um bom dinheiro. Ele tinha 30 e poucos anos, tinha feito boa arte e não tinha ganhado dinheiro, então quando Dino propôs: 'Darei tudo o que você quiser', ele foi atrás."

Aparentemente era difícil dizer não a De Laurentiis, que faleceu em 2010 aos 91 anos. Figura extraordinária que apresentou Lynch ao mundo glamoroso do cinema internacional, De Laurentiis nasceu em Nápoles, em 1919, e foi um apoiador importante do neorrealismo italiano do pós-guerra; produziu os primeiros clássicos de Fellini, *Noites de Cabíria* e *A Estrada*, com o qual ganhou o Oscar em 1957. O trabalho de De Laurentiis tinha um amplo alcance — produziu desde *Barbarella*, de Roger Vadim, até *O ovo da serpente*, de Ingmar Bergman — e produziu ou coproduziu mais de 500 filmes em uma carreira de mais de 70 anos. Conhecido como um negociante severo, era uma figura querida, e teve papel importante na vida de Lynch. "Dino era um fenômeno, um mestre em negociações, e adorava David", conta Fisk.

Tentar colocar *Duna* na tela do cinema foi como tentar condensar o jantar de Ação de Graças em uma comida congelada, mas De Laurentiis era persuasivo, e conseguiu fazer Lynch assinar um contrato para três filmes. "Tenho certeza de que *Duna* foi um caso de canto da sereia de filme grande, muito dinheiro, e não 'Pego o dinheiro e vou para casa', pois David nunca faria isso", explica Nicita. "Ele entendeu a história, que calou fundo nele."

O protagonista é um jovem herói chamado Paul Atreides, caracterizado no romance como "o dorminhoco que deve acordar"; o que ressonou em Lynch por razões óbvias. Ele adora inventar mundos alternativos, e *Duna* envolvia a criação de três planetas inteiramente distintos e incorporava uma variedade de texturas ricas, sequências de sonhos e fábricas subterrâneas. Não surpreende que tenha dito sim.

Um ano foi gasto no roteiro, que exigiu classificação etária de 10 anos, então havia limites antes mesmo de Lynch escrever a primeira palavra. Depois ele se viu paralisado pela necessidade de agradar De Laurentiis — que odiou *Eraserhead* — e a princípio dedicou-se ao roteiro em parceria com os coautores de *O Homem Elefante*, Chris De Vore e Eric Bergren. "Generosamente, David convidou Eric e a mim como coautores, então nós três fomos a Port Townsend e passamos um tempo lá com Frank Herbert", recorda De Vore.

188   ESPAÇO PARA SONHAR

"Escrevemos juntos num escritório da Universal e fizemos dois rascunhos do roteiro, mas Dino achou longo demais e avisou que o projeto não poderia ser dividido em dois filmes", prossegue. "David também queria que fosse mais curto, mas temíamos nos afastar demais do livro de Herbert. David queria ser fiel ao livro, mas ao mesmo tempo acrescentar coisas que não estavam nele. No fim, achamos que ele deveria respeitar sua visão, e o incentivamos a seguir por esse caminho." Lynch fez outros cinco rascunhos do roteiro antes de chegar ao último, de 135 páginas, em 9 de dezembro de 1983. Embora hoje diga que "se vendeu" com *Duna*, Lynch não enxergava assim enquanto trabalhava no roteiro.

"David estava ansioso para ganhar dinheiro, mas não fazia e nunca fez concessões, e não foi o que ocorreu no início de *Duna*", explica Nicita. "Ele se mantém muito puro. Há tentações neste negócio, e o seu êxito criou forças que tentaram corrompê-lo — houve várias oportunidades de fazer grandes filmes que teriam lhe pagado uma fortuna, e ele as descartou. No princípio, quando as pessoas pensaram que ele faria o que queriam, ele teve muitas ofertas, porém, quando ficou claro que era um verdadeiro autor, elas começaram a diminuir. As principais estrelas também queriam trabalhar com ele, que não liga para o estrelato. David é um artista, ele não quer um gorila grandão no meio do seu sonho."

Lynch estava instalado em Granada Hills escrevendo *Duna* quando Fisk entrou em trabalho de parto, em 7 de setembro de 1982. "David entrou na sala de parto, eu nunca teria conseguido sem ele", conta ela sobre o nascimento de Austin. "Passei 36 horas em trabalho de parto, e ele me animou e fez pressão nas minhas costas porque o bebê precisava ser reposicionado." Lynch estava então com dois filhos. E sempre tinha diversos projetos em casa: naqueles anos fazia suportes para incenso e gravatas de caubói presas com botões pretos ou brancos. "Vários amigos dele tinham aquelas gravatas", recorda Reavey.

No fim do outono de 1982 a agente de elenco Elisabeth Leustig viajou por diversas cidades americanas procurando um jovem ator desconhecido para o papel principal de *Duna*, e encontrou Kyle MacLachlan. Recém-graduado no programa de formação de atores da Universidade de Washington, MacLachlan encenava uma produção do *Tartufo*, de Molière, no Empty Space Theater, quando Leustig chegou a Seattle. "Ela buscava atores numa certa faixa etária e alguém sugeriu: 'Você deveria ir ver Kyle.' Então nos encontramos no fim de dezembro no Hotel Four Seasons e gravamos um teste", recorda MacLachlan, que foi a Los Angeles no início de 1983 conhecer Lynch e Raffaella De Laurentiis.

"Eu tinha assistido a *Eraserhead* e não sabia o que pensar", conta. "Minha preferência em questão de cinema era por filmes de espadachim, tipo *Os três mosqueteiros* — esse era o meu pique — então não sabia o que esperar quando conheci David. Nos encontramos numa cabana na Universal, e recordo que o esperei porque ele estava no Bob's. Ele dirigia um Packard Hawk que adorava, entrou, conversamos sobre a infância no nordeste e vinho tinto, e depois ele disse: 'Aqui está o roteiro. Aprenda essas cenas, volte e vamos filmá-las.'"[3]

MacLachlan voltou a Los Angeles dias depois e fez um teste na Apogee Productions, Inc., do artista de efeitos especiais John Dykstra. "O meu cabelo, que tem sido um problema em toda a minha carreira, deu trabalho a eles — e isso começou com *Duna*", ele ri. "Era um espaço imenso, com milhares de pessoas ao redor, e a câmera era a maior que eu já tinha visto, mas quando David chegou eu me senti conectado e seguro. Gravamos algumas cenas, inclusive uma em que falei diretamente para a câmera. 'David, não sei se consigo fazer isso', mas ele me tranquilizou: 'Vai ficar ótimo!' Ele foi muito encorajador."

A amizade de Lynch com MacLachlan — que ele chama de "Kale" — tem sido uma das principais da sua carreira. Eles trabalharam juntos em duas das suas obras mais aclamadas — *Veludo azul* e *Twin Peaks* — e MacLachlan é apontado como o alter ego de Lynch na tela. Eles apresentam semelhanças em aspectos importantes. Ambos são abertos e otimistas e têm uma perspectiva bem humorada que lhes permite agir com leveza; eles exalam uma espécie de felicidade radiante.

"Voltei para o hotel e havia uma garrafa de Château Lynch-Bages na mesa", prossegue MacLachlan sobre a primeira reunião com Lynch. "Quando David e eu conversamos sobre vinho, ele tinha dito que aquele era um dos seus favoritos, e achei muito legal me enviar uma garrafa. Esperei que vissem o filme, até que me ligaram e disseram: 'Gostamos, mas queremos mudar o seu cabelo e fazer outro teste', e fui ao México para isso.

"Era janeiro, o filme estava em pré-produção e enquanto eu estava lá foi aniversário de David. Houve uma festa e recordo que pensei: esse pessoal é

190 ESPAÇO PARA SONHAR

legal — espero que dê certo. Mais tarde, estava tomando uma cerveja no lobby do hotel e recebi um telefonema: 'O papel é seu.' Assim que David me contratou confiei que ele me guiaria em todo o processo."

Como tudo em *Duna*, o elenco era enorme, com 39 papeis com fala. José Ferrer, Linda Hurt, Jack Nance, Dean Stockwell, Max von Sydow e a primeira mulher de De Laurentiis, a estrela italiana Silvana Mangano, estavam entre os atores. Alguns fizeram a festa com seus personagens exagerados: Kenneth McMillan fez um grande esforço como o vilão da história, e Freddie Jones e Brad Dourif interpretam conselheiros da corte maravilhosamente esquisitos.

"Quando conheci David a primeira coisa que pensei foi: esse é o cara mais mauricinho que já vi", recorda Dourif. "Calças e jaqueta, camisa abotoada até o pescoço, uma voz que lembrava Peter Lorre da Filadélfia. Cumprimentei-o: 'Oi, eu sou Brad', ao que ele respondeu: 'Eu sei. Preciso lhe perguntar uma coisa: o que você acha de fazer uma cirurgia num ator?' Aparentemente, ele queria fazer um furo na bochecha de um ator e passar um tubo pelo furo para obter o efeito de um dente que emite gás. Não sabia se estava falando sério ou se era brincadeira, mas eu o ouvi dizer a Raffaella: 'Mas por que não?' e ela: 'Não, você não pode fazer isso.'"

"Só vi *Eraserhead* quando ele mostrou o filme para nós no México", prossegue Dourif. "Antes de começar ele alertou: 'Este é um filme que fiz, espero que vocês não deixem a cidade.' Eu não tinha ideia do que era aquilo, e de repente entendi que era uma exploração surrealista do terror masculino ante a psique e a persona femininas. É um filme inacreditável."[4]

O elenco incluía também o músico Sting, que à época estava se aventurando como ator e já tinha feito quatro filmes quando conheceu Lynch. "David estava em Londres escalando o elenco de *Duna*, e o conheci no Hotel Claridge's", conta. "Eu era um grande fã de *Eraserhead*, e imaginava-o semelhante ao personagem do filme, mas ele era bem do centro-oeste, normal, e dizia coisas como 'muito satisfatório'. Nunca me considerei um ator, mas tinha participado de alguns filmes, ele pareceu gostar de mim, e perguntou: 'Você viria ao México?', e respondi: 'Claro.' Estava terminando o que acabou sendo o maior disco do Police, *Synchronicity*, mas estaria livre no verão, que passei enfiado num traje de borracha."

Sting interpretou Feyd-Rautha Harkonnen, uma máquina de matar espetacularmente bela, e em sua primeira cena ele emerge de uma parede de vapor, resplandecente e molhado, vestindo apenas o que foi descrito como uma cueca de borracha. "David me mostrou aquilo e reagi: 'Não, eu não vou vestir isso', e ele respondeu: 'Vai, sim.' Aquela primeira entrada foi uma espécie de pomo da discórdia, porque eu não me considerava um símbolo homoerótico, mas naquela cueca voadora achei que não havia outro modo de fazer a cena, e David concordou."[5]

Depois de passar os seis meses da pré-produção entrando e saindo do México, Lynch se instalou lá em março de 1983. Os ensaios duraram duas semanas, e a filmagem começou em 30 de março. Nada foi economizado para fazer *Duna*, que tinha um orçamento de 40 milhões de dólares, o que era muito dinheiro naquela época. Elenco e equipe somavam 1.700 pessoas. Quatro unidades de câmera trabalhavam simultaneamente em 80 sets que ocuparam oito estúdios, e as externas foram rodadas nas dunas de Samalayuca, em Ciudad Juárez, Chihuahua. A filmagem teve início sob um calor de 40° C; todos passaram duas semanas lá, e uma equipe de 300 pessoas varria as dunas antes de rodar. Anthony Masters, designer de produção que tinha feito *2001: Uma odisseia no espaço*, estava a bordo, assim como o artista de efeitos especiais Carlo Rambaldi, que nos deu as criaturas de *Alien* e *E.T., o extraterrestre*. Foi um empreendimento gigantesco, e muito divertido no início.

Quando o projeto estava decolando, Lynch visitara Dino De Laurentiis em sua *villa* em Abano Terme, a uma hora de Veneza, e a cidade o impactou muito. "David amou a Itália e fomos muito à Europa por causa daquele filme — não recordo o motivo, provavelmente para escolher o elenco", conta Raffaella De Laurentiis. "Naquela época David era vegetariano, mas adorava patê, e lembro que estava sempre comendo *foie gras*."

Em uma daquelas viagens Dino De Laurentiis presenteou Lynch com um livro sobre a arquitetura veneziana que terminou sendo uma fonte importante de inspiração para o filme, cuja trama gira ao redor de casas nobres em guerra pelo controle de recursos naturais. Muitas cenas ocorrem em pátios palacianos ornamentados, e há muita madeira primorosamente trabalhada e escadarias sinuosas. Há também um mundo industrial subterrâneo e infernal, com escravos que marcham evocando o filme mudo *Metrópolis*, e o Navegador da Guilda, um gigantesco oráculo amorfo que Lynch descreveu como um "gafanhoto carnudo" que fala através de um orifício perturbadoramente sexualizado. Há outros detalhes surpreendentes no filme. A família Atreides tem um pug

192 ESPAÇO PARA SONHAR

que a acompanha em sua aventura, e quando a nave espacial entra em novas galáxias passa por um buraco de fechadura. A combinação de elementos é claramente lynchiana.

"David podia passar horas fazendo pintas na parede, e esse provavelmente é um dos motivos pelos quais nunca quis rodar outro filme enorme como *Duna*", conta De Laurentiis. "Um dia estávamos no deserto em Juárez, com 200 figurantes vestidos com roupas de borracha. As pessoas estavam quase desmaiando, a equipe era enorme e tínhamos feito um esforço tremendo para chegar ao deserto, e ele resolveu dar um close no olho de um dos atores principais! Interferi: 'David! Podemos fazer isso no cenário! Construímos isso tudo, então filme!' Daí em diante ele foi esperto e entendeu que o detalhe ocupa grande parte da sua visão, e desde então fez filmes condizentes com ela."

Assumir *Duna* foi um grande salto para Lynch, e Sting conta que ficou "surpreso quando David saiu daquele filminho em preto e branco para uma tela imensa, e a sua calma me impactou. Ele nunca dava a impressão de se sentir sobrecarregado e todos gostavam dele. David sempre foi muito satisfatório."

Jennifer Lynch passou umas semanas no set e operou a mão esquerda e a mandíbula do Navegador da Guilda. "Recordo que era uma produção muito grande", conta. "Deve ter sido a primeira vez que vi papai perceber a imensidão de algo; era muito dinheiro e muita gente."

Lynch estava sempre disponível para tudo, e sua vida amorosa ficava cada vez mais complexa; foi quando Eve Brandstein entrou em cena. Nascida na Tchecoslováquia, cresceu no Bronx e mudou-se para Los Angeles no fim da década de 1970, onde conseguiu emprego nos setores de elenco e produção da companhia televisiva de Norman Lear. Em 1983 foi encontrar a amiga Claudia Becker, encarregada do elenco de *Duna* no México, para passar férias em Puerto Vallarta.

"Certa noite Claudia propôs: 'Vamos a um vernissage na Galeria Uno.' Eu não sabia quem era o artista e, quando chegamos, David e eu nos vimos no salão e começamos a circular um ao redor do outro. Eu ainda não sabia quem ele era. Depois do vernissage fui com um grupo de amigos a um bar chamado Carlos Obrian's, e mais tarde David chegou com um grupo e sentou ao meu lado. O resto da noite foi mágica, caminhamos pela praia e conversamos. Na manhã seguinte eu ia voltar para Los Angeles, ele ia para a Cidade do

México, e nos encontramos no aeroporto. Ele tinha um voo doméstico, e eu, um internacional, então estávamos em áreas diferentes e havia uma cortina entre nós, e fomos até a cortina e começamos a nos beijar. Foi como tudo começou."[6]

Uma das grandes habilidades de Lynch é focar exclusivamente no que está diante de si, e quando o voo de Puerto Vallarta aterrissou na Cidade do México tudo voltou a girar ao redor de *Duna*. "David trabalhou em *Duna* como sempre trabalha, aperfeiçoando cada aspecto do set", recorda MacLachlan. "Das armas e uniformes às cores e formas abstratas, a mão dele está em tudo, do design aos efeitos cênicos. Sua sensibilidade artística está lá, muito forte, o tempo todo.

"Fiquei no México de março a setembro de 1983 e me diverti muito", acrescenta MacLachlan. "Hospedei-me numa casa em Coyoacán, e sempre tinha alguém dando uma festa. A família De Laurentiis costumava oferecer jantares e eu sempre ia." Era um set barulhento em todos os sentidos; foi exaustivo fazer *Duna* e as pessoas extravasavam para compensar. "Era um set bem louco", conta Sting. "Eu estava cercado daqueles grandes atores, e não passava de uma estrela do rock me divertindo."

Mary Fisk tinha noção de que Lynch estava em um ambiente desconhecido. Estava dirigindo o seu primeiro filme de Hollywood com grande orçamento, o que é um assunto complicado tanto no set quanto fora dele. "Quando nos casamos, David era o Sr. Correto, não fumava nem era desbocado", conta, "mas Raffaella era uma garota festeira. Uma vez liguei e ele estava tomando drinques de vodca, o que me deixou chocada. Aquele grupo era selvagem, e acho que ele começou a farrear. Ele gostava do hotel onde estava hospedado, um motorista o levava para o trabalho, ele vivia numa bolha."

Mestre da multitarefa, Lynch sempre faz várias coisas ao mesmo tempo, e elaborou o Kit do Pato (que considerou um fracasso porque a foto estava desfocada) e o Kit da Galinha enquanto esteve no México; as instruções de montagem da galinha estão em espanhol e em inglês. Durante a filmagem também lançou *The Angriest Dog in the World* [O cachorro mais bravo do mundo], uma tira de quatro quadrinhos sobre um cão acorrentado a um poste que luta contra a corrente. Ela saiu semanalmente no *Los Angeles. Reader*, e depois no *Los Angeles. Weekly* durante os nove anos seguintes e, embora os desenhos fossem sempre os mesmos, toda segunda-feira Lynch ligava para mudar o conteúdo dos balões. "O humor do quadrinho se baseia no estado lamentável de infelicidade e sofrimento das pessoas", explica. "A luta na ignorância contém humor, mas também acho heroico como as pessoas seguem em frente, apesar do desespero que muitas vezes sentem."

Durante a filmagem de *Duna,* Lynch tinha uma jovem família para cuidar. "Enquanto David fazia *Duna* fui uma espécie de mãe solteira", conta Fisk, "e era difícil assumir um recém-nascido, pois eu estava amamentando. Fui lá algumas vezes — numa das viagens levei Martha Bonner, madrinha de Austin — e Austin deu os primeiros passos no quarto de hotel de David, diante dos olhos dele. Conversávamos muito por telefone, mas a separação foi longa, e não gostei daquilo."

No outono de 1983, seis meses após o início da filmagem, Fisk comprou uma propriedade na Virgínia, vendeu a casa de Granada Hills e mudou-se com Austin. "Meu irmão me convenceu", explica. Ele e Sissy viviam lá, e encontrei uma casa de 465 metros quadrados um pouco detonada, mas num belo terreno, e David disse: 'Vá em frente — confio em você.' Fiz a compra sem que David visse a casa, e passei os seis meses seguintes reformando-a."

Lynch encarou a mudança sem grandes problemas, mas aquilo foi desestabilizador para a filha dele. "Fiquei assustada quando ele se mudou para a Virgínia", conta Jennifer Lynch. "Até então o papai estivera por perto e mantínhamos uma relação. Lembro que escrevi para ele dizendo: 'Tenho medo de nunca mais ver você', e ele respondeu: 'Você está brincando? Estamos sempre nos falando!' É verdade que ele costumava ligar a qualquer hora da noite para conversar. Ainda assim, foi horrível, muito triste. No final eu o via mais do que Mary e Austin, porque ele ia muito a Los Angeles."

A fotografia principal de *Duna* terminou em 9 de setembro de 1983, e Lynch permaneceu no México outros quatro meses, trabalhando com modelos e efeitos especiais. Àquela altura, a enormidade do projeto começava a cobrar o seu preço. "Nunca senti que David estivesse infeliz enquanto filmávamos, mas é preciso lembrar que eu tinha 24 anos e vivia centrado em mim mesmo, então enxergava o que ocorria com as pessoas à minha volta de um modo diferente de hoje", relembra MacLachlan. "Naquela época tudo parecia estar indo bem. Para ele, trabalhar com atores é sempre uma alegria — senti isso, e ainda é assim. Mas recordo de ouvi-lo comentar: 'Isso é um empreendimento grande demais', e acho que se cansou. Quando terminei meu trabalho, David continuou por lá, ocupado com coisas da segunda e terceira unidades."

Por fim, em fevereiro de 1984, Lynch deixou o México e se mudou para um apartamento modesto no oeste de Los Angeles, onde passou seis meses editando o filme. Brandstein, que fez parte da vida dele naquele período, rememora: "David achava que eu tinha uma vida artística, algo pelo qual ansiava — ser um criador e fazer arte era tudo para ele. Conversávamos muito sobre arte e espiritualidade, e ele me fez sentir bem como artista e me ajudou a avançar nesse aspecto. Contudo, o relacionamento provocou conflitos emocionais em ambos. David não gostava de magoar Mary e estava sempre tentando equilibrar as coisas, porque queria os dois lados: queria uma relação num estado elevado de excitação, mas também o conforto da vida doméstica, aquela coisa de garoto de fazenda no centro-oeste. Ele precisa das duas coisas, e essa tem sido a estrutura da sua vida e o motor da sua criatividade. Por mim teríamos nos casado, mas ele não estava disponível, e eu sentia uma espécie de vazio no relacionamento, então quando conheci outra pessoa, em 1985, fui em frente."

Uma constante na vida de Lynch é a atração que exerce sobre as mulheres. "Papai não tem malícia, não faz isso por egoísmo — de jeito nenhum", explica Jennifer Lynch. "É só que ele sempre foi atraído por segredos, travessura e sexualidade, é desobediente e realmente ama o amor. Quando ele ama, você é a *mais* amada, ele fica contente e fascinado, tem ideias, fica criativo e tudo é loucamente romântico."

Fisk conhecia esse lado de Lynch, mas não estava pronta para enfrentar a situação em Los Angeles. "David ia e vinha entre a Virgínia e Los Angeles enquanto estava montando *Duna*, e falou que estava muito preocupado com o nosso casamento", conta. "Meu irmão achava que ele estava tendo um caso, mas eu não quis pensar naquilo. Fui à festa do elenco e da equipe e havia muitas garotas em volta dele, e lembro-me de ter pensado: isso é estranho. Depois entendi que sempre seria assim."

O primeiro corte de *Duna* — que Lynch projetou uma vez no México — durava cinco horas. Como indicava o sétimo tratamento do roteiro, ele pretendia chegar a quase três horas. O filme que foi lançado tem 2h17. Não é preciso dizer que muito do que queria manter foi jogado fora na sala de edição, e durante o processo de montagem ele foi forçado a fazer concessões das quais se arrependeu. Os meses que passou em Los Angeles foram difíceis. "Um ano e meio depois de começar *Duna*, eu sentia um horror profundo", explica. "Mas aprendi muito sobre fazer filmes e o negócio do cinema em

196 ESPAÇO PARA SONHAR

Hollywood." Em 2001, Dino De Laurentiis reconheceu no documentário da BBC (*The last movie mogul*): "destruímos *Duna* na sala de montagem". Como ele tinha a última palavra, entende-se que com "destruímos" estava se referindo a ele mesmo.

"O filme não teria ficado melhor se David tivesse tido a última palavra — ele montou uma versão, eu assisti", afirma Raffaella De Laurentiis. "Durava cinco horas e era impenetrável, se você conseguisse permanecer acordado."

"Nosso maior erro foi tentar ser fiéis demais ao livro", acrescenta. "Pensamos, meu Deus, é *Duna* — não podemos estragar o livro. Mas filme é outra coisa, e isso tem de estar claro desde o início."

Distribuído pela Universal, *Duna* estreou no Kennedy Center, em 3 de dezembro de 1984. "Foi muito grande", rememora Fisk. "Dino nos deu convites para a Casa Branca, fomos a um jantar de Estado, conhecemos Ronald e Nancy Reagan [presidente que Lynch admirava], e Andy Williams cantou. Essa foi a parte divertida de *Duna*. Em seguida os críticos destruíram o filme, e destruíram David junto com ele." As críticas foram quase unanimemente negativas. Roger Ebert e Gene Siskel o classificaram como "o pior filme do ano", e Richard Corliss, da revista *Time*, asseverou que era "tão difícil quanto uma prova final". Lynch já ia pela metade do roteiro de *Duna II* quando o filme foi lançado, mas depois do fracasso a sequência foi abortada.

O filme recebeu o apoio de gente de peso. Harlan Ellison, o escritor de ficção científica, adorou-o, e na introdução da sua coletânea de 1985, *Eye* [Olho], Frank Herbert escreveu: "O que chegou à tela é uma festa visual que começa como *Duna*, e os meus diálogos estão em todo o filme." Levacy recorda: "David teve uma relação excelente com Frank Herbert, que gostou de como David interpretou o livro e deu seu selo de aprovação ao filme; isso foi importantíssimo para David."

MacLachlan — que figura em quase todos os fotogramas do filme — tem sentimentos mistos sobre a sua primeira aparição na tela. "Vejo a minha atuação e me dá calafrios, porque eu era um novato diante das câmaras. No entanto, de certo modo funcionou, porque meu personagem passa por um período juvenil, é posto à prova e deve se tornar um líder. Acho que me chamaram na hora certa, pois eu estava muito verde naquele filme."

"Acho que David fez um grande trabalho", acrescenta. "Afinal, não havia como destrinchar a complexidade do mundo criado por Frank Herbert, pois nele acontecem coisas demais. Mas gosto de *Duna* por seu impacto visual e pelo fato de David ter conseguido imprimir a sua visão ao material. Os Harkonnen, a locomotiva entrando no palácio — nossa, é genial. Acho uma obra-prima imperfeita."

Sting opina sobre o filme: "Comprimir o livro todo num só filme deve ter sido um erro, e na tela do cinema achei um tanto opressivo, no entanto, por estranho que pareça, em minha opinião o filme se sustenta numa tela menor. De qualquer modo, o trabalho de David é envolvente. Como Goya e Francis Bacon, tem uma visão que não é particularmente confortável, e tudo o que faz está permeado pelo sentido do Outro. Ele tem uma visão que é séria, não é frívola. Sempre fico contente em vê-lo pelo mundo fazendo o que faz e sou grato por fazer parte do seu cânone."

Após o lançamento de *Duna*, Lynch voltou para a casa que Fisk havia comprado em Albermarle County, fora de Charlottesville, Virgínia, onde se dedicou ao que seria o seu próximo filme. "Ele avisou: 'Não quero falar sobre *Duna*', então não falamos disso, ele foi adiante e terminou o roteiro de *Veludo azul*", conta Fisk. Lynch escreveu o roteiro ouvindo a *Sinfonia Nº 15 em Lá maior* de Shostakovich. "David é extremamente disciplinado, e em parte por isso realiza tantas coisas. Senta-se e escreve durante duas horas, e embora nem sempre produza muito, permanece sentado pelas mesmas duas horas. Depois, passa outras duas horas pintando. Vai de um projeto a outro, e isso provavelmente vem dos pais dele e da experiência no escotismo. Ele tem muito talento para realizar coisas."

Lynch estava ansioso por deixar *Duna* para trás, mas a relação com a família De Laurentiis se manteve estreita. "David é obcecado por partes do corpo, e depois de *Duna* precisei fazer uma histerectomia", recorda Raffaella De Laurentiis. "Ele pediu: 'Você vai fazer uma histerectomia? Posso ficar com o seu útero?' Concordei, por que não, e o pedi ao hospital, mas me olharam como seu eu fosse pirada e negaram. Então pedi ao meu enteado para ir ao açougue comprar o útero de uma porca, pusemos aquilo numa jarra com formol, colamos minha pulseira do hospital na jarra e entregamos ao David. Alguém me disse que ele guardou aquilo na geladeira por anos, e uma vez passou pela alfândega com a jarra. Provavelmente uma de suas esposas jogou aquilo no lixo."

Quanto a Dino De Laurentiis, apesar dos problemas com *Duna,* nunca perdeu a fé em Lynch, e quando a poeira baixou após o lançamento do filme, perguntou-lhe o que queria fazer em seguida. Lynch contou-lhe sobre *Veludo*

198 ESPAÇO PARA SONHAR

azul. Àquela altura havia caducado a cláusula de desenvolvimento sobre o primeiro tratamento do roteiro, que tinha sido apresentado à Warner Bros., e os direitos tinham voltado a pertencer ao estúdio; De Laurentiis ligou para o presidente da companhia e comprou-os. Lynch deixou claro que queria ter o corte final se fizessem o filme juntos e De Laurentiis concordou, caso Lynch cortasse seu salário e o orçamento do longa pela metade. "David adorava Dino", conta Fisk, "porque ele lhe deu a oportunidade de fazer *Veludo azul*."

Assinei um contrato com Rick Nicita porque gostava dele pessoalmente. Ele não é um agente típico, e era o agente da Sissy, por isso confiei nele. Acho que a secretária dele datilografou o roteiro de *Ronnie Rocket* para mim quando terminei de escrevê-lo à mão, então eu meio que o conhecia bem antes de ser meu agente. Ele nunca tentou me empurrar numa direção determinada.

Depois de *O Homem Elefante* talvez pudesse ter feito *Ronnie Rocket*, porque Mel conseguiu algum dinheiro para isso, mas não o suficiente, era muito pouco. Não lembro por que não fiz *Frances*, o filme sobre Frances Farmer. Justo naquela época George Lucas estava se preparando para fazer o terceiro *Star Wars*, e alguém ligou me chamando para uma reunião com George. Perto da Warner Bros. havia um lugar chamado Egg Company; me disseram para ir lá buscar um envelope com um cartão de crédito, uma chave, uma passagem de avião e outras coisas; então voei para São Francisco, aluguei um carro e dirigi até um lugar que ele tinha batizado de Sprocket, acho que era uma das suas companhias. Entrei, nos cumprimentamos e ele começou a falar sobre *Star Wars*. De certo modo fiquei lisonjeado, mas não sabia o que estava fazendo lá, porque *Star Wars* não era a minha. Enquanto ele falava comecei a sentir uma dor de cabeça que foi ficando cada vez pior. Conversamos um pouco mais, depois pegamos a Ferrari dele e fomos almoçar num lugar de saladas, e comemos salada. Àquela altura a minha cabeça estava latejando e precisava ir embora dali.

204 ESPAÇO PARA SONHAR

Liguei para Rick do aeroporto —estava enlouquecido e quis falar com ele antes de entrar no avião: "Rick, não posso fazer isso! Sinto-me pressionado a dizer sim a George, mas não posso!" Ele respondeu: "David, tudo bem, você não precisa fazer." Então liguei para o George, agradeci e disse que esperava que ele dirigisse o filme, pois era a sua onda. George é um dos grandes criadores de todos os tempos. Ele tem um toque próprio e é uma pessoa especial, mas *Guerra nas estrelas* não era a minha.

Um produtor chamado Richard Roth me procurou propondo que eu fizesse uma adaptação do livro *Dragão vermelho*, e quando recusei ele perguntou: "O que você tem para fazer?" Respondi: "Tenho um filme chamado *Ronnie Rocket*", mas ele não se interessou e seguiu: "E o quê mais?" E eu: "Ainda não existe, mas tenho uma ideia", comecei a falar de *Veludo azul* e ele comentou: "Ah, parece muito interessante." Ele me levou à Warner Bros. e me fez apresentar a ideia a um cara — não lembro quem era — e acho que deve ter me dado dinheiro para escrever o roteiro, porque a Warner Bros. acabou ficando com os direitos. Escrevi dois esboços, e eles odiaram os dois, e não os culpo — não estavam terminados.

Então soube que Dino De Laurentiis queria me conhecer para essa coisa chamada *Duna*. Achei que ele tinha dito "June", porque eu não sabia nada de *Duna*, e meus amigos comentaram: "Meu Deus, é o maior livro de ficção científica que existe." Pensei, ok, vou conhecer Dino e, pelo que ouvi sobre ele, vou ter uma *verdadeira* dor de cabeça. Então fui ao escritório dele em Beverly Hills, e a recepcionista era muito linda e simpática. Entrei e o conheci. Dino disse: "Olá" e, quando me sentei, de canto de olho vi um cara sentado à sombra, era Dino Conti, amigo de Dino. Não sabia por que ele estava presente, mas senti boas vibrações de ambos, que me ofereceram um cappuccino fora do comum. Um cara chamado Enzo era o barbeiro de Dino, e a mulher de Enzo, Conchetta, fez os acepipes que provamos naquele dia. Enzo cortava o cabelo de Dino, e quando ele teve escritório no Wilshire Boulevard havia uma barbearia lá, e eu conseguia cortar o cabelo com Enzo. Ele era o melhor barbeiro, era surreal. Tinha estudado para ser cabeleireiro na Itália, aquilo era bárbaro.

Comecei a conhecer Dino. Ele não tinha nascido rico e primeiro quis ser ator. Um dia ia fazer um teste e disseram-lhe para ir de terno, bem arrumado. Ele tinha o terno, mas não tinha bons sapatos, e no caminho para a estação de trem passou por uma sapataria. Entrou e disse ao dono: "Vou fazer um teste e não tenho dinheiro, mas preciso de um par de sapatos", e o homem respondeu: "Está bem, pode levar um par." Dino enviou-lhe dinheiro enquanto aquele homem viveu.

Nas décadas de 1950 e 1960 Dino trabalhou em Roma, e nos fins de semana — imagine só — embarcava num trem e cruzava a Itália até um ponto onde à esquerda fica a França, e descia na estação de um lindo lugar no Mediterrâneo. Havia pinheiros romanos e ele caminhava por uma avenida longa e curva até uma mansão à beira-mar numa enseada. Le Corbusier morreu ali. É louco. Fui ao túmulo de Le Corbusier. Ele mesmo o projetou, numa colina que dá para o Mediterrâneo; é lindo. Bem, você está no mundo do cinema em Roma e tem uma casa em Monte Carlo, ou seja lá onde fosse aquilo. Imagine esse estilo de vida. Era lindo.

Quando penso na época em que conheci Dino é como se estivesse mesmerizado. Dino era como um caminhão Mack italiano, simplesmente ia em frente. Tinha uma energia tremenda e era um verdadeiro sedutor, tinha uma boa vida, cercado de boas comidas, lugares incríveis, modos maravilhosos de viajar e um grande entusiasmo pelos projetos. Então, parte da sedução de Dino era estar nesse mundo. Não me entenda mal — eu adorava Dino, Raffaella e Silvana Mangano, e as filhas deles, Veronica e Francesca, e por um tempo fiz parte da família. O único aspecto em que não nos dávamos bem era o cinema. Dino amava cinema, mas não o meu tipo de filme, então havia o dilema: "Esse Lynch fez *Eraserhead*, que odeio, e *O Homem Elefante*, que adoro." Ele queria o diretor de *O Homem Elefante*.

Um dia Dino estava naquele lugar, em Abano Terme, na Itália, com Silvana, que fazia uma cura de lama. Aqueles banhos de lama, vou te contar: você entrava nas salas de banho, havia uma banheira imensa e um monte de lindas torneiras com mangueiras, e umas enfermeiras uniformizadas circulando. Era como em $8^{1/2}$ —bem, não exatamente, porque Claudia Cardinale não estava. Enfim, Dino me convidou para ir lá, e quando cheguei ele disse: "Vou levar você a Veneza." Subimos no carro dele: Raffaella, eu no meio, Dino e o ex-marido de Raffaella. O motorista era um cara parrudo e sem pescoço — era como ombros de chapéu — com as mãos agarradas no volante e a seta à esquerda piscando até chegar à cidade. Ele tinha pés de chumbo sólido, quer dizer, pisava fundo no acelerador. Ele chegava detrás de um carro, ultrapassava a 190 quilômetros por hora e fomos voando a Veneza com o vento entrando no carro, porque Raffaella enjoa e ia com a cabeça para fora da janela. Chegamos à Praça São Marcos por trás, por um caminho que Dino conhecia, e de repente a praça se abriu diante de nós. Tomamos um barco para um lugar onde Hemingway ficava, algo mágico, e comemos num restaurante que tinha uma estátua dele, e na volta a água estava preta como piche, e aquelas mansões italianas meio que emergiam da água. Foi onde tive ideias para o cenário de *Duna*. Conversei com Tony Masters sobre o que vi, era incrível.

Fiz *Duna* em parte porque é sobre a busca de iluminação, mas também sabia que estava entrando em algo que, por algum motivo, tinha de ser. Não sabia por que, mas assim era. Chamei Chris De Vore e Eric Bergren para trabalhar no roteiro porque tínhamos trabalhado juntos e eu gostava muito deles, que eram grandes fãs do livro. Chris, Eric, Federico, o filho de Dino, e eu fomos a Port Townsend e passamos um dia com Frank Herbert. Ele e a mulher, Beverly, foram muito simpáticos, e só conversamos. Nem sei se falamos do livro. Quanto mais o lia, mais complicado parecia e, como Dino não queria fazer uma coisa ou outra, sabia que seria difícil dar sentido àquilo tudo. Há a parede de escudo, depois há os escudos, há isto desta cultura e aquilo de outra cultura, mas ao mesmo tempo é sobre uma *jihad* e várias outras coisas. Muito complicado. Mas passar o dia com Frank Herbert foi legal. Embarquei num avião de volta a Los Angeles no fim do dia, e Federico embarcou para Seattle, de onde tomaria outro avião para o Alasca. O meu avião saía primeiro e ele me acompanhou até o portão de embarque, o que foi muito gentil da parte dele. Diziam que Federico era tão bonito que as mulheres quase morriam quando o viam. Naquela viagem ao Alasca ele conheceu o piloto com quem morreria num acidente aéreo em julho.

Quando Chris, Eric e eu começamos a escrever, logo percebi que cada um tinha uma ideia distinta do que era *Duna*. Àquela altura eu sabia do que Dino gostava e estava ciente de que seria uma perda de tempo fazer o roteiro que eles propunham, pois ele nunca o aprovaria. Dino não entendia abstrações, poemas, nada disso — ele queria ação. Fiquei mal quando Chris e Eric saíram, mas segui trabalhando sozinho no roteiro. Não recordo de Dino ter dado sua opinião, só que gostava ou "Não entendo essa parte". Ele nunca dava ideias nem opiniões, só reagia às coisas. Dino queria fazer dinheiro e eu não tinha problema com isso — ele era assim.

Estávamos buscando um ator para o papel de Paul Atreides em Los Angeles e Nova York, mas não aparecia ninguém adequado. Então Dino sugeriu:

"Vamos procurar em cidades menores", então uma mulher em Seattle indicou Kyle e enviou uma foto dele. Uma coisa levou à outra, ele veio e sobressaiu em meio a todas as pessoas que eu tinha entrevistado. O negócio é o seguinte: Kyle é uma pessoa excelente e é também um excelente ator. Tem as duas coisas. Depois ele foi conhecer Dino no "bungalô" nove do Hotel Beverly Hills. Era assim que Dino falava: "bungalô". Ele sempre se hospedava no mesmo, e era "bungalô" enorme. Eles se conheceram, Dino testou Kyle e ele se saiu muito bem. Depois testou Kyle sem camisa, numa cena de luta, para ver como ele ficava lutando — você sabe, filmes de ação italianos, aquela coisa do nu musculoso. Kyle passou no teste e conseguiu o trabalho.

Raffaella e eu estávamos no México examinando os Estudios Churubusco, e ela contratou um homem do Oriente Médio com um helicóptero para nos levar para ver paisagens que poderiam ilustrar um planeta distante. Era um helicóptero imenso, e ele nos levou a um lugar onde só havia pedras de lava preta, exceto por cactos que cresciam em alguns cantos. Era bem doido e belamente estranho.

Então, estávamos nos Estudios Churubusco, pus os olhos em Aldo Ray numa lanchonete, e achei que seria perfeito como Gurney Halleck. Conversei com ele, ofereci o papel e ele ficou contente. Dino reclamou quando soube que eu o queria para o papel: "Ele é um bêbado de merda", e respondi: "Vamos levá-lo e ver se consegue — seria perfeito", e Aldo veio com o filho, Eric, que na época tinha uns 17 anos. [O ator Eric Da Re atuou nas duas primeiras temporadas de *Twin Peaks*.] De manhã cheguei ao estúdio e me disseram: "Aldo está no camarim", e fui até lá. Eram 8h30 ou 9h da manhã e Aldo estava espichado no sofá; tinha passado a noite bebendo, e o pobre Eric estava sentado do outro lado da sala, abatido, de cabeça baixa. Peguei uma cadeira, sentei diante de Aldo e perguntei: "Aldo, você consegue atuar?" E ele: "Não."

Procuramos diversas locações, até que por fim Dino encontrou o lugar mais barato, no México, e naquele tempo o México era fantástico. A Cidade do México é a cidade mais romântica do mundo. Ninguém acredita, a menos que tenha ido lá, mas quem foi diria sim, você tem razão. Em primeiro lugar, a luz e as cores são como um sonho. O céu podia estar totalmente negro, mas havia lampadinhas iluminando lindos muros verdes, rosados ou amarelos. No México os prédios são coloridos e têm uma

208 ESPAÇO PARA SONHAR

pátina natural, do desgaste, e à noite tudo ficava escuro, mas havia umas formas luminosas coloridas que se afunilavam onde a luz tocava os muros. Era uma cidade poética, e os jovens pintores faziam coisas incríveis. Não havia cartéis de drogas, as pessoas eram simpáticas e relaxadas, embora as autoridades as estivessem fodendo regiamente, roubando todo o dinheiro delas. Quando um presidente perdia uma eleição, levava todo o dinheiro em que conseguia pôr as mãos e fugia para construir um castelo na Espanha, e todos aceitavam aquilo.

Não sei se Dino foi ao Churubusco alguma vez — não me lembro — mas Raffaella negociou em nome dele, pois ambos foram cortados pelo mesmo molde. Raffaella era uma figura. Superesperta, direta, uma produtora poderosa, e parecidíssima com Dino, mas era uma mulher, e eu a adorava. Na equipe havia gente de toda parte do mundo. Italianos, britânicos, alemães, alguns espanhóis — gente de todo tipo; muitos gostavam de beber e houve muitas festas, claro. Uma vez cheguei em casa muito tarde, precisava ligar para a Mary e estava bem bêbado, e por algum motivo entrei na banheira totalmente vestido. Não sei por que entrei na banheira, mas estava recostado lá com o telefone e tive de me concentrar muitíssimo para discar cada número. Depois fechei os olhos e me concentrei *de verdade* para parecer sóbrio ao falar com ela. Consegui, mas acho que depois disso vomitei.

Charlie Lutes me sugeriu que, antes de tomar uma ducha no México, deveria tomar um gole de vodca, mantê-lo na boca e cuspir a vodca depois do banho. Senão, eu poderia engolir a água do chuveiro. Fiz isso todas as manhãs e nunca adoeci, e todos adoeceram. Raffaella contou que metade da equipe faltava diariamente porque sempre havia alguém passando mal.

Naquela época nos Estudios Churubusco havia oito estúdios gigantescos — acho que eles perderam quatro para projetos habitacionais ou algo assim — e nós os enchemos duas vezes. Churubusco é grande e espalhado, e eu usava um triciclo que adorava para ir de um set ao outro acompanhar as filmagens, porque havia quatro equipes trabalhando ao mesmo tempo. Uma coisa de doido. Os sets eram bonitos pra cacete! Os artesãos mexicanos eram inacreditáveis, deixavam os bastidores tão bonitos quanto as fachadas. Era tudo feito com compensado de mogno da floresta tropical — incrível. Havia ao menos oito sets, e alguns eram muito elaborados. Tony Masters deixou todos boquiabertos. Focava numa coisa e criava algo mágico. Ele queria o design de produção mais para ficção científica, mas o passeio que fiz pelos canais de Veneza foi superimportante, e conversei muito com Tony sobre isso, então fomos nessa direção. As naves do filme eram fantásticas. Eram uma combinação de uma espécie de bronze, prata, cobre, latão, estanho e algo de ouro, e ficaram incríveis. Carlo Rambaldi desenhou o Navegador da Guilda. Eu queria que parecesse um gafanhoto gigante. É o que está no roteiro e era o ponto de partida, e conversei com Carlo sobre isso, mas é estranho: se você olhar para o extraterrestre de *E. T.*, você enxerga Carlo Rambaldi. As pessoas esculpem a si próprias, e a cara do Navegador lembra um pouco Carlo Rambaldi.

Dino contratou um sujeito chamado Barry Nolan para os efeitos fotográficos especiais, e Barry é um cara legal que sabe o que faz, e fez um bom trabalho, considerando-se o material que tinha. Dino entrevistou muita gente antes dele, que foi quem cobrou mais barato — ele provavelmente o pressionou para que baixasse ainda mais o preço para conseguir o trabalho, então provavelmente Barry não ganhou muito dinheiro. Dino deixava as pessoas no osso.

Foi superdivertido projetar o mundo dos Harkonnen, aquela coisa industrial. Eles não tinham teto e o seu mundo era nas sombras, depois os trens chegavam lá em cima às plataformas, foi muito legal. O Barão Harkonnen flutuava acima das paredes, que eram bem altas. Uma vez estávamos no quarto do Barão Harkonnen, havia umas 60 pessoas no set naquele estúdio imenso, com paredes de pelo menos 30 metros de altura, muito altas. As pessoas estavam de lá para cá no intervalo da filmagem e de repente ouvimos um ruído fortíssimo. Dois alicates enormes e pesados caíram de uma passarela e podiam ter matado alguém. Ouvimos alguém correndo lá no alto para fugir dali, porque essa pessoa teria sido demitida no ato.

Um dia estávamos filmando algo que exigia controle de movimento, o que significa que era preciso fazer certos deslocamentos controlados por várias razões, e cada deslocamento tinha de ser exatamente igual ao anterior. Tem gente que faz controle de movimento com computadores e dispositivos mecânicos que duplicam o movimento, mas estávamos na Cidade do México e não tínhamos aquilo. Então, íamos filmar uma coisa que envolvia uma câmera *dolly* e uma grua, e demos de cara com um equipamento de controle do movimento que parecia um carrinho infantil sobre trilhos. Os trilhos eram finos, o piso estava empoeirado, e o carrinho estava amarrado com Band-Aid, fio elétrico e arame. O equipamento era tão pobre — era de

210 ESPAÇO PARA SONHAR

chiclete, fita de borracha e paus de madeira! Funcionou, mas não é assim que você imagina uma produção de 40 milhões de dólares.

É verdade o que disse Brad Dourif. Eu queria que Jürgen Prochnow passasse por uma cirurgia para uma cena do filme. Falei para Jürgen que queria isso, mas acho que ele nem levou a sério. Sabe, se apalpo a minha bochecha, não há muita carne nela, então um furinho na bochecha não é algo parece tão extremo! Mas preste atenção. Duke Leto — Jürgen — está deitado numa mesa, tem um dente com veneno na boca e precisa quebrar o dente e soprar o seu gás para matar o Barão Harkonnen, mas está doente e delirante. Tínhamos construído um equipamento para filmar a cena, mas só se podia filmá-la de determinado ângulo. Saía um tubo de um lado do rosto de Jürgen, dava uma volta, entrava na boca, dava outra volta, ia para trás, e a coisa toda estava pregada com fita no rosto dele. Então filmamos do lado em que não se via o tubo, só o gás, e foi o primeiro take. Ele estava deitado, se encolheu e exalou um gás colorido. A tomada parecia boa, mas assim que a câmara parou, Jürgen pulou dali e começou a gritar, arrancou tudo e saiu correndo do set. Ele se trancou no trailer e não saía de jeito nenhum, pois estava furioso. O vapor, ou o que fosse que passou pelo tubo, estava quente, o tubo estava pelando e queimou horrivelmente o rosto dele. Tive de ir ao trailer acalmá-lo e pedir desculpas. Porém, ele não voltou a filmar, e usamos o material que tínhamos.

Depois de terminar de filmar, e de eu passar um ano e meio lá, fomos para Los Angeles para montar o filme, e morei em três ou quarto lugares diferentes em Westwood durante os seis meses em que montamos *Duna*. Não sei por que me mudei tanto. Nunca detestei estar no México, mas enlouqueci quando voltamos para Los Angeles, porque quando chegamos à sala de montagem o fracasso estava anunciado. Foi horrível, simplesmente horrível. Foi como um pesadelo o que foi feito com o filme para chegar às 2h17 de projeção exigidas. Tudo ficou truncado, foram acrescentadas narrações porque todos acharam que sem isso o público não entenderia o filme. Algumas dessas vozes não deveriam estar lá e há cenas importantes que simplesmente ficaram de fora. Horrível. Mas é o seguinte. Para Dino isso é dinheiro. Isso é um negócio e, se durar mais de 2h17, as salas de cinemas perdem uma sessão. Essa é a lógica, e é preciso chegar àquele numero, não importa se isso matar o filme. Eu adorava Dino. Como pessoa era fantástico, me tratou como um filho, eu adorava toda a família e adorava estar com eles. Mas ele pensa de um modo diferente de mim. É como se você trabalhasse muito numa pintura e alguém a cortasse e jogasse um pedaço fora, e aquilo deixa de ser a sua pintura. *Duna* não era o meu filme.

Houve uma festa depois da montagem final à qual Mary compareceu, e houve uma briga entre mulheres na festa. Não sei se foi uma briga física, talvez um pouco. Depois, o filme foi exibido na Casa Branca e fui com Mary Fisk, Raffaella e o marido dela. Mary e eu conversamos com Nancy e Ronald Reagan, que estava muito interessado em conversar sobre *Duna*, filmes e coisas assim, e depois todos dançamos. Apaguei a experiência de assistir ao filme e não li as críticas após o lançamento.

Pouco depois quiseram montar uma versão de *Duna* para a televisão, me pediram para fazê-lo, mas eu me recusei. Nunca vi a edição que fizeram e não quero vê-la — sei que acrescentaram coisas que eu tinha filmado e colocaram mais narração. Já imaginei como seria revisar tudo o que filmei e ver se dava pra fazer alguma coisa com aquilo, mas sempre soube que o corte final era de Dino, e com isso traí os meus princípios antes mesmo de começar a rodar. Sabia que ele aprovaria isto, mas não aquilo, e comecei a ceder. Foi patético, mas era o único modo de sobreviver, porque tinha assinado uma merda de um contrato. Contrato para três filmes: *Duna* e duas sequências. Se tivesse sido um sucesso, eu teria sido o Sr. Duna.

Mary e Austin se mudaram para a Virgínia enquanto eu filmava, e fazia sentido. A mãe dela é corretora de imóveis, encontrou uma oferta incrível, e Jack e Sissy tinham uma fazenda lá, eu estava longe, então acho que Mary quis ficar perto da mãe. Era um lugar maravilhoso e foi onde moramos quando terminei *Duna*. Quando cheguei estava muito debilitado — muito nervoso, e depois de todo aquele fracasso. Recordo que saímos para dar um passeio na grama e havia umas plantas; não eram ervas daninhas, mas algo entre uma árvore e uma erva. Havia pequenos montes, com 2,5 centímetros de diâmetro e entre 3,5 e 4 metros de altura, umas coisas fininhas. Não gostei daquilo, então me levantei, peguei uma e puxei, e a raiz veio junto. Achei que podia me livrar daquelas coisas, então agarrei duas e arranquei também. Depois agarrei cinco, e ao puxar ouvi e senti um estiramento nas costas. Não consegui arrancar aquelas cinco, então resolvi parar. Não senti dor imediatamente, sentamos outra vez e continuamos a conversar, mas depois não consegui me levantar. Naquela noite Mary quis que eu desse boa-noite a Austin, então deitei no chão e me arrastei pelo corredor até o quarto dele, que estava de pé na cama. Arrastei-me até a lateral da cama e contei uma história para ele dormir deitado no piso. Depois me arrastei de volta para o quarto, subi na cama urrando de·dor e não saí por quatro dias. Não conseguia me mexer. No dia seguinte veio o médico e disse que eu tinha rompido um grupo de músculos das costas, e aquilo levou muito tempo para sarar. Aquele filme me consumiu de diferentes modos, mas conhecer Dino e a família dele valeu o pesadelo de fazer *Duna*. E tudo aquilo levou a *Veludo azul*.

Um romance suburbano,
só que diferente

Para Lynch, *Duna* foi um projeto equivocado no plano mais fundamental, e o deixou arrasado. "Às vezes acho que devemos ter uma experiência ruim, e tive isso com *Duna*", comenta. Um aspecto de sua genialidade é a capacidade de vasculhar o microcosmo; ele encontra o místico e o surreal nos aspectos mais ínfimos da vida cotidiana e presta atenção em tudo, de um montículo de terra a um retalho de tecido. "Algumas pessoas abrem as janelas das casas, mas gosto dos interiores e não ligo para as janelas", explica. "Gosto de me aprofundar na casa e encontrar coisas debaixo de coisas." Claramente as sequências de batalhas épicas e grandes extensões de deserto eram equivocadas para ele no plano puramente espacial. E o espaço sideral, e o futuro distante? Melhor deixar isso para outrem.

Contudo, *Duna* foi crucial na sua evolução como artista, no sentido de ajudá-lo a esclarecer precisamente quem era como cineasta. Acima de tudo, ele é um artista americano e, embora os temas de sua obra sejam universais, suas histórias se passam nos Estados Unidos. É onde ele foi marcado pelas memórias indeléveis da infância que norteiam o seu trabalho, e onde viveu os amores arrebatadores da juventude que inspiraram suas descrições do amor romântico como um estado de exaltação. Depois está o próprio país: as árvores elevadas no noroeste do Pacífico; os bairros suburbanos do centro-oeste que nas noites de verão murmuram ao som dos insetos; Los Angeles, onde o negócio cinematográfico devora a alma; e a Filadélfia, a provação assustadora onde sua sensibilidade estética foi forjada na década de 1960. Ele tem sido

216 ESPAÇO PARA SONHAR

fiel a tudo isso desde que regressou daqueles meses difíceis na Cidade do México.

O indomável impulso criativo de Lynch não diminuiu com a provação que *Duna* representou, e durante a filmagem ele nunca deixou de vislumbrar o futuro. "David me entregou o roteiro de *Veludo azul* enquanto rodava *Duna* dizendo: 'Dê uma olhada nisso', e fiquei empolgado ao lê-lo", conta Kyle MacLachlan. "Era erótico e poderoso e fiquei assombrado com o périplo de Jeffrey. Por algum motivo, entendi e me identifiquei com ele."

Profundamente pessoal e de um humor sombrio, *Veludo azul* era o tipo de filme que Lynch estava fadado a fazer, e delineou um território que ele continua a explorar. "A atmosfera do filme é a de uma cidadezinha, a dos bairros, de algo oculto", declara Lynch. "Não é otimista. É sonhadora, pelo lado sombrio. É muito mais aberta que em *Eraserhead*, mas ainda assim é claustrofóbica."

Ao se debruçar sobre *Veludo azul* depois de *Duna*, Lynch percebeu que o roteiro tinha a escuridão, mas não a luz de que precisava e, de algum modo, estava incompleto. A última peça do quebra-cabeça que lhe escapara era o fim climático da história, e a solução apareceu em um sonho. Este se passava na sala do apartamento de Dorothy Vallens — a *femme fatale* trágica do filme — e envolvia uma pistola no bolso de uma jaqueta amarela e um rádio da polícia. Com esses elementos simples ele pôs um fim na história e terminou o roteiro em 24 de julho de 1985.

Lynch tinha um roteiro que lhe agradava, mas isso era só um passo no longo processo de colocar o filme na tela. "*Veludo azul* foi um projeto muito difícil de tirar do papel", recorda Rick Nicita. "David é um diretor que leva sua visão até a montagem final. Se está na cama com ele, você não pode querer discutir por bobagens — ou você embarca na sua visão e na sua órbita, ou não embarca, o que tanto atrai quanto repele investidores em potencial. Em 1984, Tom Pollock, da Universal, embarcou, e Deus abençoe Dino De Laurentiis — ele foi formidável. Financiou tudo, ou grande parte do filme."

Quando De Laurentiis deu sinal verde a *Veludo azul,* ele chamou o produtor Fred Caruso, que começou a carreira como assistente de produção no início da década de 1970, e foi crescendo na indústria cinematográfica. "Fiz o primeiro filme de Dino nos Estados Unidos, *Os segredos da Cosa Nostra*, e

UM ROMANCE SUBURBANO, SÓ QUE DIFERENTE **217**

depois disso fiz diversos filmes para ele", conta Caruso. "Dino me chamou: 'Quero fazer um filme com David Lynch, mas não sei se vamos conseguir, porque o orçamento é de 10 milhões de dólares.' Naquela época Dino estava construindo um estúdio em Wilmington, e propôs: 'Venha conhecer David e ver o que você pode fazer.' Li o roteiro algumas vezes e falei: 'Não entendi do que trata o filme, mas vai ser legal trabalhar nele.' Sou bom de orçamento e reduzi o dele a quatro milhões, então Dino aprovou: 'Vá em frente.'"[1]

Fred Elmes recorda: "Quando resolveu fazer *Veludo azul*, Dino determinou: 'Use pessoal local para poupar dinheiro.' O acordo era que, se David fizesse o filme com menos dinheiro, Dino não precisaria dizer a ele o que fazer, e David gostou da ideia porque Dino era um intrometido de marca maior."

Em maio de 1985 Lynch deixou a Virgínia para começar a pré-produção de *Veludo azul* em Wilmington, a cinco horas de carro de casa. Ele já estava no set quando Caruso chegou. "Quando o conheci ele calçava uns tênis pretos de um tom esquisito", recorda. "Depois soube que comprava tênis brancos e os pintava de preto com spray. Admiti que não tinha entendido o roteiro, David começou a explicá-lo e pensei: continuo sem entender."

"Explicar" *Veludo azul* é complicado. Em uma discussão sobre a gênese do filme, em 1987, Lynch contou à revista *Cineaste* que "a primeira ideia foi só uma sensação e o título *Veludo azul*. A segunda foi a imagem de uma orelha amputada num jardim. Não sei por que tinha de ser uma orelha, mas precisava de uma abertura para uma parte do corpo, um orifício que levasse a outra coisa. A orelha fica na cabeça e vai direto à mente, então me pareceu perfeita. A terceira ideia foi a canção de Bob Vinton intitulada 'Blue Velvet.'"

Veludo azul inspirou mil artigos acadêmicos. Contudo, não se pode reduzi--lo a uma coleção de símbolos freudianos, embora muitos tenham tentado fazê-lo; os elementos do filme são complexos e multifacetados demais para uma sinopse certinha. Além disso, se Lynch compreendesse totalmente a história — e quisesse que a audiência ligasse facilmente os pontos — não teria tido o impulso de filmá-la. Ele prefere operar na brecha misteriosa que separa a realidade cotidiana do campo fantástico da imaginação e do desejo humanos, e busca o que desafia as explicações e o entendimento. Quer que seus filmes sejam sentidos e experimentados, mais do que compreendidos.

"David está sempre lidando com algum tipo de mistério em seu trabalho", explica Isabella Rossellini, que interpreta Dorothy Vallens. "Certa vez ele disse algo que me ajudou muito a entender a sua obra: 'Na vida não se sabe tudo.

218 ESPAÇO PARA SONHAR

Você entra numa sala e há pessoas sentadas, há uma atmosfera, e imediatamente você sabe se precisa ter cuidado com o que diz, se precisa ser barulhento, silencioso ou ficar quieto — você logo percebe isso. O que não sabe é o que vem depois. Na vida não se sabe aonde a história vai parar, nem aonde a conversa vai dar no minuto seguinte.' A consciência de David disso tudo está no cerne dos seus filmes. Ele é muito sensível ao mistério que cerca tudo."[2]

Os detalhes da narrativa de *Veludo azul* são muito simples. O estudante universitário Jeffrey Beaumont, interpretado por Kyle MacLachlan, regressa à sua cidade natal quando o pai adoece, encontra uma orelha amputada num gramado, tenta decifrar o mistério que a colocou lá e é confrontado pelo mal em estado puro de Frank Booth, interpretado por Dennis Hopper. No caminho aventura-se por um mundo proibido de erotismo que até então desconhecia. A maioria das pessoas nunca topa com um conjunto de circunstâncias que as leva a conhecer as complexidades ocultas da própria sexualidade. Três dos quatro personagens principais de *Veludo azul* — Jeffrey, Dorothy Vallens e Frank Booth — descobrem as suas.

"Certos aspectos da sexualidade são perturbadores — o fato de ser usada como poder, ou como adquire a forma de perversões que exploram outras pessoas", comenta Lynch. "O sexo é uma porta para algo muito poderoso e místico, e os filmes costumam descrevê-lo de um modo completamente raso. Ser explícito tampouco toca o seu aspecto místico. É difícil representá-lo na tela porque o sexo é algo misterioso."

A obsessão erótica é central em *Veludo azul*, e um dos fundamentos da obra de Lynch. Contudo, numa mirada de longo prazo, é óbvio que o tema dominante em tudo o que fez é a questão das dualidades com as quais vivemos e nossos esforços para reconciliá-las. O filme oscila dramaticamente entre a pureza dos sonhos de felicidade e a selvageria do psicótico Frank Booth, e sugere que essas dualidades não são tão claras quanto se gostaria. Frank Booth é brutal e, no entanto, vai às lágrimas com uma canção popular sentimental. Afaga com ternura um retalho de veludo azul ouvindo Dorothy Vallens cantar, e o desejo e a agonia em seu rosto o humanizam. Embora seja o protagonista simpático do filme, Jeffrey Beaumont é também um voyeur que, por casualidade, rouba a namorada de outrem. Dorothy Vallens é uma mãe frágil e desconsolada que gosta de apanhar. A virginal Sandy alimenta uma visão de compaixão e felicidade perfeitas, mas trai o namorado. Ninguém é uma coisa só.

Quem nos guia pelo mundo de luzes e sombra de *Veludo azul* é Jeffrey Beaumont. "Conheci bem David quando trabalhei com ele em *Duna*, e há muito dele em Jeffrey", declara MacLachlan. "David sabe tornar suas questões pessoais parte da sua arte, e sua sinceridade emocional é surpreendente. Quanto a ter sido uma espécie de alter ego dele nos trabalhos que fizemos juntos, diria que é fácil absorver e me moldar a uma parte de quem ele é quando interpreto papéis em suas obras."

Lynch não renega sua presença em alguns personagens ficcionais, e afirma: "Vejo muito de mim em Jeffrey, assim como me identifico com Henry em *Eraserhead*. Ambos são personagens muito confusos em relação ao mundo. Muito do que vejo no mundo parece muito belo, mas ainda custo a entender como as coisas são como são, e essa deve ser uma das razões pelas quais meus filmes se prestam a diversas interpretações."

A lista de tarefas de Fred Caruso incluía encontrar um assistente de set para Lynch e, sem conhecê-lo, ele contratou John Wentworth. Quando estudava na Universidade Brown, no início da década de 1980, Wentworth tinha ficado impactado com *Eraserhead*, e ao se mudar para Los Angeles, em 1982, foi a uma palestra de Lynch em Venice Beach. "Adorei a força positiva que ele emanava", recorda. "era muito carismática, sem ser impositiva — era sincera e sedutora — e pensei: puxa, queria trabalhar com esse cara." Wentworth conheceu George Stevens Jr., fundador do Instituto Americano de Cinema (AFI), quando estudou lá entre 1983 e 1984, e pediu a Stevens que o recomendasse a Lynch. No início de 1985 recebeu um telefonema de Caruso. "Fred me disse que se estivesse em Wilmington na semana seguinte eles me contratariam como assistente de David", conta. "Antes de ir falei com ele por telefone, que contou que estava fazendo à mão o logo de *Veludo azul* e para isso precisava de um bocado de tecido imitando veludo. Como assistente, eu fazia as pequenas tarefas de sempre, além de marcar encontros e reuniões, mas havia também projetos exclusivos de David, como procurar tecidos."

"Pouco depois de chegar a Wilmington, David teve a ideia de fazer o que denominou Puxada de cadeira, que envolvia várias mulheres jovens, uns móveis velhos e pedaços longos de corda", prossegue. "Meu trabalho era encontrar as mulheres e os móveis. Montamos aquilo em um dos estúdios e as mulheres puxavam os móveis de lá pra cá e, por algum motivo, aquilo estava sendo filmado. Sempre havia projetos assim. David faz arte com qualquer coisa, e trabalhar para ele foi como trabalhar com uma pessoa inspirada que tem uma visão, sabe o que faz e desfruta daquela maluquice toda."[3]

220   ESPAÇO PARA SONHAR

Embora *Veludo azul* fosse começar a ser rodado em julho, o elenco ainda estivesse sendo formado na primavera, quando a equipe chegou a Wilmington para começar a se preparar. Antes de ir a Wilmington, Lynch conheceu a diretora de elenco Johanna Ray, que se tornaria um pilar na sua prática cinematográfica; depois de conhecê-la, nunca mais trabalhou com outra diretora de elenco. Nascida na Inglaterra, Ray se mudou para os Estados Unidos em 1960 e casou-se com o ator Aldo Ray. Tiveram dois filhos e se divorciaram em 1967, quando ela começou a fazer carreira nesta área. Conseguiu o primeiro trabalho de peso em 1984, em *Chamas da vingança*, adaptação do romance de Stephen King dirigida por Mark Lester, produzida por Dino De Laurentiis. Este chamou-a para trabalhar em outros três filmes, dentre os quais *Veludo azul*.

"Raffaella, a filha de Dino, telefonou e me disse: 'Venha conhecer David Lynch'", recorda Ray. "Ele estava trabalhando em *Duna* num escritório distante, em Valley, conversamos sobre os papéis e o que ele procurava. Apaixonei-me quando ele disse: 'Para Dorothy Vallens *não* quero uma atriz de corpo perfeito' — aquilo me fez gostar dele."

"No começo foi difícil conhecê-lo, porque acho que era tímido", continua. "Eu também era tímida, e talvez por isso ele tenha gostado de mim, pois não era agressiva. Com o tempo tornou-se um amigo querido e passei a confiar totalmente nele. Somos muito carinhosos um com o outro."[4]

Laura Dern, filha dos atores Bruce Dern e Diane Ladd, havia participado de dois filmes — *Marcas do destino* e *Conversa suave* — e tinha apenas 17 anos quando conheceu Lynch para tratar de *Veludo azul*. "Fiquei muito surpresa com o roteiro, achei-o incrível", conta ela, que interpreta Sandy Williams. "Minha personagem não participa dos aspectos mais sombrios da história. Todos apontam crueldade e violência nos filmes de David, mas ele é também alguém que acredita profundamente nas coisas, e é neste lugar que estão as personagens que interpretei para ele; é a parte dele à qual tenho acesso como atriz."[5]

Lynch demorou para chegar a Dennis Hopper para o papel de Frank Booth. Willem Dafoe se apresentou para discutir o papel, e Lynch o ofereceu a Harry Dean Stanton, que afirma: "Não quis entrar naquela onda violenta", e descartou o papel. Em meados da década de 1980, Hopper não tinha um perfil no cinema, e sua reputação ruim há muito tempo ocultava do público seu talento como ator. "Quando o nome dele foi proposto, as pessoas diziam: 'Ai, meu

Deus, ele é doido!', recorda Wentworth. "Mas estava sóbrio havia pouco tempo, compareceu e disse a David: 'Olha, estou sóbrio e sei o que estou fazendo.' Teve uma atuação tremenda — Dennis realmente encarnou Frank Booth."

A atuação de Hopper em *Veludo azul* contribuiu muito para restaurar a sua credibilidade profissional; ele é devastadoramente formidável em todas as cenas em que atua. Quando se prepara para esmurrar Jeffrey Beaumont, besunta a cara de batom, beija-o e depois sussurra "para sempre, em sonhos", é aterrorizante. O senso de humor seco de Lynch pipoca pelo filme em pequenos floreios. Depois de ter sido surrado, na manhã seguinte Jeffrey recobra a consciência estirado em um caminho de pedras lamacento diante de uma serraria lúgubre. Quando se afasta cambaleante, um sinal de rua avisa que ele está deixando "Meadow Lane". O local é mencionado em outro momento do filme e, para Lynch, "é um lugar importante onde algo ocorreu", mas falta revelar do que se trata.

O elenco e a equipe demoraram a se acostumar com Hopper. "David trabalha assim, quando está pronto para rodar a cena, esvazia o cenário, trabalha com os atores para ver como será, depois me chama e mostra como vamos filmar", recorda Elmes. "Deus meu, fiquei chocado ao ver a primeira cena de Dennis com Isabella. Foi avassalador o modo como as palavras do roteiro saltaram das páginas com a atuação de Dennis.

"Passei a gostar de Dennis quando o conheci, e ele foi o ator mais responsável no set", acrescenta Elmes. "Ele chegou a *Veludo azul* vindo de uma reputação ruim e era muito educado. Na verdade, chateava-se quando os atores não sabiam suas falas, e quem não chegasse pontualmente ao set entrava na sua lista negra."

Hopper levou a sério a oportunidade que Lynch lhe deu; sabia que, àquela altura da vida, não tinha mais muito crédito e o papel era bom. "Este filme é incomum", disse ele durante uma conversa em Wilmington, "e, embora o público básico dos filmes de terror provavelmente vá vê-lo, *Veludo azul* é muito mais do que isso. Olhando por certo ângulo, é sobre a esquizofrenia da América e, se as pessoas se permitirem relaxar, acho que reconhecerão uma espécie de pesadelo coletivo na tela."[6]

"Para mim, Frank Booth é um sujeito que os americanos conhecem muito bem", declara Lynch. "Estou certo de que a maioria já conheceu alguém como Frank. Podem não ter apertado a mão dele nem tomado um drinque juntos, mas é só fitar os olhos de alguém assim e você saberá que o conheceu."

Isabella Rossellini obteve o papel de Dorothy Vallens por acaso. Filha da atriz Ingrid Bergman e do diretor Roberto Rossellini, ela foi criada em Roma, principalmente pelo pai. Mudou-se para Nova York em 1972 e trabalhou como jornalista da televisão estatal italiana até que, no fim da década de 1970, sua carreira de modelo deslanchou. Ela havia atuado em apenas um filme americano quando conheceu Lynch em Nova York.

"Estava num restaurante com umas amigas, duas das quais trabalhavam para Dino", recorda. "Estávamos no restaurante dele, que se chamava Alo Alo, porque era como Dino dizia 'alô alô'. David estava lá com um membro da família De Laurentiis — acho que era o ex-marido de Raffaella —, juntamos nossas mesas, e nos conhecemos. Mencionei que acabara de fazer um filme com Helen Mirren chamado *O sol da meia-noite*, e ele respondeu que gostaria muito de tê-la num filme cujo elenco estava escalando, intitulado *Blue Velvet*. No dia seguinte ele me enviou o roteiro com um bilhete que dizia: 'Talvez você queira ler para o papel.'

"Perguntei a Marty [Scorsese, marido de Rossellini de 1979 a 1982] sobre David, e ele me recomendou assistir a *Eraserhead* — Marty tem um olho incrível para a arte, é o melhor acadêmico de cinema que conheço, e tinha enorme admiração por David. Eu tinha assistido a *O Homem Eelefante*; a gama entre esse filme e *Eraserhead* é muito ampla, e aí entendi que era um diretor muito talentoso. Liguei para ele e disse que gostaria de fazer o teste com Kyle, para ver se captava a personagem, e David me deu bastante tempo para ensaiar com Kyle. Não rolamos na cama nem nos beijamos — foi mais uma conversa. Como eu o seduziria? Como poderia surpreendê-lo com o meu comportamento? Como interpretar uma mulher que é vítima, mas comete crimes contra si própria? Discutimos as cenas mais difíceis, e depois do teste David me ofereceu o papel. Senti que podia dar conta, porque ele tinha me concedido tempo suficiente antes do teste."

Rossellini foi muito além de dar conta, e teve uma interpretação intensa, equiparável, em todos os aspectos, à do vulcânico Hopper, de quem, no início, se aproximou com temor. "Todos sabiam que ele tinha estado numa clínica de recuperação — durante anos, acho. Antes de conhecê-lo indaguei sobre ele e David respondeu: 'É como sentar ao lado de uma bomba-relógio.'

"David achava que deveríamos filmar primeiro a cena com a espécie de estupro cerimonial, para acabar logo com aquilo, e pensei: Vamos começar por aquela cena? Isso é terrível", prossegue Rossellini. "Eu ainda não tinha conhecido Dennis, então pedi ao primeiro assistente de direção para perguntar-lhe se podíamos nos ver durante o café da manhã, antes de ir para o set. Nos encontramos e ele foi muito frio, parecia contrariado, tipo, o que eu queria? Estamos fazendo um filme, você não precisa me conhecer. Sim, vamos rodar uma cena difícil, mas é o nosso trabalho. Ele me deixou com medo, e pensei que talvez atores profissionais não precisassem se conhecer antes de filmar. Retrospectivamente, acho que ele foi frio porque estava tão assustado quanto eu. Claro que tinha medo. Estava voltando a atuar depois de anos de recuperação, e David começou logo com aquela cena tão difícil."

"Naquela cena, tinha que me sentar diante de Dennis e abrir as pernas, ele se inclinava e olhava a minha vagina, como num culto maluco", prossegue. "Depois ele me esmurrou e caí, mas quando caí para trás o penhoar se abriu e se podia ver que eu estava de calcinha. David me pediu para tirá-la e eu disse a Dennis, 'Sinto muito, mas me pediram para tirar a calcinha porque ela aparece quando caio para trás'. No primeiro ensaio ele se inclinou, olhou a minha vagina e eu disse 'Sinto muito', ao que ele me fitou e respondeu: 'Já vi isso antes.' Aquilo me fez rir, e nesse instante percebi que ele gostava de mim. Mais tarde, quando ficamos bons amigos, ele me contou sobre o tempo em que esteve muito doente, perdeu o juízo e vivia drogado, e como aquilo era assustador. E lá estava ele, interpretando um personagem drogado, totalmente desvairado. Foi difícil para ele, e mais tarde compreendi isso."

"A propósito, David riu durante toda a filmagem da cena de estupro! Perguntei: 'David, o que há de engraçado nisso? Estamos fazendo alguma coisa ridícula?' Não sei por quê, mas ele ria. Porém, há um aspecto engraçado em *Veludo azul*. Quando assisti ao filme anos depois, percebi uma ingenuidade que o tornava ligeiramente cômico. Mas continuo sem saber por que David riu!"

O estupro cerimonial é uma das várias cenas em que Rossellini é violentamente atacada por Hopper, e um dos aspectos mais potentes e desconcertantes é que a personagem gosta de apanhar. Contudo, isso fazia sentido para Rossellini. "Quando era jovem, uma vez tive um namorado que me batia, e recordo que fiquei muito surpresa", conta. "Quando ele me batia eu não sentia dor, mas pensava: Ai, meu Deus, estou vendo estrelas como o Pato Donald no desenho animado quando leva um golpe na cabeça. Pensei nessa experiência e sua relação com os golpes sofridos por Dorothy. Ela ficava tão chocada ao ser golpeada que a sua angústia se dissipava por um instante — às vezes a dor física pode suspender a angústia psicológica."

224 ESPAÇO PARA SONHAR

Como ocorrera com *Eraserhead*, *Veludo azul* tinha um orçamento modesto que precisava ser esticado. "Todos recebiam os honorários básicos ou menos, e tínhamos uma equipe reduzida", conta Caruso. "Em vez de quatro eletricistas tínhamos três, e o cabeleireiro do set tinha trabalhado num salão em Wilmington no dia anterior. Empregamos vários residentes sem treinamento, e eles nos adoravam."

De Laurentiis ainda estava erguendo suas novas instalações em Wilmington quando *Veludo azul* foi filmado, e para os residentes locais era algo grande ter gente do cinema na cidade. Embora grande parte das cenas tenha sido rodada à noite, invariavelmente apareciam observadores curiosos, e toda a vizinhança levou cadeiras e organizou piqueniques para assistir às filmagens de uma cena particularmente tensa em que Rossellini vaga em estado de choque pelas ruas, nua e machucada. "Uma vez David me contou que quando era criança, ele e o irmão estavam voltando para casa quando viram uma mulher nua caminhando pela rua, e ele percebeu que algo muito errado estava acontecendo", conta Rossellini. "A cena se baseia naquela lembrança, e não foi pensada para ser excitante."

O assistente de direção alertou os espectadores de que a cena a ser rodada continha nudez, "mas eles continuaram lá como quem diz, ah, essa é uma parte boa do espetáculo!", prossegue ela. No dia seguinte a polícia informou ao escritório da produção que não poderiam mais filmar nas ruas de Wilmington; De Laurentiis defendeu Lynch nesse caso e em alguns outros que ocorreram. "Às vezes Dino via o material bruto do dia anterior", conta Caruso, "e eu perguntava: 'O que você acha?', e ele se limitava a dar de ombros. Mas Dino prometera que David teria o corte final do filme, e sempre mantinha a sua palavra."

A atuação destemida de Rossellini não passou em branco para o elenco. "Fiquei um pouco assombrado com ela", conta MacLachlan. "Claro, antes de começarmos a rodar sentia-me intimidado pensando que faria aquelas cenas de nudez intensas com ela. Há uma cena em que tive de ficar totalmente nu diante de Isabella, e enquanto filmávamos repetia a mim mesmo, 'Você não está aqui, agora você está noutro lugar, é só um corpo, nem pense no fato de estar sem roupa.'"

"Há um cena em que Isabella me pede para bater nela, e pensei: não consigo fazer isso", prossegue ele. "Não bati de verdade, mas fazer o gesto de golpeá-la foi desagradável. Depois, quando Jeffrey está sozinho no seu quarto e percebe o que aconteceu, ele se desespera, e aquelas cenas foram um desafio. Confiei em David para me guiar."

Em meio àquela barafunda, Lynch estava contente e bem disposto, dando voltas pelo set na sua bicicleta rosa com fitas presas ao guidão, os bolsos recheados de M&M de amendoim. "David é uma pessoa genuinamente feliz, e essa é uma das coisas notáveis nele — nunca conheci alguém tão sereno", conta Rossellini. "Uma vez comentei 'Você desperta feliz de manhã.' Será que é um gene que ele carrega e que deveria ser clonado?"

"David diria que a meditação é a fonte da sua felicidade", opina Laura Dern, "e estou certa de que isso é verdade. Ele sabe quem era e quem passou a ser assim que começou a meditar, então é a melhor pessoa para julgar isso. Eu acrescentaria, porém, que parte da sua felicidade provém do fato de não se impor limites no aspecto criativo. Nossa cultura está inundada de autocrítica e vergonha, e ele não tem nada disso. Quando faz algo nunca se pergunta o que os outros irão pensar, ou o que deveria fazer, ou qual é o espírito da época. Faz o que lhe vem à cabeça, e isso é parte da sua alegria."

O modesto escritório de Lynch no set de Wilmington estava entulhado de brinquedos de plástico, desenhos esboçados em pedaços de papel e tubos de tinta. Havia duas pinturas nas paredes, em diferentes estágios de acabamento, e um relógio kitsch inscrito com as palavras LUMBERTON FISHING CLUB. Espalhados no chão viam-se copos de pipoca e uma fotografia do Kit da Galinha que ele confeccionara no México. No parapeito da janela, uma fileira ordenada de copos com batatas em processo de germinação.

"*Veludo azul* é uma história sobre a inocência e sua impossibilidade", explica Brad Dourif, que interpreta Raymond, o compincha de Frank Booth, "e quando trabalhei com David ele era realmente inocente. Sua inocência se manifestava num entusiasmo absoluto — ele era capaz de olhar um par de tênis e se empolgar, e o modo como enxergava as mulheres também parecia bastante inocente."

Caruso recorda: "A atmosfera no set era alegre porque David tinha uma aura incrível — todos, inclusive a equipe, o adoravam. Sua meditação diária é parte essencial dessa aura. Quando ele voltava ao set depois da meditação da tarde, carregava um halo de energia ao seu redor, atraía as pessoas com ela e todos se acalmavam."

Segundo MacLachlan, "David tem a habilidade de liderar sem fazer ninguém se sentir mal, e quando alguém não entende algo, ele explica com humor. Quanto ao modo de obter o que quer dos atores, há certas frases que usa — 'Isso precisa de um pouco mais de vento', por exemplo — que altera o tom da atuação, e sempre fui nessa onda. David nunca me deu uma instrução que eu não compreendesse."

Para Rossellini, a direção de Lynch era quase não verbal. "Às vezes, quando filmávamos closes, ele ficava muito perto da câmera, e mesmo se eu estivesse de olhos fechados ou tivesse de olhar noutra direção, sentia a presença dele e sabia se ele queria que eu fizesse um pouco mais ou um pouco menos. Kyle faz uma imitação de David que capta exatamente essa qualidade. Ele dirige expressando diversos graus de entusiasmo."

Dourif confirma: "Dancei um pouco ao fundo enquanto Dean Stockwell cantava 'In Dreams', e aquilo nós improvisamos — David estava sempre aberto a qualquer ideia. Ele é pintor, e seu modo de orientar era sutil. Às vezes punha o pincel na tela de modo muito específico e podia ser muito rigoroso em determinados momentos."

"Percebia-se amor no set, também", acrescenta. "Estava lá e vi David se apaixonar por Isabella. Ela estava cantando 'Blue Velvet', ele estava completamente enlevado, e ela também."

Como sempre, Jennifer Lynch passava um tempo no set do pai, e desta vez foi contratada como assistente de produção. "Eu tinha 17 anos e fiquei lá durante toda a pré-produção, mas só assisti a uma parte das filmagens, porque tive de voltar para a escola", recorda. "Sabia que meu pai estava se apaixonando, mas ele estava sempre se apaixonando ou procurando o amor, e sempre o encontrava." Wentworth concorda que "O casamento de David estava desmoronando e era óbvio que ao terminar de rodar ele e Isabella estavam apaixonados."

"Acho que houve um entendimento entre nós", explica Rossellini, que teve uma relação com Lynch por 5 anos em que cada um vivia num extremo do país. "Ele é muito engraçado e meigo, e compreendi perfeitamente o que pretendia com o filme — sentia que podia ler a sua mente. Mas me enganei redondamente! À época achava que podia ler a mente dele e sentia uma proximidade que se transformou em amor. Fui profundamente apaixonada por David, e não sei se poderia tê-lo evitado, porém, olhando para trás, deve ter sido muito difícil para Mary Fisk."

Rossellini tem razão. "David e eu falávamos por telefone diariamente, e não percebi que nosso casamento estava em perigo até conhecer aquela atriz principal no set", recorda Fisk. "Mas pense bem: quantas mulheres mandam os maridos para o trabalho com uma mulher vestida de sutiã e calcinha de renda pretos? Vi o desastre chegando, e embora a ficha só tenha caído em agosto, aquilo ficou óbvio assim que conheci Isabella, embora David continuasse a dizer que me amava muito. Nenhum dos dois foi inocente, mas o que aconteceu entre eles pode-se definir como químico."

O estilo dos filmes de Lynch é amplamente moldado pela sua relação singular com o tempo, e pelo fato de não ser fiel à precisão histórica no que se refere aos períodos estilísticos. Em seu mundo, a América é como um rio que flui sempre adiante carregando bagatelas de uma década para a outra, onde se mesclam e confundem as linhas divisórias que inventamos para marcar o tempo. *Veludo azul* transcorre em um período indeterminado em que o tempo ruiu em si mesmo. No Slow Club, onde Dorothy Vallens se apresenta, ela canta em um microfone antigo, da década de 1920, e sua casa no Deep River Apartments parece o set *art deco* dos anos 1930 em *A ceia dos acusados*. Mas há uma televisão dos anos 50 com uma antena em V. Arlene's, o restaurante de Lumberton onde Jeffrey e Sandy conspiram, também evoca a década de 1950, mas a orelha furada de Jeffrey e as roupas de Sandy são claramente dos anos 1980. Sandy — ostensivamente uma adolescente dos anos 1980 — tem um cartaz de Montgomery Clift na parede do quarto, e pelas ruas de Lumberton trafegam carros americanos clássicos.

O estilo visual de Lynch é despreocupado em certos aspectos e, no entanto, cada fotograma está carregado de intenção e significado. "Metade do roteiro de filmagem era noturno, e iluminar aquelas cenas era complicado", conta Elmes sobre o uso da luz para intensificar a atmosfera que Lynch buscava. "Se reparar na calçada ladeada de árvores diante da casa da Sandy, verá que não se trata apenas de um grupo de árvores; são árvores verdes com textura e detalhes, há postes de luz, e pusemos tudo aquilo lá. Rodamos numa rua sem iluminação pública e pedimos à companhia de eletricidade para instalar os postes — é doido pensar que fizeram isso para nós! Mas puseram os postes e instalamos as luzes. A iluminação criou a riqueza que David e eu queríamos."

Seus filmes costumam incluir objetos de cena únicos feitos por ele, muitas vezes no próprio set. Em *Veludo azul* há uma placa na parede com

228 ESPAÇO PARA SONHAR

a palavra LUMBERTON escrita com tocos de madeira, e um cartaz pintado toscamente na fachada da delegacia de polícia de Lumberton. Há também uma escultura bizarra na parede do quarto de Jeffrey, uma câmara *pinhole* que ele usa para vigiar a casa de Frank Booth, e há uma maquete esquisita de uma montanha coberta de neve ladeada por árvores em um balcão da delegacia de Lumberton. Lynch confeccionou tudo isso.

"Em uma cena noturna há um edifício de tijolos vermelhos ao fundo, e a sombra de uma torre de perfuração sobe e desce na lateral", aponta Caruso. "Na tela aquilo parece imenso, mas David se deitou no chão com um par de tesouras e um pedaço de cartolina, cortou uma torre em miniatura, colou e pregou tudo e pendurou-a num barbante, fazendo-a subir e descer."

Duwayne Dunham, o montador de *Veludo azul*, lembra-se de ter visto Lynch de quatro no chão, cuidadosamente espalhando bolas de poeira debaixo do aquecedor do apartamento de Dorothy Vallens, "para o caso de a câmera passar por ali — o que nunca aconteceu", conta. "Mas David se joga fundo quando conta histórias."[7]

Depois de terminar a faculdade de cinema em 1975, Dunham foi contratado como montador por George Lucas, com quem trabalhou nos sete anos seguintes. "David queria montar *Veludo azul* no Lucas Ranch, que é uma comunidade reduzida, então ele ouviu a meu respeito", recorda. "Fui a Los Angeles e conheci David no Raleigh Studios; disse a ele que o roteiro de *Veludo azul* me incomodava e não era o tipo de coisa que me interessava. David respondeu: 'Você vai ter de confiar em mim.' Continuei rejeitando-o até que ele ligou e disse: 'Vou para a Carolina do Norte amanhã e preciso saber se você vem', e fui, por sorte. É uma honra trabalhar com o material dele, porque o que produz é valioso."

Lynch parece gostar de resolver os estranhos problemas criativos que surgem na produção de um filme. Exemplo disso é o pisco-de-peito-ruivo na cena final de *Veludo azul*. Essas aves e seus ninhos são protegidos pelo Tratado sobre as Aves Migratórias, e não se pode simplesmente capturar uma e colocá--la para trabalhar em um filme. Mas Lynch precisava de um pisco-de-peito--ruivo.

"Fred Caruso encontrou um treinador que disse possuir um pisco-de-peito--ruivo, mas ele o levou ao set e foi horrível", conta Elmes. "Ele veio numa gaiola, estava mudando a plumagem e parecia muito triste; além disso, não existe esse papo de pisco-de-peito-ruivo treinado! A filmagem estava quase

UM ROMANCE SUBURBANO, SÓ QUE DIFERENTE **229**

no fim e estávamos ficando nervosos. Então, estranhamente, um pisco-de-
-peito-ruivo bateu na lateral de um ônibus escolar e caiu morto. Soubemos
disso porque tínhamos gente procurando-os."

"Umas crianças viram o pássaro morto e acharam que o departamento de
biologia da escola poderia utilizá-lo", continua Elmes, "então o levaram para
ser empalhado, e na volta do taxidermista ele fez um desvio até o nosso set.
David o pôs no parapeito de uma janela com um besouro vivo na boca, então
tínhamos um pisco-de-peito-ruivo imóvel. Ele pegou uns fios de monofila-
mento, amarrou-os na cabeça do pássaro para movê-la, foi até uns arbustos
debaixo da janela e manipulou os fios. Lá de baixo perguntou: 'Ele está olhando
na direção certa?' Eu disse: 'Acho que você está fazendo o melhor que pode,
mas ainda parece meio mecânico.' Ele respondeu: 'É, é isso mesmo!' O pisco-
-de-peito-ruivo tinha um aspecto sinistro, e acho que ele adorou aquela arti-
ficialidade."

Alan Splet trabalhou com Lynch na criação da paisagem sonora loucamente
original do filme. Quando Dorothy e Jeffrey fazem amor ouvimos um gemido
profundo que aos poucos se transforma no som de uma chama tremeluzente;
Frank Booth explode de raiva e ouvimos um guincho metálico; a câmera penetra no interior de uma orelha apodrecida e um som sinistro de vento parece
se aprofundar e expandir. "David tem uma mão incrível para combinar imagens
e sons", elogia Elmes. "Há uma cena em que Kyle desperta de manhã depois
de ter sido surrado, e há um close do rosto dele numa poça. Só se vê lama e
água e há um som estranho e repetitivo, mas não se sabe de onde vem. Então
a câmera retrocede, ele está no pátio de uma serraria e o som vem de um
sprinkler que mantém úmida uma pilha de madeira. A qualidade daquele som
é mágica. Se tivesse sido o som de pássaros não teria provocado nada, mas
algo naquele som mecânico inusitado o torna especial. David sabe juntar as
coisas numa base puramente sensorial, sabe jogar com sons e imagens e os
faz se inflamarem mutuamente."

Os efeitos sonoros inovadores de Lynch se entremeiam com a música
de um modo muito próprio, e a partir de *Veludo azul* a música passou a ocupar um lugar fundamental na sua prática criativa. No filme, as canções são
como personagens que fazem a narrativa avançar, especialmente no caso do
sucesso de Roy Orbison de 1963, "In Dreams", uma balada triste de desejo
e perda que funciona como uma espécie de chave da porta para o subcons-
ciente agitado de Frank Booth.

230 ESPAÇO PARA SONHAR

Como a cantora de baladas Dorothy Vallens, Rossellini teve de interpretar a canção "Blue Velvet", de Bobby Vinton, e Lynch contratou uma banda local para acompanhá-la. "Eles não entenderam a interpretação que eu queria dar", explica ela, por isso Caruso telefonou para Angelo Badalamenti, um amigo de Nova York. "Pedi: 'Angelo, você precisa me ajudar, essa moça não sabe cantar', e ele veio a Wilmington."

"Expliquei a Angelo que, quando cantava, Dorothy Vallens era transportada a outro mundo — acho que David a batizou Dorothy em referência a O mágico de Oz, e quando canta ela viaja para além do arco-íris. Então eu precisava cantar de um modo lânguido que me permitisse desfrutar daquele mundo além do arco-íris, e Angelo entendeu isso perfeitamente. Não sou nem um pouco afinada, então ele pegou uma sílaba aqui, uma palavra ali, editou tudo e criou o que se ouve no filme, um trabalho extraordinário. Saiu tão bonito que quando o filme foi lançado as pessoas me ligavam pedindo: 'Você poderia cantar numa festa de gala?'", relata Rossellini.

O trabalho habilidoso de Badalamenti com Rossellini levou a uma das parcerias criativas mais duradouras na carreira de Lynch. Depois disso, Badalamenti fez a trilha sonora de quase todos os projetos cinematográficos e televisivos de Lynch, atuou em Veludo azul e Cidade dos sonhos, compôs e tocou dezenas de canções com Lynch. "Não sou músico formado, mas Angelo — que é um tremendo músico — e eu tivemos um diálogo instantâneo", revela Lynch.

A colaboração entre ambos começou com a letra que Lynch escreveu em um guardanapo para a canção "Mysteries of Love", que se ouve no filme. "Um dia Isabella chegou com um pedacinho de papel amarelo — eu o emoldurei — que dizia: 'Mysteries of Love" e era a letra de uma canção do punho de David", explica Badalamenti. "Olhei aquilo e pensei, mas é horrível, que diabos vou fazer com isso? Não é uma canção. Liguei para David e perguntei: 'Isabella me deu a letra que você escreveu; que tipo de música você imagina para isso?' Ele disse: 'Faça-a flutuar e faça-a infinita, como as marés do oceano à noite', então sentei ao piano e compus a música de 'Mysteries of Love'."[8]

Badalamenti conversou com Julee Cruise, cantora que tinha conhecido no início da década de 1980, quando trabalharam juntos em uma companhia de teatro em Minneapolis. "Nos entendemos de cara", conta Cruise sobre o primeiro encontro de ambos, "e disse a ele que me chamasse se surgisse algo.

UM ROMANCE SUBURBANO, SÓ QUE DIFERENTE **231**

Angelo explicou o tipo de interpretação que queria para a canção que compusera com David: 'Seja bem suave; diminua os agudos.' Ele queria um som muito puro.

"Há a ideia errônea, amplamente difundida, de que David é cara bizarro, mas ele não é nada disso — é o homem mais engraçado e carismático do mundo", prossegue. 'Mysteries of Love' estava na trilha sonora de *Veludo azul*, o que me levou a assinar contrato com a Warner Bros. Records. David lançou a minha carreira, e trabalhar com ele e Angelo me deu um norte."[9]

A contribuição de Badalamenti em *Veludo azul* não acabou ali. "David queria usar uma peça de Shostakovich que não podia pagar", conta, "e me pediu: 'Você consegue compor como ele?' Respondi que não podia me comparar a Shostakovich, mas que podia compor naquele tom russo." Lynch entendeu que Badalamenti, cujo conhecimento musical é vastíssimo, era uma mina de ouro.

Quando as filmagens terminaram, em novembro de 1985, a montagem do filme já estava bem avançada. Lynch é um cineasta intuitivo, mas não impulsivo, e Caruso conta: 'David não filmava em excesso porque sabia como deveria ser a cena, o ângulo em que câmera deveria estar, as lentes a serem usadas, sabia quando tinha conseguido o que queria, e ia em frente." Embora eficiente, a montagem original de *Veludo azul* foi de 3h57. "Funcionava com aquela duração também", explica Dunham, "e quando mostrei a David ele disse: 'Está ótimo, mas há um problema: precisamos cortar pela metade.' Tivemos de cortar sequências inteiras do filme, e entre o primeiro e o último corte muita coisa mudou."

Segundo Elmes, o material perdido era desnecessário. "Fotografamos cenas que não estão no filme, e quando vi o corte de David entendi que na verdade não acrescentavam nada. O fio condutor do filme estava claro na tela. É como se o que rodamos tivesse sido destilado, e fiquei absolutamente pasmo."

Lynch e Badalamenti foram a Praga gravar a trilha sonora do filme. "O país estava sob o controle comunista naquela época, e chegamos no inverno", rememora Badalamenti. "As pessoas nas ruas, os músicos, os engenheiros de som — todo mundo que conhecemos tinha medo de falar, ninguém sorria. Era muito estranho. Os nossos quartos de hotel estavam grampeados, fomos filmados no restaurante e havia homens de preto seguindo-nos; andávamos até o estúdio nas ruas cobertas de gelo, havia latas de lixo na porta, percor-

232 ESPAÇO PARA SONHAR

ríamos um corredor escuro com luzes baixas tremelicando e subíamos uma longa escada que dava numa sala de estúdio ainda mais escura. O humor das pessoas, os edifícios e o silêncio profundo criavam o ambiente perfeito para gravar a música de *Veludo azul*, e David adorou aquilo."

"Quando estávamos lá, David propôs: 'Angelo, queria que você fizesse umas faixas que vamos chamar de lenha, que vou usar no design do som. Consiga instrumentos graves, como violoncelo e baixos, e grave umas passagens musicais longas e lentas", prossegue. "Escrevi dez minutos de notas longas, deixei-as sustentadas numa trilha muito lenta e sincronizada e mesclei com alguns ruídos dos arcos. Quando David trabalhou com estas gravações lentas, tocou-as na metade, ou às vezes em um quarto da velocidade. Ele põe essa lenha sob as coisas e fizemos muito disso."

Quando as filmagens terminaram, Lynch alugou um apartamento em Berkeley, onde faria a pós-produção. "Foi um período tenso", lembra Fisk, "e no Natal dei a ele um pedaço de carvão numa mala de viagem de couro. Àquela altura tentávamos segurar as coisas, e ele passou o Natal comigo e o Ano Novo com Isabella. Éramos sinceros quanto ao que estava acontecendo, e eu disse a ele que podíamos continuar casados e ele poderia viver como quisesse — talvez pudéssemos superar aquilo tudo. Tentei aguentar a situação, mas não consegui. Meu coração estava muito machucado, eu vagava como alguém perdido, o sangue pingando de cada poro. Tinha perdido meu melhor amigo.

"Porém, sempre mantivemos contato", acrescenta. "Eu tinha sido criada sem meu pai, não ia negar ao meu filho a relação com o pai dele. Pus outra linha telefônica na casa, para que David e Austin pudessem conversar com frequência, e eles se falavam diariamente. David estava ali — nunca nos abandonou, sempre cuidou de nós. Minha criação foi estranha e limitada, e devo muito a ele, que me ensinou tanto sobre a vida. David é um cara bom, e eu lhe sou eternamente grata."

Quando o filme foi apresentado no quartel general de Dino de Laurentiis, no Canon Drive, em Beverly Hills, a vida pessoal de Lynch estava uma confusão. A primeira projeção também foi um tanto difícil. "Havia um punhado de gente lá", recorda Caruso. "Dino, o braço direito dele, Fred Sidewater, David e algumas outras pessoas. Fizemos a projeção, o filme acabou, as luzes se acenderam e houve silêncio. As pessoas se entreolhavam, até que por fim Dino se pronunciou: 'Ninguém vai querer distribuir esse filme, então vou criar uma companhia distribuidora e fazê-lo eu mesmo." Ele pagou a distribuição, o material impresso e os anúncios."

O filme teve algumas pré-estreias. "Recordo de ter ido a uma pré-estreia em San Fernando Valley, a pior a que assisti", declara Rick Nicita. "A crueza dos personagens, o que Isabella sofre — parecia um sonho ruim, e não é que algumas pessoas tenham saído no meio do filme, o que houve foi uma debandada! Lembro-me de ter visto gente correndo para fora da sala! No dia seguinte, David, eu, Raffaella, Dino e alguns outros lemos as fichas do público sentados no escritório de Dino, e foi deprimente. Eram do tipo: 'Matem o diretor, quem fez isso? Horrível!' Estávamos lendo aquilo, Dino ergueu os olhos e disse: 'Fodam-se. Estão errados. O filme é brilhante, não vamos cortar nenhum fotograma, vamos lançá-lo assim como está. Os críticos vão adorar, e o público vai comparecer.' Dino era um sujeito fabuloso."

De Laurentiis estava certo, claro, mas o filme tardou em encontrar o seu público. Laura Dern estava com Lynch e MacLachlan quando o filme foi apresentado no Festival de Cinema de Telluride — que tem o público mais descolado do país — no início de setembro de 1986, e conta: "As pessoas não sabiam se deveriam rir ou sair correndo do cinema. Hoje em dia o público acha engraçado ou delicioso o que é incomum, mas a coragem de David no que se refere ao tom era inédita. Antes dele, ninguém fizera algo triste e engraçado ao mesmo tempo, ou aterrorizante e hilariante, ou sexual e esquisito, e *Veludo azul* é tudo isso. Na abertura você é imediatamente jogado num mundo onde tudo parece real e irreal, tudo é perfeito mas não é confiável, e então você desce até o submundo. A introdução é uma loucura, e aquele público não estava preparado para tanto."

O filme tinha sido lançado oficialmente no Festival Internacional de Cinema de Montreal, em agosto de 1986, e o lançamento comercial em 98 salas de cinema dos Estados Unidos foi em 19 de setembro de 1986. Embora muitos o tenham considerado intoleravelmente perturbador, *Veludo azul* deu a Lynch a indicação ao Oscar de melhor diretor naquele ano, ressuscitou a carreira de Dennis Hopper e entrou para o currículo das escolas de cinema em todo o mundo.

O filme causou muita comoção. "Não imaginei que seria tão controverso", pondera Rossellini. "A controvérsia foi muito tosca e acho que a pior parte foi a que me tocou. Quando as pessoas gostavam do filme, David recebia o crédito — e claro que ele o merecia. Acima de tudo, é uma expressão sua.

234 ESPAÇO PARA SONHAR

Mas, quando não gostavam, muitas vezes mencionavam o fato de eu ser modelo e filha de Ingrid Bergman, e que estaria disposta a destruir a minha imagem interpretando aquela personagem, que estava me rebelando contra mim mesma, e por aí vai; muitas projeções que eram pura fantasia."

O crítico de cinema Roger Ebert ficou particularmente alterado com o filme. Acusou Lynch de misoginia e afirmou que Rossellini era "degradada, surrada, humilhada e desnudada diante da câmera. Quando pede a uma atriz para passar por essas experiências, você deve manter o seu lado do acordo escalando-a para um filme importante". A crítica de Ebert não envelheceu tão bem quanto a de Pauline Kael, a alta sacerdotisa da crítica cinematográfica, que naquela época escrevia na *The New Yorker*. Ela descreveu Lynch como um "surrealista populista", elogiou a atuação "fenomenal" de MacLachlan, resumiu *Veludo azul* como uma indagação sobre "o mistério e a loucura ocultos no 'normal'", e comentou que "o uso de material irracional por Lynch opera como deveria: lemos as suas imagens em um nível não totalmente consciente".[10]

Segundo Caruso, "ficamos surpresos quando o filme virou uma sensação. Não achávamos que seria um desastre, tampouco que as pessoas fossem comentá-lo por décadas. A maioria dos críticos gostou quando foi lançado, e acho que quem escreveu críticas negativas não entendeu o que viu. *Veludo azul* precisa ser visto algumas vezes para captar todas as suas nuances e detalhes."

"*Veludo azul* talvez seja o melhor filme de David", aponta Jack Fisk. "Ele saiu de *Duna*, uma experiência horrível para ele, e como uma espécie de prêmio de consolação Dino propôs: 'Faça o filme que quiser.' Ele tinha coisas dentro de si que queria expressar, e em *Veludo azul* soltou tudo o que estava represado."

Décadas após o lançamento, MacLachlan promoveu uma sessão do filme em um evento de caridade e comenta: "Provavelmente eu não o tinha visto desde o lançamento, e não sabia o que esperar, e fiquei muito envolvido com a história. Acho o filme perfeito."

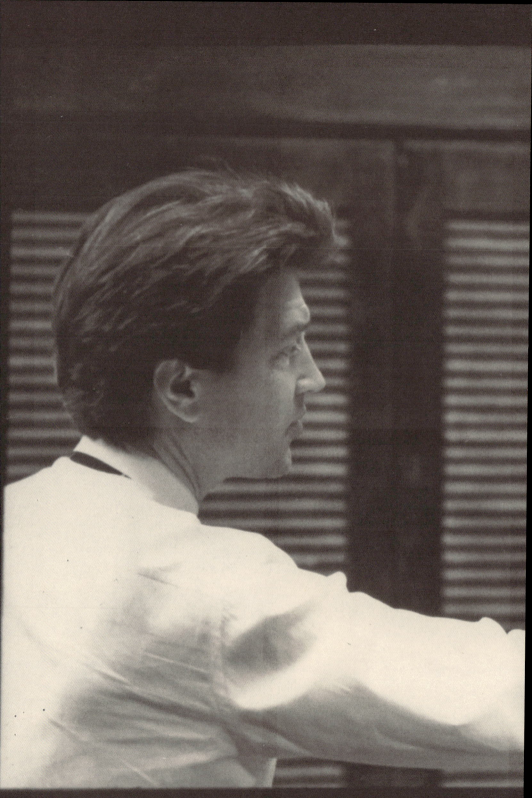

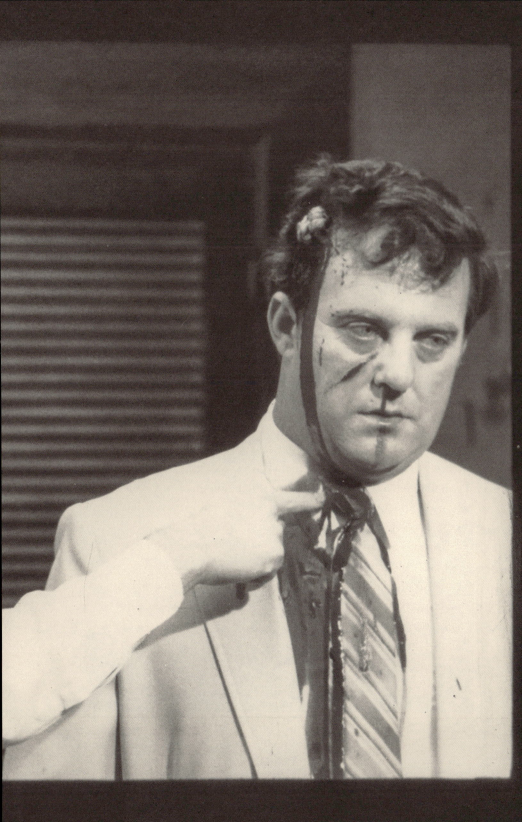

*D*epois de *Duna* fiquei doente, muito doente e devastado. A meditação me salvou diversas vezes, inclusive nessa. Foram tempos sombrios. Por sorte tinha outros roteiros e estava pensando no que faria em seguida, mas não conseguia *não* pensar no tempo que tinha dedicado àquele filme. Quando você não tem liberdade de fazer o que quer e a coisa vai mal, sente que se vendeu e merece o resultado, e desde o início eu me vendi. Sabia como Dino era, sabia que não teria o corte final, e tive de ir até o fim — foi horrível.

Aprendi sobre o fracasso, e de certo modo o fracasso é belo, porque quando a poeira baixa não há nada a fazer a não ser ir em frente, o que é uma liberdade. Já não há nada a perder, mas pode-se ganhar. Você está para baixo, todos sabem que você fracassou e é um perdedor, mas você diz "ok", e segue trabalhando.

Tenho ideias, e muitas vezes não sei o que são nem onde se encaixam, mas escrevo-as e uma coisa leva à outra, então de certo modo não faço grande coisa. Simplesmente me atenho à ideia. Provavelmente escrevi quatro tratamentos de *Veludo azul*. Não eram completamente distintos, mas eu estava buscando um caminho, e dei a Kyle um rascunho inacabado do roteiro quando estávamos filmando *Duna*.

Não gostei da canção "Blue Velvet" quando foi lançada. Não é rock'n'roll, e ela saiu quando nasceu o rock'n'roll, que é onde estava o poder. "Blue Velvet" era melosa e não me disse nada. Mas uma noite ouvi a música e ela

240 ESPAÇO PARA SONHAR

casava perfeitamente com gramados verdes à noite e os lábios vermelhos de uma mulher vistos da janela de um carro — havia uma espécie de luz forte naquele rosto branco e nos lábios vermelhos. Essas duas coisas, e as palavras "e ainda posso ver o veludo azul através das lágrimas". Isso me impulsionou e tudo se encaixou.

Se um personagem surge e você é o único escritor por ali, ele meio que se apresenta e você o conhece. Depois começa a conversar e você se aprofunda, e aí aparecem coisas surpreendentes, porque todos somos uma mescla do bem e do mal. Quase todo mundo traz um monte de coisas por dentro, e acho que a maioria das pessoas não tem consciência das suas partes sombrias. Elas se iludem e todos achamos que somos legais e os outros estão errados. Mas as pessoas têm desejos. Como diz o Maharishi, é do ser humano sempre querer mais, e esse desejo o traz de volta. No final, todos acabam encontrando o seu caminho.

Uma parte importante do roteiro de *Veludo azul* me apareceu num sonho, mas só me lembrei dele muito tempo depois de ter acordado. Então, imagine que, por algum motivo, fui ao estúdio da Universal no dia seguinte ao sonho que não recordo. Fui encontrar um homem, entrei na sala da secretária e ele estava na sala de trás. Na sala da secretária havia um sofá ou uma poltrona junto à mesa e, como o homem não estava disponível para me receber, sentei na poltrona e esperei. Nisso me lembrei do sonho, pedi papel e lápis à secretária e escrevi essas duas coisas do sonho: um rádio de polícia e uma arma. Foi o suficiente. Sempre digo que não sigo os sonhos noturnos porque gosto de sonhar acordado. Porém, adoro a lógica dos sonhos. Tudo pode acontecer e faz sentido.

Então, Richard Roth e eu apresentamos a ideia de *Veludo azul* a um amigo dele que trabalhava na Warner Bros. Falei da orelha no jardim e outras coisas da história, e ele se virou para Richard e perguntou: "Ele está inventando esse negócio?" Fui em frente, escrevi dois rascunhos do roteiro e mostrei o segundo rascunho a esse cavalheiro da Warner Bros., que odiou. Disse que era horrível.

Eu tinha um advogado que não me advertiu que, se entregasse formalmente o projeto de *Veludo azul* ao cara da Warner Bros., ele iria entrar num ciclo de produção, e para tê-lo de volta teria de fazer algo a respeito. Não sei exatamente o que aconteceu — para mim isso é uma história de horror.

UM ROMANCE SUBURBANO, SÓ QUE DIFERENTE **241**

Fui ao México fazer *Duna* pensando que tinha os roteiros de *Veludo azul* e *Ronnie Rocket*, que eles me pertenciam. Quando a poeira baixou depois de *Duna*, sentei-me com Dino e Rick Nicita e, de algum modo, veio à tona que a Warner Bros. era a dona do roteiro de *Veludo azul*. Quase morri. Foi quando Dino pegou o telefone e falou com o chefe do estúdio — e a história era que Lucy Fisher vinha correndo pelo corredor para dizer a esse chefe que não vendesse o roteiro, mas Dino conseguiu-o e isso foi tudo. Acho que pode-se dizer que ele me devolveu o roteiro, porque me possibilitou fazer o filme e me deu o corte final, mas foi assim que ele acabou tendo o roteiro. Richard Roth estava ligado ao filme até certo ponto, mas no fim decidiu que era melhor que Dino conduzisse as coisas. Mas ele consta como produtor executivo do filme e deu a sua contribuição. Foi quem deu o nome Slow Club ao lugar onde Dorothy Vallens canta.

Fred Caruso foi o produtor de *Veludo azul*, e eu o adoro, abençoado seja. Tem gente que fala com você de um jeito que cria uma sensação de confiança e segurança, e Fred tinha isso. Era muito calmo, muito italiano. Agia de um modo que sempre conseguia me tranquilizar. Várias vezes ele me disse: "Não sei o que você está fazendo", mas foi um produtor muito bom.

Fomos para Wilmington; Dino estava fazendo treze filmes no estúdio e éramos os mais insignificantes, mas nos divertimos muitíssimo. Tínhamos o filme mais pobre do pedaço, mas *Veludo azul* foi como ir do inferno ao céu, pois tive uma liberdade tremenda. Não cheguei a desistir de nada quando o orçamento foi reduzido, porque consegui contornar as coisas. Naquele tempo não havia tantas regras, hoje há muito mais regras e é cada vez mais difícil gastar pouco. Isso força você a desistir de algo ou dar um tiro na cabeça.

Passamos momentos incríveis e ficamos muito conectados. Estávamos hospedados longe, sempre jantávamos juntos, nos víamos diariamente, e todos ficaram lá por um período longo, mas já não é assim que funciona. Hoje em dia as pessoas chegam com pressa e depois desaparecem, já não há jantares. Não sei o que mudou. Hoje há uma pressão tremenda. Tremenda. Isso me mata, nem posso explicar. As filmagens têm de ser mais rápidas. *Veludo azul* começou em maio e foi até o Dia de Ação de Graças, em novembro, e foi-se o tempo das filmagens longas como essa.

242 ESPAÇO PARA SONHAR

Lembro que Dino veio ver o material bruto no primeiro dia de filmagem e tínhamos feito um dia de Steadycam subindo e descendo as escadas para o apartamento de Dorothy, e quando o material voltou do laboratório Fred viu que a lente que tinha usado na câmera estava quebrada e estava tudo tão escuro que não se via quase nada. Dino começou a gritar e eu disse: "Dino, acalme-se; a lente estava quebrada, é só filmar novamente."

Kyle interpretou Jeffrey Beaumont porque ele é um inocente, uma espécie de americano total, no sentido de que faz pensar nos Hardy Boys. Jeffrey é curioso e é um detetive — bem, todo mundo é detetive — e leva aquilo adiante, gosta de mulheres e gosta de mistérios. Vi muitas pessoas antes de encontrar Laura Dern, ela é perfeita como Sandy, que é inteligente e tem uma natureza brincalhona. É uma boa moça, mas aquela mente... Ela tem uma coisa sonhadora, e uma coisa curiosa. É filha de um detetive. Laura encarnou a pessoa de quem Jeffrey pôde ser amigo no início, e depois amar e o amor deles não era sombrio. Era um amor puro.

Dennis Hopper é um grande ator, e gostei muito dele em *Assim caminha a humanidade*, *Juventude transviada* e *O amigo americano*. Advertiram-me para não contratá-lo: "Não, não faça isso — ele vai ficar chapado e você não terá o que quer", mas sempre quis Dennis e sabia que seria um Frank Booth perfeito. Conversei com alguns outros atores sobre o papel, e em algum momento o agente dele telefonou e falou que Dennis estava limpo e sóbrio, tinha acabado de fazer outro filme, o diretor tinha adorado trabalhar com ele e estava disposto a conversar comigo. Depois Dennis ligou e disse: "Tenho de interpretar Frank Booth por que *eu sou* Frank Booth", e respondi que aquilo era uma boa e uma má notícia. Não tive dúvidas em contratá-lo.

Para mim, Dennis é o que há de mais maneiro. É o rebelde dos sonhos, traz romance e dureza no mesmo pacote, é absolutamente perfeito. É uma coisa da década de 1950. Há uma cena em que ele observa Dorothy cantar e chora, e foi simplesmente perfeito. É um lado daquela rebeldia romântica dos anos 1950 em que o cara podia chorar e tudo bem, e no minuto seguinte ele surrava alguém. Hoje os machos não choram, o que é falso, mas os anos 1950 eram embebidos dessa poesia.

Quando Dennis fez a primeira cena com Dorothy como Frank Booth eu ri descontroladamente, em parte porque estava muito contente. A intensidade, a obsessão, a motivação de Frank — era como tinha de ser. Vejo certo humor quando as pessoas ficam assim tão obcecadas, adorei aquilo. Ele acertou na mosca. Dennis foi Frank desde o primeiro instante.

Originalmente, Dennis cantaria "In Dreams", e foi fantástico o modo como acabou sendo substituído por Dean Stockwell. Os dois se conheciam há muito tempo e eram amigos, Dean ia ajudar Dennis a trabalhar a canção e eles estavam ensaiando. Então ali estavam os dois, tocamos a música e Dean fez uma sincronia labial perfeita. Dennis foi bem no início, mas tinha o cérebro tão fritado pela drogas que não conseguia lembrar a letra. Mas vi como ele fitava Dean e pensei: isso é perfeito, e fiz a troca. A sorte é muito importante nesse negócio. Por que aconteceu desse jeito? Você pode passar um milhão de anos pensando nisso e não descobrir que a coisa vai por ali, até vê-la diante dos seus olhos.

Bom, agora sabíamos que Dean iria cantar. Frank diz: "Candy-colored clown", põe o cassete e Dean liga a luz. Patty Norris [a diretora de arte] não pôs a luz ali. Eu não pus a luz ali. Ninguém sabe de onde veio, e Dean achou que era para ele. Era uma luz de trabalho, e não havia nada melhor como microfone. Nada. Adoro aquilo. Encontramos uma cobra morta na rua quando rodamos a cena, Brad Dourif a pegou, e enquanto Dean cantava "In Dreams" Brad ficou sentado no sofá ao fundo mexendo na cobra, e pra mim estava bem.

Conheci Isabella num restaurante em Nova York, em 3 de julho, e foi uma noite estranha. Muito estranha. Fui com o ex-marido de Raffaella de Laurentiis, íamos a uma boate e tínhamos uma limusine. Estava no mundo de Dino, voava de Concorde toda hora e tinha limusines à disposição. Não sei como aquilo aconteceu. Estava no restaurante de Dino; uma coisa importante sobre ele é que sua comida italiana certamente era a melhor. Então, vimos umas pessoas do escritório de Dino e quando estávamos de saída paramos para cumprimentá-las. Sentamo-nos, vi aquela moça e disse a ela: "Você poderia ser filha da Ingrid Bergman." Alguém disse: "Seu burro! Ela *é* filha da Ingrid Bergman!" Essa foi a primeira coisa que eu disse à Isabella; começamos a conversar e estava pensando e olhando para ela. Conversei com Helen Mirren sobre o papel de Dorothy, ela o recusou, mas sugeriu: "David, algo está errado. Dorothy deveria ter um filho", o que fazia todo sentido. Helen Mirren é uma grande atriz e o filho foi ideia

244 ESPAÇO PARA SONHAR

dela. Algumas mulheres não precisariam de um filho para reagir assim ante alguém como Frank Booth — são como vítimas e, diante de um grande manipulador como ele, poderiam vir a ser como Dorothy. Porém, é mais fácil entender seu comportamento quando você a enxerga como uma mãe protegendo a sua cria.

Isabella é perfeita em *Veludo azul* — tive muita sorte. É uma estrangeira num país que não é o seu, então já é vulnerável à manipulação, isso era uma coisa a favor dela. E tem aquela beleza incrível — um outro atributo que ela tem. Mas em seus olhos vê-se que poderia ser uma pessoa problemática, há medo neles, e essa combinação era perfeita para Dorothy. Sabia que ela só havia feito um filme, mas não tinha importância, porque tinha certeza de que era capaz. As pessoas se acostumam a ver certo tipo de beleza no cinema, e quando está na rua e vê rostos de verdade, muitas têm o que é preciso. Talvez elas não possam fazer um filme inteiro, mas certamente podem interpretar um personagem.

Havia um bar chamado This Is It embaixo do apartamento onde filmamos a cena com Dean Stockwell, fomos vê-lo e havia gaiolas onde as *go-go girls* dançavam. Conheci uma delas, chamada Bonnie, que adorei. O modo como ela olhava e falava era incrível. Convidei-a para o filme, e ela acabou dançando em cima do carro de Frank, foi perfeito. Isso é algo que encontrei, essa garota que conheci num bar em Wilmington. Eu a adoro.

Não tenho tudo pronto na cabeça quando vou para o set. Gosto de ensaiar e planejar as cenas, mostrar aquilo ao diretor de fotografia e, como Freddie [Francis] costumava dizer, era só ver onde eu me sentava durante o ensaio para saber onde colocar a câmera, e em parte isso é verdade. Você vê isso pela primeira vez quando está no set ou na locação; todos estão vestidos, maquiados, você ensaia, a ideia ganha vida e você meio que encontra o modo de captá-la. Esse ensaio é importante. Não faço muitas tomadas — umas quatro ou seis no máximo. Você cria um código com as pessoas, e se ouvisse o que digo aos atores pensaria: que diabos! Mas se estiver realmente observando alguém, surge outro tipo de comunicação, e os atores e os músicos entendem isso. Entendem perfeitamente. Não sei por que, mas basta uma pequena palavra ou gesto e na próxima vez fica bem melhor, e depois disso fica perfeito.

Quando estávamos filmando alguns moradores locais ficavam por ali, mas eu não os via. Ficava olhando os atores, e não me importava com o que acontecia ao redor. Na verdade, se tivesse visto, aquilo teria me deixado louco. Preciso focar e obter o resultado, e só. O resto é besteira — me deixa louco. Desligo tudo; você põe os olhos na rosquinha, não no furo.

As pessoas contam muitas histórias erradas sobre a interpretação de Isabella na canção "Blue Velvet", e vou explicar o que aconteceu. Ela aprendeu a canção numa partitura que a senhora que estava lhe ensinando entregou, e o que aprendeu era diferente da versão de Bobby Vinton. Contratei uma banda local — não era sofisticada, porém eram bons músicos — mas Isabella tinha aprendido a versão errada da canção. Era como ter alhos e bugalhos, estava tudo uma bagunça. Disse a Fred Caruso: "Podemos conseguir se continuarmos trabalhando", que respondeu: "David, não vai funcionar; vou chamar o meu amigo Angelo", e eu não queria: "Quero fazer assim", mas no fim entendi que não estava funcionando e pedi: "Fred, chame o seu amigo Angelo". Ele ligou e Angelo chegou a Wilmington no dia seguinte. Isabella estava hospedada numa pensão que tinha um piano na entrada, e Angelo trabalhou com ela lá. Naquele dia íamos filmar a cena em que o Sr. Beaumont tem um ataque e meu cachorro, Sparky, o amor da minha vida, aparece na cena. Na hora do almoço Fred trouxe Angelo, cumprimentei-o, ele tocou uma coisa numa fita cassete com Isabella cantando e ele ao piano e eu disse: "Angelo, podemos colocar isso no filme agora mesmo, ficou muito lindo. Muito legal."

Eu queria "Song to the Siren", de This Mortal Coil, no filme, queria aquela canção, queria muito, e pedi ao Fred: "Consegue a porra dessa música, cara", e ele respondeu: "David, há vários problemas", e era principalmente dinheiro — dinheiro, dinheiro, dinheiro. Ele então propôs: "Você está sempre escrevendo coisinhas; por que não faz uma letra e Angelo põe a música?" Respondi: "Fred, em primeiro lugar, há zilhões de canções no mundo. Não quero uma qualquer. Quero essa. Quero 'Song to the Siren' do This Mortal Coil. Não vou escrever num pedacinho de papel, mandar pra um cara que mal conheço e ele vai compor algo que supere o que quero. Jamais. Cai na real, Fred."

Angelo e Fred são italianos habilidosos, e Fred sabia que quando você escreve uma letra está investindo, e é mais provável que goste de algo que ajudou a fazer. Foi uma espécie de truque dos dois. Então uma noite tive umas ideias, as escrevi e enviei ao Angelo, que riu quando leu aquilo. Ele disse: "É a pior letra de música que já vi! Não rima e não tem forma!" Angelo é tradicional nesse assunto. Mas pensou, pensou, fez uma versão da canção e montou-a com um cantor, mas não tinha a qualidade que eu queria. Disse a ele que tinha adorado a melodia, mas ela precisava soar mais etérea. Ele então chamou Julee Cruise para cantá-la, e puseram aquilo para andar, *overdubbing* uma e outra vez, Julee fez um trabalho lindo, Angelo também, e tive de admitir que gostei. Talvez tenha gostado porque escrevi a letra, não sei, mas gostei mesmo.

Ainda assim hesitei, pois queria "Song to the Siren", então nada se comparava a ela, embora tivesse gostado muito de "Mysteries of Love". "Song to the Siren" é cantada por Elizabeth Fraser. Soube que é uma pessoa reclusa e muito reservada, mas tem estofo. Acho que o namorado dela está na guitarra, eles exageraram loucamente na reverberação e conjuraram algo mágico. Aquilo tem uma qualidade cósmica, ao passo que "Mysteries of Love" é mais cálido e para duas pessoas. Também tem algo cósmico que se expande, mas é mais cálido.

Por fim consegui "Song to the Siren" — está em *Estrada perdida* — e "Mysteries of Love" ficou perfeita em *Veludo azul*. Nunca se sabe como as coisas acontecem, e Angelo, abençoado seja, é o maior. É como um irmão, e escreve músicas lindas. É o destino, é o único jeito de explicar. É muito prazeroso trabalhar com ele.

Angelo e eu fomos a Praga fazer a trilha sonora de *Veludo azul*, e foi incrível. Algumas salas têm certos tipos de madeira e acústica e geram o que denomino ar europeu oriental, e ele entra no microfone. É um som e uma sensação, não é triste, é antigo e muito lindo. Quando Angelo e eu fomos a Praga os comunistas ainda controlavam tudo, e você andava na rua, via uma loja de roupas, e nas lindas prateleiras de madeira escura havia talvez três suéteres. Vazias. Lúgubres. Ninguém falava. Você entrava no hotel e havia prostitutas enfileiradas no lobby; era fantástico. Você imaginava câmeras e microfones por toda parte, tínhamos essa sensação. Eu deitava na cama e tentava perceber tons agudos. Adorei aquilo. Fomos a uma colina, olhamos para baixo e era como uma pintura de Pieter Bruegel.

O toque de Patty Norris está por toda parte em *Veludo azul*. Patty é um gênio da indumentária, além do imaginável. As pessoas saíam do camarim

UM ROMANCE SUBURBANO, SÓ QUE DIFERENTE **247**

e Frank era mais Frank, Jeffrey era mais Jeffrey, Sandy mais Sandy — extraordinário. Ela tinha trabalhado comigo em *O Homem Elefante*, e dessa vez quis ser diretora de arte também, e concordei. Ela pensa os ambientes do mesmo modo que pensa os figurinos — ela realmente pensa naquilo. Conversávamos sobre tudo, e quando eu vinha com alguma ideia ela sempre tinha algo a acrescentar. O apartamento de Dorothy — a cor era perfeita mas, quando vi os sofás, não tinham nada a ver. Eram sofás comuns, e eu queria uns que se encaixassem. Então, desenhamos os braços e adorei. Patty fez um ótimo trabalho.

Filmamos pés subindo uma escada e a mão com uma arma que se vê na televisão na casa de Jeffrey Beaumont. Também filmamos uma Puxada de Cadeira, mas acabamos descartando o material. Sabe as Olimpíadas? As pessoas correm, há a corrida de 100 metros, a de 50 metros, a de uma milha, e a troca de bastões. A Puxada de Cadeira é assim, como um evento olímpico. Você tem as cadeiras estofadas com uma corda amarrada ao redor e um pedaço longo de corda saindo da amarração. As competidoras usam vestidos de baile, cada uma tem a sua pista traçada em giz, alinham-se na reta de largada com as cadeiras atrás, e a meta está a 45 metros. O disparo da pistola dá início à corrida e ganha quem puxar a cadeira até a reta final primeiro. Fazia 38°C e havia muita umidade no dia em que filmamos, estava quente demais, mas filmamos assim mesmo, e uma moça desmaiou e teve de ir ao médico. Eu inventei isso. É a Puxada de Cadeira.

Alan Splet é um verdadeiro pensador do som, e claro que o chamei para trabalhar em *Veludo azul*. Ele estava trabalhando na sua sala em Berkeley, e um dia simplesmente parou. Alan tinha um lado teimoso; ele me procurou e disse: "David, não posso mais trabalhar nesse filme. Não suporto esse filme. Não suporto Frank Booth e não posso fazer isso. Está me deixando doente." Respondi: "Caramba, Alan, que droga", mas acabou ali. Metade do filme já estava pronta, então terminei o som com o resto da equipe de Alan.

Terminamos de rodar no dia de Ação de Graças, e mais ou menos uma semana antes Duwayne Dunham tinha instalado a sala de montagem em Berkeley, consegui um apartamento lá e começamos a pós-produção.

248 ESPAÇO PARA SONHAR

Parece que ficamos nisso um tempão. O primeiro corte de quase todos os meus filmes em geral tem quatro horas de duração, e não lembro o que tivemos de cortar em *Veludo azul*. Acho que o que perdi foi certo ritmo, talvez, além de certa hesitação numa coisa ou outra. Austin veio me ver em Berkeley um par de vezes. Ele tinha 3 ou 4 anos. Como diabos chegou lá?

Acho que Dino entendeu *Veludo azul*. Na primeira vez que assistiu ao filme foi numa salinha em Los Angeles, com umas 30 pessoas. Quando acabou levantou-se da cadeira muito contente e sorrindo. Pensou que talvez aquele filme seria um avanço importante, então quis apresentá-lo a um público mais comum para sondar as reações. Naquela época, Kyle e Laura viviam juntos na Blackburn Avenue, e morei com eles um tempo, até conseguir um lugar em Westwood. Morei em alguns lugares diferentes em Westwood — não sei por que ficava mudando de lá pra cá. Gostava muito do último espaço que tive lá. Era novo em folha, eu tinha poucas coisas e os cômodos eram claros e vazios. Fiz pequenas pinturas a óleo em preto e branco quando morei lá. Bem, na noite dessa sessão, que foi em San Fernando Valley, eu estava na casa de Kyle e Laura e não compareci. A mãe de Laura foi com uma amiga, e Rick Nicita foi com uns agentes da Creative Arts Agency. Depois da sessão, Rick telefonou do carro e eles estavam gritando: "É bom pra cacete, David, excelente!" A mãe de Laura voltou para casa com a amiga e sentaram-se na sala de jantar meio quietas, num silêncio preocupado. Na manhã seguinte liguei para Dino e disse: "Oi, Dino, como foi?" E ele: "Vou passar para o Larry", que era o encarregado da distribuição, e este falou: "David, sinto dizer isso, mas talvez tenha sido a pior sessão que já vi." Respondi: "Você está de brincadeira, Rick me ligou e disse que tinha sido excelente", mas ele retrucou: "Não foi assim. Você precisa ler as fichas. Pedimos às pessoas que escrevessem o que mais gostaram no filme e há coisas como 'O cão Sparky' e 'O fim'. Rick e eu fomos ver Dino e ele foi muito legal. Disse: "Não é para certas pessoas, mas vai dar tudo certo."

Se me lembro bem, dentre os treze filmes que ele estava fazendo, *Meu querido pônei* e *Veludo azul* foram os únicos que tiveram alguma bilheteria. Acho que Dino se orgulhou de *Veludo azul*. Eu o admirava porque, quando apoiava algo, não ligava a mínima para o que os outros pensavam. Talvez o filme não o agradasse, mas acho que ficou contente por tê-lo feito.

Não sei como cheguei ao ponto de não ligar para o que as pessoas pensam, mas isso é bom. O negócio é que você se apaixona por ideias, e é como se apaixonar por uma mulher. Talvez você não queira apresentá-la aos seus pais, mas não liga para o que os outros pensam. Está apaixonado, isso é lindo, você é fiel a isso. Um provérbio védico diz: "O homem só tem controle da ação, nunca do fruto da ação." Em outras palavras, a gente faz o melhor que pode, mas não pode controlar como isso vai se espalhar pelo mundo. É uma sorte quando dá certo e tive ótimas experiências, é horrível quando dá errado, e já deu errado para mim também. Todos passam por experiências assim, e daí? Você tem duas mortes quando se vende e não faz o que deveria ter feito. Assim foi com *Duna*. Você morre uma vez porque se vendeu, e morre outra vez porque foi um fracasso. *Twin Peaks: Os últimos dias de Laura Palmer* não provocou nada no mundo, mas morri apenas uma vez com ele, porque me fez sentir bem. Você pode viver perfeitamente bem consigo mesmo se permanecer fiel ao que ama.

Fui convidado à festa do Oscar de Swifty Lazar, no restaurante Spago, porque tinha sido indicado como melhor diretor por *Veludo azul*, mas perdi para Oliver Stone, com *Platoon*. Fui à festa com Isabella e todos estavam lá com suas estatuetas, e Anjelica Huston se aproximou de nós e disse: "David, sei que você conhece o meu pai", porque eu conhecera John Huston no México. Fiz uma exposição em Puerto Vallarta e ele foi. Freddie Francis também foi, e ele tinha filmado as cenas de apoio em *Moby Dick*, o filme de John, então conversamos e passamos uma noite excelente. Ele era um homem muito bom. Anjelica sugeriu: "Meu pai está na outra sala; por que não vai cumprimentá-lo?" Respondi: "Adoraria." Abri a porta de um cômodo privado e lá estava John, e à mesa com ele estavam George Hamilton e Elizabeth Taylor. Amo Elizabeth Taylor e *Um lugar ao sol*. E o beijo dela em Monty Clift? Um dos melhores beijos que já se filmou. Grace Kelly beijando Jimmy Stewart em *Janela indiscreta* é outro excelente beijo de cinema.

Elizabeth Taylor apresentara o prêmio de melhor diretor naquela noite. Estávamos naquela sala dos fundos, e ela disse: "Amei *Veludo azul*", e o meu coração deu um salto. Fiquei surpreso ao saber que ela tinha visto e adorado. Respondi: "Queria ter vencido, porque na entrega do prêmio Oliver Stone pôde beijá-la", e ela: "Venha cá." Aproximei-me, ela estava sentada, e eu, de pé, ali estava o rosto de Elizabeth Taylor; inclinei-me, vi aqueles olhos violeta, continuei me inclinando e os lábios dela tinham quilômetros de profundidade. Incrível. Foi fantástico beijá-la; depois conversamos um pouco com John Huston e fui embora. Beijei-a outra vez em Cannes. Estava sentado à mesa dela, comentei que a tinha beijado no Spago e perguntei se podia beijá-la novamente. Eu estava com Mary Sweeney, e mais tarde Elizabeth ligou para o meu quarto e quis saber se eu era casado. Ela gostava de casar e se casou sete ou oito vezes, mas eu não queria me casar com Elizabeth Taylor. Voltei a beijá-la num evento da amfAR, depois almoçamos juntos e ela me contou umas histórias. Foi a última vez que a vi.

Enrolada em Plástico

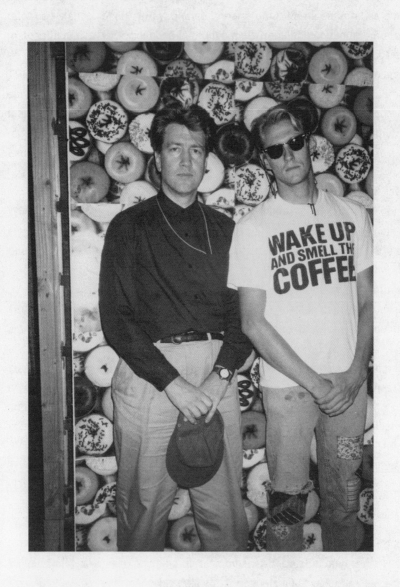

O ano de 1986 foi bom para Lynch. *Veludo azul* o alçou ao panteão dos grandes autores cinematográficos, e outro acontecimento igualmente importante foi o encontro fortuito, no início da primavera daquele ano, com o escritor Mark Frost. Nascido em Nova York em 1953, Frost passou a adolescência em Minneapolis, onde trabalhou no Guthrie Theater, e logo estudou atuação, direção e dramaturgia na Universidade Carnegie Mellon. Ao se formar, em 1975, foi para Los Angeles e teve diversos empregos escrevendo para televisão. Em 1981 passou a integrar a equipe de roteiristas de *Chumbo grosso*, o aclamado seriado de Steven Bochco, onde permaneceu até 1985. No ano seguinte conheceu Lynch.

"Um agente da Creative Artists Agency nos reuniu para trabalhar num filme intitulado *Goddess* [Deusa], para a United Artists", conta Frost sobre o projeto que retratava os últimos meses da vida de Marilyn Monroe, baseado no livro *A deusa: as vidas secretas de Marylin Monroe*, de Anthony Summers. "David me pareceu um cara direto, com grande senso de humor, e nos conectamos de imediato nesse sentido — um fazia o outro rir. Era amigável de um modo que me fazia retribuir, e nos demos bem. Em algum momento de 1986 ele se instalou no escritório de Dino, em Wilshire Boulevard, onde trabalhamos em *Goddess*. Queríamos ampliar a história para além do simples realismo e injetar elementos líricos, quase fantásticos, e começamos a desenvolver um modo sincronizado de trabalhar."[1]

Intitulado também *Venus Descending* [Vênus em descenso], o roteiro, que eles terminaram em novembro de 1986, implicava Bob Kennedy na morte da atriz, e o projeto foi rapidamente abandonado. "*Goddess* era um grande tema, e elaboramos um bom roteiro", afirma Frost. "Infelizmente, a United Artists e o produtor que nos contratou [Bernie Schwartz] não tinham se dado conta de que o livro trazia revelações sobre os Kennedy que hoje tomamos como certas, mas que à época eram novidade. Tratamos disso no roteiro, e a coisa acabou ali."

Surgiram oportunidades de direção nesse período, mas Lynch não estava interessado em fazer um filme grande de estúdio. "David e eu costumávamos brincar que ele queria um salário grande e um orçamento pequeno", conta Rick Nicita, indicando a lição aprendida com *Duna*, que Lynch não esqueceria. Ele tentou obter apoio junto aos De Laurentiis para fazer *Ronnie Rocket*, e explica: "Dino não conseguia entender aquilo." Porém, De Laurentiis acreditava em Lynch, e ambos continuaram buscando um filme para fazer juntos. Uma possibilidade foi *Up at the Lake* [No lago] projeto sobre o qual Lynch conversou com Raffaella De Laurentiis enquanto filmavam *Duna*. Ela o estimulou a apresentar a ideia ao pai, que prometeu dinheiro para desenvolvê-lo, mas o projeto nunca saiu do papel.

Um acontecimento bastante significativo da época foi quando Lynch comprou aquela que ficou conhecida como a Casa Rosa. Uma residência moderna de meados do século passado, era ornamentada com estampas chevron de inspiração asteca e ficava em Hollywood Hills. Foi projetada por Lloyd Wright — filho de Frank Lloyd Wright — e construída em 1963. Restaurada para Lynch pelo filho de Lloyd Wright, Eric, a casa tem as paredes internas em estuque violeta, e Lynch a mobiliou com poucas peças. Lá, pela primeira vez, conseguiu viver no ambiente que queria, e a casa é importante para ele. Nunca se mudou dali, e mais tarde comprou duas propriedades contíguas para criar o complexo onde vive e trabalha hoje.

Houve outras mudanças em seu estilo de vida, quando, pela primeira vez, Lynch precisou de uma equipe. Esta foi se ampliando ao longo dos anos e hoje inclui um engenheiro que cuida de seu estúdio de som, um editor permanente, um faz-tudo em tempo integral, um arquivista que gerencia suas exposições artísticas, um produtor interno e um assistente pessoal. Porém, inicialmente era uma operação reduzida, com duas ou três pessoas. Um dos motivos pelos quais Lynch consegue fazer tantas coisas é que as pessoas que trabalham para ele são altamente capazes e dedicadas. Debby Trutnik foi contratada como gerente do escritório em 1987, e John Wentworth assumiu o posto de coringa.

Goddess foi um tiro no escuro, mas Frost e Lynch queriam fazer outras parcerias. O primeiro conta: "Um dia estávamos sentados na cafeteria Carnation Dairy e David propôs: 'Tenho uma ideia sobre um centro de pesquisas em segurança na cidade fictícia de Newtonville, Kansas, e dois cretinos que trabalham lá. Um deles ri e sai uma bolha da sua boca que adentra um corredor, vira numa esquina e entra numa sala onde se aloja no console de um equipamento sensível e causa um curto-circuito. Corta para o espaço sideral, e se vê um satélite posicionar uma espécie de canhão de raios, e começa uma contagem regressiva.' Era o que David tinha no início, e começamos a dar voltas nessa fantasmagoria cômica intitulada *One Saliva Bubble* [Uma bolha de saliva]. Estávamos a seis semanas de filmá-la com Steve Martin e Martin Short quando Dino revelou que estava sem dinheiro e ia fechar a companhia, junto com todos os projetos."

Foi o fim de *One Saliva Bubble*, mas as coisas estavam andando em outras frentes. Em junho daquele ano, a carreira de Lynch como artista plástico avançou quando conheceu o marchand James Corcoran, proprietário da James Corcoran Gallery, em Los Angeles "Naquele tempo David morava num apartamento pequeno em Westwood, e fui conhecê-lo", recorda Corcoran, que propôs uma exposição individual no ano seguinte. "David tem muito humor e gostei dele de cara — é uma pessoa muito genuína. Estava fazendo grandes desenhos em pastel, e o que me deixou intrigado é que eram muito escuros se comparados com as obras dos artistas que eu exibia à época, como Ken Price e Ed Ruscha."[2]

A exposição foi bem-sucedida em termos comerciais e de crítica. A revista *Artforum* descreveu o trabalho como "profundamente impactante e deliciosamente peculiar", ao passo que o *Los Angeles Times* classificou-o como "autêntico e novo". Mais tarde Isabella Rossellini mostrou o trabalho de Lynch à galerista Beatrice Monti della Corte, de Milão, que instigou o legendário marchand Leo Castelli a examiná-lo. Castelli fez a primeira exposição de Lynch em Nova York, em fevereiro de 1989, e Corcoran ofereceu-lhe outra exposição em Los Angeles.

Ficou imediatamente claro nos trabalhos expostos que algo sombrio na alma de Lynch era diretamente canalizado para a sua arte. Títulos como *Shadow of a Twisted Hand Across My House* [A sombra de uma mão retorcida pela minha casa], *On a Windy Night a Lonely Figure Walks to Jumbo's Blown Room* [Numa noite de ventania, uma figura solitária anda pela câmara de

256 ESPAÇO PARA SONHAR

sopro do Jumbo] e *Oww God, Mom, the Dog He Bited Me* [Ah, Deus, mãe, o cachorro me mordeu], todos de 1988, dão uma ideia do tom das obras. Com amplos campos turvos de tinta cinza, marrom e preta aplicadas com gestos soltos, os quadros são marcados por um sentimento de ameaça e terror. Passagens em tons de pele introduzem a presença humana, mas as formas não passam de bonecos de palito toscamente esboçados; os toques em tom de carne parecem feridas. São imagens assustadoras.

Durante o tempo da sua relação com Rossellini, Lynch viveu entre uma costa e outra, e passava a metade do tempo em Nova York com ela e a outra metade em Los Angeles. O divórcio de Fisk em 1987 foi discreto. "Não quis ir ao tribunal, expor coisas e criar um desastre", conta ela. "Nós nos casamos sem advogados e podíamos nos separar sem eles, e quisemos fazer tudo de um modo simples e rápido. Mas foi duro. Vi um artigo sobre David e Isabella na *Vanity Fair* no dia em que assinamos o divórcio."

Em 1987 Lynch iniciou o que se revelaria uma amizade importante com o produtor Monty Montgomery, que havia codirigido o filme indie cult *The Loveless* [Os sem amor], em 1981, com Kathryn Bigelow. "Conheci um cara chamado Allan Mindel que tinha uma agência de modelos em Los Angeles chamada Flick, e eles estavam tentando entrar em todas — cruzei com ele por causa de vídeos musicais", conta Montgomery. "Allan representava Isabella e disse que ela e David precisavam me conhecer, então fui à casa de David. Ele estava sentado naquela casa vazia com um só móvel e foi amável; falávamos a mesma língua no que se referia a filmes e ideias, e ele me pareceu muito honesto — nos demos muito bem. Quando estávamos começando a nos conhecer, almoçávamos frequentemente no Musso & Frank, víamos passar aqueles personagens no Hollywood Boulevard e ele indagava: "Qual será a história dele?' Ele tem curiosidade por tudo."

"Quando David e eu nos conhecemos, ele tinha acabado de filmar um comercial e precisava de trabalho de pós-produção", prossegue. "A [companhia de produção] Propaganda Films trabalhava bem com vídeos, então eu o apresentei a um sujeito, a experiência foi boa, e começamos a trabalhar juntos."[3]

Montgomery não era sócio da Propaganda, mas foi fundamental em todos os projetos que Lynch desenvolveu lá. As bases para a criação da empresa foram estabelecidas em 1978, quando o produtor islandês Joni Sighvatsson estudava no AFI e conheceu Steve Golin, que participava do programa de produção do instituto. Eles fizeram alguns projetos juntos, depois se juntaram com outros três produtores e fundaram a Propaganda Films, em 1983. Golin e Sighvatsson conheceram Montgomery em meados dos anos 80, quando queriam fazer o mesmo projeto. "Steve e eu gostamos do livro *You Play the Black and the Red Comes Up* [Você aperta o preto e surge o vermelho], de Richard Hallas, publicado em 1938, mas os direitos estavam com um sujeito no Texas, então ligamos para ele e era Monty", conta Sighvatsson. Desenvolvemos o projeto juntos, e foi a primeira coisa que os três apresentamos a David. Ele gostou, mas não queria fazer um filme de época, e estava tentando produzir *Ronnie Rocket*. Ficamos envolvidos naquilo e algumas vezes o financiamento parecia certo, mas sempre falhava. Foi quando David começou a escrever *Twin Peaks* com Mark."[4]

Naquele tempo as atividades de Lynch se expandiram em várias direções e ele começou a se envolver mais com música. Inicialmente Roy Orbison tinha dúvidas em relação ao uso da sua canção "In Dreams" em *Veludo azul*, mas acabou cedendo, e em abril de 1987 foi ao estúdio e gravou uma nova versão, produzida por Lynch e T Bone Burnett. Em 1988 Lynch foi convidado pela revista *Le Figaro* e a Erato Films para fazer um curta para o seriado de televisão francês *The French as Seen By...* [Os franceses vistos por...], e escreveu e dirigiu *The Cowboy and the Frenchman* [O caubói e o francês]. Um catálogo de 24 minutos de clichês sobre americanos e franceses, o filme apresenta o produtor Frederic Golchan como um francês atordoado que, de boina e portando queijos exóticos e uma baguete, surge do nada no rancho de um caubói, onde encontra empregados completamente sem noção, um trio vocal de country-western, e um nativo americano de tanga e cocar.

Coestrelando como caubói está Harry Dean Stanton, no primeiro dos sete projetos em que trabalhou com Lynch. "Os filmes de David sempre me impressionaram, e tínhamos um vínculo natural", recorda Stanton. "Nós nos entendíamos. Conversávamos sobre taoísmo, budismo e meditação, e temos uma relação baseada no interesse comum pelo pensamento oriental."[5]

Golchan explica: "Johanna Ray ligou e disse: 'Tenho um diretor que está procurando um ator francês; você teria interesse em conhecê-lo?' Respondi que não era ator, mas adoraria conhecê-lo, e ela marcou uma visita à casa de David, que recordo como um espaço vazio. Acho que havia duas caixas de som e duas cadeiras muito distantes uma da outra. Era cru, mas ele foi muito gentil e amigável, e tudo o que eu dizia o fazia rir. Ele disse: 'Acho que você

258 ESPAÇO PARA SONHAR

é perfeito', e três dias depois estávamos filmando. No início fiquei intimidado com a perspectiva de interpretar o papel, mas David conduz, e foi tão divertido que parei de me preocupar."[6]

Também pela primeira vez no set com Lynch estava a supervisora de roteiro Cori Glazer, que se tornaria um pilar das suas equipes. Ela recebeu a oferta de 50 dólares ao dia para trabalhar como assistente de produção, que foi o início da sua carreira. "Recordo que pensei: se tivesse que trabalhar com um só diretor pra sempre, queria que fosse com ele", conta. "Amei a sua criatividade, e ele tem o maior coração que já conheci. Recordo que Isabella veio visitá-lo no set e ele mandou um M&M verde para ela. Ele está sempre alegre, e no fim do dia agradece às pessoas, sabe o nome de todos da equipe, até o último assistente de produção. Se alguém lhe entrega uma xícara de café, ele fita a pessoa nos olhos e diz: 'Obrigado, Johnny, muitíssimo obrigado.'"[7]

Naquele ano Lynch debutou como ator num papel significativo, em *Zelly e eu*, de Tina Rathborne, a história do amadurecimento de uma menina dividida entre a avó abusiva e uma governanta amorosa, interpretada por Rossellini; Lynch fez o misterioso namorado da governanta, Willie. "Tina [que dirigiu os episódios 3 e 17 de *Twin Peaks*] tinha feito um filme sobre uma mulher casada e com uma doença que achei muito bonito, e quando nos encontramos para falar sobre *Zelly e eu* fiquei interessada", conta Rossellini. "Faço o papel de uma babá que tem um namorado, mas nenhum dos atores que testamos para o papel servia. A história evoca outro século, quando as pessoas não consumavam o seu amor tão rapidamente, e os atores que testamos eram modernos e sexy demais. David é amável e educado, e quando fez o teste Tina se convenceu."

O filme foi lançado no Festival de Sundance em 23 de janeiro de 1988, e estreou nos cinemas em 15 de abril, com críticas sofríveis. Lynch guarda sentimentos contraditórios quanto à sua atuação, e raramente falou a respeito, mas parecia à vontade em sua nova posição na paisagem cultural. Estava ficando famoso.

"Recordo a primeira vez que alguém lhe pediu um autógrafo quando estava comigo", conta Martha Levacy. "Foi por volta de 1988 e estávamos num Denny's ou algo assim, e duas pessoas vieram com um guardanapo pedindo para autografá-lo. Ele tomou aquilo com calma: 'É, algumas pessoas começam a me reconhecer.' Não pareceu afetado. Era só a constatação de um fato, e ele foi sempre muito amável. Nossos pais nos ensinaram a ser assim."

Lynch estava a ponto de ficar *muito* famoso. Tony Krantz, jovem agente que começara na sala de correspondência da Creative Artists Agency em 1981 e galgara posições corporativas, pensou que a forma de Lynch contar histórias se traduziria bem na estrutura episódica da televisão. "Quando soube que David estava trabalhando com um roteirista sênior de *Chumbo grosso*, pensei que poderia ser uma oportunidade inusitada! Queria fazer um seriado de sucesso e vi ali uma chance, então me reuni com eles e os convenci a tentar. Eles apresentaram uma coisa intitulada *The Lemurians* [Os lemurianos] sobre o continente de Lemúria, onde o mal prevalecia. O continente desaparecia no oceano deixando poucos sobreviventes, e o programa era sobre agentes do FBI com contadores Geiger que buscavam e matavam os lemurianos remanescentes. Levamos aquilo a Brandon Tartikoff, presidente da NBC, que encomendou um filme, mas David se negou, porque tinha sido pensado como seriado. Então, embora tenhamos vendido a história, ela morreu.

"David e eu almoçávamos juntos com frequência", prossegue, "e um dia estávamos no Nibblers, olhei em volta e comentei: 'David, este é o seu mundo, estas pessoas, os detritos de Los Angeles. Deveria ser tema de um seriado." Aluguei *A caldeira do diabo* para que ele e Mark vissem, e insisti: '*A caldeira do diabo* casa com o seu mundo, David.'"[8]

Embora Lynch tenha odiado *Peyton Place*, Frost afirma que àquela altura tinham "bolado uma coisa. Fomos a uma reunião de apresentação na ABC com alguns executivos, inclusive o chefe de programação da emissora, Chad Hoffman. Conversamos sobre essa ideia, que originalmente se intitulava *Northwest Passage* [Passagem para o noroeste], e eles toparam."

Lynch e Frost tiveram essa bem-sucedida reunião inicial em março de 1988, justo quando começava uma greve do Sindicato dos Roteiristas que se estenderia até agosto. "Por causa da greve tudo ficou em suspenso por quase um ano, criando um hiato após a primeira reunião na ABC", rememora Frost. "Quando a greve acabou eles ligaram e disseram: 'Queremos ir em frente com aquele projeto que vocês apresentaram', mas àquela altura não conseguíamos lembrar muito bem o que tínhamos dito! Então voltamos a conversar, nos reunimos com eles e nos disseram para escrever. Sabíamos que seria um seriado sobre o assassinato de uma rainha de baile de formatura, e a primeira imagem que tivemos foi a de um cadáver flutuando à margem de um lago."

Uma investigação sobre os mistérios de uma cidadezinha ambientada na mesma época indeterminada de *Veludo azul*, *Twin Peaks* tinha um arco narrativo mais claro e, no entanto, a história era suficientemente elástica para acomodar novas ideias pelo caminho. Por exemplo, enquanto Frost e Lynch escreviam os primeiros episódios, o segundo teve a oportunidade de conhecer o Dalai Lama, que lhe falou sobre a luta do Tibet. Isso levou à cena em que o agente Dale Cooper dá uma palestra sobre o tema à equipe do xerife de *Twin Peaks*.

Esse material nada convencional conseguiu chegar à TV aberta em parte porque Frost sabia navegar naquele mundo. Roteirista experiente que conhecia os ritmos e limitações do meio, ele foi um bom complemento para Lynch, e cada um contribuiu com distintos aspectos. "Inicialmente, parte da minha contribuição estava em conhecer melhor do que David as regras da televisão", explica Frost. Lynch recorda que este tinha no escritório uma *chaise longue*, como um divã de psicanalista, onde se deitava e falava, enquanto Frost datilografava.

"Jogávamos ideias no ar e as rebatíamos de lá para cá, como num jogo de pingue-pongue", conta Frost. "As cenas se insinuavam e lhes dávamos forma, e um de nós era sempre mais capaz de dar voz a certos personagens. A estrutura pode ser o meu ponto forte, mas David teve ideias tremendamente boas para a atmosfera e os personagens, bem como para pequenos detalhes e comportamentos indeléveis e singulares. Os gostos dele são mais sombrios que os meus, e às vezes isso era tema de discussão, mas sempre a resolvíamos. Nenhum dos dois disse: 'Isso não vai dar certo', e foi embora."

"Não estávamos muito empolgados com aquilo", conta ele sobre a redação do roteiro do piloto de duas horas. "Foi mais como: Bem, aqui está outra coisa para experimentar. Escrevemos o piloto rapidinho — acho que não levou mais de um mês — e o primeiro rascunho foi o rascunho final. Lembro-me de David sentado no meu escritório enquanto eu fazia duas cópias; depois ele foi para casa, leu tudo e me ligou à noite: 'Acho que temos algo bom.'"

Lynch tinha desenhado um mapa da cidade de Twin Peaks (que hoje está pendurado na parede do escritório de Krantz), que eles levaram ao entregar o roteiro à ABC e serviu de referência para descrever o mundo evocado no roteiro. Brandon Stoddard, presidente da ABC Entertainment, ficou encantado e encomendou o piloto para um possível seriado, em 1989.

"Depois telefonaram pedindo uma reunião para sugestões", conta Frost. "Um executivo tirou do bolso uma lista de anotações dizendo: 'Tenho umas observações, se estiverem interessados'. David retrucou: 'Não, não estamos', e o homem pôs as anotações de volta no bolso com uma expressão encabulada.

Aquilo traçou uma linha, tipo: Vocês queriam uma coisa diferente, então não estraguem tudo! E não se meteram muito."

Olhando o período retrospectivamente, Montgomery recorda que "havia muitos projetos se amontoando. David consegue fazer muitas coisas ao mesmo tempo, mas não estava prestando muita atenção a *Twin Peaks* no início da pré-produção. Porém, o trem estava esquentando os motores na estação. Então eu propus: 'Por que você não vem à Propaganda?' Tínhamos um escritório novo com muito espaço, e sugeri que ele pusesse Mark Frost num escritório e Johanna Ray escalasse o elenco lá."

A escalação do elenco envolveu certa serendipidade, algo típico nas produções de Lynch. Lynch conheceu Michael Anderson, que dança e fala frases ao contrário na série, no Magoo, uma boate de Manhattan, em 1987. Anderson estava vestido de dourado e puxava um carrinho, e Lynch imediatamente o enxergou no papel de Ronnie Rocket. O vice-xerife Andy Brennan foi interpretado por Harry Goaz, que era o motorista de um carro que Lynch alugou para ir a uma homenagem a Roy Orbison. Quanto à contratação de Kyle MacLachlan como o agente Dale Cooper, personagem principal do seriado, Lynch afirma: "Kyle nasceu para esse papel." MacLachlan tem uma interpretação impecável como Cooper, uma espécie de sábio inocente que se encanta com as maravilhas do mundo enquanto tenta compreender seus mistérios mais sombrios. MacLachlan tem timing cômico e está irresistivelmente charmoso e engraçado no papel.

O ator Ray Wise, que interpretou Leland Palmer, comenta: "Para David, tudo reside no elenco. Ele é muito intuitivo, e por um motivo ou outro se conecta com um indivíduo e sabe colocar aquela pessoa no lugar certo. Os atores também percebem a confiança que deposita neles, o que os encoraja a se despir de inibições e se deixar levar pelo que acontece em cena."[9]

A enlutada esposa de Leland Palmer, Sarah Palmer, é interpretada por Grace Zabriskie, no primeiro de cinco projetos que fez com Lynch. Sarah Palmer parece carregar a angústia de toda a cidade, e Zabriskie teve de empregar um tom extremamente emocional em toda cena em que aparece; ela tem uma interpretação virtuosa e arrebatadora, mas também violenta. "Lembro que um dia no set David me perguntou: 'Fazemos mais um?' e respondi: 'David, passei do meu limite 17 tomadas atrás!'

"Você não tem ideia de quanto está retendo até trabalhar com alguém que não quer que você se segure", explica Zabriskie. "Posso apresentar pratica-

262 ESPAÇO PARA SONHAR

mente qualquer coisa que venha à minha mente e, se puder, David o usará. Todos os projetos que fiz com ele têm sido profundamente divertidos. Há uma troca subliminar e silenciosa entre nós, que por isso mesmo é muito valiosa."[10]

Twin Peaks lançou várias carreiras, e os atores que David descobriu continuaram profundamente gratos. "Eu era muito jovem e estava tão nervosa quando conheci David que sentei em cima das mãos, porque tremiam muito", conta Sheryl Lee, que interpretou Laura Palmer. "Mas ele tem um jeito tão amável e gentil que logo deixa a gente à vontade. Perguntou o que eu achava de tomar um banho de tinta cinza, ser enrolada em plástico e mergulhada em água fria, e respondi: 'Tudo bem!'"[11]

O papel de Nadine Hurley, inicialmente pensado como uma personagem menor que depois cresceu, foi para Wendy Robie, que afirma: "Tive uma conversa maravilhosa com David e Mark, e David avisou: 'Um dos seus olhos vai levar um tiro', ao que perguntei: 'Ah, qual deles?' Ele gostou e riu, e um amigo, que trabalhava no escritório onde nos conhecemos, contou que depois que saí ele teria dito: 'Lá vai a Nadine.'"[12]

Mädchen Amick, que fez a garçonete e esposa maltratada Shelly Johnson, atrasou-se na tarde em que ia conversar sobre o seriado. "Só cheguei à reunião às 11 da noite", conta. "E David esperou! Johanna, Eric [Da Re] e Mark também estavam lá, Eric leu comigo e depois David disse: 'Então, quer fazer um programa de TV?' Concordei: 'Sim, quero.'"[13]

Twin Peaks tinha também um punhado de atores veteranos que há algum tempo não atuavam. Russ Tamblyn, Piper Laurie, Peggy Lipton, Richard Beymer e Michael Ontkean eram alguns deles, e todos chegaram por diferentes caminhos.

"Em janeiro de 1986, Dennis Hopper fez uma festa de 40 anos para David, eu morava com Dean Stockwell à época, e ele me levou", conta Tamblyn. "Eu era fã de David, e em algum momento, quando todos se juntaram ao redor dele enquanto abria cartões, ele abriu um com a foto de uma mulher nua cercada por um monte de homens. Virou-se para mim e perguntou: 'Russ, não gostaria de ser um desses caras?' Era uma abertura, e aproveitei: 'David, o que eu realmente gostaria é de trabalhar com você', e ele assentiu: 'No próximo projeto'."

"Há muita falação à toa em Hollywood, mas David não é assim", prossegue. "Passaram-se dois anos e, quando estava escalando o elenco de *Twin Peaks*, ele me procurou. Nunca esquecerei as primeiras coisas que disse quando nos

ENROLADA EM PLÁSTICO **263**

sentamos: 'Russ, quero que você interprete o papel assim assado...' Eu só conseguia pensar que ele não queria que eu fizesse um *teste* para o papel; ele disse que queria que eu o *interpretasse.*"[14]

Tamblyn, claro, chegou ao estrelato em 1961 como protagonista no filme musical clássico *Amor, sublime amor*. Seu antagonista era Richard Beymer que, coincidentemente, também trabalhou em *Twin Peaks*. "A primeira impressão que tive de David é que era uma pessoa disponível", conta Beymer sobre seu encontro com Lynch na Propaganda. "Não foi a reunião de praxe em que você vai conhecer o diretor. Foi relaxada. Horas depois Johanna Ray ligou dizendo: 'Ele quer que você interprete um personagem chamado Dr. Jacoby', e depois ligou de novo: "Não, ele quer que você seja um empresário chamado Ben Horne. Pensei: *droga, Jacoby parecia muito mais divertido*, mas na verdade o meu papel era divertido."[15]

O ator canadense Michael Ontkean, cuja carreira começou na televisão na infância e que coestrelou *Vale tudo* com Paul Newman, em 1977, recorda vividamente o encontro com Lynch. "O cabelo dele era grosso, espesso, num corte rockabilly pós-moderno, e eu estava eufórico com o nascimento recente da minha segunda filha", conta. "Era um entardecer, fim do outono, estávamos dentro de casa em Los Angeles, mas era como se estivéssemos ao ar livre em algum lugar em Maine ou Oregon. David usava uma jaqueta de pesca pra lá de estilosa, e eu buscava com o olhar a caixa aberta com os equipamentos de pesca e o balde cheio de trutas."[16]

A escalação de elenco correu sem problemas, e Lynch seguiu se ocupando com outras coisas. "David foi a Nova York trabalhar em umas músicas com Angelo, e *Twin Peaks* avançava", recorda Montgomery. "Contrataram um gerente de produção em Seattle encarregado do orçamento, cronograma e locações, eu supervisionava tudo periodicamente, e um dia disse a David: 'Acho que a pré-produção não está sendo muito bem conduzida'. Ele me pediu para checar, e depois de ir fundo no assunto vimos que aquilo ia dar num grande desastre. Informei David sobre o prognóstico e ele propôs: 'Quero que você seja o produtor.'

"Então fiquei com ele nas trincheiras durante toda a filmagem, a tal ponto que às vezes ele me mandava ir filmar alguma coisa, o que não é comum com ele", prossegue. "Ele não queria fazer aquilo, mas não havia alternativa. Estávamos debaixo de chuva, neblina e neve, 24 horas, dormindo com roupas de expedição. Foi uma produção ambiciosa e exigente, e David fez um trabalho excelente."

O piloto, completado em 22 dias e meio com um orçamento de quatro milhões de dólares, foi filmado principalmente em Snoqualmie, North Bend e Fall City, em Washington. "Puseram elenco e equipe num hotel Red Lion e ocupamos todos os quartos", conta Amick. "Era como estar num dormitório estudantil, com gente andando de lá para cá e visitando os quartos uns dos outros."

Escalada para ser Lucy Moran, a excêntrica secretária do xerife de *Twin Peaks*, Kimmy Robertson recorda que a filmagem do piloto foi "o paraíso, era só diversão, e houve umas bobagens com David que me pareceram mágicas. Se pedisse com jeitinho, ele me deixava passar os dedos pelo cabelo dele. O cabelo que cresce no alto daquela cabeça e o que há dentro dela — dava para sentir no cabelo. O cabelo de David faz algo, tem uma função, e a função tem a ver com Deus."[17]

Algumas cenas externas foram rodadas em áreas de bosque em Malibu, e as internas foram filmadas principalmente em um depósito em San Fernando Valley. As cenas de *Convite ao amor,* novela que é exibida dentro da série, foram rodadas na histórica Casa Ennis de Frank Lloyd Wright, em Los Angeles. Porém, foi em Washington que o elenco provou a própria determinação.

"Recordo que foi um dia muito longo", discorre Lee sobre a cena memorável de abertura de *Twin Peaks*, quando seu corpo nu é encontrado enrolado em plástico. "Eu meio que entrei em estado meditativo, e lembro-me de ter pensado, este é o meu primeiro set, estou aqui deitada muito quieta e sou como uma esponja. Ouço tudo e aprendo o que fazem os diferentes departamentos — ser um cadáver foi uma ótima maneira de aprender."

Lynch não confina as pessoas em seus quadrados quando as conhece, e costuma enxergar nelas coisas das quais às vezes não estão cientes. Um caso é o de Deepak Nayar, que chegara aos Estados Unidos no fim da década de 1980, proveniente da Índia, onde trabalhara para a franquia Merchant Ivory. Nayar tinha experiência cinematográfica, mas o único trabalho disponível em *Twin Peaks* era como chofer de Lynch. Ele aceitou.

"Lembro que estava esperando num escritório e ele entrou cheio de energia, estendeu a mão e disse: 'Prazer em conhecê-lo, Deepak', recorda; Deepak trabalhou com Lynch em diversas funções na década seguinte e coproduziu *Estrada perdida*, em 1997. "Conversamos sobre meditação e o fato de eu ser indiano, e só. Fui contratado como assistente pessoal e motorista, e foi maravilhoso."

"Ele me chamava de Figurão, e toda hora fazíamos apostas de um dólar", prossegue. "Um dia, alguns de nós estávamos esperando enquanto fazíamos uma cena nuns trilhos de trem, e David estava atirando pedras. Eu disse: 'Um dólar, David, que você não consegue acertar aquele poste ali.' Ele não acertou, e replicou: 'O dobro ou nada que você tampouco consegue", e acertei. Ele me acusou de pegar uma pedra maior! Ele era muito divertido e um bom diretor no set. Nunca perde a calma, nunca aumenta a voz e, o mais importante, nunca deixa o set. Certas coisas incríveis em *Twin Peaks* só aconteceram porque ele estava no set e soube responder criativamente ao inesperado."[18]

Um aspecto central do dom de Lynch é a fluidez da sua imaginação. Ele aproveita o que tem à mão em vez de buscar o que não tem, algo apontado por todos que trabalharam com ele. "Uma das coisas mais importantes que David me ensinou é a estar presente de verdade", relata Sheryl Lee. "Ele presta atenção a tudo, se adapta ao que acontece ao redor e transforma isso em arte, porque não se apega ao que deveria ser. Em parte é o que faz ser tão empolgante estar com ele no set, que é muito animado."

Richard Beymer relembra: "David levava o roteiro a sério, e claro que tínhamos de decorar nossas falas, mas ele frequentemente criava outras novas, que lhe surgiam espontaneamente. Um dia cheguei, ele estava filmando e fiquei ao fundo, esperando, com um novo par de sapatos que estavam um pouco duros. Na infância tinha aprendido sapateado, então sapateei um pouco para amaciá-los, ele viu e perguntou: 'Você dança?', e respondi: 'Sim, eu dançava um pouco'. Então ele propôs: 'Por que não dança na próxima cena?' Retruquei: 'David, na próxima cena digo que vou matar alguém', e ele: 'Vai ficar ótimo! Na verdade, você vai dançar em cima da sua escrivaninha.'"

Lynch respeitava o roteiro de *Twin Peaks*, no entanto o programa funcionava como uma obra em andamento, e os personagens foram adquirindo profundidade no processo. "David não explica o personagem que você está interpretando", relata Mädchen Amick. "Ele me deixou descobrir Shelly, me viu começar a engatinhar na pele dela, e só depois reagiu."

Vários papeis foram ampliados além da concepção original, em geral porque Lynch gostava do que o ator dava ao personagem. "Acho que sei por que David deu mais espaço a Nadine", conta Wendy Robie. "Numa cena a câmera foi instalada do outro lado da rua e eu estava no interior da casa dos Hurley, abrindo e fechando as cortinas. Não havia diálogo — só se via a figura na janela puxando as cortinas para lá e para cá, e enquanto filmávamos ouvi

266 ESPAÇO PARA SONHAR

David rindo no walkie-talkie que um assistente tinha na sala. Ele manteve a câmera rodando e continuou rindo, então repeti aquilo até minhas mãos começarem a sangrar."

Amick descreve o estilo de Lynch no set como "bem mãos à obra. Numa cena estou andando de carro com meu namorado Bobby, e David estava no chão do carro enquanto filmávamos dizendo coisas como 'Ok, esfregue o nariz nele agora'. Em outra cena eu estava no telefone e de repente ele disse: 'Mädchen, quero que você erga os olhos para o teto muito lentamente. Vire-os bem devagar, olhe, olhe, olhe' — depois 'Corta!' Perguntei, mas qual é minha motivação para isso?' E ele: 'É que fica bonito.'

"O modo como ele consegue o que quer dos atores é meio mágico", prossegue Amick. "Recordo de filmar uma cena em que Shelly conta coisas dolorosas à sua chefe, Norma Jennings; David e eu sabíamos que eu precisava chegar a um lugar profundo. Fizemos algumas tomadas, então ele se aproximou, pôs a mão no meu braço, me fitou, suspirou e foi embora, e foi como se tivesse me transmitido a emoção que a cena exigia. Sem dizer uma palavra ele me entregou o que eu precisava."

Tamblyn se impressionou porque "David se sentava o mais perto possível quando dirigia. Numa cena, o Dr. Jacoby está no hospital conversando com o agente Cooper e o xerife Truman porque ouvira que Jacques Renault tinha sido assassinado numa cama próxima, e David deu uma instrução estranhíssima. Fizemos uma tomada e ele disse: 'Russ, vamos fazer novamente, e dessa vez não pense no que está dizendo nem no significado das palavras. Pense apenas em fantasmas.' Aquilo era típico do modo como ele dirigia, e funcionou muito bem na cena."

"David criava a atmosfera e o tom do que iria ocorrer", conta Ray Wise, "e tinha a habilidade extraordinária de dizer a coisa adequada que punha você na direção certa. À sua maneira, os personagens eram feridas abertas que precisavam ser expressas, e não havia limites para essa expressão. Ele nos fazia abrir e dar cem por cento, e isso se percebe em toda a sua obra. Veja a atuação que extraiu de Dennis Hopper! Ele deixa os atores irem até o fim."

Lynch também está disposto a esperar que cheguem lá. "David foi o único diretor em 40 anos que me pediu para diminuir o ritmo e dar mais tempo a alguma coisa", conta Michael Ontkean. "Bem depois da meia-noite o xerife Truman está de vigia, fitando o abismo desalentador que é o Black Lodge, esperando, rezando para encontrar um sinal do amigo Cooper. Cinco ou seis tomadas, cada vez mais lentas, vão e vêm, e o único som após cada uma é o sussurro claro e assustador de David sugerindo que Harry se demore *mais* ainda. A eternidade não é demasiado longa para a espera."

Kimmy Robertson recorda o seu período no set: "David tem todo um processo quando dirige. Senta com você e cria um cone de silêncio ao redor com sua energia, depois cria a cena. A primeira cena que rodei foi aquela em que Lucy passa uma ligação para o xerife Truman, e ele explicou: 'Entra uma ligação importante. Lucy é eficiente, meticulosa, se importa com todos na sala, quer assegurar que ninguém se equivoque, sente o pulso da cidade. Como ela diria: A chamada é para você?'"

Amick tem lembranças particularmente boas do dia em que sua personagem é beijada pelo agente do FBI Gordon Cole, papel interpretado pelo próprio Lynch. "Fiquei tão honrada de ser quem ele beijava! As garotas ficaram com um pouco de inveja, foi uma coisa meio como: ah, a queridinha do professor." Quanto ao beijo? "Foi adorável e muito suave." Kimmy Robertson confessa que também beijou Lynch. "Foi numa festa de término de filmagens há muito, muito tempo. Acho que foi um dia na vida dele em que não estava com ninguém, dançamos uma música sobre beijos, beijei-o e sumi."

Os termos do contrato com a ABC estipulavam que Lynch filmasse um final fechado alternativo para que o piloto pudesse ser lançado na Europa como um filme. A exigência levou à cena final do seriado na Sala Vermelha, uma misteriosa espécie de estado entre a morte e o renascimento onde enigmas se apresentam e segredos são revelados. As pessoas na Sala Vermelha falam de trás para a frente, ideia que rondava a mente de Lynch desde 1971, quando ele e Alan Splet o gravaram dizendo "Quero lápis" de trás para a frente para uma cena de *Eraserhead* que nunca foi rodada. A versão ampliada de *Twin Peaks* que concluía com a cena na Sala Vermelha foi lançada em vídeo no Reino Unido, cinco meses antes de o piloto ir ao ar nos Estados Unidos.

"Quando David entra no set sabe exatamente como tudo deve ser, até onde o copo deve estar na mesa", explica Sighvatsson. "Ele simplesmente sabe, e quando chegou ao set no dia em que armamos a Sala Vermelha ele pirou, porque a porta estava do lado direito, e não do lado esquerdo. Perguntei: 'David, mas que diferença faz?' Ele enxergava uma diferença, e insistiu para que refizéssemos o set, pois já tinha a cena na cabeça e o que filma tem de estar de acordo com o que visualiza."

268 ESPAÇO PARA SONHAR

O pessoal da indústria que assistiu ao piloto ficou impressionado. "O piloto é muito parado e silencioso, na primeira meia hora praticamente só há gente se lamentando e recebendo más notícias", descreve Frost. "Tem um ar de realidade e um ritmo ao qual ninguém estava acostumado — leva um tempo, e embora conte uma história intrincada, não o faz de pronto. Ele tem toques míticos que o levam a outro plano, mas permanece terreno. As crenças espirituais de David são parte importante do poder da série, e ela possui uma espécie de pureza solene comparável a *Diário de um padre*, de Robert Bresson."

Robie assinala: "Antes de *Twin Peaks* não havia trabalhos multifacetados na televisão. Era sempre comédia, drama ou suspense, nunca tudo ao mesmo tempo. Percebia-se o humor em *Twin Peaks* de imediato, porém David exibia também dor e medo e a sexualidade, sem perder de vista o que era engraçado. Eu costumava chegar ao set achando que conhecia bem o material, mas ele sempre via além."

Brandon Stoddard, que encomendou o piloto para a ABC, saiu da rede em março de 1989, um mês após o início das filmagens, e a série foi parar nas mãos do executivo de programação Robert Iger, que a levou ao ar. "Soubemos que era algo especial quando estávamos rodando o piloto", conta Ray Wise, "e recordo que fui à primeira apresentação no Sindicato de Diretores e pensei: *nossa, isso é incrível*. Porém, não tinha ideia de como a audiência da ABC ia encarar aquilo."

Iger gostou do piloto, mas não foi fácil persuadir o pessoal de alta patente a levá-lo ao ar, e o último confronto se deu em uma conferência telefônica entre ele e uma sala lotada de executivos em Nova York. Ele venceu, e em maio de 1989 a ABC finalmente programou o seriado para meados da temporada e encomendou outros sete episódios. Orçados em 1,1 milhão de dólares cada, foram escritos e terminados meses antes de o piloto ir ao ar.

"David e eu escrevemos os primeiros dois episódios da primeira temporada, e depois criei uma equipe de roteiristas que incluiu Harley Peyton e Robert Engels", conta Frost. "Quando outros escritores vieram, receberam as regras básicas e os argumentos detalhados, e conversamos sobre o conteúdo e o tom das cenas. Gravamos essas reuniões e distribuímos as fitas entre os roteiristas como uma referência para o seu trabalho."

A participação de Lynch era limitada, porque um mês depois de a ABC contratar o restante dos episódios da série ele foi a Nova Orleans gravar seu quinto filme, *Coração selvagem*. Lynch consegue manter várias bolas no ar, e pouco depois de terminar de rodar, no outono de 1989, foi a Nova York trabalhar na trilha sonora do filme com Badalamenti.

Aparentemente, ele achou que estando em Nova York podia também encenar um espetáculo, e em 10 de novembro estreou *Industrial Symphony nº 1: The Dream of the Brokenhearted* [Sinfonia industrial nº 1: O sonho dos inconsoláveis] na Academia de Música do Brooklyn (BAM). Fruto de uma colaboração com Badalamenti e produzida em tempo recorde, *Industrial Symphony* foi uma obra-prima de promoção cruzada, e o programa de 45 minutos trazia uma variedade de elementos díspares: havia um clipe com os atores de *Coração selvagem*, Nicolas Cage e Laura Dern, interpretando um casal que termina a relação pelo telefone, e o ator Michael J. Anderson no papel de Woodsman, o qual pacientemente serra um tronco no palco. Julee Cruise canta quatro canções do seu disco de estreia de 1989, *Floating into the Night*, lançado dois meses antes com produção de Lynch e Badalamenti, que compôs todas as canções do disco.

John Wentworth produziu o espetáculo na BAM e rememora: "Foi uma experiência fantástica. Eu estava gravando os efeitos sonoros de *Coração selvagem* enquanto trabalhava em *Twin Peaks*, e de repente estávamos fazendo *Industrial Symphony* também — a BAM ofereceu uma brecha na programação e David aproveitou-a. Ele nem sabia o que íamos fazer quando chegamos lá, mas deu asas à imaginação e pusemos aquilo de pé em duas semanas. Foi uma produção gigantesca. Havia dançarinas de Las Vegas, atores em pernas de pau, anões, aparadores de grama — uma coisa louca. Todos os projetos de David são maravilhosos, e esse foi realmente especial, pois foi uma coisa idiossincrática da gestalt, um estouro."

A principal figura na peça, Julee Cruise, explica: "Não sei dizer realmente do que tratava *Industrial Symphony*. Fiquei suspensa por cabos, flutuando em um vestido de baile, com uma peruca afro horrorosa, e David levou aquela coisa improvisada ao palco ao vivo, estava superansioso. Fizemos um ensaio rápido e duas apresentações do espetáculo. Foi caótico, mas muito divertido." (Mais tarde a Propaganda, que coproduziu a peça, lançou um DVD da obra.)

A estreia de Lynch no meio musical com o disco de Cruise *Floating Into the Night* foi arquitetada por Brian Loucks, agente musical da Creative Artists Agency, que o procurou quando *Veludo azul* estava em produção, na esperança de contribuir com música para o filme. "David explicou: 'Tenho uma pessoa, o Angelo'", conta Loucks, que continuou fazendo contato periodicamente.[19]

270 ESPAÇO PARA SONHAR

Em 1987 Lynch explicou-lhe que estava interessado em gravar um disco com Julee Cruise, e Loucks ajudou-o a assinar com a Warner Bros. Records.

Naquele período Lynch estava produzindo em um ritmo frenético, e dias antes da apresentação na BAM foi lançado o clipe que tinha dirigido para "Wicked game", a canção de Chris Isaak que se ouve em *Coração selvagem*. Antes do fim do ano, dirigiu quatro comerciais para uma fragrância da Calvin Klein e fez uma exposição na Galeria N. No. N, em Dallas.

Enquanto isso, o piloto de *Twin Peaks* estava travado devido a uma série de indecisões na programação, e um ano inteiro se passou entre o término da filmagem e a estreia, às 21h do dia 8 de abril de 1990. Quando o seriado finalmente foi ao ar, a audiência já estava formada. "Houve exibições privadas e alguns roteiristas que viram piraram com aquilo, então circulava um rumor antes de o seriado ir ao ar", recorda Frost. "Quando foi exibido, havia muita expectativa, e a audiência foi enorme.

"A coisa andou muito rapidamente", prossegue. "*Twin Peaks* foi como montar um touro no olho de um furacão, tremendamente desestabilizador para todos os envolvidos. Estar sob tantos olhares atentos é uma coisa absurda, e não foi só nos Estados Unidos — foi mundial. Ficou complicado no segundo ano, quando tentávamos fazer o seriado ao mesmo tempo em que ele ganhava vida própria como um fenômeno cultural, e muitas vezes essas forças se opunham."

Distribuído internacionalmente, o seriado foi um enorme sucesso, e em outubro de 1990 Lynch foi capa da revista *Time,* com um artigo que o coroava como "o tsar do bizarro". A indústria do merchandising no seriado não era pouca coisa. Havia gravatas borboleta, bonecos, dioramas, camiseta com odor de café, almofadas, chaveiros, canecas, cartazes, cartões, bolsas e joias, entre outras coisas. Jennifer Lynch escreveu *O diário secreto de Laura Palmer*, publicado em 15 de setembro, após a primeira temporada e antes da segunda. Em questão de semanas o livro chegou ao quarto lugar na lista de mais vendidos de ficção do *New York Times*. John Thorne e Craig Miller lançaram *Wrapped in Plastic* [Enrolada em plástico], um fanzine para os fanáticos de *Twin Peaks* que foi publicado durante 13 anos.

No entanto, a ABC parecia determinada a matar a galinha dos ovos de ouro. Desde o início, o motor do seriado foi a pergunta "Quem matou Laura Palmer?" O mistério era central na tensão narrativa que alimentava cada episódio, porém, no meio da segunda temporada, a rede insistiu em revelar a identidade do assassino. A partir dali tudo foi ladeira abaixo. "Brigamos para manter vivo o mistério, mas houve muita pressão da rede", explica Frost. "A ABC havia sido comprada pela Capital Cities, a empresa de mídia mais conservadora do país. Acho que o seriado os deixava profundamente incomodados, o que explica em parte a transferência para as noites de sábado na segunda temporada. Foi uma mudança horrível, em vista do que o seriado lhes havia proporcionado na programação inicial."

Lynch voltou para escrever e dirigir o primeiro e o último episódio da segunda temporada e dirigiu dois episódios adicionais, mas tudo já tinha desandado naquele momento. "Quando a identidade do assassino foi revelada, o balão murchou", prossegue Frost. "Em seguida, a televisão foi meio que sequestrada pela Guerra do Golfo, e fomos substituídos pela guerra em seis de oito semanas. A história era complexa, e a audiência não conseguia acompanhá-la de um modo esporádico."

Transferir o seriado para uma faixa de horário inferior e com exibição irregular não ajudou em nada, mas ele apresentava outros problemas. "É verdade que na segunda temporada houve fragilidades no roteiro", admite Frost. "David estava longe, fazendo *Coração selvagem*, e assinei um contrato para dirigir um filme intitulado *Storyville - Um jogo perigoso*, então estávamos no limite; além disso, fizemos a besteira de ouvir nossos agentes e vendemos outro programa para a Fox, intitulado *American Chronicles* [Crônicas americanas]. Não havia horas suficientes no dia para fazer tudo aquilo direito."

O elenco estava ciente de que na segunda temporada a série começara a se desintegrar. "Quando David saiu foi como se tivesse abandonado a série", relata Kimmy Robertson. "Não tenho nada contra os que trabalharam na segunda temporada — todos fizeram o que tinham de fazer, e sinceramente não sei de quem foi a culpa. Só sei que não gostei da entrada constante de novas mulheres e do abandono do argumento inicial. As pessoas chegavam, punham um caleidoscópio na câmera, e diziam: 'Ah, veja só, muito lynchiano.' Ninguém gostou do rumo que o seriado estava tomando."

"Recordo que estava sentada no camarim esperando o momento de fazer outra cena em que Lucy se zanga com Harry — ela estava sempre zangada com ele", prossegue Robertson. "Ela foi pensada assim por já não ser parte importante no seriado. David e Mark valorizavam Lucy, e o seriado não tinha como funcionar sem eles dois."

"David tem uma conexão com Deus, o universo e o caminho criativo, e há muitos desvios e bifurcações em sua cabeça que levam a arquivos, salas e

272 ESPAÇO PARA SONHAR

bibliotecas, e ele pode estar em todos ao mesmo tempo", conta. "Mark é o bibliotecário, está lá checando as coisas, e entra e sai dizendo: 'Não, você não pode usar tudo isso de uma vez, mas podemos fazer isso em determinada sequência.' Para funcionar, o seriado precisava dos dois, mas eles já não eram uma equipe na segunda temporada."

Em 10 de junho de 1991, uma semana depois de o 15º episódio da segunda temporada ficar em 85º lugar dentre 96 programas, a ABC pôs o seriado em suspenso indefinidamente. "A rede tratou o seriado muito mal; a audiência tinha caído, mas David fez um trabalho brilhante reescrevendo e redefinindo o último episódio, quando a Sala Vermelha entra em cena", relembra Frost. "Ele fez algo extraordinário no último episódio, o que levou a emissora até a pensar sobre uma terceira temporada, mas acabaram cancelando mesmo. Mas àquela altura David e eu achávamos que já estava de bom tamanho e deveríamos partir para outra."

Refletindo sobre o fim o seriado, Krantz comenta: "Não sei se David pensou bem no que aconteceria com o seriado quando o deixou para fazer *Coração selvagem*. Entendia o suficiente sobre o funcionamento da televisão para saber que o seriado precisava ir em frente e, embora precisassem do seu pó mágico, não podiam parar a produção se ele se atrasasse, porque tinham de seguir."

Não houve escassez de talentos na segunda temporada de *Twin Peaks*, mas não se pode negar que houve atritos entre Lynch e Frost. "A tensão deveu-se em parte à frustração de Mark com o fato de o seriado ser considerado uma obra de Lynch", avalia Krantz. "Eles o criaram juntos. A abordagem de Mark ao contar a história permitiu à arte de David funcionar na televisão, o que foi crucial. Um não existe sem o outro, e eles criaram a unidade perfeita. Mas Mark achou que David estava levando todo o crédito, e o seu ego entrou no meio.

"Mark teve o reconhecimento que desejava na segunda temporada, quando se encarregou de tudo e pôde por fim fazer o *Twin Peaks* de Mark Frost,", prossegue Krantz. "Ele e Harley Peyton criaram novas histórias e novos personagens, em vez de focar nos regulares da primeira temporada. Porém, David não gostou dos roteiros, e não pré-aprovou alguns enredos. Era meio: 'Ei, espera aí, você está desvirtuando o sonho que fez da primeira temporada algo tão incrível. Isso é um arremedo e uma versão falsa.'"

"Então a rede forçou-o a revelar quem matou Laura Palmer, e ele estava certo em resistir a isso", acrescenta Krantz. "Foi claramente um erro da ABC, mas há outras razões para o fracasso da segunda temporada. Há que se ter responsabilidade criativa, e a relação criativa entre David e Mark tinha sido destruída. Havia um restaurante chamado Muse que eles e eu costumávamos frequentar, e um dia estávamos lá e disse: 'Vocês acabaram de receber 17 indicações ao Emmy.' Literalmente uni as mãos de ambos e pedi: 'Vocês precisam se dar as mãos e ser uma equipe.'"

A relação entre Lynch e Frost não acabou, mas eles precisaram se afastar por um tempo, e Lynch se dedicou a outras coisas. "Fizemos vários anúncios juntos e um anúncio público sobre ratos para a cidade de Nova York", conta Montgomery. "Acho que David se divertiu fazendo-os — ele gosta de filmar qualquer coisa, e se você o puser numa sala com alguns materiais, ele é suficientemente engenhoso para criar algo. David é capaz de se adaptar a quaisquer limitações, e pouca gente consegue isso."

Enquanto *Twin Peaks* se arrastava em direção à linha de chegada, *Coração selvagem* veio, viu e venceu. Contudo, o amor de Lynch pelo mundo que criara com Frost não tinha sido abalado, e a marca que o seriado deixou nos atores é indelével.

"Tudo com David é sempre comovente", relata Ontkean, "é uma espécie de circo caseiro transformado num ritual pagão excêntrico. *Veludo azul* confirmou que ele é uma espécie de alquimista antigo, e do nada cria uma atmosfera palpável e duradoura. Você não vê os fios, os arames ou o coelho, a menos que ele queira."

Sheryl Lee explica: "Eu costumava dizer que era como se ele me hipnotizasse, porque David tem um modo de levar você numa direção que a princípio não parece lógica, mas ele rompe sua resistência e você termina num mundo maravilhoso de diversão onde não pensa demais nas coisas. Quando pisa no set com David sabe que vai fazer algo que nunca fez, e isso é emocionante."

Os atores de *Twin Peaks* são gratos a Lynch no que se refere às suas carreiras, mas ele também os afetou no plano pessoal. "David se importa profundamente com as pessoas e sabe da vida daqueles com quem trabalha, e isso é o que mais me toca nele", conclui Mädchen Amick. "Tenho muita sorte de ter sido tocada por essa linda estrela cruzando a nossa galáxia, e aprecio nossa relação. Ele me direcionou e me ensinou a ter altos padrões, e nada se compara à experiência que tive com ele."

Não choveram ofertas de trabalho depois de *Veludo azul*. Dispensei um filme intitulado A *força do carinho*, com Robert Duvall, que acabou sendo excelente, mas eu não achava que fosse o meu tipo de filme. Rick não me estimulou a fazer nada em particular — ele sempre foi excelente nisso.

Comecei a viver entre uma costa e a outra depois de *Veludo azul*, mas não gostava daquilo. Era bom estar em Nova York com Isabella e adorava estar na Europa, mas sou do tipo caseiro. Quando você se move todo o tempo não consegue trabalhar. Ainda assim, aconteceram coisas bem legais naquela época. Certa vez estava na Itália com Isabella, que fazia um filme com um diretor russo, e Silvana Magnano, que eu conhecia bem, também estava no filme. A filmagem era no sul de Roma, em lugares realmente mágicos. O chão lá parecia se elevar em platôs onde há mansões italianas minimalistas com escadarias que levam a lindos terraços — elas são incríveis.

Uma noite Silvana nos convidou para jantar e fomos a um restaurante ao ar livre com luzes bruxuleantes. Era época de cogumelos, que foi a base da refeição — o do prato principal era grande como um bife, e havia outros pratos com um cogumelo de cada sabor. Estávamos Silvana, Isabella, eu e Marcello Mastroianni. Tenho de admitir que fiquei um pouco deslumbrado. Ele e Silvana eram velhos amigos, ele foi muito simpático e contou várias histórias — foi uma noite extraordinária. Em algum momento comentei que Fellini e eu tínhamos nascido no mesmo dia e eu era um grande fã dele.

278 ESPAÇO PARA SONHAR

O meu filme favorito é $8^{1}/_{2}$, mas também adoro A *estrada da vida*, todos com grandes histórias. Na manhã seguinte quando saí do hotel havia uma Mercedes e um chofer que anunciou: 'Vim buscá-lo para ir à Cinecittà. Marcello conseguiu que o senhor passe o dia com Fellini.' Fomos para Roma, onde ele estava filmando *Entrevista*, ele me deu boas-vindas, sentei-me ao seu lado enquanto trabalhava e ficamos meio amigos.

Anos depois, estava na casa de Isabella em Long Island — acho que o lugar se chama Bellport — e uma noite fizemos um passeio de barco com amigos dela. Eles tinham uma lancha a motor que parecia um jipe de madeira, fiquei vidrado naquilo, perguntei onde o tinham conseguido, e disseram: "Compramos de Steen Melby." Fui conhecê-lo, era um cara ótimo, restaurador de barcos e tremendamente sábio. Ele propôs: "Tenho um barco para você — ele se chama *Little Indian*"; era muito lindo, quis tê-lo e comprei. Era um barco de Fitzgerald & Lee de 1942, projetado por John Hacker, e tinha sido usado como táxi na região lacustre de Thousand Islands, em Nova York.

Um dia Isabella disse: "Vamos pescar caranguejos", e o plano era que ela iria no barco dos amigos, que a buscariam muito perto da casa dela. Eu iria no *Little Indian* e os encontraria num ponto determinado para pescar. Deram-me as instruções de como chegar e era uma tarde mágica, muito linda, eu estava animado. Entrei no *Little Indian*, fui rio acima e cruzei uma espécie de Arco de St. Louis. A essa altura estava bem longe e comecei a ver boias. Tinham me dito: "vá até a linha de boias, quando elas acabarem você vira à direita. Siga outra linha de boias, vire à esquerda e estaremos lá."

Cheguei em meia hora, digamos, e pescamos. Eles atiravam umas jaulas metálicas na água, os caranguejos se agarravam nelas e era só puxá-las de volta. O que era aquilo? Acho que existe gente assim, que se aferra quando não deveria.

Deviam ser umas 17h30 quando decidimos voltar, e fomos por separado nas nossas embarcações. Ainda estava claro quando partimos, mas ao chegar ao final da linha de boias virei à esquerda e de repente parecia que tinha entrado num episódio de "Além da imaginação". O céu foi de ensolarado ao breu completo, numa tempestade tremenda. Num instante. Tive de ficar de pé no barco, porque chovia tão forte que não dava para ver nada pelo para-brisas, o barco ia a 9 quilômetros por hora e as ondas cresciam cada vez mais. Então lembrei que não tinha checado a gasolina antes de partir, o que sempre se deve fazer. Enfim, estava surfando aquelas ondas e perdi a conta das boias pelas quais tinha passado, até que topei com a traseira de uma enorme embarcação de pesca, como de dois ou três andares. Ela estava totalmente acesa, entrei na esteira dela, tudo se acalmou e gostei de surfar aquela onda do barco. Até que ele começou a virar à esquerda e pensei, o barco vai para o mar e não quero isso. Então virei à direita, com as ondas muito altas, estava escuro como breu, só nevoeiro e tempestade. De repente vi as luzes da costa e o arco na boca do rio, entrei e estacionei. Sei que para um marinheiro essa história não é nada de mais, mas para mim foi aterrorizante.

Depois de *Veludo azul* fui morar num apartamento em Westwood, mas gosto de arquitetura moderna e queria uma casa modernista. Disseram-me que a imobiliária Crosby Doe era o melhor lugar para procurar, então liguei e falei com um sujeito chamado Jan. Ele me mostrou umas casas, não gostei de nenhuma e em seguida fui para Nova York. Pouco depois de chegar lá, ele me ligou dizendo: "Acho que encontrei a sua casa." Quando voltei a Los Angeles ele foi me buscar para me mostrar a casa e avisou que era rosa. Estávamos subindo a Hollywood Hills quando avistei o lugar e imediatamente saquei que era aquele mesmo. Falei: "É essa", tremendo. Entramos e conheci Will, o proprietário, que tinha um tapete branco peludo que cobria tudo, mas não liguei. Percebi o que havia ali. Will disse: "Quero que seja de David e o preço é tal", respondi: "Ok", e me mudei em junho de 1987. Montei um ateliê no porão e fiz muitas pinturas lá.

Consegui comprar a casa, mas não diria que me sentia rico naquele momento. Nunca me senti rico. Na verdade, quando vivia em Rosewood era mais rico do que quando comprei a casa. Quando mudei para Rosewood, o aluguel era 85 dólares, e havia um cômodo grande com uma parede divisó-ria, então tinha um quarto, sala de estar, cozinha e banheiro com chuveiro e banheira. Tinha construído um depósito do lado de fora para as minhas ferramentas. Havia uma mesa para desenhar, geladeira, fogão, máquina de lavar e do teto pendia um varal para as roupas. Eu tinha carro, televisão, cadeiras, abajures e telefone, e enchia o tanque por três dólares num posto chamado "Y-Pay-More", no Santa Monica Boulevard com San Vicente.

Dinheiro é uma coisa engraçada. O sentido de ter dinheiro é sentir-se livre e, em termos relativos, acho que hoje tenho dinheiro, mas nunca me senti livre. É a coisa mais estranha. Nunca me senti realmente livre. Uma vez, logo depois que Peggy e eu decidimos nos separar, tive uma euforia de liberdade. Lembro que estava dirigindo um carro conversível num daqueles trevos de autopista no centro de Los Angeles e estava na parte em que parecia que ele ia disparar céu afora, e por um momento ou dois experimentei uma grande liberdade. Foi basicamente a única vez em que me senti livre. Não sei o que me limita, mas sei que tenho obrigações, então não sou totalmente livre.

Naquele período aconteceram muitas coisas. Atuei no filme de Tina Rathborne, *Zelly e eu*, e não sei como foi aquilo, mas não me arrependo. É a história de Tina, ela cresceu no mundo daquele filme, Isabella gostava de Tina e quis fazê-lo.

Foi por aí que conheci Monty Montgomery e ficamos amigos. Monty é um ser humano muito amável e estava sempre me convidando para diversos lugares, e era uma figura. Nessa época fiz um comercial pela primeira vez, do perfume Opium, de Yves Saint Laurent, e foi muito divertido. Monty disse que gosto de filmar qualquer coisa, e é verdade. Os anúncios são por dinheiro, mas sempre aprendo coisas novas, porque se usa a última e a melhor tecnologia. Você adquire certa eficiência ao fazê-los, e anúncios são historinhas que podem ser muito bonitas. Pierre Edelman conseguiu aquele comercial para mim, Monty me ajudou na pós-produção e então começamos a trabalhar juntos.

Conheci um marchand chamado Jim Corcoran que quis expor o meu trabalho, e ele é um camarada muito legal. O Sr. Mínimo. Conhece todos no mundo da arte, e para mim foi o máximo que tenha gostado do meu trabalho. Também adorei Leo Castelli. Era amigo de Isabella, dois italianos, ela nos apresentou. Não nos conhecemos por causa da arte, só conversávamos e saíamos, e não sei como nem onde ele viu o meu trabalho. Ele organizou uma exposição para mim, e não sei se fez isso pela Isabella, por gentileza ou algo assim. De qualquer modo, fiz uma exposição com Leo Castelli! E foi excelente.

Naquela época tinha um camarada na Virgin Records chamado Jeff Ayeroff, e quando *Veludo azul* foi lançado ele quis que eu fizesse um clipe de "In Dreams". Depois descobri que Roy odiara o modo como sua canção tinha sido usada no filme. Essa música era muito pessoal para Roy, porque a primeira mulher dele, Claudette, tinha morrido num acidente de motocicleta em 1966 e, embora ele tivesse gravado "In Dreams" três anos antes da morte dela, para ele de certo modo a canção passou a ser sobre essa perda. Um amigo dele insistiu: "Roy, você precisa ver o filme novamente — é muito legal." Sendo ele o grande Roy Orbison, voltou a vê-lo e reconheceu: "Você tem razão." Uma coisa levou à outra, nos conhecemos, ele é carpinteiro e conversamos sobre oficinas, serras e coisas e tal, e adorei o cara. Era uma pessoa muito terrena, um bom sujeito, muito gentil.

A gravadora proprietária de todas as canções dele tinha falido, as composições estavam presas por alguma questão legal, ele não obtinha nenhuma renda delas, então resolveu regravar tudo e vendê-las a um programa noturno de TV. Sabe aqueles anúncios às duas da manhã? Jeff propôs: "Roy, a Virgin Records vai fazer isso. Você não precisa fazer isso — vamos pagar pelo disco." Contudo, ele já tinha regravado tudo, Jeff me enviou as gravações e não estavam boas. Liguei para Jeff insistindo: "Não divulgue isso, estão muito longe do original, *não* faça isso." Ele retrucou: "Tarde demais, ele vai fazer, mas se quiser tentar refazer 'In Dreams' podemos tentar." Rebati: "Não é disso que estou falando! Não deveria haver regravação nenhuma!" E ele: "Sei, mas regravar pode ser bom para você e Roy." Então fui para o estúdio com T Bone Burnett. A gravação que fizemos não tem a qualidade do original, e nem poderia.

Roy propôs: "David, antigamente, durante as sessões sempre havia uma espécie de diretor como você que dizia: 'Ande, Roy, mais força nisso! Lembre-se do que trata a canção e ponha-lhe sentimento!'" Então meio que o dirigi e foi muito divertido. Uma vez, era tarde e Bono e Bob Dylan vieram. Bono não era uma estrela na época, estava começando, mas pensei que, se estava com Bob Dylan, iria ser grande. Não conheci Dylan ali — na verdade, eu o tinha conhecido com Dennis Hopper. Fui com Dennis a um show de Dylan no Greek Theatre, depois fomos ao camarim, e foi meio lisonjeiro. Bob me cumprimentou: "Ah, oi, David", como se me conhecesse, e foi incrível. Bob Dylan? Ele é 10, cara. O melhor.

Bem, Bono e Bob Dylan conversaram com Roy, e quando foram embora perguntei ao engenheiro se havia uma sala onde eu pudesse meditar, e ele respondeu: "Claro, posso lhe conseguir uma sala silenciosa." Então Barbara Orbison me pergunta: "Que tipo de meditação você faz?" Respondi que era a Meditação Transcendental e ela falou: "Roy e eu fazemos Meditação Transcendental!", e fomos a uma sala para meditar juntos. Foi fantástico meditar com o grande Roy Orbison. O Grande O.

Isso foi no ano em que fiz *The cowboy and the Frenchman*. Frederic Golchan não é ator — é produtor — mas era perfeito para o curta. Ele tem um olhar pirado, é francês e fez um trabalho excelente. Harry Dean Stanton também atuou, e o que não é especial em Harry Dean? Um dos melhores caras do mundo, eu o amo tanto. Poderia sentar-me ao seu lado por horas porque tudo o que vem dele é natural, sem fingimento, sem

282 ESPAÇO PARA SONHAR

baboseiras, simplesmente belo, ele tem alma gentil e amável. Ele carrega certa melancolia, e também uma onda espiritual. Mas nunca faria MT. A sua meditação é a vida, diz. E que cantor!. Uma moça chamada Sophie Huber fez um documentário sobre ele intitulado *Partly Fiction* [Em parte ficção] e no trailer há uma parte em que Harry Dean está em casa e um amigo toca o violão. Ele está reclinado no sofá, há um close do seu rosto e algo acontece naquele rosto. Ele está cantando "Everybody's Talking", a canção que popularizou Harry Nilsson, e as lágrimas saltaram dos meus olhos ao ver aquilo. O modo como canta, é meio, ah... esquece. É incrível. Ainda não acredito que ele se foi...

Como eu disse, naquela época estava fazendo um monte de coisas diferentes, e logo depois de terminar *Coração selvagem* fui a Nova York e aconteceu *Industrial Symphony Nº 1*. Tivemos só duas semanas para montá-la, escrevi uma coisa meio fabril, fiz uns desenhos e queria que Patty Norris viesse, mas ela explicou: "David, não posso, porque é Nova York e, se eu entrar no mundo deles, vão se virar contra mim. Você precisa achar alguém daí." Então conheci uma mulher que tinha uma fábrica em New Jersey que fez um cenário lindo.

Angelo e eu escrevemos coisas novas para isso, mas era principalmente Julee Cruise cantando quatro canções do seu disco, depois filmei uma cena com Nic Cage e Laura Dern para projetar. Estava trabalhando com Johnny W. [Wentworth] nisso, e a maior parte do som foi em playback. Na manhã da estreia uns caras trouxeram uma máquina digital de playback moderníssima. Queríamos ver como soava, começamos o ensaio e a máquina quebrou. Pensei: "Isso não pode acontecer." Eles consertaram e quebrou de novo, então não dava para usá-la. Johnny W. e eu tínhamos pequenos toca-fitas de áudio digital, e pensamos: "Foda-se, vamos fazer todo o espetáculo com esses toca-fitas." Estávamos com alguém do BAM ao redor de uma mesinha de papelão encostada na parede na parte mais alta do teatro. O toca-fitas de Johnny e o meu estavam sobre a mesa e apertamos os botões ao mesmo tempo, porque se o meu quebrasse podíamos usar o outro; estavam perfeitamente sincronizados, e aquelas maquininhas encheram a sala de som de um jeito que não dava pra acreditar.

Tínhamos um dia para ensaiar, era o dia da estreia, as pessoas trabalharam um pouco, uma hora passou e, na verdade, nem tínhamos começado! Então tive uma ideia que salvou a peça, e certamente a usaria outras vezes. Você pega cada pessoa pelos ombros, olha nos olhos dela e diz: "Está vendo aquilo ali? Quando tal coisa acontecer, você vai lá, faz isso, depois faz aquilo, e no final sai por ali. Entendeu?" Faz o mesmo com a pessoa seguinte, explica a cada uma o que vai fazer em determinado momento e que essa é a *única* coisa que precisam recordar. Íamos fazer duas apresentações seguidas e eu precisava fazer vinte pessoas cumprirem uma tarefa, e todos fizeram tudo bem.

No espetáculo havia um cervo escalpelado, interpretado por John Bell, que tinha 3,60 ou 3,90 metros de altura. Ele tinha grandes chifres, usava pernas de pau compridas que ficavam enroladas numa borracha que parecia pele, levava umas patas embaixo das pernas de pau e não tinha pelagem, pois era um cervo escalpelado. O pessoal com quem trabalhei lá fez aquilo tudo. É incrível o que fizeram! Há duas macas de hospital amarradas, e na abertura do espetáculo o cervo escalpelado está deitado nelas. A filha de Isabella, Elettra, era criança e viu aquela coisa na maca que não se mexia, mas sabia que em algum momento ia se mexer, e teve muito medo daquele cervo deitado.

John Bell era um artista de pernas de pau e interpretou o cervo, então estava deitado usando o figurino, que estava quentinho. De repente, há um momento do espetáculo em que operários com capacetes de segurança entram correndo e sacodem e giram lâmpadas amarelas ao redor do cervo, que volta à vida e se ergue. E ele é imenso. O cervo começa a andar e o pequeno Mike [Anderson] vai debaixo dele, iluminando-o com a lanterna, o cara na perna de pau se ofusca com a luz nos olhos, o sangue foge da sua cabeça porque tinha passado muito tempo deitado, ele começa a tombar e cai no fosso da orquestra. O camarada do tarol o segurou. Metade da audiência achou aquilo horrível, a outra metade pensou que fazia parte do show. Na hora da segunda apresentação, a porra do cervo não saía do camarim. Tive que descer da mesinha de papelão lá em cima, no fundo do teatro, e ir aos camarins, que ficavam num porão, e implorar para que ele saísse. Havia um grande tanque de água no palco, e sugeri: "Você pode se agarrar no tanque de água", e ele concordou: "Ok, se puder me agarrar no tanque eu vou." E foi. Ah, o teatro. Foi emocionante e funcionou muito bem, à exceção do cervo.

Quando conheci Mark Frost não sabia se conseguiria trabalhar com ele, mas quis experimentar. Na época ele estava atado a uma coisa chama-

284 ESPAÇO PARA SONHAR

da *Goddess* e, como milhões de outros, gosto da Marilyn Monroe, então trabalhamos naquilo. É difícil dizer exatamente o que há com Marilyn Monroe, mas a história da mulher em apuros tem peso. No entanto, não é só a mulher em apuros que atrai. É que algumas mulheres são realmente misteriosas. *Goddess* não alçou voo por causa da conexão com Kennedy — no final, ela era uma bomba ambulante e tiveram que se livrar dela. Mas ainda adoro a história. Pode-se dizer que Laura Palmer é Marilyn Monroe e que *Cidade dos sonhos* também é sobre Marilyn Monroe. Tudo é sobre Marilyn Monroe.

Quando *Goddess* não saiu, Mark e eu começamos a trabalhar em *One Saliva Bubble*, e demos muitas risadas. Embora sejamos bem diferentes, nos damos bem quando escrevemos, e nos divertimos fazendo aquilo, o que cimentou a nossa amizade. Por um curto espaço de tempo fui amigo de Steve Martin, porque ele adorou *One Saliva Bubble* e quis fazê-lo com Martin Short. Acho que Steve ficou puto comigo quando perguntei se queria comprar a história — ele ficou muito chateado — mas antes disso ele me levou à sua casa em Beverly Hills, onde tinha uma bela coleção de arte, uma coisa incrível.

Tony Krantz era um célebre agente de TV em ascensão que estava sempre no pé de Rick Nicita para me propor fazer TV. A televisão me parecia horrível, e naquele tempo era patética. Todas aquelas interrupções comerciais — as redes de TV aberta eram o teatro do absurdo, essa era a natureza da besta. Mas uma coisa leva a outra, Tony nos convenceu a escrever algo para a TV e criamos *The Lemurians*. Foi bem engraçado, mas não ia sair do papel e, que eu me lembre, nunca vendemos a história.

A versão de Tony de como surgiu *Twin Peaks* é a da cabeça dele, mas não é assim que eu a recordo. Ainda assim devo dizer que ele me fez muito bem, pois me levou a fazer *Twin Peaks*, que adoro. Adoro o conjunto dos personagens e o mundo e o combo de humor e mistério.

Encarei o piloto como um filme e, para mim, nas duas primeiras temporadas, o verdadeiro *Twin Peaks* é o piloto. O resto é coisa de palco e foi feito como na TV, mas o piloto realmente tinha uma atmosfera. Isso tinha tudo a ver com o fato de filmarmos em locação. O lugar em si é muito importante. É sempre difícil filmar em locação, mas aquilo era muito bonito, e havia um sentimento de liberdade, porque não fomos de jeito nenhum importunados pela ABC. Eles enviaram recados sobre a linguagem várias vezes e me fizeram mudar algumas falas, mas elas acabaram ficando melhores que as originais que a ABC tinha reprovado.

O elenco era maravilhoso. Quando conheci Sherilyn Fenn vi que ela podia interpretar uma garota como Audrey Horne, e embora Piper Laure fosse conhecida, soube que saberia se fundir com Catherine Martell. Foi uma coincidência que Piper, Richard Beymer, Peggy Lipton e Russ Tamblyn fossem da mesma geração, com carreiras semelhantes. Agradeço a Dennis Hopper por Russ, pois ele fez a minha festa de 40 anos, Russ foi convidado e quando chegou a hora de escolher o ator para o Dr. Jacoby algo na minha cabeça fez tóim! E ele virou o Dr. Jacoby.

No roteiro do piloto há uma cena em que Cooper e o xerife Truman estão num elevador e, quando as portas se abrem, Cooper vê um homem com um só braço se afastando. Al Strobel foi contratado apenas para essa cena. Seria a sua participação em *Twin Peaks*, e depois ele iria para casa. Mas ouvi a voz dele, que é incrível, e tinha que escrever algo para aquela voz. Acho que Deepak estava conduzindo o carro e recordo perfeitamente onde estávamos. Saíamos da autopista por um desvio e eu estava escrevendo uma coisa que começava assim: "Através da escuridão do passado futuro, o mágico anseia ver." Então criei uma nova cena em que Al encontra Cooper no quarto dele e recita isso, filmamos e enviamos para Dwayne montar. Era tarde da noite, ele estava a ponto de ir para casa quando recebeu o material e exclamou: "Que porra é essa?" Mas a cena com Al criou uma trama que o trouxe para a história.

Richard Beymer medita há mais tempo que eu e passou um longo tempo com o Maharishi, mas eu não sabia disso quando o contratei como Ben Horne. Nem conversamos sobre meditação quando nos conhecemos — eu simplesmente o adorei. Isabella supostamente participaria de *Twin Peaks*, mas não quis fazê-lo, então a personagem que teria sido dela se tornou Josie Packard, interpretada por Joan Chen. Joan é bonita, estrangeira como Isabella, e ficou perfeita como Josie Packard. Sabia que Peggy Lipton havia sido uma grande estrela da televisão nos anos 1960, quando atuou em *Mod Squad*, mas nunca assisti àquele programa, porque não assistia à TV na época em que ele ia ao ar. Contratei-a porque ela era Norma Jennings. Foi mais ou menos o que ocorreu com os atores de *Twin Peaks*. Só eles poderiam fazer aqueles personagens. Se você pensar nisso, só Kyle podia ser o agente Cooper. Sempre quis que fosse ele, mas a princípio Mark discordou: "Ele não é jovem demais?" Depois mudou de ideia, e o resto é história.

286 ESPAÇO PARA SONHAR

A personalidade do agente Cooper provém de várias coisas. Por exemplo, o pai de Uma Thurman é próximo do Dalai Lama, e uma vez ela fez uma reunião em casa para ele onde o conheci, o que fez o agente Cooper ser favorável ao povo tibetano e levou à cena em que ele atira pedras. Foi legal conhecer o Dalai Lama. Ele não ensina uma técnica de meditação, mas é a favor da paz.

A Senhora do Tronco era uma personagem que eu vinha pensando para Catherine Coulson desde 1973. Originalmente, a Senhora do Tronco vivia onde Jack e Catherine viviam, no segundo andar de um edifício de estilo espanhol em Beachwood Drive, em Los Angeles. Imaginei as histórias dela tendo início naquela sala, e a lareira seria tapada com tábuas, pois o marido tinha morrido num incêndio florestal. As suas cinzas ficavam numa urna no console da lareira, junto com os cachimbos que fumava. Ela estava sempre carregando um tronco e tinha um filho pequeno, de uns 5 anos mais ou menos, e estrelaria *I'll Test my Log with Every Branch of Knowledge*, [Testarei o meu tronco em todos os ramos do conhecimento], uma espécie de programa educativo. Ela não dirige, por isso sempre anda de táxi. Quando vai ao dentista leva o tronco, o dentista o coloca na cadeira, põe o babador no tronco e procura cáries, tudo muito pausadamente, para a criança aprender algo sobre os dentes. Ele fala da decomposição, de como preencher a cárie e o que usa para isso, e ensina sobre a importância de escovar os dentes e manter a boca limpa.

Em alguns episódios eles vão a um restaurante e sentam-se juntos, ela carregando o tronco, o garoto ao seu lado, eles pedem algo e ficam ali. Imagino a possibilidade de histórias paralelas interessantes no restaurante. Então Catherine e eu às vezes conversávamos sobre essa ideia.

Anos mais tarde, estávamos filmando o piloto de *Twin Peaks*, e estávamos a ponto de rodar uma cena na prefeitura em que o agente Cooper e o xerife Truman conversam com as pessoas sobre o assassinato. Era uma oportunidade, então chamei Catherine e expliquei: "Você vai carregar o tronco, seu trabalho é apertar o interruptor e ligar e desligar a luz para chamar a atenção de todos de que está na hora de começar a conversa." Ela respondeu: "Ótimo", pegou um avião, demos a ela o tronco, ela fez a cena e uma coisa levou a outra. O tronco tinha uma peculiaridade, e as pessoas começaram a imaginar qual seria a história dela. Ela não tem o menor sentido, mas faz sentido, há gente assim em qualquer cidade e são aceitos. Ela é alguém especial em *Twin Peaks*.

Gordon Cole, que interpreto, surgiu quando filmávamos uma cena em que o agente Cooper precisa telefonar para o seu chefe sem nome na Filadélfia. Decidi fazer a voz só para torná-la mais real, nunca imaginei que acabaria no programa. Estava falando bem alto para que Kyle me ouvisse, e foi assim que nasceu o personagem. O nome Gordon Cole vem de *Crepúsculo dos deuses* — no filme, ele é o homem dos Estúdios Paramount que liga para Norma Desmond querendo alugar o carro dela. As pessoas criam nomes de diversas maneiras, e quando pensei em Gordon Cole disse a mim mesmo, espera aí. Quando vai de carro à Paramount, Billy Wilder passa pela Gordon Street e pela Cole Street, e tenho certeza que daí vem o nome. Então, o personagem que interpreto em *Twin Peaks* foi batizado em homenagem a Hollywood e Billy Wilder.

O personagem Bob não estava no roteiro original do piloto; ele surgiu quando estávamos filmando em Everett, Washington, na casa dos Palmer. Por algum motivo eu estava de quatro no segundo andar, debaixo do ventilador, e ouvi uma voz de mulher detrás de mim: "Frank, não se tranque no quarto." Frank Silva era produtor de arte, e quando estava mexendo em coisas no quarto ele puxou uma cômoda para o vão da porta. Ela disse aquilo de brincadeira, mas vi Frank trancado no quarto de Laura Palmer e tive a ideia. Perguntei: "Frank, você é ator?" Ele respondeu: "Sim, David, sou." E eu: "Ok, você vai rodar essa cena."

Estávamos rodando uma panorâmica lenta no quarto de Laura Palmer e fizemos três tomadas sem Frank. Depois eu disse: "Frank, vá até o pé da cama, agache-se como se estivesse se escondendo, agarre a barra da cama e olhe direto para a câmera." Fizemos outra panorâmica com ele e não tenho a menor ideia de por que fiz aquilo. Mais tarde naquela noite filmávamos uma cena na sala da casa dos Palmer com Sarah Palmer, que estava devastada; tinham encontrado a filha dela morta. Ela estava atormentada, deitada no sofá, e de repente imagina algo que a assusta, senta-se e grita. Essa foi a tomada. O operador de câmera era um britânico chamado Sean Doyle, rodamos a cena e falei: "Corta!" Grace Zabriskie é uma das grandes atrizes de todos os tempos, e eu disse: "Perfeito!" E Sean argumentou: "Não, David, perfeito não — havia alguém refletido no espelho." Pergunto: "Quem?" E ele: "Frank saiu refletido no espelho", e naquele instante nasceu Bob. É como surgem as ideias. De onde vêm? São dádivas. Frank era um camarada legal, quem o conhecia não o achava nem um pouco parecido com Bob,

mas ele foi Bob. O rosto, o cabelo — todo o seu ser era perfeito para Bob, e ele entendeu o personagem.

No início, *Twin Peaks* era imenso, mas a ABC nunca gostou mesmo da série, e quando as pessoas começaram a escrever perguntando: "Quando vamos descobrir quem matou Laura Palmer?" eles nos forçaram a contar, e então o público parou de ver. Eu avisei que se revelassem o assassino seria o fim do seriado, e *foi* o fim. E havia algo mais. Houve um tempo em que as histórias longas e contínuas eram aceitas e a audiência acompanhava, mas os anunciantes começaram a dizer: "As pessoas perdem alguns episódios, não conseguem acompanhar o programa e desistem, então precisamos de finais fechados", e isso também mudou a atmosfera do seriado. Acho que tudo é movido pelo dinheiro. De qualquer modo, quando Bob Iger nos procurou e disse: "Vocês precisam resolver o mistério", eu já estava meio de saco cheio.

Quando voltei depois de *Coração selvagem* não sabia o que estava acontecendo com a série. Só recordo que achei que aquilo era um trem desgovernado e era preciso se dedicar dia e noite para mantê-lo nos trilhos. Acho que se Mark e eu tivéssemos escrito cada episódio teria ficado bom, mas não fizemos isso e entraram outras pessoas. Nada contra, mas elas não conheciam o meu *Twin Peaks*, que deixou de ser algo que eu reconhecesse. Quando voltava para dirigir um episódio, tentava mudar e fazer do meu jeito, mas logo a série saía dos trilhos de novo com outras coisas estúpidas. Deixou de ser divertido. Logo o programa mudou de quinta-feira para sábado, o que tampouco foi legal. Não sei por que mudaram o dia.

Acho que pode-se dizer que fiquei mais famoso com *Twin Peaks*, mas tudo é relativo. O que é ser famoso? Elvis era famoso. Na verdade, isso é simplesmente ridículo. Se Mel Brooks saísse na rua hoje, qualquer um com menos de 25 anos provavelmente não saberia quem ele é, o que me mortifica. Todos os que realmente sabem o que fez e como ele é magnífico estão mortos. Entende o que quero dizer? Quando você envelhece não há ninguém que se lembre do que você fez.

Há uns 10 anos fui ao Egyptian Theatre com Emily Stofle, com quem me casei em 2009. Ela tinha uma amiga que ia exibir um filme lá. Saí para fumar, estava lá parado e uma mulher — acho que era uma prostituta — se aproximou e começou a tagarelar sobre *Império dos sonhos*! Sabia tudo sobre o filme. A fama, ou como a queira chamar, é esquisita.

No fim dos anos 1990 processei uma produtora por descumprir um contrato, então fui à sala de audiência da prefeitura com Mary Sweeney, que vivia comigo à época, e dois jovens advogados espertos, George Hedges e Tom Hansen. Aquelas salas são bonitas, dos anos 1920 e 1930 — lindas e antigas. Entramos e esperamos para falar com um juiz, porque Mary Sweeney ia depor, depois nos disseram para sair e fomos para a calçada do edifício. Estávamos lá parados conversando sobre estratégia e coisas assim, era a primeira vez que nos encontrávamos depois de um tempo, e veio chegando uma senhora cheia de sacolas empurrando um carrinho cheio de porcarias. Ela usava uma roupa roxa e se aproximava cada vez mais. Por fim passou diante de nós, me olhou e disse: "Adoro os seus filmes!" Rimos até não poder mais. É a fama perfeita. Foi fantástico. Amei aquela senhora.

O sucesso enorme de *Twin Peaks* não significou nada para mim. Sempre digo que o fracasso não é tão ruim, pois não resta aonde ir a não ser para cima, então o fracasso traz uma sensação de liberdade. O sucesso pode te ferrar porque você começa a se preocupar com o fracasso e não se pode estar sempre no mesmo lugar. É assim que funciona. Você deve ser grato pelos sucessos, porque as pessoas adoraram algo que fez, mas o principal é o trabalho.

Mais tarde o público deixou de adorar *Twin Peaks*, que ao menos terminou de um modo legal, quando entrou a Sala Vermelha. Não posso falar o que é a Sala Vermelha, mas lembro quando a ideia surgiu e como ela me empolgou. Ela abriu as portas para algo mais em *Twin Peaks*, e levou a muitas coisas. Então, há o piloto e a Sala Vermelha e aonde eles levaram — some isso e terá o verdadeiro *Twin Peaks*. É algo bonito, delicado, e há mais em jogo do que os olhos podem ver, há mistério no ar.

A vida da maioria das pessoas é repleta de mistério, mas hoje tudo acontece muito rapidamente e não há tempo para sentar, sonhar acordado e perceber o mistério. Hoje há cada vez menos lugares no mundo onde se pode ver estrelas à noite, e para vê-las é preciso ir bem longe de Los Angeles, aos leitos secos dos lagos. Uma vez estávamos filmando um anúncio, e às duas da manhã apagamos as luzes e nos deitamos no solo do deserto para fitar o céu. Trilhões de estrelas. Trilhões. É algo muito poderoso. E, como não as vemos, estamos esquecendo como isso é grandioso.

Encontrar o Amor no inferno

Em 1989, quando *Twin Peaks* estava em produção, Steve Golin e Joni Sighvatsson contrataram Lynch para adaptar um romance policial *noir* da década de 1940. Mais ou menos na mesma época, Monty Montgomery comprou o manuscrito de *Wild at Heart: The Story of Sailor and Lula* [Coração selvagem: A história de Sailor e Lula], romance de Barry Gifford. "Barry era editor da Black Lizard Press, que republicava obras antigas de literatura *noir* de quinta, e um dia me enviou o livro dele inédito", recorda Montgomery. "Li, liguei para ele e falei: 'Gostaria de comprá-lo e tentar dirigi-lo.'"

Ele conversou com Lynch e perguntou se ele consideraria ser o produtor executivo do filme. Quando Lynch se mostrou interessado em dirigir a adaptação do livro, Montgomery entregou-lhe o projeto, e ele e Golin obtiveram fundos para Lynch escrever o roteiro. "Parecia que todos queriam que o filme decolasse, houve um impulso", prossegue. "Em pouco tempo David começou a ensaiar e a Polygram o financiou."

A mudança súbita surpreendeu Dwayne Dunham, o montador de *Twin Peaks*, que achava que já tinha recebido o aviso para ir embora. "Estávamos terminando o piloto de *Twin Peaks* e David avisou que ia dar um tempo, mas uma semana depois ele entrou na sala, contou que ia fazer *Coração selvagem* e queria que eu o montasse. Isso foi em meados de maio, e ele explicou que planejava começar a rodar em julho, embora ainda não tivesse o roteiro. Respondi que tinha aceitado um novo trabalho e ele perguntou: 'O que é preciso para você montar *Coração selvagem*?' Respondi que, se tivesse a

294 ESPAÇO PARA SONHAR

oportunidade de dirigir eu o faria, e ele propôs: 'Ok, acabaram de nos enco-
mendar mais sete episódios de *Twin Peaks*, você pode dirigir o primeiro e
alguns outros. Então, você monta *Coração selvagem*?' Respondi: 'Vamos
nessa.'"

Lynch terminou o rascunho do roteiro em uma semana, mas o achou sem
graça e sem charme, então fez mudanças significativas. Mudou a sequência
dos acontecimentos, salpicou a história com alusões a *O mágico de Oz*, acrescentou personagens. O resultado final é uma espécie de peça musical sobre
a imensidade do amor na juventude e como ele pode ser arrebatador e vasto.
Com Nicolas Cage e Laura Dern como um casal em fuga, o filme gira em torno
da sexualidade descontrolada e é, ao mesmo tempo, um violento filme de
estrada, uma comédia e uma história de amor que leva as coisas para além
do realismo. Ambientado em um mundo em vias de implodir, é o filme mais
pop que Lynch já fez. As cores são elétricas, o fogo é um motivo recorrente;
os créditos de abertura surgem contra uma parede de fogo — ele por fim
conseguiu rodar a imagem de abertura que imaginara para *Ronnie Rocket*.

"David achava que eu nunca tinha interpretado um papel que realmente
captasse a minha sexualidade, e se animou com a perspectiva de fazê-lo com
a personagem de Lula", recorda Laura Dern. "Estava sentada com ele numa
sala de conferências da Propaganda conversando sobre Sailor e Lula, e de
repente ele disse: 'Preciso de um chiclete' e naquele momento a personagem
encaixou perfeitamente. Ele achava que Nic e eu fazíamos um par perfeito,
e tinha razão — assim que nos juntamos, Sailor e Lula começaram a ganhar
vida."[1]

A música tem papel crucial no filme, e na trilha sonora há o suingue de
uma *big band*, metal pesado, rock'n'roll clássico, o *dub* pesado da African
Head Charge e "Im Abendrot", uma das últimas composições de Richard
Strauss. O personagem de Cage é vagamente inspirado em Elvis Presley, e no
filme ele canta convincentemente dois clássicos de Presley, enquanto a grande
cantora de blues Koko Taylor interpreta "Up in Flames", composição de Lynch
e Badalamenti. A música é mixada em um volume muito alto.

Os personagens de *Coração selvagem* são extremos, e tudo é bastante
bizarro. Diane Ladd, que vive a mãe de Lula, tem uma atuação poderosa que
remete ao trabalho de Shelley Winters em *Lolita* e lhe valeu uma indicação
ao Oscar. Grace Zabriskie interpreta uma matadora de aluguel sinistra que se
expressa em um *cajun* arrastado, e o personagem Sr. Reindeer, inter-

-pretado por W. Morgan Sheppard, encomenda uma execução sentado no vaso sanitário.

Isabella Rossellini é a prostituta má Perdita Durango, e explica que sua interpretação tem uma origem: "Anos antes de *Coração selvagem*, David e eu estávamos numa livraria e vi um livro sobre Frida Kahlo. Isso foi antes de ela ser descoberta pela cultura pop. Chamei David e apontei: 'Veja essa mulher.' Ela atrai e repele ao mesmo tempo. Às vezes se retrata com feridas visíveis; outras vezes tem bigode e sobrancelhas que se unem. Tinha uma estética incrível, e comentei que seria maravilhoso criar uma personagem assim. Anos depois, David comentou: 'Acho que tenho aquela personagem.' Em parte, Perdita Durango se baseia em Kahlo — definitivamente as sobrancelhas são uma homenagem a ela."

Willem Dafoe também está no filme, como um psicótico veterano da Guerra do Vietnã, um dos personagens mais memoráveis que Lynch já criou. "Quando David estava escalando o elenco de *Veludo azul,* eu o conheci no escritório de Dino de Laurentiis, no Edifício Gulf and Western, em Manhattan", conta Dafoe "e, como a maioria das pessoas, fui cativado pelo seu jeito de ser. Sua animação graciosa, exclamativa e juvenil te desarma, e tivemos uma boa reunião. Quando saí pensei, se não me chamar agora, vai chamar em algum momento, e anos depois ele entrou em contato e perguntou: 'Quer fazer isso?' Respondi: 'Fantástico.' Não foi preciso me convencer, pois a escrita era brilhante e adoro David."

"Porque David é tão bom e o set era muito divertido, *Coração selvagem* foi o filme menos estressante que já fiz", prossegue. "Estava interpretando a minha fantasia de um psicopata criminoso, sabia como era o cabelo dele e tive a ideia do bigodinho. Mas o principal no personagem foram os dentes. Está bem claro no roteiro que ele tem dentes estranhos, socados, e pensei que eles acrescentariam algo aos meus dentes. Numa das primeiras conversas com David sobre o personagem, ele perguntou: 'E aí, você vai ao dentista?' Retruquei: 'Como assim?' E ele: 'Para fazer os dentes!' Aquilo não tinha passado pela minha cabeça. Acabei conseguindo uma dentadura completa para sobrepor aos meus dentes, e isso disparou o personagem. Eles eram meio grandes demais, fazendo a minha boca ficar sempre entreaberta de um modo um tanto lascivo, e me deram um ar estúpido, de assombro, central para o personagem. Os dentes foram ideia de David."[2]

296 ESPAÇO PARA SONHAR

Crispin Glover, escalado para interpretar Cousin Dell, um solitário emocionalmente instável obcecado por rituais esquisitos, conhecera Lynch no ano anterior, durante a escalação do elenco de *One Saliva Bubble*. "Trabalhei com David duas vezes", conta. "A primeira em *Coração selvagem,* a segunda em *Hotel Room* [Quarto de hotel], e o estilo de direção foi diferente em ambos. Em *Coração selvagem* a direção talvez tenha sido a mais precisa que tive. Há uma cena em que o personagem faz um sanduíche, e David especificou o tempo minuciosamente."

Antes de conhecer Lynch, Glover recordava vividamente de ter visto o trailer de *Eraserhead*, aos 14 anos, quando estudava em uma escola particular que visitou o Nuart como parte do programa de cinema. "Não sabia nada do filme, mas disse a mim mesmo que assim que pudesse dirigir iria vê-lo. Por sorte, ele ainda estava passando no Nuart quando completei 16 anos, e assisti a *Eraserhead* pelo menos doze vezes nos anos seguintes. Não havia muito público nas sessões de meia-noite do Nuart em 1980, e lembro que algumas pessoas se irritavam, gritavam coisas e deixavam a sala. Outras vezes a audiência era silenciosa e concentrada. Ver uma cópia em 35mm de *Eraserhead* projetada no cinema era toda uma experiência, e o filme foi importante para mim. David tem me apoiado muito ao longo dos anos", conta Glover, que estreou como diretor com *What Is It?* [O que é isto?], produzido por Lynch. "É difícil expressar a minha gratidão quando alguém que admiro tanto me ajudou a esse ponto."[3]

Dern guarda lembranças particularmente carinhosas do personagem de Glover: "Adoro a cena em que falo sobre o meu primo Dell. Caímos na gargalhada fazendo essa cena e quando digo 'nós' me refiro à equipe inteira. Trabalhamos muito tempo naquilo e era preciso recomeçar toda hora, porque alguém sempre ria. David precisou pôr um lenço no rosto para que não o víssemos rir, e pôs lenços em alguns membros da equipe. Por fim conseguimos uma tomada sem ninguém gargalhando."

A filmagem de *Coração selvagem* começou em 9 de agosto de 1989, em Nova Orleans, e depois seguiu para o Texas e Los Angeles. Orçado em 10 milhões de dólares, o filme foi produzido por Golin e Sighvatsson, além de Montgomery, que esteve no set o tempo todo. "Antes de rodar, David e eu procuramos locações em Nova Orleans, e lembro que uma noite fomos ao restaurante Galatoire com Patty Norris", conta. "Na volta caminhávamos pelo Bairro Francês, onde ficam os clubes de strip-tease, e passamos por um lugar com uma placa que dizia 'Sexo ao vivo'. David propôs: 'Vamos dar uma olhada.' Para ele aquilo era pesquisa, e o que vimos foi o que dizia a placa. Ele ficou muito interessado, como um médico se interessa pelo corpo que acaba de abrir. David aborda tudo desse modo."

O fascínio pela complexidade do corpo humano é parte fundamental da sensibilidade de Lynch; ele é central em *Eraserhead*, claro, e está presente, em diferentes graus, em todas as suas pinturas e filmes. É parte, definitivamente, de *Coração selvagem*. "Eu estava no set quando rodaram a cena em que Bob Ray Lemon é morto, Nick Cage joga o cara escada abaixo e ele deveria estar sangrando", recorda Barry Gifford. "Terminaram de rodar e David disse: 'O sangue não está suficientemente preto! Quero ele preto! Tem de ser mais preto!' Passaram um instante resolvendo a questão do sangue e ele insistia: 'Não! Mais preto! Mais preto!' Ele tinha uma ideia muito clara sobre o sangue e um controle absoluto do set."[4]

Montgomery comenta: "Sim, David é um diretor muito eficiente, mas às vezes se distrai. Você podia ter todos os elementos prontos para rodar algo, os atores e as pessoas mais importantes estavam lá, e você sabia exatamente o que tinha de fazer. Então eu saía para tomar um café e quando voltava David podia estar fazendo algo totalmente diferente, ou estava absorto num detalhe qualquer, como um besouro andando no chão. Há uma cena em *Coração selvagem* em que ele queria que se visse no chão a sombra de uma águia voando. Para a maior parte dos diretores, isso seria tarefa da segunda unidade, mas passamos boa parte de um dia filmando aquela sombra com os atores à toa, esperando. Claro, esses são os toques que imprimem estilo aos filmes de David, por isso ele segue seus instintos e eu raramente interfiro."

Essa liberdade em que Lynch insiste é crucial para ele, e tudo — objetos de cena, falas, personagens — deve permanecer fluido para que possa fazer a sua parte. "Ele odiava reuniões de produção", conta Deepak Nayar. "Lembro que ele chegava e dizia: 'Ok, estou aqui, mas está vendo esse roteiro?' E o atirava na lata de lixo."

Como sua abordagem na direção é tão singular, Lynch costuma surpreender as pessoas com as quais trabalha. "Recordo que estava no set quando David filmou a cena no banheiro com Nic e Diane Ladd e pensei: isso é muito bizarro, que diabos estamos fazendo?", relata Sighvatsson. "Depois vi o material bruto e era extraordinário. David não saiu do roteiro e filmou exatamente o que estava escrito, mas o que vi na tela não se parecia com o que estava na página, e nunca vivi isso com outro diretor. Ele também é singular em outro aspecto. Muitos diretores crescem diante do conflito, mas David não tolera nenhum conflito no seu set, e quando ele acha que alguém não emite boas vibrações, a pessoa não volta no dia seguinte."

A história de Sailor e Lula parece ditada pelo destino, e em certo momento sopra um vento ruim e a sorte do casal muda. De repente, os astros se alinham contra eles e tudo começa a dar errado. As noções de destino e sorte são parte essencial da visão de mundo de Lynch, como atestam os que lhe são próximos. "Naquela época eu vivia na mesma rua que David, e íamos juntos diariamente ao set de *Coração selvagem* quando estávamos filmando em Los Angeles.", conta Montgomery. "Não entrávamos no set enquanto ele não fizesse a sua numerologia com placas de carros e visse as suas iniciais nelas. Às vezes tínhamos de seguir dirigindo dando voltas por um tempo até encontrar as letras DKL numa placa. As raras ocasiões em que elas estavam em sequência eram interpretadas como um sinal particularmente promissor."

Lynch conta que "olha placas de carros" desde muito antes de fazer *Eraserhead*, e seu número da sorte é sete. "Cerimônias e rituais são importantes para o meu pai", explica Jennifer Lynch, "em parte o cérebro dele funciona pensando que as coisas devem ser de certo modo e pequenos milagres acontecem. Como a coisa das placas dos carros, e a moeda que cai de cara — são estratégias que ele emprega para fazer algo mágico que mude as coisas. Ele sempre foi assim."

A filmagem de *Coração selvagem* acabou quando *Twin Peaks* estava no pique e Dunham estava terminando de dirigir o primeiro episódio. "Quando comecei o episódio pedi conselhos a David, que respondeu: 'Não me peça isso — o diretor é você, faça como quiser. Depois me explicou: 'Primeiro esvazie o set, fique só com os atores. Comece a ensaiar, faça as rubricas e marcações com eles e, quando tiver um esquema, traga o diretor de fotografia e comecem vocês dois a afinar a partir dali. Quando terminarem, traga o elenco, faça o último ensaio e os ajustes necessários. Depois entregue o set à equipe, os atores vão para a maquiagem e o cabeleireiro, voltam e você roda.'"

"Nós dois terminamos de filmar no mesmo dia", prossegue Dunham. "David dirigiu o segundo episódio de *Twin Peaks*. Então tínhamos o meu episódio, *Coração selvagem* e o episódio de David em *Twin Peaks* empilhados na sala de montagem, e novos episódios chegando o tempo todo. Havia baldes de filme por todo lado e cartazes nas paredes, e foi bem divertido. Estávamos fazendo a pós-produção na Todd-AO, no oeste de Los Angeles, e todos os dias, por volta das três da tarde, Monty Montgomery chegava com cappuccinos e M&M de amendoim para todos."

"Estávamos trabalhando loucamente para dar conta de tudo e um dia David comentou: 'Queria levar *Coração selvagem* a Cannes, será que dá?' Respondi que ia ficar muito apertado, mas resolvemos tentar", conta Dunham. "David estava na Skywalker fazendo a mixagem do filme antes mesmo de eu terminar de montá-lo — eu lhe entregava a primeira metade de um rolo para mixar enquanto terminava de montar a segunda metade. Alan Splet não ia muito por lá, então David fazia a mixagem e acrescentava várias coisas. Quando me pedia para ouvir um playback eu saía da sala pensando, 'Esse cara é maluco'."

"Montar *Coração selvagem* e *Twin Peaks* ao mesmo tempo foi uma loucura, ninguém em sã consciência teria feito isso", prossegue. "O primeiro corte de *Coração selvagem* foi feito em quatro horas, e quando o projetamos para algumas pessoas pela primeira vez, David pôs a música alta demais — mas, uau, era de arrepiar até as unhas! Era a coisa mais assustadora e mais legal. Mas ainda estava desconexo e solto, então pegamos um painel grande com cartões e começamos a mover as coisas daqui para ali. No primeiro corte, a cena de luta em Cape Fear ficava bem no meio da história e nós a movemos para o início, o que fez uma enorme diferença."

"Projetamos o corte final pela primeira vez à meia-noite, na Skywalker, e os autofalantes estouraram", conta. "Tínhamos um voo para Los Angeles às 8h da manhã seguinte, e à tarde iríamos para Cannes, e não sabíamos se o problema estava nos autofalantes ou no filme, então levamos a cópia master conosco. Entramos no avião carregando latas de filme, fomos a Paris para inserir as legendas, e dois dias depois meu assistente chegou com outra cópia, então tínhamos uma cópia legendada, mas nunca a assistimos."

"Chegamos a Cannes numa sexta-feira e os filmes em competição tinham 20 minutos para checar som e imagem. Estávamos programados para a meia- -noite, porque nosso filme ia fechar o festival. Fomos a uma festa no iate de David Bowie até a hora de pegar o bote de volta e assistir aos nossos 20 minutos. No dia da exibição eu ainda estava montando coisas nos títulos, então *ainda* não tínhamos visto o filme! Quando entramos, David disse ao projecionista: 'Ainda não vimos o filme e vamos ver tudo.' O cara hesitou e

300 ESPAÇO PARA SONHAR

ele disse: 'Olhe, é o que vamos fazer.' Saímos de lá às três da manhã, o filme estreou na noite seguinte, foi muito bem recebido e ganhou a Palma de Ouro. Foi o máximo." Quando Bernardo Bertolucci, que presidiu o júri, anunciou o vencedor, houve vaias e aplausos, mas o filme levou o prêmio.

Quando *Coração selvagem* chegou a Cannes, o relacionamento de Lynch com Rossellini estava abalado e a ponto de terminar. "Mary Sweeney foi assistente de montagem em *Veludo azul*, então esteve lá desde o início e era uma das muitas pessoas que cercavam David e trabalhavam nos filmes dele", conta Rossellini sobre a separação. "Não sei quando a história começou, ou se sempre foi algo em paralelo, mas no começo provavelmente não. Recordo vagamente de uma certa tensão no set de *Coração selvagem*, e outra coisa chamou a minha atenção. Certa vez cheguei tarde da noite para trabalhar e me deram um quarto. Esperava encontrar David lá, mas ele não estava. Achei que ele precisava dormir. Pela manhã, quando fui para a maquiagem, ouvi no walkie-talkie que ele tinha chegado, e não veio falar comigo. Duas horas depois ele veio e disse 'Ah, como você está?' com um entusiasmo forçado, e pensei, O que está acontecendo? Depois, quando estávamos em Cannes para *Coração selvagem,* ele disse de repente: 'Vamos ao aeroporto buscar Mary.' Perguntei: 'Mary? Ela vem?' E ele: 'Sim, ela trabalhou tanto.' Pensei, Que lindo da parte dele convidar a assistente de montagem. Naquela época não percebi. [Sweeney foi continuísta de *Coração selvagem*.]

"David é incrivelmente doce, mas pouco depois disso ele me cortou por completo da vida dele, e rompeu comigo num telefonema em que disse que nunca mais queria me ver", conta. "Não tinha antecipado aquilo e foi chocante. Deve ter sido algo que fiz ou algo que viu em mim, ou ele simplesmente perdeu o interesse em me conhecer. Às vezes me pergunto se o fato de eu não meditar teria sido um dos motivos para ele me deixar. Tentei um tempo, mas nunca consegui fazê-lo. Sou italiana, e na Itália somos atormentados pelo catolicismo — o Vaticano me deixou alérgica a qualquer coisa espiritual. Foi muito duro quando ele me deixou, levei anos para me recuperar. Tive muita raiva de mim mesma, pois tinha uma filha e uma linda carreira e não podia acreditar que um namorado me derrubasse daquele jeito. Mas amei David imensamente e achava que ele me amava, então foi devastador. Eu tinha percebido certa infelicidade, mas pensava que se devia ao seu trabalho. Na verdade, ele tinha se apaixonado por outra mulher."

ENCONTRAR O AMOR NO INFERNO **301**

Jennifer Lynch comenta: "Isabella é elegante, alegre e sociável, e todos a reconheciam e puxavam conversa, o que a deixava contente. Papai é uma pessoa muito amável, mas prefere não ter muitas conversas públicas, e para ele era complicado sair com ela. Por um tempo foi maravilhoso, depois ficou difícil." O rompimento não surpreendeu Sighvatsson, que diz: "Recordo David falando comigo: 'Joni, ser o namorado de Isabella Rossellini é um trabalho em tempo integral.' Eu estava lá quando a coisa começou com Mary, e a via entrar furtivamente no quarto de David quando estávamos mixando *Coração selvagem* na Lucasfilm. Gosto muito dela, aliás, e acho que fez bem a David. Ela passou a limitar o acesso a ele, que precisava disso."

Coração selvagem ganhou em Cannes, mas ainda seria lançado nos Estados Unidos e a distribuidora, Samuel Goldwyn Company, passou as oito semanas seguintes preparando o lançamento para o fim do verão. Lynch nunca gostou de exibições de teste, mas, no caso de *Coração selvagem*, acabou entendendo a importância de avaliar o filme com uma audiência alheia à indústria depois que uma cena específica disparou a saída em massa durante dois testes com centenas de pessoas. "Harry Dean Stanton leva uma bala na cabeça e os miolos dele se espatifam na parede", recorda Dunham, "depois os dois personagens que o mataram caem numa gargalhada doentia ao ver o cotoco de pescoço, enfiam a cabeça nele, depois se beijam freneticamente. Assim que a cena começou, 125 pessoas saíram da sala. Fomos para fora e o pessoal da Goldwyn e da Propaganda estava alucinado, e dissemos: 'Ei, esse público é da Disney — precisamos de um público do David Lynch.' Por fim os convencemos a fazer outro teste com outro tipo de público. Dessa vez as pessoas ficaram vidradas na tela mas, quando veio a tal cena, 125 pessoas se levantaram e foram embora, e dessa vez reagiram com violência. Começaram a gritar: 'Esse cara é doente! Deveria ir pra cadeia e nunca mais ser autorizado a fazer filmes!'"

"As pessoas correram da sala como quem escapa de um desastre", conta Montgomery. "Se pudesse, David teria mantido a cena — e a teria deixado mais longa! Mas foi preciso cortá-la, porque tinha ido longe demais."

Aquela cena não foi o único obstáculo com que o filme se deparou. "Samuel Goldwyn Jr., David, Steve, Joni e eu fomos almoçar no Muse", prossegue Montgomery, "e Samuel disse: 'Gosto do filme, quero distribuí-lo, mas não suporto o final' — e o final original não era mesmo muito bonito. No fim do almoço todos estávamos meio deprimidos, e a caminho de casa David cedeu:

302 ESPAÇO PARA SONHAR

'Vou lhe dar a porra do final feliz', e foi o que fez. Criou um final feliz enfático de um modo muito imaginativo."

O que Lynch fez foi introduzir Glinda, a Bruxa Boa de *O mágico de Oz*, que paira no céu cantando felicitações de amor verdadeiro "Lá estava eu, a 19 metros do chão, e foi apavorante", conta Sheryl Lee, que interpretou Glinda. "Tenho vergonha de admitir, mas menti para conseguir o papel. Estava no Colorado visitando minha família e David ligou perguntando: 'Você tem problemas com altura?' Tenho acrofobia, mas respondi: 'Nenhum problema!' Ao que ele explicou: 'Ótimo, porque vou dependurar você de um guindaste com uma corda de piano", e retruquei: 'Ah, tudo bem!' Quando cheguei ao set havia uma equipe de dublês, bolsas de ar, a coisa toda, e eu flutuei tão alto que David precisou me dirigir com o megafone, porque eu mal o ouvia. Estava aterrorizada e, ao mesmo tempo, em paz e agradecida. David leva você a fazer o que não faria em outras circunstâncias. Ficar dependurada de uma linha de pescar para que David possa contar uma história e trazer sua visão à tona?? Estou cem por cento dentro."

O filme estreou em 17 de agosto, com um modesto sucesso comercial, e por fim Lynch tirou uma noite de folga. "Quando *Coração selvagem* estreou em Los Angeles planejamos uma noite com Nic, David, Steve Golin, eu e acho que [o produtor executivo] Michael Kuhn", conta Montgomery. "Fomos ao Il Giardino, em Beverly Hills, um restaurante que David adorava porque quando entrávamos eles tocavam o tema de *Twin Peaks*. Era verão, nos sentamos do lado de fora, no jardim, e ficamos totalmente embriagados. Por sorte ninguém estava dirigindo — tínhamos carros alugados — e depois do jantar Nic, David e eu resolvemos ir a um bar em Los Feliz chamado Dresden Room, onde um casal idoso tocava clássicos num piano elétrico. Depois de alguns drinques, um deles disse: 'Hoje temos Nicolas Cage e David Lynch assistindo a nós! Por que não cantam uma canção?' David estava de óculos escuros, ao estilo Elvis Presley, subiu ao palco com Nic e cantaram uma canção de Elvis."

É uma lei da natureza que o que sobe acaba descendo, e naquela época Lynch começou a perceber um ataque a ele e à sua obra. Sabia que não tinha como impedi-lo. Os críticos foram muito duros com *Coração selvagem*; ele foi acusado de cair na autoparódia e, embora o filme tenha sido reavaliado ao longo do tempo e hoje seja parte importante do seu cânone, não foi o que aconteceu na ocasião da estreia.

Sempre houve defensores, dentre eles Montgomery, que conclui: "*Coração selvagem* ganhou em Cannes porque é um filme forte e mandou muito bem no festival daquele ano. David abre novas fronteiras para os outros e, embora muitos cineastas não queiram reconhecer, são altamente influenciados por ele."

Para muitos, o filme perdurou. "David e eu não tínhamos assistido a *Coração selvagem* depois de fazê-lo, e quando começamos a trabalhar em *Império dos sonhos* assistimos a ele juntos, e foi uma experiência incrível para ambos", conta Dern. "Quando terminou estávamos muito emocionados. Foi como folhear um álbum de fotografias, e as lembranças vieram numa enxurrada. Gosto principalmente das cenas na cama. Adoro trabalhar com David quando estamos num carro ou numa cama e há personagens isolados e todo o resto meio que fica paralisado, de um jeito que só acontece com ele."

Em algum lugar no meio do caminho, *Twin Peaks* virou um programa de televisão em vez de um filme, e quando deixamos de ser só Mark e eu, perdi o interesse. Então li *Wild at Heart* [Coração selvagem] e gostei muito dos personagens. O que aconteceu foi que Monty me procurou e propôs: "David, li um livro chamado *Wild at Heart* e quero dirigi-lo. Você toparia ser o produtor executivo?" Respondi: "Vou lê-lo", e de brincadeira perguntei: "Monty, e se eu gostar muito do livro e quiser dirigi-lo?", e ele retrucou: "Então você dirige" — e foi o que aconteceu.

Era o momento perfeito para ler um livro, porque o mundo estava desmoronando. Havia drogas no Hollywood Boulevard e dava medo ir por lá à noite; havia gangues no Valley e ouviam-se tiros todas as noites — o mundo estava enlouquecendo e vi ali uma história de amor no meio daquela loucura infernal.

Barry Gifford é um puta autor e tenho muito respeito por ele. Sua escrita é pura e minimalista, é uma faísca que desperta a imaginação. Há coisas no livro que ele menciona apenas de passagem, mas puseram minha mente para funcionar e eu as expandi. Barry escreve uns personagens que não são médicos nem advogados, mas são inteligentes e vivem numa espécie de cultura subterrânea, e amei aquele mundo e as coisas que podiam acontecer nele. É selvagem e livre, há uma espécie de destemor e, no entanto, há também uma profunda compreensão da vida.

308 ESPAÇO PARA SONHAR

Gosto de ir a certos lugares em meus filmes. Todos os artistas têm uma maquinaria em particular, gostos e aversões específicos, e se apaixonam por certo tipo de ideias. Não é que você faça a mesma coisa repetidamente, mas há similaridades. É como o jazz. Certos temas te atraem e, embora tenham muitas variações, aqueles de que você gosta estarão sempre lá. As ideias surgem e dão as ordens, e pode haver uma inclinação diferente do tema, ou personagens diferentes, mas as ideias estão no comando, e o seu trabalho é ser fiel a elas.

A escalação de elenco em *Coração selvagem* foi quase imediata. Sabia que Nic Cage podia fazer quase qualquer coisa, inclusive Elvis Presley, que é parte do personagem de Sailor. É um ator destemido e superbacana, e foi o único em quem pensei para o papel. Conheci Nic e Laura na Muse, e na noite em que nos conhecemos o lindo edifício *art déco* naquela rua, chamado Pan Pacific Park, estava em chamas.

Willem Dafoe é amigo de Monty, então provavelmente ele o trouxe, e Willem foi como um presente de Deus. Quando pôs aqueles dentes, cara, Bobby Peru ganhou vida e ele teve uma interpretação absolutamente impecável, perfeita. Mas não eram só os dentes. Se você os colocasse na boca de outra pessoa não seria a mesma coisa; é o casamento do personagem com o ator, tipo, essa pessoa faz isso e ninguém mais pode fazer. Willem tinha estofo. E adoro Crispin Glover. O personagem dele está no livro de Barry, mas acho que é apenas mencionado. Não acho que as baratas na cueca dele estejam no livro, tampouco ele preparando o sanduíche. Mas Crispin era perfeito para aquilo, e essa foi outra atuação impecável.

Não sei se o Sr. Reindeer estava no livro e não sei de onde veio. Simplesmente apareceu. O personagem de Harry Dean está no livro, mas não sei o quanto ele aparece, e não acho que a personagem de Grace Zabriskie esteja lá. Grace é de Nova Orleans, e quando a conheci em *Twin Peaks* ela começou a falar com um sotaque *cajun* e abriu um buraco na minha cabeça. Lembrava daquilo, e quando estava criando a personagem foi como se estivesse canalizando a onda *cajun*. Sabia que estava certo e Grace adorou aquilo.

Sheryl Lee interpreta Glinda, a Bruxa Boa, que surge bem no final, quando aparentemente tudo está perdido, e salva o amor de Sailor e Lula. Naquele tempo, um final feliz fazia as pessoas vomitarem — elas achavam que aquilo era se vender, e quanto mais pra baixo mais legal era. Mas não pareceu correto terminar *Coração selvagem* de um jeito pessimista. Tudo é possível, às vezes surge algo do nada e tudo fica bem. Acontece na vida. Porém, se contar com isso você pode se decepcionar.

E você precisa estar sempre alerta, porque algo *pode* acontecer a qualquer hora. Por exemplo, há uma senhora que atravessa a cena saudando com as mãos que não está no roteiro. Eu a vi num restaurante e a convenci a fazer isso, e sua beleza ficou gravada na mente das pessoas.

Há muito rock'n'roll em *Coração selvagem*. O rock é um ritmo e é amor e sexo e sonhos, tudo girando junto. Não é preciso ser jovem para apreciar o rock'n'roll, mas ele é uma espécie de sonho juvenil sobre farrear em liberdade.

Coração selvagem foi rodado em Los Angeles e Nova Orleans, que é uma cidade maravilhosa. Uma noite fomos a um clube de lá com uma luz forte e havia música. Nos restaurantes de Nova Orleans você encontra todo tipo de gente, e estávamos sentados perto de uma família negra. O pai não estava, mas estavam a mãe e as filhas, talvez um irmão, em visita à cidade vindos de uma localidade rural. A família não era pretensiosa; eram eles mesmos, desfrutando a vida. Começamos a conversar, convidei uma das filhas para dançar e ela era uma preciosidade. Tão pura. Estávamos lá, conversando a partir de mundos totalmente distintos. Ela não sabia nada do meu mundo, e era uma moça muito boa. Gosto disso naquela cidade, que diferentes tipos de pessoas se juntem e que seja uma cidade musical. Há música por toda parte, comida interessante e muitas coisas francesas, é um lugar mágico e encantador à noite.

Não me lembro de ter ido ao clube que Monty descreve, mas certamente devemos ter ido lá. Acho que as lembranças das pessoas são diferentes. Às vezes são totalmente equivocadas, mas em geral são simplesmente distintas. Porém, lembro-me de muitas coisas sobre Nova Orleans, é uma cidade que amo de verdade.

Hoje vivo principalmente em cidades e já não sinto falta de estar na natureza. Acho que a tirei do meu sistema, não sinto mais saudades. Quando era pequeno, em Boise, as florestas eram saudáveis e frondosas, os odores que exalavam quando eu caminhava nelas era incrível. No entanto, muitas coisas aconteceram desde então. Há caminhões com estantes de armas e carros 4x4 de cores vibrantes disparando em meio aos bosques, e essas coisas não combinam. Há também o aquecimento global e os besouros escotilíneos. Quando fica frio demais estes besouros morrem, mas já não faz frio suficiente para que morram, e eles estão matando todas as árvores. Meu pai me contou que quando você vê uma árvore que parece moribunda é porque ela está morrendo há 10 ou 15 anos. Quando você percebe é tarde demais, e dizem que uma enorme proporção de florestas está morrendo. O mundo da natureza onde cresci já não existe. Há gente com mochilas e material de acampamento bacana que vai para os bosques e aquilo fica lotado! Quando eu ia ao bosque nunca via ninguém. Ninguém. De vez em quando avistava uma ou outra pessoa esquisita nos bosques, mas em geral estavam vazios.

Então, os lugares mudam, mas não totalmente. Quando voltei a Boise, em 1992, tudo estava bem diferente, mas muitas coisas eram como antes. Algo sobre o modo como a terra se forma para criar certo tipo de clima e luz — isso não muda. Porém, outras coisas desaparecem. Quando vive os anos de formação num lugar, você cria um sentimento por ele e tem sempre carinho por ele, e seu coração se regozija pensando no que viveu lá. Contudo, elas se foram, e não se pode explicá-las a ninguém. Hoje eu poderia encontrar um garoto e contar-lhe sobre Boise, mas não saberia lhe transmitir o que sinto quando me lembro de lá, e ele terá o mesmo problema quando envelhecer e quiser explicar o que era a vida quando tinha 16 anos.

Fazer *Coração selvagem* pareceu muito fácil e o mundo parecia pronto para o filme. Havia uma cena que era, talvez, meio exagerada, e tivemos de cortá-la. Não se pode saber o que vai chocar as pessoas, porque só temos o nosso próprio gosto para julgar — acabei pensando em coisas que eram chocantes até para mim, e não pude ir adiante. Quando você se apaixona por uma ideia poderosa, precisa checar o clima e ver como ela iria pelo mundo. Às vezes você percebe que não é um bom momento para aquilo.

Em geral, quando tenho uma ideia, tenho o sentimento claro de aonde vai. Às vezes não funciona, e não gosto de estar numa zona de incerteza. Às vezes você acha que sabe e depois percebe que não, que estava errado, aquilo não funciona. É como pintar — é um processo de ação e reação em que você encontra o caminho. Às vezes leva tempo, mas quando descobre você sabe, e quando decide, 'Quero ir para Nova York', simplesmente vai a

Nova York e qualquer outro lugar está fora de questão. Você escolheu, vai para Nova York, e o livre arbítrio acaba ali. Ao decidir fazer um filme, ele se converte numa estrada que está determinada. Pode-se fazer desvios aqui e ali, mas, se for longe demais, vai parar em outro filme.

Tenho mais ideias do que posso dar conta, e não levo todas adiante. Tenho ideias de pinturas, mas não posso fazê-las no momento porque estou ocupado com outras coisas e, quando der para pintar, as ideias de agora já não me empolgarão. Posso me lembrar de ideias que surgiram antes, mas elas já não me empolgam. Sinto falta de pintar quando não estou pintando.

No ano em que *Coração selvagem* foi a Cannes, Fellini exibiu *A voz da lua*, e foi muito emocionante ver um filme meu projetado logo depois de um filme dele. Foi simplesmente incrível. Aquela experiência foi louca, e trabalhamos no filme até o último minuto, pode crer. Na noite antes da exibição de *Coração selvagem*, Dwayne e eu fomos para a sala de projeção muito tarde, havia uma escada na sala de projeção e os projetores pareciam ter vindo de um filme de ficção científica russo. Eram imensos, e tínhamos um sistema dual, imagem e som separados, inclusive para magnético perfurado analógico, e o perfurado rodava tão suavemente. Uma suavidade inacreditável.

Hoje é raro que se tenha a oportunidade de ver uma boa cópia de um filme projetada corretamente, o que é uma pena. Acho que podem acontecer duas coisas daqui para a frente. Os sistemas caseiros podem ficar muito bons, e você poderia ter uma tela de TV do tamanho de uma parede em casa com um som incrível. Se quiser assistir a um filme, baixe as luzes, desligue o telefone, aumente o som e talvez consiga entrar perfeitamente naquele mundo. No entanto, a menos que tenha convidado um monte de amigos, não será uma experiência compartilhada, o que é parte importante do cinema. A outra coisa que pode acontecer é que os filmes sejam diretamente transmitidos ao seu telefone, o que não seria tão legal. Quanto ao que ocorre hoje, as pessoas não querem ir à sala de cinema e os filmes perderam o atrativo. A televisão a cabo ocupou o lugar das salas de cinema de arte.

Em Cannes você só sabe que ganhou no último minuto. Quando pedem para você ficar até domingo é porque vai ganhar alguma coisa, mas não sabe o que será. Recordo que naquela noite andei no tapete vermelho sem saber que ia ganhar. Você vai lá, cumprimenta Pierre Viot, um cara legal

312 ESPAÇO PARA SONHAR

que está em Cannes desde o começo, e que naquela época era o presidente. Ele falou: "David, é alguma coisa, definitivamente não é coisa nenhuma." Então entramos e nos sentamos e, antes do começo da cerimônia, Gilles Jacob, presidente de Cannes de 2001 a 2014, se aproximou e revelou: "Você ganhou a Palma de Ouro."

As pessoas sobem
e depois descem

A vida de Lynch foi transformada pelo fenômeno que foi *Twin Peaks*, seguido da premiação de *Coração selvagem* em Cannes, e àquela altura ele se tornou uma marca e um adjetivo. De repente era possível descrever algo como "lynchiano", e as pessoas sabiam do que se tratava. Esse nível de sucesso tem seus prós e contras, claro. Quando você permeia completamente a cultura popular, ela responde absorvendo-o, depois supondo conhecê-lo e, por fim, presumindo que tem *direitos* sobre você. No início da década de 1990, o número de pessoas que buscavam ter acesso a Lynch, desejavam algo dele, queriam se dedicar a ele, expressar opiniões a seu respeito e respirar o mesmo ar que ele aumentou exponencialmente, e os muros que o separavam delas ficaram mais espessos. Os avatares culturais vivem em bolhas; é só o que podem fazer, já que as exigências que lhe são feitas são grandes demais. Agora essas forças entravam em jogo para Lynch, provocando mudanças em sua vida cotidiana. Sua equipe cresceu e ficou cada vez mais difícil encontrá-lo ao acaso num café em Los Angeles.

Ganhar em Cannes foi uma benção dúbia, mas certamente algo indiscutivelmente bom aconteceu no festival: ele encontrou um velho conhecido chamado Pierre Edelman. Uma figura cheia de nuances, e conhecido pela capacidade de fazer avançar grandes planos, Edelman teve uma vida aventureira, que incluía uma temporada na prisão por ter desertado do exército francês; uma fortuna acumulada no comércio de vestuário; vários anos perdidos com drogas; uma falência; um longo período vivendo na casa de Jack

316 ESPAÇO PARA SONHAR

Nicholson; e uma experiência como jornalista. Em 1983 ele visitou os Estúdios Churubusco para escrever um artigo sobre a filmagem de *Duna* para uma revista francesa e conheceu Lynch na cantina do estúdio. "Nos demos bem imediatamente", conta ele, que tentou produzir alguns anúncios para Lynch nos anos seguintes.[1] Lynch já tinha um contrato com a Propaganda para este tipo de trabalho, então não deu muito certo na época, mas Edelman queria trabalhar com ele, e não desiste facilmente.

Em 1990, o industrial francês Francis Bouygues resolveu entrar na indústria do cinema. Fundador de uma das maiores construtoras do mundo (teve papel importante na construção do Eurotúnel e do Aeroporto Charles de Gaulle), Bouygues criou o próprio estúdio, Ciby 2000, e passou a atrair os maiores diretores do mundo. Edelman foi consultado sobre quais diretores a companhia deveria recrutar, e ele compôs uma lista que incluía Lynch.

"Entrei de penetra na festa de *Coração selvagem* em Cannes, chamei David num canto e disse que seria ótimo se ele pudesse ir a Paris conhecer Francis Bouygues", conta Edelman. "Expliquei quem era Bouygues e afirmei que provavelmente seria possível fazer o filme que quisesse com ele. David respondeu que queria fazer *Ronnie Rocket*. Pouco depois organizei um jantar com David num restaurante de Los Angeles chamado Il Giardino. Tom Hansen [advogado de Lynch] estava lá, e montei uma situação engraçada. Meses antes eu havia conhecido Clint Eastwood em Saint-Tropez e ficamos amigos, e pedi a ele que aparecesse no restaurante e dissesse: 'Ah, meu Deus, é o Pierre!', e Clint concordou. Não sei se David se impressionou, mas acho que ficou surpreso." Surpreso ou não, Lynch foi a Paris conhecer Bouygues e assinou um contrato com a Ciby 2000 estipulando que apresentaria três propostas de filmes, um dos quais seria *Ronnie Rocket*.

"David sempre manteve excelentes relações com os franceses", conta Mary Sweeney, que era a companheira oficial de Lynch quando Bouygues entrou na história. "Ele acredita que a criatividade é um direito de nascença, e um dos motivos pelos quais adora a França é que lá você vira uma estrela do rock se for criativo, e os direitos do criador são respeitados."[2]

O relacionamento entre eles estava começando, e Sweeney foi parte importante da vida criativa de Lynch, com quem viveu por 15 anos. Nascida e criada em Madison, Wisconsin, Sweeney descobriu que tinha habilidade para a montagem quando estudou cinema na Universidade de Nova York. Ao se formar, em 1980, começou a procurar emprego, e àquela altura Warren Beatty havia requisitado a maior parte das salas de edição de Nova York para terminar seu épico filme *Reds*. A legendária montadora Dede Allen estava a cargo de uma equipe de 65 pessoas, e contratou Sweeney como a sétima aprendiz de edição de som. Em 1983 ela conseguiu trabalho na Sprockets, de George Lucas, e mudou-se para Berkeley, onde Dwayne Dunham a contratou como assistente de montagem de *Veludo azul*. Ela conheceu Lynch em novembro de 1985, quando ele se mudou para Berkeley durante a pós-produção do filme. "Lembro-me do dia em que David entrou na sala de montagem", conta. "Ele estava muito contente; era um cara solar, muito doce, com um aperto de mão caloroso, o pacote completo."

Na primavera de 1987 Sweeney mudou-se para Los Angeles por três meses para montar a versão televisiva de *Veludo azul*, exigência contratual de Lynch, e em 1989 passou a viver definitivamente na cidade para ser a continuísta e primeira assistente de montagem de *Coração selvagem*. Em 1990 foi continuísta do primeiro episódio da segunda temporada de *Twin Peaks*, e em setembro daquele ano trabalhou diretamente com Lynch pela primeira vez, montando o sétimo episódio do seriado.

No período em que Sweeney e Lynch começaram a se aproximar, ele se preparava para sua primeira exposição num museu, em Tóquio, no Museu Tokyo de Arte Contemporânea. A inauguração foi em 12 de janeiro de 1991, acompanhada de um pequeno catálogo. Na mostra estavam diversas das pinturas sombrias e turbulentas do final da década de 1980 que haviam sido apresentadas na Corcoran Gallery, além de uma série de pasteis primorosos produzidos entre 1985 e 1987. Atipicamente terna, a série incluía representações da luz tocando paisagens áridas; uma forma espiralada que paira no alto de um campo de orvalho branco; uma nuvem em forma de losango que se estira como um disco voador sobre um campo preto vazio.

Ao regressar do Japão, Lynch criou a própria produtora, Asymmetrical, e começou a trabalhar no próximo filme. Ele dizia que estava apaixonado pela personagem Laura Palmer e não estava pronto para abandonar o mundo de *Twin Peaks* quando o seriado foi cancelado, em junho de 1991; quando a série saiu do ar, ele começou a falar em fazer um filme ambientado na cidade etérea que havia criado com Frost. Quase no final associou-se a Robert Engels, que havia escrito dez episódios do seriado, e em julho de 1991 a dupla terminou um roteiro intitulado *Twin Peaks: Os últimos dias de Laura Palmer*, sobre os dias que antecederam o assassinato de Laura Palmer. Planejada para

318 ESPAÇO PARA SONHAR

ter produção executiva de Lynch e Frost, a sequência não foi recebida com muito entusiasmo pelo elenco do seriado. Lynch conta que aproximadamente 25 por cento dos atores não apoiaram a ideia, e dentre os que a rejeitaram estavam Sherilyn Fenn, Lara Fynn Boyle e, o mais significativo, Kyle MacLachlan. O roteiro original dependia amplamente do agente Cooper e, em 11 de julho, Ken Scherer, CEO da Lynch/Frost Productions, anunciou que o projeto não iria adiante devido à recusa de MacLachlan.

No entanto, Lynch é mestre em adaptar-se a quaisquer limites que lhe sejam impostos: revisou o roteiro, introduzindo novos agentes do FBI, interpretados por Chris Isaak e Kiefer Sutherland, e preparou-se para ir adiante. MacLachlan reconsiderou e concordou em ter uma participação menor no filme. Harry Dean Stanton apareceu na história de *Twin Peaks* pela primeira vez, como o gerente de um decrépito estacionamento de trailers, e David Bowie tem uma interpretação fascinante como o misterioso Phillip Jeffries, um agente do FBI com sotaque sulista que aparenta passar por uma crise nervosa.

O primeiro rascunho do roteiro era consideravelmente mais longo que o roteiro final, com data de 8 de agosto de 1991, e diversos personagens foram eliminados da história, assim como os floreios de humor que davam equilíbrio aos aspectos mais macabros do seriado televisivo. *Os últimos dias de Laura Palmer* é, essencialmente, uma história de incesto, e é difícil encontrar um aspecto alegre nela.

As filmagens começaram em 5 de setembro de 1991, e a fotografia principal acabou em pouco mais de três meses. No set de Seattle, a assessora de imprensa foi Gaye Pope, figura muito querida que passou a ser assistente pessoal e confidente de Lynch. Ela trabalhou com ele até abril de 2003, quando morreu de câncer. Deepak Nayar também participou, desta vez como primeiro assistente de direção. "Em vez de conduzir David ao trabalho, ia com ele, e o irmão de Kyle [Craig Maclachlan] nos conduzia", conta Nayar. "Em geral vinham conosco [o diretor de fotografia] Ron Garcia e a continuísta Cori Grazer, e discutíamos o dia de trabalho pelo caminho."

"Trabalhávamos à noite — pode estar certo de que nos filmes de David você vai filmar à noite ao menos 30 por cento do tempo — e um dia ele indagou: 'Diga-me, Figurão, a que horas acha que vamos terminar no sábado? Terminaremos antes da meia-noite.' Respondi que era impossível, só terminaríamos a filmagem da sexta-feira no sábado de manhã, e não conseguiríamos mudar todo o set tão rapidamente. Ainda assim, às duas da tarde de sábado ele me ligou: 'Onde você está? Estou te esperando para almoçar! Você está perdendo tempo de propósito!' Retruquei: 'Só quem vai estar no set são os motoristas dos caminhões, e ele: 'Tá vendo! Você está sempre sabotando!' Naquele momento apostamos 20 dólares sobre quando iríamos terminar. Cheguei ao set naquela tarde e estava certo — não havia ninguém, à exceção de quatro membros da equipe, e o primeiro caminhoneiro chegou com cara de 'Será que estou atrasado'? A fofoca sobre a aposta se espalhou e a equipe começou a trabalhar. A certa altura Sheryl precisava deixar o set para mudar de roupa e David objetou: 'Nada disso! Estão perdendo tempo! Tragam as roupas dela para cá. Vocês formam um círculo olhando para fora e Sheryl troca de roupa no centro!' Por fim, dois minutos antes da meia-noite, ele me disse: 'Quer anunciar que terminamos ou eu faço isso?' Respondi: 'Anuncie, você merece.' Entreguei os 20 dólares a ele, dei meia-volta e recebi 100 dólares de um produtor. Tinha apostado contra mim mesmo e ele ficou furioso! Disse: 'Você vai pagar drinques para todos', e me fez gastar em bebida o dinheiro que tinha ganho."

"Um dia quando voltávamos para casa", prossegue Nayar, "David falou: 'Pare o carro, Craig!' e pediu: 'Está vendo aquela mulher ali na rua? Peça o telefone dela.' Perguntei para que, e ele: 'Não sei, mas consiga o número dela.' Fiz o que pediu e esquecemos o assunto. Dias depois, ele disse: 'Lembra quando lhe pedi para conseguir o número de telefone daquela mulher? Ela estará na próxima cena com Harry Dean.' Ela interpreta uma velha que vive no estacionamento de trailers e diz a Harry Dean: 'Onde está a minha água quente?' David gostava de criar obstáculos para ver todo mundo correndo atrás."

Sweeney acompanhou Lynch a Seattle, e quando voltaram a Los Angeles para a pós-produção, ela tinha engravidado. Enquanto Lynch começava a trabalhar na música com Badalamenti, Sweeney dedicou-se à montagem. "Mary tinha uma sintonia com David como provavelmente nenhum montador teve", opina Ray Wise, que coestrelou *Os últimos dias de Laura Palmer*. "Eles se comunicavam com uma espécie de linguagem não falada."

Lynch e Badalamenti também tinham essa sintonia, e a trilha sonora de *Os últimos dias de Laura Palmer* foi a maior colaboração que já haviam produzido. Com canções de ambos, música de Lynch, David Slusser e Badalamenti, a trilha sonora é única, pois não inclui gravações de outros artistas. A dupla se divertiu fazendo a trilha do zero.

320 ESPAÇO PARA SONHAR

"Estávamos gravando uma canção intitulada 'A Real Indication' e David estava na cabine", recorda Badalamenti. "Ele havia escrito uma letra que exigia certa improvisação vocal, e pensei: Não estou nem aí, vou fazer algo que não tem a ver comigo, será escandaloso. Percorri toda a gama da maluquice, berrei e improvisei, e David riu tanto que teve uma hérnia e precisou ser operado."

Com os principais atores de *Twin Peaks* por perto, Lynch recrutou alguns deles para estrelar um anúncio de televisão para o Café Geórgia, que foi ao ar no Japão. Em maio de 1992, a primeira exposição de Lynch em um museu europeu abriu na Sala Parpalló, em Valência, Espanha, quando ele e Sweeney estavam a caminho de Paris, onde passaram semanas dedicados aos preparativos finais da estreia de *Twin Peaks: Os últimos dias de Laura Palmer* em Cannes. Deram uma festa em homenagem a Francis Bouygues — que estava muito empolgado por ir a Cannes com um novo filme de Lynch — com apresentações de Julee Cruise e Michael J. Anderson.

Contudo, a sorte não acompanhou Lynch dessa vez, e as críticas foram pouco generosas. *Os últimos dias de Laura Palmer* é complexo e desafiador, e Ray Wise e Sheryl Lee — que, basicamente, conduzem o filme — têm interpretações intensas. Wise está aterrador e Lee às vezes é sufocante, confusa e devastadora. Parte da audiência assobiou e vaiou durante a projeção, e na coletiva de imprensa após a projeção, Lynch enfrentou hostilidades. Ele estava acompanhado de Robert Engels, Angelo Badalamenti, Michael J. Anderson e Jean-Claude Fleury, produtor da Ciby 2000; um repórter francês perguntou-lhe se o retorno ao mundo de *Twin Peaks* se devia à "falta de inspiração". Outro declarou: "Muitos o definiriam como um diretor perverso; o senhor concorda?" Quentin Tarantino estava por lá e comentou: "[Ele] se acha tanto que não tenho a menor vontade de assistir a outro filme de David Lynch."

Sheryl Lee pensa que teve sorte por não tê-lo visto. "Não pude ir a Cannes porque estava fazendo uma peça em Nova York e fiquei chateada, mas quando soube da reação ao filme achei que talvez tenha sido uma benção não ter ido", conta. "Não sei se teria uma couraça suficientemente grossa para lidar com aquilo."

"Não é um filme confortável e, às vezes, quando o público vê algo que o incomoda, se irrita com o diretor", prossegue Lee, que aparece em quase todos os fotogramas nos últimos dois terços do filme. "Acho que foi isso. Não acho que David pretenda provocar, mas raramente as pessoas veem algo dele e dizem 'Ah, isso é interessante'. Seu trabalho sempre tem complexidade, profundidade e camadas de significados, e pode ser perturbador quando as pessoas pensam que deveriam entender o filme e não conseguem destilá-lo numa história simples."

Na opinião de Sweeney, a rejeição em Cannes se resume ao fato de que "as pessoas eram viciadas em *Twin Peaks* e queriam mais daquilo, mas, em vez disso, viram um filme de David Lynch. *Os últimos dias de Laura Palmer* é sombrio e implacável, e deixou todo mundo furioso."

Para Ray Wise, o filme não precisa de explicações nem de desculpas. "*Os últimos dias de Laura Palmer* é a obra-prima de David", afirma. "Cada aspecto de sua obra está encarnado nesse filme, e o fato de ser a sequência de um seriado televisivo? Algo assim só poderia passar pela cabeça de David Lynch, e ele o fez à perfeição."

"Há uma cena no filme em que estou num conversível com Laura e acho que é uma das melhores atuações da minha vida", continua. "No dia em que filmamos a cena fazia muito calor, houve muitas tomadas diferentes e estávamos todos meio irritados, mas usamos a tensão e a canalizamos no trabalho. E os últimos 20 minutos do filme são uma experiência quase religiosa. As pessoas criticaram duramente *Os últimos dias de Laura Palmer* na época em que estreou, mas acho que o filme foi reavaliado e sobreviverá por muito tempo." Wise tem razão. Em setembro de 2017, Martyn Conterio, do *The Guardian*, escreveu: "Depois de um quarto de século, o filme está sendo merecidamente redescoberto por fãs e críticos como a obra-prima esquecida de Lynch."

Os últimos dias de Laura Palmer estreou no Japão em 16 de maio, direto de Cannes, e foi bem. Os japoneses são fanáticos por Lynch. As coisas não foram tão bem nos Estados Unidos na estreia, em 28 de agosto de 1992. O crítico do *New York Times,* Vincent Canby, escreveu: "Não é o pior filme do mundo. Mas parece." Jennifer Lynch recorda: "*Os últimos dias de Laura Palmer* foi muito importante para papai, e recordo a sua enorme confusão ao ver que tinha sido mal interpretado. Ele começou a ter muitos problemas com Hollywood naquela época."

Sweeney estava no fim da gravidez em Cannes e, em 22 de maio, dias antes da estreia, Riley Lynch nasceu em Paris. "Assim que voltamos de Cannes, passamos cinco semanas em Wisconsin na casa da minha mãe, em Lake Mendota, e começamos a procurar uma propriedade por lá", recorda Sweeney.

"Madison é um lugar muito esclarecido e idealizado do meio-oeste, e as pessoas lá são amáveis. David ia à loja de ferragens e jogava conversa fora com os homens, adorou minha mãe e minha grande família católica irlandesa. No fim do verão encontramos um lugar, e passamos vários meses lá em 1993 e 1994. Recordo que David passava todos os dias, o dia inteiro, assistindo ao julgamento de O.J. Simpson, enquanto pensava em *Estrada perdida*."

Montgomery conta que visitou o casal em Wisconsin: "David nunca teria feito aquilo sem Mary — ela o tirou do mundo dele. Compraram uma casa, ele tinha um barco a motor antigo que adorava, e parecia relaxado."

Lynch começou a voltar-se para si mesmo e embarcou em uma série de reformas na casa de Los Angeles. Foi quando contratou Alfredo Ponce, um faz-tudo habilidoso que trabalha para ele desde então. "Eu estava fazendo o paisagismo de um vizinho de David, ele me viu pela cerca e cumprimentou — foi assim que começou", recorda Ponce, que nasceu no México em 1951 e se mudou para Los Angeles em 1973. "Ele sempre me cumprimentava, e um dia perguntou se eu podia dar uma limpada no seu jardim, terminei trabalhando na casa da piscina e um projeto levou a outro." Ao longo dos anos, Ponce fez hidráulica, paisagismo, reforma elétrica, consertos mecânicos, criou o sistema de irrigação da propriedade e abriu as trilhas que cruzam o terreno. Sabe instalar fundações, construir casas e móveis, e fez sets para experimentos cinematográficos domésticos de Lynch. "Uma vez Peggy Reavey disse: 'David não teria encontrado alguém como você nos classificados de empregos'", conta. "David trabalha pesado, sempre tem ideias de coisas que quer construir, e gosto de trabalhar com ele porque só diz o que fazer e me deixa descobrir como fazê-lo. Quando estava trabalhando em *Império dos sonhos*, precisou de um set, pegou uma vareta, desenhou na terra o que queria e perguntou: 'Você consegue fazer isso?' É mais ou menos assim que fazemos."[3]

Há anos Ponce trabalha na casa de Lynch em tempo integral, cinco dias por semana, supervisionando tudo. "As pessoas me veem aqui limpando ou tirando folhas com o ancinho e não têm ideia — não sabem o quanto sei", pondera. "Percebo as coisas de longe e sei imediatamente quando aparece alguém que não quer o bem de David. A energia negativa — eu a vejo, e já vi muita gente ir e vir. David é tranquilo e simpático e podem tentar se aproveitar dele, então tento protegê-lo. Todo mundo que trabalha aqui tem que ser da minha confiança."

Sweeney aponta os primeiros anos do casal como momentos criativos e frutíferos para Lynch. "David pintava sem parar, comprou um forno e fez

AS PESSOAS SOBEM E DEPOIS DESCEM **323**

cerâmica por um tempo, desenhou e construiu móveis na oficina. Fez muita fotografia e fez várias exposições nos Estados Unidos e fora. Ele nunca se cansa e tem muita energia, embora não emane energia física. Eu sempre o incentivava a fazer exercícios e parar de fumar [ele voltou a fumar em 1992, depois de ter parado em 1973], mas não consegui. Ele parece um adolescente com o cigarro."

A mulher de Robert Engels, Jill, engravidou na mesma época que Sweeney, e depois de darem à luz com apenas uma semana de diferença, a família Engels passou a frequentar regularmente a casa de Lynch. O casal fazia visitas nos sábados à noite com o bebê, e Lynch e Sweeney pediam comida pelo telefone. Na maior parte do tempo, porém, tinham poucas visitas. "David é um eremita", conta Sweeney.

Lynch sente uma forte inclinação a permanecer no ninho, e quando sua vizinha morreu, em 1992, comprou a casa dela e construiu uma casa de piscina projetada por Lloyd Wright acima da Casa Rosa. Aos poucos a sua casa se tornou um complexo. "Tínhamos um belo conjunto", recorda Sweeney. "Ambos tínhamos ateliês de pintura, eu tinha uma suíte de montagem, David uma oficina de carpintaria e mais tarde ele construiu um estúdio de mixagem. Adorávamos trabalhar em casa."

Então Lynch e Frost embarcaram em um seriado de televisão intitulado *On the air* [No ar]. Lynch é fã de comédias rasgadas e, como é o caso dos seus roteiros não produzidos *One Saliva Bubble* e *The Dream of the Bovine* [O sonho do bovino] — que descreve como "a história de dois sujeitos de San Fernando Valley que são vacas, mas não sabem" —, *On the Air* era um suporte para o humor visual, quedas ridículas e bobagens deslavadas; os três projetos refletem sua admiração pelo francês Jacques Tati, um gênio da comédia. Estrelado por Ian Buchanan, de *Twin Peaks*, ambientado em 1957 e gravado no estúdio nova-iorquino da Zoblotnick Broadcasting Corporation, o programa retrata os desastres infinitos que ocorrem no *The Lester Guy Show*, um programa de variedades transmitido ao vivo.

A ABC respondeu positivamente a *On the Air* e encomendou seis episódios além do piloto, que Lynch escreveu com Frost e dirigiu sozinho. Depois entraram outros amigos: Robert Engels escreveu três episódios, Jack Fisk dirigiu dois e Badalamenti compôs a música. Embora o programa tenha tido boa recepção nos testes de audiência, a ABC engavetou tudo por mais de um ano. Por fim, pôs no ar o piloto em 20 de junho de 1992, um sábado, e ele não

324 ESPAÇO PARA SONHAR

foi bem. Até o falecido David Foster Wallace, que se autodenominava "fanático por Lynch", descartou-o como "simplesmente horrível". Poucos gostaram.

"A ABC simplesmente odiou o programa, e acho que só o exibiu três vezes antes de engavetá-lo", conta Frost. "Era bobo e bem estranho para a TV aberta, mas acho que estava à frente do seu tempo. Recentemente David e eu assistimos a uma parte, ela ainda nos faz rir e tem coisas muito engraçadas. Quando *On the Air* foi cancelado, nos afastamos por um tempo. Tinha sido um período intenso de seis anos e eu queria escrever um romance."

Tony Krantz, que ajudara a pôr o programa no ar, ficou perplexo com a recepção. "*On the Air* foi o programa com menor audiência da TV à época, mas eu o adorava, achava-o genial. Talvez fosse peculiar demais, ou a flor de David Lynch/Mark Frost tivesse murchado — sinceramente não sei o motivo, mas foi um tremendo fracasso."

Lynch imediatamente dedicou-se a outra coisa, claro, nesse caso o projeto *Hotel Room* [Quarto de hotel] para a televisão. Uma trilogia de teleteatros ambientados em diversas épocas, no mesmo quarto do Railroad Hotel de Nova York, o programa se baseava em uma ideia de Monty Montgomery, desenvolvida por Lynch e Barry Gifford. Este escreveu dois episódios, que Lynch dirigiu, e Jay McInerney escreveu um terceiro antes de o projeto ser cancelado. Filmados no fim de 1992, os dois episódios de Lynch — "Tricks", ambientado em 1969, e "Blackout", ambientado em 1936 — são inegavelmente seus melhores trabalhos de direção de elenco. O texto é escasso, cada episódio foi filmado em um só dia, em tomadas extraordinariamente longas, e Crispin Glover, Alicia Witt, Harry Dean Stanton, Freddie Jones e Glenne Headly têm atuações excepcionais.

"Houve um dia em que David ensaiou com os atores durante toda a manhã, passou da hora do almoço, e todos estavam entrando em pânico porque não se filmava nada", recorda a coordenadora de produção Sabrina Sutherland. Nascida em Massachusetts, Sutherland estudou cinema na Universidade da Califórnia, em San Diego, e depois conseguiu um emprego como guia turística nos Estúdios Paramount. Em meados dos anos 1980 trabalhava regularmente como coordenadora de produção e conseguiu o trabalho com Lynch na segunda temporada de *Twin Peaks*. Desde então trabalhou regularmente com ele, e produziu *Twin Peaks: The Return*. "Depois do almoço as pessoas estavam pirando, e de repente David começou a fazer tomadas de dez minutos, uma após a outra. Foi um dia estranhíssimo, mas, se o que ele tem na cabeça não aparece na prática com os atores, ele segue trabalhando até captar o que deseja — é uma das coisas que admiro nele. Nunca faz concessões ou diz Ok, fica assim, vamos adiante. Ele não faz isso."[4]

A HBO exibiu o piloto, composto dos três episódios, em 8 de janeiro de 1993. Embora o *Los Angeles Times* tenha enaltecido o programa como "tremendamente envolvente", o *The New York Times* descartou-o como "um pastiche" que "parece uma visita apática a *Além da imaginação* no estilo de Lynch, em que as histórias não vão a lugar nenhum". "Rodamos três episódios e a HBO odiou aquilo", conta Montgomery. "Eram estranhos demais para eles."

"David e eu estávamos sempre tentando inventar alguma coisa", continua Montgomery, que supervisionou a produção dos clipes musicais de *Dangerous*, o disco de Michael Jackson de 1991. Em 1993, quando chegou a hora de produzir um comercial anunciando o lançamento da coleção de curtas feitos para o disco, Montgomery sugeriu Lynch, e Jackson achou uma boa ideia.

"David era uma estrela, mas Michael Jackson? Aquilo era um outro nível de fama", conta Montgomery. "Era daquele tipo em que Donatella Versace em pessoa aparecia para entregar duas vans cheias de roupas para Michael — e ele só ia ser filmado do pescoço para cima!"

"Acho que Michael não entendeu o que David queria fazer, mas o plano era filmar o rosto de Michael num close extremo com uma câmera de alta velocidade. Por fim, depois de muita discussão em seu trailer, Michael entrou no set, se aproximou de David, começaram a conversar sobre *O Homem Elefante* e se conhecerem um pouco melhor. Até que David disse: 'Vamos lá', então Michael ficou diante da câmera, tinha de ser muito perto da lente, e assim que a câmera parou de rodar, Michael correu para o trailer. Talvez tenham se passado 45 minutos, David começou a ficar impaciente, então toquei na porta do trailer e perguntei: 'O que está acontecendo?' Quando você fica assim tão perto da câmera, no tipo de luz que havia ali, é como se estivesse se vendo no pior espelho de uma parada de caminhões, e o que Michael viu o deixou pirado. Passou outra hora e por fim consegui que ele voltasse ao set, mas David já estava de saco cheio."

Naquele ano Lynch dirigiu seis anúncios e, com a morte de Francis Bouygues em julho, a relação dele com a Ciby 2000 começou a se desgastar. No fim daquela década, ele enfrentou a empresa nos tribunais. No mesmo ano Lynch fez amizade com um jovem aspirante a produtor chamado Neal Edelstein,

326 ESPAÇO PARA SONHAR

com quem trabalharia na década seguinte. Nascido e criado em Chicago, Edelstein mudou-se para Los Angeles em 1992 para tentar carreira no cinema. "Conheci David por intermédio de Jay Shapiro, coordenador de produção num anúncio de serviço público sobre câncer de mama que ele dirigiu em 1993, e Jay me chamou para ser assistente de produção", conta. "Para mim, ele era um autor de outro universo, e trabalhar com ele, ver como era gentil e acessível, vê-lo dirigir — fiquei pasmo com seu modo de lidar com as coisas."

"Pouco depois de nos conhecermos ele me contratou para trabalhar num anúncio da Adidas que rodamos numa autoestrada, perto do Aeroporto Internacional de Los Angeles", prossegue. "Em 1994 recebi um telefonema de Gaye Pope avisando: 'David quer falar com você.' Ele pegou o telefone e disse: 'Preciso que você produza um vídeo musical para um japonês chamado Yoshiki', que era o líder da banda X Japan e uma espécie de Michael Jackson japonês. Respondi: 'Não posso fazer isso! Sou apenas um gerente de produção!' E ele: 'Se é gerente de produção já está fazendo o trabalho! Venha ao escritório e discutimos o assunto.' Eu tinha uns 25 anos e quando desliguei o telefone pensei: Uau, vou produzir um vídeo musical dirigido por David Lynch. Não me achava pronto, mas ele confiava em mim, tudo transcorreu incrivelmente bem e ele fez uma direção brilhante."

"Uma vez estávamos filmando um anúncio no Point Dume, em Malibu, e a hora marcada era 6 da manhã", continua. "David e eu fomos juntos de carro, chegamos um pouco antes e o sol ainda não tinha saído. Ele queria que a areia estivesse lisa e bem arrumada, então os assistentes de produção estavam varrendo a areia, e ele foi varrer também! Lá estava o diretor, com o ancinho na mão, varrendo areia no escuro. Aquilo foi tão David, tão quem ele é, o respeito pelos outros, o amor pela experiência da filmagem simples. O que aprendi com ele sobre a vida, o cinema e como tratar as pessoas é inestimável."[5]

*P*ierre Edelman é um aventureiro, uma figura, é meu amigo francês mais antigo, e participou de muitos filmes meus. Eu o adoro. Conheci-o no set de *Duna* e Raffaella o expulsou do set porque não queria que eu falasse com jornalistas, e naquela época ele era jornalista. Pierre conhece todo mundo, andou por toda parte e pode dar dicas sobre qualquer cidade. É incrível. Nos anos 1960 estava em Hollywood e conhecia todo mundo, fez fortuna com jeans, mas o dinheiro acabou devido a um certo mau comportamento. Passou um tempo na prisão, e os prisioneiros deviam ficar contentes em tê-lo lá, porque tornava a prisão divertida. Organizava corridas de baratas: eles pintavam as asas e apostavam. Posso imaginá-lo. Tem uma companhia chamada Bee Entertainment e usa um brochinho de abelha na lapela; e Pierre é uma abelha — ele poliniza. Junta esta pessoa com aquela, e fez isso para inúmeras pessoas. Em Cannes ele me contou que Francis Bouygues tinha adorado *Coração selvagem*, era dono de uma nova companhia e queria me conhecer, era o tipo de coisa que Pierre fazia. Juntava as pessoas.

Pierre é uma boa pessoa, mas alguns têm problemas com ele porque às vezes é sarcástico e insulta e põe as pessoas para baixo. Certa vez estava sentado ao seu lado num avião e, quando a comissária de bordo veio, ele falou algo desagradável. Quando ela se afastou eu o adverti: "Não gosto do jeito como você se comporta; não faça isso perto de mim. Por que trata as

332 ESPAÇO PARA SONHAR

pessoas assim?" Ele pediu desculpas a ela e, no fim do voo, eles tinham virado melhores amigos, então ele é charmoso, mas também tem essa coisa de insultar as pessoas.

Uma grosseria pode levar você perder as estribeiras. Todos temos impulsos que podem nos fazer perder a compostura — drogas, sexo, comida, pensamentos estranhos, e podemos nos meter em problemas com nossas atitudes. A maioria das pessoas tem uma espécie de cerca ao redor desses impulsos, e fica tudo bem, mas as prisões estão cheias de gente cujas cercas se romperam.

Havia um ótimo restaurante italiano em frente aos correios de Beverly Hills chamado Il Giardino. Era indescritível, não tinha uma aparência impressionante, mas a comida era incrível. Certa noite fui jantar lá com Pierre, Tom Hansen e Jean-Claude Fleury, que dirigia a Ciby 2000. Naquela noite descobri que Jean-Claude e eu nascemos com 10 ou 11 horas de diferença, no mesmo dia, ele, na França, eu, em Montana. Fellini também nasceu no mesmo dia que eu, assim como George Burns. George era exatamente 50 anos mais velho que eu, e em 1991, no meu aniversário de 45 anos, compartilhamos um charuto. Não o mesmo — cada um tinha o seu, mas fumamos juntos. George Burns era pequeno e leve como uma pluma, e dava a impressão de que podia ser erguido como um pedaço de papelão. Ele caiu na banheira e se machucou e aquilo acabou com ele. Foi o começo do fim. Se não tivesse caído poderia estar vivo até hoje.

Bem, Pierre sempre estava falando dos seus camaradas, e muita gente pensava que contava lorotas. Naquela noite no Il Giardino ele mencionou que seu amigo Clint iria passar por lá, e no meio do jantar erguemos os olhos e lá vinha Clint Eastwood, que veio até nós e exclamou: "Pierre!", e eles se abraçaram. Não me surpreendi, porque já conhecia Pierre e imaginei que Clint viria.

Fui a Paris conhecer Francis Bouygues, que tinha um escritório no último andar de um prédio no Champs-Élysées. Tony Krantz e Tom Hansen foram comigo, e deveriam estar naquela reunião. Na noite anterior tínhamos ido à Maison du Caviar, Tony tinha bebido shots de vodca de cereja, e tinha nevado. Caíram 15 centímetros de neve em Paris, e ele vomitou as entranhas no meio-fio — eu o vi da janela vomitando na neve. Pierre trouxe umas garotas — foi uma noite e tanto. Tom e Tony não foram à reunião, então lá estava eu sem a minha equipe, do outro lado da mesa estava o Sr. Bouygues e ao seu lado os franceses que trabalhavam para ele. Eram uns criminosos aduladores que me fitavam com uns sorrisos que diziam "Vamos te crucificar". Não queriam que Bouygues entrasse na indústria cinematográfica, e a vibração que emanavam era muito ruim.

Em dado momento, o Sr. Bouygues pediu: "Conte-me a história de *Ronnie Rocket*", e foi como se dissesse: Se não contar não tem negócio — sabe, prove quem você é. Achei que já tínhamos um trato, e de repente pintou aquilo. Pensei: Ok, vou embora dessa porra; não quero estar com essa gente. Queria sair daquela porra daquele prédio, me levantei e caminhei na direção do elevador; queria pegar um táxi e ir direto para o aeroporto e dar adeus àqueles escrotos. Os canalhas sentados ao lado dele com aqueles sorrisos franceses na cara — a pior parte da França é com certeza a presunção, e ela diz tanto, e aqueles sorrisos. Vi muito daquilo no início, quando falava sobre meditação. Os jornalistas adoravam falar sobre cinema, mas quando eu falava de meditação lá vinham aqueles sorrisos.

Bem, Pierre me viu sair, correu atrás de mim e me convenceu a voltar. De volta à reunião eu disse: "Conto a história, mas só se Pierre traduzir", e fiquei lá sentado, olhando direto para o Sr. Bouygues, com Pierre de pé traduzindo, e os caras ficaram em silêncio. Quando acabei de falar houve silêncio, e então o Sr. Bouygues disse: "*Bon*", e foi só. Trato feito. Só precisei fazer aquela encenação. Ele disse sim a *Ronnie Rocket*, mas, no final das contas, sempre tive medo de fazer aquele filme. Há algo errado no roteiro e não sei o que é; além disso, tinha começado a pensar em Laura Palmer.

Francis Bouygues não tinha sofisticação para o cinema, mas adorou *Coração selvagem*. Acho que gostou do poder e da força do filme. Ele e a mulher, Monique, eram pessoas de verdade e me dei muito bem com eles, embora nos negócios ele talvez fosse diferente. Nos negócios era um sujeito durão, que se cercava de gente durona, e muitos não gostavam dele por isso. Mas Francis e eu gostávamos um do outro. Andávamos no seu carrinho de golfe e conversávamos como se ele fosse um parente. Era um cara comum que conseguia que as coisas fossem feitas. Construiu o Eurotúnel e o Grande

334 ESPAÇO PARA SONHAR

Arche, que fica em Puteaux, a noroeste de Paris. Ele me levou para vê-lo com seu melhor engenheiro, e havia quinze vans cheias de guarda-costas e pessoas. Certa vez ele visitou Stockton, na Califórnia, e gostou tanto das pessoas e das fábricas que quase ficou por lá. Em vez disso, voltou para a França e criou sua própria companhia gigantesca, que era o seu destino. Uma vez Francis me perguntou quantos empregados eu tinha e respondi: "Três", e ele contou que tinha 300 mil. Ele tinha muito poder.

Adoro a França porque tudo o que fazem é arte. Prédios, cadeiras, pratos, copos, ferrovias, carros, ferramentas, comidas, drinques, moda — tudo é uma forma de arte, e eles acreditam em materiais de boa qualidade na confecção artística e têm um design maravilhoso. Os italianos e os franceses têm isso. Os italianos são um pouco diferentes, mas também fazem grandes coisas. Gosto do hotel em que me hospedo em Paris, das pessoas, e gosto de *foie gras*, Bordeaux e *croque madame*. Gosto até do café, embora não seja tão bom quanto o David Lynch Signature Cup. Ele tem um sabor que me faz sentir que estou na França, por isso me agrada.

Não sei por quê, mas simplesmente amo Laura Palmer, e quis voltar e ver o que ela viveu nos dias anteriores à sua morte. Queria permanecer no mundo de *Twin Peaks*, mas era um momento estranho. As pessoas estavam cansadas daquele mundo, e foi difícil vendê-lo. Bouygues aprovou *Os últimos dias de Laura Palmer*, o que outras pessoas na indústria não teriam feito. Algumas pessoas do elenco de *Twin Peaks* tampouco queriam que eu o fizesse. Quando um ator assina contrato para um seriado, precisa de comprometer, e muitos temem ficar conhecidos apenas por aquele papel e não conseguir outros trabalhos. Vários queriam seguir em frente por diferentes motivos, e quando o seriado terminou ficaram livres e puderam partir para o estrelato ou o que fosse.

Não é o fim do mundo quando alguém não quer fazer uma coisa. Você parte para outra pessoa, e de certo modo gosto disso. Foi preciso retrabalhar o roteiro para depender menos de Kyle. O roteiro original tinha vários outros atores, muitas coisas foram eliminadas. Mas não fiz os cortes porque estava longo demais — o que foi cortado não se encaixava no filme. Foi o filme que tinha de ser. Então, alguns foram cortados e outros acrescentados. Não tenho ideia de como David Bowie entrou ali, mas eu o adoro.

Porém, não acho que ele tenha gostado de seu sotaque, acho que alguém disse que era vergonhoso ou algo assim. Só é preciso que uma pessoa faça esse tipo de comentário para arruinar tudo para você. Mas ele está ótimo, simplesmente ótimo.

A Sala Vermelha é parte importante de *Os últimos dias de Laura Palmer*, e adoro essa sala. Em primeiro lugar, tem cortinas, e adoro cortinas. Dá pra acreditar? Adoro porque são bonitas por si mesmas, e também porque ocultam algo. Há algo detrás da cortina que você não sabe se é bom ou mau. E os espaços limitados? Não há nada como um belo espaço limitado. Sem a arquitetura tudo é simplesmente aberto, mas com ela você cria um espaço, e pode fazê-lo belo ou tão horrível que mal pode esperar para sair dali. O Maharishi fala de uma coisa chamada Sthapatya Veda, sobre como construir uma casa que ajude você a levar uma vida melhor. Dizem que a alma constrói o corpo e o corpo constrói a casa, e assim como o corpo é de um jeito, a casa deveria ter certo jeito. Os lugares em que as pessoas vivem hoje são absolutamente incorretos. A porta virada para o sul é a pior direção. Virada para o leste é melhor, e o norte é bom — a Casa Rosa tem a porta para o norte - mas o resto não é benéfico para o ser humano. Esta é a primeira coisa, a orientação da casa. Para fazê-lo realmente bem, a cozinha deve estar em determinado lugar, o lugar onde você medita deve ter determinada orientação, onde você dorme, vai ao banheiro — tudo deve estar orientado de certo modo e ter certas proporções.

Antes de filmar *Os últimos dias de Laura Palmer*, Angelo e eu estávamos gravando uma canção intitulada 'A Real Indication', que acabou sendo usada no filme. Estávamos trabalhando com um tremendo baixista, Grady Tate, com Angelo nos teclados, e eles gravaram algo excelente. Eu tinha uma letra de que gostava e falei: "Angelo, não sei quem vai cantar isso", e ele disse: "David, eu vou cantar." Às vezes ele canta enquanto toca, e quase me dá vergonha, mas topei: "Ok, tente." Ele foi para a cabine e se balançava de lá pra cá, e [o engenheiro] Artie [Polhemus] apertou o botão, a coisa começou e ele cantou perfeitamente! Ele me empolgou tanto que me fez morrer de rir, e em seguida foi como se uma lâmpada no meu estômago se rompesse de repente, e tive uma hérnia. Angelo me provocou uma hérnia. Senti muita dor, e não sabia o que era, e fomos a Washington filmar. Eu

336 ESPAÇO PARA SONHAR

sentia tanta dor que trouxeram uma médica linda que me examinou e disse: "Você tem uma hérnia." Respondi: "Preciso fazer esse filme", e ela: "Ok, mas precisa operar quando terminar." Tive de passar a maior parte da filmagem sentado.

Enfim. As pessoas estavam cansadas de *Twin Peaks*, e *Os últimos dias de Laura Palmer* não foi bem em Cannes. Foi um desses momentos na vida em que não se tem sucesso. Ah, cara, foi uma época horrível, horrível, estressante, fiquei muito mal. As pessoas adoram chutar cachorro morto. Mas podia ter sido pior. Como contei, com *Duna* morri duas vezes porque não acreditei no trabalho que tinha feito *e* foi um fiasco. Só morri uma vez depois de *Os últimos dias de Laura Palmer*, então não foi tão ruim. Não gostou do filme? Tudo bem. Eu gosto e você não pode me magoar. Bem, pode me magoar um pouquinho, mas continuo gostando muito do filme. Ray, Grace e Sheryl — os Palmer são fantásticos e amo o mundo deles.

Recobrei-me rapidamente de *Os últimos dias de Laura Palmer* e voltei ao trabalho. Mas não se trata de ser durão. É sobre ter ideias pelas quais você se apaixona, e fiquei em casa para trabalhar. Nunca gostei muito de sair de casa, e agora realmente não gosto mesmo.

Ir para Lake Mendota foi algo novo, e gostei. Mary tem seis irmãos e irmãs e uma família bem legal, e o pessoal do meio-oeste é muito gentil e franco. Não ficam fazendo joguinhos e são simpáticos e amáveis. Terminei comprando uma casa de dois andares junto ao lago que foi um bom negócio, depois desenhei um terceiro piso e mandei construir. Johnny W. trouxe o *Little Indian* de Long Island num trailer. Ele não estava na minha folha de pagamentos, mas trabalhou em quase tudo o que fiz naquela época e buscou o barco para mim. Comprei um motor maior, havia umas docas por lá e foi um excelente arranjo para o verão. Eu pintava no porão, e trabalhei na Tandem Press, em Madison, fazendo monotipia com Paula Panczenko, a dona do lugar. Eles tinham uma prensa e um papel com 6,3 milímetros de espessura. Os mestres impressores faziam o papel à mão no verão, bem bonito.

No verão de 1993 estava em Madison e um músico chamado Yoshiki, de uma banda chamada X Japan, me pediu para fazer um clipe. Eu disse: "Ok, deixe-me ouvir sua música e ver se surge uma ideia." Enviaram a música, que era basicamente palavras com música de fundo, como um poema. Respondi: "Não tive nenhuma ideia", e recusei, mas ligaram novamente apavorados: "Já anunciamos!" Ofereceram mais dinheiro, então fiz algo para uma canção intitulada "Longing" que acabou sendo muito divertido. Eu queria fumaça, fogo, chuva e luzes de várias cores, e fomos ao leito seco do lago com máquinas de chuva e umas colunas de fogo de 10 metros de altura.

Estávamos no leito seco com umas máquinas que produziam nuvens tremendas de fumaça branca, mas ventou e a fumaça se dispersou no deserto. Decidimos trabalhar com outra coisa, chuva ou algo assim, e de repente — foi uma coisa incrível — a fumaça que tinha ido embora rolou de volta como uma parede. Alguns fotogramas são tão lindos que não dá para acreditar. Houve muitas coisas bacanas naquele vídeo, mas a coisa meio que desmoronou e não sei se Yoshiki o usou. Ele queria que o vídeo terminasse com ele sentado diante de uma escrivaninha vitoriana, escrevendo com uma pluma, com um tinteiro de vidro na mesa, mas pensei, "Isso não tem a ver com a cena no deserto", então não filmei. Ele me contratou e queria que eu desse ideias, mas o vídeo era dele, então entreguei tudo o que filmei e se acabou.

Certa vez estava na sala de estar em Los Angeles, o telefone tocou e era Michael Jackson; ele queria que eu fizesse uma espécie de trailer do seu disco *Dangerous*. Respondi: "Não sei se posso fazê-lo; não tenho ideias para isso", mas assim que desliguei comecei a andar pela sala e surgiram várias ideias. Liguei de volta e disse: "Tenho umas ideias", e trabalhei nelas com John Dykstra no estúdio dele. Construímos um mundo em miniatura que era uma sala vermelha com uma portinha minúscula, e na sala havia árvores de madeira com formas modernas estranhas e um monte com um fluido prateado que ia irromper em chamas e revelar o rosto de Michael Jackson. Era em stop-motion e levou muito tempo para fazer. Para mim nada precisa ser muito exato, mas o pessoal que trabalhou naquilo planejou tudo à enésima potência. As árvores eram laqueadas de vermelho ou preto, e os que as moviam usavam luvas brancas e as posicionavam numa linha marcada com precisão. Aquilo era uma parte da coisa. A outra parte era filmar o rosto de Michael Jackson, e para isso tínhamos um suporte de câmera com um círculo de luzes que criou uma impressão visual fantástica, sem sombras. Tudo o que Michael precisava fazer era ficar parado um instante, mas ele passou oito ou dez horas na maquiagem. Como alguém pode passar dez horas sendo maquiado? Tem de ser alguém muito crítico da própria aparência. Por fim ele ficou pronto, saiu, nos cumprimentamos e ele só queria falar de *O Homem Elefante*. Tentou comprar os ossos e o casaco e tudo do museu, fez perguntas e foi muito simpático. Depois ficou lá parado, filmamos e num minuto a coisa estava pronta. Obviamente ele teve o corte final e se não gostasse não o lançaria, mas foi exibido nos cinemas, ficou bacana e adorei fazê-lo.

Hotel Room baseou-se numa ideia de Monty Montgomery. O primeiro episódio, 'Tricks', foi escrito por Barry Gifford, estrelado por Glenne Headley e dois dos meus favoritos de sempre, Freddie Jones e o grande Harry Dean Stanton. Tenho certeza de que Harry Dean era uma inspiração para os atores, e não queria que deixasse este mundo. *Hotel Room* foi ambientado no Railroad Hotel, onde em cada quarto há fotos de trens nas paredes e as janelas dão para os trilhos dos trens logo abaixo. A ideia era que ao longo dos anos esse quarto de hotel teria recebido centenas de hóspedes e veríamos o que sucedia no quarto num dia determinado. Fizemos três episódios, Barry escreveu os dois que dirigi e os adorei. Não sei como Jay McInerney se envolveu com o seriado — acho que Monty o trouxe. No fim, a mídia odiou *Hotel Room*.

Também tinham odiado *On the Air*. O roteiro era sobre um programa de televisão ao vivo e tudo o que pode dar errado. Você consegue uma atriz gostosona e um diretor estrangeiro, tenta as melhores coisas e nada pode dar errado, certo? Depois vê o que pode acontecer. Essa era a graça da coisa. Mas ninguém quis o programa. Sabe, as pessoas sobem, e geralmente descem e, se emergem depois de cair é porque possuem capacidade de resistência. Atores como Jimmy Stewart, Henry Fonda e Clark Gable ascenderam, algo sucedeu e perderam a graça do público, e mais tarde voltaram. As pessoas gostavam deles e queriam que ficassem, e eles não sumiram novamente.

No entanto, as coisas mudam, e sempre mudarão. Em outubro de 1993 estava em Roma fazendo um comercial da massa Barilla. Estávamos numa bela praça e a estrela era Gérard Depardieu, que é ótimo de trabalhar, e foi um anúncio engraçado. O diretor de fotografia era Tonino Delli Colli, que tinha sido o DF de *Entrevista*. Eu o tinha conhecido muito antes, quando conheci Fellini, e ele foi meu DF nesse anúncio. O gerente de produção também tinha trabalhado com Fellini, e um dia os dois estavam conversando e disseram: "David, Fellini está no hospital no norte da Itália, e vai ser transferido para um hospital em Roma". Perguntei se podia vê-lo, e uma sobrinha organizou uma visita na sexta-feira à noite. Terminamos na sexta, e no fim do dia houve um pôr do sol lindo. Entrei no carro com Mary Sweeny e outras pessoas — o carro estava cheio — e fomos ao hospital; diante dele havia um monte de, bem, não era gente sem teto, mas gente doente ou algo assim, pelas escadarias, e o hospital parecia lotado. A sobrinha saiu do hospital, inclinou-se na janela do carro e disse: "Só Tonino e David podem entrar", descemos e avançamos pelo hospital ao lado dela, cada vez mais para o fundo, até chegar a um ponto onde não havia ninguém e os corredores estavam vazios, cruzamos um longo corredor e por fim chegamos à porta do quarto de Fellini. Havia duas camas de solteiro, e ele estava numa cadeira de rodas entre as duas camas, olhando para fora. Tinha conversado com um jornalista chamado Vincenzo, que estava lá, e Tonino conhecia Vincenzo, então os dois começaram a conversar. Deram-me uma cadeira e sentei-me diante da cadeira de rodas de Fellini, que tinha uma mesinha acoplada, e ele segurou a minha mão. Foi a coisa mais bela. Sentamos lá por meia hora de mãos dadas e ele me contou histórias de outros tempos, de como tudo tinha mudado e como as mudanças o deprimiam. Ele falou: "David, antigamente eu descia para tomar um café e os estudantes de cinema me cercavam e conversávamos, eles sabiam tudo sobre cinema. Não estavam assistindo à televisão, iam ao cinema, e tínhamos excelentes conversas tomando café. Hoje desço e não há ninguém lá. Estão todos assistindo à televisão e não conversam sobre cinema como se fazia antes." Quando o tempo acabou levantei-me, disse que o mundo estava à espera do seu novo filme e saí. Muito tempo depois encontrei Vincenzo, que me contou que naquela noite, quando fui embora, Fellini disse: "É um bom garoto." Dois dias depois entrou em coma e não resistiu.

Acho que tudo acontece como tem de acontecer. Quando você envelhece e rememora o que havia quando estava fazendo suas coisas, e compara

340 ESPAÇO PARA SONHAR

com o que ocorre hoje, você nem consegue explicar isso aos jovens, pois eles não dão a mínima. A vida segue. Mais adiante esses dias serão as recordações *deles*, que tampouco poderão falar com ninguém sobre isso. É assim, e acho que Fellini estava naquele ponto. Houve uma era de ouro do cinema na Itália e na França, e naquela época ele era o rei, realmente importante, muito importante para o cinema, pra lá de importante. Caramba.

A um passo da escuridão

ynch tem uma vasta biblioteca de ideias arquivadas mentalmente, e com frequência surge uma ideia, ele a arquiva, até que aparece outra que casa bem com a anterior e ambas atingem seu potencial pleno. Na primeira noite de filmagem de *Twin Peaks: Os últimos dias de Laura Palmer*, em 1991, ele teve a ideia de videoteipes perturbadores que chegam à porta de um casal infeliz. Contudo, a ideia não amadureceu, então foi para o fundo da sua mente enquanto fazia outras coisas. Muitas outras. Entre 1993 e 1994 ele dirigiu seis comerciais. Construiu móveis e tentou, sem sucesso, obter fundos para um roteiro que escrevera baseado em *A metamorfose*, de Franz Kafka, ambientado no Leste Europeu em meados da década de 1950. Havia também *The Dream of the Bovine*, a comédia absurda escrita com Bob Engels; essa tampouco decolou.

Em 1995 ele foi convidado, com outros 40 diretores, a participar de *Lumière and Company* [Lumière e companhia], a celebração do centésimo aniversário do nascimento do cinema. Eles deveriam produzir um filme de 55 segundos em um único plano-sequência com a câmera original dos irmãos Lumière. Num esforço para simular as condições na virada do século XX, quando a câmera foi inventada, os diretores podiam fazer apenas três tomadas, sem luz artificial e sem cortes; o resultado seria um plano-sequência único de 55 segundos. "O projeto Lumière é um David Lynch minúsculo, mas é tão satisfatório quanto assistir a quaisquer dos seus longas", opina Neal Eldestein sobre *Premonition Following an Evil Deed* [Premonição após um ato maléfico].

344 ESPAÇO PARA SONHAR

"Gary D'Amico é o cara dos efeitos especiais, um ser humano maravilhoso que vive em La Tuna Canyon numa propriedade imensa, e armamos o set no jardim dele. Foi uma das coisas mais divertidas que fiz. David cuidava de quatro ou cinco segmentos ao mesmo tempo, todos tinham de sair perfeitos, e era uma filmagem de alto risco. Ríamos como crianças porque estávamos dando conta de montar aquela coisa tão bacana."

O filme de Lynch é amplamente reconhecido como o mais bem-sucedido e o mais ambicioso do conjunto. "Pensaram que tínhamos trapaceado", conta D'Amico sobre a sofisticação visual do filme. Nascido e criado em San Fernando Valley, aos 19 anos ele conseguiu emprego varrendo o piso da Disney, galgou espaço até o departamento de objetos de cena, e no fim dos anos 1980 era um habilidoso artista de efeitos especiais. Em 1993, Deepak Nayar chamou-o para o set de *On the air* e quis saber se seria capaz de criar uma máquina que cuspisse peças hidráulicas. "Montei aquilo e David veio ao meu trailer para checar", conta D'Amico, "mas estava mais interessado em ver meus equipamentos, pois é um sujeito prático. Ele é muito habilidoso e adora construir coisas, e quando nos conhecemos pareceu-me inquisitivo, discreto, muito educado e calmo como uma vaca hindu.

"Quando eles estavam preparando o projeto Lumière, recebi uma ligação do escritório dele: 'David quer que você trabalhe nisso.' Deram-me a data e respondi: 'Estou comprometido com um comercial e não posso cair fora.' Ouvi o assistente dele gritar: 'Gary vai fazer um comercial nessa semana e não estará disponível.' David decidiu: 'Não podemos fazer sem ele', e adiou a filmagem até eu voltar! Todos os diretores deveriam frequentar a escola David Lynch para aprender a tratar as pessoas no set. Ele é profissa, muito legal, e não há ninguém mais bacana na indústria."[1]

Naquele período Lynch também começou a trabalhar em outro roteiro. Em 1992 tinha comprado os direitos do romance de Barry Gifford *Night People* [Gente da noite], e algumas passagens dos diálogos do livro ficaram em sua cabeça. Duas frases em particular pareciam encaixar com a ideia que tivera em 1991 sobre os videoteipes misteriosos. "É lindo isso que David faz", explica Sweeney. "Pega coisas aleatoriamente e as une para criar um mundo."

No início de 1995 Lynch entrou em contato com Gifford. "Um dia David me ligou: 'Barry, quero fazer um filme original com você, e vamos fazê-lo mesmo que eu mesmo tenha de financiá-lo', e veio ao meu estúdio em Berkeley", recorda Gifford. "Contou que ficaram impactado com dois diálogos em

Night People. Uma mulher diz: 'Somos apenas um par de apaches avançando como loucos pela estrada perdida'; e Sr. Eddy diz: 'Você e eu, senhor, podemos mesmo ser mais feios que aqueles fidaputas, né?' Então, esses foram os pontos de partida."

"David estava hospedado num hotel próximo", prossegue Gifford, "e todos os dias, às 8h53 da manhã, ligava para avisar: 'Barry, estarei aí exatamente em oito minutos e meio', e oito minutos e meio depois chegava com um copão de café. Passamos um par de semanas escrevendo o que gostávamos num bloco, e depois Debby Trutnik datilografou tudo."

O segundo tratamento de roteiro do que veio a se chamar *Estrada perdida* ficou pronto em março, e três meses depois havia um roteiro de filmagem, datado de 21 de junho. Assim como em *Hotel Room*, a escrita é mínima; não conseguimos saber do que se trata a história só pelas falas, e a ação física é deliberada e lenta. A história de um homem que pode ou não ter assassinado a esposa infiel, *Estrada perdida* explora temas como paranoia e identidades cambiantes e é o filme *noir* mais clássico de Lynch. É também um dos mais duros e sombrios.

O filme foi uma coprodução da Ciby 2000 com a companhia de Lynch, Asymmetrical, mas no começo Joni Sighvatsson se interessou por ele. Em 1994, ele tinha se associado a Tom Rosenberg e Ted Tannebaum para fundar a produtora Lakeshore Entertainment, e rememora: "Queria fazer *Estrada perdida* na Lakeshore e ofereci a David um orçamento de seis milhões de dólares. Ele tinha o cheque na mão, mas antes de ir em frente alertei: 'David, ninguém vai entender o que acontece se há uma atriz fazendo dois papéis e dois atores diferentes interpretando o mesmo personagem." Ele respondeu: 'O que você quer dizer com isso? É obvio!' Ele foi taxativo de que isso não seria um problema, então a Lakeshore não fez o filme."

A Ciby 2000 embarcou totalmente, apesar dos aspectos não convencionais do roteiro. Desafiando a verossimilhança do tempo linear, *Estrada perdida* é uma espécie de horror existencial que foi resumido por Janet Maslin, do *The New York Times*, como "uma alucinação elaborada que nunca poderia ser confundida com a obra de outra pessoa". A história do saxofonista de jazz de vanguarda que se metamorfoseia em um mecânico de garagem adolescente e da esposa suburbana que se metamorfoseia em estrela pornô é assombrosamente original, com ecos de *Persona*, de Ingmar Bergman, e *Três mulheres*, de Robert Altman.

346 ESPAÇO PARA SONHAR

Bill Pullman interpreta o músico de jazz Fred Madison, que está em meio a uma fuga psicogênica, condição psicológica que o faz abandonar a própria identidade e assumir outra. Uma forma de amnésia, a fuga psicogênica permite à mente se proteger *de si mesma* quando a realidade se torna insuportável. Lynch declarou que o filme é parcialmente inspirado nos assassinatos de Nicole Brown Simpson e Ron Goldman, e no julgamento televisionado de O.J. Simpson, que ele achou cativante. Como Fred Madison, Simpson parecia ter se convencido de que não participara do crime cometido.

É uma história sinistra, mas o set de Lynch era ótimo. "Conhecer David foi como encontrar um membro da família", recorda Pullman. "Era como se fôssemos diapasões reverberando, e quando fomos para o set vi que todos sentiam o mesmo a respeito dele — David é muito bom planejando o dia de um modo que todos se sentem parte do ato criativo. Adorei seu senso de humor, e ele se expressa de um jeito muito familiar, talvez por ter nascido no campo. David conhece a dádiva da terra e compartilhamos uma ligação com Montana, onde ele passou temporadas na infância com os avós, e o filho dele, Riley, trabalhou lá, num rancho da minha família."

"Tínhamos uma referência para o meu personagem", continua. "Não lembro quem a criou, mas era 'vira kabuki', indicando que o que sucedia em cena se transformava numa espécie de modalidade ritualística e num mistério insondável envolvendo máscaras. Kabuki significava tudo isso."[2]

Balthazar Getty interpreta Pete Dayton; ele estreou no cinema em 1990, aos 14 anos, na adaptação de *O senhor das moscas* dirigida por Harry Hook. Bisneto de J. Paul Getty, foi selecionado para *Estrada perdida* porque Lynch viu uma fotografia sua em uma revista e o chamou para uma reunião. "David é um cara muito intuitivo, e em resumo falou na lata que eu era o cara para o papel", conta Getty sobre a reunião.

"Num filme de Lynch, a única pessoa que tem uma visão ampla é Lynch, e Patricia [Arquette] e eu nem sabíamos que tipo de filme estávamos fazendo enquanto rodávamos", prossegue. "Quando por fim o vi não tinha ideia de que seria tão aterrador. Patrícia e Bill indo e vindo pelo corredor escuro, os sons pesados — nada disso estava evidente no roteiro, que em grande parte estava aberto à interpretação. A técnica de David inclui deixar os atores em suspense, pois isso cria certa atmosfera no set."

"David é muito ligado nos detalhes de direção de arte e do figurino, e lembro que arrumou o set enquanto nos preparávamos para filmar uma cena",

A UM PASSO DA ESCURIDÃO **347**

acrescenta. "Foi para o canto da sala e pôs algo lá — uns grãos de café, acho — que a câmera e o público não veriam, mas ele tem um processo próprio e precisa que aquilo esteja lá."[3]

Getty acabara de completar 21 anos quando foi escalado para *Estrada perdida*, e a gravação foi desafiadora. "No início das filmagens há uma cena em que Pete está sentado com os pais, e eu só tinha de olhar para eles", recorda. "Fizemos um monte de tomadas e, por fim, quando chegamos lá pela tomada 17, David disse: 'Vamos parar para o almoço e na volta vamos conseguir.' Fui para o meu trailer e estava arrasado. David é o tipo de pessoa que você quer agradar, e eu estava chorando, pensando que não conseguiria. Na hora do almoço ele enviou um bilhete que dizia: 'Imagine que é uma criança e vê um beija-flor revoando a cabeça do seu pai enquanto ele fala com você. Qual seria a expressão da criança? Como seria ver o fogo pela primeira vez? Que tipo de assombro e fascínio você sentiria?' Coisas bem peculiares, mas foram eficazes, e depois do almoço fizemos uma só tomada e fomos adiante."

"Há outra cena em que Patricia e eu nos encontramos num hotel e ela explica o plano de um roubo", prossegue Getty sobre as estratégias de Lynch para dirigir. "Eu estava com dificuldades na cena até que David me fez sentar em minhas mãos e fazer a cena daquele jeito. Atores usam as mãos para se comunicarem, então sentar nelas me forçou a ir mais fundo e fazer a cena apenas com o rosto, que é o que ele queria."

Pullman também precisou enfrentar coisas difíceis, inclusive um solo frenético de saxofone que alcança a estratosfera. "Angelo compôs uma peça musical, e um músico chamado Bob Sheppard foi chamado para tocá-la", conta. "David falou: 'Vai ser fácil pra você. Só precisa falar com o cara que a tocou e ele lhe mostrará como fez.' Procurei Bob e pedi: 'Queria filmá-lo fazendo o solo', mas ele respondeu: 'Não consigo tocar daquele jeito de novo.' Aparentemente, David esteve no estúdio e depois de cada tomada dizia: 'Mais louco! Quero tudo mais louco!' Então ele entrou num transe e deu o que David queria, mas avisou: 'Não posso e *não quero* fazer isso de novo. Você está por sua conta.' Foi uma das coisas mais difíceis que já fiz, e o aplauso da equipe no final é um dos que mais prezo em minha carreira."

Estrada perdida não tem um, mas dois Frank Booths, um dos quais é um pornógrafo ameaçador chamado Sr. Eddy, interpretado por Robert Loggia. Quando trabalhou com ele em 1996 no sucesso de ficção científica *Independence Day,* Pullman deu-lhe o roteiro de *Estrada perdida*, e Loggia imediatamente adorou o Sr. Eddy. Ele aparece em uma cena hilária no filme. Quando um motorista desavisado decide colar na traseira dele, o Sr. Eddy usa o próprio carro como um aríete e força o motorista acossador a sair da estrada, onde lhe dá uma lição sobre o perigo de grudar na traseira dos outros enquanto o massacra a golpes. Isso é o melhor do perverso senso de humor de Lynch.

Igualmente aterrador é o Homem Misterioso, interpretado por Robert Blake. Uma estrela infantil que em 1967, já adulto, foi aclamado por sua atuação na adaptação cinematográfica feita por Richard Blooks de *A sangue frio*, de Truman Capote, Blake tem uma atuação sinistramente distante que traduz como o mal pode invadir sutilmente a vida cotidiana. Seu personagem argumenta que o mal nunca chega sem ser chamado. "Você me convidou", diz o Homem Misterioso a Fred Madison. "Não tenho o hábito de ir aonde não sou convidado." Cinco anos após o lançamento de *Estrada perdida*, em 2001, Blake foi preso e acusado da morte da esposa, Bonnie Lee Blake, e libertado em 2005. Blake, Richard Pryor e Jack Nance aparecem na tela pela última vez em *Estrada perdida*.

Em 1994, após a morte do proprietário da casa vizinha às duas que já possuía, Lynch comprou a terceira, com planos de fazer nela um estúdio de som e gravação. A propriedade estava pronta para ser reformada quando, não tendo encontrado uma locação para a casa dos Madison — uma locação importante em *Estrada perdida* — decidiram transformar temporariamente a nova propriedade em um set. Alguns aspectos importantes do filme giram ao redor da casa dos Madison, que tem elementos arquitetônicos peculiares, dentre eles janelas que podem ser descritas como uma rede de fendas horizontais e verticais, e um longo corredor que conduz à escuridão.

"David é muito específico quanto ao que quer", conta o assistente de locação Jeremy Alter, que foi criado em Fort Lauderdale, Flórida, e mudou-se para Los Angeles em 1989 para estudar cinema na UCLA. "Passei quase toda a filmagem buscando a casa em que vive o personagem de Balthazar Getty. David tinha explicado: 'Quero uma casa com vista para os jardins vizinhos, a garagem à esquerda, sala de estar grande, uma área de serviço na cozinha, o pátio dos fundos sem piscina, um corredor partindo da área principal e um quarto suficientemente amplo para uma motocicleta. Devo ter inspecionado umas 150 casas."[4]

Após duas semanas de ensaios com Pullman, Getty, Arquette e Loggia — "Robert Blake não precisou ensaiar", conta Lynch — a filmagem começou na casa de Lynch, em 29 de novembro, com Peter Deming operando a câmera. Graduado pelo programa de direção de fotografia do AFI, Deming entrou na órbita de Lynch em 1992, quando rodou seis episódios de *On the air* e os três episódios de *Hotel Room*. *Estrada perdida* foi o primeiro longa-metragem que fizeram juntos, e desde então ele tem trabalhado regularmente com Lynch.

"Li o roteiro, e no primeiro dia de filmagem havia uma cena diurna na casa dos Madison", recorda Deming. "Instalei as luzes, mas depois que vi o primeiro ensaio disse à equipe: 'Precisamos recomeçar.' Pelas falas no roteiro não se entende o que ocorre naquela cena. Embora o diálogo seja banal, há uma tensão enorme ali. Menos é sempre mais com David, e ele consegue fazer tanto com tão pouco em termos dos diálogos e dos silêncios das pessoas; estávamos rodando uma conversa simples onde não se diz nada demais, mas o clima entre os dois personagens era incrivelmente tenso."[5]

A iluminação, elemento crucial no estilo de Lynch, foi importante na curva de aprendizagem de Deming. "David queria algumas cenas noturnas tão escuras — até as interiores — que isso virou uma piada entre nós, e inventamos uma escala de escuridão", conta. "Ele dizia coisas como: 'Esta é a um passo da escuridão.' Há uma cena em que o personagem de Balthazar está saindo à noite, passa pelos pais na sala de estar e eles dizem: 'Sente-se, precisamos falar com você.' Havia duas lâmpadas na sala, e quando David entrou no set disse: 'Por que essas lâmpadas estão acesas?' Respondi: 'Eles estão sentados na sala. Você não quer que se sentem no escuro, não é?' O que era uma pergunta idiota, tratando-se de David Lynch. Ele respondeu: 'Não, mas não deveria haver luzes ali. A sala deveria estar iluminada com a luz da varanda, pelo lado de fora.' Então tiramos tudo e refizemos a iluminação com uma luz na fachada da casa."

O filme foi produzido por Sweeney, Tom Sternberg e Deepak Nayar, que conserva uma lembrança vívida de uma filmagem noturna em Downey, cidade ao sul da Califórnia: "Ocupamos uma rua grande, tínhamos carros, havia uma sequência com dublês, e tudo era em externa", recorda. "Às seis da tarde no dia da filmagem recebi um telefonema de Peter Deming dizendo que estava chovendo. Já tínhamos rodado as cenas anteriores e posteriores à cena daquela noite, e nelas não chovia, então liguei para David avisando: 'Esse é um dos grandes dias, o custo de rodar isso é imenso, precisamos filmar esta noite. Podemos rodar num interior?' Ele recusou: 'Não. Vamos rodar a externa. Consiga-me duas mangueiras, dois garotos bonitos, duas garotas bonitas e

350 ESPAÇO PARA SONHAR

ponha-os lá quando eu chegar ao set.' Ele teve a brilhante ideia de colocar as quatro crianças brincando de molhar uns aos outros com as mangueiras, então a água parecia vir das mangueiras, e não do céu."

Como provavelmente ficou claro a esta altura, quem trabalha com Lynch se maravilha com sua habilidade em resolver problemas rapidamente, entre eles Deming, que conta: "Na última noite de filmagem havia uma cena no deserto envolvendo uma choupana em ruínas, e tínhamos terminado quando David vira-se para Patty Norris e pergunta: 'O que vai acontecer com a choupana?' Ela respondeu: 'O departamento de arte vai derrubá-la amanhã', e ele: 'Podemos incendiá-la?' Ela riu e ele insistiu: 'Sério, podemos incendiá-la?' Então chamou Gary D'Amico e pediu: 'Você tem um pouco de gasolina, Gary?', e este se desculpou: 'Puxa, se tivesse me dito antes — não sei se tenho o suficiente para isso.' Gary então mandou buscar o que precisava e pouco depois estava montando as bombas de gasolina na choupana."

D'Amico concorda: "David tira muitas coisas da cartola. Quando incendiamos a choupana esperei uma grande explosão, mas o vento era tão forte naquele momento que era difícil fazer aquilo explodir, então a construção meio que foi queimando como o Hindenburg. Não foi o que planejei, mas David disse quando apertei o botão: 'É a coisa mais bela que já vi.'"

As filmagens foram relativamente longas, tendo se estendido até 22 de fevereiro do ano seguinte. "Tipicamente, mal se pode esperar que uma filmagem como essa acabe, pois é cansativa", conta Deming, "mas todos ficaram tristes quando terminou, porque trabalhar com David é uma aventura super-divertida. Todos os dias há um elemento surpresa, e ele desafia você a criar coisas."

"O momento em que David fica mais feliz é quando filma", explica Sweeney, "porque é como se tivesse uma grande máquina que o ajuda a tornar realidade a visão que traz na cabeça." Lynch conseguiu impor o seu ritmo também a *Estrada perdida*, e depois de terminar a fotografia principal o filme passou meses em pós-produção. "Eram os bons tempos deste tipo de gestação", conta Sweeney, "e a pós-produção de *Estrada perdida* durou seis meses, o que hoje não acontece. A segunda casa tornou-se uma colmeia, e o piso superior foi tomado por bancos e assistentes andando de cá para lá."

"Houve um período de quatro ou cinco meses da pós-produção em que fazíamos festas nas sextas-feiras", prossegue. "Marilyn Manson veio, Monty Montgomery, agentes de vendas da Ciby — a coisa correu de boca em boca, e quem vinha regularmente trazia outras pessoas. Madrugadas, muito vinho tinto, cigarros e David entretendo a todos com suas histórias."

Em 1995 a família Lynch cresceu com o nascimento da sua única neta, Syd Lynch. "Papai tem sido extremamente generoso comigo de diversas formas, e por isso pude ter a minha filha", conta Jennifer Lynch. "Engravidei e não sabia o que fazer, não tinha uma razão suficientemente forte para não ter o bebê, então papai disse que me ajudaria. E ajudou." Lynch é uma espécie de pai ausente — você não o veria na peça da escola — mas está presente quando os filhos realmente precisam dele.

Lynch perdeu uma espécie de membro da família em 30 de dezembro de 1996, quando Jack Nance morreu em circunstâncias misteriosas, aos 53 anos. Um alcoólatra que passou sóbrio a década de 1980 e o início dos anos 1990, Nance viu sua vida tomar um rumo sombrio em 1991, quando a mulher com quem estava casado há seis meses, Kelly Jean Van Dyke-Nance, cometeu suicídio. Ele morreu com um golpe na cabeça durante uma discussão com dois homens diante de uma loja de rosquinhas em Los Angeles e, embora a morte tenha sido investigada como homicídio, ninguém foi preso. Sua presença dá um tempero pungente à obra de Lynch, de *Eraserhead* a *Estrada perdida* — à exceção de *O Homem Elefante*, Nance está em todos os filmes dele — e sua morte prematura foi uma perda dolorosa para Lynch.

Distribuído pela October Films, *Estrada perdida* foi lançado nos Estados Unidos em 21 de fevereiro de 1997, e não teve muita bilheteria. Como costuma acontecer com os trabalhos de Lynch, os críticos se dividiram quanto aos méritos do filme. "Lynch esqueceu como é entediante ouvir os sonhos alheios", afirmou Jack Kroll, da *Newsweek*, ao passo que a *Film Threat* aclamou o filme como "um olhar absolutamente fascinante sobre as psicoses da mente humana", e a *Rolling Stone* resumiu-o como "o melhor filme que David Lynch já fez". Ninguém é neutro quando o tema é Lynch.

E é preciso dar-lhe crédito. Ele estava em liberdade condicional com os críticos quando decidiu fazer *Estrada perdida*, mas foi em frente e produziu um dos filmes mais inescrutáveis e difíceis da sua carreira. Com 2h15, não é um filme amigável com o público. Implacavelmente sombrio, com um enredo fragmentado e não linear que desafia as explicações fáceis, e cenas de sexo que provocaram acusações de misoginia, *Estrada perdida* é uma espécie de declaração de independência. Os críticos não gostaram de *Twin Peaks: Os últimos dias de Laura Palmer*, mas com *Estrada perdida* ele lembrou à comu-

352   ESPAÇO PARA SONHAR

nidade do cinema que não fazia filmes para eles, mas se guiava pela autoridade máxima da própria imaginação. O escritor David Foster Wallace publicou um artigo sobre *Estrada perdida* na revista *Premiere* em que levantou a questão: se Lynch "estaria se lixando para se sua reputação seria ou não reabilitada [...] Essa atitude — como o próprio Lynch, como o seu trabalho — parece-me ao mesmo tempo enormemente admirável e meio maluca."[6]

Como sempre, Lynch tinha muito mais coisas em andamento que um filme; em 1996 fez exposições artísticas em quatro cidades no Japão, e no ano seguinte houve uma exposição na Galerie Piltzer, em Paris, cidade que se tornou uma espécie de segundo lar para ele. As pinturas que produziu nessa época são potentes e incômodas. Em *Rock with seven eyes* [Pedra com sete olhos], de 1966, uma elipse negra com sete olhos dispostos aleatoriamente paira sobre um campo na cor mostarda; ela pode ser lida como um retrato da consciência, um OVNI ou um buraco negro. Em *My Head is Disconnected* [Minha cabeça está desconectada], de 1994-96, uma figura masculina saúda o observador enquanto sua cabeça se afasta dentro de um cubo. Os pássaros azuis da felicidade que ocasionalmente surgem em seus filmes raramente aparecem em sua arte visual.

Em abril de 1997 o Salone del Mobile, em Milão, Itália, apresentou uma coleção dos móveis de Lynch produzidos em edição limitada pela companhia Suíça Casanostra. Com preços entre 1.500 e 2.000 dólares e baseados em diversas fontes de inspiração, entre elas Bauhaus, Pierre Chareau, Richard Neutra e Charles Eames, as peças são mais esculturais que utilitárias. Lynch considera a maior parte das mesas grandes demais, altas demais, e fonte de uma "atividade mental desagradável"; a sua Mesa Espresso (projetada em 1992) e a Mesa Bloco de Aço têm superfícies pequenas, mais adequadas a uma xícara de café ou um cinzeiro.

Quando os móveis chegaram ao salão italiano, o contrato com a Ciby 2000 estava desfeito. "Foi um contrato incomum esse que David assinou, pois era um pouco restritivo", comenta Sweeney. "Ele garantia o controle criativo total, mas era preciso respeitar certos critérios para receber a luz verde, e nós os analisamos minuciosamente com nossos advogados para assegurar que cumpriríamos todos eles. Porém, com a morte de Bouygues, entre *Os últimos dias de Laura Palmer* e *Estrada perdida*, as coisas desandaram."

"David tinha um contrato *pay-or-play* para três filmes, mas só tinha feito um deles quando Francis morreu, e em 1997 eles disseram que não tínhamos respeitado os termos do contrato, os quais havíamos cumprido à risca", prossegue. "Alegaram que não estavam obrigados a pagar os milhões de dólares que David deveria receber pelos filmes dois e três, mas possuíamos diversos documentos provando tudo o que aconteceu. O processo teve início em Los Angeles, depois conseguiram levá-lo para a jurisdição francesa, e George Hedges, o brilhante advogado de David, conseguiu que as cortes francesas congelassem os bens da companhia até aquilo se resolver, o que os forçou a fazer um acordo."

Esse tipo de disputa no mundo do cinema aponta o modo como Lynch realmente gosta de trabalhar: sozinho no estúdio, construindo cada parte de uma obra de arte — seja ela filme ou pintura — por conta própria. Àquela altura ele decidiu dar um tempo em casa e gravar discos.

O estúdio caseiro de gravação ficou pronto no fim de 1997, e o músico e engenheiro John Neff embarcou para pilotá-lo. Em 25 de agosto de 1998, Lynch lançou *Lux Vivens* (Luz viva), uma colaboração com a britânica Jocelyn West, à época casada com Monty Montgomery e usando o nome Jocelyn Montgomery. Lynch a conhecera dois anos antes, quando trabalhava em um estúdio de Nova York com Badalamenti e ela foi vê-lo. Acabou passando as sete horas seguintes gravando a voz de "And Still", canção que Lynch compusera com Estelle Levitt, mulher de Artie Polheus, o dono do estúdio. Lynch e West trabalharam bem juntos, e ele a convidou para colaborar com ele. A canção *Lux Vivens* se baseia em versos da abadessa beneditina Hildegard von Bingen, uma artista, música e visionária alemã do século XII cujas composições são formadas por linhas melódicas simples.

Pouco depois, Lynch conheceu outra cantora que o inspirou. Nascida no Texas em 1978, Christa Bell fora vocalista da banda cigana 8½ Souvenirs na adolescência, e aos 19 anos fazia apresentações solo, tendo como empresário Bud Prager, poderosa figura da indústria musical que trouxe ao mundo a banda Foreigner. Prager conseguiu uma reunião com Brian Loucks, que ouviu o demo de Christa Bell e achou que ela e Lynch trabalhariam bem juntos.

"Semanas depois conheci David no estúdio dele", conta ela. "Batemos na porta e ele abriu, e tinha um cigarro pendurado na boca, e o cabelo, a camisa branca meio enfiada nas calças cáqui sujas de tinta, e me deu um abraço e exclamou: 'Christa Bell!' Não esperava aquela cordialidade — na verdade ele estava me ajudando.

354 ESPAÇO PARA SONHAR

"Aquela primeira reunião durou horas. Toquei para ele a canção demo, intitulada 'I Want Someone Badly' e ele disse: 'Adoro a sua voz' e tocou umas faixas que tinha gravado, desceu e trouxe umas letras que tinha escrito. David tinha faixas e letras, e o meu trabalho era contribuir com melodias que unissem tudo. Gravamos uma canção naquele dia intitulada 'Right Down to You', e no fim do dia ele exclamou: 'Acho que vou criar um selo musical e gostaria de fazer mais músicas com você.' Disse a ele que tinha um contrato com a RCA, e aquilo pareceu o ponto final."[7]

Não foi o ponto final, porém, a parceria entre ambos tardou em ser retomada. Lynch estava a ponto de se ocupar com outras coisas de um modo insano.

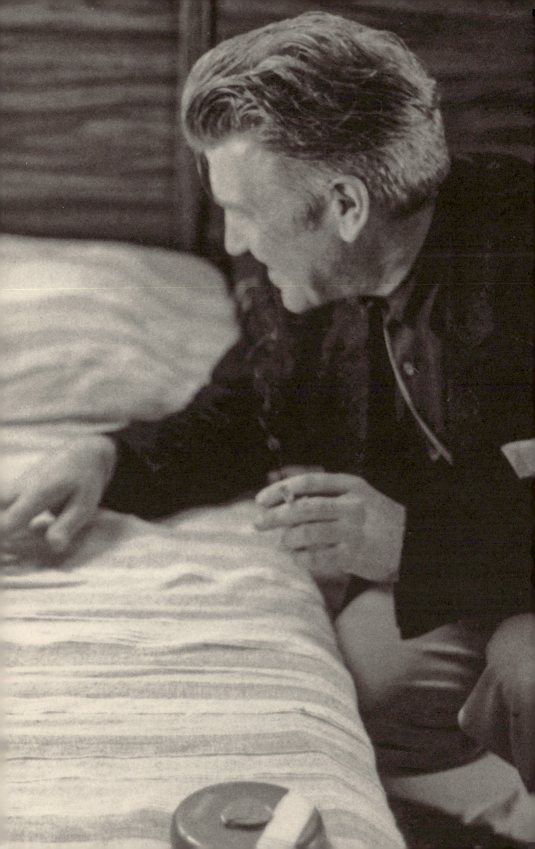

Quando não estou trabalhando num filme, nunca fico ansioso, tipo, "Ah, eu deveria estar filmando". Não. Faço algo quando fico ligado e tenho vontade, mas se não aparece nada e não surgem ideias para algo, ou se as ideias estão voltadas para a pintura, isso é o que faço. Tardei um tempo em ter novas ideias para um filme. Passei muitos anos sem ter ideias, e naquele período vi o universo do cinema mudar diante dos meus olhos. A transição para o digital estava em curso, as pessoas não estavam interessadas em cinema, e as salas de cinema de arte estavam morrendo como numa praga. Em algum momento não haverá mais salas de cinema e a maioria das pessoas assistirá aos filmes no computador ou no telefone.

Muitas coisas ocorreram naquele momento que me convenceram a fazer diversos projetos. As pessoas me perguntavam algo e eu dizia ok, embora não fosse algo que estivesse tentando fazer, mas elas queriam me envolver. Não sei se aprendi a deixar de fazer isso, mas acho que sim. Não sou uma companhia e digo não a muitas coisas.

Em 1995 a Lumière and Company me telefonou dizendo que estava convidando 40 diretores de todo o mundo para fazer curtas usando a câmera original dos irmãos Lumière, feita de madeira, vidro e latão. É uma câmera de manivela com um rolinho de madeira que comporta 55 segundos de filme, e aquilo me pareceu bacana, mas estava sem ideias. Trabalhando na marcenaria veio a ideia de uma pessoa que tinha sido assassinada — ainda tenho o desenho original que fiz naquele momento — e começamos a

360 ESPAÇO PARA SONHAR

trabalhar naquilo rapidamente. Construímos um trilho de 30 metros para o dolly no jardim de Gary D'Amico, [o engenheiro de efeitos especiais] Big Phil [Sloan] se encarregou dele, e outro Phil que trabalhava com Gary fez uma caixa grande para pôr sobre a câmera, e ao puxar um arame as portas da caixa se abriam e era possível filmar. Depois voltava a puxar o arame e as portas se fechavam por um instante, enquanto a câmera no dolly ia de um set a outro. Filmamos um cadáver num campo, uma mulher num sofá, duas mulheres vestidas de branco com um cervo, um tanque imenso que Gary construiu com uma mulher nua lá dentro e uns homens andando, portando coisas que pareciam palitos. Depois passava por uma cortina de fumaça até uma folha de papel que explode em chamas e revela o set final. Não se podia perder nenhuma marca, só tínhamos 55 segundos para fazer todas aquelas mudanças, e foi emocionante. Um francês girava a manivela da câmera — ele ia com ela a toda parte — e tínhamos seis ou sete pessoas no dolly, umas cem pessoas por ali e todas tinham suas funções. A mulher no tanque se chamava Dawn Salcedo, e fez um ótimo trabalho. Ela não conseguia ficar em apneia por um longo tempo, mas tudo precisava ser feito num instante preciso e ela tinha de estar no tanque em apneia quando chegássemos lá. No início do filme há uma mulher sentada num sofá que tem uma premonição, e assim que rodamos a cena os caras tinham de levar o sofá para o último set. Foi muito divertido.

Logo depois de *Os últimos dias de Laura Palmer* tentei fazer um filme intitulado *Love in Vain* [Amor em vão], baseado num roteiro que tinha lido há muito tempo de um camarada do Brooklyn chamado Alan Greenberg. Em 2012 ele foi publicado como livro, com o título *Love in Vain: A Vision of Robert Johnson*, mas primeiro ele escreveu o roteiro. Esse judeu de Nova York escreveu a história mais negra que há; escrevi para ele e disse que tinha gostado muito do roteiro, e algumas vezes ele apareceu com uns produtores, mas aquilo não foi adiante. A história é sobre as encruzilhadas de Robert Johnson, o filme se passaria num tempo abstrato e seria ambientado no sul. No roteiro, a noção era que existem os negros e seu mundo, e não há como uma pessoa branca entender aquilo. É algo inexplicável, e é daí que sai a música, o sexo, o pé de coelho, bosques de pinheiros, os bares com jukebox andar à toa, ajuda mútua. Não importa se você passou o dia catando algodão. O que importa é o que acontece quando você acaba de catar o algodão, e é lindo, as choupaninhas, as mulheres e o modo como se comunicam sem

A UM PASSO DA ESCURIDÃO **361**

dizer nada, a magia daquela música. O mito é que Robert Johnson não sabia tocar violão até encontrar o diabo numa encruzilhada, e a partir daí começou a tocar como um louco. Ele foi chamado para tocar numa festa na casa de um homem; a festa estava rolando e a mulher do sujeito dava drinques a Robert. Ela se esfregava nele quando levava os drinques, e Robert estava ficando bêbado. O marido viu aquilo, pôs veneno no drinque, e Robert Johnson morreu se contorcendo de agonia na grama.

Àquela época eu também tentava fazer *Dream of the Bovine*. O filme mais ou menos pertence ao mundo de *One Saliva Bubble*, no sentido de que ambos são sobre mal-entendidos e estupidez, mas o segundo é mais normal e é um filme para sentir-se bem. *Dream of the Bovine* é uma comédia absurda. O roteiro precisa ser muito trabalhado, mas há coisas ali que me agradam bastante. Harry Dean e eu fomos conversar com Marlon Brando sobre a participação dos dois, mas Brando odiou. Ele me olhou nos olhos e disse: "Isso é uma merda pretensiosa", e começou a falar de uns biscoitos feitos de uma grama que cresce em água salgada que ele queria promover. Depois nos falou do carro que queria construir com uma câmara por debaixo que cozinharia a grama e produziria combustível, como se o carro digerisse grama. Nunca se sabia se Marlon estava de gozação ou falando sério.

A coisa com Marlon é que ele não ligava para nada. Em todos os negócios as pessoas se comportam mal, mas há algo nesse negócio, com os egos, as mentiras e as facadas pelas costas, que faz você querer estar noutra. Se alguém tinha esse sentimento certamente era Brando. Ele jogou o jogo por um tempo, depois não aguentou mais porque aquilo o deixava mal, e chegou num ponto em que só queria se divertir. De um modo estranho, acho que estava se divertindo, e era divertido conversar com ele. Isso foi na época em que ele foi ao *The Larry King Show* e beijou Larry King.

Ele veio à minha casa algumas vezes. Certa vez veio sozinho — deve ter vindo dirigindo — e fez uma entrada triunfal, sabe, sendo Brando na casa. Fiquei um pouco nervoso, porque não sabia por que ele tinha vindo nem o que iríamos fazer. Pensei em oferecer-lhe café, mas pouco depois de chegar ele perguntou: "Você tem algo para comer?" Pensei: Ah, meu Deus, mas respondi: "Marlon, não sei, vamos dar uma olhada." Havia um tomate e uma banana e ele disse: "Ok, isso basta", então dei a ele prato, garfo e faca, nos sentamos e começamos a conversar. De repente ele pede: "Tem sal?" Ele cortava o tomate, colocava sal e o comia enquanto falávamos.

362 ESPAÇO PARA SONHAR

Mary chegou com Riley e Brando pediu: "Mary, dê-me a sua mão, quero lhe dar um presente", e ela estirou a mão. Ele tinha feito um anel com a etiqueta Del Monte do tomate e enfiou-o no dedo dela.

Naquela época, de vez em quando ele se vestia de drag, e o que ele realmente queria fazer era se vestir de mulher, que Harry Dean fizesse o mesmo, e os dois tomariam chá e improvisariam tomando chá. Imagine, teria sido incrível! Tudo o que eu precisaria fazer era ligar a câmera, mas Marlon amarelou. Fiquei doido. Deveríamos ter feito aquilo!

Uma das coisas que deu início a *Estrada perdida* foi a ideia da entrega de videotapes na porta da residência de um casal. Outra ideia inicial se baseou em algo que me aconteceu. A campainha de casa estava ligada ao telefone; um dia ela tocou e alguém disse: "Dick Laurent morreu." Corri para a janela para ver quem era, mas não havia ninguém lá fora. Acho que tocaram na casa errada, mas nunca perguntei aos vizinhos se conheciam Dick Laurent, pois na verdade não queria saber. Então tive essas ideias, elas se juntaram a outras surgidas da leitura de *Night People*, o livro de Barry Gifford, então liguei para ele e peguei um voo para Berkeley para encontrá-lo. Disse qual era a minha ideia, ele não gostou e me contou a sua ideia, eu não gostei, então ficamos olhando um pro outro por um tempo. Acho que foi quando falei de estar numa festa e conhecer alguém que diz que está na sua casa enquanto fala com você, e Barry reagiu: "Gosto disso." Começamos a improvisar e surgiu *Estrada perdida*.

Não é um filme divertido, porque aquelas pessoas não trafegam por uma boa estrada. Não acho que todas as estradas rumem para a perdição, mas há muitos lugares onde é possível se perder, e há certo prazer em se perder — como disse Chet Baker, vamos nos perder. E veja o que aconteceu com ele. Caiu de uma janela. Todo mundo está à procura de alguém, e quando as coisas ficam doidas você deseja se perder e fazer alguma coisa, e muitas coisas que faz podem lhe trazer problemas. Usar drogas é um modo de se perder. Há tanta coisa boa nas drogas que é difícil convencer alguém a não usá-las, mas paga-se um preço pior que a sensação boa que provocam.

Nessa época tinha um escritório no Santa Monica Boulevard e queria conversar com detetives da polícia, então o Comandante White veio ao escritório. Um belo terno, cabelo grisalho, bem-apessoado como uma estrela de cinema — ele veio à área de conferências onde alguns de nós estávamos reunidos e conversou conosco. Depois me convidou para visitar a divisão de roubos e homicídios do Departamento de Polícia de Los Angeles, fui e ele estava acompanhado pelos detetives Williams e John St. John. Fiz muitas perguntas, e uma delas foi se alguma vez um criminoso tinha lhes dado medo. Eles disseram que não. Nunca! Quase se ofenderam por eu pensar que podiam ter medo daqueles bostas — "lixo", foi a palavra que usaram. Você fica com a impressão de que era preciso ter certo feitio para aquele trabalho. Aqueles merdas não os perturbavam — eles simplesmente os detinham.

Depois da reunião, John St. John se encarregou de mim, me levou a uma sala com pilhas e pilhas de fotos e fiquei sozinho para olhá-las. Uma vítima de assassinato atrás da outra, a coisa real. Encontrei-me com ele duas ou três vezes e ele contava histórias interessantes, mas que nunca evocaram nada em mim. Eram principalmente histórias tristes; ele falou de uns caras sem teto que, de algum modo, conseguiram dinheiro para comprar uma garrafa de cerveja de 1,20 litro. Era aniversário de um deles; invadiram uma casa abandonada, beberam a cerveja e depois começaram a brigar. A garrafa quebrou e um deles pegou o gargalo, que agora tinha uma ponta muito afiada, e enfiou no peito do outro, que morreu de tanto sangrar no jardim da casa no próprio aniversário.

John St. John foi o segundo detetive no caso da Dália Negra, um assassinato que comove as pessoas em todo o mundo, e ele sabia que eu me interessava pela história. Um dia me ligou — foi como receber um telefonema de Clark Gable — e disse: "Deixe-me convidá-lo para jantar no Musso & Frank." Era uma verdadeira honra, não estou de brincadeira. Enfim, sentamos no restaurante, comemos, e depois do jantar ele olhou para mim e meio que sorriu. Virou-se, pegou uma maleta, abriu-a e pegou uma linda e brilhante foto em preto e branco que pôs na mesa diante de mim. Era uma foto da Dália Negra na grama, em ótimas condições. O foco e o detalhe eram perfeitos. Ele perguntou: "O que você vê?" Olhei aquilo admirado, estudei cada detalhe, pensei e pensei. Ele me deixou olhá-la por um bom tempo, sabia que queria que eu visse algo, mas no final tive de dizer: "Não vejo", então ele sorriu e guardou a foto. Teria ficado orgulhoso de mim se eu tivesse visto o que ele queria mostrar, teria sido muito importante, e falhei. Continuei martelando, como se tivesse uma bigorna quente na cabeça, e de repente soube o que era. A fotografia foi tirada à noite com flash, o que abria um mundo de possibilidades no caso.

Sempre quis ter um estúdio de gravação, e ao assinar contrato com Francis Bouygues recebi um bom adiantamento; foi talvez quando me senti mais rico em toda a minha vida. Então comprei uma terceira casa para construir um estúdio e usá-lo para *Estrada perdida*. A casa Madison se baseia um pouco na Casa Rosa, mas tinha de ser reconfigurada para o filme; das janelas não se poderia ver quem estava na porta de entrada, e ela deveria ter um corredor longo que levasse à escuridão. Filmamos lá por apenas dez dias, depois Alfredo [Ponce] e uma equipe começaram a quebrar tudo. A reforma e construção do estúdio levaram dois anos. O projeto é do arquiteto de acústica Peter Grueneisen, um dos fundadores do Studio Bau:ton, e tudo ficou o mais amplo possível. O estúdio é gigantesco e ficou lindo. Há dois conjuntos de paredes de 30 centímetros de largura com borracha de neoprene entre elas, três pisos e três tetos, e há tanto dinheiro em concreto e aço naquela coisa que é uma loucura. Estou contente por tê-lo feito, mas hoje em dia não é mais preciso aquilo tudo, as pessoas mixam coisas ótimas na garagem. Dean Hurley gerencia o estúdio, e ele vale ouro.

O primeiro disco que produzimos no estúdio se chamou *Lux Vivens: The Music of Hildegard von Bingen*, que fiz com Jocelyn Montgomery em 1998. Hildegard von Bingen compôs música elaborada baseada principalmente numa única nota, e Jocelyn partiu dali e mergulhou em toda a sua beleza. Queria que a música parecesse ter sido composta na natureza, então rolam muitas coisas, como efeitos sonoros de chuva, a voz dela que flutua, zumbidos. Esse disco aconteceu por causa de Monty Montgomery. Não sei como ele conheceu Jocelyn, mas eu estava nos Excalibur Studios, em Nova York, trabalhando numa canção com Angelo, e Monty ligou e falou: "David, conheço uma garota, ela pode ir aí cantar para você?" Artie Polhemus comandava o estúdio, e a mulher dele, Estelle, tinha sido letrista nos anos 1960 e era muito boa. Ela não ia muito ao estúdio, mas, quando ia, Artie a acomodava no sofá e ela ficava por ali. Naquele dia ela estava, e estávamos trabalhando juntos numa canção intitulada "And Still". Eu escrevia uma linha da letra e a dava a Estelle, que escrevia a linha seguinte e me devolvia, e ficamos de lá para cá. Monty telefonou, Jocelyn apareceu e perguntamos se ela gostaria de cantar aquilo e ela respondeu: "Legal." Ela tinha trazido um violino — é violinista também — e o tocou na canção. O violino e a voz dela são lindos.

Francis Bouygues morreu em 1993, e o contrato com a Ciby ficou vigente até *Estrada perdida*. Então alguém — provavelmente um daqueles que sentou ao lado de Francis na reunião que lhe contei — se apossou de tudo e eles simplesmente pararam de fazer filmes. Foram eles que acabei processando, o que só aconteceu anos depois.

Na hora de escalar o elenco de *Estrada perdida*, pensei em Bill Pullman para interpretar Fred Madison porque o tinha visto em vários filmes sempre em segundo plano, mas algo nos olhos dele me fazia pensar que ele poderia interpretar alguém estranho, durão e diferente. Fred Madison é um saxofonista, mas provavelmente é um pouco pirado, então toca de certa maneira, principalmente quando está muito ligado. Estávamos gravando o solo de sax de Fred com um músico chamado Bob Sheppard, no estúdio de gravação da Capitol Records. Bob fez um take e disse a ele: "Mal consigo ouvi-lo, parece música de igreja." Ele tocou um pouco mais alto e eu disse: "Parece um mosquito; não há sentimento nisso; você não está nada doido." Tive de pressioná-lo, ele por fim chegou lá, e então arrasou. O mesmo aconteceu com Robert Loggia na cena dos carros. Disse a ele: "Você está sussurrando, Robert. O que está fazendo? Não há *nenhum* poder aí." Ele respondeu: "David, mas estou gritando!" retruquei: "Não está, não. Vamos lá! Esse homem é obcecado!" Por fim ele conseguiu, e fez um trabalho maravilhoso.

O motivo de Robert Loggia ter feito *Estrada perdida* tem a ver com *Veludo azul*. Um dia, quando estava escalando aquele filme, estava trabalhando numa cena com dois atores, e Robert Loggia estava esperando para fazer o teste como Frank Booth. Demorei tanto com os atores que passamos do tempo, e alguém disse a ele: "Você não é mais necessário", e ele explodiu. Veio até mim aos berros, furioso — foi assustador. Mas eu lembrava daquilo, por isso ele acabou interpretando o Sr. Eddy em *Estrada perdida*. Veja, uma coisa levou à outra, e quando trabalhamos em *Estrada perdida* nos demos bem. Nós nos divertimos muitíssimo.

Assim foi como Robert Blake se tornou o Homem Misterioso. Certa vez eu o vi dando entrevista a Johnny Carson no *The Tonight Show* e pensei: Esse cara não liga a mínima para a indústria. Ele fala as verdades na cara e é dono do próprio nariz, e gostei dele. Aquilo ficou na minha cabeça, e quando estava escalando o elenco de *Estrada perdida* ele veio à Casa Rosa e tivemos uma conversa muito legal. Não sei se tiveram um caso, mas ele era muito próximo de Natalie Wood, e contou que ela jamais teria entrado num barco, jamais, pois tinha muito medo de água. Robert Blake foi um ator

366 ESPAÇO PARA SONHAR

mirim, da segunda geração da comédia *Our Gang*, que eu adorava. Os pais o puseram no palco aos 3 anos de idade, e ele os odiava, principalmente a mãe. Recordo que contou: "Odiei estar no útero dela." Não sei o que lhe fizeram, o pobre homem tinha um profundo ódio pelos pais, mas foi bom comigo. Ele me chamava Capitão Ahab e disse que não tinha entendido porra nenhuma do roteiro, mas tinha gostado de fazê-lo — e ele está muito bem no filme. A maquiagem do seu personagem foi ideia minha, mas raspar as sobrancelhas foi dele. Richard Pryor foi outro que vi numa entrevista na televisão e meio que me apaixonei. Ele tinha passado por muita coisa na vida e tinha uma sabedoria muito bela, e uma grandeza que ele simplesmente emanava. Quando apareceu um lugar em *Estrada perdida* torci para que viesse, e foi incrível tê-lo no filme.

A música de *Estrada perdida* surgiu de diferentes modos. Por algum motivo me envolvi com Trent Reznor e fui vê-lo em Nova Orleans, onde tinha um estúdio de gravação numa funerária. Daquela vez ele me apresentou a Marilyn Manson, que estava lá com Trent fazendo seu primeiro disco. Trent é um puta músico e um puta baterista, fez coisas incríveis na bateria para *Estrada perdida* e me deu muitos tons e sons. Ele tinha uma parede de 6 metros de altura e 9 de comprimento coberta de sintetizadores que faziam diferentes coisas. A versão de Lou Reed de "This Magic Moment" também está no filme, e é a melhor versão dessa canção. Amo a bateria e como Lou a canta, e ficou perfeito naquela cena. E a canção de Bowie "I'm Deranged" ficou bárbara na abertura; a letra encaixa superbem. Eu conheci David Bowie em *Twin Peaks* e depois o encontrei outras duas vezes. Eu o vi no Masonic Lodge, na Highland Avenue, quando ambos fomos ver o show do Portishead. Ficamos no fundo, fumando. Amo Portishead, mas a sala tinha tanto eco que a música soava piegas.

Naquela época eu também fazia móveis. Tudo é muito subjetivo, mas não vejo móveis que toquem a minha alma, o que me leva a pensar: Que tipo de móvel me agrada? Gosto de móveis dos anos 1930 e 1940, e de móveis atômicos, porque flutuam, têm pernas finas e você vê debaixo deles — muitos móveis bloqueiam a visão. Gosto de Vladimir Kagan e Charles Eames — ele era o cara. Amo as coisas dele. Uma vez almocei com ele, quando visitou o AFI e eu estudava lá, e é uma das pessoas mais simpáticas que conheci. Pleno de entusiasmo, como uma estrela brilhante, era evidente que amava o que fazia.

A UM PASSO DA ESCURIDÃO **367**

Os móveis e a escultura obedecem a muitas das mesmas regras, mas você não precisa sentar-se comodamente numa escultura. De certo modo o móvel precisa ser prático, mas gosto de móveis que são quase esculturas, e eles precisam de um cômodo vazio. Na maior parte das vezes, quando se põe algo num cômodo, a coisa se perde, porque está muito cheio, então quanto mais vazio o cômodo, mais as pessoas e os móveis se destacam.

Estrada perdida ficou em pós-produção por quase um ano, o que, como disse a Mary, é algo que não se pode fazer hoje em dia. Tivemos um problema feio com esse filme: o negativo estava imundo. Fomos ao CFI e não conseguiram limpá-lo, fomos a outro lugar e não deu certo, depois fomos a um local especializado e tampouco puderam limpá-lo. Até que Dan Muscarella, do CFI, sugeriu: "Todos os meus parentes trabalham na FotoKem. Leve-o lá e acho que conseguem limpá-lo." Puseram o filme num banho quentíssimo, bem devagar e o massagearam manualmente, a emulsão se espalhou e liberou uma poeira e ficou bem limpo, mas levou um tempão.

Terminamos de filmar em fevereiro de 1996, e em dezembro o filme ainda estava em pós-produção, e foi quando Jack Nance morreu. Dizem que foi assassinado, mas não foi isso. Vou lhe dizer o que aconteceu com Jack. Ele tinha voltado a beber quando filmamos *Estrada perdida*, mas sempre chegava sóbrio para trabalhar, e nos divertimos muito trabalhando juntos. Antes disso, ele passara nove anos sóbrio, até que um dia me disse: "Lynch, um dia acordei e disse foda-se", e começou a beber novamente. Quando bebia destilado ele ficava grosseiro e mau e, embora nunca tenha ficado assim perto de mim, eu sabia desse seu lado. Ele e Catherine eram o casal perfeito de certa forma. Ela cuidava dele e era uma espécie de Dorothy Vallens.

Então sei o que houve com Jack, embora não estivesse lá. Ele entrou numa loja de rosquinhas às 5 da manhã, não estava realmente bêbado, mas tinha bebido e pode ter bebido demais. Ele ainda carregava muitas coisas sombrias. Provavelmente estava lá tomando café e havia dois caras latinos no lugar, ele pode ter olhado enviesado para eles e dito: "O que estão olhando, seus babacas", ou algo assim. Os caras saíram, esperaram por ele lá fora, e quando ele saiu lhe deram uma bela surra, não sei quão feio foi o negócio. E então ele foi para casa. Jack tinha dois vizinhos que de certa forma cuidavam dele — lavavam sua roupa, coisas assim — e mais tarde, quando o encontraram, ele disse que estava com uma tremenda dor de cabeça. Quando se leva um golpe na cabeça, há coisas que aliviam a pressão do inchaço se for ao hospital a tempo, mas os vizinhos não sabiam o que estava acontecendo no cérebro dele, e quando foram vê-lo no dia seguinte a porta estava aberta e o encontraram morto no banheiro.

Jack era como Harry Dean. Podia ficar horas sentado ao seu lado sem falar nada ou contar uma história. Pouca gente ouvia o final de uma história de Jack Nance porque ele fazia pausas enormes e as pessoas pensavam que a história tinha acabado e paravam de prestar atenção. Era como um *fade--out*, depois de um tempo você está no escuro e acha que aquilo acabou, mas se esperasse o suficiente, ele retomava outra parte. Recordo do dia em que ele me contou com seu jeito lento e meio suave: "Você já viu um leque aluvial?" Quando pedras caem de uma montanha, se forem muitas, formam um leque. Jack viu algo assim em algum lugar, mencionou o leque aluvial e contou: "Mas alguém ergueu um muro de concreto." Então ele esperou um bom tempo, digo, *muito* tempo mesmo, e disse: "E aquilo deteve o leque aluvial." Ele estava devastado com o muro de concreto que tinha detido a natureza. Posso vê-lo horas estudando a montanha e o que estava acontecendo com ela. Outras pessoas passavam por ali sem notar, mas Jack não. Ele estudava e depois entendia, aquilo é um leque aluvial. Ele nunca se apressava em chegar a alguma parte. Vivia em câmara lenta, percebia e descrevia as coisas longa e detalhadamente. Se lhe contasse sobre um cão que tentou abrir uma porta de mosquiteiro, ele descrevia a porta em detalhes, o formato da cabeça do cão — todas as minúcias. Era um cara brilhante, inteligente, lia muito, havia muita coisa oculta naquele cara. Jack era meu amigo e é uma pena terrível que tenha ido embora. *Estrada perdida* foi o último filme que fizemos juntos, e ele não chegou a vê-lo.

Quando o filme ficou pronto, convidei Brando para vê-lo antes do lançamento. Alugamos uma sala de cinema, dissemos ao dono que ele viria, e ele ficou contente. Montamos tudo, Brando foi sozinho e havia guloseimas para ele, que tinha trazido hambúrguer e batatas fritas, mas encheu os bolsos de doces e entrou na sala comendo doces com hambúrguer. Mais tarde me ligou e disse: "É um filme muito bom, mas não vai render um tostão." Foi bom. Ele gostou. Muitos acharam que *Estrada perdida* não era comercial, e era verdade, mas não foi mal. Siskel e Ebert deram notas ruins, então pedi a Bingham Ray, da October Films, e ele fez um anúncio com a imagem dos dois polegares para baixo e a frase: "Mais dois ótimos motivos para assistir a *Estrada perdida*."

Uma dose de uísque branco
e uma garota

Certa noite, jantando com Tony Krantz, quando andava ocupado com a primeira temporada de *Twin Peaks*, Lynch mencionou planos para um seriado intitulado *Cidade dos sonhos*. "A ideia era que, se *Twin Peaks* fosse bem, a segunda temporada terminaria com Audrey Horne — Sherilyn Fenn — chegando a Los Angeles para fazer carreira em Hollywood", conta Krantz. "A história seria contada num filme lançado naquele verão — *Cidade dos sonhos* — que serviria de piloto para outro seriado de televisão, no outono, em que Audrey Horne conquista o sucesso no show business. Teria sido uma espécie de dança entre filme e televisão; ninguém fez isso até hoje, e David poderia tê-lo feito." Eles celebraram o momento no Muse assinando o jogo americano do restaurante, que Krantz colou na porta da geladeira de casa.

Naquele período, Neal Edelstein começou a ocupar um papel mais proeminente na vida profissional de Lynch. "Em 1998 trabalhei diariamente no escritório de David, administrando o portal da web e fazendo coisas menores, e reparei que ninguém lia os roteiros e livros que chegavam", conta. "Comecei a lê-los e procurar os autores, até que propus a David: 'Por que não montamos uma produtora? Há oportunidades de você ser produtor executivo e vou ler esses materiais e buscar os autores.' Sabia que tinha gente querendo fazer negócios com ele, que estava sem agente nessa época, então lançamos a Picture Factory. O plano era que com a produtora ficasse o portal, as novas mídias e os assuntos técnicos. Eu desenvolveria coisas das quais David seria o produtor executivo, Mary e eu produziríamos os filmes de David, e tudo ficaria sob o mesmo guarda-chuva."

Muitas oportunidades bateram à porta, e Lynch as descartou. Foi convidado a dirigir *Beleza americana*, que acabou nas mãos de Sam Mendes em 1999, e o romance de Jonathan Lethem, *Brooklyn sem pai nem mãe*, lhe foi oferecido e ele recusou. Hoje nem se lembra desses projetos. Também o convidaram para dirigir o remake do filme de horror japonês *O chamado,* de 1998, oferta que tampouco recorda, e Edelstein terminou produzindo o filme, estrelado por Naomi Watts.

Após as experiências com *On the Air* e *Hotel Room*, Lynch praticamente deu as costas à televisão, mas no fim da década de 1990, Krantz e Edelstein o instaram a reconsiderar. "Uma noite fizemos uma reunião no pátio do Orso e David concordou em seguir adiante com *Cidade dos sonhos*", rememora este último. "Ele tivera a ideia muitos anos antes, mas teve de ficar guardada por um tempo."

Como de costume, Lynch estava ocupado com outras coisas quando houve aquele almoço no Orso, e se preparava para filmar o longa metragem *História real*. A história verdadeira de Alvin Straight, um veterano da Segunda Guerra Mundial de 73 anos que dirigiu um cortador de grama John Deere de 1966 por 385 quilômetros para visitar o irmão de quem estava distanciado e tinha sofrido um derrame, o filme foi desenvolvido e escrito em parceria com Mary Sweeney.

"Li sobre Alvin Straight quando ele estava fazendo a viagem, no verão de 1994", recorda Sweeney. "Ele apareceu muito na mídia e, como sou do meio-oeste, aquilo me tocou. Quando quis comprar os direitos da história, soube que Ray Stark já tinha comprado, mas não fora para a frente, então fiquei de olho. Depois de quatro anos Stark perdeu os direitos; em 1996 Alvin morreu e os direitos passaram aos herdeiros. Visitei-os em Des Moines, comprei os direitos, e em abril de 1998 comecei a trabalhar no roteiro com um amigo de Wisconsin chamado John Roach."

"Não estávamos escrevendo o roteiro para David — ele deixou isso muito claro — e nunca tentei convencê-lo a dirigi-lo, porque isso iria repeli-lo", prossegue. "Ele disse: 'É uma ideia interessante, mas não é o meu tipo de filme.' Dei o roteiro a ele em junho de 1998 para que me dissesse se estava bom, e aquilo o tocou de alguma forma. Não me surpreendeu que ele reagisse assim ao roteiro, porque há uma peculiaridade de cidadezinha, como em *Twin*

Peaks, e há ternura. Há ternura em todos os filmes dele, mas esse era doce, e me surpreendi quando disse: 'Acho que vou fazer isso.'"

Os elementos do filme encaixaram rapidamente, e em agosto de 1998 ele estava em pré-produção quando Lynch e Krantz — que àquela altura tinha deixado a CAA para dirigir a Imagine Television — apresentaram *Cidade dos sonhos* para Jamie Tarses, presidente da ABC Entertainment, e o executivo sênior Steve Tao. (À época, a Imagine Television produzia programas em parceria com a Walt Disney Company, dona da ABC.) O enredo de duas páginas esboçava a história de uma bela atriz que sofre de amnésia após um acidente de carro na Mulholland Drive. A ABC gostou, prometeu 4,5 milhões de dólares para um piloto, e a Disney Touchstone Television pôs mais 2,5 milhões, com a condição de que Lynch fizesse um final fechado. A Buena Vista International, da Disney, planejava recuperar o investimento lançando o filme como um longa metragem na Europa.

Pouco depois desses preparativos, Lynch foi para o meio-oeste filmar *História real*, que terminou no fim de outubro. Ao voltar a Los Angeles dedicou-se a escrever *Cidade dos sonhos*. "David planejava escrever o roteiro sozinho, mas Tony queria alguém que o ajudasse a guiá-lo, e contratou Joyce Eliason", conta Edelstein. "David a encontrou um par de vezes, depois foram cada um pra um lado, porque ele queria escrever o roteiro sozinho. Ela quase não participou — e o roteiro original ficou incrível. David sabia aonde ia a história e a primeira temporada foi completamente mapeada. Não era de jeito nenhum uma mera homenagem a Hollywood, mas certamente está lá o amor dele por Sunset Boulevard como a rua dos sonhos desfeitos."

Em 4 de janeiro de 1999, Lynch entregou um roteiro de 92 páginas à ABC, e no dia seguinte Tarses e Stu Bloomberg (que naquela época era copresidente do ABC Entertainment Television Group) ligaram para Krantz autorizando o projeto. A expectativa era de que *Cidade dos sonhos* estreasse como parte da temporada de outono da ABC. A rede tinha encomendado sete pilotos e só podia escolher três ou quatro, mas o seriado de Lynch era um forte competidor.

Duas semanas depois, Tarses e Bloomberg convocaram uma reunião para "comentários" em uma sala de conferências da ABC, com representantes da rede, da Imagine e da produtora de Lynch. Havia 20 pessoas reunidas e Lynch compareceu, mas não quis falar sobre o que pretendia fazer com o seriado. Ele nunca gostou desse tipo de reunião. Precisava trabalhar fazendo o filme que tinha na cabeça.

374 ESPAÇO PARA SONHAR

O enredo de *Cidade dos sonhos* é complexo, mas faz sentido à luz do fato de que a vida não se desenvolve em uma linha clara e reta. Todos temos lampejos de recordações, fantasias, desejos e sonhos de futuro à medida que avançamos no que realmente acontece à nossa volta ao longo do dia. Essas zonas da mente se interpenetram e se desligam, e o filme tem uma lógica fluida que reflete esses estados múltiplos de consciência e explora diversos temas. Dentre eles as esperanças e os sonhos desfeitos de jovens criativos; o que a indústria do cinema faz com as pessoas e o poder diabólico dos agentes que tentam controlar os artistas que nela trabalham; e a obsessão erótica que degenera em ódio assassino. A cidade de Los Angeles também é tema do filme, que foi rodado em locações no sul da Califórnia.

Durante a filmagem de *O Homem Elefante*, Lynch fez um desenho em pastel cinza para Mel Brooks retratando as palavras "Cidade dos sonhos", é sua visão da cidade. Infundida de uma sensualidade adormecida e manchada de corrupção, Los Angeles é uma cidade de extremos, de miséria abjeta e sucessos glamoroso delirante; é um lugar de sonhadores. Lynch adora *Crepúsculo dos deuses*, de Billy Wilder, em parte por representar muito disso, e *Cidade dos sonhos* traz várias piscadelas para o filme de Wilder; há uma tomada da entrada do Paramount Studios que Norma Desmond cruza em *Crepúsculo dos deuses*, e um carro no estacionamento é idêntico ao que figura, 50 anos antes, no filme de Wilder.

Cidade dos sonhos transcorre em uma época indeterminada, em que edifícios de apartamento graciosos e antigos, com pátios verdejantes e paredes internas suavemente curvas, coexistem com cafeterias deprimentes e telefones públicos sujos. Várias cenas foram feitas na cafeteria na esquina entre Sunset e Gower, onde antes ficava o Copper Penny, local em que, na década de 1920, os figurantes faziam fila pela manhã na esperança de trabalhar em um dos vários filmes de caubói que eram então produzidos. As ruas de Hollywood estão repletas de sonhos, e também de coisas assustadoras.

"David sempre quer tentar e experimentar coisas novas", fala Deming sobre como foi criada a atmosfera de *Cidade dos sonhos*. "Sempre que topávamos com um equipamento estranho, nós o mostrávamos e ele o plantava no cérebro, para depois pensar como usá-lo. Quando trabalhamos com David levamos certos aparelhos de iluminação que não levamos a outros trabalhos, e um deles é uma máquina de iluminar. Na verdade, agora existem em diversos tamanhos; há uma gigantesca para externas noturnas e uma pequena para interiores que embranquece tudo por um segundo."

"Lendo o roteiro nunca consigo antever o que ele vai querer", prossegue. "Há uma cena em que Rita diz as palavras 'Mulholland Drive' pela primeira vez, e David disse que, embora ela estivesse num interior, deveríamos ter a sensação de uma nuvem passando sobre o sol quando ela diz isso. Esse é o tipo de orientação que só ele dá sobre a iluminação."

Cidade dos sonhos é um filme grande, considerando-se o orçamento, e exigiu a criação de alguns sets importantes. O designer de produção Jack Fisk conta que "foi difícil lidar com a ABC e a Disney, que não nos davam dinheiro para começar a filmar. Tive uma reunião com o pessoal da construção na Disney e expliquei que precisava construir o set principal, o apartamento de Betty, e disseram: 'Nosso pessoal não constrói isso baratinho assim.' Respondi: 'Mas eu sim.' Eles levaram seis semanas para autorizar a obra. Então só tínhamos quatro semanas para construí-lo, e disseram: 'Você pode fazê-lo por esse preço, mas não há horas extras nem trabalho extra.' Eles quase impossibilitaram a coisa.

"David desenhou numa sacola de papel o sofá que queria no apartamento de Betty, e fez um esboço do apartamento, mas quando vi não entendi os desenhos", riu. "Claro, fez também a caixinha azul que é parte da história."

Lynch não tem muito interesse em quem é famoso em determinado momento, e Johanna Ray sabe que prefere trabalhar com gente relativamente desconhecida. Com isso em mente, ela buscou as atrizes para as duas personagens principais: uma loura inocente chamada Betty e Rita, uma morena provocante.

"Quando se trata de escalar mulheres, o primeiro e mais importante é que a atriz deve ter um ar de mistério", conta Ray. "De *Veludo azul* a *Estrada perdida*, ele em geral escala os papéis com base em fotos, mas com *Cidade dos sonhos* começamos a trabalhar de outro modo. Depois de olhar todas as fotos e escolher os atores, ele me fez gravar conversas com eles. Disse: 'Quero sentir como se estivesse na sala com eles, conhecendo-os.' Às vezes ele escolhia alguém para um papel e eu dizia 'David, não acho que essa pessoa saiba atuar', o que não o impedia de escalá-la se tivesse uma intuição sobre a pessoa."

Laura Elena Harring foi escalada como Rita após uma única entrevista. Atriz mexicana-americana cuja carreira cinematográfica deu um salto em

376 ESPAÇO PARA SONHAR

1985 ao ser coroada Miss EUA, Harring estreou no cinema em 1989 no filme de terror *Silent Night, Deadly Night 3* [Noite silenciosa, noite mortífera 3]. Ela atuou em outros seis filmes antes de conhecer Lynch, e o ator Eric Da Re participou de um deles.

"Conheci a mãe de Eric, Johanna Ray, que me convidou à estreia de *Twin Peaks: Os últimos dias de Laura Palmer*", recorda Harring. "Ela me apresentou a David, que me pareceu muito tímido — ele não gosta dos holofotes — e lembro que pensei: Puxa, ele é bonito! Anos depois — era uma segunda-feira, 3 de janeiro de 1999, para ser exata — Johanna me ligou: 'David Lynch quer conhecer você. Dá pra vir aqui agora?' Na excitação de chegar tive um pequeno acidente de carro, e quando cheguei à casa dele e contei a Gaye Pope sobre isso, ela perguntou: 'Você leu o roteiro? A sua personagem sofre um acidente no início da história.' Pensei: Há certa magia no ar. Entrei, David me olhou, disse apenas: 'Bom, bom.' E comecei a rir."

"Todas as mulheres têm amor por David", explica Harring. "Ele é absolutamente lindo, e quando sorri é como se o sol brilhasse para você. É um gênio adorável, carismático e divertido, e tivemos um vínculo especial — todos achavam que tínhamos um caso, mas era uma ligação platônica e espiritual. Sua gentileza me impressionou muito. A figurinista mandou um bilhete dizendo que eu precisava perder peso, e quando falei com David sobre isso ele respondeu: 'Não baixe nem um quilo, Laura!' Ele me fez ver que estava bem daquele jeito e me deixou confiante para interpretar Rita. Certo dia estávamos no set e [a atriz] Ann Miller veio buscar algo que tinha esquecido. David congelou tudo para esperar, e quando ela foi embora disse: 'Ela é muito linda.' Ele a respeitava, e o bem-estar dela vinha em primeiro lugar."[1]

Lynch apareceu na hora certa para Naomi Watts, que interpreta Betty. "Estava há dez anos fazendo testes e nada, e arrastava todos aqueles anos de rejeição como uma ferida sempre aberta", conta. "Entrava nas salas com um forte desespero e intensidade e tentava me refazer constantemente, não é de se admirar que ninguém me contratasse. O que você quer? Quem eu devo ser? Diga-me o que precisa e serei isso. As coisas não estavam indo bem para mim. Tinha encontrado Johanna Ray várias vezes e ela nunca me escalou para nada; por fim ela ligou para o meu agente e disse que David queria me conhecer."[2]

Naquela época Watts vivia em Nova York, e tomou um voo para Los Angeles no dia seguinte. "Entrei na sala e David emanava luz, como eu nunca tinha visto num teste antes", recorda. "Senti que o olhar dele era real, verdadeiro e interessado. Não sabia nada sobre a personagem e isso provavelmente me favoreceu, porque não senti que tinha de ser outra pessoa — podia ser eu mesma. Ele fez umas perguntas, dei uma resposta longa a uma delas, parei e disse: 'Você quer mesmo falar sobre isso?' Ele respondeu: 'Sim, conte-me a história!' Senti que éramos iguais e ele estava realmente interessado em mim, e fiquei chocada porque isso não tinha acontecido antes. Àquela altura não tinha fé na minha capacidade e minha autoestima estava muito baixa, então não saí de lá dando pulos, mas tive a sensação de que algo grande tinha acontecido, e fiquei grata pela experiência."

"Eu tinha acabado de sair do avião e devia estar horrível no dia em que nos conhecemos, e no dia seguinte recebi um telefonema e me pediram para voltar à casa dele", continua Watts. "Disseram-me para usar maquiagem para ficar um pouco mais glamorosa, e pensei: Ah, nunca vou conseguir isso; ele quer uma supermodelo. Mas dei um trato no cabelo, pus um vestido justo e obviamente ele viu algo que estava buscando. Quando por fim li o roteiro não podia acreditar em como a história de Betty se parecia com a minha e pensei: Ah, meu Deus, eu sei interpretar esse papel. Não sei se Johanna contou a David que eu estava tentando há muito tempo, mas ele definitivamente viu aquilo em mim."

"Nem sei se ele viu algum trabalho meu", acrescenta. "David trabalha visceralmente, é tudo intuição, e consegue obter uma boa atuação de qualquer um. Às vezes ele fala com alguém da equipe e diz: 'Venha cá, ponha essa roupa' e em seguida a pessoa está falando páginas dos diálogos."

Justin Theroux interpreta Adam Kesher, o personagem masculino principal. Ele conta: "Recebi um telefonema de Johanna Ray: 'David gostaria de encontrar você, se possível hoje.' Moro em Nova York, então peguei o avião no dia seguinte e a caminho do hotel alguém da produção ligou e sugeriu: 'Por que você não vai direto à casa dele?' Eu era um grande fã de David Lynch, mas não tinha ideia de como era ou se comportava, e ele abriu a porta vestindo uma camisa branca abotoada até o colarinho, com aquele monte de cabelo, e me deixou maravilhosamente desarmado. A primeira coisa que chamou minha atenção foi o sorriso cálido e o modo singular de falar. Ele é adorável. Nunca passei um mau momento com David."[3]

Ann Miller faz sua aparição final nas telas como Coco, a senhoria excêntrica e direta. Antes do filme, Gaye Pope sentou-se detrás de Miller numa sessão do Oscar e comentou com Lynch que ela era muito carismática. Lynch recorda coisas assim. Também no filme, em uma ponta memorável, está Monty Montgomery, que nunca tinha atuado.

"Quando David assinou contrato com a Ciby 2000 não havia espaço para mim, e embora sempre conversássemos sobre o que estávamos fazendo, não voltamos a trabalhar juntos", conta ele. "Ainda assim continuamos amigos, e David vinha regularmente à minha casa.

"No fim de 1998, minha mulher e eu nos mudamos para uma ilha em Maine, e meses depois David começou a ligar dizendo: 'Quero que você atue num papel que escrevi para você.' E eu respondia: 'Esqueça, não vou fazer isso.' Ele continuava ligando, e depois começou a dizer: 'Vamos começar o filme em breve', e eu: 'Não vou fazer isso! Não sou ator, isso não está no meu radar.' Depois, o gerente de produção começou a me ligar perguntando: 'Que dia você vai estar aqui?' Eles mudavam a programação para acomodar meu papel, depois programaram uma noite inteira para isso, e chegou a tal ponto que não pude mais recusar. Nem tinha olhado o roteiro até entrar no avião, e Johanna Ray e Justin Theroux sentaram-se comigo e me ajudaram. Justin trabalhou a cena comigo e foi bárbaro; tiro o chapéu para ele e Johanna."

Theroux recorda vividamente a filmagem da cena. "Lembro-me de encontrar Monty no trailer dele na noite em que rodamos a cena; apertei sua mão e perguntei se queria ensaiar as falas. Ele disse: 'Não, tudo bem, estou bem', e pensei: Ele passou o olho nas falas ou decorou? Fomos para o set, David disse: "Ação", Monty disse umas palavras da primeira fala e ficou travado — então colamos as falas dele no meu peito e na minha testa e David o filmou por cima do meu ombro. Trabalhamos a cena por um instante e David disse: 'Corta, vamos em frente', e fui até ele e propus: 'David, acho que podemos refazer isso porque Monty atuou de um jeito muito mecânico, está muito raso.' David respondeu: 'Não, está bem, ele foi muito bem.' Depois, claro, percebi que o personagem de Monty é o mais perturbador do filme."

Para sua surpresa, a continuísta Cori Glazer também aparece. "O roteiro estava pronto e não tinha nenhuma Dama Azul nele", comenta ela sobre a mulher misteriosa que interpreta. "Fomos a um lindo teatro antigo no centro de Los Angeles e David reparou num balcão de ópera acima do palco. Naquele dia a instalação da iluminação demorou, e em determinado momento alguém disse: 'Cori, David está procurando você', corri até lá e disse: 'Sim, David', e ele me encarou, o que era incomum, e disse: 'Não é nada.' Voltei ao trabalho, dez

UMA DOSE DE UÍSQUE BRANCO E UMA GAROTA **379**

minutos depois ele me chamou novamente, levantou o meu cabelo do rosto e ficou me olhando. Então gritou: 'Tragam maquiagem e roupas para cá!' A maquiadora veio correndo e ele perguntou: 'Quanto tempo leva para deixar o cabelo de alguém azul? Como uma grande touca bufante azul — em quanto tempo você faz isso?' A figurinista veio e ele perguntou: 'Em quanto tempo você consegue um vestido vitoriano azul?' Ela respondeu: 'Preciso saber para quem é', e ele: 'É para a Cori, mas ainda não contei a ela.' Respondi: 'David, mas eu não sei atuar! Fico muito nervosa!' Ele pôs a mão no meu ombro e assegurou: 'Você está com o seu amigo Dave. Vai dar tudo certo.'" E deu. Sobre como a Dama Azul se encaixa na história, Glazer comenta: "A fala favorita de David é: 'Não ligo... é modular!'"

A filmagem começou no final de fevereiro de 1999, e Edelstein a rememora como "uma experiência feliz e brilhante. Há uma sequência num quarto de hotel em que uma mulher é atingida por um tiro que atravessa a parede, e ao filmar cenas como essa estávamos morrendo de rir", acrescenta. "Todos estavam rindo, umas 30 pessoas em volta do monitor rindo, vendo funcionar a mágica de David."

Lynch consegue fazer muito com pouco, mas às vezes precisa de muito; um exemplo é o acidente de carro espetacular que abre a história de *Cidade dos sonhos*. "Aquele acidente de carro foi provavelmente a coisa mais complicada que David e eu já fizemos juntos", opina Gary D'Amico. "Levou três dias para montar. Tínhamos um guindaste de construção de 30 metros no Griffith Park e um carro preso a um peso de 2,7 toneladas que soltamos do alto do guindaste — foi o que lançou o carro. Foi uma coisa doida, e claro que só tínhamos uma chance de rodar aquilo."

Harring recorda: "Eu estava dormindo no trailer enquanto faziam os preparativos finais da cena, e quando David veio me despertar disse: 'Laura, precisamos que você se suje. Acho que seria mais fácil se você rolasse no chão', e ele se deitou e rolou no chão para me mostrar o que queria que ela fizesse. Rodamos a cena em janeiro, às quatro da manhã, e talvez do lado de fora a temperatura fosse nove graus. Eu estava com um vestido de alcinha, mas David usava um traje de esquiar. Ele estava de macacão!"

Em março de 1999 as filmagens estavam no fim, e inicialmente os executivos da ABC gostaram do material bruto. Depois começaram a ficar inquietos. Acharam o ritmo lento demais e Watts e Harring "um pouco velhas". Lynch começou a receber memorandos do departamento de padrões e práticas

380 ESPAÇO PARA SONHAR

implicando com questões como linguagem, imagens de ferimentos a bala, cocô de cachorro e cigarros. Ele sabe eliminar esse tipo de ruídos, então seguiu trabalhando e passou o mês de abril mixando a trilha sonora no seu estúdio caseiro. No fim do mês enviou uma montagem de 2h05 a Tarses e Bloomberg, que responderam imediatamente dizendo que aquilo precisava ser reduzido a 88 minutos. Na noite seguinte, Tony Krantz foi à casa de Lynch com duas garrafas do vinho Lynch-Bages e uma lista com umas 30 anotações de Steve Tao.

"Acho que assim que viram eles entenderam que não iam querer", especula Sweeney. "Para começar, deveria ter uma hora e David não aceitou isso; no entanto, Tony chegou com páginas de anotações. Acho que David pensou que Tony estava dizendo: Sim, eles têm razão, pois argumentou muito veementemente que deveríamos acatar as mudanças que pediam. David contestou cada uma das anotações, mas quando Tony foi embora passamos a noite em claro e seguimos as anotações; ele cortou o piloto para 88 minutos e o entregou."

Em retrospecto, Krantz acha que fez o que tinha de fazer. "Quando vi *Cidade dos sonhos* disse a David a verdade. Disse: 'Não está muito bom, é lento, e concordo com as anotações da ABC.' De certa forma isso estourou a bolha da nossa relação, porque para David foi tipo: Você agora é um deles e não está mais do meu lado. E naquele caso não estava."

"Talvez eu tenha errado em tentar que Lynch cedesse para obter uma versão ajustada de *Cidade dos sonhos*", prossegue. "Mas a relutância de David em ceder e meio que se fundir com Mark Frost criando um laço foi uma das coisas que provocou o fim de *Twin Peaks*. David tem a arte, mas não a peça que garante o sucesso na indústria do entretenimento, que é uma comunidade colaborativa. Não se pode ganhar e derrotar o show business. A cidade está coalhada de gente que tentou."

Não é preciso dizer que ninguém no lado de Lynch achou justificada a resposta da ABC ao piloto. "As anotações eram ridículas e tão politicamente corretas que mataram a criatividade da coisa", opina Edelstein. "Por que dar sinal verde a um piloto com David Lynch e depois rejeitar a visão dele? Foi tipo, isso é sério? No roteiro original Justin Theroux tinha um jardineiro asiático que era uma fonte de sabedoria zen. A ABC achou que um jardineiro asiático era um estereótipo racista, então o personagem teve de ser eliminado."

UMA DOSE DE UÍSQUE BRANCO E UMA GAROTA **381**

"O set tinha sido alegre e divertido, como um acampamento de verão", recorda Theroux, "e ficamos arrasados quando o programa não foi escolhido."

Lynch soube que a série não tinha sido aprovada em meados de maio, quando estava indo para o aeroporto, a caminho de Cannes, com *História real*, e admitiu ter sentido uma onda de euforia com a notícia. Aquela última montagem havia massacrado a história, e sentiu-se aliviado que o programa teria uma morte tranquila. A ABC deu o espaço de *Cidade dos sonhos* a *Wasteland*, um seriado sobre seis amigos universitários de 20 e poucos anos que se mudam para Nova York, onde tentam se encontrar. O programa estreou em 7 de outubro de 1999 e, uma semana depois, em 15 de outubro, *História real* foi lançado em salas de cinema selecionadas em todo o país. *Wasteland* foi cancelado após três episódios.

Lynch declarou que *Cidade dos sonhos* teve o destino que tinha de ter, e certamente triunfou no final: a ressurreição começou com seu velho amigo Pierre Edelman.

"A Ciby tinha fechado quando o piloto de *Cidade dos sonhos* foi rejeitado, e Pierre estava no StudioCanal", conta Sweeney. "Foi ele quem armou o trato e resolveu todas as dificuldades, permitindo que virasse um filme. A situação é impossível e ninguém consegue fazer o assunto ir adiante? Isso é como uma droga para Pierre; ele é um terrier que não larga o osso até resolvê-lo, e conseguiu que Alain Sarde levasse o filme para o StudioCanal. A ABC não o quis e tinha posto numa prateleira, então ficaram contentes em vender o negativo."

Edelman explica que a experiência com *Cidade dos sonhos* foi complexa: "David só me contou o episódio com a ABC meses depois do acontecido", conta Edelman, que persuadiu Sarde a comprar o piloto por sete milhões de dólares para o Le StudioCanal Plus, subsidiária de um canal pago francês que financiou vários filmes independentes americanos. "Mas depois de contar ele disse: 'Não quero mais ouvir falar disso.' Pedi sua autorização para assistir ao piloto, ele concordou, e repetiu que não queria mais saber daquilo. Vi e disse que estava convencido que daria um longa-metragem maravilhoso."

"Àquela altura não podia prever os problemas que viriam", continua. "Tive de levantar quatro milhões de dólares, e a maior parte do dinheiro foi para recuperar os direitos. Depois precisei transformar um piloto de TV filmado em 25 fotogramas por segundo numa cópia com 24 fotogramas por segundo para o cinema. Também tive de conseguir que o elenco e a equipe assinassem um acordo para o filme ser lançado nos cinemas. Mary Sweeney fez as negociações por um tempo, e algumas foram complicadas. Todos tinham trabalhado num piloto de TV por muito menos do que teriam recebido pelo filme, e alguns insistiram em receber um adicional. E, claro, também precisávamos de dinheiro para filmar o necessário para transformá-lo num longa."

Sarde concordou em pôr outros dois milhões de dólares para cobrir os custos das filmagens adicionais; contudo, Lynch estava ambivalente quanto a retomar o projeto. Os sets tinham sido danificados pelo desmonte descuidado, a Disney tinha perdido todos os objetos de cena e figurinos, e ele conservava o gosto amargo do fiasco do seriado. Sua relutância foi o último suspiro no relacionamento dele com Krantz.

"Para a Disney, *Cidade dos sonhos* foi um investimento de sete milhões de dólares, e quando Pierre Edelman anunciou: 'Posso conseguir que a Canal compre o piloto da Disney', achei ótimo", afirma Krantz. "Então, pouco antes de o contrato ser acertado David declarou: 'Não quero fazê-lo.' Perguntei o motivo e ele explicou: 'Destruímos os sets.' Argumentei: 'O que você quer dizer com isso? Você ainda nem tem o roteiro do que vai filmar, então de que set está falando?' Àquela altura a coisa estava lá, morta, pelo que considerei uma sacanagem, uma desculpa esfarrapada, e fiquei possesso. Sabia que tinha dinheiro ali para Brian [Grazer] e Ron [Howard] e para mim, e achei que David estava sendo infantil. Eu tinha ido às últimas consequências para conseguir convencer a Disney a comprar o piloto, a minha relação com eles estava em jogo, e consegui que a Disney declarasse: 'Vamos processá-lo para obrigá-lo a fazer isso', e acabou-se entre David e eu. Mas não me arrependo do que fiz."

"Porém, no final das contas, eu preferiria ter David Lynch na minha vida? Sim, claro", acrescenta. "David é sempre autêntico, é humilde e engraçado, gentil, sagaz e brilhante, e conserva o otimismo de olhos arregalados e a mesma integridade de quando o conheci. O sucesso não o modificou. Tenho saudades dele, enviei-lhe um bilhete desculpando-me, dizendo que esperava que me perdoasse e que um dia pudéssemos trabalhar juntos novamente. Ele respondeu que me perdoava, mas não abriu a porta para trabalharmos juntos novamente, e eu o entendo."

Lynch pode ter perdoado Krantz, mas a maioria dos seus colegas não esqueceu o episódio. "Foi nojento Tony ameaçar processar David", opina

UMA DOSE DE UÍSQUE BRANCO E UMA GAROTA **383**

Edelstein. "David se pauta por um conjunto de regras da velha guarda — na verdade, não são da velha guarda, é mais como a regra de ouro. Se você olha alguém no olho, aperta a mão da pessoa e diz Vou fazer isso, então é o que vai fazer. Não precisa de advogados nem ameaçar alguém com um processo. Quem faz isso quando não consegue o que quer é como uma criança num ataque de raiva."

Ataques à parte, as negociações para o projeto já estavam bem avançadas quando Lynch por fim teve a ideia de como transformar o piloto em um filme; certa noite, às 18h30, ela surgiu, e às 19h ele sabia como terminar a história. Àquela altura começou a se empolgar e entrou em contato com Harring e Watts.

"Quando a ABC não aceitou o programa, pensei, 'Ótimo, estou no único projeto de David Lynch que nunca verá a luz do dia e de volta à luta'", conta Watts. "Então ele recebeu a ligação do Canal Plus dizendo: 'Queremos comprá-lo de volta e transformá-lo num longa-metragem'", e David escreveu 18 páginas apresentando a personagem Diane. Lembro-me que fui à casa dele ler aquelas páginas e pensei, Ah, meu Deus, isso é incrível. Não podia pedir uma personagem mais empolgante, e o fato de Betty e Diane serem tão diferentes — você não consegue dois papéis assim numa carreira, muito menos num filme."

"Depois de passar um ano ouvindo David dizer que *'Cidade dos sonhos* morreu na praia e ninguém vai vê-lo jamais', ele ligou para Naomi e para mim pedindo para irmos à sua casa", explica Harring. "Estávamos sentados lá, Naomi à sua direita, eu à esquerda, e ele anunciou: *'Cidade dos sonhos* vai ser um longa metragem internacional — mas vai haver nudez!'"

Muito do que Lynch acrescentou em 17 dias de filmagens, que começaram no fim de setembro e terminaram no início de outubro, nunca teria sido exibido na TV aberta. Betty e Rita eram conspiradoras amigáveis no piloto original, mas, como fica claro em uma cena de sexo, no filme são amantes. "David estava certo em acrescentar a cena amorosa — é uma das partes principais da história — mas foi difícil", conta Harring. "Fiquei nervosa e me senti muito vulnerável quando entrei no set, e ele disse: 'Laura, o que a preocupa? O set estará escuro.' Estava escuro, então relaxei, e para a primeira tomada ele disse: 'Aumenta, Pete', que significava aumentar a luz, então ficou tudo muito mais claro. Ele me disse que não iria mostrar detalhes e, contra a opinião de todos, tirou o foco dos meus pelos púbicos a pedido meu."

384 ESPAÇO PARA SONHAR

Consideravelmente mais difícil que a cena amorosa entre Watts e Harring é a cena dolorosa de Watts masturbando-se enquanto chora. "David costuma conseguir o que quer numa tomada, talvez três no máximo, e obrigou Naomi a fazer pelo menos dez tomadas daquela vez", recorda Glazer. "Na décima tomada ela estava absolutamente furiosa, e acho que ele a fez repetir porque queria que estivesse totalmente exausta, e a fez chegar àquele estado."

Watts tem recordações vívidas daquela filmagem. "Tive um problema estomacal naquele dia porque estava totalmente fora de mim", diz. "Como se masturbar diante de uma equipe de cinema completa? Tentei convencer David a filmar num outro dia, mas ele não quis: 'Naomi, você pode fazer isso, você está bem, vá ao banheiro.' Ele queria um desespero e uma intensidade raivosos, e toda vez que a câmera se aproximava eu dizia 'Não posso, David, não posso!' Ele respondia: 'Está tudo bem, Naomi', as câmeras seguiam rodando, e aquilo me deixou furiosa. Ele estava definitivamente me forçando, mas o fez de um modo gentil."

É evidente que grande parte do brilho de *Cidade dos sonhos* provém da habilidade de Lynch de levar os atores a lugares onde nunca estiveram antes. "Há duas cenas em que Naomi faz exatamente o mesmo diálogo, e as cenas são totalmente distintas", observa Deming. "É como uma aula magna de direção."

Lynch obteve o que queria nas filmagens, mas Edelman achou que ainda não estava fora de perigo. "Quando David estava montando o filme, me pediu para ir ao estúdio ver uma parte da montagem, e saí de lá chorando", conta. "Pensei, Isso é catastrófico, ninguém vai ver esse filme. Achei que precisava ouvir outra opinião, então liguei para Alain Sarde, que era o signatário do filme, e pedi que viesse a Los Angeles ver a montagem. Ele foi ao estúdio, viu e me disse: 'Não entendo por que você me fez vir. É uma obra-prima.'"

Enquanto Lynch fazia a pós-produção de *Cidade dos sonhos*, uma nova camada foi acrescentada à sua vida: a Polônia. "O interesse de David pela Polônia começou quando uns caras do Festival de Cinema Camerimage, festival dedicado à fotografia de cinema na Polônia, vieram aqui em fevereiro de 2000", conta Sweeney. "Eles vieram em massa — havia seis ou sete — e pareciam doidos e selvagens, o que o estimulou. Queriam que ele fosse ao festival deles e imploraram e enviaram coisas até ele concordar."

UMA DOSE DE UÍSQUE BRANCO E UMA GAROTA **385**

Criado por Marek Żydowicz em Torun, em 1993, o Festival Internacional da Arte da Cinematografia dura uma semana anualmente e tinha acabado de se mudar para Łódź quando Lynch se envolveu naquilo. A Gangue da Camerimage — termo criado por Lynch — é uma equipe variada de músicos, artistas e cineastas que inclui Kazik Suwała, Agnieszka Swoiźska, Adam Zdunek, Michał Kwinto, Paweł Żydowicz, Kamil Horodecki, Dariusz Wyczółkowski, Mateusz Graj e Ewa Brzoska. "Eu costumava dizer: 'David Lynch virá nos visitar um dia', e todos pensavam que tinha enlouquecido", recorda Żydowicz, que dirige o festival. "Quando David e eu nos conhecemos, eu estava numa encruzilhada e os planos do Festival Camerimage não estavam indo bem, mas conhecê-lo mudou tudo."

"Ele é como um daqueles gigantes do Renascimento capazes de criar afrescos enormes", acrescenta, "e amou Łódź, que é uma cidade de segredos obscuros, fábricas devastadas, neblina, sombras, lâmpadas de rua quebradas e ruídos assustadores. Ela tem uma atmosfera misteriosa que evoca um sonho violento no qual tudo tem uma lógica estranha e atraente."[4]

Quando foi ao festival naquele mês de novembro, Lynch conheceu Marek Zebrowski, compositor polonês residente em Los Angeles que colabora com o festival fazendo diversas coisas desde 2000. "David se apaixonou por Łódź e teve várias ideias", conta Zebrowski. "A atmosfera invernal, as fábricas abandonadas, as residências opulentas do final do século XIX — tudo isso se juntou para compor o filme belamente misterioso *Império dos sonhos*, que ele fez nos primeiros anos do seu relacionamento com o país. Alguns anos depois de começar a frequentar o festival, o projeto com Frank Gehry também começou a germinar."[5]

O projeto com Gehry era nada mais nada menos que um plano geral para reconstruir o centro de Łódź que incluía um espaço para o festival, a reforma da estação de trem, lojas, hotéis e um museu. A partir de 2005, Lynch trabalhou com Gehry e a equipe da Camerimage, com financiamento da União Europeia, da cidade e de patrocinadores privados. "Os avós de Frank Gehry eram de Łódź, então para ele aquilo era um projeto pessoal", conta Zebrowski. Ao término do festival de 2000, vários membros da gangue acompanharam Lynch até Praga e filmaram um documentário que mostra Lynch trabalhando com Badalamenti na trilha sonora de *Cidade dos sonhos*.

Ao regressar de Praga em janeiro, Lynch conheceu um novo assistente, Jay Aaseng, que viria a trabalhar com ele nos oito anos seguintes. "Erik Crary,

386 ESPAÇO PARA SONHAR

um amigo que trabalhava com David há quatro meses, me ligou e disse: 'Talvez haja um emprego aqui'", recorda Aaseng. "Eu era estudante de cinema em Madison, tinha acabado de completar 21 anos, e pouco antes do Natal, Mary Sweeney e Riley vieram a Madison e nos conhecemos no Starbucks. Continuei em contato por telefone e Mary propôs: 'Vamos fazer uma tentativa durante seis meses. Quando você pode vir?' Respondi: 'Chego de carro amanhã.' Acho que consegui o emprego porque Riley gostou de mim."

"Naquele tempo David vinha à casa cinza pela manhã, tomava uma espécie de shake, sentava-se e revisava as coisas conosco", continua Aaseng. "No primeiro dia entrou, e com aquele seu jeito direto veio até mim e disse: 'Oi, Jay, prazer em conhecê-lo, cara. Vamos trabalhar!'"[6]

Naquela primavera Lynch deu os toques finais à montagem de 2h27 de *Cidade dos sonhos*, que terminou sendo uma coprodução Les Films Alain Sarde, StudioCanal e Picture Factory. Krantz recebe crédito como produtor, mas explica: "Meu envolvimento foi mínimo. David e eu não deixamos de nos falar e fui ao set, mas a coisa entre nós estava pesada."

No fim, o conflito entre Lynch e Krantz foi irrelevante e valeu a espera pelo filme. "Achamos que ele nunca veria a luz do dia até David ligar, um ano depois, e confirmar: 'Vai sair', e filmamos outro par de dias", conta Theroux. "Meses depois ele convidou Naomi e eu para vermos e piramos, porque era maravilhoso. Foi como ouvir *Sgt. Pepper's* pela primeira vez. Há tanto para digerir, levanta tantas questões, e imediatamente quis ver outra vez."

"Conhecia o roteiro, mas não sabia realmente do que se tratava enquanto filmávamos, e o produto final é tão distinto da nossa experiência de filmagem — isso fala do gênio de David como cineasta. O uso que ele faz do som e da música, a justaposição de tramas — ele fez um trabalho de mestre criando uma atmosfera que não podíamos antecipar ao rodar. Fiquei surpreso com o quanto o filme é sombrio, comovente e assustador. Às vezes não é possível identificar a nossa emoção, se é incômodo, alegria ou tristeza, ao assistir a *Cidade dos sonhos* — David é muito bom criando personagens que carregam múltiplas emoções. Uma das minhas cenas favoritas é o monólogo de Patrick Fischler na Winkie's Coffee Shop sobre um pesadelo que teve. Ele conta o sonho a alguém, depois a cena se transfere para detrás da cafeteria e, embora fosse um dia ensolarado em Los Angeles, é absolutamente aterradora."

Cidade dos sonhos estreou em maio de 2001 em Cannes, onde recebeu o *Prix de la mise en scène* (melhor diretor), que Lynch compartilhou com Joel

Coen por *O homem que não estava lá*. "Quando estávamos na sessão de fotos em Cannes, os fotógrafos começaram a chamar meu nome, e quando subi ao palco e passei por David, ele sussurrou 'Celebridade'", recorda Harring. "O jeito como disse aquilo significou muito para mim."

A viagem a Cannes também foi um ponto de virada para Watts. "Por anos eu não tinha conseguido que alguém me telefonasse de volta nem me olhasse nos olhos quando fazia um teste, e lá estava eu, no tapete vermelho de Cannes", rememora. "O filme foi aplaudido de pé por cinco minutos, e Todd McCarthy escreveu uma crítica incrível no *The Hollywood Reporter* me elogiando, e então minha vida mudou da noite para o dia. De repente os agentes telefonaram, enviaram flores e nunca mais fiz testes, tudo por causa de David. Ele literalmente mudou a minha vida. Conheci muita gente e trabalhei com diretores brilhantes, mas não existe ninguém como ele. David é único. Adora atores, você confia nele e quer lhe dar tudo, quer agradá-lo. Ele irradia uma energia boa e sempre me sinto bem cuidada com ele."

No outono daquele ano Lynch levou *Cidade dos sonhos* ao Festival de Cinema de Toronto, e as Torres Gêmeas caíram em Manhattan quando estava no Canadá. Lynch e Sweeney ficaram temporariamente impedidos de sair de lá e Aaseng especula: "Aquilo o levou a pensar que era importante compartilhar a MT com o mundo. Acho que pensou que, se todos meditassem, coisas assim não ocorreriam, e ele se ofereceu para pagar aulas de MT a todos no escritório."

Estavam plantadas as sementes da Fundação David Lynch para a Educação e a Paz Mundial com Base na Consciência, que ele criou em 2005. Entrementes, as coisas finalmente avançavam com *Cidade dos sonhos*. A Universal Pictures lançou o filme nos Estados Unidos em 12 de outubro de 2001, e ele foi indicado ao Oscar de melhor diretor. Desde então o filme cresceu exponencialmente. Em uma pesquisa da BBC Cultura de 2016, o filme foi considerado o melhor do século XXI.

uita gente cria companhias e ganha dinheiro, mas isso nunca funcionou comigo. A Picture Factory foi uma ideia de Mary e Neal Edelstein e gostei do nome, então montamos aquilo, mas quase em seguida perdi o interesse. Aquilo tomava tempo e não tinha graça nenhuma, acho que nem cheguei a ler algo para a companhia. Nunca soube que tinham me oferecido *Beleza americana*, nunca ouvi falar de *Brooklyn sem pai nem mãe* e realmente não me lembro de ter visto o roteiro de *O chamado*. Neal acabou fazendo aquilo com Naomi Watts, então para ele foi bom.

Cada um tem a sua versão do que aconteceu com *Cidade dos sonhos*, mas não me lembro de um jantar no Orso ou da dança entre filmes e TV que Tony menciona. Lembro que ele queria que eu fizesse uma coisa, e posso ter conversado por dez minutos com Mark Frost sobre a ideia de algo intitulado *Cidade dos sonhos* como uma espécie de subproduto de *Twin Peaks*. Mas aquilo nunca se concretizou, e só recordo que se chamaria assim e haveria uma moça que chegava a Hollywood. Tony sempre quis que eu escrevesse com outra pessoa — não sei por que — mas escrevi *Cidade dos sonhos* sozinho e o pessoal da ABC leu as primeiras páginas quando o apresentamos. Uma apresentação é uma espécie de atuação, e não gosto de fazê-la.

A Mulholland Drive é uma rua mágica, e muita gente sente isso quando dirige por lá à noite. Ela gira e serpenteia, com Hollywood de um lado e

392 ESPAÇO PARA SONHAR

o Valley do outro, e você meio que se perde. É uma rua antiga, tem uma atmosfera, e você sabe que muita gente da era de ouro de Hollywood passou por ali. Ela tem uma história verdadeira, e quem passa tempo suficiente em Los Angeles ouve histórias de coisas que aconteceram lá que dão o que pensar.

Não é necessariamente verdade que não sei do que trata o filme até filmá-lo. Se fosse verdade, seria impossível confiar em alguém como eu. Você tem o roteiro e uma ideia definida do que quer, mas às vezes, quando chega lá, enxerga outras coisas e possibilidades e tudo pode crescer. Ou não é exatamente o que tem em mente, então você adapta e aparece algo ainda melhor. Existe a essência da cena, é preciso tê-la, mas diversas coisas podem gerar ideias, por isso é ótimo filmar em locações. Se construir um set com base nas ideias, a coisa será de um jeito, mas se for para uma locação tudo pode acontecer.

É verdade que prefiro trabalhar com atores relativamente desconhecidos, mas o fato de serem desconhecidos não é importante — é que são as pessoas certas para cada papel. Isso é o que você busca. Confio em Johanna para me dizer se alguém sabe ou não atuar, mas às vezes não é um problema que não saibam, porque você trabalha com elas e há algo certo ali.

Quando escalo um elenco gosto de começar olhando fotos, então olho, vejo uma garota e digo, 'Uau, ela é linda, quero conhecê-la', e essa foi Naomi Watts. Telefonaram, ela tomou um avião de Nova York, veio e não se parecia nem um pouco com a foto. De jeito nenhum! Não era feia, mas não se parecia com a foto, e eu queria a garota da foto. Pensei: Que loucura! Estou imaginando alguém que não existe! Ela veio me encontrar direto do aeroporto, então pedi que voltasse maquiada. O filho de Gaye Pope se chama Scott Coffey, ele tinha trabalhado com Naomi em alguma coisa e estava na cozinha quando ela chegou. Eles estavam conversando e rindo e vi um aspecto de Naomi porque Scott estava lá e pensei: Ok, ela é perfeita, pode fazer isso, e assim foi. Ela é perfeita e o resto é história.

Lembro-me da chegada de Justin Theroux, tivemos uma boa conversa e ele é um grande ator. Chad Everett era perfeito para o papel, e Ann Miller também foi perfeita. Adorei Ann Miller! Puxa, foi superdivertido trabalhar com ela. Ela *era* Coco, a personagem entrou nela como uma luva. Billy

Ray Cyrus veio conversar sobre outro papel, mas ele era Gene, o cara da piscina — não podia fazer melhor. Acontece muito de alguém chegar para um papel e eu perceber que é perfeito para outro. Cori Glazer não exibe a sua beleza, mas tem um rosto lindo. Mas é preciso isolá-lo, e lembro-me de fitá-la um longo tempo, até saber que era a Dama Azul, e ela diz a última palavra no filme.

O Caubói meio que invadiu o filme. Estava sentado na minha cadeira e Gaye estava no teclado, e ela tinha uma qualidade especial. Era fantástica. Não particularmente boa como secretária, era um pouco tola, mas tinha uma energia boa, o que é muito mais importante. Quando chegava a hora, sabia dar ordens e dizer não, sabia fazer as coisas, e sempre tratou todos bem. Sua gentileza criou um lindo ninho onde eu podia pensar qualquer coisa, e não tinha medo de dizê-lo em voz alta. Ela nunca julgava, e com ela eu sentia que podia dizer qualquer coisa. Uma pessoa assim é perfeita para escrever, eu podia tentar coisas e para ela tudo estava sempre bem. A atmosfera de liberdade que criou contribuía realmente para ter ideias, então estava sentado com Gaye, o Caubói entrou, começamos a conversar e enquanto falávamos comecei a vislumbrar Monty.

Sabia que Monty podia atuar por causa de algo que tinha acontecido em *The Cowboy and the Frenchman*. Ele estava na Propaganda e eles produziram aquilo, e estávamos fazendo uma cena com o personagem Howdy, um vaqueiro que tenta derrubar um touro. Harry Dean grita para ele trazer uns tira-gostos, e Howdy ouve, mas Harry Dean não sabe, e continua gritando. Howdy se zanga e a raiva o ajuda a derrubar o touro; depois ele pula a cerca e some, porque está de saco cheio de Harry Dean. Há tanto ruído na cena que não se ouve o que Howdy fala e eu digo: "Vamos ter de repetir isso; como vamos fazer Howdy repetir?" E Monty propôs: "Eu faço a cena, David", e pensei: Ai, isso vai ser constrangedor, mas falei: "Ok, Monty, tente", e ele fez tudo perfeitamente na primeira tomada. Pensei, vou lembrar disso. Monty não consegue gravar as falas, então foi uma luta arrancar aquela cena dele. Ele é muito esperto, mas não acho que tenha ido bem na escola, e não conseguia recordar certas coisas. Mas fizemos até conseguir, e funcionou. A atuação de Monty foi perfeita, mas foi preciso colar as falas dele no peito de Justin.

394 ESPAÇO PARA SONHAR

Acidentes felizes assim me acontecem. Brian Loucks ligou quando estava fazendo *Cidade dos sonhos* e disse: "Quero que você conheça alguém chamada Rebekah Del Rio", então ela ia ao estúdio, talvez tomar um café, conversar e cantar algo para mim. Quando chegou, em menos de cinco minutos, antes de tomar um café, ela foi para a cabine de som e cantou exatamente o que estava no filme. Aquilo não foi mexido, é o que gravamos. Não havia uma personagem assim no roteiro até Rebekah aparecer no estúdio aquele dia, e ela escolheu o que ia cantar. Estava pensando na cena que tinha escrito para o Club Silencio, "No Hay Banda", que em espanhol significa não há banda, e aquilo a influenciou, porque ela cantou sem uma banda. Então ela sobe ao palco e canta lindamente, depois cai e o canto prossegue.

Em *Cidade dos sonhos* tínhamos uma equipe excelente e trabalhei com algumas das minhas pessoas favoritas. Adoro trabalhar com Pete Deming. Ele gosta de desafios, aproveita o que aparece e não teme parecer bobo, então criamos umas técnicas estranhas juntos. Às vezes funcionam, às vezes não, mas é uma colaboração esplêndida, e tudo vai para nossa caixa de ferramentas e acaba tendo um propósito. Definitivamente há uma máquina de raios na caixa de ferramentas, e a melhor que já tivemos foi uma que Sabrina [Sutherland] encontrou em Riverside para *Estrada perdida*. As duas máquinas que ela encontrou eram grandes como vagões de trem, e foram transportadas por dois tratores. Quando estão ligadas emitem uma energia inacreditável — iluminam tudo num raio de 1,5 quilômetros, como um relâmpago de verdade.

Foi incrível quando rodamos o acidente de carro, no início de *Cidade dos sonhos*. De um lado havia um cabo retesado, atado a um peso de 2,7 toneladas a 30 metros do chão, do outro o carro dependurado, e íamos soltar o peso. Se o cabo tivesse arrebentado antes da hora teria sido como um chicote que não se sabia aonde iria parar, e se acertasse alguém seria como uma faca quente cortando manteiga. Muito perigoso. Havia pelo menos três câmeras para a tomada, Pete e eu estávamos lá, mas todos tiveram de sair. Gary estava no guindaste e havia um prego no chão segurando as 2,7 toneladas, o cabo estava louco para arrebentar, e havia um aparato que ia cortar o cabo. Quando cortaram, o peso veio em queda livre, lançou o carro dos adolescentes, e bateu superforte na limusine — cara! Foi fantástico! Gary fez um trabalho excelente e foi muito divertido.

Jack Fisk é meu melhor amigo e trabalhamos juntos em *Cidade dos sonhos*. Ele sabe fazer as coisas. Se só tivesse dez paus ele teria construído aquele set, e o set é lindo. Há uma cena em que Betty diz a Rita: "Procure na sua bolsa; seu nome deve estar aí em algum lugar", então Rita abre a bolsa e há muito dinheiro lá dentro, e uma chave azul desconhecida. Ela tinha de abrir algo, e não sei por que terminou sendo uma caixa azul, em vez de uma porta ou um carro.

John Churchill era o segundo assistente de direção, um sujeito legal que chegou a ser AD por conta própria. Tinha sido assistente de produção em *Estrada perdida* e *História real*, mas nasceu para ser AD e estava como pinto no lixo. Para esse trabalho é preciso ter diversas habilidades. A pessoa precisa se dar bem com o diretor e a equipe e manter tudo andando. Também precisa cuidar dos bastidores, manter o silêncio, pôr as câmeras e o som para funcionar, e garantir a próxima tomada. Manter a coisa andando. É uma combinação de responsável pelo andamento, diplomata e programador. O que rodamos primeiro, o que rodamos depois, esse tipo de coisa. Ele deixa o diretor livre para pensar sem um monte de coisas ocupando sua mente — o diretor precisa pensar no que a próxima cena deve transmitir, nada mais. De certo modo odeio essa coisa de pressionar e fazer o dia render, mas é preciso fazê-lo, e o AD ajuda você a obter o que quer. É um trabalho difícil e Churchy era bom nisso, era meu amigo e tinha um grande senso de humor. Ele me fazia contar histórias. Víamos alguém na rua e dizia: "E então, qual é a história dessa pessoa", e eu contava. Ele se lembrava de tudo. Era um cara fantástico.

Adoro *Crepúsculo dos deuses* e cheguei a encontrar Billy Wilder diversas vezes. Uma vez estava no Spago e ele estava lá com a mulher dele, Audrey Young, veio por trás de mim, pôs as mãos nos meus ombros e falou: "David, adoro *Veludo azul*." Depois tomamos café da manhã juntos num restaurante e fiz um monte de perguntas sobre *Crepúsculo dos deuses*. Também adoro *Se meu apartamento falasse* — são dois filmes incríveis — e tive a sorte de conhecê-lo.

É verdade que Los Angeles é uma espécie de personagem no filme. O sentido de lugar é muito importante. O que gosto na cidade é a luz e o fato de ser espalhada. Ela não é claustrofóbica. Tem gente que adora Nova York, mas ela me dá claustrofobia. É muita coisa.

Eu costumava pensar que gostava do deserto do sul da Califórnia, mas na verdade detesto o deserto. Comi um bife grande num jantar no deserto. Nunca como carne vermelha, mas foi o que serviram aquela noite, e dormi na cama de outra pessoa e tive um sonho tão horrível e diabólico que passei o dia seguinte lutando mentalmente contra algo que estava acontecendo. Não recordo o sonho, mas recordo o sentimento, não conseguia falar com ninguém e tive de me isolar para lutar mentalmente contra aquilo. Aquilo só passou quando voltei a Los Angeles. Para mim foi o fim do deserto. Há lugares com vibrações ruins e outros com vibrações boas, e eu tinha dormido e comido num lugar ruim.

Claro que também há coisas esquisitas em Los Angeles. Lembro-me do domingo em que fui ao Copper Penny com Jennifer e tomamos um café da manhã completo. Jen e eu estávamos sentados numa cabine e atrás de mim ouvi umas pessoas falando e eram fantásticas. Era domingo e elas discutiam sobre Deus e várias passagens da Bíblia. Pareciam inteligentes e simpáticas. Pensei: É maravilhoso que as pessoas conversem assim numa manhã ensolarada de domingo. Quando nos levantamos e saímos, Jen perguntou: "Sabe quem estava sentado atrás de nós?" Era o chefe da igreja satânica.

Adorei fazer o piloto de *Cidade dos sonhos*, mas a ABC o odiou, e apesar dos cortes que fizemos e enviamos a eles, tive um mau pressentimento. Recordo que pensei que estava com a turma errada. Certas pessoas só pensam em dinheiro e todas as suas decisões se baseiam no medo de não fazer dinheiro. Nada mais importa. Seus empregos estão em jogo e precisam fazer dinheiro, e acham que ninguém vai gostar disso, não vamos fazer sucesso, não vamos fazer dinheiro e vou perder o emprego. É uma maneira errada de pensar, mas as coisas são assim.

A primeira montagem que enviei à ABC era lenta demais, porque como tínhamos um prazo final não havia tempo para refiná-la, e a segunda montagem perdeu muito em textura, grandes cenas e enredos. No entanto, olhando em retrospecto, vejo que foi o destino, e o que aconteceu com *Cidade dos sonhos* foi muito lindo. O filme tomou um caminho estranho e se tornou o que é, e aparentemente tinha de ser assim. Não sei por que foi desse jeito, mas assim foi e agora aí está e era para ser assim.

Pierre Edelman estava em Los Angeles, veio ao ateliê de pintura e contei-lhe o que tinha acontecido com *Cidade dos sonhos*. Disse que o projeto estava morto, mas na minha cabeça... Não é que eu soubesse que não estava morto, mas não estava terminado, então sempre havia possibilidades. Pierre viu e gostou muito, conversamos sobre transformá-lo num longa e nos pusemos a trabalhar. Como Mary Sweeney costumava dizer: "Pierre é o canudo que agita o drinque." Ele põe as pessoas em contato, mas não tem um estúdio, então só pode ir até certo ponto, e levou um ano negociando. Um ano. E vou lhe dizer o que é — são os intermediários. Se você vai me dar dinheiro, não faria sentido que nos sentássemos para conversar? Em poucas horas resolveríamos a coisa. Por que levou um ano? Porque fulano e sicrano na França estavam ocupados, ligaram para alguém aqui que disse: Vou lhe dar um retorno, passaram-se dias, por fim ligaram de volta e conversaram, mas agora a pessoa estava de férias, então ligaram para dizer: Vamos marcar uma hora e falar disso em teleconferência, o que será uma semana depois, aí beltrano fica doente, então é melhor esperar, e por aí vai. Sabe, essas pessoas não estão muito entusiasmadas com o seu assunto, porque têm um monte de coisas para tratar, e uma coisa leva a outra e passam-se os meses. Tudo poderia ter sido resolvido em seis minutos.

Um ano depois recebi um telefonema dando luz verde, podíamos fazê-lo, então liguei para saber dos sets, objetos de cena e figurino. Disseram-me que o figurino tinha "voltado a circular". Perguntei: "O que isso significa?" o cara respondeu: "Que não foi guardado para você." Quem sabe onde está? Sally pode estar usando o que buscamos num programa agora mesmo, e você nunca vai recuperar aquilo. Então eu soube que os objetos de cena também tinham voltado a circular, e que os sets tinham sido guardados de modo inadequado e estavam em más condições, e não era culpa de Jack. Além disso, eu não tinha ideia de como terminar aquilo quando a luz verde veio.

398 ESPAÇO PARA SONHAR

Naquela época disse a Tony: "Não acho que seja possível voltar a esse mundo porque tudo se perdeu." Ele respondeu: "Se você não fizer, vou processá-lo", e o modo como falou acabou com a amizade e qualquer sentimento bom por ele. Eu não podia acreditar que ele tinha dito aquilo, e vi um lado dele que me fez pensar: Isso não me convém. Nunca recebi um telefonema da Disney ameaçando me processar — foi Tony quem disse isso ao telefone. As pessoas são elas mesmas, e tinha sido Tony quem me pôs para trabalhar em *Twin Peaks* e *Cidade dos sonhos*, o que era bom. Ao mesmo tempo, há coisas que acabam com a amizade e, embora o tenha perdoado, não quero mais trabalhar com ele. Ele tem razão em dizer que a indústria do entretenimento é uma "comunidade colaborativa", mas não suporto esse modo de pensar. Não é nada colaborativo. Sim, você trabalha com pessoas que te ajudam, e pode perguntar a opinião de cem pessoas, mas no fim todas as decisões têm de ser tomadas pelo diretor.

Na noite em que Tony me disse aquilo sentei para meditar e, como num colar de pérolas, apareceu uma ideia atrás da outra, e no final sabia exatamente como terminar o filme. Trabalhei com Gaye, despejei as minhas ideias e as 18 páginas de que necessitava estavam ali.

Nessas 18 páginas havia um pouco de sexo, e Laura e Naomi reagiram bem. Prometi a Laura que usaria aerógrafo em partes do corpo dela na cena de nudez, e há um momento na cena em que ela está de pé e aquilo tinha de ser feito com cuidado. Podiam congelar o fotograma, fazer um still e colocá-lo em todas as revistas, então era preciso cuidado.

Não fiz muitas tomadas da cena de masturbação de Naomi porque queria que ela atingisse certo estado de ânimo para a cena. Não faço isso. Continuamos rodando porque ela não estava conseguindo, e repete-se até conseguir. Aquela garota fazia aquilo porque estava magoada, com raiva e desesperada, emoções variadas se agitavam dentro dela e tinha de ser de certo modo. A cena precisava de algo específico, e Naomi conseguiu alcançar tudo aquilo.

Na noite em que rodamos a cena da festa do fim do filme, nos mandaram encerrar por algum motivo. Angelo ia pegar o voo de volta a Nova Jersey naquela noite e era a única chance de filmá-lo, mas havia gente à nossa volta nos mandando embora, então falei com Angelo e depois disse ao Pete:

"Tenha cuidado, aponte a câmera para o Angelo e foque bem — bem ali, está bom, Pete" e fiz sinal para o Angelo, ele fez o que eu disse e roubamos aquela tomada enquanto as pessoas nos enxotavam dali.

Então terminamos o filme, que foi exatamente o que devia ser, e fomos a Cannes. Ele foi bem no mundo; nunca deu muito dinheiro, mas nada do que faço dá dinheiro mesmo. A gente só trabalha para os caras do dinheiro. Ganhamos uma dose de uísque branco, uma garota, e é isso aí.

Uma fatia de Alguma coisa

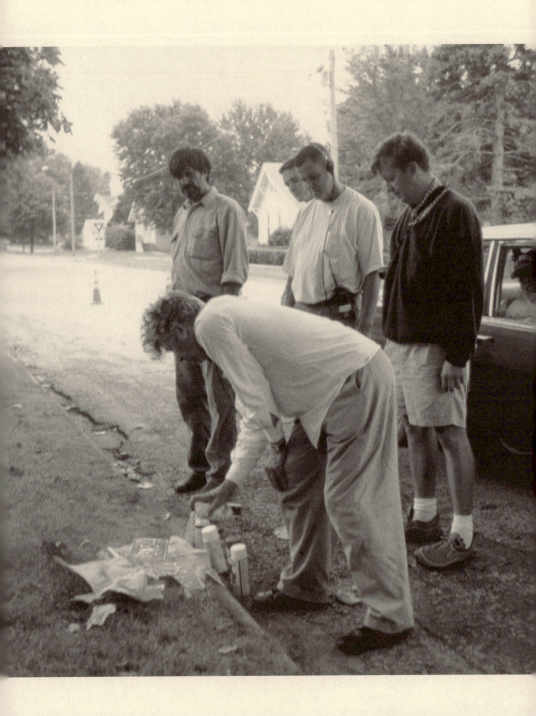

Lynch gosta de trabalhar livre das limitações de Hollywood, e *História real* foi o mais próximo de um projeto familiar e caseiro que conseguiu fazer. Sweeney coproduziu, montou e foi coautora do roteiro; Jack Fisk fez a direção de arte; Harry Dean Stanton e Sissi Spacek estavam no elenco; Angelo Badalamenti compôs a trilha sonora e Freddie Francis foi o diretor de fotografia. O orçamento era reduzido, Lynch tinha o corte final e produziu uma obra-prima serena.

"No início do verão de 1998, David me contou que Mary Sweeney tinha escrito um roteiro intitulado *História real* e ele queria filmá-lo", conta Pierre Edelman, que produziu o filme. "À época eu era consultor do Canal Plus, uma subsidiária do StudioCanal, e todos na França estavam de férias, então estava sozinho no escritório quando comecei a negociar com David. Mas consegui fechar o contrato com um orçamento de uns sete milhões de dólares, e no fim de setembro ele começou a filmar."

Sweeney dá muito crédito a Edelman por ter feito o projeto deslanchar. "Tony Krantz, Rick Nicita e CAA já não estavam quando fizemos *História real*, mas ali estava Pierre", diz ela sobre o filme, uma coprodução entre Picture Factory e Canal Plus. "Estávamos no fim de junho, a França inteira estava de férias e Pierre procurou gente no sul da França. Tínhamos diversas propostas, pois o orçamento era baixo e as pessoas não se assustaram como acontece com os projetos de David. Até gente que não gosta do seu trabalho gosta dele,

404 ESPAÇO PARA SONHAR

e todos ficaram loucos pensando no que ele faria com aquele material e se empolgaram com a ideia de trabalhar com ele."

Produzido por Sweeney e Neal Edelstein, e com produção executiva de Edelman e Michael Polaire, o filme inicialmente teria Deepak Nayar na equipe de produção, porém ele relutantemente saiu do projeto, e da vida de Lynch, após uma discussão sobre orçamento. "David mudou a minha vida e a minha carreira", reflete Nayar. "Deu-me a faísca de que precisava, porém o mais importante foram seu amor e afeto. Cheguei da Índia sem conhecer ninguém em Los Angeles, mas para ele não importou que eu fosse apenas um motorista. Ele me tratou com dignidade e respeito e me deu oportunidade de fazer mais coisas. Hoje tenho a minha própria companhia e diversos projetos em andamento, mas as melhores recordações da minha carreira são do trabalho com David. Ele me fez como sou hoje, e nunca poderei agradecer a ele o suficiente por ter me dado uma chance."

Quem estrela e conduz quase todas as cenas é o falecido Richard Farnsworth. Depois de comparecer à escalação do elenco de 500 cavaleiros mongóis para *As aventuras de Marco Polo*, em 1937, Farnsworth dirigiu uma biga para Cecil B. DeMille em *Os dez mandamentos*, teve a primeira fala num papel em 1976 em *A duquesa e o vilão*, e foi indicado ao Oscar de melhor ator coadjuvante pelo faroeste de Alan J. Pakula *Raízes da ambição*, de 1978.

É difícil imaginar outra pessoa no papel de Alvin Straight; o rosto sábio e beatífico de Farnsworth é um filme. "Assim que vi o roteiro me identifiquei com aquele personagem velho e amei a história", contou o ator, que tinha 78 anos quando fez o filme. "Alvin é um exemplo de fortaleza e determinação."[1] Ele tinha se aposentado em 1997, mas resolveu voltar ao trabalho ao ler o roteiro de *História real*.

Sissy Spacek interpreta Rose, personagem baseada na filha de Straight, e recorda: "Há anos David, Jack e eu falávamos de diversos projetos que poderíamos fazer juntos, e *História real* acomodou todos nós. Acho que David pensou que seria genial estar ali com Jack, sabe, 'Podemos derrubar paredes com marretas se for preciso, como nos velhos tempos.' Eles derrubam paredes com marretas juntos há 50 anos."

"A personagem que interpreto tem uma gagueira incomum, então precisei usar uma prótese dentária elaborada, e não sabia se daria certo", prossegue. "David acreditou em mim, então pensei, Talvez eu consiga, e foi uma experiência muito boa. Ele foi muito gentil no set, como é na vida real, e foi delicioso trabalhar com ele. Divertido, amável, sabia o que queria — é fácil trabalhar com David. Um dia um dos atores mais velhos tinha que fazer muitas coisas em uma cena, se movia na hora errada e estragava a tomada e começou a ficar irritado consigo mesmo. David foi muito paciente e gentil. Disse: 'Vou amarrar um barbantinho na fivela do seu cinto, e quando quiser que você se mova dou um puxãozinho no barbante para você saber o que fazer.'"

"As pessoas dizem: 'Ah, *História real* é diferente, não faz parte de verdade do mundo de David'", acrescenta Spacek, "mas quem o conhece sabe que o filme também é parte de quem ele é."

Harry Dean Stanton, que interpreta Lyle Straight, já tinha atuado em quatro filmes de Lynch antes de *História real*, e sempre gostou de trabalhar com ele. "O set de David é sempre relaxado, ele nunca grita com ninguém — ele não é grosso — e me deixa improvisar, desde que eu não bagunce o enredo", contou Stanton. "Sempre nos divertimos trabalhando juntos."

"Estou em apenas uma cena do filme, e precisava chorar", continuou. "Um tempo antes Sean Penn tinha me dado uma cópia do discurso do Chefe Seattle, o primeiro indígena a ser posto numa reserva, e sempre choro quando leio aquilo, então David me fez ler umas linhas do poema antes de rodar a minha cena. E funcionou."

O diretor de fotografia Freddie Francis, colega de Lynch em *O Homem Elefante*, capturou um meio-oeste americano que praticamente não existe mais. Filmado ao longo da rota de 380 quilômetros que Straight percorreu em 1994, de Laurens, Iowa, a Mount Zion, Wisconsin, o filme tem uma grandeza elegíaca. Pontuado por imagens da tinta vermelha desbotada na fachada de um bar de cidadezinha, vira-latas correndo em uma rua principal vazia e tomadas aéreas do sonolento rio Mississippi, é um filme belamente compassado, cuja atmosfera agridoce é realçada por períodos de silêncio delicadamente intercalados e pela versão melancólica da música tipicamente americana composta por Badalamenti.

Jack Fisk é particularmente bom nos filmes que envolvem amplas paisagens — ele fez a maior parte dos filmes de Terrence Malik; *Sangue negro*, de Paul Thomas Anderson; foi indicado ao Oscar em 2015 por *O regresso*, de Alejandro Iñárritu. *História real* tinha tudo a ver com ele. "Desde a época em que compartilhamos ateliês, David e eu sempre fomos um pouco competitivos, então era melhor não trabalharmos juntos", conta Fisk. "Mas no fim dos anos

406 ESPAÇO PARA SONHAR

1990 percebi que trabalhava com outros diretores tentando tornar realidade as suas visões, e tinha saudades de David e queria passar um tempo com ele. Nós nos divertimos a valer em *História real*."

Spacek reflete sobre o laço duradouro entre ambos: "David e Jack eram pioneiros um para o outro. Eram dois jovens na Virgínia que desejavam ser artistas e viver aquela vida, e assim que se conheceram apoiaram-se mutuamente nesse sentido. Isso tornou a coisa real para ambos, eles foram à escola de arte e viajaram à Europa, caíram no mundo juntos e tornaram realidade o sonho que compartilhavam. Acho que por isso a amizade deles é muito profunda."

Gary D'Amico, que também esteve em Iowa para as filmagens, recorda *História real* como "o projeto mais divertido que já fiz com David. E recebi um cartão do Sindicato de Atores com isso! Levei uma bicicleta bacana para a locação, e David elogiou: 'Gosto dessa bicicleta, quero colocá-la no filme e você vai andar nela.' Depois falou: 'Ei, vamos dar uma fala ao Gary! Que tal 'À sua esquerda, obrigado.'"

Quanto aos efeitos que produziu para o filme, D'Amico conta: "Há uma cena em que um caminhão ultrapassa Alvin na estrada e derruba o chapéu dele. A câmera estava detrás e David disse: 'Quero que o chapéu venha direto na direção da lente', e retruquei: 'David, um caminhão jogaria o chapéu para adiante, não para trás.' Ele respondeu: 'Tá, mas o filme é meu e quero que voe para trás', e retruquei: 'Então vai ser para trás.' O chapéu tinha de voar uns 15 metros, então montei um sistema com oito roldanas e cada uma puxava o chapéu uns 2,5 metros. O assistente de direção reclamou: 'David, não temos tempo para isso, nem vai aparecer no filme', e ele insistiu: 'Como se soletra bosta de cavalo? Gary passou um tempão montando isso e vamos filmá-lo.' E aquilo está no filme."

Lynch terminou a pós-produção enquanto o drama de *Cidade dos sonhos* se desenrolava. A série foi cancelada quando ele levou *História real* a Cannes, na primavera de 1999. O filme teve êxito e foi um dos favoritos do público, mas não ganhou prêmios. "Organizei uma festa para os perdedores no Carlton depois da cerimônia da Palma de Ouro", conta Edelman, "e David estava lá com Pedro Almodóvar e outras pessoas; foi uma festa fantástica, ele ficou contente e esqueceu a premiação."

"O público de Cannes adorou o filme", conta Sweeney, "e a exibição foi uma experiência comovente. Foi a primeira vez que todos os que participaram o viram, Richard, Sissy e Jack estavam lá, foi muito legal. Saímos do Grand Palais e a música de Angelo soava nos alto-falantes, aquela alma italiana dele com um toque da música country nas cordas ansiosas — estávamos muito felizes. Foi a última vez que Freddie Francis trabalhou, a última vez que Richard Farnsworth atuou, e aquele foi um belo acorde maior."

ary e John Roach passaram muito tempo escrevendo o roteiro de *História real*, eu ouvia a respeito, mas não tinha o menor interesse, até que eles me pediram para lê-lo. Ler é como pegar ideias — você vê aquilo mentalmente e com o coração, e senti a emoção emanar dos personagens, então pensei: Quero fazer isso. Nos anos anteriores ao filme eu vinha passando uns tempos em Wisconsin e conheci o tipo de gente que vive naquela parte do país, o que provavelmente contribuiu para que gostasse do roteiro.

Não lembro quando sugeriram o nome de Richard Farnsworth, mas ele imediatamente se tornou a pessoa certa. Richard nasceu para interpretar Alvin Straight, cada palavra que dizia soava verdadeira. Richard tinha inocência, e em parte foi por isso que o quis para o papel. Alvin Straight era como James Dean só que velho — um rebelde que fazia as coisas à sua maneira, e Richard era assim. Na verdade, as pessoas não têm uma idade, porque a essência com a qual falamos não envelhece — é atemporal. O corpo envelhece, mas só isso muda.

Richard participou de diversos filmes, e sempre que o via pensava: Gosto dessa pessoa. Não sei por que não foi uma estrela, nem sei se quis isso. De certo modo não se considerava um ator, pois chegou a ser ator por meio dos rodeios e o trabalho como dublê, mas ele era o Alvin Straight perfeito e ficamos contentes quando concordou em interpretá-lo. Ele não gosta de

412 ESPAÇO PARA SONHAR

negociar, e disse: "Meu cachê é tanto", e era razoável, mas ele não quis nem tocar no assunto. Então concordamos. Depois, imagine, ele avisou que não ia poder filmar. Não explicou o motivo, mas deve ter sido por questões de saúde, pois ele tinha câncer. Dissemos: Ah, não, isso é horrível — para ele e para nós. Foi quando lembrei do meu querido amigo, o grande ator John Hurt. Ele é tão bom que achei que poderia interpretar esse papel, conversamos e ele concordou.

Todo ano Richard vinha do Novo México, onde ficava o seu sítio, a Los Angeles, para encontrar a sua agente, e eles almoçavam juntos. Era uma tradição entre eles. Então ele veio depois de recusar o papel e quando se encontraram ela disse: "Richard, você está com uma cara ótima", ao que ele respondeu: "Estou me sentindo muito bem." E ela: "Sabe, acho que talvez você devesse fazer *História real*", e ele concordou: "Acho que deveria, posso e vou fazer." Então ele ligou e depois tive que telefonar para John Hurt, que entendeu perfeitamente, e tivemos Richard. Ficamos tão agradecidos, ele fez tudo tão bem, e estava sempre alegre, sempre Richard.

Quando fizemos o filme, Richard tinha 78 anos e Freddie Francis tinha quase 81, e eles fizeram mais do que acompanhar os outros — eles marcaram o ritmo. A saúde de Freddie tampouco estava muito boa e, embora tenha vivido outros 8 anos, *História real* foi seu último filme. Para Richard foi perigoso dirigir aquela coisa. Não era o mais seguro que havia, mas ele tinha quebrado muitos ossos como dublê e era muito corajoso, e foi rejuvenescendo à medida que avançávamos. É impressionante o que fez. Ninguém imaginava quanta dor ele sentiu durante as filmagens — ele guardou isso para si. Era um caubói.

Amo a Sissy, e nos conhecemos há muito tempo. Jack nos apresentou quando começou a sair com ela e eu estava fazendo *Eraserhead*, e por um tempo ela foi minha cunhada. O agente dela era Rick Nicita, que se tornou meu agente também, e eles sempre estavam lá, planejando diversas coisas. Jack e Sissy contribuíram com dinheiro para *Eraserhead*, eles são uma família para mim. Sempre quis trabalhar com ela, que era perfeita para interpretar Rose. Além de Sissy, Richard e Harry Dean, os atores são daquela parte do país, e sabiam como as pessoas vivem e falam por lá.

Rodamos o filme rapidamente. Começamos no fim do verão e tivemos de andar rápido, porque naquela parte do país faz muito frio no começo do outono e a maior parte do filme é rodado em externas. Como refizemos a rota que Alvin Straight percorreu, fazia sentido filmar em sequência, e foi o que fizemos.

Minha cena favorita é o final. É incrível o que Richard e Harry Dean fizeram juntos. Jack construiu a casa de Lyle, que era bonita e ficava no alto, cercada de montanhas, numa espécie de declive. Richard estava descendo a ladeira em direção à casa com o peso do trailer atrás, vira na direção da casa de Lyle e aquela coisa se detém. Richard desce, se dirige à casa e chama o irmão. A luz estava linda e o sol estava bem nele, que chamou Lyle e um *segundo* depois o sol caiu detrás da montanha. Se tivéssemos rodado segundos depois teríamos perdido aquilo. Tivemos tanta sorte! Então, quando Richard fala com Lyle sente um aperto na garganta, e aquele aperto no coração foi incrível. Harry Dean e Richard Farnsworth? Eles encarnam a palavra "natural". Harry é o mais puro que se pode ser e Richard também, e você sente isso naquela cena.

Também gosto da cena na taberna, quando Richard conversa com Verlyn [o ator Wiley Harker] sobre a Segunda Guerra Mundial. A cena é sobre o que está dentro de Richard e Wiley, e eu apenas mantive tudo em silêncio, deixei-os sentados lado a lado e foquei duas câmeras neles em close. Não houve ensaio e tudo foi feito numa tomada só.

Tudo é relativo. *História real* é um relato pacífico, mas também contém violência. Para Alvin há violência quando o aparador de grama ameaça sair de controle, mas há um equilíbrio — tem de haver equilíbrio num filme. Quando se começa a seguir um caminho, há regras e é preciso obedecer às regras do caminho, não se pode tomar duas estradas ao mesmo tempo. As pessoas na história podem parecer santas, mas vemos apenas uma parte delas numa circunstância específica, o que não implica que *História real* seja a verdade sobre o meio-oeste, ou que Dorothy Vallens seja a verdade sobre todas as mulheres. É uma fatia de alguma coisa. A fatia pode parecer verdadeira, mas não é a verdade por inteiro.

Sempre digo que *História real* é o filme mais experimental que já fiz, é muito diferente dos meus outros filmes, mas, na verdade, tudo é um experimento. Você junta pedaços que acha que estão certos, e nunca sabe se é isso mesmo até combiná-los. Precisa de imagem, som, música e diálogo num equilíbrio muito delicado para obter a emoção. Como a música entra, quão alto é o volume, como ela sai — isso precisa estar perfeito, e a música que Angelo compôs para o filme foi muito importante.

414 ESPAÇO PARA SONHAR

História real competiu em Cannes, então grande parte da equipe e do elenco foi e tivemos uma exibição magnífica. Houve um sentimento tão gostoso na sala, foi lindo. Mira Sorvino estava sentada na fila da frente, e quando acabou ela se virou, olhou para mim, tocou o coração com a mão, e estava aos prantos. Ela sentiu o que acontece no filme. Foi uma exibição muito emotiva, foi a noite em que Harry Dean contou a história.

Depois da exibição fomos parar no Petit Bar do Hotel Carlton. Angelo, Pierre, Harry Dean, eu e outras pessoas nos sentamos num canto do bar, onde estava meio silencioso, e pedimos uns drinques, e estávamos lá quando Harry Dean disse uma frase. Ninguém lembra exatamente o que foi — algo sobre coelhos de chocolate e um sonho que teve — mas ele disse aquilo e rimos, depois disse outra frase e rimos ainda mais. Pensamos acabou, mas aí ele disse a terceira frase, a quarta frase, e cada uma era mais engraçada que a anterior; ríamos sem parar e ele disse outras dezoito frases! Sabe quando injetam ar comprimido na sua boca e as suas bochechas inflam? Foi como senti a cabeça depois da nona frase. Estava morto de rir e meus canais lacrimais estavam secos de tanto chorar de rir. Ele continuava se superando, ninguém consegue fazer isso! Algo vai interrompê-lo. Mas a fala, o tempo, as palavras, a sequência de palavras, era impecável, incrível — nunca vi um comediante de stand-up fazer o que Harry Dean fez. Mal podíamos ficar de pé de tanto rir, e no final estávamos acabados. Até hoje falamos disso. Quando Angelo e eu passamos mais de 15 ou 20 minutos juntos sempre relembramos aquela noite, mas não conseguimos recordar o que Harry Dean falou. Ele era tão puro, puro ser, o puro Harry Dean.

Richard Farnsworth foi a Cannes conosco, e voltou para o seu sítio quando a poeira de *História real* baixou. Um ano depois, talvez, ele se foi. Pensou: Quando achar que amanhã não poderei mais mover os braços vou fazer isso, e fez. Ele se matou com um tiro. É realmente uma história de caubói.

David Cronenberg foi o presidente do júri em Cannes naquele ano, e ele definitivamente não gostou de *História real*. Provavelmente achou aquilo uma bobagem. É questão de sorte quem vai ser o presidente do júri, que dá o tom do festival. Pensamos que o filme poderia ter um público amplo, porque era terno e sincero, os atores eram bons e os temas de amor fraterno e perdão eram lindos. Quando o pessoal da classificação etária ligou contando que o filme tinha recebido classificação livre, eu disse ao camarada: "Por favor, diga isso de novo!" Mas foi um momento estranho. Os cristãos fundamentalistas não gostaram porque tinha a palavra "inferno" e, embora a Disney tenha feito a distribuição, não se sabe o que realmente achavam do filme. O que quer que tenham feito para promovê-lo, ele não pegou. Acho que em parte esse é o meu destino, mas não pegou. Uma vez fui a uma festa, Spielberg estava lá e eu disse a ele: "Você é muito sortudo, porque as coisas que você ama milhões de pessoas amam também, e as coisas que eu amo só milhares de pessoas amam." Ele respondeu: "David, estamos chegando ao ponto em que o mesmo número de pessoas que assistiu a *Tubarão* terá visto *Eraserhead*." Não sei. Só sei que há muitos filmes por aí e não sei se alguém se importa com isso.

Fizemos o filme no fim dos anos 1990. Sabe quando você passa por um milharal e normalmente vê as espigas e talvez uma cerca? Quando estávamos filmando *História real* vi uns letreiros diante de umas fileiras de milho e pensei: O que é isso? Era um experimento com OGM, e tenho certeza de que todas aquelas fazendas que vi têm OGM hoje em dia e já não existe milho da Mãe Natureza. Antigamente havia muitas pequenas fazendas familiares. Contudo, as fazendas maiores — dos ricos — começaram a comprar as pequenas e agora só há poucas fazendas gigantescas, então há menos fazendeiros e as pequenas comunidades desapareceram por completo. Sabe, você conhecia alguém, a filha do Fazendeiro Bill, se apaixonava, ficava por ali, tinha uma fazenda e fazia o seu trabalho. Isso acabou. As escolas pequenas acabaram e só há fileiras e fileiras de soja e milho geneticamente modificados.

O fazendeiro costumava guardar parte das sementes para semear na estação seguinte e as distribuía entre colecionadores, que as mantinham em silos. Hoje esses colecionadores de sementes estão chorando, e todos os fazendeiros com os quais mantinham relações são pressionados para aderir aos OGM e comprar sementes da Monsanto no ano seguinte. As sementes só duram um ano e estão repletas de inseticidas e herbicidas. Se o fazendeiro ao lado não quiser as sementes, algumas podem voar até as suas terras ainda assim, e se isso acontecer a Monsanto processa o fazendeiro, dizendo: "Você roubou isso; a patente é nossa." Eles põem um fazendeiro contra o outro, o cara das sementes chora, seus filhos choram, e aquela comunidade se acabou. Provavelmente dizem que a comida é boa, que é preciso alimentar uma população muito grande, e como fazê-lo de outro modo? É preciso ciência para alimentar tanta gente. Talvez. Porém, a Mãe Natureza vem sendo arrasada e isso acontece por causa de dinheiro.

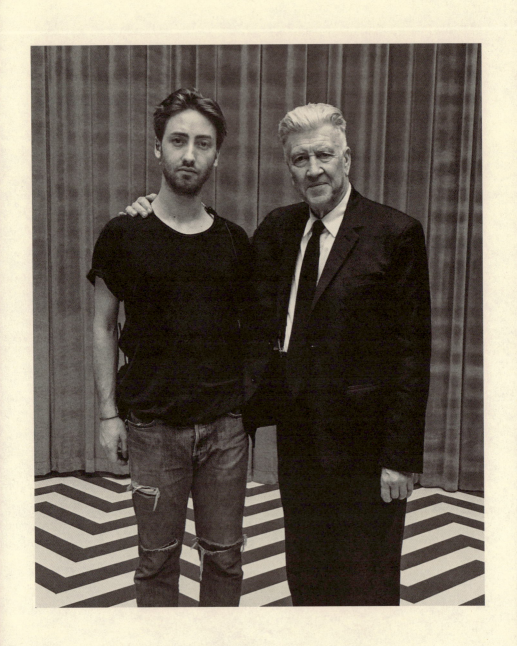

Após o frenesi de atividades relacionadas a *História real* e *Cidade dos sonhos*, Lynch embarcou em uma espécie de volta aos seus princípios. Começou a simplificar e empregou jovens cheios de energia, dispostos a dedicar tempo e se comprometer com a sua obra, como sucedera com *Eraserhead*. Ele não gosta quando as coisas crescem e ficam pesadas demais, prefere ficar em paz para levar adiante o que decidiu fazer; para ele, a questão nunca foi fama ou dinheiro, o que ficou cada vez mais evidente na virada do século XXI.

"O mais desafiador ao representar David era tentar colocar seu trabalho nem que fosse à margem próxima do circuito mainstream, mas não consegui fazê-lo", confessa Rick Nicita. "Embora *Twin Peaks* o tenha levado ao centro da televisão e da cultura popular, seus filmes sempre foram marginalizados. Mas ele não *queria* estar no centro. Inicialmente isso foi frustrante para mim, mas depois de um tempo comecei a saboreá-lo. Não acho que David alguma vez tenha pretendido fazer muitos filmes. Poderia ter entrado no jogo e forçado a barra, mas acho que isso não lhe interessava, porque tinha outras coisas em que pensar. Ele sempre esteve satisfeito no mundo que criou para si."

No fim de 2001 os filmes já não eram prioritários para Lynch, que estava mergulhado em uma nova aventura criativa. "David foi uma das primeiras pessoas que conheci a se envolver na Internet, e quando começou a fazer programação foi como se tivesse inaugurado a própria estação de TV", conta Neal Edelstein. "Depois de um tempo ele se entediou, porque a tecnologia não estava suficientemente avançada para ele, mas no início ficou hiper ligado nisso."

420 ESPAÇO PARA SONHAR

Erik Crary foi um dos que estiveram nas primeiras fileiras neste período. Criado em Lodi, Wisconsin, ele mudou-se para Los Angeles em janeiro de 2000 e começou a trabalhar para Lynch em setembro daquele ano. "Foi surreal deixar um emprego preenchendo envelopes numa empresa de administração e sentar diante de David Lynch à mesa", recorda. "Fiquei completamente doido com aquela oportunidade."

"A vida cotidiana de David é muito ocupada, mesmo que não esteja fazendo filmes", continua. "Tira fotos, pinta, escreve, constrói coisas — muitas — e, quando cheguei, se ocupavam do lançamento do website. Encontrávamos David pela manhã para revisar a agenda do dia, e de algum modo a reunião virava o que ele denominava uma 'caminhada de poder'. Era a mesma reunião, mas subíamos uma colina íngreme e dávamos a volta num longo quarteirão. Levava meia hora, e eram David, Jay Aaseng, eu, e às vezes Austin."[1]

Para lançar um website é preciso conteúdo, e Lynch dedicou muito tempo a criá-lo. "Eu era assistente de David no que ele chamava de experimentos, filmando no pátio traseiro ou por Los Angeles. Algo que o empolgava na Internet é que ela trouxe uma tecnologia que permitia fazer muito com pouco, então quando tinha uma ideia ele dizia: 'Vamos construir um set no pátio e iluminá-lo, vai haver uns objetos de cena, e depois filmamos'", conta Crary sobre Lynch, que não tinha problema em acompanhar os assistentes décadas mais jovens que ele. "Às vezes era uma loucura, porque depois de um dia normal fazendo coisas de assistentes, passávamos a noite filmando. David trabalhava todas essas horas também, e não sei como consegue manter aquele pique de energia."

"Acho que inicialmente David pensou que a Internet poderia ser uma fonte de renda", especula Crary sobre o portal, que cobrava 10 dólares ao mês dos seus membros. "A ideia era que os assinantes gerassem dinheiro para David filmar novas coisas para o portal, que seria uma espécie de mini estúdio. Naquela época todo mundo estava lançando websites e ninguém sabia o que o modelo era capaz de oferecer."

Edelstein esteve presente na preparação do website, mas quando foi lançado ele já tinha ido embora. "Cheguei ao limite no trabalho com David, mas mantive contato depois de sair", conta. "Ainda tenho muito amor por ele. Ele é uma pessoa maravilhosa e nunca o vi fazer algo ruim com ninguém. Ele me deu uma carreira, é leal, acredita nas pessoas e pratica o que prega em termos de meditação."

O portal foi lançado com muito estardalhaço, e começou com uma bomba por email:

ESTA É UMA NOTIFICAÇÃO DE DAVIDLYNCH.COM!!!!!!!!! NA SEGUNDA-FEIRA, 10 DE DEZEMBRO DE 2001, ÀS 9H45 HORÁRIO DO PACÍFICO, DAVIDLYNCH.COM LANÇARÁ O SEU PORTAL... LOGO EM SEGUIDA HAVERÁ O LANÇAMENTO DE "NOVA SÉRIE" EXCLUSIVAMENTE PARA A INTERNET, E EM SEGUIDA A ABERTURA DA LOJA... OBRIGADO PELO SEU INTERESSE EM DAVIDLYNCH.COM... ESPERO VÊ-LOS POR LÁ!!!!!

DAVID LYNCH

"Foi uma manhã e tanto", recorda Crary. "Alfredo montou uma grande caixa de luz que ligamos no estúdio exatamente quando o portal entrou no ar. Também fizemos um 'Almoço com Lynch no Bob's Big Boy Raffle', a que todos os assinantes podiam concorrer. A ganhadora foi uma garota inglesa, que trouxe um amigo."

O conteúdo do portal se ampliou em 2002, criado quase inteiramente por Lynch. Ele fornecia uma previsão do tempo diária — simplesmente olhava pela janela do estúdio e compartilhava suas expectativas sobre como seria o dia — e produziu uma série de curtas. Houve três episódios de *Out Yonder* [Lá fora], em que Lynch e o filho Austin conversam em um dialeto bizarro que mescla linguajar bobo com lampejos de insight. *DumbLand* [Terra de tolos], uma série de oito curtas toscamente animados, também de 2002, que traz as desventuras de um idiota beligerante chamado Randy, seu filho Sparky e a esposa sofredora. Proveniente do mundo de *The Angriest Dog in the World*, *DumbLand* é uma sinfonia explosivamente violenta de humor grosseiro e pueril coalhada de peidos e arrotos. Uma loja online vendia cartazes, bonés, stills, canecas e camisetas de *Eraserhead*, canecos de *DumbLand,* camisetas de *The Angriest Dog* e diversos curtas.

O curta mais amplamente conhecido que Lynch produziu nesse período é *Rabbits*, lançado em 7 de junho de 2002 e posteriormente incorporado ao seu décimo filme, *Império dos sonhos*. Composto por nove episódios ambientados em uma sala de estar de classe média mobiliada com uma tábua de passar, entre outras coisas, *Rabbits* apresenta três coelhos que se expressam em haicais elaborados, ocasionalmente pontuados por risadas gravadas ou o

422 ESPAÇO PARA SONHAR

silvo distante de um trem. É um dos trabalhos mais inescrutáveis que Lynch já produziu. No papel dos coelhos — ocultos em fantasias em tamanho real — estão Scott Coffey, Laura Harring e Naomi Watts.

"Tenho uma enorme dívida com David, e faço qualquer coisa que me peça", explica Watts. "Devo-lhe muito, e é sempre fantástico passar um tempo com ele. Vestir uma fantasia de coelho na qual você não consegue respirar num calor de uns 3 mil graus lá dentro? Não ligo; faço isso por ele. Porém, as fantasias eram muito pesadas, e com aquilo enfiado na cabeça eu não enxergava nada. Ele dizia: 'Ok, Naomi, termine de passar e saia da sala' e começava a andar, topava com uma parede e ele dizia pelo alto-falante: 'Por aí não, Naomi, vire à direita; vá para a direita, Naomi.' Propus: 'David, posso fazer a voz depois e um assistente seu veste a fantasia na cena', mas ele recusou: 'Não, tem de ser você.'" Harring, que é claustrofóbica, conta: "Tive de fechar os olhos e só respirar. Foi intenso e ele nunca explicou o que estávamos fazendo. Apenas seguíamos as suas instruções."

Lynch também usou o portal como plataforma para as diversas colaborações musicais em que se envolveu. No fim de 2001 lançou *BlueBOB*, um disco do que descreveu como "blues industrial", feito em colaboração com John Neff para o Absurda, o selo que criou. Gravado entre 1998 e 2000, e terminado em março daquele ano, foi lançado originalmente como CD, disponível unicamente no portal de Lynch. Ele e Neff fizeram uma apresentação ao vivo para promover o disco no Olympia de Paris, em 11 de novembro de 2002, que Lynch diz ter sido "um tormento".

Em 2002 um jornalista francês visitou Los Angeles para escrever um artigo sobre *BlueBOB* e, segundo Crary, Lynch teria dito: "'Se é para fazer isso, que seja divertido.' Ele pediu a Alfred que construísse uma caverna no pátio traseiro, pôs uma miniescultura dependurada na entrada e instalamos uma máquina de fumaça e uma luz estroboscópica lá; uma garota sexy ia de lá pra cá, e David saiu da caverna sem camisa, com o peito lambuzado de lama, para dar a entrevista." Essa é provavelmente a única oportunidade que os fãs têm de vê-lo sem camisa.

Em maio daquele ano Lynch presidiu o júri do Festival de Cannes, quando a Palma de Ouro foi para *O pianista*, de Roman Polanski. De volta a Los Angeles, Christa Bell reapareceu. "Depois de 1998 perdi o contato com David, mas não com Brian Loucks. Em 2002 ele foi a uma festa onde encontrou David, que nunca vai a festas, e este perguntou: 'O que Christa Bell anda

O MAIS FELIZ DOS FINAIS FELIZES **423**

fazendo?' Nós acabamos voltando ao estúdio e terminamos a primeira canção que tínhamos composto juntos, e sempre que ele tinha um tempo livre eu passava por lá."

"Eu tinha feito demos das canções que compus para o meu primeiro disco e quando David os ouviu disse: 'Estou orgulhoso de você, Christa Bell, mas acho que deveria estrear com o nosso disco.' Respondi: 'Ok, David, mas precisamos acelerar isso', e ele falou do tempo que tinha levado para fazer *Eraserhead* e que valia a pena dar tempo às coisas. Mas separou um tempo para trabalharmos juntos."

No início de 2003 a vida de Lynch mudou de rumo ao conhecer Emily Stofle, com quem veio a se casar. Nascida em 1978 em Hayward, Califórnia, Stofle foi criada em Fremont, e em 2000 foi viver em Los Angeles com a irmã mais velha para tentar a carreira de atriz. Alugaram um apartamento em Beachwood Canyon e Stofle estudou com a coach de atuação Diana Castle enquanto trabalhava em diferentes coisas — assistente da gerência em um clube noturno, bicos de garçonete. Ela e a irmã ficaram amigas de um vizinho, Eli Roth, que tinha pesquisado sobre Nicola Tesla para um projeto de Lynch, e havia dirigido o filme de horror *Cabana do inferno*, em 2002, do qual Lynch foi o produtor executivo. "Certa noite fui visitar Eli, e na parede do apartamento havia uma fotografia de um objeto de cena de *Os últimos dias de Laura Palmer*. Perguntei onde tinha conseguido a foto e disse que era uma grande fã de David. Ele contou que tinha trabalhado com ele, que David estava produzindo conteúdo para o seu portal e talvez pintasse algo que ele curtiria fazer comigo.", conta Stofle.

"Eli conversou com David, me ligou e avisou: 'David tem câmeras num alimentador de pássaros na casa dele, e as pessoas podem entrar no site para ver. Ele quer deixar cair uma bola dourada, depois você sai de dentro dela de casaco e o despe. Você vai estar nua e girar, depois fica parada uns cinco minutos e sai da tela'", prossegue. "Pensei, 'Ah, não sei'. A Internet? Nua? Não sei se quero conhecer um cineasta que admiro nessas circunstâncias. Dias depois, Eli ligou novamente e disse que David buscava modelos para posar para fotos; elas seriam remuneradas e cada uma receberia três impressões assinadas das fotos, então minha irmã e eu fomos conhecê-lo no dia 20 de fevereiro. Sentamo-nos à mesa na sua sala de conferências, conversamos, e depois ele me contou que quando estava indo embora me virei para dar tchau com a mão, e foi aí que ele se apaixonou por mim.

424 ESPAÇO PARA SONHAR

"Fiquei nervosa quando ele me fotografou, e foi só", acrescenta Stofle. "Foi tudo muito profissional e eu não sabia que ele estava interessado em mim. Tampouco tive tesão por ele — só estava fascinada e empolgada por trabalhar com ele. Um mês ou dois depois ele telefonou querendo me fotografar para outro projeto; em junho fui morar com a minha mãe em Fremont e entrei para a Universidade San Francisco State."[2]

Pouco depois de conhecer Stofle, Lynch encontrou Laura Dern na rua, diante de casa. Ela tinha acabado de se mudar para a vizinhança e ambos concordaram que era hora de voltar a trabalharem juntos, então ele escreveu uma cena para ela. Ele não tinha um longa-metragem em mente, a cena era apenas outro de seus experimentos fílmicos. "Filmamos no ateliê de pintura", conta Aaseng, "e Laura decorou uma cena longuíssima. Nunca vi algo assim — ela mandou ver no monólogo e recitou trechos longuíssimos. Só a interrompíamos para trocar o filme da câmera. Ela não parava."

Sentado diante de Dern naquela cena muito longa estava Erik Crary. "Não sou ator e não tenho ideia de por que David me pôs naquela cena", afirma Crary. "Ele pediu: 'Consiga um paletó', levei os meus óculos velhos e ele escolheu um par para eu usar. Acho que levo uma espátula no bolso. Laura estava muito intensa na cena e fazia muitas coisas, perguntei como poderia ajudá-la, e ela respondeu: 'Só acompanhe e me olhe.'"

Dern recorda que aquela noite foi "muito mágica, meio como um transe. Havia um vento cálido no ateliê e a noite estava muito silenciosa, os coiotes se acalmaram, o céu no alto, tudo parecia misterioso e desconhecido. Eu estava amamentando na época e pensei, "Ah, meu Deus, não vou conseguir decorar nada, mas de alguma forma consegui. David estabeleceu a atmosfera com sua reverência — seu respeito pelo ritual de contar histórias é sempre palpável. Ele quer tudo calmo e você sabe que vai fazer aquilo até acabar."[3]

A cena foi filmada em apenas quatro horas, e Aaseng conta que "quando terminamos e Laura foi embora, David ficou fumando no ateliê muito empolgado. Tinha os olhos acesos. Olhou para nós e perguntou: 'E se isso virar um filme?' Acho que foi quando nasceu *Império dos sonhos*."

Gaye Pope morreu naquela primavera, em 20 de abril, e aquela foi uma grande perda para Lynch; eles tinham uma amizade profunda e singular. Lynch passou o mês de junho fazendo estudos intensivos na Holanda com o Maharishi, e ao regressar a Los Angeles começou a se preparar para *Império dos sonhos* e chamou Jeremy Alter. "David disse: 'Vou fazer isso, não sei o que será, mas

O MAIS FELIZ DOS FINAIS FELIZES **425**

quero que você seja o produtor', e começamos a rodar umas cenas", conta Alter. "David escrevia umas páginas, Jay as datilografava e essa era a extensão do roteiro. No início as filmagens foram esporádicas, mas quando Jeremy Irons embarcou passou a ser em tempo integral."

O que Catherine Coulson foi para *Eraserhead*, Aaseng e Crary foram para *Império dos sonhos*: fizeram tudo e qualquer coisa. "Acho que ele estava animado de trabalhar daquele jeito, porque era muito cru, basilar", conta Aaseng; Lynch escreveu, produziu, editou e filmou com uma Sony DSR-PD150. "Peter Deming ajudou em uma ou duas cenas, mas David foi basicamente o diretor de fotografia, e Erik e eu estávamos sempre movendo as câmeras. Preparávamos a ordem do dia, conseguíamos objetos de cena, pagávamos as pessoas, fui assistente de edição por um tempo e continuísta improvisado — todos aprendemos muito e David foi muito paciente conosco."

"Fui assistente de roteiro de David em *Império dos sonhos*, mas não um colaborador", assevera Aaseng. "Apenas escrevia o que ele falava. Ele dizia: 'Vamos escrever', ditava e eu teclava no computador. Às vezes, quando estávamos no set, terminávamos de rodar uma cena, ele tinha uma inspiração e dizia: 'Jay, venha cá', eu levava a prancheta com papel e escrevia tudo. Ele queria se rebelar, não queria se sentir limitado com gente lhe dizendo que não podia fazer isso ou aquilo, e Jeremy Alter foi parte importante nessa equação. Ele concordava com tudo o que David inventava: 'Legal, vamos fazer assim', e conseguiu fazer David ir adiante porque conhecia muita gente."

"Parte do meu trabalho era garantir que David pudesse fumar em qualquer locação em que filmássemos", conta Alter. "Também tive de encontrar coisas incomuns, claro. Um dia ele pediu: 'Jeremy, pegue lápis e papel e escreva isso. Preciso de seis dançarinas negras, inclusive uma que saiba cantar, uma eurasiana loura com um macaco no ombro, um carpinteiro serrando madeira, Nastassja Kinski, uma pessoa tatuada, [a instrutora de meditação] Penny Bell, Dominic que é um ex-legionário francês, Laura Harring com as roupas de *Cidade dos sonhos*, e uma moça bonita com uma perna só." Alter conseguiu tudo.

"Foi uma experiência muito louca", recorda Aaseng. "Certa noite estávamos rodando uma cena em que Justin Theroux está morto num beco, e pedimos pizza. Ela chegou, David comeu uma fatia, depois olhou a pizza, raspou o recheio e esfregou-o no peito de Justin para parecer uma ferida."

Laura Dern praticamente conduz o filme e figura na maior parte da segunda metade. Como uma menina perdida em uma floresta perigosa, ela entra e sai de diversas realidades, e sua identidade muda periodicamente ao longo do filme. Lynch começou a brincar com a ideia de duplos e sósias em *Twin Peaks*, e em *Império dos sonhos* deixou a coisa crescer. A jornada de Dern a leva longe, de um quarto de hotel de uma prostituta na Polônia a um churrasco em um pátio suburbano brega em Los Angeles, a um set de cinema, uma mansão, ao consultório de um terapeuta e um circo europeu. À medida que o filme avança a vemos alternadamente aterrorizada, confusa e serena. Há trechos extraordinários no filme. Dern morre de uma facada em uma calçada suja do Hollywood Boulevard na companhia de três pessoas sem teto, interpretadas por Terry Crews, a atriz asiática Nae Yuuki e Helena Chase, que olha para ela e diz: "Você está morrendo, moça." Chase vivia em uma das casas usadas como locação e, embora não fosse atriz, algo nela ressoou em Lynch, que a convidou a participar do filme.

Também a bordo estava Justin Theroux, que conta: "Não tinha ideia do que estávamos fazendo em *Império dos sonhos*. Aquilo foi bem informal e intuitivo, tipo vamos juntar a banda de novo e filmar, e David foi extremamente visionário, 15 anos atrás, ao adotar uma tecnologia que acabava de ser lançada."

"Quando por fim assisti ao filme fiquei comovido — *Império dos sonhos* é o mais perto que se pode chegar de uma obra espiritual", acrescenta. "É poderoso e repleto de imagens inexplicavelmente inesquecíveis — o personagem de pé detrás de uma árvore que segura uma luz de Natal, por exemplo. Tão estranho e, no entanto, você não esquece."

O orçamento do filme era nebuloso. Eventualmente a StudioCanal contribuiu com quatro milhões de dólares, mas a filmagem já estava bem adiantada quando o financiamento se materializou. "Recordo de ter perguntado a David quanto queria que o filme custasse", conta Alter, "e ele respondeu: 'Jeremy, se você me dizer que algo custa 140 dólares eu lhe darei 140 dólares.'"

Em 26 de junho de 2004 os pais de Lynch sofreram um acidente de carro e a mãe dele morreu. "A morte não afeta David como afeta a maioria das pessoas, mas acho que ele mudou com a morte da mãe", reflete Sweeney. "Claro que o modo como ela morreu foi chocante, mas eles tinham uma relação complexa. David se parece muito com o pai, que era sonhador e meigo, mas foi a mãe quem reconheceu seu talento e o cultivou, e ele me contou que eles foram muito próximos quando ele era criança. Ela era uma mulher incisiva, analítica e inteligente, eles tinham o mesmo senso de humor seco, e curtiam um com a cara do outro de um jeito que ninguém mais na família fazia."

O MAIS FELIZ DOS FINAIS FELIZES **427**

Naquele outono Lynch embarcou em uma nova parceria musical e passou a trabalhar com Marek Zebrowski, seu amigo de Łódź. "David adora música dissonante, bizarra, e é um grande fã de compositores de vanguarda poloneses como Krysztof Penderecki e Henryk Górecki", conta Zebrowski. "Quando soube que eu era pianista me convidou para trabalhar no estúdio dele. Antes da primeira visita, em 2004, perguntei: 'O que você quer que eu faça? Devo levar papel pautado? Vamos compor algo juntos?' Ele respondeu: 'Não, não, só venha pra cá.' Quando cheguei havia dois teclados montados no estúdio, e ele propôs: 'Ok, vamos fazer alguma coisa.' Perguntei: 'Mas o que vamos fazer?' E ele: 'Ah, qualquer coisa, desde que seja muito contemporâneo e soe de vanguarda.' Pedi uma ou duas ideias para começar, e ele sugeriu: 'Está escuro. É uma rua de paralelepípedos. Um carro passa lentamente e outro carro o segue.' Isso é David — criatividade absolutamente instantânea. Ele começou a tocar, eu segui e entramos num mundo totalmente distinto. Depois de um tempo achei que estávamos chegando ao final, ergui os olhos, ele me olhou de volta e sua expressão indicava que sentia exatamente a mesma coisa. Assentimos e terminamos."

A filmagem de *Império dos sonhos* ainda estava em curso em outubro quando Stofle voltou a Los Angeles e foi morar com uma amiga em Monterey Park. "David começou a me contratar para fazer coisas — gravei voz para um filme dele intitulado *Boat* — e em dezembro, quando fui assistir ao filme, estávamos no seu escritório e ele me beijou", rememora Stofle, que em seguida foi escalada por Lynch como uma das sete Garotas de Valley, uma espécie de coro grego em *Império dos Sonhos*. "Sabia que era complicado, que ele vivia com alguém com quem tinha um filho, mas acho que negava o que estava acontecendo. Um relacionamento sério com ele não parecia estar no campo das minhas possibilidades. Contudo, com o tempo eu me apaixonei e isso passou a ser tudo o que queria."

Naquela época Lynch passava muito tempo fazendo experimentos musicais, e em janeiro de 2005 Dean Hurley assumiu o estúdio de gravação. Nascido e criado em Waynesboro, Virgínia, ele chegou a Los Angeles em fevereiro de 2003 para trabalhar em cinema como supervisor de som. Formado em artes visuais, Hurley é totalmente autodidata como engenheiro de som. "Na entrevista para o emprego David me mostrou o estúdio e disse: 'Aqui fazemos experimentos sonoros, e preciso de alguém que me ajude com o equipamento'", conta. "'Você sabe lidar com isso aqui, certo?' E respondi: 'Sim, claro.'"

428 ESPAÇO PARA SONHAR

Hurley pediu duas semanas para aprender a manejar o equipamento, antes de se incorporar à equipe. "Quando comecei eu me confundia quando ele pedia coisas como: 'Dean, preciso de "Mama, I Just Killed a Man", do Queen, ou "I Just Believe in Love", de John Lennon', e depois entendi que o que ele recorda da canção — pensando ser o título — é a parte da letra com seu auge emocional", explica. "Isso é revelador de como o cérebro dele funciona."

"Uma das primeiras canções que fizemos foi 'Ghost of Love', que está na trilha sonora de *Império dos sonhos*", prossegue Hurley. "Começamos como sempre, David mencionando uma canção ou artista em particular e o sentimento que queria capturar. Naquele momento falamos de "Ball and Chain", de Janis Joplin, e ao ouvi-la ele me crivou de perguntas: 'O que é? O que faz essa canção ser o que é?' Respondi que os acordes eram menores, era um blues de três acordes, e ele exultou: 'Isso! Um blues de três acordes em tom menor! Quero esses acordes!' Toquei uns acordes que lhe agradaram e ele disse: 'Dê-me uma batida de bateria!' E deu vários loops naquilo, sentou-se com um bloco de papel e escreveu a letra."

"David é invariavelmente atraído por certos aspectos em termos de som e música", prossegue. "Ele fala dos bombardeiros B-52 que ouvia cruzarem o céu quando criança, e queria que a sua guitarra soasse assim. Adora três canções do festival Pop de Monterrey: 'Wild Thing' de Jimmy Hendrix, 'Ball and Chain' de Janis Joplin e 'I've Been Loving You Too Long', com performance de Otis Redding. Na faixa de Hendrix há um interlúdio bem do modo como ele tenta tocar, com compassos mágicos e uma distorção gigantesca de bombardeiro por baixo."[4]

Muitos puseram a mão na massa em *Império dos sonhos*, e dentre os que fizeram trabalho de formiguinha estavam Aaseng, Alter, Crary, Hurley, Austin e Riley Lynch, Alfredo Ponce e Stofle. E Anna Skarbek, artista que entrou para a equipe em 2005, quando se mudou de Maryland para Los Angeles para trabalhar com cinema.

"Eu comprava objetos de cena, fazia um pouco de produção de arte e pintura e ajudei a comprar materiais de construção", explica Skarbek. "Todos eram muito jovens, parecia um projeto de verão com o professor da faculdade — foi bem divertido. Muitas vezes David estava coberto de tinta, e quando não estava efetivamente dirigindo estava fazendo outra coisa. O pagamento era modesto, mas todos queriam participar."[5]

O MAIS FELIZ DOS FINAIS FELIZES **429**

Sweeney e Riley passaram o verão de 2005 em Lake Mendota, Wisconsin, e Lynch ficou em Los Angeles trabalhando no filme. Em julho lançou a Fundação David Lynch para a Educação e a Paz Mundial com Base na Conscientização. Legalmente estabelecida como uma 501(c)(3)* em Fairfield, Iowa, a Fundação hoje tem escritórios em Los Angeles, São Francisco, Chicago, Nova York e Washington, D.C. e opera em 35 países fornecendo bolsas de estudos para estudantes, veteranos de guerra e vítimas de violência doméstica. É uma instituição vasta que ocupa uma parte cada vez mais importante na vida de Lynch.

Bob Roth teve papel crucial na criação da fundação. Nascido em 1950, ele cresceu em uma família liberal de Marin County, Califórnia, e entrou para a Universidade da Califórnia em Berkeley em 1968. Ativista político que trabalhou na campanha presidencial de Bob Kennedy, ele ficou profundamente decepcionado com o assassinato de Kennedy, e naquele ano descobriu a meditação transcendental. "Nossos caminhos se cruzaram pela primeira vez em 2003, e no ano seguinte eu dava aulas na Universidade Americana em Washington, D.C. quando soube que David estava a caminho de Paris", conta ele sobre o primeiro encontro com Lynch. "Liguei e pedi a ele que fizesse uma escala em Washington e desse uma palestra sobre meditação, e ele topou. A palestra era numa sexta-feira à noite e ele só confirmou na quinta à noite, o tempo estava horrível, mas aquilo estava lotado, havia uma multidão. Ao observar como os jovens respondiam, gostavam dele, confiavam e viam nele uma pessoa honesta, vi que ele poderia ser um bom porta-voz."

"David foi para a Europa, seguimos em contato e surgiu a ideia da Fundação", prossegue Roth. "David, o Dr. John Hagelin [ex-médico que hoje preside a Universidade Maharishi de Administração em Fairfield, Iowa] e eu elaboramos os planos e pedimos a David para usar o seu nome. Acho que ele não deu muita atenção e concordou, achando que não iria dar em grande coisa. Enviamos um release para a imprensa e uma semana depois, na primeira página de mil jornais no mundo todo, veio a notícia de que David havia criado a fundação."[6]

"Eu estava no set de *Império dos sonhos* no dia em que a Fundação foi oficializada, e David ficou muito empolgado com aquilo", recorda Skarbek. "Nos primeiros anos Bobby Roth estava sempre por lá, e dedicavam muito

---

*Organização sem fins lucrativos isenta de impostos. (*N. da T.*)

430 ESPAÇO PARA SONHAR

tempo à promoção da MT. David não gosta de viajar e fez diversas aparições em público, o que não lhe agradava, mas quando se trata da MT ou do Maharishi as regras não se aplicam. Ele topa."

Quando Sweeney e Riley voltaram de Madison naquele outono, Lynch deixou a casa que compartilhavam, mudou-se para o ateliê e eles começaram a discutir a separação. Contudo, primeiro ele tinha de terminar a turnê nacional "Consciência, Criatividade o Cérebro" sobre os benefícios da MT.

"Não tínhamos ideia da dimensão que a Fundação alcançaria nem o que ia acontecer, e sabia que David detestava viajar, mas naquele outono propus: 'Vamos fazer uma turnê de 13 campi universitários falando sobre a MT', e foi o que fizemos", conta Roth. "Ele ficava nervoso antes de subir ao palco — odeia falar em público — então começava dizendo: 'Alguém aqui tem perguntas?', e a partir daí tudo fluía. David não faz nada que não queira fazer, e acho que aquelas viagens para a Fundação eram a coisa certa. Não voltaria a pedir-lhe isso, mas naquele momento foi a coisa certa."

Lynch e Sweeney ainda estavam se acertando quando ele voltou da turnê e retomou *Império dos sonhos*. "Quando acabou a correria, Sabrina Sutherland se tornou indispensável em *Império dos sonhos*", conta Aaseng. "Ela é incrivelmente meticulosa, sabe tudo de trás para a frente em termos de produção, e quando todos foram embora permaneceu lá, fechando as pontas soltas."

"*Império dos sonhos* representou uma virada para David, acho que o rejuvenesceu", opina Sutherland. "Ele conseguiu pôr a mão na massa e aperfeiçoou tudo, dos efeitos aos objetos de cena e sets, e para ele foi libertador filmar com uma câmera pequena. Como não tinha uma equipe grande, pôde trabalhar com os atores num plano muito pessoal."

A editora Noriko Mitakawa também teve papel crucial em *Império dos sonhos*. Em 1991 tinha chegado do Japão com o objetivo de estudar cinema na Universidade do Estado da Califórnia em Northridge. Trabalhou em estúdios de pós-produção e foi assistente de montagem, até ser contratada por Mary Sweeney em 2005 para ajudar a editar um comercial de Lynch. "Quando o conheci, ele me cumprimentou dizendo: 'Oi, sou David', e gostei muito daquilo", recorda Miyakawa. "Muitos diretores mal enxergam as pessoas que trabalham para eles, mas David é muito pé no chão."[7]

Depois do comercial ela teve outros empregos, e um ano mais tarde perguntaram-lhe se estaria interessada em colaborar em *Império dos sonhos*. "Não havia roteiro na hora de editar, mas David tinha um mapa — ele literal-

O MAIS FELIZ DOS FINAIS FELIZES **431**

mente desenhou um mapa", recorda. "O que é mais incomum no modo como ele edita é que não teme mudar as coisas. Sim, havia uma espécie de roteiro e tínhamos o material bruto, mas, para ele, a filmagem é algo vivo a explorar. Se enxergar a possibilidade de mudar uma cena ele o faz, mesmo que isso exija reestruturar toda a história."

"*Império dos sonhos* é uma expressão da crença de David em outros mundos e dimensões", explica Miyakawa. "Tudo está ali e tudo está conectado, é o meu favorito dentre os filmes que fez. Devo dizer que ao terminar de editá-lo eu *odiava* o filme, porque tem três horas e eu o vi mais de 50 vezes, então foi uma tortura. Mas quando o vejo hoje percebo que é muito pessoal e íntimo, e aprecio a liberdade de interpretação que oferece ao espectador. As partes que você não entende apontam para aspectos pessoais seus que precisam ser analisados."

Lynch ainda estava filmando *Império dos sonhos* quando Miyakawa embarcou no filme, e no início de 2006 ele foi à Polônia filmar algumas cenas finais, acompanhado por Stofle. "Acho que no set tinha ficado óbvio que estávamos apaixonados", recorda ela, "e foi legal vê-lo trabalhar. Foi mágico."

A filmagem na Polônia foi tranquila, em grande parte graças aos amigos da Gangue da Camerimage. "David ligou dizendo que queria filmar cenas de *Império dos sonhos* em Łódź", conta Żydowicz. "Quis saber do que precisaria e ele explicou que queria um quarto verde pouco mobiliado, um ator que desse a impressão de que acabara de sair de uma floresta, uma atriz de beleza delicada e etérea e quatro ou cinco atores de meia-idade. Liguei para o ator polonês Leon Niemczyk, conhecido pelo seu trabalho em *A faca na água*, de Polanski, e contatei outros dois grandes atores — Karolina Gruszka e Krysztof Majchrzak — que acharam que o convite para trabalhar com David Lynch era uma brincadeira. Alugamos um apartamento com autorização para pintar as paredes de verde, os donos nos deixaram usar os móveis, e na noite seguinte tudo estava preparado. Nunca esquecerei a cara de David quando o levamos ao set. Estava tudo pronto, apresentei-o aos atores enquanto o set estava sendo decorado e começamos a filmar no dia seguinte."

"Em seguida ele quis filmar uma cena numa mansão histórica que envolvia o efeito da queda de um raio", prossegue Żydowicz, que interpreta um personagem chamado Gordy. "Naquela época não havia esse tipo de equipamentos na Polônia, mas tivemos a ideia de usar uma máquina de solda. Para usá-la no museu onde estávamos filmando, construímos uma barreira com

432   ESPAÇO PARA SONHAR

telas antichamas e convencemos o diretor do museu de que era segura. David também queria filmar cavalos dançarinos num circo. Só havia dois circos em toda a Polônia, liguei para um deles e, por incrível que pareça, o dono disse que estava armando a lona justamente em Łódź. Alguns membros da Camerimage aparecem na cena como membros da trupe do circo."

Ao regressar aos Estados Unidos Lynch pôs o ponto final na separação de Sweeney. Casou-se com ela em maio e imediatamente pediu o divórcio, uma jogada que lhes permitiu fazer uma divisão financeira transparente. "Ele fez aquilo porque queria ser justo com ela — foi o que entendi", especula Aaseng. "Sei que ele foi muito generoso e para ele certamente deve ter sido um golpe financeiro." Lynch e Stofle seguiram namorando durante o resto do ano.

Império dos sonhos foi exibido pela primeira vez em 6 de setembro de 2006 no Festival de Cinema de Veneza, onde Lynch recebeu o Leão de Ouro pelo conjunto da obra e por sua contribuição à arte cinematográfica. Estreou nos Estados Unidos no Festival de Cinema de Nova York, em 8 de outubro, e foi lançado em circuito no dia 9 de dezembro. Inicialmente programado em apenas duas salas do país, terminou sendo exibido em 120 salas em um lançamento mais amplo. Embora a revista *The New Yorker* tenha dito que o filme "rapidamente degenera em uma autoparódia", o *The New York Times* qualificou-o como "absolutamente brilhante" e Peter Travers, da *Rolling Stone*, advertiu: "Diante desse brilho alucinatório, o meu conselho é que você aguente."

A bilheteria total do filme rendeu 4.037.577 dólares, o que não significava nada para ele. "David é um cara singular", comenta Stofle. "Não é uma pessoa de Hollywood e não busca as cifras da bilheteria. Acha isso repugnante e não liga. Gosta de fazer coisas, e quando algo termina fica triste porque o projeto acabou, mas nunca quer lidar com o que vem depois."

Lynch não gosta do lado comercial das coisas, mas está disponível quando isso envolve algum elemento divertido, e o lançamento de *Império dos sonhos* coincidiu com o lançamento da marca de café David Lynch Signature Cup Coffee. Ninguém poderia questionar a sua crença nesse produto em particular — ele passou décadas recebendo gotas intravenosas de café que o abasteceram de energia em sua vida muito ocupada, e a empresa opera com êxito há mais de uma década.

O MAIS FELIZ DOS FINAIS FELIZES **433**

Em 22 de outubro de 2006, Zebrowski e Lynch estrearam ante uma audiência de cem pessoas em uma sala à luz de velas no consulado polonês, instalado na Mansão De Lamar, em Nova York. "Inicialmente David não queria se apresentar, mas acabou gostando", conta Zebrowski. "Ele relaxa e se diverte com nossos shows." Desde então eles se apresentaram mais ou menos uma dúzia de vezes em Milão, Paris e nos Estados Unidos.

Duas semanas depois de voltar da turnê com Zebrowski, Lynch decidiu mostrar ao mundo que estava orgulhoso da atuação de Laura Dern em *Império dos sonhos*. Em 7 de novembro se instalou no gramado de uma igreja na esquina do Hollywood Boulevard com La Brea com uma vaca, um galhardete inscrito: PARA SUA CONSIDERAÇÃO propondo que Dern fosse indicada ao Oscar, e outro galhardete que dizia: SEM QUEIJO NÃO HAVERIA *IMPÉRIO DOS SONHOS*. "Estou aqui para promover Laura Dern", explicou. "Os membros da Academia adoram o show business, e esta é uma abordagem típica do show business." Quanto ao galhardete sobre o queijo, ele explicou: "Comi muito queijo durante a filmagem de *Império dos sonhos*."

Dern não tem arrependimentos com relação a *Império dos sonhos*, apesar do seu fracasso comercial. "Trabalhamos nele por três anos e foi a maior experiência que tive como atriz. David é o artista mais corajoso que conheço, e tem objetivos diferentes dos de outros artistas. Começou o projeto dizendo: 'Quero a câmera mais crua e quero fazer algo que qualquer pessoa de 17 anos que vive com os avós em Phoenix seja capaz de fazer com uma câmera de vídeo. Por que não posso simplesmente pegar a câmera e ver como é? O que é o digital? Como podemos levá-lo adiante? Como mesclar as novas e velhas tecnologias?' Isso é fazer cinema. Se está nessa só pelos resultados, você não consegue experimentar, mas, se está nessa para redefinir a arte, pode fazer qualquer coisa. A dádiva de David a todos os atores é que ele os impulsiona num vazio sem regras."

"Uma vez estávamos em Paris e ele propôs: 'Vamos escrever uma cena.' De manhã nos sentamos com cappuccinos, ele escreveu uma cena e disse: 'Ok, decore isso. Agora, o que você deveria vestir?' Vestimos os casacos e fomos ao Monoprix do Champs-Élysées escolher roupas e um batom, voltamos ao hotel, me arrumei e filmamos uma cena em que estou ao telefone, de óculos escuros, recitando um monólogo atormentado. Foi algo insólito, só nós dois, com o som da câmera de vídeo de David."

434 ESPAÇO PARA SONHAR

"Quem mais se entusiasmou com o filme foram outros atores e diretores", acrescenta Dern. "Quando trabalhei com Jonathan Demme em *O casamento de Rachel,* ele adorava ouvir histórias sobre a filmagem de *Império dos sonhos*, e até Spielberg me disse que o filme o assombrava. Recordo ter ouvido Philip Seymour Hoffman contar que o filme o assustara e incomodara, e que tinha se esforçado para entendê-lo — foi magnífico ouvi-lo falar sobre *Império dos sonhos.*"

Lynch passou o Natal daquele ano com a família de Stofle no norte da Califórnia e continuou mantendo-se visível em diversas frentes. Em 28 de dezembro de 2006, a editora Jeremy P. Tarcher/Penguin publicou *Em águas profundas: criatividade e meditação*, uma coletânea de comentários e histórias compiladas durante a turnê de palestras do ano anterior. Roth explica a gênese do livro: "As respostas de David às perguntas sobre a vida, e não só sobre a meditação transcendental, eram muito reais e genuínas, e em toda parte, da Estônia à Argentina, as indagações eram basicamente as mesmas. Então pensei: 'Por que não registrar as palestras e editá-las num livro para que mais gente tenha acesso a elas.'" As críticas foram educadamente respeitosas, as vendas inesperadamente altas, Lynch ficou impressionado e se viu obrigado a promovê-lo. Toda a renda foi para a Fundação.

Lynch mantinha todos aqueles pratos girando no ar — livro, portal, filme, fundação, novo relacionamento e diversos projetos musicais — enquanto vivia uma grande crise doméstica. Ao longo dos anos Sweeney se tornara parte integrante dos seus projetos cinematográficos, e o fim do longo relacionamento não foi tranquilo. Mesmo passando por tudo aquilo, aparentemente Lynch nunca deu um passo em falso. "David tem a capacidade de colocar as coisas em diferentes escaninhos da mente e lidar com elas em seus próprios termos", observa Hurley. "Tem o domínio da própria mente e consegue apresentar uma expressão impassível para disfarçar emoções como ninguém."

ric, Neal e Churchy frequentaram a mesma escola no Arizona, e me apresentaram ao mundo dos computadores. Certa noite Eric e Neal instalaram um computador no ninho do corvo [uma pequena estrutura no ponto mais alto da propriedade de Lynch], me puseram diante dele e disseram: "Vamos ensinar você a usar o Photoshop." Deram-me o mouse e disseram: "As ferramentas estão ali." Não sei como achei a ferramenta Carimbo, e quis saber: "O que isso faz?" E eles: "Clique e verá." Cliquei, fiz uma marca, olhei, fiz uma marca maior e o que aconteceu na tela parecia um milagre!

Ainda não sei fazer mais do que uma mínima parte do que o Photoshop provavelmente oferece, mas quem o imaginou e continua a aperfeiçoá-lo deve merecer um lugar especial no céu. Idolatro essas pessoas. Elas inventaram uma coisa genial. A primeira coisa que fiz no Photoshop foi uma série de nus distorcidos, inspirada em *1,000 Nudes* [1.000 nus], um livro de fotografias *vintage* de nus, em grande parte anônimos, colecionadas por um alemão chamado Uwe Scheid. Ele morreu em 2000, abençoado seja, mas o filho cumpriu o acordo que eu tinha com o pai e me deixou de rédea solta para trabalhar aqueles nus, e amei aquilo.

Meu portal foi lançado e levou séculos para ficar como eu queria. Um website pode ser profundo e ir a qualquer parte, mas precisa ser construído — e aí numa tarde a pessoa pode sentar ali e ver tudo. E depois? Não precisa

440 ESPAÇO PARA SONHAR

voltar lá! Acabou! É preciso alimentar o portal e colocar coisas novas, e isso consome muita energia. Toma tempo fazer qualquer coisa, então como alimentar aquilo? Perdi o interesse pela Internet quando entendi que não se pode cobrar por um portal se não for constantemente atualizado. Aquilo teria sido um trabalho de tempo integral. Gostava de fazer a previsão do tempo diariamente, e gostava de entrar no *chat*. Aprendi a teclar com um só dedo — depois por fim aprendi onde fica cada letra! Não pude acreditar! Minha ortografia também melhorou por causa do portal.

Por um tempo estive fazendo várias coisas, e havia por onde se perder. Fiz uma coisa chamada *Head with Hammer* [Cabeça com martelo] onde há um aparelho mecânico que faz o martelo ir cada vez mais para trás, e depois bater numa cabeça de borracha. As pessoas entendem que a vida às vezes é assim, o martelo bate repetidamente. Não sei de onde veio *Out Yonder*, mas brotou na minha mente e comecei a escrever. A ideia era de uma família muito ligada em física quântica que conversa abstratamente sobre as coisas. Todos se interessam por medicina e ciência, e são físicos quânticos. Os personagens em *Dream of the Bovine* não são exatamente físicos quânticos, mas também são um pouco como essa família. Observam atentamente e analisam as coisas.

Um dia os coelhos de *Rabbits* simplesmente apareceram, e aprendi a fazer animação em Flash fazendo *DumbLand*. Não conhecia nada disso quando comecei, por isso os primeiros são muito toscos, mas melhoraram. *DumbLand* surgiu quando, um dia, apareceu um homem da Shockwave numa limusine. Ele disse: "Vou contratar você, Tim Burton e alguém mais para fazer uma série animada para a Shockwave, e em troca lhes darei participação na companhia, que deve valer sete milhões de dólares quando for a público ou algo assim." Concordei e comecei a trabalhar. Ele voltou algumas vezes, entusiasmado, e tudo estava indo bem. Agora pare um minuto. Naquele momento havia escritórios em todo o mundo repletos de caras e garotas que acabavam de receber 50 milhões de dólares para desenvolver algo que venderam só falando. Eles riam e bebiam cappuccinos, eram levianos com esse dinheiro, e por isso todos tinham tênis e camisetas novas, computadores Apple, recebiam o almoço por encomenda e estavam sentados no topo do mundo. Até a bolha ponto.com explodir e toda aquela gente de tênis novos, inclusive o cara da Shockwave, se dissolver na fumaça e as ações não terem valor algum. Dou muito azar com dinheiro.

Para outro experimento construímos uma pequena sala no alto da colina. Tinha três paredes e era sem teto, mas quando filmamos a câmera mostrava uma sala. Era acarpetada e mobiliada e havia uma cadeira no canto com um pedaço de bifé, porque queria atrair coiotes para lá. Tinha tudo planejado, mas descobri que os coiotes são muito ariscos e espertos e não entravam atrás da carne. Sabiam que aquelas paredes não eram naturais e foram cautelosos, e tardou muito para que entrassem atrás da carne. Eles se acostumaram com o cheiro de Alfredo e depois tentaram entrar, e conseguimos filmar um deles.

Conheci gente do mundo todo no *chat* do meu portal, e fiz amigos novos com os quais ainda estou em contato. Conheci uma garota japonesa, Etsuko, e enviei-lhe o roteiro de um jogo intitulado "Where Are the Bananas?" [Onde estão as bananas?] O jogo era sobre números telefônicos e se tratava de tentar encontrá-los, e quando achava um, discava o número num belo telefone de disco e ia a algum lugar. Etsuko dizia: "Onde estão as bananas?", e depois: "Isto é o que vejo da minha janela", e víamos a janela dela em Tóquio. Depois ela dizia: "Esta é a pia da minha cozinha", e ao ver a pia da cozinha dela você percebia que havia um número de telefone no fundo da pia. Você o anotava, ia até o telefone, discava o número, e ia a algum lugar. Fiz uma animação para "Where Are the Bananas?", mas não sei se aquilo foi adiante.

As únicas coisas que se mantinham no portal eram o *chat* e a previsão do tempo, então as pessoas gostavam daquilo. Todo tipo de coisas acontecia no *chat*. Já no final comecei uma coisa chamada Perguntas Interessantes, e certamente gostaria de voltar a fazer isso. Era muito interessante e eu queria fazer várias perguntas, mas só consegui fazer duas antes que dl.com fechasse. A primeira foi: Ainda há ouro em Fort Knox? Cara, as pessoas escreveram tantas coisas sobre isso! Ninguém pode entrar lá, a nova geração certamente nem ouviu falar de Fort Knox e não liga a mínima se existe ouro lá ou não. Não acho que haja, o que significa que todo o nosso sistema monetário se baseia no nada.

A segunda pergunta que fiz foi: como é que, em 9/11, um avião 757 penetrou no Pentágono através de um buraco de 5,5 metros? As pessoas

442 ESPAÇO PARA SONHAR

escreveram milhares de coisas. A pessoa que se chamava Carol, que era da CIA ou do governo, acho, atacou quem não acreditava que 9/11 havia sido um atentado terrorista. Ela era muito bem informada. Outro sujeito, provavelmente também do governo, postou ilustrações detalhadas de como o avião podia entrar naquele buraco. Respondi: "Boa tentativa, meu irmão." Eu só fazia as perguntas, me afastava e não participava das conversas que elas provocavam, e essas duas questões geraram papos que duraram meses.

Certo dia estava na rua e encontrei Laura Dern, que exclamou: "David! Agora sou sua vizinha!" eu não a via há muito tempo — nunca a encontrei quando ela viveu com Billy Bob [Thornton] — e falamos ao mesmo tempo: "Precisamos fazer algo juntos!" Minha querida assistente Gaye estava com câncer na época, morava na casa do marido, em Escondido, e todos os dias eu almoçava no estúdio e depois ligava para ela. Ela estava sempre pra cima e amável, e não parecia estar com medo. Conversávamos sobre o que tinha comido no almoço e coisas assim, depois eu escrevia num bloco amarelo. Levei duas semanas escrevendo a cena para Laura que acabou sendo o início de *Império dos sonhos*. Àquela altura pensei: Isso é só um experimento e pode não dar em nada, mas Laura precisou falar com seu agente, que era Fred Specktor, da CAA. Ele concordou: "Tudo bem, se é o que ela quer fazer. Quanto você vai pagar?" E eu: "A tarifa da internet é 100 dólares", e ele concordou: "Ok, David, vou grudar esse cheque de 10 dólares na minha parede."

Filmamos a cena com Laura pouco depois de ficar pronta. Montamos um set pequeno no ateliê, rodamos numa noite agradável de inverno e tudo estava muito silencioso. Laura começou a falar e só paramos duas vezes — uma por causa de um avião e a outra para recarregar a câmera — mas as interrupções não quebraram o clima. Fora isso a coisa rolou em tomadas de 45 minutos. Laura é muito inteligente e não acho que tenha levado muito tempo para decorar aquilo, e não esqueceu quase nada. Naquela noite, quando vi a cena na tela grande do estúdio, pensei, "Sim, isso é único, mas aponta para algo muito maior e traz a chave de tudo".

Mais tarde tive outra ideia e não sabia que estava relacionada à cena de Laura. Mas gostei, filmei-a e pouco depois surgiu outra ideia sem relação com as anteriores. Então tive uma quarta ideia que unia todas as demais, e foi o início de tudo. Quando tive aquela ideia unificadora, o Canal Plus entrou com dinheiro. Não sei quanto puseram. Posso fazer muito com pouco — não *superpouco*, mas razoável. Esses filmes de centenas de milhões de dólares são totalmente insanos.

Filmei com uma Sony PD150. Comecei com aquela câmera, e quando a coisa começou a rolar não quis mudar o aspecto do filme, então fiz tudo com ela. Adorava a minha Sony PD150. Não é de boa qualidade, mas é onde *Império dos sonhos* sobrevive. Acho que nunca mais vou usar filme. Não é que eu não goste. O celuloide é como o analógico no som. Por melhor que seja, o digital parece precário se comparado com o analógico, que é mais denso e puro e tem uma força suave. É a diferença entre tinta a óleo e acrílica. O óleo é mais pesado e sempre prefiro o mais pesado, mas há coisas que se faz com acrílica que não se pode fazer com óleo.

No fim das filmagens de *Império dos sonhos* alguns de nós fomos à Polônia rodar umas cenas. Você não imagina como me apaixonei por aquele lugar. No verão não é tão bom, mas no inverno há uma atmosfera boa e umas fábricas lindas, e havia uma sensação no ar que permitia fazer qualquer coisa. Laura Dern, Emily Stofle e Kristen Kerr foram, e tinham de usar roupas de verão do San Fernando Valley nas cenas. Fazia -34°C e filmávamos ao ar livre, então elas conseguiam sair por um minuto e só, porque morreriam se ficassem mais do que isso do lado de fora. Você via os músculos delas se enrijecerem assim que saíam, e quando eu dizia "Corta" elas corriam de volta para a van. Tivemos de colocar a calefação no máximo, e quando saíam da van elas se mantinham quentes por uns três segundos, depois tinham que aguentar. Comemos um *goulash* fantástico com vodca, que te mantém vivo naquele clima.

Império dos sonhos foi bem na estreia no Festival de Cinema de Veneza. Depois da exibição cruzamos as águas num barco à noite, e recordo que me senti muito aliviado. Laura Dern sentou-se ao lado de Catherine Deneuve, que disse ter adorado o filme, o que me deixou contente. Quando voltamos aos Estados Unidos fomos a várias cidades e a distribuidora alugou salas de cinema por um tempo para exibir o filme. Primeiro tocava um músico contratado por mim, depois eu lia um poema, depois começava o filme. Mas não adiantou nada. Um filme de três horas que ninguém entendia?

444 ESPAÇO PARA SONHAR

Completamente morto. A maioria das pessoas se perdia ou se entediava e não tinha o menor interesse. Acho que tem sido reavaliado como *Os últimos dias de Laura Palmer*, só que mais lentamente. No entanto, amei *Império dos sonhos*, e amei fazê-lo. Recentemente eu o assisti depois de muito tempo, e gostei. Tem uma profundidade interessante, vai a diferentes lugares e tem diversas texturas que se unem. Você entra no filme num lugar e sai em outro. Mas ele me pareceu curto.

Depois que o filme foi lançado tive a ideia de expor uma vaca e um galhardete dizendo O QUEIJO É FEITO DE LEITE, sentei-me na grama de uma igreja na esquina de Hollywood Boulevard e La Brea. Fiz aquilo por Laura, e pus uma foto grande dela e um cartaz dizendo VOTE EM LAURA. Fiquei ali do fim da manhã até 5 ou 6 horas da tarde e foi muito discreto. A mídia não apareceu, mas dois caras filmaram uma conversa comigo, e às 7h naquela noite o filme deles tinha dado a volta ao mundo. Foi divertido. O dia estava bonito e as pessoas foram legais — detinham-se, viam a vaca e diziam coisas como: "O que você está fazendo aqui, David?" Quando não sabiam quem eu era perguntavam só: "O que você está fazendo aqui?"

Muita gente não sabe quem sou. Você está de brincadeira? Muita gente! Fui à Lowe comprar material elétrico outro dia e ninguém me reconheceu. Outra vez tive de ir a uma reunião com o presidente do Sindicato de Produtores ou o Sindicato de Diretores ou algo assim, Erik Crary estava dirigindo e eu estava vestido meio como um mendigo. Ele me deixou na porta enquanto estacionava e terminei de fumar antes de entrar no hall. Havia uns caras com jeito de seguranças à mesa. Tudo bem. Erik chegou, fui até a mesa, dei um tapinha no balcão e disse: "Estou aqui para ver o presidente!" Eles me olharam e disseram: "Ah, é?" Respondi: "É, ele está no sexto piso." E eles: "Interessante. Esse prédio só tem cinco pisos, meu amigo." Estávamos no lugar errado, certamente eles não sabiam quem eu era e estavam a ponto de chamar alguém — a polícia ou gente de jaleco branco.

Construir o estúdio de gravação foi um trabalhão, e complicado. Quando ficou pronto eu mal sabia acender as luzes. De certo modo ainda é assim

— não conheço o meu próprio estúdio. É preciso entender tantas coisas, e preciso de ajuda técnica. Esse cara, John Neff, estava meio trabalhando para o Studio Bau:ton, como arquiteto acústico, e um dia pensei, quem vai cuidar disso aqui?, e John levantou a mão.

Pouco depois de o estúdio ficar pronto formamos uma banda chamada blueBOB e gravamos um disco com nove ou dez canções. Algumas são boas, e fomos convidados a tocar no Olympia, em Paris, onde já tocaram os grandes de todos os tempos. Nunca quis fazer isso. Tocar ao vivo? Ridículo. Posso experimentar, mas não sei tocar a mesma coisa duas vezes, só que concordei: "Ok, faremos a abertura com quatro canções." Beth Gibbons, do Portishead, ia fechar o show, e só funcionaria se fizéssemos a abertura. Mas nos puseram para fechar o show e puseram o meu nome naquilo. Beth Gibbons foi ótima e não se perturbou, mas o público ficou chateado porque só tocamos quatro canções. Uma delas era um cover de "You Can't Judge a Book by the Cover", de Bo Diddley. Foi uma noite inesquecível, como o *Titanic* afundando. Nunca mais farei algo assim.

Hoje, quem cuida do estúdio é Dean Hurley. Ele parece ter 14 anos hoje em dia, quando veio aqui pensei, "Onde estão os pais dele? Quem vai trocar suas fraldas?" Parecia jovem demais. Mas foi recomendado por Ron Eng, que mixou muitos dos meus filmes, e Ron é um cara bom no som e uma pessoa legal. Dean é ouro puro.

Os relacionamentos são como filmes, as pessoas vêm e vão. Muitas coisas têm começo, meio e fim, e quando estava no ensino médio eu tinha uma namorada nova a cada duas semanas. As coisas mudam, e mudaram quando conheci Emily. Ela e a irmã eram vizinhas de Eli Roth, e ele as trouxe para posar como modelos em fotografias de nus. Depois Emily fez a voz de *Boat* e ficou muito bom. Uma coisa leva à outra e hoje temos a Lula.

Certo dia estava no escritório assistindo ao canal do Maharishi e anunciaram que ele estava oferecendo um curso de iluminação de um mês. Era caro, mas a caminho de casa pensei: posso ir. Eu posso! Eu vou! Preenchi o formulário, enviei o dinheiro, e eles me ligaram dizendo: "David, não podemos aceitar o seu dinheiro. Você é um meditador regular e precisa ser um Siddha para fazer o curso, vamos devolver o dinheiro." Respondi: "Não, fiquem com ele; usem-no para a paz mundial." Perguntaram se realmente queria fazer aquilo, e eu confirmei. Pouco depois soube que o Maharishi ia dar um curso sobre os Siddhis a mim e a uma moça chamada Debbie, que vivia na área de D. C. e também queria ir, mas não era Siddha. Então tive de ir.

Mais ou menos um ano depois estava na sala da casa do Dr. John Hegelin em Fairfield, Iowa, e ele perguntou: "David, o que acha de criar uma fundação com o seu nome?" Nunca tinha pensado nisso e não sabia qual seria o propósito da fundação, porém, como ele perguntou, achei que queria que eu respondesse sim, então concordei e pus dinheiro naquilo. Depois — nem sei bem como isso aconteceu — de repente me vi numa turnê falando sobre meditação, e achei que tinha acabado, mas estava apenas começando. Aquilo cresceu e foi impressionante. Falei em 16 países e 13 universidades — e muitos mais, mas esses foram os grandes.

Bobby Roth conseguiu isso pedindo-me que falasse em pequenas reuniões. A princípio tentei decorar o que ia dizer, e foi um pesadelo. Se a palestra ia ser em uma semana, eu passava a semana atormentado. Se fosse daqui a duas semanas, eu ficava atormentado por duas semanas, dia e noite. Um dia ia falar numa espécie de clube de golfe em Los Angeles e hiperventilei e tropecei nas palavras, embora as tivesse decorado perfeitamente. Então resolvi fazer só perguntas e respostas, e foi muito melhor. Ainda assim era um tormento.

No início falava em salas pequenas. Depois, estava nos bastidores em Detroit, e Bobby, animado com o que ia me mostrar, me chama, puxa um pouquinho a cortina e vejo umas dez milhões de pessoas! Filas e filas de gente! Era um lugar gigantesco, quase desmaiei de medo. Lembro que caminhei até o microfone, pé ante pé, e o microfone estava a milhares de quilômetros. Quando chegamos à Costa Leste íamos de carro de uma universidade à outra e Bobby organizou entrevistas telefônicas, então eu passava o tempo todo no telefone dentro do carro. *Em águas profundas* também foi ideia de Bobby. Aquele período foi intenso e um tormento, e pareceu que ia se estender para sempre. Fiz aquilo pelo Maharishi, aprendi muito e estou grato por tê-lo feito.

O Dr. John Hagelin disse uma vez que a Bíblia estava escrita em código, sob a luz incandescente é uma coisa, mas sob a luz espiritual é outra. Um dia estava na sala de estar, peguei a Bíblia, comecei a lê-la e, veja que coisa, a página se iluminou e vi. A página pareceu ficar quase branca e, seja lá o que havia nela, iluminou uma coisa muito maior e tudo ficou claro. Entendi que a viagem em que estamos como seres humanos é bela e tem o mais feliz dos finais felizes. Tudo está bem. Não há com o que se preocupar. Tudo é simplesmente belo.

No estúdio

Com a construção do estúdio de gravação, em 1997, Lynch terminou o que descreveu como sua "preparação". Àquela altura começou a viver em um ambiente que lhe permitia desenvolver praticamente qualquer ideia que lhe ocorresse sem sair de casa, e a urgência envolvendo acordos sobre os filmes diminuiu. Ele já estava trabalhando nesse complexo há um bom tempo quando Stofle se mudou para lá, no início de 2007. "Tínhamos conversado a respeito, até que um dia comecei a levar umas roupas e ele disse ok", conta ela.

Outra mudança naquele ano foi uma exposição da sua arte na Fundação Cartier para a arte contemporânea, em Paris, intitulada *The Air is on Fire* [O ar está pegando fogo]. Organizada por Hervé Chandès, a mostra estreou em 3 de março e foi um empreendimento gigantesco, montado em um período surpreendentemente curto. Seus filmes foram projetados em uma sala com opulentas cortinas de veludo e piso quadriculado ao estilo de *Eraserhead*, e foram expostas fotografias, pinturas e desenhos desde a sua infância. Lynch e Zebrowski tocaram na Fundação Cartier enquanto durou a exposição e, em paralelo, a editora alemã Steidl publicou *Snowmen* [Homens de neve], uma coletânea de fotografias em preto e branco que Lynch havia feito em Boise, Idaho, em 1992.

Tudo isso ocorreu rapidamente e exigiu mais funcionários na equipe. "O pessoal no escritório de David sabia que eu tinha trabalhado para artistas, e em 2006 me ligaram dizendo que ele ia fazer uma exposição grande e me chamaram para trabalhar nela", conta Skarbek, cuja contribuição foi crucial

452 ESPAÇO PARA SONHAR

na produção da exposição, do catálogo e do livro da Steidl. "Foi um trabalho imenso. David é um acumulador que guarda tudo, e parte do trabalho era organizar sua arte visual, que estava completamente bagunçada quando cheguei. Tudo o que ele fizera, desde a Filadélfia, estava ali, e as coisas estavam guardadas com desleixo, empilhadas, encostadas noutras coisas da garagem. Àquela altura não havia um lugar na propriedade dedicado estritamente ao seu trabalho artístico, e havia coisas espalhadas por todos os lados." *The Air is on Fire* foi uma exposição enorme que viajou a três outras cidades (Milão, Moscou e Copenhagen), e manteve Skarbek ocupada nos três anos seguintes.

Quando foi a Paris supervisionar a instalação da primeira versão da exposição, Lynch conheceu Patrice Forest, proprietário do ateliê de litografia Idem. "Hervé Chandès é um amigo, e a Idem fica a poucos quarteirões da Fundação", conta Forest. "Havia momentos em que David precisava esperar enquanto coisas eram construídas, e uma vez Hervé lhe sugeriu: 'Quer conhecer um lugar que você provavelmente vai adorar?' David veio, abriu a porta e se apaixonou."[1]

Nascido e criado em Lyon, Forest foi jornalista de rádio e cobriu a área das artes até 1987, quando abriu um ateliê de litografia em Paris. Dez anos depois, uma gráfica histórica de 1881, localizada no coração da cidade, foi posta à venda, e ele se transferiu para lá. Um espaço de 1.300 metros quadrados com claraboias, decorado com belas prensas antigas que imprimiram obras de Picasso e Miró, entre outros, o Idem é um paraíso para onde Lynch regressa anualmente.

"Perguntei a David se já tinha feito litografia, e ele respondeu: 'Nunca, e estou muito curioso', e pôs-se a trabalhar de imediato", recorda Forest. "Trabalhou em placas de zinco e fez três litogravuras que foram incluídas na exposição e se tornaram uma série de doze, intitulada *The Paris Suite* [A suíte de Paris]. Quando terminamos, perguntei-lhe se tinha interesse em trabalhar em pedra, ele quis e entendeu aquilo num instante. Desde então fizemos mais de 200 litogravuras, e quando vem a Paris ele passa o tempo que quer no ateliê."

"Cinema é algo grande, e ele trabalha com centenas de pessoas quando faz um filme", prossegue Forest. "No Idem ele basicamente trabalha sozinho e pode conceber o trabalho e dar-lhe vida no mesmo dia. O ateliê é calmo e algumas pessoas aqui nunca ouviram falar nele, e acho que ele gosta disso, pois lhe oferece privacidade. Ele adora a vida de hotel, e sempre se hospeda

NO ESTÚDIO **453**

no mesmo quarto do mesmo hotel, a uma pequena caminhada de distância daqui. Chega por volta das 11 da manhã; gosta do café que servem aqui ao lado, e pode fumar no ateliê." O trabalho que ele produz no Idem só pode ser adquirido por intermédio de Forest, que o vende diretamente a colecionadores. "É raro ver gravuras de David no mercado. Não trabalhamos com galerias nem leiloeiros; as obras vendem bem e são rapidamente absorvidas pelo mercado."

Em julho de 2007 Stofle acompanhou Lynch a Paris para a inauguração de uma exposição de trabalhos de Lynch e Christian Louboutin; o estilista francês produziu uma série de sapatos-fetiche e Lynch os fotografou. No tempo em que passaram em Paris, Stofle conheceu Louboutin, que ofereceu-lhe trabalho organizando eventos em sua boutique de Los Angeles, e ela trabalhou para ele nos cinco anos seguintes. O horário era flexível, o que para ela era uma necessidade. "David e eu viajamos muito em 2007", conta, "e ele precisa de muita atenção quando viaja. Não gosta de ligar para pedir o próprio café, não quer estar lá quando chega o serviço de quarto — esse tipo de coisas. Ele é feliz, mas também é muito ansioso."

Ao regressar a Los Angeles, Lynch conheceu um novo membro da equipe, Mindy Ramaker, que se tornaria parte integrante da sua operação. Ramaker mudou-se para Los Angeles em junho de 2007 proveniente de Madison, onde tinha estudado roteiro com J. J. Murphy, um dos professores de Jay Aaseng. Quando Lynch abriu uma vaga, Aaseng pediu sugestões a Murphy, e Ramaker começou no fim de julho. Mais ou menos na mesma época, Lynch comprou um terreno de 10 hectares nos arredores de Łódź, na Polônia, que continua intocado. "É uma terra muito boa", conta. "Minha parcela da propriedade faz fronteira com um bosque de propriedade do Estado, o qual nunca poderá ser loteado, então é indevassada e bonita, com uma terra barrenta que se inclina levemente em direção ao leste."

No fim daquele ano, Donald Lynch faleceu em um hospital de Riverside, com Lynch e Levacy ao seu lado e, em 5 de fevereiro de 2008, o Maharishi morreu. "A única vez em que vi David chorar foi quando o Maharishi morreu", conta Skarbek. "Ele não falou a respeito, mas as lágrimas falaram por si, e era um lado dele que não conhecia. Ele ficou muito abalado."

Depois de muita burocracia para obter o visto necessário, Lynch tomou um avião e foi ao funeral na Índia, país que visitava pela primeira vez. "Na Índia as pessoas dirigem muito rápido, vêm na sua direção e desviam no último

454 ESPAÇO PARA SONHAR

segundo", conta Bob Roth. "Você acha que vai morrer a qualquer momento; quando íamos pela estrada olhei para David e dava para ver que ele estava chocado com o modo como as pessoas dirigiam."

"Observei David quando assistíamos à passagem da pira funerária e havia muita suavidade em seu rosto", continua. "Ele tem um grande coração e estava realmente muito grato àquela pessoa pelo que lhe havia dado. Depois do Maharishi, David é a pessoa mais autêntica que conheço, e é destemido. Quando assisto a um filme, há momentos em que desvio o olhar, mas ele nunca faz isso. Aprecia o conjunto da criação e fica tão encantado vendo um hamster envelhecer quanto observando um corpo decair após a morte. Ele se deleita com tudo na vida, inclusive as partes sombrias, e admiro isso nele."

Ao regressar da Índia, Lynch se despediu de Aaseng, que deixou o emprego após sete anos. "David ajuda você a desenvolver aspectos pessoais dos quais você não tinha consciência antes", conta Aaseng, que teve uma atuação memorável como um bêbado ensanguentado levado à prisão de Twin Peaks em *Twin Peaks: The Return*. "No dia em que fui embora, todos almoçamos juntos e fiz um discurso. Dei a volta na mesa e disse algo sobre cada um e todos ficaram emocionados. Depois David falou: 'Jay, você precisa atuar! Depois do que vi você fazer aqui, cara, esse é o seu barato!' Atuar era a coisa mais fora da minha mente quando comecei a trabalhar para David, mas hoje às vezes o faço."

No início daquela primavera, a música que Lynch vinha compondo com Zebrowski há quatro anos finalmente chegou ao público com o lançamento de *Polish Night Music*, uma gravação de quatro longas improvisações, em grande parte inspiradas pela cidade de Łódź; ele a lançou pelo seu selo, o David Lynch Music Company. Àquela altura, seu relacionamento com Stofle já estava no quinto ano, e ela estava pronta para ir em frente. "No início daquele ano disse a David que queria me casar e ter filhos, e que se ele não estivesse interessado devia me dizer, e em maio ficamos noivos", conta. "Estávamos no Les Deux Magots, em Paris, ele desenhou uns anéis num porta-copos e disse: 'Quero me casar com você.' Voltamos ao hotel e ele ligou para os meus pais pedindo a benção deles."

"David e eu nos divertimos muito nos primeiros anos que passamos juntos", prossegue. "Aprendi a cozinhar quando mudei para a casa dele, e acho que ele gostou disso. Não me ligava se os ingredientes faziam engordar, só fazia coisas deliciosas, e nós ganhamos muito peso. Foi divertido. Ele trabalhava em todo tipo de coisas e me pedia para organizar atores para diferentes projetos. Fosse para um trabalho ou apenas para explorar uma ideia, os projetos tinham todos a mesma importância — era questão de ver a ideia tomar forma e virar realidade. Uma vez ele fez um vídeo para um festival de cinema que o estava homenageando e quis gravá-lo de trás para frente, como na Sala Vermelha de *Twin Peaks*. Pediu-me para buscar umas moças para isso e chamei minhas amigas Ariana Delawari e Jenns Green, que costumavam trabalhar nessas coisas conosco. Apelidamos esses projetos de 'noite de esquetes da escola', porque tinham uma atmosfera caseira. Nós adorávamos David e o respeitávamos muito. Ele me pediu figurinos de dançarinas de cabaré para esse filme em particular, então aluguei uns collants de cetim lindos, comprei sapatos de couro com salto e meias arrastão, e David pintou pombas de mentira que segurávamos dançando de trás para a frente."

Noriko Miyakawa trabalhava para Lynch em tempo integral quando os esquetes de escola foram feitos, e ajudou em vários desses projetos. "É complicado dizer que editei com David, porque é sempre absolutamente a visão dele", assinala. "Trabalhamos bem juntos porque estou ciente disso. Ele não quer um colaborador, não precisa disso, e faria tudo sozinho sem pedir ajuda a ninguém se pudesse. Quem trabalha para ele tem de estar preparado para isso, pois basicamente somos como os seus pincéis."

Pouco depois da saída de Aaseng, chegou Michael Barile. Nascido em 1985 e criado na Flórida, ele começou como estagiário não remunerado no escritório de Lynch em abril de 2008 e terminou gerenciando o escritório. "David estava totalmente focado em pintar quando comecei a trabalhar para ele, e ia da casa ao ateliê todas as manhãs", recorda. "Só depois de um mês trabalhando lá é que fui conhecê-lo."[2]

De fato, a carreira de Lynch como artista visual estava em disparada, e ele fez sete exposições em 2009. Ele e Stofle também oficializaram a relação naquele ano, casando-se no Beverly Hills Hotel em 26 de fevereiro. "Não foi um casamento grande — havia talvez umas cem pessoas — e quando um imitador de Elvis que estava no hotel viu que David estava se casando, apareceu na festa e começou a cantar", recorda Skarbek. "Acho que ele cantou 'You Ain't Nothin' But a Hound Dog'". Chrysta Bell, uma das convidadas, conta: "Emily e David formam um par incrível. Emily é uma força da natureza, ele a ama, e ela o entende. Existem as pipas e os que soltam pipas, e ela está contente segurando a pipa para o seu companheiro voar."

456 ESPAÇO PARA SONHAR

Dois meses depois, o casal foi a Moscou para a inauguração da exposição *The Air is on Fire*. "Não foi a lua de mel que imaginei, mas David sempre está trabalhando", comenta Emily Stofle. Depois da Rússia, Lynch foi à Islândia, que acabara de sofrer um colapso bancário sistêmico que fez sua economia despencar. "Por anos David havia dito que queria abrir um centro de meditação na Islândia", recorda Joni Sighvatsson, "e em maio de 2009 conversávamos no telefone e ele disse: 'Joni, precisamos fazer algo pela Islândia. Vou à Rússia daqui a cinco dias e passarei por lá na volta.' A Islândia é pequena, e em cinco dias você consegue avisar o país inteiro que alguém vai chegar, e milhares de pessoas foram à palestra de David num auditório universitário. A fundação de David investiu 200 mil dólares, eu pus 100 mil e abrimos um centro de meditação que segue funcionando em Reykjavik ."

Mais tarde naquele ano, Lynch começou a trabalhar em um documentário sobre o Maharishi que ainda não está terminado. Acompanhado de Bob Roth, Rob Wilson [assistente de produção] e do ator Richard Beymer, foi à Índia e refez o percurso realizado pelo Maharishi, do Himalaia à ponta meridional do país, após a morte do seu mestre, o Guru Dev, em 1953; o material filmado durante a viagem seria uma das bases do documentário. O Maharishi levou de 1955 a 1957 para completar a peregrinação que Lynch e companhia fizeram em pouco mais de uma semana, e a viagem está relatada em *It's a Beautiful World* [O mundo é belo], documentário dirigido por Beymer, lançado em 2014.

Beymer começou a meditar em 1967, depois de ouvir o Maharishi falar no Auditório Cívico de Santa Mônica, em Los Angeles. Em seguida, passou dois anos em sua equipe na Suíça. Quando o Maharishi morreu, filmou o funeral, sem saber que Lynch também estava lá. "David ouviu falar do meu filme, pediu para vê-lo e gostou muito", conta. "Meses depois, quando resolveu ir à Índia fazer o seu filme sobre o Maharishi, me pediu para acompanhá-lo."

Lynch chegou à Índia via Xangai, onde havia acabado de filmar um curta, e quando o avião pousou estava exausto e muito gripado. A viagem foi um pouco difícil, mas ele não cancela compromissos, e enfrentou a situação. "Passamos dez dias lá e fomos a toda parte", conta Beymer. "Dirigimos, voamos em helicópteros e aviões, passamos os dias inteiros ao ar livre e nos divertimos muito. Em geral eu ficava no assento dianteiro filmando David, que vinha no assento traseiro com outras pessoas. Ele pode estar simplesmente olhando pela janela, mas te atrai — ele é fascinante, mesmo que não esteja fazendo nada. Pequenas excentricidades sobre a Índia o deixaram alucinado. Um dia, pela janela do carro ele avistou um macaco ao longe e de repente foi como se tivesse 8 anos de idade. 'Olhem! Vejam o macaco!' Ficou muito empolgado! Não podia crer que houvesse um macaco ali, solto no mundo."

Em dezembro de 2009 houve uma grandiosa apresentação do projeto de Gehry, que estava em preparação desde 2005, para a sede do Festival de Cinema Camerimage em Łódź. Gehry e Lynch compareceram à cerimônia, e todos estavam muito contentes. "Dois meses depois, o prefeito da cidade, Jerzy Kropiwnicki — um grande pensador progressista que David apelidou 'Velho Garoto' — foi deposto, e o novo governo destruiu o projeto", recorda Zebrowski. "Naquela mesma época, David e Marek [Żydowicz] tinham criado a EC1, uma central elétrica abandonada que haviam comprado da cidade em 2005 e transformado num estúdio de pós-produção. O prédio ganhou muitos prêmios arquitetônicos e, no verão de 2012, a tal nova prefeita visitou David em Los Angeles e disse: 'Sr. Lynch, o senhor pode vir a Łódź quando quiser, gostamos muito de recebê-lo, mas a propriedade é nossa. O senhor é nosso convidado.' David — que tinha posto seu próprio dinheiro naquilo — fitou-a e respondeu: 'Como se atreve? Se não for o proprietário, não irei.' Marek entrou com vários processos na Polônia, mas não se pode lutar contra a prefeitura. Então, David e Marek construíram um lugar, o governo o expropriou e simplesmente o tomou deles." Em 2010, o Festival Camerimage mudou-se para Bydgoszcz, uma cidadezinha a 320 quilômetros de Łódź. A EC1 ainda é conhecida como o Estúdio de David Lynch.

Pouco depois da apresentação do projeto de Gehry, Lynch colaborou com John Chalfant numa instalação intitulada *Diamonds, Gold, and Dreams* [Diamantes, ouro e sonhos] para o pavilhão da Fundação Cartier na feira internacional Art Basel Miami. O filme digital de 17 minutos foi projetado no teto de uma tenda abobadada e exibia diamantes reluzentes flutuando contra o céu noturno.

Obviamente, não faltava a Lynch o que fazer, e naquele momento filmar parecia um aspecto remoto da sua vida. "Quando comecei a trabalhar para David, parecia que ele estava deprimido com o cinema", conta Barile. "Há muito tempo não fazia filmes, e a última coisa que fizera, *Império dos sonhos*, teve algumas críticas ruins. Então, em 2010 ele escreveu um roteiro incrível chamado *Antelope Don't Run No More* [Antílope já não corre] e tentou vendê--lo, mas ninguém ofereceu o financiamento necessário para fazê-lo. Contudo,

458 ESPAÇO PARA SONHAR

não acho que tenha ficado muito chateado ao não obter o dinheiro. David acredita que, se é pra ser, acaba sendo." Ambientado principalmente em Los Angeles, *Antelope Don't Run No More* mescla pitadas de *Cidade dos sonhos* e *Império dos sonhos* em uma fantasia narrativa que incorpora alienígenas, animais falantes e um músico atribulado chamado Pinky; quem o leu diz que é um dos melhores roteiros que Lynch já escreveu.

Em 12 de julho de 2010, a Capitol Records lançou *Dark Night of the Soul*, uma colaboração entre Danger Mouse (Brian Burton) e Sparklehorse, acompanhada de um livro em edição limitada com 100 fotografias de Lynch em resposta à música. Foi a última gravação de Sparklehorse, cujo vocalista e compositor Mark Linkous cometeu suicídio em 6 de março daquele ano, e o disco incluiu vozes de diversos músicos convidados, dentre eles Iggy Pop e Suzanne Vega. Lynch trabalhou as vozes de duas canções, incluindo a canção--título. Ainda naquele ano houve a apresentação de *Marilyn Manson and David Lynch: Genealogies of pain* [Marilyn Manson e David Lynch: Genealogias da dor], uma exposição no Kunsthalle Wien, em Viena. Ele também voltou à televisão em 2010, dando voz ao personagem Gus, o barman em *The Cleveland Show*, comédia de costumes em animação que estreou no canal Fox no outono de 2009 e durou quatro temporadas.

No Ano-Novo de 2010, Lynch parou de fumar — algo transformador para ele — e começou a editar "Lady Blue Shangai", comercial para a internet de 16 minutos para uma bolsa da Dior, com a atriz francesa Marion Cotillard, lançado em junho daquele ano. Lynch adora os franceses, e em agosto de 2011 foi com sua equipe a Paris para o lançamento de Silencio, clube noturno inspirado no clube homônimo que foi cenário de *Cidade dos sonhos*. Criado em colaboração com o designer Raphael Navot, a firma de arquitetura Enia e o designer de luz Thierry Dreyfus, o clube é "quase como um bunker. Fica seis pisos abaixo do solo e é muito pequeno, escuro e lindo. É como estar dentro de uma caixinha de joias", conta Skarbek.

Naquele outono ficou pronto o disco em que Lynch vinha trabalhando com Chrysta Bell desde 1998, *This Train*. "Levamos anos fazendo o disco, parecia que nunca ia sair", diz ela. "Me achava até ridícula por considerar que poderia sair, mas aprendi tanta coisa cada vez que me juntei com David, que achava que não podia pedir mais."

"Trabalhamos assim: David fala, começo a sentir melodias e cantar, e ele me guia explicando aonde acha que a canção está indo", prossegue. "Fizemos uma canção intitulada 'Real Love', por exemplo, e ele disse: 'Ok, você é Elvis, está tarde, você está dirigindo muito rápido e o seu amante fez algo ruim, há uma pistola no porta-luvas e você não sabe o que vai fazer, mas sabe que deu alguma merda.' Nunca sei de cara o que ele quer — isso certamente é esculpido. Quando acha que estou ligada ele faz algumas tomadas de toda a canção, depois pode voltar a uma parte específica e dizer: 'Chrysta Bell, ouça isso. Percebe a atmosfera aqui? Você está delicada, mas está forte — sinta mais isso', e vou àquele lugar. Às vezes percebo que ele se frustra quando não consigo, mas sabe como me trazer de volta sem me magoar. Ele sabe exatamente o que está buscando, e não grita ordens. Cria um espaço para que o que ele quer possa acontecer."

Ao terminar o disco, Chrysta Bell o ofereceu a diversos selos, mas não conseguiu despertar muito interesse. Então lançou o próprio selo, La Rose Noire, pagou a prensagem do disco, lançou-o em 29 de setembro, formou uma banda e programou uma turnê. Àquela altura ela fez todo o trabalho pesado, achando que Lynch já tinha dado sua contribuição ao disco. "David é como um administrador de ideias, e organizou sua vida de modo a permitir-lhe recebê-las e desenvolvê-las", comenta. "Se tiver uma ideia às 4 horas da manhã, sai da cama e a escreve, não despreza nenhuma ideia. É tipo, ei, você veio à pessoa certa!"

Aquele foi um ano musicalmente farto para Lynch, e em 8 de novembro ele lançou seu primeiro disco solo, *Crazy Clown Time*, em colaboração com Dean Hurley. Em paralelo ao lançamento, gravou um vídeo da faixa título na casa de Gary D'Amico, que conta: "Bagunçamos completamente o meu quintal com a montagem do set, e depois que gritamos 'Corta', David foi o primeiro a sair catando o lixo."

Hurley recorda a gravação do disco: "Começamos a trabalhar em 2009, mas não era para fazer o disco. David nunca põe a carroça adiante dos bois, a coisa é se divertir trabalhando e ver o que surge organicamente. Após tantos anos trabalhando com ele, meu cérebro meio que se alinhou ao dele, e o que fazemos juntos é uma colaboração, mas a visão é dele, e a expressão geral é sempre dele. Fico à vontade sendo o cara detrás dos bastidores, ajudando-o a tornar realidade a sua visão, e quando ele chega para trabalhar estou preparado para qualquer coisa. Tenho várias coisas prontas para usar, então se ele vagar pela sala e começar a batucar em alguma coisa, posso abrir aquele canal e começar a gravar. Ele não aceita um não quando tem uma ideia e

460 ESPAÇO PARA SONHAR

quer desenvolvê-la, e se você disser não ele vai insistir até encontrar um modo de expressar o que quer. Por exemplo, ele não toca guitarra, e diz: 'Deve haver algo que permita tocar guitarra sem saber realmente tocá-la', e descobrimos como usar o pedal Roland e programar acordes para ele acompanhar na guitarra a onda de uma canção."

O disco traz a participação vocal de Karen O, do Yeah Yeah Yeahs, na canção "Pinky's Dream", graças à cortesia de Brian Loucks. "David tinha uma faixa instrumental fantástica que havia composto com Dean, e sugeri acrescentar um vocal com a Karen O", conta Loucks. "Ele perguntou: 'Está falando daquela garota magrela que veio com você e bebeu cerveja?' Então ele escreveu uma letra estupenda, Karen veio e cantou aquilo maravilhosamente."

"David já fez de tudo colaborando com pessoas e aprende algo com cada uma delas, e cresceu como músico desde que o conheço", prossegue. "Sabe pensar musicalmente e tem a habilidade de reimaginar e transpor as coisas. Há um duo chamado Muddy Magnolias que tem uma versão excelente de 'American Woman', e quando Dean tocou para David ele pediu: 'Toque isso a meia velocidade', e terminou usando-a daquele jeito em *Twin Peaks: The Return*. Ele também sabe levar os artistas a lugares desconhecidos para eles. Dave Alvin certa vez estava em seu estúdio com uma banda, e David explicou como queria que tocassem e disse coisas como: 'É uma noite quente na Geórgia, o asfalto está derretendo...' Depois, Dave comentou que David sabia conseguir o que queria."

Emily Stofle estava ansiosa para começar uma família desde que se casou com Lynch, e em novembro por fim engravidou. "Antes do nascimento da nossa filha, David quis saber: 'Por que eu não sou suficiente? Por que você precisa de um filho?'", recorda. "Respondi: 'Sinto muito, mas quero muito um filho', e ele: 'Então preciso que você saiba que tenho o meu trabalho e não quero que me faça sentir culpado. Tudo muda quando a mulher tem um filho, tudo passa a girar em torno do bebê, mas tenho o meu trabalho.' Depois que Lula nasceu, ele mergulhou no trabalho, que é o que faz. David é gentil, é íntegro, e acredita profundamente no que faz — nunca faria algo só pelo dinheiro. Mas não é bom em relacionamentos íntimos, não tem um grupo de amigos para se distrair. Ele trabalha, é de onde vem a sua alegria."

Lynch nunca foi de se juntar com amigos e festejar — prefere fazer coisas — mas tem um dom especial para a intimidade. Criou apelidos para vários amigos mais próximos — Laura Dern é "Tibdbit", Naomi Watts é "Buttercup",

Emily Lynch é "Puff" — e as pessoas tendem a confiar nele. "Estava terminando com uma namorada, e uma manhã entrei no ateliê", recorda Barile, "e David disse: 'Michael, tem algo errado.' Respondi: 'É, estou num dia ruim', e ele sugeriu: 'Pegue uma cadeira.' Conversamos e ele me deu conselhos muito sólidos. David vive a sua vida artística meio desligado do mundo, mas tem uma compreensão profunda da vida."

"David vive na bolha de arte que criou para si, e é tremendamente criativo", afirma Zebrowski, "mas é também um amigo leal com quem sempre posso contar. Sei que se pegar o telefone e disser que preciso de ajuda, ele imediatamente estará presente. A maioria de nós tem poucas pessoas na vida a quem pedir, mas sei que posso contar com ele. Penso nele como uma espécie de tio benevolente."

Quem trabalha para Lynch tende a permanecer ligado a ele, e embora Erik Crary tenha deixado o trabalho em 2008, procurou Lynch quando coescreveu e produziu seu primeiro filme, *Uncle John* [Tio John], lançado em 2015. "Terminamos de mixar o filme numa sexta-feira, liguei para ele e perguntei: 'Posso lhe mostrar o filme? Não quero nada, mas adoraria que você o visse.' Na segunda-feira de manhã mostramos o filme a ele, que gostou, e em seguida tivemos uma boa conversa. Semanas depois liguei perguntando se poderíamos citar uma das coisas legais que ele tinha comentado como uma declaração. Para nós, que não somos ninguém no mundo do cinema, seria incrível, e ele respondeu: 'Não seria melhor eu simplesmente escrever algo?' E escreveu."

No dia de Natal, Lynch anunciou que só queria cigarros de presente, e voltou a fumar. Coincidentemente ou não, embarcou no próximo grande projeto. "Logo depois do Natal, David almoçou com Mark Frost no Musso & Frank, e começaram a conversar sobre fazer *Twin Peaks* novamente", conta Emily Stofle. "Era um segredo, ele não quis falar a respeito, mas em 2012 Mark começou a aparecer para almoçar, depois se trancavam no ateliê e escreviam. Isso durou anos."

Enquanto *Twin Peaks: The Return* começava a surgir na neblina, o foco de Lynch seguia na pintura, e em 2012 ele expôs nos Estados Unidos, Europa e Japão. Em maio desse ano foi procurado por Louis C.K., que o convidou para participar de sua série de televisão homônima no papel de Jack Dall, um cínico veterano do show business que já tinha visto de tudo e estava farto dos artistas. Para sua surpresa, Lynch concordou.

462 ESPAÇO PARA SONHAR

"David talvez faça um por cento das coisas para as quais é convidado", explica Mindy Ramaker. "Não gosta de sair, não mantém contato com gente da indústria além do seu círculo de colaboradores de longa data, e o que mais gosta é de ficar em casa trabalhando. Não gosta nem de sair para jantar. Quando Rick Nicita saiu da CAA ele disse: 'Se não posso ter Rick, não quero outro agente, e é bom, porque de qualquer modo não quero que as pessoas me achem.' Ele adora se manter fora do esquema, e não tem agentes, empresários nem assessores de imprensa à sua volta."

"Não sei como Louis C.K. conseguiu o meu email, mas enviou lindas mensagens explicando por que queria a participação de David no seu programa", prossegue Ramaker. "David alegou: 'Não posso. Por que ele não chama alguém como Martin Scorsese?' Mas Louis C.K. bateu o pé: 'Não, tem de ser você', e David concordou: 'Tudo bem, mande os roteiros, e isso fechou o acordo, porque eram engraçados. Aí David perguntou: 'Ok, mas do que se trata realmente? Posso usar as minhas roupas? Você acha um hotel onde eu possa fumar?' Encontraram um hotel onde a multa por fumar era de 500 dólares, pagaram, e David voou a Nova York sozinho e gravou."[3]

Os e-mails de Louis C. K. eram realmente persuasivos: "Posso lhe contar todo tipo de coisas sobre como o programa tem sido bem recebido nas últimas duas temporadas, com críticas, indicações e blá-blá-blá, mas prefiro usar o tempo que você me dá lendo isso para dizer que tenho a impressão de que desfrutará do trabalho e se orgulhará do resultado", escreveu o comediante. "Caso essa seja a última mensagem que troco com você, quero lhe agradecer pelo seu trabalho e sua generosidade de espírito e por comunicar ao mundo as suas ideias sobre a criatividade e a vida. Assistir aos seus filmes (e *Twin Peaks*) me permitiu, como cineasta e escritor, engajar-me com as histórias, momentos, sentimentos, personagens, humores, questões abertas e cores que, de outro modo, eu teria permitido que meus temores, e os temores alheios, me impedissem expressar."

Quando Lynch concordou em participar do programa, Louis C.K. respondeu: "Uau! Isso é maravilhoso." Semanas depois de terminarem as gravações em Nova York, Ramaker recebeu outro email dele: "Estou editando os episódios com David e ficaram eletrizantes. Ele é a reencarnação de Henry Fonda. É incrível. Uma grande atuação. O melhor ator que tive no programa nesta temporada. E é David Lynch. Quão maravilhoso é isso?" Os episódios de Lynch — "Late Show, Parte 2" e "Late Show, Parte 3" — foram ao ar em setembro, pouco depois do nascimento de sua filha, Lula Boginia Lynch, em 28 de agosto. (*Boginia* é a palavra polonesa para deusa.)

Naquela época Ramaker pensou em deixar o trabalho. "Pensei, ok, aprendi tudo o que havia para aprender, é hora de ir em frente, e quando conversei com David, ele perguntou: 'Foi algo que fiz?' Quando assegurei que não era isso, ele sugeriu: 'Posso ajudar de alguma forma? Devo ligar para alguém em seu nome?' Ele foi muito generoso. Uma prova de que é um bom chefe é que as pessoas trabalham para ele por um longo tempo. A maioria dos seus assistentes está lá há pelo menos sete anos, e eu ainda não saí do seu mundo."

Ao longo de 2012 Lynch e Frost burilaram o roteiro de *Twin Peaks: The Return*, e nesse período ele continuou passando boa parte do tempo em estúdios de gravação. Em 2013 lançou *The Big Dream*, sua segunda colaboração com Hurley, e fez projetos com a cantora sueca Lykke Li, com Nine Inch Nails e Dumb Numbers.

Lynch tem espírito esportivo, e em 27 de agosto de 2014 participou do Desafio do Balde de Gelo. Uma jogada de marketing para chamar a atenção e angariar fundos para pesquisas sobre ELA, a esclerose lateral amiotrófica, o desafio era que o participante se submetesse a ter um balde de água com gelo despejado em sua cabeça. Lynch foi desafiado por Laura Dern e Justin Theroux, e foi ensopado duas vezes por Riley Lynch, que despejou o balde. Ele acrescentou café ao primeiro balde, então levou um banho de café gelado, e tocou "Somewhere Over the Rainbow" no trompete durante os banhos. Depois desafiou Vladimir Putin a participar do desafio.

Em 13 de setembro de 2014, a Academia de Belas Artes da Pensilvânia, *alma mater* de Lynch, expôs um levantamento das suas primeiras obras intitulado *The Unified Field* [O campo unificado]. "A exposição na ABAP teve um significado especial, pois ele guarda boas recordações do tempo que passou lá", explica Skarbek, que o acompanhou à exposição, que teve curadoria de Robert Cozzolino. "A Filadélfia foi onde ele pôde mergulhar na arte, onde na juventude trabalhou ininterruptamente em pintura junto com Jack, seu melhor amigo."

"Foi sua primeira visita à Filadélfia depois de muito tempo, e ele achou que tudo tinha ficado limpo demais", prossegue Skarbek. "O que ele gostava na cidade era a dureza e o perigo, mas ela agora está gentrificada e, claro, havia grafites. David detesta grafites e o modo como invadiram lugares de que gostava, porque eles datam as coisas. Quando vivia na Filadélfia podia cami-

464 ESPAÇO PARA SONHAR

nhar por uma rua vazia e sentir que estava em 1940, e o grafite apaga essa possibilidade."

A arrecadação de fundos para a fundação de Lynch foi e ainda é uma preocupação constante, e em setembro de 2015 Ramaker pôs suas energias nisso. "Erik Martin me ofereceu um trabalho na Fundação David Lynch ao Vivo (DLF Live), uma divisão da fundação criada em 2012 por Erik e Jessica Harris que organizava eventos para arrecadar fundos. Conheci Erik quando trabalhamos juntos no projeto de Malkovich", explica Ramaker sobre *Playing Lynch* [Interpretando Lynch], filme de 20 minutos do fotógrafo Sandro Miller e do diretor Eric Alexandrakis em que John Malkovich interpreta oito personagens diferentes criados por Lynch. Financiado pela ferramenta de criação de websites Squarespace, o filme estreou em outubro de 2016 no Festival da Disrupção, organizado em Los Angeles pela Fundação para angariar fundos.

Em 6 de outubro de 2014, Lynch confirmou via Twitter que ele e Frost estavam trabalhando em uma nova temporada de *Twin Peaks*, e a coisa começou a andar. Ele não previu que seria difícil fazer um trato aceitável com uma rede televisiva, mas o programa começou a ganhar impulso. Quanto mais Lynch se deixava consumir pelo trabalho, mais Stofle focava na maternidade, e foi cofundadora da Aliança de Mães, organização que trabalha com mães adolescentes grávidas em abrigos e orfanatos.

Lynch ainda não teve uma retrospectiva importante nos Estados Unidos, mas foi tema de várias em outros países. Em dezembro de 2014, o Instituto de Arte Moderna de Middlesbrough, no Reino Unido, montou *Naming* [Nomeação], com obras que vão de 1968 ao presente e incluem desenhos, pinturas, fotografias e filmes. Uma crítica respeitável exibida na BBC descreveu Lynch como "um artista engajado em muitos aspectos da arte nos Estados Unidos do pós-guerra: o ambiente urbano, a estranheza da linguagem e o legado do Surrealismo."

Quatro meses depois, *Between Two Worlds* [Entre dois mundos] foi inaugurada na Galeria de Arte de Queensland/Galeria de Arte Moderna em Brisbane, Austrália. Organizada por José da Silva, curador sênior da Cinemateca Australiana, a mostra começou a tomar corpo em sua mente em 2013. "David é criminosamente subestimado como artista visual", explica Silva. "Além da Fundação Cartier, ninguém prestou realmente atenção à sua prática no ateliê, e as pessoas simplesmente desconhecem a amplitude do seu trabalho. Quando pesquisei o que havia sido escrito sobre sua arte fiquei surpreso com a escassez de análises críticas, e o conjunto da sua obra é enorme. *Between Two Worlds* é uma exposição densa, com muitos materiais, mas ainda acho que mal toca a superfície."

"David é um artista multifacetado que por acaso usa filme em parte do seu trabalho, e hoje não é incomum que os artistas trabalhem com vários meios", prossegue Silva. "David amadureceu antes disso começar a ser feito, o que o colocou em desvantagem quanto à seriedade com que se encara a sua arte. As críticas à nossa exposição foram variadas. Os críticos acostumados com o trabalho interdisciplinar adoraram, os historiadores da arte conservadores não gostaram e responderam com uma espécie de crítica básica — sabe, 'pinturas ruins, ideias juvenis'. Dá a impressão de que foram à exposição predispostos a ver aquilo. Críticas à parte, foi uma exposição extremamente popular, particularmente entre os jovens, que adoraram e a acharam ao mesmo tempo atraente e perturbadora."[4]

No início de 2015 Lynch barganhou com o canal Showtime os termos do contrato para *Twin Peaks: The Return*, enquanto estava envolvido em um emaranhado de projetos que deixariam qualquer um enlouquecido. No entanto, estruturou sua vida de modo a lidar com múltiplas atividades e, de um modo extraordinário, sua vida é um exercício de pura criatividade. "David meio que vive como um monge, e meu trabalho é livrá-lo de distrações", conta Barile. "Há 30 anos não põe gasolina no carro e não sabe de onde virá sua próxima refeição — o almoço simplesmente aparece —, o que lhe permite sonhar acordado sobre o próximo projeto. É impressionante como conseguiu organizar a sua vida. Desfruta de boa saúde, e acho que isso se deve a não ter o estresse que carcome a maioria das pessoas. Acho que ele vai viver mais que eu."

É uma vida privilegiada, e Lynch desfruta de certas vantagens que sua posição lhe confere. Em outros aspectos vive modestamente como sempre viveu, apenas porque gosta que seja assim. "David já passou por muita coisa, mas não mudou em nada", observa Jack Fisk. "Há pouco tempo hospedei-me na casa dele quando vim a Los Angeles para uma reunião, e de manhã olhei pela janela e o vi na entrada da garagem, de camisa branca e calças cáqui sujas — ele sempre adorou calças cáqui — arrancando ervas das rachaduras do concreto e enfiando-as numa bolsa. Ele ainda gosta de fazer esse tipo de coisa."

The Air is on Fire foi a primeira vez que vi muitas das obras minhas juntas, e foi lindo. O que sempre aconteceu era que, quando você faz uma coisa, supostamente não deve fazer outras — tipo, se é conhecido como cineasta e também pinta, a pintura é encarada como um hobby, como o golfe. Você é um famoso que pinta, e era isso. Mas na época da exposição, o mundo começava a mudar, e agora as pessoas podem fazer qualquer coisa. É muito, muito bom, e aquela exposição me pôs no mapa. Agradeço a Hervé Chandès especialmente, a Melita Toscan du Plantier, ao presidente da Fundação Cartier, Alain Dominique Perrin e Matte, que à época era a esposa de Alain.

Conheci Matte numa festa na casa de Dennis Hopper, e acabamos sentados num sofá conversando. Dias depois a mulher de Dennis, Victoria, trouxe Matte à minha casa, e ela viu uma pintura grande que fiz, intitulada *Do You Really Want to Know What I Think?* [Quer mesmo saber o que achou?]. Ela às vezes organizava exposições num lugar em Bordeaux, e mais tarde entrou em contato propondo: "Sei que você é fotógrafo e gostaria de exibir umas fotos suas. Poderia trazer algumas da próxima vez que vier a Paris?" Quando fui lá, ela e um amigo vieram me encontrar no Hotel Lancaster, sentamo-nos na sala de estar e olhamos as fotografias. Eles adoraram e exibiram algumas em Bordeaux.

Daniel Toscan du Plantier era um amigo de Isabella, um homem refinado e erudito que produzia filmes. Sempre que levava um filme a Cannes,

470 ESPAÇO PARA SONHAR

ele era o primeiro a esperar por mim do lado de fora da sala e sempre me dava uma pequena sinopse, dizendo do que tinha gostado no filme — era um sujeito muito legal. Uma noite em Paris fui convidado a um jantar e Daniel estava lá, além de Jean Nouvel, o arquiteto que projetou o prédio da Fundação Cartier. Daquela vez acho que também conheci Melita, a mulher de Daniel, que estava envolvida com a Fundação de algum modo — não trabalhava para eles, mas estava associada de alguma forma. Depois do jantar quiseram que eu visse a exposição na Fundação, então fomos todos para lá e vi a exposição e o espaço. Pouco depois disso, Daniel estava no Festival de Cinema de Berlim e, ao se levantar após almoçar com alguém, caiu morto no chão. Melita ficou viúva com dois filhos.

Tempos depois, ela veio de visita e disse: "Sabe, você deveria fazer uma exposição na Fundação." Ela meio que falava em nome deles, respondi que talvez sim, e uma coisa levou à outra. Melita foi quem pôs a coisa em andamento, e também Matte — ambas falaram com Alain e Hervé, e logo este último veio e olhou o meu trabalho. Cada vez achávamos mais coisas, surgiam coisas de todo lado. Foi meio estranho, porque fazia tempo que eu não fazia nada no mundo da arte.

Fui a Paris para a instalação, e no segundo dia lá, Hervé sugeriu: "Quero que você conheça um lugar", e conheci Patrice [Forest] e o Idem. Entrei, senti o odor da tinta de impressão, captei a atmosfera e a vibração do lugar, e me apaixonei profunda e instantaneamente. Patrice perguntou: "Você gostaria de fazer uma litografia?", e respondi: "Macacos gostam de banana?" Com a pirataria, as imagens digitais se tornaram cada vez mais baratas, são fáceis de roubar e compartilhar. Mas uma litografia é algo que você *possui*, e quando a possui vê a beleza do papel e sente o cheiro da tinta. É muito diferente de uma imagem digital.

Isso foi o princípio, e o Idem se tornou minha segunda casa. Trabalhar lá é excelente em todos os aspectos. O café do lugar ao lado é ótimo, o ambiente de um ateliê de impressão parisiense com quase 150 anos, além das máquinas, as pedras e as pessoas que trabalham lá. Também faço xilogravuras lá, e comecei a pintar no quarto dos fundos. Adoro o ambiente e adoro a França.

Gosto de fazer pequenos desenhos de interiores antiquados, às vezes com gente, outras só com mobiliário, tapetes e paredes, e fiz um desses quando estávamos instalando a exposição em Paris. Quando Hervé viu aquilo disse:

"Temos de construir isso", então o ergueram como parte da exposição. Tive muitas ofertas de exposições depois de *The Air is on Fire*, o que me inspirou.

Depois da inauguração da exposição, o Maharishi me pôs numa turnê por 16 países. Surreal. Fomos a muitos lugares, e adorei fazer aquilo pelo Maharishi. Antes da palestra sempre me sinto pra baixo, mas quando termina sinto-me animado, então, embora tenha sido um tormento, valeu a pena, e eu falava com o Maharishi diariamente para contar como tinha sido a palestra da noite anterior.

Terminei a turnê em setembro de 2007, e pouco depois de voltar para casa, meu pai morreu. Não sei se alguém está pronto para ir quando chega a hora de morrer — se sofrer o suficiente talvez você esteja pronto. Meu pai nasceu em 4 de dezembro de 1915 e morreu em 4 de dezembro de 2007, então tinha 92 anos de idade. Já estava meio fora daqui no final, bem alheio, e fui até lá com Austin, Riley e Jennifer. Meu irmão não pôde ir, mas Martha foi, e um por um entramos e nos despedimos dele. Depois todos se foram e minha irmã e eu entramos. Tinham desligado as tomadas e iam deixá-lo ir, e achei que seria bom meditar. Meditei por uma hora e meia, e quando fui para fora fumar um cigarro ele se foi.

Em outubro de 2007 o Maharishi sabia que ia embora, e parou de receber as pessoas. No meu aniversário em 2008, as pessoas que o acompanhavam me ligaram por Skype e eu soube depois que o Maharishi ficou mandando os gurus que cuidavam dele se calarem porque queria ver aquilo. Quando desligamos, ele disse: "O mundo está em boas mãos", e duas semanas e meia depois deixou o corpo.

Quando o Maharishi morreu, Bobby Roth telefonou e falou: "Acho que ele gostaria que você estivesse lá', e respondi: 'Ok, decidi, vou ao funeral.'" Não há consulado indiano em Los Angeles, então tive de ir a São Francisco para obter o visto. Antes de ir eles disseram: 'Não tem problema, você só precisa do passaporte e uns formulários preenchidos", então Emily e eu fomos a San Francisco no dia seguinte. Chegamos ao consulado, fui ao guichê, entreguei o passaporte e os formulários, e disseram: "Todas as páginas de vistos no seu passaporte estão carimbadas. Você precisa ir ao Departamento de Estado conseguir mais páginas de vistos, e vamos fechar daqui a pouco. Acho que não poderá viajar à Índia essa noite." Respondi: "*Preciso* ir hoje."

472 ESPAÇO PARA SONHAR

Fomos à embaixada americana, havia uma fila de 200 ou 300 pessoas e um sujeito muito grosseiro atendendo. Ele disse: "Pegue uma senha e entre na fila." Depois de um tempo fui ao guichê e falei: "Preciso de umas páginas de visto agora", e ele respondeu: "Acalme-se, companheiro; pegue a senha e vamos chamá-lo." Insisti: "Não, preciso disso agora", e ele: "Você *não* pode ser atendido agora. Pegue a senha e espere. Vamos chamá-lo quando tivermos as páginas de vistos, o que pode levar algumas horas." Argumentei: "Não, não! Vão fechar o Consulado Indiano!" Ele retrucou: "Não há nada que eu possa fazer." Então me deram a senha, esperei e esperei, por fim consegui as páginas de visto, fui direto ao Consulado Indiano e estava fechado.

Então Anna Skarbek me disse: "Tenho um amigo que disse que há um lugar onde pode ir para resolver isso disso", então anotamos o endereço e chegamos a essa casinha, que tinha uma bandeira indiana na fachada. Subimos os degraus e entramos numa sala de estar que parecia um lobby, com cadeiras e uma escrivaninha. Não havia ninguém, à exceção de uma mulher sentada, então entreguei-lhe meu passaporte e os papéis e ela disse: "Espere aqui." Depois veio uma moça que falou: "Ok, feito." O que era *impossível* conseguir do outro lado da cidade foi feito num instante! Despedi-me de Emily e fui direto para o aeroporto.

De São Francisco fui a Munique, troquei de avião, voei a Nova Delhi e cheguei a um aeroporto muito grande. Alguém devia estar me esperando, mas esse alguém não estava lá, então fui ao piso superior, tomei um café e fumei um cigarro. Depois de um tempo comecei a entrar em pânico, porque não sabia aonde ir, até que por fim chegaram umas pessoas e me levaram do aeroporto grande a um aeroporto minúsculo, bem longe dali, que não parece com nenhum aeroporto que você conheça. Dava para entrar ali e se perder para o resto da eternidade, mas eles me levaram ao lugar certo e terminei num aviãozinho que nos levou a Varanasi. Quando aterrissamos havia dois utilitários 4x4 grandes, brancos, e avisei que ia fumar no carro, então muitos foram no outro carro, e tudo bem. Eles ainda gostavam de mim, mas não queriam fumaça, e partimos numa viagem de quatro horas até Allahabad. Cada segundo em que você não morre numa estrada indiana é um milagre. Não há placas nem semáforos, e você tira cada fino dos caminhões que não daria para enfiar uma folha de papel entre o caminhão e o carro em que está. Há animais na estrada, cães, macacos, búfalos, vacas

— tudo. Bicicletas, pedestres, caminhonetes com trinta pessoas na caçamba — todos buzinam e afundam o pé no acelerador. Avançar 30 metros é um drama. Os motoristas rezam antes de pegar a estrada e se entregam a Deus. Vão em frente.

Fomos direto a Allahabad, onde estava o *ashram* do Maharishi, e o corpo dele estava lá, cercado de flores, numa tenda grande. As pessoas chegavam, prestavam as últimas homenagens, sentavam-se e ficavam por ali. Encontrei a minha amiga Fatima, sentamo-nos juntos por um tempo e depois saí para procurar o meu hotel. Entrei no carro do Dr. Hagelin, que não se preocupava com a direção porque era muito evoluído, mas seu motorista era o pior que eu já tinha visto. Falei: "Por favor, diga a ele que vou ter um infarto se não for mais devagar!" Eles riram, e eu estava completamente apavorado. Chegamos ao hotel deles e mudei de carro para chegar ao meu hotel, que ficava a uma quadra dali. Havia outras pessoas no carro e estava escuro, então seguimos e procuramos, mas o hotel não estava ali. Demos quatro voltas naquele quarteirão estranho, e na quinta o encontramos. Como não o vimos? Foi preciso dar quatro voltas para ele aparecer.

Havia um jardim bonito no hotel, a grama estava aparada, com belas plantas, e quando entramos havia um casamento gigantesco lá dentro — na Índia as pessoas piram com os casamentos, e era temporada de casamentos. Fui para o quarto e estava infestado de mosquitos. Há hotéis modernos na Índia que talvez não tenham mosquitos, mas esse era velho e não me incomodava. Não havia vinho — não se consegue um Bordeaux ali, então pedi umas cervejas Kingfisher, que eram de mais de 1,2 litro. Com as cervejas trouxeram também um aparelhinho para conectar na tomada que emite um odor que espanta os mosquitos, então quando entraram as cervejas os mosquitos foram embora e fiquei contente. O quarto era agradável.

Na manhã seguinte Bobby me ligou: "Traga o Sr. Fulano; ele está no seu hotel." Fui à recepção e pedi: "O senhor poderia avisar ao Sr. Fulano que estamos aqui e temos de ir?", e ele olhou uma pilha bagunçada de cartões e disse: "Ele não está aqui." Insisti: "Sim, está", e ele: "Não, não está." Voltei ao quarto, liguei para Bobby e ele insistiu que o camarada estava ali. Retornei à recepção, pedi para verificar novamente e o sujeito disse: "Ele não está aqui." Então apareceu outra pessoa que ia ao funeral e expliquei: "Estamos procurando o Sr. Fulano e ele não está aqui", e ele respondeu: "Ele está no quarto ao lado do seu." Adoro a Índia, é mágica.

474 ESPAÇO PARA SONHAR

No segundo dia do funeral, o corpo do Maharishi foi cremado em outra parte do *ashram*, onde armaram a pira funerária, e milhares de pessoas tinham ido assistir. Foi incrível como armaram aquela pira enorme feita com madeiras especiais — tudo tinha de ser exato. Um helicóptero despejou milhares de pétalas de rosas, mas as pás levantaram poeira, então foi um redemoinho de poeira e pétalas. Impressionante. A pira funerária ainda ardia quando voltei ao hotel.

No terceiro dia voltamos ao *ashram* e o fogo havia se extinguido, e gurus especiais recolhiam as cinzas, dividindo-as e colocando-as em urnas que iriam a diferentes lugares. Todos fomos à convergência entre o rio Ganges, o Yamuna e o rio transcendental Saraswati. Os três rios se juntam ali, e o lugar onde você imerge se chama *sangam*. Imergir ali é a coisa mais sagrada que se pode fazer na vida. Você submerge ali e vira ouro.

Havia vários barcos à nossa espera e Bobby tentou me embarcar num barco branco grande onde estavam as cinzas do Maharishi, mas disseram não. Então um camarada alemão chamado Conrad surgiu do nada e me levou a um barco, onde embarquei com outras pessoas, e seguimos cercados por centenas de barcos. Entramos no Ganges e o grande barco branco que levava as cinzas do Maharishi estava vindo, então me despi, Conrad me deu um xale e saí do barco. É preciso tapar orelhas, nariz e olhos para mergulhar, por causa da poluição. Você reza e mergulha para trás três vezes. Sempre pensei, eu, David, que nunca iria à Índia, e nunca na vida mergulharia no Ganges. Mas não só estava na Índia como estava no *sangam*, e não só ali como estava imergindo, e não só imergi como o fazia num momento da eternidade, quando as cinzas do Maharishi Mahesh Yogi estavam na água ao meu redor. Aquilo foi grandioso.

Mais tarde naquele ano estava em Paris, sentado num café em frente a uma loja da Cartier, e pedi Emily em casamento. Casamo-nos no ano seguinte, em fevereiro de 2009, na relva do Hotel Beverly Hills, e em determinado momento saí para fumar e encontrei um imitador de Elvis que ia fazer um show no hotel. Falei: "Você precisa vir", ele veio e todos dançaram.

Naquele ano resolvi fazer um filme sobre o Maharishi, e voltei à Índia. Bobby Roth foi comigo, e Richard Beymer estava lá filmando. Richard é um ser muito especial. É uma figura, medita há muitos anos e é um cara muito evoluído; em *Twin Peaks* ele interpreta Benjamin Horne. É ótimo viajar com ele. Ele filmou coisas muito boas e fez um documentário sobre a nossa viagem intitulado *It's a Beautiful World*. Não é um filme que atraia multidões — veja como está o mundo — mas talvez um dia isso aconteça. Só que ainda não é o momento.

A caminho da Índia parei em Xangai, e quando estava saindo de lá percebi que tinha febre, e pensei que talvez tivesse a gripe aviária. Na fila do controle de passaportes para entrar na Índia há um aparelho que mede a sua temperatura; se estiver alta, eles tiram você da fila e o colocam em quarentena e não deixam você sair enquanto não estiver bem. Estava na fila e de repente vi uma tela de TV que lia a temperatura das pessoas e eu já tinha passado por lá, então consegui entrar. Estive doente todo o tempo que passei lá, e gostaria que não tivesse sido assim. Seguimos os passos do Maharishi e queria estar tinindo, mas não estava cem por cento.

Quando o mestre do Maharishi, o Guru Dev, deixou o corpo em 1953, o Maharishi construiu uma casinha junto ao Ganges, em Uttarkashi, no Vale dos Santos, onde passou dois anos em silêncio e meditação. Depois ele começou a viajar e ensinar a técnica da Meditação Transcendental, e em toda parte encontrou gente disposta a ajudá-lo. Antes de partir deixava algo montado em todos os lugares por onde passava, se mantinha em contato com esses centros de meditação que surgiam, e construiu um movimento mundial para ensinar a sua técnica. As duas missões do Maharishi foram iluminação para o povo e paz na terra, e antes de deixar o corpo ele declarou que estava tudo certo, tudo feito. É como o trem que deixa a estação e está a caminho. A paz na terra está a caminho. A questão é quanto tempo o trem levará para chegar. É assim, e está acontecendo agora porque os tempos o exigem.

Há muito tempo faço experimentos musicais, mas seria um desrespeito com os grandes artistas dizer que sou músico. Toco, mas não sou músico. Conheci Marek Zebrowski por meio da Gangue Camerimage, ele é compositor e um sujeito brilhante que fala oito línguas. Ele tem ouvido absoluto, então toco qualquer coisa e ele me acompanha, e soa como se eu soubesse o que estou fazendo. Mas a coisa é toda improvisada, e só funciona por causa de seu ouvido absoluto. Nossa criação funciona assim: começo lendo um pequeno poema, depois em geral toco uma nota no teclado e Marek entra. Ele ouve minhas modulações, acha coisas e parte dali — é uma coisa muito livre. É uma sessão improvisada baseada na atmosfera das palavras do poema. Escrevo novos poemas para as sessões com Marek, coisas curtas só para criar um clima, e depois a música começa. Fizemos apresentações em Milão, Paris, Łódź e na embaixada polonesa em Nova York, e gostei porque não precisava decorar nada. Com a blueBOB tinha de decorar as mudanças e era um tormento tocar para as pessoas. Estar diante delas e improvisar é muito melhor.

Outro projeto musical daquela época era *Fox Bat Strategy*, que surgiu em 2009 como um tributo a Dave Jaurequi, que morreu em Nova Orleans em 2006. Aquilo começou no início da década de 1990, quando estava no corredor da Casa Rosa e comecei a cantarolar uma espécie de linha de baixo. Leio música porque toco o trompete, mas volto a dizer que não sou músico, então fiz um desenho das notas do baixo para não esquecê-las e marquei uma sessão na Capitol Records sem saber muito bem o que iria fazer. Mas sabia que queria Don Falzone no baixo, e disse: "Don, isso é totalmente constrangedor, mas tenho uma linha de baixo", e cantarolei-a para ele. Ele respondeu: "Isso é legal, David! Posso fazer variações em cima disso?" Concordei, ele fez e ficou lindo. Depois ele a tocou para Steve Hodges, que começou a tocar a bateria e eles entraram numa onda com aquilo, depois Andy Armer tocou algo nos teclados. Eu conhecia alguns guitarristas, mas nenhum estava disponível, até que alguém disse: "Tem esse cara, Dave Jaurequi", então ele foi contratado, mas ainda não tinha aparecido.

Gravamos a faixa e por fim apareceu Dave Jaurequi "vindo das ilhas", me disseram. Não sei que ilha era, mas aquilo soava bem, e ele usava uma camisa meio de ilha e óculos escuros, e sentou com a sua guitarra. Disse a ele, como sempre faço, que aquilo tinha uma vibração da década de 1950, ele começou a tocar e era tão bom que quase pirei. Incrível. Gravamos "The Pink Room" e "Blue Frank", que estão em *Os últimos dias de Laura Palmer*, e esses caras entraram no filme, também. Estão na cena do clube noturno canadense The Power and the Glory.

Passou um tempo, escrevi um monte de letras e quis voltar ao estúdio com aqueles camaradas. Reservei o Cherokee Studios. Terminei trabalhando principalmente com Dave Jaurequi; eu dava as letras e ele tocava e cantava, tentando encontrar o tom. Escrevemos talvez umas seis canções juntos, que gravamos e mixamos com Bruce Robb no Cherokee. Foi espetacular, mas aquelas canções não foram pra frente, ficaram engavetadas. Quando terminei meu estúdio quis trazer Dave para trabalhar, e de repente soube pela namorada dele, Kay, dona de um bar em Nova Orleans chamado The John, que Dave estava sentado numa banqueta e caiu morto devido a uma hemorragia interna. Kay e eu ficamos em contato e fizemos um disco em tributo a ele que incluiu as canções que fizemos no Cherokee, só que na época a indústria musical estava na merda e ninguém ganhou um tostão. Mas foi maravilhoso trabalhar com aqueles caras. Grandes músicos e grandes pessoas.

A música ajudou muito a Fundação David Lynch. Laura Dern e eu fomos os mestres de cerimônia do Change Begins Within, concerto para angariar fundos que aconteceu no Radio City Music Hall em abril de 2009. Apresentei todas aquelas pessoas e, ai meu Deus, estava muito tenso e o lugar estava lotado. Paul McCartney e Ringo Starr? Você está de brincadeira? Era apenas a segunda vez que se juntavam depois do fim da banda, e tocaram "With a Little Help from My Friends". Depois Paul fez um set inteiro. Trouxe dois caminhões super compridos carregados de equipamentos. Eles eram *muito compridos*. O piano, cada coisinha, ele traz tudo.

As pessoas não imaginam como os Beatles foram importantes nas nossas vidas. Quem viveu isso sabe, mas os jovens não. Vivi isso, então conhecer Paul e Ringo foi o máximo do máximo. Na primeira viagem que fizeram aos Estados Unidos, em 1964, foram a Nova York e depois a Washington D.C., onde fizeram o primeiro show no país, e eu estava lá. Eles tocaram num ringue de boxe [para oito mil fãs, no Washington Coliseum, em 11 de fevereiro de 1964], um espaço gigantesco, e mal dava para ouvir — era como chiados em meio à gritaria que ia de um lado ao outro. Eu estava no último ano do ensino médio e não tinha planejado ir, mas na última hora resolvi, convenci meu querido irmão a me dar o ingresso dele, e fui em seu lugar. Tive que contar a Paul e Ringo que estava lá em seu primeiro show americano; claro que isso não significa nada para eles, mas para mim foi incrível.

Ringo é como Harry Dean, um camarada com quem você pode sentar e que fica à vontade ao seu lado sem precisar conversar — um ser humano real, Ringo, ele é especial. Todo ano vou à festa de aniversário dele no edifício da Capitol Records. Eles tocam música para a multidão, e ao meio-dia

478 ESPAÇO PARA SONHAR

Ringo anuncia paz e amor e atira braçadeiras que trazem escrito PAZ E AMOR. Ele faz isso todo ano, no dia 7 de julho. Paul também é um cara muito bom. Eu o vi ensaiar para o concerto no Radio City, e quando ele ensaia o tempo é cronometrado em milissegundos. Ele é perfeccionista e mantém todos absolutamente na linha, quando tocam não há improvisos, tudo é milimétrico. Muita gente muda com o tempo, mas quando ele toca uma canção antiga ela soa exatamente como a gravação original. Paul e Ringo meditam desde que estiveram com o Maharishi em Rishikesh, em 1968; são meditadores que adoram e apoiam a meditação.

Naquela época Mindy um dia me disse: "Danger Mouse quer te conhecer", e perguntei: "Quem é Danger Mouse?" Ela explicou de quem se tratava e concluí: "Ele deve querer que eu faça um vídeo ou algo assim." Ele veio, era um cara legal e um grande produtor, e não queria um vídeo. Queria que eu fizesse fotografias inspiradas na música do disco que tinha gravado com Sparklehorse, e encaramos aquilo como uma filmagem de cinema. Fomos a locações, e a diferença foi que, em vez de filme, fizemos stills.

As pessoas adoram Sparklehorse, e eles não faziam nada havia um tempo, então Danger Mouse convenceu Mark Linkous a fazer algo, e produziram aquelas faixas. Quando terminaram, Mark estava constrangido demais para cantar, então convidaram diversos cantores para escrever as letras e fazer o que quisessem com as faixas. Em algum momento brinquei com Danger Mouse: "Pensei que você fosse me chamar para cantar", e ele perguntou: "Você canta?" Respondi: "Sim, comecei a cantar umas coisas", então ele ouviu, depois ligou e falou: "Quero que você cante." Terminei cantando em duas faixas e tive a ideia do título, *Dark Night of the Soul*, que não tem nada de novo. Todos passam por uma noite escura da alma. Eles resolveram dar esse título ao disco.

Adorei Danger Mouse e adorei Mark também. Ele me visitou algumas vezes e é uma pessoa legal de sentar junto. Adorava música, ele e Dean sentavam-se no estúdio e conversavam; ele fumava cigarros sem filtro até o final, por isso tinha os dedos alaranjados e amarronzados. Era um garoto sulista. Tinha muita coisa nele, muita mesmo. Alguns músicos carregam muita coisa, e você saca imediatamente quem são.

Assisti a Janis Joplin em *Monterey Pop*, ai meu Deus, eu simplesmente caio no choro. Ninguém a conhecia naquela época — é difícil imaginar hoje, mas ela era desconhecida — e ela aparece no palco, os caras tocam uma introdução bacana na guitarra, depois aquilo meio que se acalma, ela entra e é perfeito. Ela faz coisas perfeitas, é a melhor, é uma porra duma canção incrível e ela arrasa. A certa altura do filme cortam para Mama Cass, que está na primeira fila do show de Janis, e ela está dizendo "Uau", como quem não acredita no que vê. Aquilo é ouro puro. Então entra Jimi Hendrix, e ele e a guitarra são uma coisa só. Os seus dedos tocam não importa onde esteja a guitarra — uma só coisa. É surreal. A coisa mais legal do mundo. Então ele ataca com "Wild Thing", ele se supera, e em seguida Otis Redding sobe ao palco. A canção que ele tocou naquela noite? Foi *a* versão de "I've Been Loving You Too Long." Sai tanta coisa daquele vocal que é difícil acreditar que alguém pudesse pôr tudo aquilo numa canção.

Meu tronco está ficando dourado

Quando, em 2014, a exposição de Lynch foi inaugurada na Academia de Belas Artes da Pensilvânia, ele começava a conquistar tardiamente certo reconhecimento no mundo artístico, mas justo nessa época voltou a se embrenhar no labirinto da televisão. A viagem que o levaria de volta a *Twin Peaks* tinha começado em 2011, naquele almoço no Musso & Frank com Mark Frost, e acabou ocupando quatro anos da sua vida.

Lynch estava tentando obter financiamento para *Antelope Don't Run No More* quando *Twin Peaks: The Return* começou se materializar ao longe, mas o filme parecia impossível de tirar do papel. O produtor francês Alain Sarde tinha assegurado que poderia fazer qualquer filme que Lynch quisesse, mas, com um orçamento estimado em 20 milhões de dólares, *Antelope* atolou no atual paradigma do cinema: é possível fazer um filme imenso ou um minúsculo, mas qualquer coisa no meio do caminho cai no limbo. Aquilo foi ficando cada vez mais claro para Lynch à medida que as sessões de escrita com Frost se tornaram mais frequentes. Eles escreveram principalmente por Skype — Frost mora em Ojai, a duas horas de carro de Hollywood — e criaram a produtora Rancho Rosa Partnership, Inc. Lynch chamou Sabrina Sutherland para produzir o programa que estavam desenvolvendo; ela tinha começado a trabalhar com ele em tempo integral em novembro de 2008 fazendo a perícia contábil dos seus diversos negócios, alguns dos quais estavam desorganizados, e era alguém indispensável na vida profissional de Lynch na época em que *Twin Peaks* começou a andar. Ele confia

484 ESPAÇO PARA SONHAR

cegamente nela, que faz mil coisas para ele como produtora, contadora, agente, advogada e gerente de negócios.

No início de 2014, Lynch e Frost tinham em mãos um roteiro suficientemente longo para começar a buscar financiamento, e a primeira parada foi no canal a cabo Showtime, uma subsidiária da CBS Corporation. "Ouvi rumores de que David e Mark estavam pensando em reviver *Twin Peaks* e implorei a David, por intermédio dos seus representantes, que viesse nos ver", conta David Nevins, CEO do Showtime. "Em fevereiro de 2014, ele e Mark vieram para uma reunião com Gary Levine e eu, e David sentou-se no sofá e ouviu em silêncio enquanto eu tentava convencê-lo de que este seria um bom lugar para trazer o seu bebê. Ele foi reservado, educado, estava bem vestido, de terno preto e camisa branca, e tentava avaliar se eu seria um colaborador confiável."[1]

As negociações duraram seis meses, e em outubro o Showtime anunciou a retomada do seriado e encomendou nove episódios. Em janeiro de 2015, Lynch e Frost entregaram um roteiro de 334 páginas à rede, e àquela altura Frost canalizou suas energias para escrever um livro sobre o seriado, *A história secreta de Twin Peaks*, enquanto Lynch continuou trabalhando no roteiro. As negociações se arrastaram e Lynch foi ficando cada vez mais irritado, e em 6 de abril, depois de 14 meses pechinchando, o Showtime apresentou um orçamento para o programa que ele considerou totalmente inadequado e anunciou num tweet que estava saindo do projeto.

"O Showtime pôs na cabeça que se tratava de episódios para televisão, não entendeu a ideia de David", Sutherland explica a disputa contratual. "Para David aquilo nunca foi televisão; sempre foi um longa metragem, mas eles não entenderam sua proposta. Por exemplo, David queria uma equipe completa de cinema diariamente, com máquinas de raios, pintores à disposição, técnicos de efeitos especiais, e não é assim que a televisão funciona. Eles não têm equipes grandes em tempo integral, então o Showtime resistiu, porque encarava aquilo como televisão. Quando David disse: 'Ok, estou fora', não saiu porque queria mais dinheiro para si; saiu por causa do hiato entre o que estava sendo oferecido e o que ele precisava para fazer o que tinha em mente; na verdade, David não ganha muito dinheiro."[2]

Sair do projeto não foi fácil. "Vê-lo fazer aquilo me remeteu à sua integridade ante o trabalho", rememora Emily Stofle. "Aquilo ocorreu na época em que sua contadora tinha acabado de explicar-lhe o quanto custava manter

MEU TRONCO ESTÁ FICANDO DOURADO   **485**

esse lugar, e ele sabia que estava gastando demais com a equipe. Tinha acabado de fazer um comercial para o Dom Pérignon que lhe permitia manter tudo por mais um ano, mas desde 2006 não fazia filmes e não tinha uma fonte de renda fixa. Contudo, ele jamais colocaria em jogo a sua visão do que *Twin Peaks* deveria ser."

Após tomar a decisão, Lynch ligou para vários atores que haviam se comprometido com o programa e contou-lhes que tinha saído do projeto, mas que talvez aquilo ainda fosse à frente sem ele. "Acho que nenhum de nós teria chegado nem perto do projeto sem David", conta o ator Dana Ashbrook, que interpretou o delinquente juvenil Bobby Briggs nas primeiras duas temporadas do programa.[3] Àquela altura, Mädchen Amick organizou uma campanha em vídeo, e onze atores — Amick, Ashbrook, Sheryl Lee, Sherilyn Fenn, Kimmy Robertson, Peggy Lipton, James Marshall, Gary Hershberger, Wendy Robie, Catherine Coulson e Al Strobel —, além de Jennifer, a filha dele, gravaram depoimentos a favor de Lynch.

"Eu estava no Japão quando as negociações foram por água abaixo", conta Nevins. "Na televisão você negocia o orçamento com base em cada episodio, e nossos advogados estavam lidando com *Twin Peaks* como sempre lidaram com a televisão, mas aquele não era um projeto típico. David deixara claro desde o início que o encarava como um filme e não queria ter de definir de antemão quantos episódios teria; ele disse: 'Podem ser 13, talvez mais.' Nossos advogados se fixaram nesse ponto e disseram que não iriam pagar 13 vezes a nossa taxa por episódio, mas não era isso o que David estava pedindo."

"Estava no avião voltando para casa quando ele postou o tweet avisando que desistira do projeto, e assim que pousei Gary e eu fomos à casa dele, que declarou: 'Insisti que eram mais do que nove episódios, mas ninguém me ouviu.' Retruquei: 'Não posso lhe dar um cheque em branco e preciso saber quanto vou gastar', ao que ele propôs: 'Calcule quanto pode gastar e eu verei se posso fazer o que quero com essa quantia.' Então orçamos tudo e lhe entregamos uma boa quantidade de dinheiro, que que nos convinha, e dissemos: 'Faça as horas que achar necessárias.' Ele usou o dinheiro de modo eficiente e no fim o preço por episódio foi muito razoável."

"Nunca consideramos ir adiante sem David", acrescenta. "O que seria *Twin Peaks* nas mãos de outra pessoa? Não era uma franquia a ser reinventada por um novo diretor, e já sabemos o que acontece com *Twin Peaks* quando David não está envolvido. Torna-se uma imitação mais pobre de si mesmo."

486 ESPAÇO PARA SONHAR

Em 15 de maio de 2015 Lynch anunciou que estava de volta e a pré-produção começou oficialmente. Embora o roteiro tivesse sido apresentado ao Showtime meses antes, ele ainda passou vários meses escrevendo depois que o programa recebeu luz verde. "David é o primeiro a dizer que sem Mark não teria havido *Twin Peaks*, e que a forma geral da história já estava montada quando Mark saiu para escrever o livro, mas ele a expandiu substancialmente depois que Mark saiu", explica Sutherland. "Coisas que há anos rondavam sua cabeça entraram no roteiro, e a perspectiva da direção é inteiramente dele. Ele sabia exatamente o que queria — como cada um seria, o que vestiria, os cenários, os detalhes de um móvel, o zíper numa saia — cada aspecto visual é cem por cento David."

"Ele trabalhou tanto escrevendo aquilo", recorda Stofle. "Quando estava escrevendo com Mark ele voltava para casa à noite e, como eu não gostava que fumasse em casa, sentava-se do lado de fora e escrevia em blocos de papel enquanto fumava. Passava horas sentado do lado de fora. Passou tanto tempo na sua espreguiçadeira *vintage* que tivemos de mandar fazer outra almofada para ela. Nas noites frias ele se enrolava num cobertor. A casa tem um beiral, e quando chovia ele virava a espreguiçadeira para não se molhar."

Lynch queria que Jack Fisk fosse o diretor de arte do programa, mas este tinha acabado de terminar *O regresso*, com Alejandro Iñárritu, e recomendou a sua produtora de arte, Ruth De Jong. Duwayne Dunham voltou como editor, Angelo Badalamenti se encarregou da música e Johanna Ray e Krista Husar escalaram o elenco. Com mais de 200 papéis com falas, *Twin Peaks: The Return* foi o maior projeto em que Ray trabalhou.

A fotografia principal começou em setembro de 2015, e a filmagem de 140 dias foi uma experiência gloriosa para todos, inclusive para Lynch. "Parecia tão natural", conta Michael Barile. "Desde o primeiro dia ele ocupou a sua cadeira com o megafone, e foi como se David tivesse feito aquilo um milhão de vezes. Ele estava no seu ambiente."

Kyle MacLachlan era obviamente o primeiro e mais importante ator do elenco. "Eles estavam escrevendo, mas não tinham terminado o roteiro, e queriam saber se eu topava, e respondi que estava cem por cento dentro", conta o ator, que tinha sido sondado por Lynch e Frost em 2012.[4]

"Não era só um grande papel — eram três grandes papéis, e eu nunca tinha enfrentado um desafio semelhante como ator. O processo para me converter no Cooper mau foi uma jornada e tanto, e David e eu encontramos

MEU TRONCO ESTÁ FICANDO DOURADO **487**

o personagem de um modo lento e seguro. Para mim, as cenas mais difíceis foram aquelas em que o Cooper mau contracena com David e Laura Dern. David e eu somos meio patetas juntos, e foi difícil ser o personagem dominante diante dele. Tenho uma relação tão forte com ele e Laura que foi duro me desconectar dela."

Dern contracena com MacLachlan como Diane, seu par romântico e, embora concorde que a filmagem teve momentos desafiadores, para ela sempre foi muito prazerosa. "Contracenar com David e Kyle foi como um piquenique familiar", conta. "David criou aquele reencontro entre Kyle e eu — como se embrulhasse um presente de Natal para nos ofertar. A história entre Cooper e Diane ao longo da série também é uma história de amor, o que lhe deu um significado ainda maior."

"Mas a cena amorosa entre Kyle e eu foi difícil — não por causa da intimidade, mas devido às intensas emoções de Diane naquele momento", acrescenta. "David não tinha uma ideia preconcebida de como queria a cena. Foi falando à medida que filmava, e acho que não sabia que seria tão angustiante. Diane é o verdadeiro amor de Cooper, porque entende a divisão interna que ele enfrenta, e ela foi a sua maior vítima — talvez mais que o próprio Cooper. Para mim, a cena é mais torturante que angustiante, e é torturante porque ela sabe que eles nunca mais serão inocentes. É desolador e erótico, magoado e confuso. Não sei o que David pretendia, mas foi como vivi aquela cena."

Michael Horse, que interpreta o vice-xerife Hawk nas três temporadas do programa, conta: "David telefonou e avisou: 'Vamos juntar a velha turma', e um dia ou dois depois de começarmos a filmar pensei, 'Ah, tinha esquecido quem David era e como isso é especial. Com ele tantas coisas ficam fora da caixa, e me diverti muitíssimo'."[5]

Lynch cobriu o programa com o manto do segredo e, à exceção de MacLachlan, os atores chegavam ao set sem saber nada além das suas falas. Mas ninguém parecia se importar. "O fato de haver tanto mistério envolvendo o roteiro acrescentou uma dimensão bonita à interação dos atores", conta James Marshall, que interpreta o solitário e melancólico James Hurley. "Quando gravava suas cenas, havia uma privacidade extrema que acho que se percebe na tela."[6]

Dentre os 27 atores da série original que voltaram para a terceira temporada estava Al Strobel, que interpreta Phillip Gerard, o homem de um só braço

488 ESPAÇO PARA SONHAR

que na primeira temporada é parceiro de Bob no crime. Gerard evoluiu para uma espécie de oráculo na terceira temporada. "Estava morando em Portland e meu agente entregou minha foto e um CV a Johanna Ray", conta Strobel sobre o início da sua relação com Lynch. "David viu algo em mim que podia usar na sua arte, e me apaixonei por ele imediatamente. Foi como ter sido convidado a brincar numa caixa de areia fantástica com alguém que se diverte mais do que você poderia imaginar — ele era muito brincalhão naquele tempo. Desta vez pareceu muito mais sério, mas a terceira temporada era um trabalho mais sério. Antes nos divertíamos com as convenções da televisão, mas David mergulhou mais profundamente na sua arte e dessa vez parecia indiferente à popularidade que o programa poderia vir a ter. Ele só queria expressar a sua arte."[7]

Grace Zabriskie também notou que o tempo e a experiência haviam marcado Lynch. "À medida que você cresce como artista — e como alguém que vale muito — surgem pressões que você não imagina no início da carreira. Agora tem de lidar com expectativas novas, continua precisando entregar produtos e ser ainda melhor nisso. Essas pressões tornaram David um pouco menos disponível ao longo dos anos, mas é compreensível, e ele não mudou nada nos aspectos importantes."

"Recordo de estar sentada conversando no set de *Twin Peaks: The Return* enquanto esperávamos a montagem de alguma coisa", acrescenta. "Compartilhamos o amor pela madeira e por fazer coisas com as mãos, e em geral nossas conversas são sobre ferramentas, então provavelmente era disso que falávamos. Toda hora éramos interrompidos por gente que precisava da aprovação dele para uma coisa ou outra, e depois que cada um ia embora ele retomava a conversa exatamente onde a havia deixado. Ele está totalmente presente quando conversa com alguém."

O ator Carel Struycken, que interpreta o enigmático Fireman, também notou mudanças em Lynch. "Ele não disse nada sobre o personagem que eu iria interpretar", recorda ele sobre sua participação como o Gigante no primeiro episódio da segunda temporada. "Simplesmente veio, me cumprimentou e disse: 'Vai ser supimpa', o que soou muito dos anos 1950."

"David nunca tinha pressa", prossegue, "sempre pedia aos atores para fazerem tudo mais lentamente. Hank Worden interpretou um garçom na primeira cena que fiz, tinha 89 anos de idade e já se arrastava lentamente, e David pediu-lhe que se arrastasse ainda mais devagar. Dessa vez ele quis as coisas ainda mais vagarosas. Não sabia o que ele pretendia, mas agora, assistindo à nova versão, faz sentido. O ritmo é mesmo um tanto radical."[8]

De volta à terceira temporada estava também Peggy Lipton, que interpreta Norma Jennings, a rainha do Double R Diner. "Quando conheci David em 1988, ele estava sentado a uma mesa enorme feita por ele, e a única coisa que havia nela era a minha foto", conta. "Nunca tinha sido tratada com tanta deferência. Não conhecia nenhum filme dele àquela altura, mas me senti atraída pela sua personalidade. Quando David te olha, você é a única pessoa no mundo. Nunca se distrai, os seus olhos não vagam, o foco está em você, ele está ali por inteiro. Acho que ele me ofereceu o papel naquele dia."

"Duas décadas depois, recebi uma mensagem na secretária eletrônica — 'Oi, aqui é o David Lynch' —, liguei de volta e fofocamos um pouco", prossegue. "Ele adora entrar na sua mente e perguntou sobre a minha vida, depois me falou do programa e eu disse que topava, claro. Depois pensei, Meu Deus, como vou recriá-la, mas não tive de fazer nada, estava tudo escrito. Adoro o modo como David integrou o restaurante àquela coisa fantasmagórica. Está bem, tudo começou ali, são as nossas raízes e a nossa âncora, e tudo se encaixou belamente. Ter David de volta na minha vida depois desses anos todos tem sido muito especial."[9]

Na série, o par romântico de Lipton é Big Ed Hurley, interpretado por Everett McGill, que se aposentara em 1999 e tinha mudado para o Arizona. "Não mantive vínculos com ninguém em Los Angeles, e David me procurou por um tempo, até que Mark sugeriu: 'Por que não vê se alguém da sua turma no Twitter tem o contato dele?' conta McGill. "Alguém lhe deu o número de uma casinha na minha rua que era do meu sogro, que morreu há anos. Vou lá de vez em quando ver como estão as coisas, e a chance de estar lá e atender o telefone era escassa, mas o telefone tocou, atendi e era ele. Conversamos como se retomássemos uma conversa do dia anterior. Falamos dos bons velhos tempos e do seu Packard Hawk, um carro antiquado que ele teve e adorava, e à medida que a conversa avançava ele perguntou: 'Se precisar ficar em contato com você, esse número é bom?' Respondi: 'Esse *não* é um bom número', e dei outro, e mais tarde recebi pelo correio um acordo de confidencialidade e uma ligação de Johanna. Há muito tempo eu tinha dito a David: 'Sempre que precisar de mim, chame e eu virei.' Ele sabia que não precisava perguntar se eu queria participar do programa."

490 ESPAÇO PARA SONHAR

"Big Ed sempre foi algo prazeroso para mim, e foi comovente quando Norma tocou as minhas costas e nos beijamos", acrescenta ele sobre a cena na terceira temporada em que os amantes desencontrados por fim se unem. "Foi um lindo sentimento, e David fez aquilo numa só tomada, sem regravar."[10]

"Durante a gravação da cena, David tinha posto no set a canção de Otis Redding ['I've Been Loving You Too Long']", conta Lipton, "e quando disse corta eu o fitei e ele estava chorando como um bebê."

A solução do caso amoroso entre Norma e Big Ed foi uma das várias mudanças na cidade de Twin Peaks. "Como um jovem interpretando Bobby Briggs na juventude, eu tinha carta branca para ser um babaca, então foi divertido", conta Ashbrook. "Sabia que a terceira temporada seria diferente, e não me surpreendi ao saber que Bobby tinha virado policial, porque uma cena com meu pai na segunda temporada já tinha apontado nesse sentido. Nos velhos tempos as instruções de David para mim eram um pouco mais excêntricas, mas dessa vez ele não foi tão etéreo comigo como sei que foi com outras pessoas. A descrição das minhas cenas era muito específica, e eu só queria atuar e não fazer besteira."

"Todos os trabalhos que fiz sempre tiveram alguma relação com *Twin Peaks*, e David é a razão pela qual ainda sou ator", continua Ashbrook. "Ele é o maior mestre que você pode ter e o artista mais verdadeiro que conheci. Quando estávamos filmando o piloto, Lara Flynn Boyle e eu uma vez o encontramos no hall do Hotel Red Lion, onde todos estávamos hospedados, e ele nos chamou ao quarto dele para ver um cartaz que estava fazendo. Depois de doze horas filmando ele se fechava no quarto e produzia mais arte — adoro isso nele."

Ashbrook amadureceu nos 25 anos que transcorreram desde o término da segunda temporada; o personagem de James Marshall ficou mais melancólico. "Acho que David encara cada personagem como um aspecto diverso de si mesmo. Sente-se atraído por personagens com inocência, e acho que James Hurley representa isso para ele", opina Marshall. "James é profundamente atormentado, e penso que David gosta quando a alma vem à tona em decorrência da dor ou da alegria. Ele também é mestre em fazer circular a energia."

"Há uma cena na primeira temporada em que Lara Flynn Boyle e eu estamos sentados no sofá e devemos nos beijar. Mas David não tinha obtido a atmosfera que queria, então veio conversar com Lara, olhou para mim sem dizer nada e voltou para sua cadeira. Fez isso diversas vezes, mas ainda não

MEU TRONCO ESTÁ FICANDO DOURADO **491**

tinha o que queria, então veio até mim, agachou-se, levantou as mãos e começou a abri-las e esticar os dedos. Ele não queria dizer algo equivocado, mas ainda não tínhamos chegado lá, então ele abriu e fechou as mãos por dois ou três minutos sem dizer uma palavra, depois se ergueu e disse: 'Vamos lá', e se afastou. Ele basicamente mudou a energia completamente fazendo-nos ficar imóveis com ele por uns minutos. Aumentou o gás e nos deixou acender a chama."[11]

Inevitavelmente, o elenco foi gradualmente reduzido. Vários atores — Frank Silva, David Bowie e Don S. Davis — morreram antes do início das filmagens; outros — Warren Frost, Miguel Ferrer e Harry Dean Stanton — quando estas terminaram. A presença deles no programa ressalta que, para Lynch, a linha divisória entre vivos e mortos é porosa. Uma figura particularmente pungente é Catherine Coulson, a Dama do Tronco, que quase não chegou às telas. Morreu numa segunda-feira, 28 de setembro de 2015. Na terça-feira anterior, uma amiga a visitara em casa, na cidade de Ashland, Oregon, e soube que ela planejava tomar um avião para Washington no domingo para filmar na segunda e na terça. Coulson estava sob cuidados paliativos e não deveria viajar, mas estava determinada a participar do programa e tinha escondido de Lynch seu estado de saúde. A amiga ligou para ele alertando-o que, se queria tê-la no programa, precisava ir imediatamente a Ashland e filmá-la em casa. No dia seguinte, Noriko Miyakawa viajou para Ashland, reuniu uma equipe de filmagem local e Coulson fez as cenas naquela noite, com Lynch dirigindo-a via Skype. Ela faleceu cinco dias depois. Na semana anterior, Marv Rosand, que interpreta o funcionário Toad do Double R Diner, também tinha falecido. Em 18 de outubro de 2017 Brent Briscoe, que interpretou o detetive Dave Macklay, morreu subitamente, aos 56 anos, de complicações após uma queda.

A série incluiu atores de outros filmes de Lynch — Balthazar Getty, Naomi Watts, Laura Dern e Robert Forster — e marcou a estreia de um punhado de atores em papéis importantes. "Um dia, numa sessão de gravação, David olhou para mim e falou: 'Acho que há um papel para você no meu novo projeto'", conta Chrysta Bell, que interpreta a agente do FBI Tammy Preston. "Só quando ele me deu as minhas falas entendi que Tammy era um papel importante. Fiquei em dúvida se poderia fazê-lo, e quando expressei minhas reservas ele disse: 'Vai dar certo, confie em mim.' Perguntei se deveria fazer umas aulas de interpretação, mas ele disse: 'Não! Não se atreva!'"

"David tinha uma ideia para a personagem, e fiz várias provas de figurino", acrescenta. "Viu todas as fotos que [a figurinista] Nancy Steiner enviou e dizia: 'Não, não é isso', ou 'Esta parte está bem, mas é preciso trabalhar o resto.' Ele disse não até chegar a essa agente do FBI com um visual de Jessica Rabbit."

Lynch visualiza seus personagens com os olhos da mente muito antes de entrar no set, e os atores que escala lhes dão corpo. "O diálogo molda bastante bem a personagem de Diane e havia outras partes que já estavam lá", conta Dern sobre a sua personagem, "David queria um tom de batom para Diane que não existia. Tentamos de tudo, em todas as linhas de maquiagem que havia, e por fim ele criou a própria paleta de batom e misturou as cores até obter o que queria. Todos os dias em que eu estava no set, ele passava 15 minutos misturando cores de batom até obter um rosa quase branco, carregado de amarelo e dourado.

"Ele é muito específico. Mas, ao mesmo tempo, adora ver os atores encontrarem coisas por si mesmos", prossegue Dern. "Fosse tocando Shostakovich nos alto-falantes do set de *Veludo azul* para Kyle e para mim, ou enviando Nic Cage e eu numa viagem juntos e dizendo o tipo de música que gostaria que ouvíssemos enquanto nos convertíamos em Sailor e Lula em *Coração Selvagem* — ele se empenha em ajudar você a descobrir aquela atmosfera de mistério por sua conta."

Dentre os que estrearam na tela com o programa estava Jake Wardle, jovem ator britânico que atraiu a atenção de Lynch em um vídeo do YouTube de 2010 intitulado *The English Language in 24 Accents* [A língua inglesa em 24 sotaques]. "Em 2012, Sabrina Sutherland me enviou um email dizendo: 'Oi, trabalho para um diretor que está interessado em escalar você para o elenco de um projeto e ele gostaria de falar com você por Skype', e David e eu conversamos pelo Skype pela primeira vez", conta Wardle, que à época tinha apenas 20 anos. "Ele foi muito legal, disse que tinha ficado impressionado com o meu vídeo e gostava da minha sinceridade, e seguimos nos falando de vez em quando. Conversávamos sobre coisas aleatórias, conhecendo-nos, por exemplo, ele perguntava o que eu tinha comido no almoço ou que raça de cachorro eu tinha. Então, em 2014 ele perguntou: 'Você alguma vez assistiu a *Twin Peaks*? Estamos fazendo uma nova temporada e você vai interpretar um cara *cockney* chamado Freddie que tem uma luva verde mágica que lhe dá uma força tremenda.' Ele escreveu as minhas falas em rima na gíria *cockney*, assunto que o interessa bastante. Na verdade, ele sabe mais de *cockney* que eu."

"Finalmente o conheci em 1º de março de 2016, quando fui provar o figurino. Fui convidado a visitar o set e ele estava filmando a cena do episódio 8 com o Fireman e a Señorita Dido. Ele me deu um forte abraço e me deixou sentar ao seu lado e vê-lo dirigir por várias horas. Se David não tivesse me encontrado não sei se teria me sentido confiante para atuar, mas agora sei que esse é o meu destino. Ele mudou a minha vida porque me ajudou a tomar o caminho certo. Sou parecido com o Freddie: ele foi escolhido pelo Fireman, eu fui escolhido por David. O Fireman deu a luva a Freddie e David me deu o papel."[12]

Do outro lado do espectro em termos de experiência estava Don Murray, um veterano calejado que contracenou com Marilyn Monroe em *Nunca fui santa*, de 1956, atuação pela qual foi indicado ao Oscar. "Não conhecia o David, e fiquei surpreso ao receber o telefonema com o convite", explica Murray. "Originalmente o papel tinha sido escrito para um homem de 45 anos e eu tinha 87, mas ele falou: 'Gosto muito de Don Murray, e não ligo.' Não sei o que David viu em mim, mas ele tem uma visão clara do que quer, e quando escala alguém é porque viu algo na pessoa que é exatamente o que quer ver na tela. Ele dá poucas orientações e ninguém precisa se esforçar para interpretar o personagem que escolhe para cada ator."

"David tem o set mais feliz que já vi", acrescenta. "Faz algo que nunca vi outro diretor fazer: mesmo que a pessoa tenha um papel muito pequeno, quando termina o trabalho ele para a produção, reúne o elenco e a equipe e diz: 'Este é o último dia da participação da Srta. Fulana e quero agradecer-lhe com uma salva de palmas.' Havia uma atmosfera de alegria única no set."[13]

O elenco tinha também um punhado de atores jovens que vinham lutando na indústria há um tempo, e que provavelmente olharão *Twin Peaks: The Return* retrospectivamente como a sua grande oportunidade. "Não sei como surgiu o teste, mas dirigi até uma zona industrial de San Fernando Valley e entrei numa sala de espera repleta do tipo de gente que você espera encontrar no escritório de escalação de elenco de David Lynch", conta Eric Edelstein, que interpreta Fusco, um risonho detetive de polícia. "Não consegui o papel para o qual fui fazer o teste, mas depois me disseram que David estava tentando achar algo para mim; meses depois recebi uma ligação e no dia seguinte estava provando o figurino. Quando cheguei ao set, David entrou e disse: 'Ok, vocês três são os irmãos Fusco, e você, Eric, é o caçula da família adorado pelos irmãos.' Ele usou a minha risada como um instrumento musical e a coreografou enquanto filmávamos — acho que devo ter dado uma risada durante o teste e por isso consegui o papel."

"Antes de *Twin Peaks* eu sempre tinha sido escalado como o cara mau, e pensei, 'Vou ter de lidar com essa energia negativa daqui pra frente?' Em *Twin Peaks* não só *não* fiz o cara mau como interpretei a mim mesmo, e agora me oferecem papeis do cara grandão risonho. Minha carreira mudou inteiramente porque David viu isso em mim."[14]

Os atores chegam a Lynch por diferentes caminhos; George Griffith, que interpreta o assassino de aluguel Ray Monroe, chegou por ligações familiares. "*Em águas profundas* me impactou bastante, e em 2009 sugeri que David fosse convidado para um episódio sobre meditação no *The Dr. Oz Show*", conta Griffith, que é casado com a filha de Oz. "David aceitou, eu fui o entrevistador e depois me convidaram para almoçar com eles. Consegui sentar ao lado dele e não podia acreditar que aquilo estava acontecendo. Para muita gente David é uma espécie de santo padroeiro, e aquele almoço marcou uma mudança enorme na minha vida. Contei-lhe sobre o filme em que estava trabalhando e mais tarde enviei-lhe uma cópia do filme, mas não esperava que ele o assistisse. Duas semanas depois ele enviou um email muito efusivo dizendo que tinha adorado. Chorei ao ler aquilo."

"Quando soube que *Twin Peaks* ia voltar pensei que talvez pudesse preparar o café ou algo assim, então escrevi dizendo a ele que estava disponível para qualquer coisa", conta. "Então Johanna Ray ligou e pediu que eu fosse lá, e pensei que fosse só uma gentileza de David. Fui encontrá-la, ela não sabia nada sobre mim e provavelmente se perguntava como fui parar lá, e depois pensei, Não tem como eu entrar no programa. Depois recebi um e-mail deles dizendo: 'Bem-vindo a bordo.' Não acreditei!"

"Só encontrei David no dia em que gravei a primeira cena, que era encontrar o Sr. C. na casa de Beulah. Quando entrei no set David falou: 'George Griffith, adorei o seu filme', o que foi muito legal da parte dele, pois ninguém sabia quem eu era e isso me deu certo peso de entrada. Todas as minhas cenas foram com Kyle, que tem muita história com David, e fiquei nervoso, claro. Mas no primeiro dia Kyle me disse: 'O chefe sempre consegue o que quer', e foi exatamente o que eu precisava ouvir."[15]

O elogiado comediante Michael Cera também era novo no mundo de Lynch, e sua pequena participação como o motociclista pirado Wally Brando é uma das sequências mais engraçadas da série. "Em 2012 fui com Eric Edelstein e um amigo fazer o curso introdutório de meditação transcendental no centro de Los Angeles.", recorda Cera. "No quarto dia uma mulher que trabalha lá veio até nós e perguntou: 'Vocês gostariam de meditar com David?' Ficamos pasmos e dissemos que seria fantástico, mas não levamos aquilo muito a sério. Mais ou menos um mês depois ela ligou e disse: 'Que tal quinta-feira na casa de David?' Éramos só nós, e ele foi super gentil recebendo estranhos em sua casa. Ele foi muito aberto, a sensação de ser um intruso passou logo, meditamos juntos e foi uma das coisas mais especiais que já me aconteceram. E depois, com a oportunidade de trabalhar com ele? Para mim foi incrível estar no radar de David Lynch. O que mais queria era não fazê-lo perder tempo e que não se arrependesse de ter me contratado."

"Na verdade, não discutimos o personagem", acrescenta Cera sobre Wally Brando. "Eu tinha assistido a uma entrevista de Marlon Brando com Dick Cavett e estava tentando imitá-lo da melhor maneira possível, e David me orientou a me ater à gramática do roteiro, o que ajudou. Ele tem um toque muito suave. Eram duas da manhã quando rodamos a cena, e fizemos tudo em cerca de 40 minutos."[16]

As coisas andaram rapidamente durante a filmagem. "David sempre foi eficiente, mas desta vez levou a coisa a outro nível", conta MacLachlan. "Foi tipo, cara, você só quer fazer uma tomada? Mas sabíamos que ele não avançaria se não obtivesse o que queria, e ele era absolutamente claro quanto a isso. Recordo que no dia em que fizemos a cena dançando o trenzinho de conga no escritório de Dougie, Jim Belushi improvisou alguma coisa. Quando David diz corta, sempre há um instante em que você espera para ver o que vem depois, então houve uma pausa e ele disse no megafone: 'Sr. Belushi? Preciso dar queixa no gabinete do diretor?' Jim respondeu: 'Não, eu saquei.' David lida com as coisas de um jeito tão simpático que se impõe sem constranger ninguém."

A extrema organização da produção se refletiu no tratamento das interpretações musicais na Roadhouse: foram aproximadamente duas dúzias, gravadas todas no mesmo dia, em uma locação de Pasadena, após um teste preliminar da banda Trouble, de Riley Lynch e Dean Hurley. O público foi

496 ESPAÇO PARA SONHAR

gravado em outro dia, com substituições das pessoas para garantir variedade. Tudo avançou rapidamente.

Isso não quer dizer que a filmagem tenha sido fácil para Lynch. "Ele se divertiu, mas foi duro", conta Barile. "Ele completou 70 anos durante as filmagens e trabalhávamos ao menos 12 horas por dia — muitas vezes chegamos a 17 horas diárias. Ele adoeceu algumas vezes, chegou a ter catarro no pulmão e febre, e mal conseguia subir as escadas quando o deixávamos em casa. No entanto, seis horas depois estava de volta ao trabalho. Um dia quando estávamos filmando na Sala Vermelha ele caiu e machucou bastante os joelhos, mas se ergueu e saiu andando. Antes da série não sabia que ele era tão resistente."

Dado que o trabalho o consumiu por inteiro, não surpreende que tenha afetado seu casamento. "Foi difícil, porque basicamente ele desapareceu", recorda Stofle. "Vivia exausto. Dezoito horas de conteúdo? É como fazer pelo menos nove longa-metragens, é um trabalho enorme. O cronograma era massacrante, e ele pulava das filmagens noturnas às diurnas, e o domingo era o único dia de descanso. Porém, sempre havia reunião de produção nos domingos à noite, então ele nunca recuperava o sono. Em determinado momento ele me disse: 'Puff, estava meditando no trailer, dormi e quando despertei não sabia onde estava. Todos no set são mais jovens e estou muito cansado.' Ele ficou muito doente, mas nunca parou de trabalhar."

"Pouco depois de começar a filmar ele disse: 'Quando chego em casa às seis da manhã você e Lula estão começando o dia e andando por aí, mas eu preciso de silêncio e de cortinas blecaute", prossegue Stofle. "Tentamos conseguir um quarto para ele no Hotel Chateau Marmont, mas era caro demais, então transformei um dos quartos de hóspedes da casa cinza num quarto para ele, com cortinas blecaute nas janelas, e ele adorou. Quando voltou das filmagens em Washington, mudou-se para lá; uma noite fui vê-lo e ele estava assistindo TV e fumando, e pensei, 'Isso vai ser permanente'. Por causa do cigarro. Por dois anos ele tinha reclamado por ser obrigado a fumar do lado de fora, e ali podia fumar livremente. Fumar é uma peça importante no seu quebra-cabeça."

Twin Peaks: The Return tem um cenário muito mais vasto que as temporadas anteriores. Ambientado em Nova York; Las Vegas e um subúrbio vizinho; nas cidades fictícias de Twin Peaks e Buckhorn, Dakota do Norte; na Filadélfia; Pentágono; em Odessa, Texas; e, claro, na Sala Vermelha, é uma história esparramada com múltiplos enredos. Há toques pessoais por toda a história. A estátua de bronze do caubói na praça diante da Agência de Seguros Lucky 7? Vem de uma fotografia que o pai de Lynch tirou quando tinha 19 anos e trabalhava em uma estação de observação florestal. Não há nada aleatório no programa, tudo traz diversas camadas de significados e, no entanto, se mescla com fluidez. "Eu via David sentado num canto escrevendo", recorda Struycken, "e depois alguém me trazia uma folha de caderno arrancada com as minhas falas da cena seguinte."

"Minha cena favorita foi totalmente improvisada", conta Chrysta Bell. "Um dia Laura, David e eu estávamos sentados no set esperando alguma coisa, e foi legal vê-los juntos — há uma coisa carinhosa entre eles. David estava fazendo um esforço para me incluir na conversa — ele é sempre muito gentil — então olhou para nós e disse: 'Vamos fazer uma cena que não está no script. Vamos lá fora, ficamos de pé nos degraus e só, e em algum momento eu dou uma tragada no cigarro de Laura.' Aquilo era estranho, basicamente eu estava só ocupando espaço numa cena longa, mas David usou a dinâmica entre nós e a pôs noutro nível. Ele está sempre criando. Estávamos falando bobagens e ele pensou, 'Espere, isso é legal, vamos colocar isso em *Twin Peaks*'. Então ele disse a Peter Deming: 'Vamos lá fora', e foi preciso deslocar o banheiro químico."

"Adoro aquela cena", opina Peggy Lipton. "Eles estão lá de pé, fitando ao longe, eu ri muito. Aquela cena te dá um espaço para respirar, o que é uma linda qualidade em toda a obra de David. Quando pede ao espectador que passe vários minutos vendo um sujeito varrer um bar e foque inteiramente no varredor, ele lhe oferece um minuto para mergulhar em seus próprios pensamentos, é como uma meditação contínua."

Refletindo sobre a cena, Dern recorda: "David não abandona os personagens quando eles não estão fazendo algo importante que move o enredo. Acompanha-os fitando o vazio ou tomando uma decisão."

Esse espaço para respirar é parte crucial da mágica do trabalho de Lynch e, como Struycken assinalou, sua abordagem do ritmo é radical. O programa é pontuado por close-ups demorados, longas panorâmicas silenciosas tomadas de dentro de um carro, uma figura solitária que lentamente toma uma tigela de sopa, um trem que passa no meio da noite. São cenas que não levam a nenhum lugar, só servem para guiar o ritmo da história que está sendo contada.

O estilo narrativo é relaxado, mas Lynch tende a despertar coisas nos atores. "Em meu primeiro dia no set filmamos a cena do interrogatório com William Hastings, e quando David explicou o que iríamos fazer fiquei pálida de medo, pois é uma cena muito carregada", conta Chrysta Bell. "Ele não me deu outra instrução além de: 'Você vai ficar de pé aqui e depois vai sentar ali', mas o roteiro estava muito bem escrito, e eu sabia que não podia mudar uma letra. Ele sentou-se na sua cadeira de diretor e eu estava de pé de frente para ele, que se limitou a me olhar, transmitindo confiança. Seu olhar dizia 'Essa é uma bela experiência na sua vida, então corra e agarre-a — sei que é capaz'."

Quem contracena com ela é Matthew Lillard, que conheceu Lynch em seu primeiro dia no set. "Fui até ele e disse: 'Oi, eu sou Matt Lillard', e ele respondeu: 'Oi, Bill!' Achei que tinha me confundido com o cara dos objetos de cena ou algo assim, então insisti: 'Não, eu sou o Matt', e ele disse: 'Oi, Bill Hastings!' novamente, e não me deu instruções sobre a cena. Quando o encontrei na estreia ele continuou me chamando de Bill Hastings."[17]

Como afirmou Don Murray, Lynch confia que os atores saberão dar o que espera deles, e nunca eleva a temperatura emocional do set, independentemente da intensidade da cena. "Ao final do meu primeiro dia, David comentou casualmente: 'Amanhã vamos ensanguentar você, e depois você vai brigar com uma esfera que tem o rosto de Bob'", recorda Jake Wardle sobre a principal cena de ação do programa.

"A luta foi coreografada ali mesmo por ele, que estava ao megafone: 'Ele está acima de você! Esmurre-o! Agora ele está abaixo de você, ele te derrubou, levante-se e soque-o novamente!'", prossegue Wardle, que não tinha ideia de que haveria uma cena de luta. "Ele queria que eu golpeasse a câmera, então puseram umas almofadas nela e me disseram para não esmurrar forte demais, mas depois da primeira tomada David disse: 'Mais forte!' Então dei o soco, a câmera fez um barulho estranho e todos ficaram paralisados, mas ele não parou. Não. Mandou colocarem um protetor na lente, me fez surrá-la novamente e dizia: 'Mais forte!' Por fim, o protetor de lente quebrou. Acho que devem ter usado aquela tomada."

Quando a filmagem terminou, em abril de 2016, Lynch passou um ano dedicado à pós-produção, durante o qual mal saiu de casa. Em outubro fez uma pausa para ser o curador do primeiro Festival da Disrupção, evento anual de dois dias para angariar fundos para a sua fundação, e que contou com a presença de Robert Plant, Frank Gehry, Kyle MacLachlan e Laura Dern, dentre outros. Mas basicamente, ele seguiu trabalhando até o primeiro episódio da série ir ao ar, em 21 de maio de 2017.

Ninguém tinha assistido à série antes, então os que colaboraram com ele estavam tão animados com a estreia quanto os demais. "Fiquei surpreso com a incrível abrangência de tons", conta David Nevins. "As partes engraçadas eram hilárias, há coisas assustadoras como pesadelos, e elementos incrivelmente surreais que me pareceram bem diferentes do *Twin Peaks* original. Foi inquestionavelmente um sucesso comercial, é um programa sobre o qual as pessoas falarão por muitos anos."

Para Don Murray, o programa trouxe outro tipo de revelação: "Meu Deus, David é um ator maravilhoso! Uma das coisas que mais aprecio no filme é a atuação dele", conta. "Ele criou um personagem genial com Gordon Cole, incrível. E há tanto humor no programa! O *New York Daily News* o descreveu como 'a comédia mais hilariante do ano.'"

De modo geral, a resposta da crítica à série foi entusiástica. Quando os dois primeiros episódios foram exibidos no Festival de Cannes, em 25 de maio, Lynch foi longamente aplaudido de pé e o seriado foi aclamado como obra de um gênio. "Só então percebi que a série trazia as animações, esculturas e pinturas de David — tudo aquilo em que ele trabalhava há anos", detalha Chrysta Bell. "Depois pensei, como podia esperar outra coisa? Isso é o que um verdadeiro artista faz. Usa tudo de si, tudo o que aprendeu, e faz uma obra de arte combinando tudo, sem fanfarras."

"Este é definitivamente o David Lynch de agora", decreta Eric Edelstein. "Incorpora tudo do cinema que ele refinou no transcurso da vida, e é um comentário importante sobre a atualidade. Foi o *Twin Peaks* de 2017. Acertou na mosca."

E quanto ao significado? Lynch não está disponível para dar essa resposta, mas as pistas abundam. O programa levou à reprise de *Twin Peaks: Os últimos dias de Laura Palmer*, em que muitos espectadores buscaram senhas para decodificar o novo seriado. Diversos temas do filme reaparecem e são desenvolvidos na série, como o caso da Rosa Azul, o anel de jade, o diário de Laura Palmer, e a eletricidade como metáfora das energias invisíveis que impulsionam a existência. A série também está recheada de números: coordenadas

500 ESPAÇO PARA SONHAR

geográficas, telefones, endereços, quartos, índices de voltagem, relógios e a milhagem dos carros têm usos distintos. É possível ligar vários pontos para criar diferentes cenários, mas os que realmente amam e se rendem ao programa não têm interesse em desconstruir a narrativa. É uma obra de arte que não se presta a isso.

"Há coisas que sabemos e que não observamos com frequência", opina Robert Forster, que interpreta o xerife Frank Truman. "Todo mundo sabe que algumas coisas são eternas, e não se trata dos nomes, das casas e nem mesmo das estrelas; no íntimo sabemos que há algo eterno que tem a ver com os seres humanos. Seja lá o que David faz, é algo de uma ordem superior, e ele pode ser um portal para o eterno, pois nos pede para buscar essa conexão com o eterno em nós. Sua obra sugere que não somos átomos isolados e que se entendermos essa conexão com o eterno seremos capazes de fazer melhores escolhas. Cada indivíduo pode ir numa direção, e se um número suficiente de nós puxar na direção positiva haverá um movimento que levará a humanidade junto. Ele está levando o público na direção do bem."[18]

"David está tentando dizer às pessoas que o mundo em que vivemos não é a última realidade e há diversas dimensões da existência que precisam ser levadas em conta", especula Michael Horse. "Há coisas profundas ali, e não dá para fazer multitarefas assistindo a *Twin Peaks*."

"É avançado demais para a compreensão da maioria das pessoas", afirma Al Strobel. "Quando tinha 17 anos, tive um acidente de carro e tecnicamente morri, e tive uma experiência que muitas pessoas já descreveram ter tido: deixei o corpo e fui a outro lugar. Não era tão desagradável como a Sala Vermelha — era mais pastel e cálido — e a coisa mais difícil que já fiz foi voltar ao meu corpo. Sei que há um lugar entre esta existência e a próxima porque estive lá; acho que é isso que a Sala Vermelha representa, e David está habituado com esse espaço."

"A vida espiritual de David sempre foi parte da sua obra, e isso se aprofundou de um modo que se reflete em seu trabalho", explica MacLachlan. "Não posso assinalar algo e dizer, 'Ah, agora ele está fazendo isso', porque a mudança é sutil. Seu trabalho está mais rico. *Twin Peaks* confundiu muita gente, mas o artista David e seu trabalho não são fáceis. Não acho que ele se sinta obrigado a contar o que se espera dele, e parece totalmente confortável assim."

"O programa fez exatamente o que se pretendia", conta Barile. "A série original mandou as convenções da televisão à merda e deixou a sua marca, e a terceira temporada — basicamente um filme de 18 horas que, de algum modo, ele conseguiu colocar na televisão — fez isso outra vez."

"Adoro como David terminou o programa", opina Dern. "Tentar entendê-lo é loucura. Ele toca no inconsciente de um modo estupendo, e acho que todos já percebemos que o trabalho dele só é digerido uma década depois de ter sido criado."

O episódio final sugere que poderia haver mais, e especula-se se haveria outra temporada. "Se tudo se alinhasse perfeitamente ele talvez dissesse: 'Claro, vamos fazê-lo', mas ele não vai perder tempo na mesa de negociação", opina Barile. "Prefere pintar e fumar, tomar café e sonhar acordado. David está em paz consigo mesmo e com o modo como as coisas são. Emily é ótima e eles formam um bom casal. Ele gosta de dirigir devagar, come uma toranja no café da manhã e meio sanduíche de frango com tomate no almoço, e acho que gosta dessa simplicidade. Na cabeça dele, continua pobre em diversos aspectos. Ele gosta de varrer."

Twin Peaks: The Return foi ao ar, e Lynch está debruçado sobre outras coisas, mas a produção do programa afetou permanentemente o seu casamento; ele continua morando na casa vizinha com as cortinas blecaute. "Ele diz que precisa de um tempo ininterrupto para pensar, e reclama que nunca está só, mas é responsável pelo mundo que criou para si", comenta Stofle. "Eu o provoco o tempo todo dizendo que, por fim, tem uma 'vida artística', algo com o que fantasiava desde que estava na faculdade de arte. Estar só e ter liberdade absoluta para fazer o que quer e criar — e agora faz isso. Ele inclusive agora tem uma cama de solteiro... e sempre o ouvi fantasiar sobre isso. Uma cama pequena para dormir e muito espaço para trabalhar."

No dia 15 de setembro, dez dias após o último episódio de *Twin Peaks* ir ao ar, Harry Dean Stanton faleceu, aos 91 anos. Duas semanas depois, seu último filme, *Lucky*, teve um lançamento limitado. Dirigido pelo ator John Carroll Lynch, traz David Lynch como um excêntrico agoniado com o desaparecimento da sua tartaruga. "David ficou tenso com a ideia de contracenar com Harry Dean, porque o adora", conta Barile. "Ele ainda se espanta por ter contracenado com Harry Dean. Para ele foi algo grande, como ter sido sagrado cavaleiro ou algo assim."

Enquanto não for empurrado de volta para o mundo, Lynch passa todo o tempo que pode no ateliê. Um pequeno bunker de concreto empoleirado na encosta de uma colina, o ateliê tem várias janelas e uma grande abertura para

502 ESPAÇO PARA SONHAR

um pátio de concreto, onde ele costuma trabalhar. Lynch gosta de pintar ao ar livre. O ateliê está entulhado com uma variedade de coisas que ele acumula há décadas. Uma luminária bonita e incomumente grande descansa no parapeito de uma janela, e por toda parte há pilhas bagunçadas de papéis rabiscados com pensamentos e ideias enigmáticos. Uma reprodução do *O jardim das delícias terrenas*, de Hieronymus Bosch, está colada em uma parede ao lado de uma escrivaninha cara; dois painéis do tríptico ficaram expostos ao sol e desbotaram, e o terceiro continua a brilhar como uma joia desagradável. A escrivaninha está apinhada de pequenas cabeças esculpidas em gesso, e há um conjunto de gavetas metálicas enferrujadas. Uma delas tem a etiqueta FERRAMENTAS DENTÁRIAS, e isso é exatamente o que contém: dezenas de ferramentas odontológicas reluzentes. Lynch mantém a coleção imaculadamente limpa e pronta para o uso. Há algumas cadeiras dobráveis sujas disponíveis para os visitantes e um telefone de parede antigo que ele ainda usa. Há guimbas de cigarros espalhadas pelo chão, e ele faz xixi na pia. A única concessão visível ao século XXI é um notebook.

Pousada no alto de uma pilha de coisas na escrivaninha há uma caixa de papelão empoeirada com a palavra "insetos" escrita a lápis. Lynch se anima contando que certa vez fez amizade com um "homem dos insetos", que lhe entregava espécimes regularmente. Ele guarda cada um deles, porque nunca se sabe quando um inseto morto pode ser justamente o que você necessita. Os insetos não estão etiquetados nem organizados como os que viu na infância nos arquivos da Floresta Experimental, mas ainda o deixam emocionado.

Quando uma coisa é interrompida antes de ser finalizada as pessoas continuam desejando-a, e *Twin Peaks* não tinha terminado. Na música, você escuta uma melodia e ela se vai, a canção permanece um tempo, depois você ouve a melodia outra vez e ela volta a desaparecer. É tão bom, ela se vai e você não consegue esquecê-la. Então, quando a melodia ressurge, tem muito mais força, porque você já a tinha escutado e sentido algumas vezes. O que acontece antes determina o poder e o significado das coisas.

Mark e eu nos reunimos com o Showtime para falar sobre *Twin Peaks*, depois Sabrina calculou as cifras e todos entraram em parafuso. Eram números realistas, mas o Showtime achou o orçamento estupidamente alto. Eu não fazia nada desde *Império dos sonhos*, que ninguém assistiu, e dava pra ver que eles estavam um pouco "É, queremos fazer isso, mas não sabemos se podemos pôr o dinheiro que você pede. E essa história de mais de nove episódios? Definitivamente não temos certeza disso." Quando vi o orçamento que eles propuseram, eu disse: "Foda-se isso", e eles fizeram uma oferta pior ainda! Falei: "Vou largar essa porra! Se quiserem fazer isso sem mim talvez eu consinta, mas estou fora", e quando tomei a decisão tive uma tremenda sensação de liberdade mesclada com tristeza. Isso foi numa sexta. Depois, David Nevins ligou e no domingo à noite ele e Gary Levine vieram. Gary trouxe biscoitos e eles ficaram aqui uns 45 minutos. No fim, a coisa não estava rolando, e quando se levantaram para ir embora David disse: "Vou preparar uma proposta para você." Respondi:

508 ESPAÇO PARA SONHAR

"Bom, talvez eu apresente uma a vocês." Sem porra nenhuma a perder, Sabrina e eu listamos tudo o que necessitaríamos e falei: "Ok, Sabrina, você vai até lá e diz: 'Isto não é uma negociação. Se quiserem fazer, vamos precisar disto.' Se começarem a reclamar diga muito obrigada, levante-se e saia." Mas David Nevins gostou: "Podemos fazer isso funcionar", e foi assim — eu estava de volta.

As pessoas chegaram ao programa por diversos caminhos. Sabia que Kyle era capaz de interpretar de uma forma muito sombria, e ele foi um ótimo cara mau. De qualquer pessoa boa pode surgir certo tipo de pessoa má, e cada um tem seu próprio tipo de pessoa má. Kyle não poderia interpretar Frank Booth, por exemplo — não funcionaria — mas podia ser um Kyle mau, e achou aquele cara. Mark e eu somos loucos por Michael Cera, que veio à minha casa com Eric Edelstein há alguns anos conversar sobre Meditação Transcendental. Quando estávamos escalando o elenco e chegamos a Wally Brando, claro que Michael era ele. Adoro Eric Edelstein e ele foi o terceiro irmão Fusco por causa da sua risada — por isso está lá; é a melhor risada que existe. Adoro os irmãos Fusco e nos divertimos muito juntos.

Meu amigo Steve me enviou um link dizendo: "Dá uma olhada nesse cara", e lá estava Jake Wardle, no galpão do pátio da casa dele em Londres, imitando pronúncias do mundo todo, bem natural e engraçado. Começamos a conversar pelo Skype. Há muito tempo tive a ideia da luva verde e, originalmente, Jack Nance iria usá-la e teria sido algo totalmente diferente. O poder da luva verde e o modo como é encontrada na loja de ferragens eram perfeitos para Freddie Sykes, e Jake foi perfeito como Freddie. Você vê mil pessoas na Internet, mas sabia que Jake poderia fazer isso. Ele é muito inteligente e é como Harry Dean — natural.

O Dr. Mehmet Oz tem uma filha casada com George Griffith. Conheço o Dr. Oz porque Boby [Roth] e eu conversamos sobre meditação transcendental com ele, com sua família e as pessoas que trabalham para ele. Ele é um camarada muito bacana. George fez um filme intitulado *From the Head* [Da cabeça] sobre um atendente de banheiro num clube de strip-tease, e ao assistir à obra achei que ele faria um ótimo Ray Monroe.

Conheci Jennifer Jason Leigh em 1985, quando ela veio conversar sobre o papel de Sandy em *Veludo azul*; sempre quis trabalhar com ela, e de repente aparece isso. Vi Tim Roth em *Van Gogh: Vida e obra de um gênio*, de Robert Altman, e achei que seria perfeito como Hutch. Não sabia que

MEU TRONCO ESTÁ FICANDO DOURADO **509**

Jennifer e Tim tinham acabado de trabalhar juntos com Quentin Tarantino e eram bons amigos. Então tudo saiu perfeito, mas foram escalados separadamente.

O personagem de Bill Hastings exigia certas qualidades, e Matthew Lillard parecia capaz de ser um diretor de escola convincente — inteligente, franco, essas coisas — mas também um daqueles caras que faz loucuras e quem o conhece comenta: "Ele era tão legal, não posso acreditar que fez uma coisa dessas." Então ele tinha essas coisas mescladas, e o resto é história. É verdade que sempre chamei Matt de Bill Hastings. Chamo a maioria dos atores pelos nomes dos personagens porque é como os conheço. Juro que não sei o nome de muitos deles.

Robert Forster era a escolha original para interpretar o xerife Truman na primeira temporada de *Twin Peaks*, e ele disse que queria muito fazê-lo, mas tinha prometido a um amigo que trabalharia num filme dele de baixo orçamento: "Tenho de cumprir a promessa." Robert é esse tipo de pessoa — ele é incrível. E Johanna só precisou dizer: "Don Murray." Alguns podiam ter objeções quanto à sua idade, mas ele foi um Bushnell Mullins extraordinário. Há pouco eu o vi falar num painel na Comic-Con, ele é tão inteligente, um dos melhores seres humanos que existe. Tivemos muita sorte em tê-lo, e adorei trabalhar com ele. Ele foi ótimo do início ao fim. Chrysta Bell também foi fantástica. Sabia que seria capaz, porque é cantora e está acostumada a estar diante das pessoas. Eu adoro Chrysta e todo mundo que trabalhou na série, nos divertimos muitíssimo.

Estava dormindo só quatro horas por noite, o cronograma não era fácil, mas ainda assim foi divertido. Você acorda cedo, toma uns cafés e medita, e sua mente vai para o que deve fazer naquele dia. Há um desfiladeiro e é preciso estender uma ponte para chegar ao outro lado, e a ponte é a cena que vai filmar. Você chega ao set ou à locação e as pessoas estão chegando, vê os minutos passando, os minutos se tornam meias horas, as meias horas se transformam em horas, e a coisa está andando devagar. Se estiver num lugar novo, vão deslocar os equipamentos e você precisa tirar as pessoas dos trailers para ensaiar, elas não estão vestidas e talvez estejam com os lenços de maquiagem. Você ensaia, depois os atores vão se vestir e Pete começa a iluminar. Todo esse tempo você está construindo a ponte sobre o desfiladeiro, mas ela ainda é de vidro, porque tudo pode desandar. Então você continua a acrescentar peças e ainda é tudo vidro, mas por fim põe a última

510 ESPAÇO PARA SONHAR

peça, o vidro se transforma em aço e está lá. Você sabe que conseguiu e experimenta uma euforia. Todos os dias, ao terminar, você fica empolgado e não consegue dormir. Você não *quer* dormir, então toma vinho tinto e fica acordado até tarde, mas no dia seguinte precisa construir outra ponte. E não pode se afastar de nada até que sinta que é concreto.

A filmagem foi realmente muito cansativa. Outras pessoas são fracas e quebram como barracas baratas, mas eu não consigo parar mesmo que tenha ficado muito doente diversas vezes. Você adoece porque se sente cansado. Você encontra seu ritmo, mas aí aquilo não acaba, porque ao terminar de filmar vem a pós-produção. Tínhamos seis ou sete editores trabalhando ao mesmo tempo, eu também estava editando, e havia efeitos especiais feitos na companhia BUF. Mas alguns precisam ser caseiros; depois há os efeitos sonoros, música, mixagem, correção de cores. Quantas vezes sentei num quarto escuro na FotoKem corrigindo as cores de 18 horas de filmagem? É muita coisa. Mas não podia delegar nada. De jeito nenhum. Você põe a mão na massa em tudo, é o único modo. É meio o trabalho dos sonhos, mas ele não te larga.

Essa série é diferente do *Twin Peaks* anterior, mas certamente está ancorado em Twin Peaks. Filmamos na mesma cidade, e tivemos bastante sorte, porque quase todas as locações que usamos continuavam lá. Não estavam como as deixamos, mas os edifícios estavam lá, e a essência da cidade definitivamente era a mesma. Há muita influência das árvores e montanhas, e há uma espécie de frescor e aroma no ar, você reconhece a sensação. *Twin Peaks* abarca todo tipo de sentimentos. Você tem Dougie e o Cooper Mau, e uma grande diferença entre eles. Tem os lenhadores e aquelas texturas distintas, e as pessoas que você ama, e termina sendo um mundo tão bonito, e também compreensível de um modo intuitivo.

E há os bosques. Por causa do lugar onde cresci e do que meu pai fazia, a natureza e os bosques ocupam boa parte de *Twin Peaks* e têm muita importância. Ocupam uma parte enorme. E tem o Fireman e a rã-mariposa, que veio da Iugoslávia. Quando Jack e eu estivemos na Europa, pegamos o Orient Express em Atenas para voltar a Paris, então cruzamos a Iugoslávia, e estava muito, muito escuro. Em determinado momento o trem parou e não havia estação, mas vimos gente desembarcando. As pessoas iam para uns postos cobertos de lona com luzes baixas onde tomavam umas bebidas coloridas — roxas, verdes, amarelas, azuis, vermelhas — que eram só água com açúcar. Quando desci do trem pisei numa poeira macia com uns 20 centímetros de espessura que soltava um vapor, e da terra saltavam umas mariposas gigantescas, como rãs, que alçavam voo, davam uma volta e caíam no chão. Era a rã-mariposa. As coisas meio que surgem no mundo de *Twin Peaks*.

Os últimos dias de Laura Palmer é muito importante para esse *Twin Peaks*, e não me surpreende que as pessoas tenham feito essa conexão. Ela é muito óbvia. Lembro-me de ter pensado que tive muita sorte em fazer aquele filme. Todos têm teorias sobre o tema da série, o que é ótimo, e a minha teoria não tem importância. As coisas possuem harmonia, e se você for o mais fiel possível a uma ideia, a harmonia estará lá e será verdadeira, embora possa ser abstrata. Você pode voltar dez anos depois e ver aquilo de um modo totalmente distinto, e pode ver mais coisas — o potencial se mantém, se tiver sido fiel à ideia original. É uma das coisas belas que o cinema oferece: poder voltar àquele mundo mais tarde e obter mais, se tiver sido fiel às ideias básicas.

Tudo correu bem com *Twin Peaks: The Return*, e quem sabe o real motivo? Poderia ter sido de outro modo. Em Cannes há uma tradição de que quando o filme é muito bom todos aplaudem de pé. Tinha me esquecido disso, então quando a exibição das primeiras duas horas de *Twin Peaks* terminou, eu me levantei e estava tentando sair para fumar, mas Thierry [Frémaux] me disse: "Não, não, você não pode sair." Os aplausos não paravam. Foi lindo. Já tinha estado em Cannes em outras circunstâncias.

Tive uma infância muito feliz, e acho que isso me preparou bem para a vida. Tive uma família maravilhosa que me deu uma boa base, o que é superimportante. Posso não ter sido o melhor pai para os meus filhos, porque não estive muito presente, mas meu pai tampouco foi muito presente. E no entanto ele foi, sabe? Naqueles dias parece que havia o mundo das crianças e o mundo dos adultos, e eles não se misturavam muito. Talvez o importante não seja a presença do pai, mas o amor que você sente fluir. Ainda assim, acho que meu pai foi um pai melhor do que eu sou.

Não sabia que viria a ser famoso, mas tinha a sensação de que tudo ia dar certo. Nunca houve um momento em que pensasse "Uau, que bela vida estou levando". Foi mais ou menos como ganhar peso — é devagar e vai acontecendo uniformemente em todas as partes — vai te preenchendo. Mas houve pontos de virada importantes na minha vida. O primeiro foi

512 ESPAÇO PARA SONHAR

conhecer Toby Keeler no jardim de Linda Styles na nona série. A partir daquele momento quis ser pintor. Depois conheci o meu melhor amigo, Jack Fisk. Ele e eu éramos os únicos garotos na nossa escola secundária enorme que levavam a pintura a sério. Inspiramos e apoiamos um ao outro, o que foi extremamente importante para o futuro. Fazer a pintura em movimento *Six Men Getting Sick*, obter a bolsa do AFI, terminar *The Grandmother* e ser aceito no AFI foram pontos de virada. Começar a meditar em 1973 talvez tenha sido a maior mudança de todas — aquilo foi imenso. A equipe de *Eraserhead* provavelmente não percebeu a minha falta de autoconfiança, mas ela estava presente. Sabia o que queria, mas não tinha confiança, e muitos caras do estúdio poderiam ter me esmagado facilmente, então a meditação ajudou muito. Terminar *Eraserhead* e contar com a confiança de Mel Brooks, a ponto de me contratar para fazer *O Homem Elefante*, e receber oito indicações ao Oscar, foi um grande salto. O fracasso com *Duna* foi uma revelação — é uma coisa boa passar por um fracasso humilhante. Depois, a liberdade de trabalhar em *Veludo azul* e entrar no caminho certo, conhecer o marchand Jim Corcoran, que acreditou em mim — tudo isso foi muito importante. Cada uma das minhas relações amorosas mudou a minha vida e, embora existam similaridades, todas foram diferentes e maravilhosas.

É quase impossível dar um salto sem a ajuda dos outros, e sei que tenho sido muito sortudo. Como disse antes, minha mãe e meu pai tiveram papel crucial na minha vida, assim como Toby e Bushnell Keeler. Quando cheguei à Filadélfia estava num momento estranho, tentando achar meu caminho, e Peggy Reavey acreditou em mim e me apoiou, então ela foi muito importante. Toni Vellani, George Stevens Jr., Dino De Laurentiis e o Sr. Bouygues também foram importantes. Qualquer um que acredite em você e tenha os recursos para fazer as coisas acontecerem — todos precisamos de gente assim. David Nevins é uma dessas pessoas, porque fez *Twin Peaks: The Return* acontecer, e talvez outra pessoa não tivesse agido assim. E o grande Angelo Badalamenti — que dádiva conhecer Angelo e sua música. Charlie e Helen Lutes, que dirigiam o centro onde aprendi meditação transcendental, me facilitaram um início poderoso e grandioso no caminho da meditação, e Bobby Roth tem sido meu irmão nesse caminho. Ele esteve sempre ao meu lado no mundo do Maharishi — as turnês e palestras sobre meditação, a criação da Fundação David Lynch. Bobby é o cérebro e a força por trás da FDL. O Maharishi teve o maior papel de todos. Transformou as coisas cosmicamente de um modo profundo, e tudo mais empalidece em comparação.

Há um dia que nunca esqueci quando vivia na cabana na Rosewood. Era uma linda manhã, e lá pelas onze e meia fui à esquina de San Vicente com o Santa Monica Boulevard para encher o tanque de gasolina, e o sol estava aquecendo a minha nuca; enchi o tanque, pus a tampa de volta, olhei a bomba e dizia três dólares. Eu ganhava 50 dólares por semana entregando o *The Wall Street Journal*. Dirigia dez minutos para buscar os jornais; fazia a rota em uma hora, e outros dez minutos para voltar para casa. Trabalhava seis horas e 40 minutos por semana, recebia 200 dólares ao mês e vivia bem com aquilo. Minha rota cobria dois códigos postais diferentes, então havia duas noites diferentes para o descarte do lixo, e as pessoas jogavam madeira fora, eu parava, levava aquilo e conseguia muita madeira. Meu senhorio, o Edmund, também colecionava madeira e me deixava usá-la, então construí um barracão no pátio dos fundos com aquela madeira, encontrei janelas, encontrei de tudo. Era um belo mundo. Muita coisa negativa acontece hoje em dia e há muitas distrações nos afastando do que realmente é importante. Há muito mal sendo infligido em todos nós e em nosso planeta porque o amor ao dinheiro é maior que o amor à humanidade e à Mãe Natureza.

Estou feliz por ter feito a turnê por 16 países para o Maharishi. Embora não goste de falar em público, fico feliz conversando com as pessoas sobre o conhecimento e as tecnologias que o Maharishi reviveu para o mundo. Ele tinha duas metas: a iluminação dos indivíduos e a paz na terra. Pôs tudo em ordem para que ambas as coisas acontecessem. Agora é questão de tempo. Se os humanos — ou alguns de nós — trabalharmos juntos para isso, podemos acelerar essa transição e as metas serão uma realidade viva. A iluminação das pessoas e a verdadeira paz na terra. A paz verdadeira não é só a ausência de guerra, mas a ausência de toda negatividade. Todos ganham.

Olhando qualquer página desse livro penso "Cara, isso é só a ponta do iceberg; há tantas coisas mais, tantas outras histórias". É possível fazer um livro inteiro sobre um só dia e ainda assim não captar tudo. É impossível

ESPAÇO PARA SONHAR

realmente contar a história da vida de alguém, o máximo que podemos
esperar transmitir aqui é um "Rosebud" muito abstrato. Em última análise,
cada vida é um mistério até que cada um de nós o resolva, e é aonde todos
vamos, saibamos ou não.

QUE TODOS POSSAM SER FELIZES

QUE TODOS VIVAM LIVRES DE DOENÇAS

QUE SE ENXERGUE ESPERANÇA EM TODA PARTE

QUE O SOFRIMENTO NÃO ATINJA NINGUÉM

PAZ

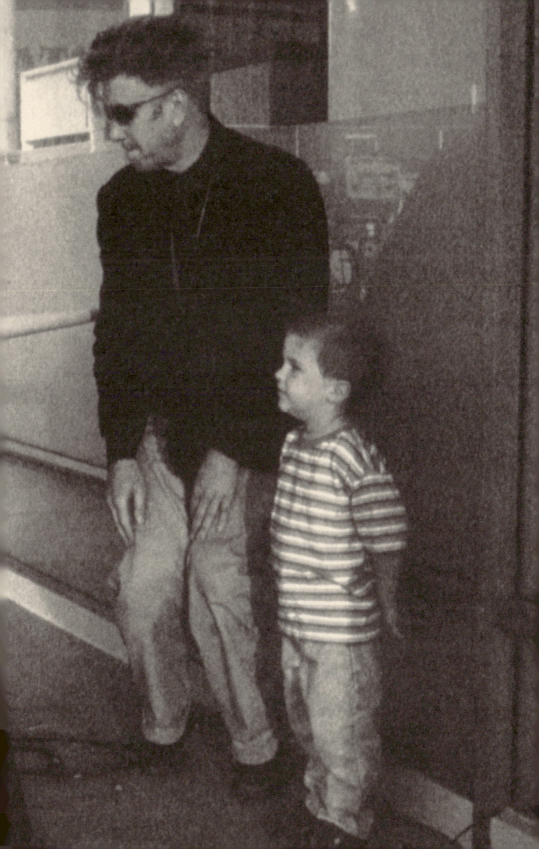

AGRADECIMENTOS

Meus primeiros agradecimentos são para Martha Levacy, Peggy Reavey, Mary Fisk e Michael Barile. Sua paciência e apoio durante a preparação desse livro foram cruciais e sou eternamente devedora. Agradeço também a Anna Skarbek, cujo estímulo e conhecimentos foram imensamente úteis, e a Sabrina Sutherland e Mindy Ramaker pela gentileza e generosidade de ambas. Noriko Miyakawa foi uma dádiva de Deus.

Otessa Moshfegh fez a conexão crucial que iniciou a longa jornada de *Espaço para sonhar* — obrigada, Otessa — e Chris Parris-Lamb e Ben Greenberg, que fizeram do livro uma realidade. Não poderia ter pedido colegas melhores. As várias pessoas que concordaram em falar comigo para este livro imprimiram alma e coração à narrativa, e agradeço pelo tempo que me deram e a boa vontade em compartilhar suas experiências com David. Muito obrigado a Loren Noveck pelo copidesque impecável e por me fazer parecer mais inteligente do que sou.

Agradeço também a Ann Summa, Jeff Spurrier, Steve Samiof, Kathleen Greenberg, Hilary Beane, a família Asolas, Lianne Halfon, Michael Bortman, Laurie Steelink, Nick Chase, Jack Cheesborough, Samantha Williamson, Mara De Luca, Michael Duncan, Glenn Morrow, Exene Cervenka, Dan & Clare Hicks, Kati Rocky, Joe Frank, Richard Beymer, Adrienne Levin, Merrill Markoe, Marc Sirinsky, Cannon Hudson e Jennifer Bolande. Leonard Cohen e Diane Broderick são estrelas-guias confiáveis, Walter Hopps está sempre lá, e Gideon Brower foi uma presença essencial durante o tempo em que trabalhei no livro

— sou grata a todos eles. Lorraine Wild me ensinou a fazer livros; grata, Lorraine. Meu mais profundo agradecimento vai para David Lynch. Sinto-me honrada por ele ter confiado em mim e me autorizado a contar parte dessa história, e sou muito sortuda por conhecê-lo. Algo surpreendente ocorreu durante a escrita do livro, quanto mais perto eu chegava, melhor David me parecia. Ele é um homem extraordinário e generoso que ajudou muitas pessoas. Sou uma delas.

KRISTINE MCKENNA

FILMOGRAFIA

1967

Six Men Getting Sick (Six Times)
1m / cor / animação projetada em tela esculpida

Direção, produção, montagem e animação: David Lynch

Anúncio fictício de Anacin
1m5s / cor

Direção, roteiro, produção e montagem: David Lynch
Com: Jack Fisk

Absurd Encounter with Fear
2m / cor / live-action e animação

Direção, roteiro, produção e montagem: David Lynch
Música: Krzysztof Penderecki

1968

The Alphabet
4m / cor / live-action e animação

Produção: H. Barton Wasserman
Direção, roteiro, fotografia e montagem: David Lynch
Som: David Lynch

522 ESPAÇO PARA SONHAR

Canção principal: David Lynch, interpretada por Robert Chadwick
Com: Peggy Reavey

1970
The Grandmother
34m / cor / live-action e animação

Direção, roteiro, fotografia, montagem e animação: David Lynch
Produção: David Lynch, com o Instituto Americano de Cinema
Consultores de roteiro assistentes: Peggy Reavey e C. K. Williams
Still: Doug Randall
Edição e mixagem de som: Alan Splet
Música: Tractor
Com: Richard White, Virgínia Maitle, Robert Chadwick e Dorothy McGinnis

1974
The Amputee (duas versões)
5m / preto e branco

Direção, roteiro, produção e montagem: David Lynch
Fotografia: Frederick Elmes
Com: Catherine Coulson e David Lynch

1977
Eraserhead
1h29m / preto e branco / live-action e animação

Produtora: Instituto Americano de Cinema, distribuído por Libra Films
Direção, roteiro e montagem: David Lynch
Produção: David Lynch
Fotografia: Herbert Cardwell e Frederick Elmes
Direção de arte e efeitos especiais: David Lynch
Design e edição de som: David Lynch e Alan Splet
Assistência de direção: Catherine Coulson
Com: Jack Nance, Charlotte Stewart, Allen Joseph, Jeanne Bates, Judith
Roberts, Laurel Near, Jack Fisk, Thomas Coulson, Hal Landon Jr., Neil Moran
e Jean Lange

FILMOGRAFIA **523**

1980
O Homem Elefante
2h4m / preto e branco

Produtora: Brooksfilms
Direção: David Lynch
Roteiro: David Lynch, Christopher De Vore, & Eric Bergren
Produção: Jonathan Sanger
Produção executiva: Stuart Cornfeld (não creditado: Mel Brooks)
Fotografia: Freddie Francis
Montagem: Anne V. Coates
Direção de produção: Terrence A. Clegg
Direção de arte: Stuart Craig
Design de som: Alan Splet e David Lynch
Figurinos: Patricia Norris
Música: John Morris
Com: John Hurt, Anthony Hopkins, Anne Bancroft, Wendy Hiller, John Gielgud, Freddie Jones, Michael Elphick e Hannah Gordon

1984
Duna
2h17m / cor

Produtora: Dino De Laurentiis Company/Universal
Direção: David Lynch
Roteiro: David Lynch. Baseado no romance de Frank Herbert
Produção: Raffaella De Laurentiis
Produção executiva: Dino De Laurentiis
Fotografia: Freddie Francis
Fotografia da segunda unidade: Frederick Elmes
Montagem: Antony Gibbs
Direção de arte: Anthony Masters
Design de som: Alan Splet
Figurinos: Bob Ringwood
Música: Toto; "Prophecy Theme", de Brian Eno
Com: Kyle MacLachlan, Sting, Francesca Annis, Leonard Cimino, Brad Dourif, José Ferrer, Linda Hunt, Dean Stockwell, Virgínia Madsen, Silvana Man-

524 ESPAÇO PARA SONHAR

gano, Jack Nance, Jürgen Prochnow, Paul L. Smith, Patrick Stewart, Max von Sydow, Alicia Witt, Freddie Jones e Kenneth McMillan

1986
Veludo azul
2h / cor

Produtora: De Laurentiis Entertainment Group
Direção e roteiro: David Lynch
Produção: Fred Caruso
Produção executiva: Richard Roth
Fotografia: Frederick Elmes
Montagem: Duwayne Dunham
Direção de elenco: Johanna Ray e Pat Golden
Direção de arte: Patricia Norris
Design de som: Alan Splet
Música: composição e regência: Angelo Badalamenti
Com: Kyle MacLachlan, Laura Dern, Isabella Rossellini, Dennis Hopper, Dean Stockwell, Brad Dourif, Jack Nance, George Dickerson, Frances Bay, Hope Lange e Ken Stovitz

1988
The Cowboy and the Frenchman
24m / cor

Produtoras: Erato Films, Socpresse, Figaro Films
Direção e roteiro: David Lynch
Produção: Daniel Toscan du Plantier e Propaganda Films
Produção executiva: Paul Cameron e Pierre-Olivier Bardet
Produtor associado: David Warfield
Coprodução: Marcia Tenney, Julia Matheson, Scott Flor
Fotografia: Frederick Elmes
Montagem: Scott Chestnut
Direção de arte: Patricia Norris e Nancy Martinelli
Som: Jon Huck
Cenário: Frank Silva
Assistente de câmera: Catherine Coulson
Continuidade: Cori Glazer

FILMOGRAFIA **525**

Coreografia: Sarah Elgart
Música: Radio Ranch Straight Shooters, Eddy Dixon e Jean-Jacques Perrey
Com: Harry Dean Stanton, Frederic Golchan, Jack Nance, Michael Horse, Rick
Guillory, Tracey Walter, Marie Laurin, Patrick Houser, Talisa Soto, Debra Seitz
e Amanda Hull

1990
Industrial Symphony No.1: The Dream of the Brokenhearted
50m / cor / produção em vídeo de peça teatral

Produtora: Propaganda Films
Diretor: David Lynch
Diretor musical: Angelo Badalamenti
Criado por: David Lynch e Angelo Badalamenti
Produtores: John Wentworth, David Lynch e Angelo Badalamenti
Produtores executivos: Steve Golin, Sigurjón Sighvatsson e Monty Montgomery
Produtores assistentes: Eric Gottlieb, Jennifer Hughes e Marcel Sarmiento
Coordenação de produção: Debby Trutnik
Direção de arte: Franne Lee
Design de iluminação: Ann Militello
Coreografia: Martha Clarke
Com: Laura Dern, Nicolas Cage, Julee Cruise, Lisa Giobbi, Félix Blaska, Michael J. Anderson, André Badalamenti e John Bell
Edição de vídeo: Bob Jenkis

1990-1991
Twin Peaks
Piloto de 2h e seriado televisivo com 29 episódios, de aproximadamente 60 minutos cada um, transmitido pela ABC / cor

Produtora: Lynch/Frost Productions, Propaganda Films, Spelling Entertainment
Criado por: David Lynch & Mark Frost
Direção: David Lynch (episódios 1.1, 1.3, 2.1, 2.2, 2.7, 2.22); Duwayne
Dunham (1.2, 2.11, 2.18); Tina Rathborne (1.4, 2.10); Tim Hunter (1.5,
2.9, 2.21); Lesli Linka Glatter (1.6, 2.3, 2.6, 2.16); Caleb Deschanel (1.7,
2.8, 2.12); Mark Frost (1.8); Todd Holland (2.4, 2.13); Graeme Clifford (2.5);
Uli Edel (2.14); Diane Keaton (2.15); James Foley (2.17); Jonathan Sanger
(2.19); Stephen Gyllenhaal (2.20)

526 ESPAÇO PARA SONHAR

Roteiro: David Lynch e Mark Frost (1.1, 1.2, 1.3); Harley Peyton (1.4, 1.7, 2.2, 2.13); Robert Engels (1.5, 1.6, 2.3); Mark Frost (1.6, 1.8, 2.1, 2.7); Jerry Stahl, Mark Frost, Harley Peyton e Robert Engels (2.4); Barry Pullman (2.5, 2.11, 2.17, 2.21); Harley Peyton e Robert Engels (2.6, 2.12, 2.15, 2.18, 2.20); Scott Frost (2.8, 2.14); Mark Frost, Harley Peyton e Robert Engels (2.9, 2.22); Tricia Brock (2.10, 2.16); Mark Frost e Harley Peyton (2.19)
Produção: Gregg Fienberg (1.1-1.8); Harley Peyton (2.1-2.22); David J. Latt (versão europeia)
Supervisão de produção: Gregg Fienberg (2.1-2.22)
Produtor associado: Philip Neel
Fotografia: Ron Garcia (1.1) e Frank Byers (1.2-2.22)
Montagem: Duwayne Dunham (1.1, 2.1); Jonathan P. Shaw (1.2, 1.3, 1.6, 2.2, 2.5, 2.8, 2.11, 2.14, 2.17, 2.20); Toni Morgan (1.4, 1.7, 2.4, 2.10, 2.13, 2.16, 2.19, 2.22); Paul Trejo (1.5, 1.8, 2.3, 2.6, 2.9, 2.12, 2.15, 2.18, 2.21); Mary Sweeney (2.7)
Direção de elenco: Johanna Ray
Direção de arte: Patricia Norris (1.1); Richard Hoover (1.2-2.22)
Som: John Wentworth
Música: composição e regência: Angelo Badalamenti
Com: Kyle MacLachlan, Sheryl Lee, Piper Laurie, Peggy Lipton, Jack Nance, Joan Chen, Richard Beymer, Ray Wise, Frank Silva, Russ Tamblyn, Sherilyn Fenn, Mädchen Amick, Dana Ashbrook, James Marshall, Michael Ontkean, Catherine Coulson, Everett McGill, Wendy Robie, Eric Da Re, Lara Flynn Boyle, Al Strobel, Michael Horse, Kimmy Robertson, Harry Goaz, Miguel Ferrer, Don Davis, Grace Zabriskie, Heather Graham, Warren Frost, Chris Mulkey, David Duchovny, Michael J. Anderson, Julee Cruise, Walter Olkewicz e David Lynch

1990
Coração selvagem
2h5m / cor

Produtora: Propaganda Films para PolyGram Filmed Entertainment, distribuído por Samuel Goldwyn Company
Direção: David Lynch
Roteiro: David Lynch. Baseado no romance *Wild at Heart: The Story of Sailor and Lula,* de Barry Gifford

Produção: Monty Montgomery, Steve Golin e Sigurjón Sighvatsson
Produção executiva: Michael Kuhn
Fotografia: Frederick Elmes
Montagem: Duwayne Dunham
Direção de elenco: Johanna Ray
Direção de arte e figurinos: Patricia Norris
Design de som: David Lynch e Randy Thom
Música: composição e regência: Angelo Badalamenti
Com: Nicolas Cage, Laura Dern, Willem Dafoe, J. E. Freeman, Crispin Glover, Diane Ladd, Calvin Lockhart, Isabella Rossellini, Harry Dean Stanton, Grace Zabriskie, Sheryl Lee, W. Morgan Sheppard, David Patrick Kelly, Sherilyn Fenn, Freddie Jones, John Lurie, Jack Nance e Pruitt Taylor Vince

Wicked Game
3m31s / cor

Direção, roteiro e montagem: David Lynch
Música: Chris Isaak
Com: Chris Isaak, Laura Dern, Nicolas Cage e Willem Dafoe

1992
Twin Peaks: Os últimos dias de Laura Palmer
2h14m / cor

Produtora: Twin Peaks Productions, Ciby 2000, New Line Cinema
Direção: David Lynch
Roteiro: David Lynch e Robert Engels
Produção: Gregg Fienberg
Produção executiva: David Lynch e Mark Frost
Fotografia: Ron Garcia
Montagem: Mary Sweeney
Direção de elenco: Johanna Ray
Direção de arte: Patricia Norris
Design de som: David Lynch
Música: composição e regência: Angelo Badalamenti
Com: Sheryl Lee, Ray Wise, Mädchen Amick, Dana Ashbrook, Phoebe Augustine, David Bowie, Grace Zabriskie, Harry Dean Stanton, Kyle MacLachlan, Eric Da Re,

528 ESPAÇO PARA SONHAR

Miguel Ferrer, Pamela Gidley, Heather Graham, Chris Isaak, Moira Kelly, Peggy Lipton, David Lynch, James Marshall, Jürgen Prochnow, Kiefer Sutherle, Lenny von Dohlen, Frances Bay, Catherine Coulson, Michael J. Anderson, Frank Silva, Al Strobel, Walter Olkewicz, Julee Cruise e Gary Hershberger

On the Air
Seriado televisivo de 7 episódios transmitido pela ABC / cor

Produtora: Lynch/Frost Productions
Criada por: David Lynch e Mark Frost
Direção: David Lynch (1); Lesli Linka Glatter (2, 5); Jack Fisk (3, 7); Jonathan Sanger (4); Betty Thomas (6)
Roteiro: David Lynch e Mark Frost (1); Mark Frost (2, 5); Robert Engels (3, 6); Scott Frost (4); David Lynch e Robert Engels (7)
Produção: Gregg Fienberg (1); Deepak Nayar (2-7)
Coprodução executiva: Robert Engels (2-7)
Fotografia: Ron Garcia (1-3); Peter Deming (2, 4-7)
Montagem: Mary Sweeney (1); Paul Trejo (2, 5); Toni Morgan (3, 6); David Siegel (4, 7)
Direção de elenco: Johanna Ray
Direção de arte: Michael Okowita
Música: composição e regência: Angelo Badalamenti
Com: Ian Buchanan, Nancye Ferguson, Miguel Ferrer, Gary Grossman, Mel Johnson Jr., Marvin Kaplan, David L. Lander, Kim McGuire, Tracey Walter, Marla Rubinoff, Irwin Keyes, Raleigh and Raymond Friend, Everett Greenbaum e Buddy Douglas

1993
Hotel Room
1h55m / cor / telefilme em três atos transmitido pelo HBO

Criado por: David Lynch e Monty Montgomery
Fotografia: David Lynch (*Tricks* and *Blackout*); James Signorelli (*Getting Rid of Robert*)
Roteiro: Barry Gifford (*Tricks* and *Blackout*); Jay McInerney (*Getting Rid of Robert*)
Produção: Deepak Nayar

FILMOGRAFIA **529**

Produção executiva: David Lynch e Monty Montgomery
Fotografia: Peter Deming
Montagem: Mary Sweeney (*Tricks*); David Siegel (*Getting Rid of Robert*); Toni Morgan (*Blackout*)
Direção de elenco: Johanna Ray
Direção de arte: Patricia Norris
Design de som: David Lynch
Música: composição e regência: Angelo Badalamenti
Com: Harry Dean Stanton, Freddie Jones, Glenne Headly, Crispin Glover, Alicia Witt, Griffin Dunne, Chelsea Field, Mariska Hargitay, Camilla Overbye Roos, John Solari, Deborah Kara Unger, Clark Heathcliff Brolly e Carl Sundstrom

1995
Premonition Following an Evil Deed
55s / preto e branco

Direção e roteiro: David Lynch
Produção: Neal Edelstein
Fotografia: Peter Deming
Figurino: Patricia Norris
Efeitos especiais: Gary D'Amico
Música: David Lynch e Angelo Badalamenti
Com: Jeff Alperi, Mark Wood, Stan Lothridge, Russ Pearlman, Pam Pierrocish, Clyde Small, Joan Rurdlestein, Michele Carlyle, Kathleen Raymond e Dawn Salcedo

Longing
5m / color

Música: Yoshiki

1997
Estrada perdida
2h14m / cor

Produtora: Ciby 2000, Asymmetrical Productions
Direção: David Lynch
Roteiro: David Lynch e Barry Gifford
Produção: Deepak Nayar, Tom Sternberg e Mary Sweeney

530 ESPAÇO PARA SONHAR

Fotografia: Peter Deming
Montagem: Mary Sweeney
Direção de elenco: Johanna Ray e Elaine J. Huzzar
Figurino e direção de arte: Patricia Norris
Mixagem de som: Susumu Tokunow
Música: composição e regência: Angelo Badalamenti
Com: Bill Pullman, Patricia Arquette, Balthazar Getty, Robert Blake, Robert Loggia, Richard Pryor, Jack Nance, Natasha Gregson Wagner, Gary Busey, Henry Rollins e Lucy Butler

1999
História real
1h52m / cor

Produtoras: Asymmetrical Productions, Canal Plus, Channel Four Films e Picture Factory
Direção: David Lynch
Roteiro: Mary Sweeney & John Roach
Produção: Mary Sweeney e Neal Edelstein
Produção executiva: Pierre Edelman e Michael Polaire
Fotografia: Freddie Francis
Montagem: Mary Sweeney
Direção de elenco: Jane Alderman e Lynn Blumenthal
Direção de arte: Jack Fisk
Figurino: Patricia Norris
Mixagem de som na locação: Susumu Tokunow
Música: composição e regência: Angelo Badalamenti
Com: Richard Farnsworth, Sissy Spacek, Harry Dean Stanton, Everett McGill, John Farley, Kevin Farley, Jane Galloway Heitz, Joseph A. Carpenter, Leroy Swadley, Wiley Harker, Donald Wiegert, Dan Flannery, Jennifer Edwards-Hughes e Ed Grennan

2001
Cidade dos sonhos
2h26m / cor

Produtoras: Les Films Alain Sarde, Asymmetrical Productions, Babbo Inc., Canal Plus, Picture Factory

Direção e roteiro: David Lynch
Produção: Mary Sweeney, Alain Sarde, Neal Edelstein, Michael Polaire e Tony Krantz
Produção executiva: Pierre Edelman
Coprodução: John Wentworth
Fotografia: Peter Deming
Montagem: Mary Sweeney
Direção de elenco: Johanna Ray
Direção de arte: Jack Fisk
Figurino: Amy Stofsky
Design de som: David Lynch
Música: composição e regência: Angelo Badalamenti; música adicional composta por David Lynch e John Neff
Com: Justin Theroux, Naomi Watts, Laura Elena Harring, Dan Hedaya, Robert Forster, Ann Miller, Michael J. Anderson, Angelo Badalamenti, Billy Ray Cyrus, Chad Everett, Lee Grant, Scott Coffey, Patrick Fischler e Lori Heuring

Head with Hammer
14s / cor

Direção, roteiro, produção e montagem: David Lynch, para Davidlynch.com

Out Yonder: Neighbor Boy
9m38s / preto e branco

Direção, roteiro, fotografia e montagem: David Lynch, para Davidlynch.com
Design de som: David Lynch
Com: David Lynch e Austin Lynch

Out Yonder: Teeth
13m24s / preto e branco

Direção, roteiro, fotografia e montagem: David Lynch, para Davidlynch.com
Design de som: David Lynch
Com: David Lynch, Austin Lynch e Riley Lynch

532 ESPAÇO PARA SONHAR

Pierre and Sonny Jim
3m31s / cor / bonecos animados

Direção, roteiro, produção e montagem: David Lynch, para Davidlynch.com
Design de som: David Lynch

Ball of Bees
Sete versões: 1-5m5s; 2-5m6s; 3-5m25s; 4-5m21s; 5-5m42s; 6-4m46s; 7-4m26s / cor

Produção: David Lynch para Davidlynch.com
Roteiro, câmera e montagem: David Lynch

2002
Darkened Room
8m16s / cor

Direção, roteiro, produção, fotografia e montagem: David Lynch, para David-lynch.com
Design de som: David Lynch e John Neff
Música: Angelo Badalamenti
Com: Jordan Ladd, Etsuko Shikata e Cerina Vincent

The Disc of Sorrow Is Installed
4m / cor

Direção, roteiro, produção e fotografia: David Lynch para Davidlynch.com

Rabbits
Comédia em 9 episódios / cor

Direção, roteiro, produção, fotografia e montagem: David Lynch, para David-lynch.com
Figurino: Tony Candelaria
Gerência de locação: Jeremy Alter
Música: David Lynch
Com: Naomi Watts, Laura Elena Harring, Scott Coffey, Rebekah Del Rio

DumbLand
Comédia em 8 episódios / preto e branco / animação

Roteiro, desenho, dublagem e montagem por David Lynch, para Davidlynch.com
Design de som: David Lynch

The Coyote
3m46s / cor

Direção, roteiro, produção e montagem: David Lynch
Design de som: David Lynch

2006
Império dos sonhos
3h/ cor

Produtoras: StudioCanal, Camerimage Festival, Fundacja Kultury, Asymmetrical Productions, Absurda, distribuído por 518 Media
Direção e roteiro: David Lynch
Produção: Mary Sweeney e David Lynch
Coprodução: Jeremy Alter e Laura Dern
Produtores associados: Jay Aaseng e Erik Crary
Produtora associada: Sabrina S. Sutherland
Direção de elenco: Johanna Ray
Produção de arte: Christina Ann Wilson
Cenários: Melanie Rein
Design de som: David Lynch
Produção e mixagem de som: Dean Hurley
Figurino: Karen Baird e Heidi Bivens
Consultor musical: Marek Zebrowski
Música: Krzysztof Penderecki, Marek Zebrowski, David Lynch, Dave Brubeck, Etta James, Little Eva, Nina Simone e outros
Com: Laura Dern, Jeremy Irons, Harry Dean Stanton, Justin Theroux, Karolina Gruszka, Grace Zabriskie, Jan Hencz, Diane Ladd, William H. Macy, Julia Ormond, Erik Crary, Emily Stofle, Jordan Ladd, Kristen Kerr, Terryn Westbrook, Kat Turner, Mary Steenburgen, Helena Chase, Nae e Terry Crews

2007

Out Yonder: Chicken

17m9s / preto e branco

Direção, roteiro, produção, fotografia e montagem: David Lynch, para David-lynch.com
Design de som: David Lynch
Com: David Lynch, Austin Lynch e Emily Stofle

Boat

7m15s / cor

Roteiro, fotografia e montagem: David Lynch
Narração: Emily Stofle
Com: David Lynch

Ballerina

12m19s / cor

Direção, roteiro, produção e montagem: David Lynch
Música: David Lynch

Bug Crawls

5m / preto e branco / animação

Roteiro, produção, fotografia, montagem e animação: David Lynch
Design de som: David Lynch

Absurda / Cannes: Scissors

2m22s / cor / live-action e animação

Direção, roteiro, produção e edição: David Lynch

HollyShorts Greeting

3m57s / preto e branco

Direção, roteiro, produção e montagem: David Lynch
Design de som: David Lynch
Figurinos: Emily Stofle
Com: David Lynch, Emily Stofle, Ariana Delawari e Jenna Green

FILMOGRAFIA   535

Industrial Soundscape
10m28s / preto e branco / animação

Direção, roteiro, produção, fotografia, montagem, música e animação: David Lynch

Intervalometer Experiments: Three Experiments in Time-Lapse Photography, including Steps
3m45s / preto e branco

Inland Empire: More Things That Happened
1h16m / cor

Produção: Absurda e StudioCanal
Direção, roteiro, fotografia e montagem: David Lynch
Coprodução: Jeremy Alter
Música: David Lynch
Com: Karolina Gruszka, Peter J. Lucas, William Maier, Krzysztof Majchrzak, Laura Dern e Nastassja Kinski

2008
Twin Peaks Festival Greeting
4m15s / preto e branco

Direção, roteiro, produção e montagem: David Lynch
Com: David Lynch

2009
Shot in the Back of the Head
3m15s / preto e branco / animação

Direção, roteiro, produção, montagem e animação: David Lynch
Música: Moby

42 One Dream Rush; Dream #7 (Mystery of the Seeing Hand and the Golden Sphere)
42s / cor / animação

Parte de *One Dream Rush,* compilação de 42 curtas baseados em sonhos de vários diretores
Direção, roteiro, produção e montagem: David Lynch

536 ESPAÇO PARA SONHAR

2010
Lady Blue Shanghai
16m / cor

Curta para bolsas da Dior
Direção, roteiro e montagem: David Lynch
Produção: Sabrina S. Sutherland
Fotografia: Justyn Field
Música: David Lynch, Dean Hurley e Nathaniel Shilkret
Com: Marion Cotillard, Gong Tao, Emily Stofle, Nie Fei, Cheng Hong e Lu Yong

2011
The 3 Rs
1m / preto e branco

Trailer para o Festival Internacional de Cinema de Viena
Direção, roteiro, produção e montagem: David Lynch
Com: Mindy Ramaker, Anna Skarbek e Alfredo Ponce

I Touch a Red Button Man
5m42s / cor / animação

Direção, roteiro, montagem e animação: David Lynch
Música: Interpol

Duran Duran: Unstaged
2h1m

Direção e roteiro: David Lynch
Produção: Sabrina S. Sutherland, Andrew Kelly, Michael Goldfine, Blake W.
Morrison e Nick Barrios
Produção executiva: Joe Killian
Fotografia: Peter Deming
Montagem: Noriko Miyakawa
Mixagem de som: Dean Hurley
Com: Duran Duran

FILMOGRAFIA **537**

Good Day Today
4m41s / cor

Direção, roteiro, produção e montagem: David Lynch
Música: David Lynch e Dean Hurley

2012
Crazy Clown Time
7m5s / cor

Direção e roteiro: David Lynch
Produção: Sabrina S. Sutherland
Música: David Lynch e Dean Hurley

Meditation, Creativity, Peace
71m / preto e branco

Documentário sobre o tour de Meditação Transcendental de 2007-2009
Produção: Bob Roth, Adam Pressman e Sam Lieb
Montagem: Noriko Miyakawa
Som: Dean Hurley
Com: David Lynch

Memory Film
4m17s / cor / live-action e animação

Direção, produção e fotografia: David Lynch
Montagem: Noriko Miyakawa
Mixagem de som: Dean Hurley
Com: David Lynch

2013
Idem Paris
8m5s / preto e branco

Direção, produção e fotografia: David Lynch
Montagem: Noriko Miyakawa
Mixagem de som: Dean Hurley
Com: Christian Charpin, Khindelvert Em, Patrick Pramil e Phaythoune Soukaloun

538 ESPAÇO PARA SONHAR

Came Back Haunted
4m15s / cor / live-action e animação

Direção e roteiro: David Lynch
Música: Nine Inch Nails

2014
Twin Peaks: The Missing Pieces
1h31m / cor

Produtoras: Absurda e MK2 Diffusion
Direção, roteiro e montagem: David Lynch
Produção: Sabrina S. Sutherland
Efeitos especiais: David Lynch e Noriko Miyakawa
Música: Angelo Badalamenti, David Lynch, Dean Hurley e David Slusser
Com: Chris Isaak, Kiefer Sutherland, C. H. Evans, Sandra Kinder, Rick Aiello, Elizabeth Ann McCarthy, Steven Beard, Gary Bullock, Kyle MacLachlan, David Bowie, Hirsh Diamant, Stefano Loverso, Jeannie Bonser, Alex Samorano, Michael J. Anderson, Carlton Lee Russell, Calvin Lockhart, Jürgen Prochnow, David Brisbin, Jonathan J. Leppell, Frances Bay, Frank Silva, Sheryl Lee, David Lynch, Miguel Ferrer, Dori Guterson, Gary Hershberger, Dana Ashbrook, Moira Kelly, Grace Zabriskie, Ray Wise, Brian T. Finney, Jack Nance, Joan Chen, Ed Wright, Mädchen Amick, Peggy Lipton, Andrea Hays, Wendy Robie, Everett McGill, Marvin Rose, Warren Frost, Mary Jo Deschanel, Eric Da Re, Victor Rivers, Chris Pedersen, Dennis E. Roberts, Al Strobel, Pamela Gidley, Phoebe Augustine, Walter Olkewicz, Michael Horse, Harry Goaz, Michael Ontkean, Russ Tamblyn, Don S. Davis, Charlotte Stewart, Kimmy Robertson, James Marshall, Catherine E. Coulson, Heather Graham, Therese Xavier Tinling e Chuck McQuarry

2015
Pozar (Fire)
10m44s / preto e branco / animação

Roteiro, desenho e direção: David Lynch
Animação: Noriko Miyakawa
Música: Marek Zebrowski

FILMOGRAFIA **539**

2017
Twin Peaks: The Return
18 episódios de aproximadamente 60m cada / cor

Produtoras: Rancho Rosa Partnership, Inc., para Showtime
Criado e dirigido por David Lynch e Mark Frost
Direção: David Lynch
Produção executiva: David Lynch e Mark Frost
Produção: Sabrina S. Sutherland
Produtora associada: Johanna Ray
Direção de produção: Christine Larson-Nitzsche
Fotografia: Peter Deming
Edição: Duwayne Dunham
Produção de arte: Cara Brower
Figurinos: Nancy Steiner
Direção de arte: Ruth De Jong
Direção de elenco: Ray e Krista Husar
Design de som: David Lynch
Música: Angelo Badalamenti
Com: Kyle MacLachlan, Sheryl Lee, Michael Horse, Chrysta Bell, Miguel Ferrer, David Lynch, Robert Forster, Kimmy Robertson, Naomi Watts, Laura Dern, Pierce Gagnon, Harry Goaz, Al Strobel, John Pirruccello, Don Murray, Mädchen Amick, Dana Ashbrook, Brent Briscoe, David Patrick Kelly, Jane Adams, Jim Belushi, Richard Beymer, Giselle DaMier, Eamon Farren, Patrick Fischler, Jennifer Jason Leigh, Robert Knepper, Andréa Leal, Grace Zabriskie, Amy Shiels, Russ Tamblyn, Tom Sizemore, Catherine E. Coulson, George Griffith, James Marshall, Peggy Lipton, James Morrison, J. R. Starr, Tim Roth, Wendy Robie, Harry Dean Stanton, Larry Clarke, Sherilyn Fenn, Josh Fadem, Jay R. Ferguson, Eric Edelstein, Ashley Judd, Caleb Landry Jones, Matthew Lillard, David Koechner, Sarah Jean Long, Clark Middleton, Carel Struycken, Jake Wardle, Nae, Amanda Seyfried, Christophe Zajac-Denek, Jay Aaseng, Joe Adler, Owain Rhys Davies, Erica Eynon, David Dastmalchian, Balthazar Getty, Nathan Frizzell, Hailey Gates, James Grixoni, Andrea Hays, Linda Porter, Karl Makinen, Jessica Szohr, Jodi Thelen, Adele René, Nafessa Williams, Candy Clark, Charlotte Stewart, Max Perlich, Emily Stofle, Gary Hershberger, John Paulsen, Zoe McLane, Bérénice Marlohe, Warren Frost, Joy Nash, Kathleen Deming, David Duchovny, Don S. Davis, Lisa Coronado, Richard Chamberlain,

540 ESPAÇO PARA SONHAR

Michael Cera, Monica Bellucci, Alicia Witt, Riley Lynch, Marvin Rose, Madeline Zima, Everett McGill, Walter Olkewicz, Sabrina S. Sutherle, Jay Larson, Ray Wise, Nicole LaLiberte e Cornelia Guest

What Did Jack Do?
20m / cor

Direção, roteiro e montagem: David Lynch
Produção: Sabrina S. Sutherland para Absurda / Fondation Cartier
Fotografia: Scott Ressler
Efeitos especiais e assistência de edição: Noriko Miyakawa
Design de som e cenografia: David Lynch
Mixagem de som: David Lynch e Dean Hurley
Música: David Lynch e Dean Hurley
Com: Jack Cruz, David Lynch, Emily Stofle e Toototaban

COMERCIAIS

1988
Opium, fragrância de Yves St. Laurent
Obsession, fragrância de Calvin Klein, quatro segmentos, cada um fazendo referência a um autor: D. H. Lawrence, F. Scott Fitzgerald, Ernest Hemingway, Gustave Flaubert
Anúncio de utilidade pública da campanha *Nós nos Importamos com Nova York*, do Departamento de Saneamento de Nova York

1991
Georgia Coffee, quatro segmentos, com Kyle MacLachlan, Catherine Coulson, Mädchen Amick, Michael Horse, Harry Goaz e Kimmy Robertson

1992
Giò, fragrância de Giorgio Armani

1993
Trésor, fragrância de Lancôme
Alka-Seltzer Plus

FILMOGRAFIA 541

Massa *Barilla* com Gerard Depardieu
Adidas, campanha "The Wall"
Background por Jil Sander, *The Instinct of Life*
Anúncio de utilidade pública para a campanha de conscientização da Socie-
dade Americana do Câncer de Mama
Anúncio da compilação de vídeo de *Dangerous,* de Michael Jackson

1994
Sun Moon Stars, fragrância de Karl Lagerfeld

1997
Sci-Fi Channel, quatro segmentos promocionais: *Aunt Droid, Nuclear Winter,*
Dead Leaves e Kiddie Ride
Clear Blue Easy, teste caseiro de gravidez
Mountain Man, Honda

1998
Parisienne cigarettes, campanha "Parisienne People"
Opium, fragrância de Yves St. Laurent

2000
Welcome to the Third Place, Sony PlayStation 2
JCDecaux, mobiliário urbano e sistema de locação de bicicletas do Grupo
Jean-Claude Decaux

2002
Do You Speak Micra?, Nissan
Bucking Bronco, Citroën

2004
Fahrenheit, fragrância de Christian Dior
Preference: Color Vive, L'Oréal

2007
Gucci, fragrância de Gucci
Música: Blondie

2008

Revital Granas, Shiseido

2011

Café com a marca David Lynch

2012

Café com a marca David Lynch, com Emily Lynch

2014

Rouge, esmalte de unha de Christian Louboutin

CRONOLOGIA DE EXPOSIÇÕES

1967
Vanderlip Gallery, Filadélfia, Pensilvânia

1968
The Samuel Paley Library, Universidade Temple, Filadélfia, Pensilvânia

1983
Galería Uno, Puerto Vallarta, México

1987
James Corcoran Gallery, Santa Monica, Califórnia
Rodger LaPelle Galleries, Filadélfia, Pensilvânia

1989
Leo Castelli Gallery, Nova York, Nova York
James Corcoran Gallery, Santa Monica, Califórnia

1990
N. No. N. Gallery, Dallas, Texas
Tavelli Gallery, Aspen, Colorado

544 ESPAÇO PARA SONHAR

1991
Touko Museum of Contemporary Art, Tóquio, Japão
Strange Magic: Early Works, Payne Gallery, Moravian College, Bethlehem,
 Pensilvânia

1992
Sala Parpalló, Valência, Espanha

1993
James Corcoran Gallery, Santa Monica, Califórnia

1995
Kohn/Turner Gallery, Los Angeles, Califórnia

1996
Painting Pavilion, Open Air Museum, Hakone, Japão
Park Tower Hall, Tóquio, Japão
Namba City Hall, Osaka, Japão
Artium, Fukuoka, Japão

1997
Dreams, Otsu Parco Gallery, Osaka, Japão
Galerie Piltzer, Paris, França
Salone del Mobile, Milão, Itália (exposição de móveis)

1998
Sinn und Form, Internationales Design Zentrum, Berlim, Alemanha (exposição
 de móveis)

2001
Centre de Cultura Contemporània de Barcelona, Barcelona, Espanha
Printemps de Septembre, Toulouse, França

2004
Atlas Sztuki, Łódź, Polônia

CRONOLOGIA DE EXPOSIÇÕES **545**

2007

The Air is on Fire: 40 Years of Paintings, Photographs, Drawings, Experimental Films, and Sound Creations, Fondation Cartier pour l'art contemporain, Paris, França; La Triennale di Milano, Milão, Itália
INLAND EMPIRE, Galerie du Jour agnès b., Paris, França
Prints in Paris, Galerie Item, Paris, França
Fetish, Galerie du Passage, Paris, França

2008

David Lynch: New Photographs, Epson Kunstbetrieb, Düsseldorf, Alemanha

2009

David Lynch and William Eggleston: Photographs, Galerie Karl Pfefferle, Munique, Alemanha
Fetish, Garage Center for Contemporary Culture, Moscou, Rússia
Dark Night of the Soul, Michael Kohn Gallery, Los Angeles, Califórnia; OHWOW Gallery, Miami, Flórida
New Paintings, William Griffin Gallery e James Corcoran Gallery, Santa Monica, Califórnia
I See Myself, Galerie des Galeries, Paris, França
Hand of Dreams, Galerie Item, Paris, França
The Air is on Fire, Ekaterina Cultural Foundation, Moscou, Rússia
Dark Splendor, Max Ernst Museum, Brühl, Alemanha
Ars Cameralis Culture Institution, Katowice, Polônia

2010

Crime and Punishment, From Goya to Picasso, coletiva, Museu d'Orsay, Paris, França
Marilyn Manson and David Lynch: Genealogies of Pain, Kunsthalle Wien, Viena, Áustria
David Lynch: Lithos 2007-2009, Musée du Dessin et de l'Estampe Originale, Gravelines, França
David Lynch: Darkened Room, Six Gallery, Osaka, Japão; Seul, Coreia do Sul
David Lynch: I Hold You Tight, Musée Jenisch, Vevey, Suíça
The Air is on Fire, GL Stre, Copenhagen, Dinamarca
David Lynch, Mönchehaus Museum, Goslar, Alemanha

546 ESPAÇO PARA SONHAR

David Lynch: Photographs, Galerie Karl Pfefferle, Munique, Alemanha
New Prints and Drawings, Galerie Item, Paris, França

2011

New Paintings and Sculpture, Kayne Griffin Corcoran Gallery, Santa Monica,
Califórnia
Works on Paper, Galerie Item, Paris, França
Mathematics: A Beautiful Elsewhere, coletiva, Fundação Cartier para a arte
contemporânea, Paris, França

2012

David Lynch: Man Waking From Dream, Fonds Régional d'Art Contemporain
Auvergne, Clermont-Ferrand, França
Tilton Gallery, Nova York, Nova York
Dark Images: David Lynch on Sylt, Galerie Chelsea Sylt, Kampen, Alemanha
Tomio Koyama Gallery, Tóquio, Japão
Lost Paradise, coletiva, Mönchehaus Museum, Goslar, Alemanha
It Happened at Night, Galerie Karl Pfefferle, Munique, Alemanha
Chaos Theory of Violence and Silence, Laforet Museum Harajuku, Tóquio, Japão
David Lynch: Lithographs, Galeria Miejska BWA, Bydgoszcz, Polônia

2013

Circle of Dreams, Centre de la Gravure et de l'Image imprimée de la Fédéra-
tion Wallonie-Bruxelles, La Louvière, Bélgica
Hypnotherapy, group exhibition, Kent Fine Art, Nova York, Nova York
David Lynch: Naming, Kayne Griffin Corcoran, Los Angeles, Califórnia
New Works, Kayne Griffin Corcoran, Los Angeles, Califórnia

2014

Small Stories, Maison Européenne de la Photographie, Paris, France; Cinéma
Galeries, Bruxelas, Bélgica
The Factory Photographs, the Photographer's Gallery, Londres; Fondazione
MAST, Bolonha, Itália
Women and Machines, Galerie Item, Paris, França
Frank Gehry: Solaris Chronicles, Part 2, coletiva, Atelier de la Mécanique,
LUMA Arles Campus, Arles, França

CRONOLOGIA DE EXPOSIÇÕES **547**

Dark Optimism. L'Inedito Sguardo di Lynch, Palazzo Panichi, Pietrasanta, Itália

The Unified Field, the Pennsylvania Academy of the Fine Arts, Filadélfia, Pensilvânia

David Lynch: Lost Visions, L'Indiscreto Fascino della Sguardo, Archivio di Stato, Lucca, Itália

David Lynch: Naming, Middlesbrough Institute of Modern Art, Middlesbrough, Reino Unido

2015

David Lynch: Between Two Worlds, Queensland Art Gallery/Gallery of Modern Art, Brisbane, Austrália

Stories Tellers, coletiva, Bandjoun Station, Bandjoun, Camarões

Voices of 20 Contemporary Artists at Idem, coletiva, Tokyo Station Gallery, Tóquio, Japão

2016

Plume of Desire, Galerie Item, Paris, França

It Was Like Dancing With a Ghost, KETELEER Gallery, Antuérpia, Bélgica

The Conversation Continues... Highlights from the James Cottrell + Joseph Lovett Collection, coletiva, Orlando Museum of Art, Orlando, Flórida

Arte y Cine: 120 Años de Intercambios, CaixaForum, coletiva, Barcelona, Espanha

2017

Arte y Cine: 120 Años de Intercambios, CaixaForum, coletiva, Madri, Espanha

Small Stories, Belgrade Cultural Center, Belgrado, Sérvia

One Hour / One Night, Galerie Item, Paris, França

Highlights, coletiva, Seoul Museum of Art, Seul, Coreia do Sul

Les Visitants, coletiva, Centro Cultural Kirchner, Buenos Aires, Argentina

Smiling Jack, Galerie Karl Pfefferle, Munique, Alemanha

Silence and Dynamism, Centre of Contemporary Art, Toruń, Polônia

2018

David Lynch: Someone is in My House, Bonnefantenmuseum, Maastricht, Holanda

FONTES

Barney, Richard A., *David Lynch: Interviews.* Jackson: University Press of Mississippi, 2009

Chandes, Herve, *The Air is on Fire.* Gottingen: Steidl, 2007

Cozzolino, Robert, *David Lynch: The Unified Field.* Philadelphia: The Pennsylvania Academy of the Fine Arts e University of California Press, 2014

Da Silva, José, *David Lynch: Between Two Worlds.* Queensland: Queensland Art Gallery/Gallery of Modern Art, 2015

Davison, Annette e Erica Sheen, *The Cinema of David Lynch: American Dreams, Nightmare Visions.* Londres: Wallflower Press, 2004

Forest, Patrice, *David Lynch-Lithos 2007-2009.* Ostfildern: Hatje Cantz Verlag, 2010

Frydman, Julien, *Paris Photo.* Gottingen: Steidl, 2012

Gabel, J. C. e Jessica Hundley, *Beyond the Beyond: Music From the Films of David Lynch.* Los Angeles: Hat & Beard Press, 2016

Giloy-Hirtz, Petra, *David Lynch: The Factory Photographs.* Munique: Prestel Verlag, 2014

Godwin, Kenneth George, *Eraserhead: The David Lynch Files, Book 1.* Winnipeg: Cagey Films Books, 2016.

Henri, Robert, *The Art Spirit.* Filadélfia: J.B. Lippincott, 1923

Heras, Artur, *David Lynch.* Valência: Sala Parpalló Diputacion Provincial de Valencia, 1992

Lynch, David, *Em águas profundas: criatividade e meditação.* Tradução: Márcia Frasão. Rio de Janeiro: Griphus, 2006

Nibuya, Takashi, et al., *David Lynch: Drawings and Paintings.* Tóquio: Touko Museum of Contemporary Art, 1991

Nieland, Justus, *David Lynch.* Chicago: University of Illinois Press, 2012

Nochimson, Martha P., *The Passion of David Lynch: Wild at Heart in Hollywood.* Austin: University of Texas Press, 1997

Nochimson, Martha P., *David Lynch Swerves: Uncertainty from Lost Highway to INLAND EMPIRE.* Austin: University of Texas Press, 2013

Panczenko, Paula, *The Prints of David Lynch.* Madison, Wisconsin: Tandem Press, 2000

Rossellini, Isabella, *Some of Me.* Nova York: Random House, 1997

Spies, Werner, *David Lynch-Dark Splendor, Space Images Sound.* Ostfildern: Hatje Cantz Verlag, 2009

Zebrowski, Marek, *David Lynch.* Bydgoszcz: Camerimage, Festival Internacional da Arte Cinematográfica, 2012

NOTAS

PASTORAL AMERICANA

1. Tim Hewitt, em *David Lynch: Interviews,* editado por Richard A. Barney. Jackson, Mississipi: University Press of Mississippi, 2009.
2. Martha Levacy, todas as citações em conversa com a autora em Riverside, Califórnia, em 30 de agosto de 2015, a menos que indicado de outra forma.
3. John Lynch, todas as citações em conversa com a autora in Riverside, Califórnia, 30 de agosto de 2015.
4. Mark Smith, todas as citações em conversa telefônica com a autora, em 2 de setembro de 2015.
5. Elena Zegarelli, todas as citações em conversa telefônica com a autora em 3 de novembro de 2015.
6. Peggy Reavey, em conversa com a autora em San Pedro, Califórnia, em 2 de setembro de 2015.
7. Gordon Templeton, todas as citações em conversa telefônica com a autora, em 19 de novembro de 2015.
8. Jennifer Lynch, todas as citações em conversa com a autora em Los Feliz, Califórnia, em 22 de dezembro de 2016.
9. David Lynch, todas as citações em conversas com a autora entre 1980 e 2018, a menos que indicado de outra forma.

A VIDA ARTÍSTICA

1. Toby Keeler, todas as citações em conversa telefônica com a autora, 19 de novembro de 2015, a menos que indicado de outra forma.
2. David Keeler, todas as citações em conversa telefônica com a autora, em 11 de novembro de 2015.
3. Jack Fisk, todas as citações em conversa com a autora em Brentwood, Califórnia, em 22 de julho de 2015.
4. Clark Fox, todas as citações em conversa telefônica com a autora, em 12 de abril de 2016.
5. Mary Fisk, todas as citações em série de conversas telefônicas com a autora, em julho de 2015.
6. Toby Keeler, citado em *Lynch on Lynch,* editado por Chris Rodley. Londres: Faber and Faber, 2005, p. 31.

BOLSAS DE MORTE SORRIDENTES

1. Bruce Samuelson, todas as citações em conversa telefônica com a autora, em 4 de dezembro de 2015.
2. Eo Omwake, todas as citações em conversa telefônica com a autora, em 24 de novembro de 2015.
3. Virgínia Maitle, todas as citações em conversa telefônica com a autora, em 19 de novembro de 2015.
4. James Havard, todas as citações em conversa telefônica com a autora, em 19 de novembro de 2015.
5. Carta de David Lynch, arquivos da Academia de Belas Artes da Pensilvânia.
6. Rodger LaPelle, em conversa telefônica com a autora, em 3 de dezembro de 2015.

SPIKE

1. Doreen Small, todas as citações em conversa telefônica com a autora, em 31 de dezembro de 2015.

NOTAS **553**

2. Charlotte Stewart, todas as citações em conversa telefônica com a autora, em 17 de outubro de 2015.
3. Catherine Coulson, todas as citações em conversa telefônica com a autora, em 6 de julho de 2015.
4. Fred Elmes, todas as citações em conversa telefônica com a autora, em 10 de agosto de 2015.
5. Jack Nance, em *Eraserhead: The David Lynch Files.* Uma fonte inestimável de informações sobre a filmagem de *Eraserhead,* o livro de Godwin traz entrevistas com o elenco e a equipe feitas na década de 1970, quando as memórias ainda estavam frescas.
6. Sissy Spacek, todas as citações em conversa telefônica com a autora, em 27 de abril de 2017.
7. Martha Levacy, todas as citações deste capítulo em conversa telefônica com a autora, em 18 de dezembro de 2015.

O JOVEM AMERICANO

1. Stuart Cornfeld, todas as citações em conversa com a autora em Los Angeles, em 5 de setembro de 2015.
2. Jonathan Sanger, todas as citações em conversas com a autora em Beverly Hills, em 5 de fevereiro e 3 de março de 2016.
3. Chris De Vore, todas as citações em conversa telefônica com a autora, em 21 de abril de 2016.
4. Mel Brooks, todas as citações em conversa telefônica com a autora, em 29 de setembro de 2015.
5. John Hurt, entrevista a Geoff Andrew II, *The Guardian,* 26/4/2000.
6. John Hurt entrevista para *David Lynch: The Lime Green Set,* 25 de novembro de 2008.
7. David Lynch, em *Lynch on Lynch,* p. 110.

MESMERIZADO

1. Rick Nicita, em conversa com a autora em Century City, Califórnia, em 23 de junho de 2015.

554   ESPAÇO PARA SONHAR

2. Raffaella De Laurentiis, todas as citações em conversa com a autora em Bel Air, Califórnia, em 21 de setembro de 2017.
3. Kyle MacLachlan, todas as citações deste capítulo em conversa com a autora, em 25 de junho de 2015.
4. Brad Dourif, todas as citações em conversa telefônica com a autora, em 1º de julho de 2015.
5. Sting, todas as citações em conversa com a autora em Nova York, em 17 de maio de 2016.
6. Eve Brandstein, todas as citações em conversa com a autora em Beverly Hills, em 18 de fevereiro de 2017.

UM ROMANCE SUBURBANO, SÓ QUE DIFERENTE

1. Fred Caruso, todas as citações em conversa com a autora em Los Angeles, em 30 de junho de 2015.
2. Isabella Rossellini, todas as citações em conversa telefônica com a autora, em 24 de julho de 2015.
3. John Wentworth, todas as citações em conversa telefônica com a autora, em 10 de julho de 2015.
4. Johanna Ray, todas as citações em conversa com a autora em Los Angeles, em 31 de março de 2017.
5. Laura Dern, todas as citações deste capítulo em conversa telefônica com a autora, em 4 de agosto de 2015.
6. Dennis Hopper, em conversa com a autora no set de *Veludo azul,* Wilmington, Carolina do Norte, outubro de 1985.
7. Duwayne Dunham, todas as citações em conversa com a autora em Santa Monica, Califórnia, em 30 de julho de 2015.
8. Angelo Badalamenti, todas as citações em conversa telefônica com a autora, em 25 de maio de 2016.
9. Julee Cruise, todas as citações em conversa telefônica com a autora, em 28 de junho de 2015.
10. Pauline Kael, "Blue Velvet: Out There and In Here," *The New Yorker,* 22/9/1986.

ENROLADA EM PLÁSTICO

1. Mark Frost, todas as citações em conversa telefônica com a autora, em 12 de julho de 2016.
2. James Corcoran, todas as citações em conversa com a autora em Los Angeles, em 3 de fevereiro de 2016.
3. Monty Montgomery, todas as citações em conversas telefônicas com a autora, em 16 e 18 de junho e 16 de julho de 2016.
4. Joni Sighvatsson, todas as citações em conversa com a autora em Los Angeles, 2 de dezembro de 2016.
5. Harry Dean Stanton, todas as citações em conversa telefônica com a autora, em 11 de maio de 2016.
6. Frederic Golchan, todas as citações em conversa telefônica com a autora, em 11 de julho de 2016.
7. Cori Glazer, todas as citações em conversa telefônica com a autora, em 8 de março de 2017.
8. Tony Krantz, todas as citações em conversa com a autora em Los Angeles, em 2 de agosto de 2016.
9. Ray Wise, todas as citações em conversa com a autora em Los Angeles, em 20 de outubro de 2016.
10. Grace Zabriskie, todas as citações em conversa telefônica com a autora, em 4 de janeiro de 2018.
11. Sheryl Lee, todas as citações em conversa telefônica com a autora, em 25 de agosto de 2016.
12. Wendy Robie, todas as citações em conversa telefônica com a autora, em 26 de agosto de 2016.
13. Mädchen Amickem, todas as citações em conversa com a autora em Los Angeles, em 24 de agosto de 2016.
14. Russ Tamblyn, todas as citações em conversa com a autora em Venice, Califórnia, em 14 de setembro de 2016.
15. Richard Beymer, todas as citações em conversas telefônicas com autora, em 2 e 23 de setembro de 2016.
16. Michael Ontkean, todas as citações em troca de emails com a autora, em 26 de outubro de 2016.
17. Kimmy Robertson, todas as citações em conversa com a autora em Pasadena, Califórnia, em 23 de setembro de 2016.

556 ESPAÇO PARA SONHAR

18. Deepak Nayar, em conversa telefônica com a autora, em 24 de agosto de 2016.
19. Brian Loucks, em conversa com a autora em Los Angeles, em 17 de fevereiro de 2017.

ENCONTRAR O AMOR NO INFERNO

1. Laura Dern, todas as citações deste capítulo em conversa telefônica com a autora, em 30 de novembro de 2017.
2. Willem Dafoe, todas as citações em conversa com a autora em Nova York, em 16 de maio de 2016.
3. Crispin Glover, todas as citações em troca de e-mails com a autora, em 11 de agosto de 2016.
4. Barry Gifford, todas as citações em conversa telefônica com a autora, em 18 de agosto de 2016.

AS PESSOAS SOBEM E DEPOIS DESCEM

1. Pierre Edelman, todas as citações em conversa telefônica com a autora, em 17 de outubro de 2016.
2. Mary Sweeney, todas as citações em conversa com a autora em Los Angeles, em 24 de setembro de 2016.
3. Alfredo Ponce, todas as citações em conversa com a autora, em Los Angeles em 17 de novembro de 2017.
4. Sabrina Sutherland, em conversa telefônica com a autora, em 13 de julho de 2016.
5. Neal Edelstein, todas as citações em conversa telefônica com a autora, em 5 de dezembro de 2016.

A UM PASSO DA ESCURIDÃO

1. Gary D'Amico, todas as citações em conversa telefônica com a autora, em 9 de fevereiro de 2017.

2. Bill Pullman, todas as citações em conversa telefônica com a autora, em 15 de março de 2017.
3. Balthazar Getty, todas as citações em conversa telefônica com a autora, em 2 de março de 2017.
4. Jeremy Alter, todas as citações em conversa com a autora em Los Angeles, em 15 de março de 2017.
5. Peter Deming, todas as citações em conversa telefônica com a autora, em 10 de março de 2017.
6. David Foster Wallace, "David Lynch Keeps His Head," *Premiere,* em setembro de 1996.
7. Chrysta Bell, todas as citações em conversa com a autora em Los Angeles, em 25 de fevereiro de 2017.

UMA DOSE DE UÍSQUE BRANCO E UMA GAROTA

1. Laura Elena Harring, todas as citações em conversa com a autora em Beverly Hills em 22 de fevereiro de 2017.
2. Naomi Watts, todas as citações em conversa telefônica com a autora, em 9 de maio de 2017.
3. Justin Theroux, todas as citações em conversa telefônica com a autora, em 31 de dezembro de 2017.
4. Marek Żydowicz, todas as citações em troca de e-mails com a autora, em 15 de maio de 2017.
5. Marek Zebrowski, todas as citações em conversa com a autora em Los Angeles, em 29 de maio de 2017.
6. Jay Aaseng, todas as citações em conversa com a autora em Los Angeles, em 2 de março de 2017.

UMA FATIA DE ALGUMA COISA

1. Richard Farnsworth, das notas da produção de *História real,* 1999.

O MAIS FELIZ DOS FINAIS FELIZES

1. Erik Crary, todas as citações em conversa telefônica com a autora, em 15 de março de 2017.
2. Emily Stofle Lynch, todas as citações em conversas com a autora em Los Angeles, em 17 e 27 de maio de 2017.
3. Laura Dern, todas as citações deste capítulo em conversa telefônica com a autora em 30 de novembro de 2017.
4. Dean Hurley, todas as citações em conversa telefônica com a autora, em 21 de abril de 2017.
5. Anna Skarbek, todas as citações em conversa telefônica com a autora, em 9 de abril de 2017.
6. Bob Roth, todas as citações em conversa telefônica com a autora, em 19 de abril de 2017.
7. Noriko Miyakawa, todas as citações em conversa com a autora em Los Angeles, em 28 de abril de 2017.

NO ESTÚDIO

1. Patrice Forest, todas as citações em conversa com a autora em Los Angeles, em 30 de abril de 2017.
2. Michael Barile, todas as citações em conversa com a autora em Los Angeles, em 24 de maio de 2017.
3. Mindy Ramaker, todas as citações em conversa com a autora, em Los Angeles, em 21 de abril de 2017.
4. José da Silva, todas as citações em conversa telefônica com a autora, em 16 de maio de 2017.

MEU TRONCO ESTÁ FICANDO DOURADO

1. David Nevins, todas as citações em conversa telefônica com a autora, em 19 de setembro de 2017.
2. Sabrina Sutherland, todas as citações deste capítulo em conversa com a autora em Los Angeles, em 4 setembro de 2017.

3. Dana Ashbrook, em conversa telefônica com a autora, em 13 de setembro de 2017.
4. Kyle MacLachlan, todas as citações deste capítulo em conversa telefônica com a autora, em 20 de setembro de 2017.
5. Michael Horse, todas as citações em conversa telefônica com a autora, em 11 de setembro de 2017.
6. James Marshall, em conversa telefônica com a autora em 16 de setembro de 2017.
7. Al Strobel, todas as citações em conversa telefônica com a autora, em 5 de setembro de 2017.
8. Carel Struycken, todas as citações em conversa com a autora em Los Angeles, em 12 de setembro de 2017.
9. Peggy Lipton, todas as citações em conversa telefônica com a autora, em 14 de setembro de 2017.
10. Everett McGill, todas as citações em conversa telefônica com a autora, em 8 de setembro de 2017.
11. James Marshall, em conversa telefônica com a autora, em 6 de setembro de 2017.
12. Jake Wardle, todas as citações em conversa telefônica com a autora, em 11 de setembro de 2017.
13. Don Murray, todas as citações em conversa com a autora em Los Angeles, em 15 de setembro de 2017.
14. Eric Edelstein, todas as citações em conversa telefônica com a autora, em 28 de setembro de 2017.
15. George Griffith, todas as citações em conversa telefônica com a autora, em 28 de setembro de 2017.
16. Michael Cera, todas as citações em conversa telefônica com a autora, em 12 de setembro de 2017.
17. Matthew Lillard, todas as citações em conversa telefônica com a autora, em 6 de setembro de 2017.
18. Robert Forster, todas as citações em conversa com a autora em Los Angeles, em 11 de setembro de 2017.

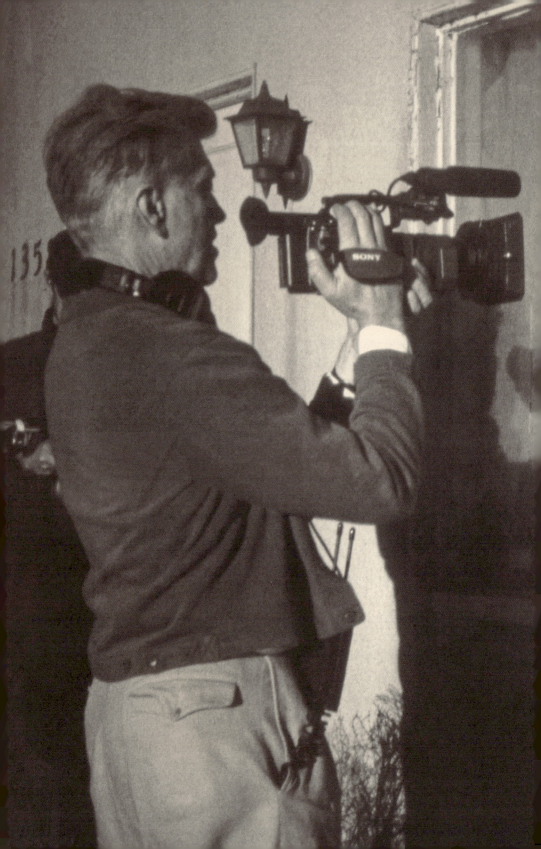

LEGENDAS E CRÉDITOS DAS FOTOGRAFIAS

Todas as fotografias pertencem à coleção de David Lynch, a menos que indicado de outro modo.

Folha de rosto: Lynch em uma locação no centro de Los Angeles durante a filmagem de *Eraserhead,* 1972. Fotografia de Catherine Coulson.

Página do título: Lynch na histórica Casa de Pierre Koenig, Estudo de Caso nº 22, em Hollywood Hills, filmando um comercial para a L'Oréal, 2004. Fotografia de Scott Ressler.

Sumário: Lynch e Patricia Arquette durante a filmagem de *Estrada perdida,* em 1995, na casa de Lynch em Hollywood. Cortesia de mk2 Films. Fotografia de Suzanne Tenner.

13: Lynch e a Sra. Crabtree, sua professora da 2ª série, em Durham, Carolina do Norte, c. 1954. "Foi a única vez em que só tirei 10." Fotografia de Sunny Lynch.

14-15: Lynch com o irmão menor, John Lynch, em Spokane, Washington, c. 1953. "Cruzamos o país nesse carro ao nos mudarmos para Durham. Meu pai

564 ESPAÇO PARA SONHAR

estava com o braço engessado porque tinha cortado um tendão da mão consertando um vagão enferrujado para a minha irmã." Fotografia de Donald Lynch.

16: Edwina e Donald Lynch, c. 1944. "Meu pai foi chefe da sala de máquinas de um torpedeiro no Pacífico. Ele e outros camaradas produziam cortinas de fumaça; o meu pai fazia uma mistura e diziam que produzia a melhor fumaça." Fotografia de Arthur Sundholm.

25: John e David Lynch em Sandpoint, Idaho, c. 1948. Fotografia de Sunny Lynch.

26-27: Da esquerda para a direita: David, John e Martha Lynch nos degraus da casa da família em Spokane, Washington, c. 1950. Fotografia de Sunny Lynch.

28: Lynch tocando trompete com amigos na rua onde a família morava em Boise, Idaho. "Isso foi bem diante da minha casa, provavelmente por volta de 1956. Nesse dia estávamos só tocando. Não sei quem são os outros, mas estou no trompete e Mike Johnson e Riley Cutler nos trombones. O garoto que está adiante é Randy Smith. Nós o chamávamos Pud". Fotografia de Mark Smith.

45: Lynch, c. 1967. "Essa foto foi tirada na Filadélfia, na Casa do Pai, do Filho e do Espírito Santo". Fotografia de C. K. Williams.

46: Lynch com uma de suas pinturas na casa dos pais, em Alexandria, Virgínia, em 1963. "É uma cena de cais em óleo sobre tela, e acho que dei essa pintura a Judy Westerman. Acho que a filha dela ainda a conserva". Fotografia de Donald Lynch.

57: Óleo sobre tela sem título (c. 1964) que Lynch pintou quando frequentava a Boston Museum School. Fotografia de David Lynch.

LEGENDAS E CRÉDITOS DAS FOTOGRAFIAS   565

58-59: O mural que Lynch pintou no teto do seu quarto em Alexandria, c. 1963. Fotografia de Sunny Lynch.

60: A sala de estar do apartamento de estudante de Lynch em Boston, 1964. Fotografia de David Lynch.

73: Lynch trabalhando no set de *The Grandmother* na sua casa na Filadélfia, 1968. Fotografia de Peggy Reavey.

74: Peggy Reavey e Lynch diante da casa dos pais dela na Filadélfia, c. 1968. Fotografia de Bernard V. Lentz.

86-87: Reavey e Lynch no café vizinho à Academia de Belas Artes da Pensilvânia, em Filadélfia, c. 1967.

88: Lynch e Jack Fisk, o padrinho do seu casamento com Reavey, na festa após a cerimônia, em 1968; a recepção foi na casa dos pais dela. Fotografia de Peggy Reavey.

103: Lynch e o diretor de fotografia Fred Elmes em um dos sets de *Eraserhead* no Instituto Americano de Cinema em Los Angeles, c. 1973. Fotografia de Catherine Coulson.

104: Acima: Lynch e o designer de som Alan Splet improvisando no refeitório que era parte do estúdio montado para *Eraserhead* em Los Angeles, c. 1972; abaixo: Lynch, Reavey e Jennifer Lynch diante da casa de Catherine Coulson e Jack Nance, no setor Beachwood Canyon de Los Angeles, no dia de Natal, c. 1972. Fotografias de Catherine Coulson.

126-127: Lynch no hall do apartamento do personagem Henry Spencer em *Eraserhead,* c. 1972. Fotografia de Catherine Coulson.

566 ESPAÇO PARA SONHAR

128-129: Charlotte Stewart e Lynch no cenário da varanda da casa da família X em *Eraserhead,* 1972. Fotografia de Catherine Coulson.

130: Mary Fisk na casa em que viveu com Lynch na Rosewood Avenue, em Los Angeles, 1977. Fotografia de David Lynch.

149: Anthony Hopkins e Lynch durante a filmagem de *O Homem Elefante*, em Londres, 1979. Cortesia de Brooksfilms. Fotografia de Frank Connor.

150: Lynch no set de *O Homem Elefante*, em Londres, 1979. Cortesia de Brooksfilms. Fotografia de Frank Connor.

169: Mary Fisk no Louvre, Paris, 1979. Fotografia de David Lynch.

170-171: Durante a filmagem de *O Homem Elefante*, no Lee International Studios em Londres, 1979. Na fila de trás, da esquerda para a direita: Stuart Craig, Terry Clegg, Bob Cartwright, Eric Bergren e Jonathan Sanger; na fila da frente, da esquerda para a direita: Lynch, Mel Brooks e Chris De Vore. Cortesia de Brooksfilms. Fotografia de Frank Connor.

172: Mary Fisk e Sparky em Londres, 1979. "O veterinário disse que Sparky era um cão complicado e podia ser hermafrodita". Fotografias de David Lynch.

183: Austin e David Lynch nos Estudios Churubusco na Cidade do México durante a filmagem de *Duna,* 1983. Fotografia de Mary Fisk.

184: O diretor de fotografia Freddie Francis e Lynch durante as filmagens de *Duna,* 1983. Cortesia de Universal Studios Licensing LLC. Fotografia de George Whitear.

199: Lynch e a atriz Alicia Witt no set de *Duna,* 1983. Cortesia de Universal Studios Licensing LLC. Fotografia de George Whitear.

LEGENDAS E CRÉDITOS DAS FOTOGRAFIAS   567

200-201: Kyle MacLachlan, Raffaella De Laurentiis e Lynch nos Estudios Churubusco, c. 1983. Fotografia de Mary Fisk.

202: Lynch em uma das locações de *Duna*, 1983. "Estávamos alojados em El Paso e todas as manhãs cruzávamos a fronteira e atravessávamos a sonolenta cidadezinha de Juárez para chegar às dunas. Passamos muito tempo lá. Naquela época Juárez era uma cidadezinha pacífica." Cortesia de Universal Studios Licensing LLC. Fotografia de George Whitear.

213: Isabella Rossellini durante a filmagem de *Veludo azul* em Wilmington, Carolina do Norte, 1985. Fotografia de David Lynch.

214: Lynch e Dennis Hopper durante a filmagem de *Veludo azul*, 1985. Cortesia de MGM. Fotografias de Melissa Moseley.

235: Dean Stockwell no set de *Veludo azul*, 1985. Fotografia de David Lynch.

236-237: Lynch e o ator Fred Pickler no set de *Veludo azul*, 1985. Cortesia de MGM. Fotografia de Melissa Moseley.

238: Kyle MacLachlan e Lynch durante a filmagem de *Veludo azul*, 1985. Cortesia de MGM. Fotografia de Melissa Moseley.

251: Lynch, Heather Graham e Kyle MacLachlan no set em Los Angeles filmando o episódio final da segunda temporada de *Twin Peaks*, 1990. Fotografia de Richard Beymer.

252: Lynch e o continuísta Mike Malone durante a filmagem de *Os últimos dias de Laura Palmer*, 1991. Cortesia de mk2 e Twin Peaks Productions, Inc. Fotografia de Lorey Sebastian.

274-275: Da esquerda para a direita: Michael J. Anderson, Catherine Coulson, Harry Goaz, Kyle MacLachlan e Piper Laurie no set de *Twin Peaks*, 1989. Fotografia de Richard Beymer.

568 ESPAÇO PARA SONHAR

276: Lynch e assistente durante a filmagem de *Twin Peaks*, c. 1989. "Inventamos isso para *Twin Peaks*. É a Tim & Tom's Taxi-Dermy, uma companhia de táxi que também faz taxidermia. Gravamos isso diante da minha casa em Los Angeles, e estou no banco da frente. Não sei se chegou a entrar na série." Cortesia de CBS e Twin Peaks Productions, Inc. Fotografia de Kimberly Wright.

290-291: O produtor de arte Daniel Kuttner e Lynch em locação no Texas durante a filmagem de *Coração selvagem*, 1989. Cortesia de MGM. Fotografia de Kimberly Wright.

292: Lynch e Sherilyn Fenn na locação em Lancaster, Califórnia, durante a filmagem de *Coração selvagem*, 1989. Cortesia de MGM. Fotografia de Kimberly Wright.

304-305: Lynch, Fred Elmes, Nicolas Cage, Mary Sweeney e Laura Dern na locação no centro de Los Angeles rodando a cena final de *Coração selvagem*, 1989. Cortesia de MGM. Fotografia de Kimberly Wright.

306: Grace Zabriskie e Lynch na locação em Nova Orleans durante a filmagem de *Coração selvagem*, 1989. Cortesia de MGM. Fotografia de Kimberly Wright.

313: Lynch e Sheryl Lee filmando a cena do vagão do trem de *Twin Peaks: Os últimos dias de Laura Palmer*, 1991. Cortesia de mk2 Films e Twin Peaks Productions, Inc. Fotografia de Lorey Sebastian.

314: Kiefer Sutherland, Lynch e Chris Isaak filmando em um aeroporto em Washington para *Os últimos dias de Laura Palmer*, 1991. Cortesia de mk2 Films e Twin Peaks Productions, Inc. Fotografia de Lorey Sebastian.

327: Sheryl Lee, Grace Zabriskie e Lynch no set de *Os últimos dias de Laura Palmer*, 1991. "Essa é a casa dos Palmer em Everett, Washington". Cortesia de mk2 Films e Twin Peaks Productions, Inc. Fotografia de Lorey Sebastian.

LEGENDAS E CRÉDITOS DAS FOTOGRAFIAS **569**

328-329: Sheryl Lee e Lynch na Sala Vermelha durante a filmagem de *Os últimos dias de Laura Palmer,* 1991. Cortesia de mk2 Films e Twin Peaks Productions, Inc. Fotografia de Lorey Sebastian.

330: Sheryl Lee, Lynch e Moira Kelly na locação em Washington de *Os últimos dias de Laura Palmer,* 1991. Cortesia de mk2 Films e Twin Peaks Productions, Inc. Fotografia de Lorey Sebastian.

341: Patricia Arquette, Lynch e Bill Pullman na casa dos Madison em Los Angeles durante a filmagem de *Estrada perdida,* 1996. Cortesia de mk2 Films. Fotografia de Suzanne Tenner.

342: Bill Pullman e Lynch no set de *Estrada perdida*, c. 1995. Cortesia de mk2 Films. Fotografia de Suzanne Tenner.

355: Lynch e Jack Nance na locação do La Brea Boulevard em Los Angeles durante a filmagem de *Estrada perdida,* c. 1995. Cortesia de mk2 Films. Fotografia de Suzanne Tenner.

356-357: Patricia Arquette, Balthazar Getty e Lynch durante a filmagem de *Estrada perdida,* c. 1995. Cortesia de mk2 Films. Fotografia de Suzanne Tenner.

358: Richard Pryor e Lynch em locação de *Estrada perdida,* c. 1995. Cortesia de mk2 Films. Fotografia de Suzanne Tenner.

369: Geno Silva, Lynch e Rebekah Del Rio no palco do clube Silencio durante a filmagem de *Cidade dos sonhos,* c. 1999. Fotografia de Scott Ressler.

370: Laura Elena Harring, Naomi Watts e Lynch no set durante a filmagem de *Cidade dos sonhos,* c. 1999. Fotografia de Scott Ressler.

388-389: Naomi Watts, Lynch e Laura Elena Harring no set de *Cidade dos sonhos,* c. 1999. Fotografia de Scott Ressler.

570 ESPAÇO PARA SONHAR

390: Lynch e Justin Theroux no set de *Cidade dos sonhos*, c. 1999. Fotografia de Scott Ressler.

400-401: Jack Fisk, Lynch e membros da equipe durante a filmagem de *História real* em Iowa, c. 1998. Fotografia de Scott Ressler.

402: Jack Fisk, Lynch, Sean E. Markle, pessoa não identificada e John Churchill durante a filmagem de *História real*, c. 1998. Fotografia de Scott Ressler.

408-409: Lynch e membros do elenco (da esquerda para a direita: Joseph A. Carpenter, Jack Walsh, Ed Grennan e Donald Wiegert) de *História real*, c. 1998. Fotografia de Scott Ressler.

410: Richard Farnsworth e Lynch no set de *História real* em Laurens, c. 1998. Fotografia de Scott Ressler.

417: Lynch e Emily Stofle Lynch em Paris. Fotografia de Jennifer "Greenie" Green.

418: Lynch com o filho Riley no set de *Twin Peaks: The Return,* 2015. Cortesia de Rancho Rosa Partnership, Inc. Fotografia de Suzanne Tenner.

435: Lynch e Laura Dern em San Fernando Valley durante a filmagem de *Império dos sonhos,* c. 2004. Cortesia de Absurda e StudioCanal. Fotografia de Deverill Weekes.

436-437: Lynch e vaca no Hollywood Boulevard em novembro de 2006, promovendo a atuação de Laura Dern em *Império dos sonhos.* Fotografia de Jeremy Alter.

438: Lynch e Harry Dean Stanton no set do Paramount Studios durante a filmagem de *Império dos sonhos,* c. 2004. Cortesia de Absurda e StudioCanal. Fotografia de Michael Roberts.

LEGENDAS E CRÉDITOS DAS FOTOGRAFIAS **571**

448-449: Lynch e a filha Lula desenhando no Les Deux Magots em Paris, 2016. Fotografia de Emily Lynch.

450: Lula e David Lynch, c. 2016. Fotografia de Emily Lynch.

466-467: Lynch no pátio da casa de Gary D'Amico em La Tuna Canyon, Califórnia, durante a filmagem do vídeo musical *Crazy Clown Time,* 2011. Fotografia de Dean Hurley.

468: Lynch com Lula, Emily, Jennifer, Austin e Riley Lynch na casa de Lynch em Hollywood, 2013. "O que mais gosto nessa foto é a boneca na mão de Lula. Vai do bem pequeno ao maior, no sentido horário." Fotografia de Erin Scabuzzo.

480-481: Lynch e Harry Dean Stanton no set de *Twin Peaks: The Return,* 2015. Cortesia de Rancho Rosa Partnership, Inc. Fotografia de Suzanne Tenner.

482: Lynch diante de um hospital em Van Nuys, Califórnia, durante a filmagem de *Twin Peaks: The Return,* 2016. Fotografia de Michael Barile.

503: Kyle MacLachlan e Lynch em Los Angeles no set da Sala Vermelha de *Twin Peaks: The Return,* 2015. Cortesia de Rancho Rosa Partnership, Inc. Fotografia de Suzanne Tenner.

504-505: Anthony Maracci e Lynch em locação no sul da Califórnia durante a filmagem de *Twin Peaks: The Return,* 2016. "Foi a última coisa que rodamos". Fotografia de Michael Barile.

506: Lynch em seu estúdio de gravação, c. 2015. Fotografia de Dean Hurley.

515: David e Jennifer Lynch em um Bob's Big Boy, Los Angeles, c. 1973. Fotografias de Catherine Coulson.

516-517: Lynch filmando um comercial para o Sci-Fi Channel em Los Angeles, 1997. Fotografia de Scott Ressler.

518: Lynch e o avô Austin Lynch em Sandpoint, Idaho. Fotografia de Sunny Lynch.

548: Lynch e Cori Glazer no clube Silencio durante a filmagem de *Cidade dos sonhos*, c. 1999. Fotografia de Scott Ressler.

560-561: Lynch e Laura Dern no set em San Fernando Valley durante a filmagem de *Império dos sonhos*, c. 2004. Fotografia de Scott Ressler.

562: *Uncle Pete Releasing His Children*, 1986. Fotografia de David Lynch.

598: No alto: Lynch com a jaqueta do avô na foto do seu formulário de inscrição na Academia de Belas Artes da Pensilvânia, 1965. Abaixo: Kristine McKenna, c. 2012. Fotografia de Ann Summa.

600: Bilhete que Lynch enviou aos pais em 1977. Fotografia de David Lynch.

ÍNDICE

Os números das páginas das fotografias estão em itálico

1,000 Nudes (Schied, ed.), 439
2001: Uma odisseia no espaço (filme), 191
8 1/2 (filme), 278
8 1/2 Souvenirs (banda), 353

Aaseng, Jay, 420, 424, 453, 455
    Abano Terme, Itália, 191, 205
    ABC TV
    Absolute Beginners (filme), 163
    Cidade dos sonhos entregue a, 373, 391
    Cidade dos sonhos, 375, 379, 380, 381, 396
    Compra pela Capital Cities, 270-271
    contratado por Lynch, 385-386
    deixa o trabalho com Lynch, 454
    Iger e colocando *Twin Peaks* no ar, 268
    Império dos sonhos e, 424-426, 428, 430
    Lynch e a MT, 387
    On the Air, 323-324, 338
    sobre o casamento e divórcio de Lynch e Sweeney, 432
    Twin Peaks cancelado, 272-273
    Twin Peaks, 259, 260, 261, 268, 270-271, 288
    Twin Peaks, final alternativo para piloto, 267
ABC e, 257, 258
    a Dama do Tronco, 491
    ABC propõe final alternativo do piloto, 265
    arco narrativo de, 257
    Bouygues e, 334
    carreiras lançadas em, 250-251, 271
    cena de abertura, 262
    como história de incesto, 318

conexão com *Twin Peaks: The Return*, 501, 512
considerado obra-prima, 321 Festival de Cinema de Cannes e, 320-321, 336
críticas, 501
Da Re em, 207
de Laura Palmer (filme), 42, 249, 252, 262, 270, 272, 284, 287, 288, 313, 314, 317-321, 327
Dunham dirige, 293, 298 montagem, 298, 299
elenco e personagens, 488-500, 510-513
elenco, 258-262, 283-284, 317, 477
elenco, 318, 319, 320, 334
episódios da primeira temporada no ABC, 266
equipe de, 488
escrita de, com Mark Frost, 255, 257-258
estúdio cinematográfico Ciby 2000 e, 352
Festival de Cinema de Cannes e, 499, 513
figurinos, 493-594
filmagem, 286
filmagem, 318-319, 343
filmagem, 488, 497, 511-512 efeitos especiais, 512
financiamento de, 485, 486
fracasso de, efeito em Lynch, 336
hérnia de Lynch e, 335-336
ideia de, 463
impacto de Lynch no elenco de, 271
indicações ao Emmy, 271
influência da infância de Lynch em, 19
influência na TV programação, 266
lançamento no Japão, 321 lançamento dos EUA, 321 pós-produção, 319
ligação com *Os últimos dias de Laura Palmer*, 501, 513

574 ESPAÇO PARA SONHAR

locações, *251,* 261, 262, *276* Dama do Tronco, 285
locaçcências, 498, 504, *505,* 506, 512
luva verde em, 492, 508
Lynch atua em, 500-501 casamento de Lynch afetado por, 497-498
Lynch interpreta Gordon Cole em, 265, 286
Lynch perde interesse em, 307
MacLachlan em, 188 merchandising em, 268
mortes de atores em, 492-593 edição, 512
música em, 462, 488, 491
música para, 319, 479 respostas negativas a, 320-321, 352
orçamento de, 261, 266
performance de Aaseng em, 456 exibição do primeiro episódio, 500
personagem de Bob, 286-287
piloto, 258, 261-266, 268, 283, 284, 286
pós-produção, 500
pre-produção, 261
primeira exibição, 266
produtor de, 261
programa cancelado, 317
rã-mariposa em, 510, 511
Rathborne dirige episódios de, 256
reações do elenco a *Os últimos dias de Laura Palmer,* 317-318, 334
reavaliação de (2017), 321, 446, 501
resposta dos atores, 317-318, 334
roteiristas de, 266, 317
roteiro, 317, 318
roteiro, 463, 465, 485, 486, 487-488
Salão Vermelho e, 265, 270, 288, 335, 456
Salão Vermelho e, *328, 329,* 335 críticas, 321
Salão Vermelho e, 498, 502, *503*
segredos e, 489
segunda temporada e mortes, 269-271, 287
significados de, 501-502, 513 ambiente no set, 495
Stewart em, 111
sucesso de, 268, 287, 288, 421
Sweeney e, 317
Tim & Tom's Taxi-Dermy, 568
trilha sonora, 319
Twin Peaks: os últimos sete dias
Twin Peaks: The Return (seriado do Showtime), 324, *418, 454, 455, 460-465, 475, 483-486, 488, 490, 492-494, 496, 497, 499-501, 507, 509-512*
Absurda Records, 422
Academia de Belas Artes da Pensilvânia (PAFA), 54, 72, 75
ensino clássico na, 75, *614*
Lynch na, 73-78, 87-98
Lynch recebe o prêmio em Memória do Dr. William S. Biddle Cadwalader, 77
Academia de Música de Brooklyn (BAM), 269-270
Academia Internacional de Belas Artes de Verão, em Salzburgo, 54

Alexandrakis, Eric, 464
Alexandria, Va., 39, 56, 70
adolescência de Lynch em, *46,* 47-53, 54-56, 61-69
apartamento de Lynch com mural no teto, 55, 56, 58-59
família de Lynch se muda para, 22-23
Hammond High School, 47, 62, 65-66
Old Town, ateliê de Lynch em, 51, 66
Alien, o oitavo passageiro (filme), 191
Allen, Dede, 317
Almodóvar, Pedro, 406
Aloca, Michelangelo "Mike", 71
Alphabet, The (filme), 80-81, 83-84, 94-95, 97
Alta ansiedade (filme), 153
Alter, Jeremy, 348, 424-426, 428
Altman, Robert, 345, 508
Alvin, Dave, 460
Amantes em família (filme), 159
American Chronicles (programa de TV), 271
"American Woman" (canção), 460
Amick, Mädchen, 262, 265, 266, 267, 485
Amor e compaixão (filme), 275
Amputee, The (filme), 120
"And Still" (canção, Lynch/Levitt), 353
Anderson, Michael J., 261, 269, *274-275,* 283, 320
Anderson, Paul Thomas, 405
Angriest Dog in the World, The (desenho animado, Lynch), 193-194, 421
Antelope Don't Run No More (roteiro não produzido), 457, 483
Antonioni, Michelangelo, 52
Apogee Productions, Inc., 189
apoia Lynch, 122
Armer, Andy, 476
Arquette, Patricia, *341,* 346-348, *356*-357
Art Basel Miami, instalação de Lynch/Chalfant *Diamonds, Gold, and Dreams,* 457
Art Spirit, The (Henri), 50-51
Arte americana
arte visual de, 112, 352, 452
abandona escola de arte, 52, 67, 78, 98
ambiente de trabalho, 253
apartamento em Alexandria com mural no teto, 53, 54, *58-59*
arte/desenho na infância, 21, 27, 514
ateliê no complexo da Casa Rosada, 322-323, 503-504 ateliês, 48, 49, 64
aulas na Corcoran, 49 compromisso com "a vida artística", *45,* 46, 47, 48, 514
evento crucial em, a pintura em movimento, 77
Boise, Idaho (pintura), 18
carreira como artista visual, 457
"City of Dreams" (desenho), 376
com os Keeler, Alexandria, Va., 53, 69
como artista americano, 213
cores favoritas, 54

ÍNDICE **575**

Dark Night of the Soul (fotografias), 460, 480-481 Da Silva sobre, 466-467 depressão e, 75, 87 *Diamonds, Gold, and Dreams*, instalação, com Chalfant, 459
desenhos de interiores antiquados, 472-473
desenhos de *O Homem Elefante*, 152, 167
desenhos feitos durante filmagem de *Eraserhead*, 110-111, 117, 137
Do You Really Want to Know What I Think? (pintura), 469
evolução como artista, 49-50, 51, 76, 80-81
exposição Lynch-Louboutin, 455
exposição na PAFA (2014): *The Unified Field*, 463
exposição Paris-Moscou-Milão-Copenhagen *The Air is on Fire*, 451, 452, 456, 469, 471
exposição, Galerie Piltzer, Paris (1996), 352
exposição, N. No. N. Gallery, Dallas, 255, 317
exposições (2012), 461
exposições, Japan (1996), 347
Fisk, Jack, e, 46-52, 54, 64, 68, 73-74, 76, 87-88
Flying Bird with Cigarette Butts (pintura), 83
fotografia e, 162-164, 323
Gardenback (pintura), 83
individuais Corcoran Gallery, Los Angeles (1988, 1989), 255, 317
influência da MT em, 115-116 *Infusing the Being* (desenho), 117
influência de *The Art Spirit* de Henri, 50
início da relação com Sweeney e, 322-323
Keeler, Bushnell, e, 47, 48, 50, 54, 70, 83, 173, 512
Kit do Peixe e outros kits, 164, 269
litogravuras e Idem, 454, 472
marcenaria de, 352, 367
Marilyn Manson and David Lynch: Genealogies of Pain exposição, 458
monotipia, 336
mulheres mecânicas", 78
My Head is Disconnected (pintura), 352
na Escola do Museu de Belas Artes de Boston, 53, *57*, 62, 66, 67-68
na PAFA, 54, 70, 73-78, *84-85, 588*
obra madura, voz de, 75-76
pais e, 52
pintura, cena de cais, *46*
porta-incensos e gravatas de pois dot ties, 186
primeira exposição em Nova York (1989), 255, 269
primeira exposição em um museu europeu (1992), 349
primeira exposição em um museu, Tóquio (1991), 317
primeiros apoiadores de, 80, 98
processo de pintura e, 310-311
reconhecimento no mundo da arte, 485
retrospectiva: *Between Two Worlds*, 464
retrospectiva: *Naming*, 464

Rock with Seven Eyes (pintura), 352
série de tirinhas, *The Angriest Dog in the World*, 193, 421
Six Men Getting Sick (pintura em movimento), 79, 93, 512
Snowmen (coleção fotográfica), 451
texturas e, 162
The Bride (pintura), 76
The Paris Suite (série de litos), 452
títulos típicos (1988), 253 *Uncle Pete Releasing His Children* (artwork), *562* encomenda de Wasserman, 77-78, 92-93
venda da sua obra, 454
Artforum, revista, 54
Ashbrook, Dana, 485, 490
Ashcan School, 50
Assassinato da Dália Negra, 363
Asymmetrical, produtora, 317, 345
Auerbach, Randy, 154
Aventuras de Marco Polo, As (filme), 404
aviso, O (filme), 374, 393
Ayeroff, Jeff, 280-281

Bacon, Francis, 82-83
Badalamenti, Angelo, 230, 320, 353
Baker, Chet, 362
Baker, Fred, 123
Bakley, Bonnie Lee, 348
"Ball and Chain" (canção), 428
Ballard, Carroll, 164
Bancroft, Anne, 152, 153, 157, 174
banda de, 495
    Crazy Clown Time e, 459-460
    estúdio de gravação de Lynch e, 364, 427, 445
    Império dos sonhos E, 428
    Lynch compõe canção e, 428
    The Big Dream e, 463
Barbarella (filme), 187
Barenholtz, Ben, 123, 124, 146
Barile, Michael
    sobre a vida de Lynch, 500-501
    sobre Lynch e filmar, 457
    sobre Lynch e Harry Dean, 501
    sobre Lynch e *Twin Peaks: The Return*, 486, 495, 500
    trabalho para Lynch, 455, 460-461, 465
Bates, Alan, 177
Bates, Jeanne, 109
    Eraserhead e, 109-110
Bauer, Alice, 32
Baumgarten, Mars, 114
Beatles, 118, 142, 477
Beatty, Warren, 316
Becker, Claudia, 192
Bee Entertainment, 331
Beethoven, Ludwig von, *Sonata ao luar*, 137
Beleza americana (filme), 372, 391
Bell, Chrysta, 353-354, 422-423, 455, 498

576 ESPAÇO PARA SONHAR

selo fonográfico, La Rose Noire, 459
This Train, 458-459
Twin Peaks: The Return e, 491, 496-498, 499, 509
Bell, John, 283
Bellmer, Hans, 78
Bellows, George, 50
Belushi, Jim, 495
Bergman, Ingmar, 52, 187, 345
Bergman, Ingrid, 222, 234
Bergren, Eric, *170-171*
   Duna e, 187-188, 206
   Frances e, 185
   Homem Elefante, O, 153, 154, 155, 158-159, 174-175
Berkeley, Ca., 232, 247
Bertolucci, Bernardo, 300
Beymer, Richard, 263, 265, 285, 474
   It's a Beautiful World, 456
Big Dream, The (disco, Lynch/Hurley), 463
Bigelow, Kathryn, 256
bilhete de Lynch sobre *Eraserhead* para, *616*
Birkschneider, Jonfried Georg, 69
Birney, David, 133
Blade Runner, o caçador de androides (filme), 186
Blake, Robert, 348, 365
   Estrada perdida e, 348, 365
Blankfield, Peter (Peter Wolf), 67, 68, 69
Bloomberg, Stu, 373
"Blowin' in the Wind" (Dylan), 69
"Blue Frank" (canção, Lynch), 476
"Blue Velvet" (Vinton), 217, 230, 239-240, 245
BlueBOB (disco de Lynch/Neff), 422
Bob's Big Boy, Los Angeles, 121, 122, 145, 154, 189, 421, *515*
Bochco, Steven, 253
Boise, Idaho, 18-24, *28*, 32-41, 309
   Floresta Nacional Experimental em Boise, 33, 502
   Lynch revisita (1992), 310
   pintura, *Boise, Idaho*, 22
Bonner, Martha, 122, 123, 194
Bonnie e Clyde (filme), 97
Bono, 281
Boston, Mass.
   apartamento de Lynch em, *60*, 67, 68, 69
   Lynch na escola de arte em, 53, 64, 67-70
   Bouygues, Francis, 316, 320, 331-334, 364, 512
   morte de, 325, 352, 364
   Ver também Ciby 2000 estúdio cinematográfico
Bouygues, Monique, 333
Bowie, David, 299, 366, 491
   "I'm Deranged" usado por by Lynch, 366
   Twin Peaks: Os últimos dias de Laura Palmer e, 318, 334-335
Boyle, Lara Flynn, 318, 490
Brando, Marlon, 361-362, 368, 495
Brandstein, Eve, 192-193, 195

Bresson, Robert, *Diário de um padre*, 268
Brest, Martin, 152
   Bride, The (pintura), 78
Briggs, Nancy, 53, 64, 68, 70, 92
Briscoe, Brent, 491
Brooklyn, N.Y., 17, 19, 22, 29-31
Brooks, Mel, 153, *170-171*, 185, 288
   desenho de Los Angeles de Lynch para, 374
   Eraserhead e, 155, 174
   generosidade de, 163
   Homem Elefante, O e, 154-156, 157, 166-167, 174-176, 180, 512
   Lynch e, 154-157, 159, 161, 163, 164, 167-168, 175-177, 203
   produtoras de, 154, 168, 174
Brooks, Richard, 348
Brzoska, Ewa, 385
Buchanan, Ian, 323
Buena Vista International, 373
Buñuel, Luis, 52
Burnett, T Bone, 257, 281
Burns, George, 332
Burns, Willard "Winks", 20, 38
Burton, Tim, 440
Bydgoszcz, Polônia, 457
Byrum, John, 165

Cabana do inferno (filme), 423
Caddy, Peter, 119
Cage, Nicolas, 269, 282, 492
   Coração selvagem e, 294, 297, 302, *304-305*, 308
Calvin de Frenes, laboratório, 94
Camerimage, Gangue da, 384-385, 431, 432, 475
Canby, Vincent, 321
Capitol Records, 457, 476, 477
Captain Beefheart, 137
Car Wash: Onde acontece de tudo (filme), 173
Cardwell, Herb, 108, 111, 132, 138-139
   Eraserhead e, 136
Carpenter, Joseph A., 408-409
Carroll, Diahann, 166
Cartier, Maggie, 157, 158
Cartwright, Bob, 158, 161, *170*-171
Caruso, Fred, 216-217
   apresenta Badalamenti a Lynch, 230, 245
   produtor, *Veludo Azul*, 216-217, 219, 224-226, 227-232, 234, 241
   sobre tênis de Lynch, 217
casamento de, 17-18
Casanostra, companhia, 352
Cassady, Carolyn, 165
Castelli, Leo, 255, 280
Castle, Diana, 423
Cavalgada de paixões (filme), 22
Ceia dos acusados, A, (filme), 227
centro do Movimento de Regeneração Espiritual, 115, 116, 122-123, 140, *515*

Cera, Michael, 495, 508
Chadwick, Robert, 81, 84, 91, 100
Chalfant, John, 457
Chandès, Hervé, 451, 452, 469, 470
Chen, Joan, 285
Cherokee Studios, 476
Childers, Richard, 90
Churchill, John, 395, 439
Ciby 2000, estúdio, 316, 320, 332
    Cimino, Michael, 156
    "City of Dreams" (Lynch, desenho), 374
    Clegg, Stuart, *170-171*
    Clegg, Terry, 157, *170-171*
    Cleveland Show, The (programa de TV, anima-ção), 458
    Clift, Montgomery, 249
    Cluff, Carol, 34
    Coen, Joel, 386-387
    Coffey, Scott, 392, 422
    Cole, Gordon, 499
    Colfax, Wash., 17
    Columbia Pictures, 155
    Column, Bob, 95, 100, 101
    Consolidated Film Industries, laboratório, 119
    Conterio, Martyn, 321
    Conti, Dino, 204
    Copper Penny, Los Angeles, 141, 374, 396
    Corcoran, James, 255, 280, 512
    essência de um roubo, A (filme), 108
    Estrada perdida e, 345, 365
    individuais de Lynch na sua galeria em Los Angeles, 255-256, 280, 317
    Lynch lida com, 316, 325, 352-353, 378
    Raízes da ambição (filme), 404
    Ver também Bouygues, Francis; Fleury, Jean-Claude
Cidade dos sonhos (filme), 22, 230, 284, 369, 370, 371-375, 379-387, 388-389, 391, 392, 394-396, 548
    ABC rejeita o programa, 383, 396
    acidente de abertura, 381, 396-397
    ambiente no set, 381
    Badalamenti e, 403
    Caubói, 395
    cortes no piloto, 382, 383, 398, 399
    críticas, 389
    Dama Azul, 378-379, 393
    Edelman e, 397, 403
    edição e cortes finais, 386, 388
    elenco, 377-380, 394-395
    equipe, 396-397
    estreia, 389
    Festival de Cinema de Cannes e, 122
    Festival Internacional de Cinema de Toronto e, 387
    filmagem, 381, 385
    financiamento adicional, 383-384
    Fisk como designer de produção, 375
    ideia de, 373

    iluminação e estilo visual, 376-377
    importância de, 389
    indicações ao Oscar, 387
    lançamento nos cinemas, 383-384, 385, 399
    lançamento, 389
    locações, 376
    Los Angeles e, 374, 386
    narrativa de, 375-376
    "No Hay Banda" (canção), 394
    oferecido ao ABC, 375
    orçamento de piloto, 375
    pós-produção, 386
    referências a *Sunset Boulevard*, 373
    roteiro, 375, 400
    sets de, 387, 397, 400
    sexo em, 385-386
    Silencio, clube noturno, *369, 423, 458, 548*
    trilha sonora, 380
Cidade dos sonhos e, *370,* 375-376, 380, 383-384, 385, 386-387, *388-*389, *390,* 398, 425
    Coração selvagem e, 294-295
    Murray e, 493
    Rabbits e, 422
    Redford e, 181
    Scorsese e, 181
    Splet e, 164
    Stone e, 249
Cinemateca Australiana, 464
Coração selvagem (filme), 268-273, 282, 288, 293-303, 307-311, 315-317, 331, 333, 492
    ambiente no set de, 297-298
    cenas não planejadas, 309
    Coração selvagem (romance, Gifford), 293, 307
    corte de cena controversa, 301, 310
    críticas, 302
    data de estreia, 302
    distribuição, 301
    elenco, 155, 294-295, 308
    exibições, 301
    Festival de Cinema de Cannes e, 299-301, 311
    filmagem, 296, 298, 309
    final modificado, 301-302, 308
    financiamento de, 293
    imagem inicial, 294
    indicações ao Oscar, 294
    influência de, 303
    locações, 266, *290-291, 292,* 296-297, *304-305, 306*
    mixagem, 301
    montagem e cortes finais, 298-299
    música em, 294, 299, 309
    orçamento de, 296
    partitura, com Badalamenti, 266
    prêmio Palma de Ouro, 300, 312
    primeira exibição, 299
    produtores, 296
    recepção de, 302

578 ESPAÇO PARA SONHAR

roteiro, 294
Sweeney e, 317
trilha sonora, 294
"Wicked Game", 270
corcel negro, O (filme), 164
Corcoran School of Art, Washington, D.C., 51
Corliss, Richard, 196
Cornfeld, Stuart, 152-153, 174, 186-187
   Homem Elefante, O, e, 153-155, 174-176
   importante na vida de Lynch, 173
Cotillard, Marion, 458
Coulson, Catherine, 109, 117, 286
   Eraserhead e, 109, 110, 112, 114, 116, 119,
      122, 123, 136, 141, 425
   meditação e, 142
   morte de, 491
   The Amputee e, 120
   Twin Peaks e, *274-275*
   Twin Peaks: The Return e, 485-486, 491
Cowboy and the Frenchman, The (programa de TV),
   257, 281, 393
Cozzolino, Robert, 463
Craig, Stuart, 161
Crary, Erik, 419-422, 424, 439, 444
   contratado por Lynch, 385-386
   deixa trabalho com Lynch, 461
   filme *Uncle John* produzido por, 461
   Império dos sonhos e, 424-425, 428
   vida cotidiana de Lynch e, 420
   website de Lynch e, 420-421
Crazy Clown Time (disco, Lynch), 459-460, *466-467*
   vocalista convidada, Karen O, 459-460
Creative Artists Agency (CAA), 185, 203, 253,
   259, 373, 403
crítica de *Estrada perdida*, 351
crítica de *Império dos sonhos*, 434
Cronenberg, David, 414-415
Cruise, Julee, 230-231, 246, 282, 320
   Floating into the Night disco, 269
   Industrial Symphony e, 269
Cutler, Riley "Riles", 20, *28*, 34, 38, 564
Cyrus, Billy Ray, 392-393

D'Amico, Gary, 344
   Cidade dos sonhos e, 379, 395
   Crazy Clown Time e, 459-460, *466-467*
   Estrada perdida e, 350, 360
   História Real e, 406
   projeto Lumière e, 343-344
Da Re, Eric, 207, 262, 376
Da Silva, José, 464-465
Dafoe, Willem, 220, 295, 308
Dalai Lama, 260, 286
Dali, Salvador, 186
Dallas Theater Center, 109
Danger Mouse (Brian Burton), 458, 478
Dangerous (disco, Michael Jackson), 325
   Lynch e, 325, 337-338

Dangerous disco e vídeo, 325, 337-338
   Lynch e, 325, 337
Daniel, Frank, 106
   Eraserhead e, 134
   Gardenback e, 132
   no AFI, 106
   paradigma de sequenciamento para roteiro e
      uso por Lynch, 106
Danner, Blythe, 133
Dark Night of the Soul (Danger Mouse/Sparklehorse
   disco, colaboração em livro de Lynch), 458-
   459
Darryl F. Zanuck Theater, 155
Dave Brubeck Quartet, 37
   Blue Rondo à la Turk, 37
David Lindeman's Interplayers Circus, companhia
   de teatro, 109
David Lynch Music Company, 454
David Lynch Signature Cup Coffee, marca de café,
   334, 432
Davidlynch.com, 420, 421, 422, 423, 439-442
   DumbLand curtas animados, 421, 440
   episódio de *Out Yonder*, 421, 440
   Head with Hammer, 440 Questões interessan-
      tes, 441-442 merchandising e, 421
   Onde estão as bananas?, 441
   Rabbits e, 421-422, 440
   série de nus distorcidos, 439
Davis, Don. S., 491
Davis, Stuart, 50
De Jong, Ruth, 486
De Laurentiis, Dino, 187, 204-205, 209, 216,
   217, 224, 233, 512 Oscar, 187
   232-234, 241, 242, 247-249 diretora de
      elenco Ray e, 220 *Duna* e, 186-188, 191,
      193, 196, 206-209, 210-211, 239 *Era-
      serhead* e, 187, 205 família de, 205
   contrata Lynch para três filmes, 187
   filho Federico, 206
   Lynch e, 186, 187, 197-198, 203, 205-206,
      210, 243 escritório de Lynch no Wilshire
      Blvd. e, 253 escritório em Manhattan,
      295 restaurante Alo Alo, 222 *Ronnie Ro-
      cket* e, 254
   Veludo azul e, 197-198, 212, 216-217, 224
   villa em Abano Terme, Itália, 191, 205
De Laurentiis, Federico, 206
De Laurentiis, Raffaella, 208, 220, 233, 243, 254
   Duna e, 186, 189, 190, *200*-201, 206-208,
      210, 331 amizade de Lynch com, 191,
      193, 196-197, 205
De Vore, Chris, *170- 171*
   Duna e, 187-188, 206 *Homem Elefante* e, 153,
      154, 155, 158, 174-175
   Frances e, 185
Dean, James, 411
Del Rio, Rebekah, *369,* 394
Delawari, Ariana, 455
Delli Colli, Tonino, 338-339

ÍNDICE 579

DeMille, Cecil B., 404
Deming, Peter "Pete", 398-399
 Cidade dos sonhos e, 374-375, 384, 394, 395
 cinegrafista de Lynch, 349, 394, 497
 Império dos sonhos e, 424-425 *Estrada perdida*
 e, 348-349 iluminação e estilo visual de
 Lynch e, 349-350
 Twin Peaks: The Return e, 497, 509
Demme, Jonathan, 434
Deneuve, Catherine, 443
Dennis, Gill, 107, 132, 133 Depardieu, Gérard,
 338-339 Derek, Bo, 159
Dern, Bruce, 220
Dern, Laura, 220, 248, 282, 442, 460, 463
 Império dos sonhos e, 424, 432-434, *435*,
 442-444, *560*-561 Lynch com vaca
 promove-a ao Oscar em *Império dos sonhos*,
 433, *436- 437*, 444
 Twin Peaks: The Return e, 486-487, 491-493,
 496-498, 500-501 *Coração selvagem* e,
 269, 294, 296, 303, *304-305*, 308 tra-
 balho com Lynch e, 303
 Veludo azul e, 220, 233, 242 DLF e, 477, 499
Desafio do Balde de Gelo, 463
Deschanel, Caleb, 106, 132
dez mandamentos, Os (filme), 404
dia da independência, O (filme), 347
Diamonds, Gold, and Dreams (instalação Lynch/
 Chalfant), 457
Diário de um padre (Bresson), 268
diário secreto de Laura Palmer, O (J. Lynch), 268
Diddley, Bo, 445
diminuir a distância entre vida e arte, 54
disco de Cruise, *Floating into the Night*, 269
Disney Corporation, 375, 382, 398
 História Real e, 415
Do You Really Want to Know What I Think? (Lynch,
 pintura), 469
Doheny, Edward, 105, 134
Dourif, Brad, 190, 210, 225, 226, 243
Downey, Ca., 349
Doyle, Sean, 287
Dr. Oz Show, The (programa de TV), 494
Dream of the Bovine, The (roteiro não produzido),
 323, 343, 360-361, 440
Dreyfus, Thierry, 458
Dreyfuss, Richard, 133
Du-par's, Los Angeles/SanFernando Valley, 121,
 137, 145
Dumb Numbers (banda), 463
Duna (filme), 136, *183*, *184*, 186-197, *199*,
 204-212, 331
 arquitetura veneziana e, 191, 206, 208-209
 artigo de Edelman sobre, 315-316 montagem
 e cortes finais, 195-196, 210-211
 classificação etária de 10 anos, 187
 críticas, 196, 211
 De Laurentiis e, 186-188, 191, 193, 195-196,
 206-207, 239 distribuição, 196

efeitos especiais, 189, 191, 194, 210
elenco, 157, 188-191, 192, 207 equipe de,
 190, 208
ensaio e, 190-191
estreia, 196
evolução de Lynch como cineasta e, 195-196
exibição na Casa Branca, 196, 211
festa de encerramento, 211
festas após filmagem, 193, 208
filmagem, 191, 192, 209-210
gigantismo do projeto, 194 fracasso de, efeito
 em Lynch, 197, 211, 215, 234, 239,
 248-249, 254, 336, 512
locações, 190, 191, 192, *202*, 207, 208
orçamento de, 191
pré-produção, 189-190, 191
primeiro corte, 195
reflexões dos atores sobre, 196-197
roteiro, 186, 187-188, 206-207
sets de, 208-209
studio mexicano para, 183, 200-201, 207-210,
 315-316
temas de, 206
Duna (romance, Herbert), 186, 197, 204, 206
Duna de Jodorowsky (filme), 186
Dunham, Duwayne
 Coração selvagem e, 293, 299, 311
 Twin Peaks e, 285, 293, 298, 299
 Twin Peaks: The Return e, 486
 Veludo azul e, 228, 231, 247, 317
Duquesa e o vilão, A (filme), 404
Durham. N.C., 18
 Lynch na 2ª série e a Sra. Crabtree, *13*, 32
 Universidade Duke em, 18, 30
Duvall, Robert, 277
Dykstra, John, 189
Dylan, Bob, 68-69, 281

E o vento levou (filme), 37
E.T. o extraterrestre (filme), 191, 209
Eames, Charles, 352, 366
Eastwood, Clint, 316, 332
Ebert, Roger, 196, 234, 368
Edelman, Pierre, 315-316, 331, 332, 333
 arquitetura veneziana e, 191, 206, 209
 Cidade dos sonhos e, 381, 384, 397
 classificação indicativa, 187
 corte bruto, 195
 críticas, 194, 210
 efeitos especiais, 189, 191, 194, 209-210
 ensaios e, 190-191
 estreia, 194
 estúdio mexicano de, *183*, *200-201*, 207-209,
 315
 evolução de Lynch como cineasta e, 195-196
 exibição na Casa Branca de, 196, 211
 festa de fim de filmagem, 211
 filmagem, 191, 192, 209-210

580 ESPAÇO PARA SONHAR

no Petit Bar, Cannes, 414
pré-produção, 189-190, 191
roteiro, 186, 187-188, 206-207
sets de, 208-209
tema de, 206
Edelstein, Eric, 493-494, 499, 508
Edelstein, Neal, 325-326, 439
Cidade dos sonhos e, 372, 373, 379, 380
deixar trabalho com Lynch, 420
História Real e, 403
sobre Krantz e Lynch, 382-383
The Picture Factory e, 371, 391
Eisner, Michael, 155
Elephant Man and Other Reminiscences, The, (Treves), 153
Eliason, Joyce, 373
Ellison, Harlan, 196
Elmes, Fred, *103*, 111, 119, 120
Coração selvagem e, *304-305*
EMI, 164
Eraserhead e, 111-112, 114, 121, 136, 139-140, 146
Veludo azul e, 217, 221, 227-228, 229, 231
Em águas profundas: meditação e criatividade (Lynch), 434, 446, 494
em Manhattan, anos 1960, 53-54, 67-68
em Riverside, Ca., 115, 122
em Walnut Creek, Ca., 53
Empty Space Theatre, Seattle, Wash., 189
Eng, Ron, 445
Engels, Robert, 268, 317, 320, 323, 343
Enia, escritório de arquitetura, 458
Entrevista (filme), 278
Eraserhead (filme), 62, 85, *103*, 107-115, 119-125, 132-136, 153, 189, 219, 512
acordo em dividir lucros de, 122
ambiente de, 107, 112, 121, 160, 216
apoio do AFI a, 108, 115, 119
audiência de, 125
bilhete de Lynch aos pais, *616*
Brooks e, 154-155, 167
cena do centavo, 140-141
cópia de, 147
corte de cena, falar ao revés, 267
críticas, 123
Dama do Radiador e, 119-120, 134, 139
desenhos de Lynch durante a filmagem, 1112-113, 119, 139
despertar espiritual de Lynch durante, 107
distribuição, 123, 124, 146
Dourif em, 190
efeito sonoro para, 136
elenco e equipe , 108-110, 114, 115-116, 134-136
ensaios e, 113-114
espiritualidade e, 107-108
estreias, 122, 124, 147
exibições, 121, 123, 125, 146-147, 152, 155
festivais de cinema e, 122-123, 124, 145, 146

filmagem, 111-112, 115, 138-139
Garota Bonita no Hall, 140
In Heaven", 120, 139
influência de, 296
investidores de, 122, 412
Lynch sobre a locação, 111-112
Lynch sobre sua visão de, 125
merchandising e, 421
música antes da filmagem, 137
narrativa de, 107, 152
orçamento de, 108, 115
penteado característico de Henry Spencer e, 113, 135
pós-produção, 121, 144
pré-produção para elenco e equipe, 111
problemas financeiros, 138
processamento do filme, 119
roteiro, 107, 108, 109
roupas, adereços, criar o bebê, 110-111, 143
salários de elenco e equipe , 114-115
sets de, 110, *126-127, 128*, 135-136, 139-140
significados de, 297
tamanho do corte, 123, 146
trilha sonora, 121, 122
Escândalo ao sol (filme), 50
Escola do Museu de Belas Artes, Boston, 53, 62, 66, 67-68
pintura de Lynch e, *untitled, 57*
escritório de Lynch em, 223
estilo paternal, 17, 29-30, 513-514
Estrada, A (filme), 187, 278
Estrada perdida (filme), 8, 246, 264, 322, *341, 342,* 344-352, *355, 356-357, 358,* 362-368, 395
ambiente no set de, 346-347
bilheteria e, 351, 368
Ciby 2000 estúdio cinematográfico e, 352, 364
comentário de Brando, 368
como filme de terror existencial, 345
críticas, 345, 351-352, 368
distribuição, 351
elenco, 346-348, 365, 366
ensaio e, 348
filmagem, 348-349, 350, 364, 367
ideia para, 343, 362
inescrutável, difícil, 351-352
julgamento de Simpson e, 346
locações para, 348, 349-350, 364
música em, 366
narrativa de, 345
pós-produção, 350, 367
produtores de, 349
roteiro, 345
temas de, 362-363
Estrada perdida, 347
Estudios Churubusco (Cidade do México), 207, 209
Duna e, *183, 200-201,* 207, 208, 209, 316

Everett, Chad, 392
"Everybody's Talkin" (canção), 282
Excalibur Studios, 364
Expresso da Meia-Noite (filme), 156
Eye (Herbert), 196

faca na água, A (filme), 431
Falzone, Don, 476
família Smith, Boise, 16-17, 18, 19, 31-22, 35, 42
Farnsworth, Richard, 404, 407, *410*, 411-414
Farrell, James, 136, 137
Fatso (filme), 152
Feira de Gansos de Nottingham, Inglaterra, 158
Fellini, Federico, 53, 187, 277-278, 311, 332, 339-340
Fenn, Sherilyn, 285, *292*, 318, 371, 485
Ferrer, José, 190
Ferrer, Miguel, 491
Festival de Cinema da Arte da Cinematografia, 385
Festival de Cinema de Cannes, 311
  AFI e, 144
  Cidade dos sonhos e, 386-387, 398-399
  Coração selvagem e, 299-300, 302-303, 311, 312
  Edelman e Lynch no (1990), 315, 316
  Eraserhead e, 122, 144
  festa de Edelman para os perdedores (1999), 406
  História Real e, 381, 406-407, 414-415
  Lynch como presidente do júri em, 422
  pianista de Polanski, O, e, 422
  Twin Peaks: Os últimos dias de Laura Palmer e, 320-321, 336
  Twin Peaks: The Return e, 499, 511
Festival de Cinema de Telluride, 233
Festival de Cinema de Veneza, 432, 443
Festival Internacional de Cinema de Los Angeles (Filmex), 123, 124, 146
Festival Internacional de Cinema de Montreal, 233
Festival Internacional de Cinema de Toronto, 387
Festival Pop de Monterey, 428
Festival Sundance de Cinema, 258
Filadélfia, Pa., 75, 76, 81, 82, 85, 89
  apartamento de Lynch-Fisk em, 74, 76, 87-88, 90
  Band Box theater, 97
  "bolsas da morte sorridentes", 91
  café Cherry Street, Lynch e, 76-87
  carro de Lynch roubado em, 97
  casa de Lynch-Reavey (2416 Poplar), *73*, 79-81, 83, 95, 97-98
  cidade falida e violenta, 73, 74, 80, 87, 97-98
  depressão de Lynch e, 75, 87
  detenção de Lynch e atritos com a polícia, 90-91, 97
  emprego de Lynch em impressão em, 80, 98
  exposição de Lynch: *The Unified Field*, 463

Famous Diner, 89
"Father, Son, and Holy Ghost" casa de remo, *45*
filmes assistidos por Lynch em, 95-96
grafite em, 465
influência em Lynch, 73, 74, 83, 92, 213, 465
laboratório Calvin de Frenes, 94, 95, 100, 101, 108, 139
loja Goodwill em, 85, 97
pais de Lynch e Reavey em, 139-140
Photorama, 79, 98
Pop's Diner, 91
Ver também Academia de Belas Artes da Pensilvânia
Filhos e amantes (filme), 177
Film Threat, revista, 351
filmes e televisão
  abordagem singular do cinema, 297, 497
  adereços singulares, 227
  ambiente enfumaçado e com fuligem nos filmes de, 160
  Antelope Don't Run No More (roteiro não produzido), 457-458, 483
  apoio dos pais a, 120
  aprende sobre efeitos especiais, 140
  ataque da crítica e, 387
  atores favoritos, 242, 244-245, 258, 261, 262, 266, 273, 298, 320, 345-347, 387, 392, 405, 509
  atua em *Louis C. K.,* 461-462
  atua em *Lucky,* 501
  atua em *Twin Peaks,* 249, 260
  atua em *Twin Peaks: The Return,* 454, 460-461, 483
  atua em *Zelly e eu,* 258, 280
  atuação, voz de Gus em *The Cleveland Show,* 458
  Cannes e a Palma de Ouro, 331, 336, 381, 387
  Cannes e o Prêmio de Melhor Diretor, 386
  Ciby 2000 estúdio cinematográfico, Bouygues, e, 316, 320, 325, 332, 345, 350, 352, 381
  Cidade dos sonhos, 22, 230, 284, 371-375, 379-387, 388-389, 390, 548
  comédia rasgada e, 323
  comerciais dirigidos por, 3, 4, 151, 255, 343
  como "diretor do corte final" 299, 338, 403
  compra camera Bolex, 99
  Coração selvagem, 157, 268, 269, 270-273, 282, 288, *290-91*, *292,* 293-303, *304-305*, *306,* 307-311, 315-317, 331, 333, 492
  desenvolvimento do personagem por, 492-493, 495, 499, 509
  detalhes como parte da sua visão, 192, 197, 216, 302, 459, 485
  Diamonds, Gold, and Dreams (filme digital de Lynch/Chalfant), 457
  Duna, 136, 157, 186-196, 204, 206, 210-212, 336

582 ESPAÇO PARA SONHAR

efeito do fracasso de *Duna* em Lynch, 193, 196, 210, 239, 249, 273, 289, 324, 433, 512

efeitos sonoros inovadores, 229

elenco e, 108, 110, 111, 113, 122, 157, 160, 166, 177, 188, 190, 220-222, 271 (*ver também filmes específicos*)

ensaio e, 223, 244, 269

Eraserhead, 2-3, 62, 85, 103, 107-110, 112-117, 119-125, 126-127, 128, 132, 134, 136, 138, 144, 146, 148, 160, 173, 185, 189, 190, 205, 216, 219, 222, 351, 412, 419, 421, 451, 616

estilo de direção de, 113, 120, 138, 152, 153, 166, 174, 178, 203, 223,224, 226, 229, 253, 254, 266, 273, 296, 318, 326, 486 (*ver também filmes específicos*)

estilo de elaboração de roteiro, 106, 107

Estrada perdida, 8, 322, *341-342*, 345-352, 355, 356-357, 358, 362, 364-368, 375, 394, 395

evolução como cineasta, 215

experiência no cinema, 145

filmes "lynchianos", 315

foco e imersão de, 363

foco no interior, o microcosmo e, 215

Goddess (roteiro não produzido), 253-255, 284

habilidade, 225

História Real, 372, 373, 381, 395, 403-406, 411-415, 419

Homem Elefante, O, 152-156, 158, 159, 161-162, 165, 174-180, 185, 203

Hotel Room, 296, 324, 338, 345, 349, 372

iluminação e estilo visual, 227

Império dos sonhos, 177, 288, 303, 322, 385, 421, 424-434, 442-444, 457, 458, 507, 560-561

importância de De Laurentiis e, 186-189, 190-193, 196-198, 204, 216

importância do ambiente mood, 121

indicações ao Emmy, 273

integridade criativa, 382, 484

Internet, website, e, 419, 420, 421-23, 440, 442, 458 (*ver também* Davidlynch.com)

Jackson's *Dangerous* music video, 325, 337

"Lady Blue Shanghai" (promoção da Dior), 458

Leão de Ouro pelo conjunto da obra, 432

"lenha" e, 232

liberdade criativa e, 297

Love in Vain (projeto não produzido), 360

Maharishi, documentário inconcluso, 456, 474

método de escrever roteiros de Daniel e, 106

metodologia, 156

montagem e, 430

Montgomery e, 244 (*ver também* Montgomery, Monty)

Mudança para Los Angeles e, 85, 105, 106

no AFI, 72, 85, 94, 101, 105, 106, 108, 109, 111, 112, 115, 120, 122, 132-134

o seu conceito da cor preta, 111

On the Air, 323-24, 338, 349, 374

One Saliva Bubble (roteiro não produzido), 255, 284, 296, 323, 361

Oscar: indicações e prêmios, 156, 181, 187, 233, 249, 294, 378

primeiros apoiadores de, 187

produção do elenco, equipe e, 109

produtora, Asymmetrical, 317

produtora, Picture Factory, 371, 386, 391, 403

produtora, Rancho Rosa Partnership, Inc., 483

projeto Lumière: *Premonitions Following an Evil Deed*, 343, 344, 359

projetos na Propaganda Films, 256-257

projetos para seus filmes e, 217-18, 289

projetos variados (fim de 1980), 264, 296, 316-317

Rabbits, 421 ,440

reações dos atores e equipe de produção ao trabalho com Lynch, 109, 110, 113, 318, 320, 324-325, 334, 338, 384, 412, 430, 487, 491

Ronnie Rocket (roteiro), 124, 147, 148, 151-153, 160, 173-174, 177, 185-187, 203, 204, 241, 254, 257, 261, 294, 316, 333

sensibilidade visual de, 159

student films, *73*, 77-79, 82, 83, 123, 256, 386 (*ver também specific films*)

The Cowboy and the Frenchman (programa de TV), 257, 281, 393

The Dream of the Bovine (roteiro não produzido), 269, 323, 343

The Lemurians (projeto não produzido), 259, 284

Twin Peaks, 21, 189, 207, 251, 257, 259, 274-275, 276, 284-289, 293, 298, 299, 302, 307, 315, 317, 419, 426

Twin Peaks: Fire Walk with Me, 42, 249, 252, 313, 314, 317, 320, 330, 336, 343, 351, 376, 499, 511

Twin Peaks: The Return, 324, 418, 454, 460, 461, 463, 465, 480-481,482, 483, 486, 488, 493, 496, 501, 503, 504-505, 511, 512

Up at the Lake (project idea), 254

Veludo Azul, 24, 64, 82, 83, 85, 163, 164, 179, 181, 186, 189, 197, 198, 204, 212, 213, 214, 216-221, 223, 224-234, 235, 236-237, 238, 239, 241, 244, 246-249, 253, 269, 300, 317, 365, 375, 395, 492, 508, 512

vídeo musical, Yoshiki e X Japan, 326, 336-37

visão de, 195

visual e um filme de Lynch, 320

website e, 420, 439

filmes

adaptações de romances, 196

assistir sozinho x nos cinemas, 311-312

celuloide x digital, 443
cinemas, morte dos, 353
era de ouro do cinema estrangeiro, 53, 340
filmes de Hollywood do início de 1960, 53
filmes noir de Lynch, 345
independentes, 123
Lynch e a corrente dominante em Hollywood, 153, 196, 419, 432
Lynch sobre a harmonia do, 511
neorrealismo italiano do pós-guerra, 187
Nouvelle Vague francesa, 97
nova onda britânica, 160
paradigma de custos, 483
sessão de filmes à meia-noite, 123, 125, 146
sobre o aniversário da câmera dos irmãos Lumière, 343-344, 359-360
Spielberg para Lynch sobre, 415
transição para o digital, 353
TV a cabo e, 311, 353
Findhorn, Scotle, 119, 144
Fisher, Lucy, 241
Fisk, Jack
amizade com Lynch, início, 48-53, 56, 63, 65, 68, 85, 95, 118, 512
aparência, 76
cão chamado Five, 76, 89, 105, 131
casamento com Sissy Spacek, 115, 147, 185, 194, 412
Cidade dos sonhos e, 375, *390*, 395
em Boston com Lynch, 53, 54
entra na indústria do cinema, 133
Eraserhead e, 107, 108, 125, 412
Eraserhead financing e, 115
fazenda na Virgínia, 211
filmes com paisagens e, 405
História Real e, *400*-401, *402*, 403-406, 413
Homem Elefante, O e, 156
indicações ao Oscar, 405
Laço duradouro com Lynch, 405-406
Lynch e a irmã dele, Mary, 123, 195 (*ver também* Fisk, Mary)
Lynch muda-se para Los Angeles e, 105, 131, 132
muda-se para Los Angeles, 106
na escolar de arte na Filadélfia, 52-55, 72, 75-78, 89
na Europa com Lynch (1965), 54, 69-70, 510-511
na Filadélfia com Lynch, 76, 78, 89-90, 92
na prisão na Filadélfia, 97
On the Air e, 323
padrinho no casamento de Lynch com Reavey, *88*, 95-96
sobre Lynch hoje, 465
sobre *Veludo Azul*, 234
sucesso de Lynch e, 166
trabalha com Lynch, 405-406
trabalha em cinema, 108, 115
Twin Peaks: The Return e, 486

Fisk, Mary (ex-mulher), 48, 53, 63, 70, 166, 167, *169*
acordo de gravidez com Lynch, 167
cabana de Lynch em West Hollywood, 120, 166, 167
casamento acaba, 232
casamento com Lynch, 123-125, 146-147, 162, 165, 173, 188, 194, 195, 197, 226-227, 232
divórcio de Lynch, 256
Duna e, 194, 197, 211
em Los Angeles, 106, 115, 121-122, *130*
Eraserhead e, 122, 123, 124, 146
gravidez de gêmeos e aborto, 163, 177-178
Homem Elefante e viver em Londres, O, 156, 157, 158, 162-166, *172*
infidelidade de Lynch e, 195, 227, 232, 256
Lynch, MT, e, 118, 124-125
mora com Lynch em Granada Hills, 167, 181-182
muda-se para a Virgínia, 194, 197, 211
namora Lynch, 122
namoradas de Lynch e, 122, 123
nasce o filho Austin, 188
provedora no casamento, 174
sobre as oportunidades de Lynch após *O Homem Elefante*, 185
sobre Lynch e De Laurentiis, 198
sobre os hábitos de trabalho de Lynch, 197
sucesso de Lynch e, 166-167
vive com os pais de Lynch, 124
Fleury, Jean-Claude, 320, 332
Floating into the Night (Cruise, disco), 269
Flying Bird with Cigarette Butts (Lynch, pintura), 83
Fonda, Henry, 338
Ford, Betty, 67
Foreigner (banda), 353
Forest, Patrice, 452, 470
Forster, Robert, 500, 509
FotoKem, 367
Fox Bat Strategy (disco, Lynch), 476
Fox, canal de TV, 271
Fox, Clark, 49, 52-53
Frances (filme), 185, 203
Francis, Freddie, 177, *184*, 249
cinegrafista, 160, 244
História Real e, 403, 405, 407, 412
Homem Elefante, O, e, 160, 165
Fraser, Elizabeth, 246
Frémaux, Thierry, 511
Friedkin, William, 175
From the Head (filme), 508
From the Head e, 508
Frost, Mark, 137, 253-255, 259-261, 283, 307, 391
casa de, 483
cria produtora com Lynch, 483
On the Air, 323-324

584 ESPAÇO PARA SONHAR

The Secret History of Twin Peaks, 484
Twin Peaks, 257-261, 262, 268, 270-272, 288
Twin Peaks: The Return, 461, 463, 464, 483, 485, 507, 508
Frost, Warren, 491
Fundação Cartier para a arte contemporânea, Paris
  exposição de arte de Lynch, *The Air is on Fire*, 451-452, 469-471
  Toscan du Plantier e, 469-470
Fundação David Lynch para a Educação Baseada na Consciência e a Paz Mundial (DLF), 387, 429-430, 434, 446-447, 512
  arrecadação de fundos para, 464, 477
  centro de meditação, Islândia e, 456
  Change Begins Within, concerto, 477
  DLF Live, 464
  Festival da Disrupção, evento para arrecadar fundos, 464, 499

Gable, Clark, 338
Gans, Gary, 20
Garcia, Ron, 318
Gardenback (Lynch, pintura), 83
  roteiro baseado em, 106-107, 132
Gehry, Frank, 385, 499
Gente como a gente (filme), 181
Germany "Alexander", 180
  Homem Elefante, O, e, 180
Getty, Balthazar, 346-347, 348, *356-357*, 491
"Ghost of Love" (canção de Lynch), 428
Gibbons, Beth, 445
Gibon, Jean-Paul, 186
Gielgud, Sir John, 157, 161, 162, 177
Gifford, Barry, 324
  Estrada perdida e, 344-345, 362
  Hotel Room, "Tricks", 324, 338
Giger, H. R., 186
Glazer, Cori, 258, 318, 379-380, 384, 393, *548*
Glover, Crispin, 296, 308, 324
Goaz, Harry, 261, *274-275*
Godard, Jean-Luc, 52
Goddess (roteiro não produzido), 253-254, 284
Goddess (Summers), 253
Golchan, Frederic, 257, 280
Golin, Steve, 256-257, 293, 296, 301, 302
Good Times on Our Street (children's book), 24
Górecki, Henryk, 427
Graham, Heather, *251*
Graj, Meteusz, 385
Granada Hills, Ca., 166, 181-182, 194
Grandmother, The (filme), *73*, 83-85, 96, 100-101, 124, 512
  Bellevue Film Festival prize, 132
  orçamento der, 101
  som de, 84-85, 100-101, 105
Grant, Cary, 166
Grazer, Brian, 382

Green, Jenna, 455
Greenberg, Alan, *Love in Vain: A Vision of Robert Johnson*, 360
Grennan, Ed, *408-409*
Griffith, George, 494, 508
Grossman, Lester, 62
Grueneisen, Peter, 364
Gruszka, Karolina, 431
Guerra do Vietnã, alistamento e, 295
Guru Dev, 456, 475

Hagelin, John, 429, 446, 473
Hallas, Richard, *You Play the Black and the Red Comes Up*, 257
Hamburger Hamlet, Los Angeles, 122, 133, 145
Hamel, Chuck, 122
Hamilton, George, 249
Hamm, Dick, 42
Hansen, Tom, 289, 316, 332-333
Harker, Wiley, 413
Harring, Laura Elena, 375
Harris, Jessica, 464 Havard, James, 76, 90
HBO, *Hotel Room* e, 324-325, 338
Headly, Glenne, 324, 338
Heart Beat (filme), 165
Heaven's Gate (filme), 157
Hedges, George, 289, 353
Hendrix, Jimi, 428, 479
Henri, Robert, 50
Herbert, Frank
  De Laurentiis e, 186
  Duna, 186, 188
  Eye, 196
Hershberger, Gary, 465
Highwood, Mont., 17
Hildegard von Bingen, 353, 364
Hiller, Dame Wendy, 157, 161, 162, 177, 178*Hill Street Blues* (programa de TV), 253, 259
história de Stanton e, 414
História Real e, 403, 405, 407, 414
História Real e, 403, 406
história real, Uma (filme), 374, 375, 382, 383, 397, 405-409, 413-417, 421
  ambiente no set, 407
  cena favorita de Lynch, 415
  efeitos especiais, 408
  elenco, 406-407, 413-414
  Festival de Cinema de Cannes e, 382, 508, 416, 417
  filmagem, 405, 414-415
  filme experimental, 415-416
  locações, 407, 414-415
  música em, 405, 407, 409, 416
  orçamento de, 505
  pós-produção, 408 produtores/ produtores executivos de, 405-406 roteiro, 413
  sensibilidade visual de, 407
  sets de, 415

Hitchcock, Alfred, 52
Hodges, Steve, 476
Hoffman, Dustin, 156
Hoffman, Philip Seymour, 434
Hollywood Reporter, The, crítica de Cidade dos sonhos, 387
Homem Elefante, O (filme), 149, 150, 152-168, 170-171, 174-181, 247, 405
  bizarrices de carnaval para, 158
  Brooks e, 155, 157, 167, 174-176, 180, 512
  corte bruto, 164
  cortes em, 164
  críticas, 179-180
  data de lançamento, 166
  desenhos de Lynch do, 180
  design de som e, 163-164, 179
  direção de, 161-162
  elenco, 156-158, 176, 177
  filmagem, 160, 163, 164, 165
  financiamento, 156
  fracasso de Lynch com maquiagem e, 159, 176-177
  Homem Elefante histórico (Joseph Merrick), 153, 155, 158
  indicações ao Oscar, 166, 181, 512
  locações, 160-161, 163, 177, 179
  Lynch em Wembley e, 159
  maquiagem de, 157, 159-160, 176
  pós- produção, 165
  pré-produção, 157, 159
  projeção para elenco e equipe, 166, 179
  promoção, 165, 180
  roteiro, 153, 154, 155, 158, 164-165
  vida de Lynch durante filmagem, 162
  visão de Lynch para, 154
homem que matou o facínora, O (filme), 22
homem que não estava lá, O (filme), 387
Hook, Harry, 346
Hopkins, Anthony
  atrito com Lynch no set, 161-162, 178-179
  Homem Elefante, O, e, 149, 157, 159, 161-162, 177, 178-179
Hopper, Dennis, 176, 220-221, 222, 223, 242, 281, 469
  festa de 40° aniversário de Lynch, 262, 285
  Veludo azul e, 214, 218, 220-223, 233, 242-243
Hopper, Edward, 50
Horn, Edmund, 143-144, 513
Horodecki, Kamil, 385
Horowitz, Vladimir, 137
Horse, Michael, 487, 500
Hotel Room (telefilme), 296, 325, 338, 345, 349, 372
  críticas, 325
  piloto exibido no HBO, 325
Howard, Ron, 382
Huber, Sophie, 282
Hunt, Linda, 190

Hunter, Tim, 106
Hurley, Dean, 427-428, 434, 445
Hurt, John, 156-157, 412
  Homem Elefante, O, e, 157, 160-162, 166, 176, 180
  Lynch e, 156, 162
Husar, Krista, 486
Huston, Anjelica, 249
Huston, John, 249-250

"I'm Deranged" (canção), 366
Icele, centro de meditação em, 456
Idaho, cidade de, Idaho, 33
Idem, ateliê de litografia, Paris, 452-453, 470
Iger, Robert, 268, 288
Iggy Pop, 458
Il Giardino restaurante, Beverly Hills, Ca., 302, 316, 332
Imagine Television, 373
Império dos sonhos (filme), 177, 288, 303, 424-434, 435, 438, 442-444, 560-561
  audiência de, 434
  bilheteria e, 432, 433, 443-444
  câmera usada em, 425, 443
  críticas, 432
  elenco, 425-426
  equipe de, 428
  estreia, Festival de Cinema de Nova York, 432
  estreia, Festival de Cinema de Veneza, 432, 443
  filmagem, 425, 431-432, 443
  impacto em Lynch, 430
  lançamento de, 432
  Lynch com vaca promove a atuação de Dern, 433, 436-437, 444
  Miyakawa e, 430-431
  montagem, 431
  orçamento de, 425, 443
  origem de, 424
  Polônia e, 385, 431-432, 443
  produtor de, 425
  Rabbits e, 421
  roteiro, 425
  sets de, 322, 431-432
  significados de, 431
  Sutherland crucial na equipe, 430
  trilha sonora, 428
"In Dreams" (Orbison), 226, 229, 243, 257, 280-281
In Pursuit of Treasure (filme), 133
Iñárritu, Alejandro, 405, 486
Índia, 453, 456-457
  Lynch e o funeral do Maharishi, 453, 472-474
  Lynch obtém visto, 471-472
Industrial Symphony No. 1: The Dream of the Brokenhearted (Lynch e Badalamenti), 269-270, 282-283
Industrial Symphony, 269, 282

586 ESPAÇO PARA SONHAR

Infusing the Being (Lynch, desenho), 117-118
Instituto Americano de Cinema (AFI), 72, 120
  Centro de Estados Avançados de Cinema, 43, 85, 101
  Cornfeld em, 152 cineasta tcheco Frank Daniel, estudos em análise e roteiro de cinema, 106
  Deming em, 348
  Elmes em, *103*, 111
  Eraserhead e, *103*, 108, 115, 119, 122, 134, 144
  financiamento de filmes estudantis, 108, 115
  Lynch em, 132-134
  Lynch na produção de *Major Barbara*, 133
  Lynch recebe bolsa, 85, 94, 101, 512
  mansão Doheny e, 105, 134, 135
  pai financia Lynch no, 106
  primeira turma diplomada, 106
  Sighvatsson e Golin no, 256-257
  sobre, 105, 108
  Splet no, 105
  studio de Lynch em, 108, 115, 136
  Wentworth no, 219
Instituto Middlesbrough de Arte Moderna: retrospectiva de Lynch no, 466
Interplayers Circus, companhia de teatro, 109
Irons, Jeremy, 166, 425
Isaak, Chris, 270, *314*, 318
  It's a Beautiful World (documentário), 456, 475"I've Been Loving You Too Long" (canção), 428, 479, 490
Iugoslávia, 510
Ivers, Peter, 120

J. Geils Be, 67
Jackson, Michael, 325
Jacob, Gilles, 312
Jacobs, Arthur P., 186
janela indiscreta, A (filme), 249
Jaurequi, Dave, 476-477
Jodorowsky, Alejandro, 186
Johns, Jasper, 53
Johnson, Jane, 34, 41
Johnson, Mike, *28, 564*
Johnson, Robert, 360-361
Johnson, Sam, 65
Jones, Freddie, 157-158, 177, 181, 190, 324, 338
Joplin, Janis, 428, 478
Joseph, Allen, 109
Jules e Jim (filme), 95

Kael, Pauline, 155, 234
Kafka, Franz, "A metamorfose", 343
Karen O, 460
Katzenberg, Jeff, 155
Kaye, Stanton, 108, 133
Keeler, Bushnell, 47-48, 54, 55, 65-66, 70, 72, 83, 173, 512

Keeler, David, 48, 55, 64
Keeler, Toby, 47, 55, 65, 70, 512
Kefauver, Russell, 62
Kelly, Grace, 249
Kelly, Moira, *330*
Kennedy, John F., 50, 64-65, 176
Kerr, Kristen, 443
King, Henry, 22
King, Larry, 361
King, Martin Luther, Jr., assassinato de, 97
Kinski, Nastassja, 425
Kokoschka, Oskar, 54
Krantz, Tony, 259, 272-273, 284, 324, 332-333, 380, 403
  Cidade dos sonhos e, 371-373, 380, 386, 391, 398
  relação com Lynch, 380, 382, 386, 398
Kroll, Jack, 351
Kropiwnicki, Jerzy, 457
Kubrick, Stanley, 52, 125
Kuhn, Michael, 302
Kunsthalle Wien, Viena, Áustria, 458
Kuttner, Daniel, *290-291*
Kwinto, Michał, 385

L.A. Reader, 193
L.A. Weekly, 193
Ladd, Diane, 220, 294, 297
"Lady Blue Shanghai" (promoção da Dior), 458
Laffin, Peter, 68
Lago Mendota, Wisc., 321-322, 336
Lakeshore Entertainment, 345
Lange, Jessica, 185
LaPelle, Rodger, 82, 99
Last Movie Mogul, The (BBC documentary), 196
Laszlo, Margit Fellegi, 110
Laurens, Iowa, 405, *410*
Laurie, Piper, 263, *274-275*, 285
Lay, Bill, 66
Lazar, Swifty, 249
Le Corbusier, 205
Leary, Timothy, 100
Lee Studios, Wembley, Engle, 157, *170-171*
Lee, John e Benny, 157
Lee, Sheryl, *327, 328-329, 330*, 485
  Coração selvagem e, 302, 308-309
  Lynch dirige, 265, 273
  Twin Peaks e, 262, 264
  Últimos dias de Laura Palmer, Os, e, *313*, 319, 321, 336
Leigh, Jennifer Jason, 508, 509
Lemurians, The (projeto não produzido), 259-260, 284
  "lenha" para Lynch, 232
Les Films Alain Sarde, 386
Lester, Mark, 220
Lethem, Jonathan, *Motherless Brooklyn*, 372
Leustig, Elisabeth, 188-189

Levacy, Martha Lynch (irmã), 17, 18, 19-20, 21, 26-27, 39, 119, 453, 471
  casa de Lynch em Granada Hills e, 167
  Homem Elefante, O, e, 166
  sobre a fama do irmão, 258
  sobre Lynch e Frank Herbert, 196
  sobre o irmão como artista, 50, 52
  sobre o irmão e a meditação, 116-117, 142
Levine, Gary, 484, 485, 507
Levinson, Barry, 153
Levitt, Estelle, 353, 364
Li, Lykke, 463
Libra Films, 123
Lillard, Matthew, 498, 509
Lindeman, David, 109, 134
Língua inglesa em 24 pronúncias, A (YouTube video), 492
Linkous, Mark, 458, 478
Lipton, Peggy, 262, 285, 485, 489, 497
Lloyd Wright, Eric, 254
  cidade se apropria do estúdio de Lynch, 457
  Lloyd Wright, Frank, Jr. ("Lloyd Wright"), 254, 323
  Łód, Polônia, 166, 385, 427,431-432, 443
  Lynch compra terra perto de, 453
  Polish Night Music e, 454
  projeto de Gehry para, 385, 457
Loggia, Robert, 347-348, 366
Lolita (filme), 52, 294
Londres, Inglaterra, 139, 160-161
  antes da renovação urbana, 177
  Duna escalação de elenco em, 190
  Homem Elefante, O, e, 157-161, 163, 165, 175, 176, 179
  Lynch em, com Mary Fisk, 158, 163-166, *172*, 177
  Lynch em, com Sanger, 175
  principais instalações cinematográficas em, 157, 163
  senhor das moscas, O (filme), 346
  Wardle em, 508
Los Angeles Times, crítica de *Hotel Room*, 325
Los Angeles, Ca., *140*, 461
  AFI e, 105-106
  amor de Lynch por, 396
  apartamento de Lynch no oeste de Los Angeles, 195
  apartamento de Lynch em Westwood, 248, 255, 279
  bicos de Lynch em, 115, 119, 124, 133, 144, 173-174, 513
  cabana de Lynch na Rosewood, 120-121, *130*, 143, 152, 165, 166, 167, 181, 279-280, 513
  cafés frequentados por Lynch em, 121, 153, 173, 174, 255, 259, 315
  casa de Lynch-Reavey em, 106, 114, 116, 131-132, 138
  Casa Ennis, 264

Casa Koenig Estudo de Caso Nº 22, Hollywood Hills, *4-5*
Cidade dos sonhos e, 374
"City of Dreams" (Lynch desenho), 374
como tema de Lynch, 374
Coração selvagem filmagem de, 296, 30*4-305*
deterioro social de, 307
Eraserhead e, *2-3*
Estrada perdida e, *341, 355*
fotos de Lynch do poço de petróleo em, 165-166
James Corcoran Gallery, 255, 280, 317
luz em, 131
Lynch cruza o país, 105, 131
Lynch-Reavey mudam-se para, 85, 97, 106
montagem de *Duna* em, 210
Nuart, cinema, 121, 125, 152, 296
restaurantes frequentados por Lynch em, 137, 145, 256, 363, 396, 483 (*Ver também* Bob's Big Boy, Los Angeles; Copper Penny, Los Angeles; Du-par's, Los Angeles/San Fernando Valley)
Schwab's Pharmacy, 123
Sweeney muda-se para, 317
Twin Peaks filmagem de, *251,* 264, *276*
Twin Peaks: The Return filmagem em, 503
Ver também lugares e restaurantes específicos
Louboutin, Christian, 453
Loucks, Brian, 269, 353, 394, 422-423, 460
Louis C. K., 461-462
Love in Vain (Greenberg), 360
Love in Vain (projeto não produzido), 360-361
Lucas, George, 185, 203-204, 228, 317
Lucasfilm, 301
Lucky (filme), 501
lugar ao sol, Um (filme), 111, 249
Lumière e companhia (filme), 343, 359
Lutes, Charlie, 117, 118, 142, 166, 167, 508
  dica para tomar uma ducha no México, 208
Lutes, Helen, 117, 142, 167, 508
Lux Vivens (*Living Light*) (disco), 353, 364
Lynch abandona escola de arte e, 52
Lynch e, 187, 196, 197, 206
Lynch mora com, Riverside, 123, 147
Lynch, Austin (avô), 17, 31, 39-41, *518*
Lynch, Austin (filho), *183*, 188, 194, 211, 232, 248, 420, 421, 428, *468*, 471
Lynch, David, 187, 227
  agorafobia de, 67
  alegre, atitude solar, 52, 55, 257-258, 317
  amigos da adolescência, 43, 44, 47, 52, 61, 63, 67, 69, 76
  amigos de infância, 19, 20, 21, 23, *28*, 30, 33-39
  aparência, 76-77, 108, 190, 263, 377, 444
  assassinato de Kennedy e, 64-65
  astrologia e, 136-137
  autenticidade de, 431, 454
  barco, *Little Indian*, 278-279, 336
  buscador, 141-142

588 ESPAÇO PARA SONHAR

cão, Sparky, 163, *172*, 179, 181-182, 245
capacidade de desfrute, 24, 194, 225, 460, 493-494
capacidade de se enfiar no microcosmo, 215
cara chamado Radio e, 66
caráter e personalidade, 257-258, 264-265, 295, 346, 382-383, 404-405 (*ver também traços específicos*)
carisma de, 108, 110, 112, 156, 166, 231, 376
carro de, 1959 Volkswagen, 132
carro de, 1966 Volkswagen, 97-98
carro de, Packard Hawk, 189, 489
carro de, perua Ford Falcon, 98, 132
casa em Virgínia com Fisk, 197, 211
Casa Rosada e, *8*, 254, 279, 322, 323, 335, 353, 364, 379 (*ver também* Casa Rosada, Hollywood Hills, Ca.)
cidadezinha americana nos anos de 1950 e, 20, 23, 24, 31, 34, 36, 37
coda, 513-514
conexão com a natureza, 31, 510
construção, hidráulica e, 124, 135, 143, 181, 508
coquetéis de sexta à noite, 350-351
crença no destino, 43, 133, 309, 339-340, 397, 415, 457-458
criança dotada e carismática, 21
da pobreza à riqueza, 166
Desafio do Balde de Gelo, 463
destemor na arte e, 156
dinheiro e, 124, 138, 147, 152, 187, 188, 279-280, 364, 396, 399, 419, 432, 433, 440-441, 484-485, 513
drogas, álcool, e, 68-69, 83, 99-100, 193, 208, 332-333
educação e iniciação sexual, 35, 83
em Alexandria, Va., 23-24, 39, *46*, 47-56, 61-69
em Boise, Idaho, 18-23, *28*, 33-39, 43, 61, 309
em Durham, N.C., *13*, *14-15*, 32
em Los Angeles (*ver* Los Angeles, Ca.)
em Sandpoint, Idaho, 18, *25*
em Spokane, Wash., *14-15*, 18, *26-27*, 29
engraçado e esperto, 185, 226, 231, 264, 295, 376, 382, 404-405
episódio da bomba e mete-se em outra enrascada, 40
equipe de, 219, 254, 318-319, 326, 385-386, 419, 428, 451-453, 455, 461-463, 465, 483, 484-485
escola e esportes, 21
escola secundária, 72, 512
escoteiros e, 20-21, 46-50
espiritualidade e, 153, 268, 500 (*ver também* meditação, *acima*)
esquia na Bacia de Bogus, Idaho, 35
estilo de vestir, 63, 76, 97, 108, 117, 118, 154, 190, 465, 484

excentricidade de, 49, 63, 76, 185, 197, 217, 453, 502
experiências sombrias durante, 24, 37, 41
fama de, 258, 288-289, 315, 444
família e história, 17-20, 49, 50
fascinado pelo "lado selvagem", 53
filhas de (*ver* Lynch, Jennifer; Lynch, Lula)
filhos de (*ver* Lynch, Austin; Lynch, Riley)
filmes e, 21, 37, 52, 72
França e os franceses, amor por, 316, 334, 458, 470
fraternidade no ensino médio e, 47, 49, 62, 63, 67, 77, 91
frugalidade de, 162, 165
fuma maconha, 68
fundação de, 387, 429-430, 446
gênio de, 167-168, 173, 215-216, 376, 386
gentileza de, 52, 261, 301, 376, 404-405, 460, 461, 495
hábitos de trabalho, 197
hábitos de, 121
Índia e, 453, 471-474
indo ao futuro, 176
infância feliz, 511
intimidade com amigos e, 460-461
jazz e, 37
Lago Mendota, Wisc., casa, 321-322, 336, 411
leitura da Bíblia e, 446-447
lembranças de um beijo, 35
lembranças de uma vaca morta e inchada, 35
liberdade de, 36
Los Angeles, mudança para, 85, 97, 105
Lynch sobre a sua adolescência, 52, 63
Mad, revista e, 20
meditação/MT e, 36, 62, 107, 116-118, 124-125, 141, 142-143, 225, 239, 281-282, 285, 387, 398, 420, 425, 429, 430, 434, 445-446, 471, 494-495, 509, 512
moradia como cenário para a mente, 70, 254, 451
morte da mãe, 426
morte de namorada de Boise, 41-42
morte do avô Lynch e, 41-42
morte do pai e, 453, 471
mulheres/vida amorosa e, 95-96, 116, 119, 122, 123, 137, 192-193, 195, 225-227, 232, 243-244, 249-250, 255-257, 289, 300-301, 376 (*ver também mulheres específicas*)
na Europa (1965), 54, 69-70, 510-511
namoradas, 23, 32, 34-35, 41-42, 47, 52-53, 63-65
não gosta de grafite, 463
não gosta de sair, 460, 462
não gosta de viajar/falar em público, 430, 453
não gosta do deserto, 396
nascimento, 18, 332
noção de relaxamento para, 164
numerologia e, 298, 332

ÍNDICE 589

o drive-in e, 41
obssessão com partes do corpo, 197
pais e, 19, 20, 22-24, 31, 32, 43, 48-52, 55,
   61-64, 67, 70, 76, 80-82
Polônia e, 384-385, 427, 453, 454, 457
preferências culinárias, 114, 145, 162, 191,
   501
presidente do júri de Cannes (2002), 422
primazia do trabalho para, 81, 95, 460, 501-
   502
primeiras lembranças, 29
primeiros anos, 17-44, 47-56, 61-71, 510-511
primeiros empregos, 48-49, 66, 71
raiva e, 142-143, 178
rebelião de, 49
reflete sobre eventos que mudaram a vida, 511-
   513
relação com Isabella Rossellini, 222, 225-226,
   232, 243-244, 249, 255-257, 277-278,
   300, 301
relacionamento e casamento, Emily Stofle, 288,
   423-424, 427, 431, 432, 434, 451,
   454, 455-456, 474, 496, 501
relacionamento e casamento, Mary Fisk, 53,
   118, 121-125, 128, 146-147, 162-167,
   169, 172, 173-174, 177-178, 188, 194,
   195, 197, 212, 226-227, 232, 256
relacionamento e casamento, Mary Sweeney,
   250, 289, 300, 316, 319-323, 336,
   430, 432, 434
relacionamento e casamento, Peggy Reavey, 74,
   77, 80-82, 86-87, 88, 95-96, 104, 109,
   114, 116, 118-120, 137-138, 146, 280,
   512
religião e, 32-33, 62, 80
representado por Rick Nicita (CAA), 185, 203,
   253, 259, 412, 462
rock 'n' roll, 36
roda do nascimento e da morte e, 43
saúde e, 176, 211-212, 320, 335-336, 496
saúde e, 67
simpatia e calidez de, 20, 21, 253, 256, 257-
   258, 325, 376
sobre envelhecer, 411
sobre OGM e a perda da agricultura americana,
   415-416
sobre paternidade, 95-96
sobre relacionamentos, 445
sucesso e, 315, 382
tabagismo e, 31, 53, 63, 118, 323, 366, 425,
   458, 461, 496
temores de, 22, 30-31
timidez de, 220, 376
trompete e, 21, 28
urbano x rural e, 309-310
ver também Aaseng, Jay; Barile, Michael; Crary,
   Erik; pessoas específicas
vida após terminar o ensino médio, 63, 67, 77
vida como artista criativo, 460-461

vida cotidiana, 420, 465, 501, 509
vida rural e acampamento, 31
vinho e, 189
visão para si, 167
visita o Brooklyn e, 17, 19, 34, 50, 68, 70
vivendo três vidas separadas, 67
Lynch, Donald (pai), 16, 18, 453
   acidente de carro, mulher morre, 428-429
   artesão, 29
   em Duke, 18, 30
   Floresta Experimental de Boise e, 33
   ligação com a natureza, 29-30, 512
   Lynch no AFI e, 103-104
   morte de, 455, 473
   mudança de casa e, 122, 146
   silvicultura e, 18, 32, 400, 512
Lynch, Edwina Sundholm
   adolescência de Lynch e, 49, 50
   bilhete de Lynch para sobre Eraserhead, 616
   casamento de Lynch com Reavey e, 77
   casamento de, 17-18
   em Riverside, Ca., 109, 123
   estilo maternal, 17, 18, 48, 514 presbiteria-
      nismo e, 17-18
   Lynch mora com, Riverside, 122
   "Sunny" (mãe), 16, 18, 20, 50 morte em aci-
      dente de carro, 428-429
Lynch, Emily Stofle (esposa), 288, 417, 423, 443,
   456, 460-461, 468, 484
   Aliança de Mães e, 464
   apelido dado por Lynch, 462, 498
   casamento com Lynch, 456, 457, 466, 477,
      497-498, 502-5033
   filha Lula, 293, 492, 496
   Império dos sonhos e, 303, 424-434
   Louboutin e, 453
   Lynch como pai e, 462
   Lynch pede a mão, 456, 477
   sobre Showtime e Lynch, 465, 484
   trabalho com Lynch e, 456-457
   Twin Peaks: The Return e, 324, 486, 488, 493,
      496, 501, 511, 512
   vai viver com Lynch, 453
   viaja com Lynch, cuida, 455
Lynch, Jennifer Chambers (filha), 20, 81, 95, 103,
   104, 114, 118, 120, 137, 159, 162, 192,
   194, 195, 226, 270, 298, 301, 321, 351,
   396, 468, 471, 485, 508, 509, 515
   Diário secreto de Laura Palmer, O, 268
   Duna e, 186
   Eraserhead e, 112
   generosidade de Lynch e, 351
   Homem Elefante, O, e, 186, 203
   infância de 103, 112, 136, 157
   Lynch muda-se para a Virgínia e, 192
   nascimento da filha, 351
   nascimento de, 79
   relação com o pai, 118-119
   sobre as cerimônias e rituais de Lynch, 298

590 ESPAÇO PARA SONHAR

sobre crítica a *Os últimos dias de Laura Palmer*, 318
sobre Isabella Rossellini, 217, 222, 255, 295, 301
sobre Lynch e MT, 116
sobre o divórcio dos pais, 118
sobre o pai e mulheres, 193
Veludo azul e, 224
Lynch, John (irmão), *14-15*, 51, 52, 473
em Los Angeles com o irmão, 129-130
graduação na Cal Poly, 103
infância e, 15, 16, 17, 18, 21, 22, *25, 26-27*
sobre a natureza essencial do irmão, 50
sobre o irmão como artista, 47, 52
sobre o irmão como líder, 22, 27
viagem de Lynch cruzando o país para ir a Los Angeles com, 103, 129
Lynch, John Carroll, 501
Lynch, Lula Boginia (filha), 463, *449, 450, 460*
Lynch, Maude Sullivan (avó), 17, 29
Lynch, Riley (filho), 321, 346, 362, 386, 428, 429, 430, 463, *468*, 471, 495
Twin Peaks: The Return e, 497
Lynch, Syd (neta), 351
Lynch/Frost Productions, 317, 318

MacLachlan, Craig, 308, 309
MacLachlan, Kyle, 188-189, 216, 218, 261, 318, 486
Duna, 186-188, 191, 194-195, *200-201*, 205, 232
Lynch e, 187-188, 191, 192, 216-217
sobre Lynch, 502
Twin Peaks, 251, 259, *274-275*, 284-286, 317
Twin Peaks: Os últimos dias de Laura Palmer, 317, 318, 334
Twin Peaks: The Return, 488-489, 496, 497, *503*, 510
Veludo Azul, 213-214, 216-217, 220, 222-223, 231, *238*
Maclean, Dorothy, 119
Mad, revista, 20
Madison, Wisc., 316, 322, 336, 346, 348, 349, 364, 386, 430
mágico de Oz, O (filme), 37
Magnano, Silvana, 277
Mahaffey, Noel, 79
Maharishi Mahesh Yogi, 117, 474
documentário de Lynch e, 458
Lynch e o caminho para a iluminação, 447-448
Lynch na Holanda com, 427
Lynch vai ao funeral de, 455, 473-477
morte de, 455, 473
turnê de Lynch para, 432, 436, 448, 473, 515
Maitle, Va., 74, 75, 80-81, 88-89, 99
Majchrzak, Krzysztof, 431
Malick, Terrence, 106, 115, 431

Malkovich, John, 464
Malone, Mike, *252*
Mama Cass, 479
Manson, Marilyn, 350, 366, 458
Maracci, Anthony, *504-505*
Markle, Sean, *402*
Marlborough-Gerson Gallery, N.Y.C., 82
Marshall, James, 487, 489, 492
Martin, Erik, 464
Martin, Steve, 255, 284
Máscara (filme), 218
Maslin, Janet, 345
Masters, Anthony, 191, 206
Masters, Jody, 39
Mastroianni, Marcello, 277
McCartney, Paul, 477
McGill, Everett, 489
McGinnis, Christine, 82, 99
McGinnis, Dorothy, 82, 84
McInerney, Jay, 324, 338
McMillan, Kenneth, 190
Meditação Transcendental (MT), 35, 60, 114-115, 117, 140, 280, 284, 389, 431, 432, 477-478, 480, 510, 514
centro de meditação, Islândia, e Lynch, 456
turnê de Lynch, "Consciência, Criatividade e o Cérebro", 430
Ver também Maharishi Mahesh Yogi; centro do Movimento de Regeneração Espiritual
Melby, Steen, 278
Mendes, Sam, 372
"Metamorfose, A" (Kafka), 343
Metropolis (filme), 191
Mexico City, 193
Michelson, Marty, 152, 173
Miller, Ann, 376, 377, 392
Miller, Craig, 270
Miller, Sandro, 464
Mindel, Allan, 256
Mirren, Helen, 222, 243
Missoula, Mont., 18
Miyakawa, Noriko, 430-431, 455, 491
Mod Squad, The (programa de TV), 285
Monroe, Marilyn, 253, 284, 493
Montgomery, Monty, 293, 299, 307-309, 324, 338, 350, 353, 364, 378, 393
casamento to Jocelyn West, 353, 365
Cidade dos sonhos e, 379, 380, 395
Coração selvagem e, 293, 296, 297, 299, 302-303, 307, 308
Dangerous vídeos musicais e
Hotel Room e, 296, 324, 338, 345, 349
Jackson, 325
trabalho com Michael
Monti della Corte, Beatrice, 255
moralidade de, 17
Motherless Brooklyn (Lethem), 372
mudança para Durham, N.C. (Duke), *14-15*
Muddy Magnolias, 460

ÍNDICE 591

Murphy, J. J., 453
Murray, Don, 493, 498, 499, 509
Muscarella, Dan, 367
Museu de Arte Contemporânea Touko, Tóquio, exposição de Lynch em, 317
música de, *104*, 478-81
   "And Still" (canção de Lynch/Levitt), 364
   Badalamenti e, 230-231, 269, 294, 319-320, 323, 353, 385, 403, 405, 486, 512
   Bell e, 93, 283, 353, 422, 423, 425, 455, 458
   BlueBOB (disco), 422
   blueBOB, 445, 476
   canções e sons favoritos, 428, 445
   Cidade dos sonhos, trilha sonora, 385
   Coração selvagem, trilha sonora, 269
   Crazy Clown Time (primeiro disco solo), 459
   disco com Julee Cruise, 269
   Eraserhead, trilha sonora, 121
   estúdio de gravação, complexo da Casa Rosada, 323, 364-366, 427, 444, 451, 506
   "firewood" (music), 230
   Floating into the Night disco, 269
   Fox Bat Strategy disco, 476
   "Ghost of Love" (canção), 428
   Império dos sonhos trilha sonora, 428
   Industrial Symphony, 269, 282, 429
   Lux Vivens (*Living Light*) (disco), 353, 364
   método para compor canções, 427
   "Mysteries of Love" (canção), 230, 231, 246
   "No Hay Banda" (canção), 394
   Orbison e, 229, 257, 261, 280
   "Pinky's Dream" (canção), 460
   Polish Night Music (improvisações), 454
   projetos únicos (2012), 457, 461
   "Real Indication, A" (canção), 320, 335
   "Real Love" (canção), 459
   "Right Down to You" (canção), 354
   selo fonográfico de Lynch, 459
   The Big Dream (disco), 463
   This Train (disco, Lynch/Bell), 458
   Últimos dias de Laura Palmer, Os, música e trilha sonora, 319, 476
   "Up in Flames" (canção, Lynch/Badalamenti), 294
   Veludo azul, trilha sonora disco, 229
   Ver também filmes específicos
   Warner Bros. Records e, 270
   Zebrowski e, 385, 427, 433, 451, 454, 457, 461, 475
My Head is Disconnected (pintura), 352
   "Mysteries of Love", e, 230
"Mysteries of Love" (canção, Lynch), 230, 231, 246

Nabokov, Vladimir, 52
Nance, Jack, 156, 176, 190
   Duna e, 186

Eraserhead e, 107-109, 110, 112, 114, 117, 132-133, 139
Estrada perdida e, 345, *355*
morte de, 351, 367-368
Navot, Raphael, 458
Nayar, Deepak, 264, 297, 318, 319, 344, 349, 404
NBC TV, 259
Near, Laurel, 119
Neff, John, 353, 422, 445
Nevins, David, 484, 485, 499, 507, 508, 512
Newman, Paul, 263
Newport, James, 108
Newsweek, crítica de *Estrada perdida* por Kroll, 351
Night People, 344-345, 362
   Coração selvagem (filme) e, 297
   Coração selvagem (romance), 293-294, 307
Nolan, Barry, 209
Norris, Patty, 243, 246, 247, 282, 296, 350
Northridge, Ca., 167
Nouvel, Jean, 470
Nova Orleans, 268, 296, 308, 309, 366, 476, 477
Nova York
   Cinema Village, 124, 146
   Eraserhead e, 122, 155-146
   Festival de Cinema de Nova York, 122, 146, 432
   N. No. N. Gallery, Dallas, Tex., 317
   New York *Daily News*, crítica de *Twin Peaks: The Return*, 499
   New York Times
      crítica de Canby a *Os últimos dias de Laura Palmer*, 321
      crítica de *Hotel Room*, 324-325
      crítica de *Império dos sonhos*, 434
      crítica de Maslin a *Estrada perdida*, 345
   New Yorker, crítica de *Império dos sonhos*, 432
Nicita, Rick, 185-188, 203, 216, 233, 241, 248, 254, 284, 403, 412, 419, 462
Niemczyk, Leon, 431
Night People (Gifford), 344, 345, 362
Nilsson, Harry, 282
Nine Inch Nails (banda), 463
"No Hay Banda" (Lynch, canção), 394
Noites de Cabiria, (filme), 187
Precision Labs, 147
temores de Lynch e, 173
Nunca fui santa (filme), 493
Nunn, Percy, 160

October Films, 351, 368
Omwake, Eo, 76, 77, 84, 89
On the Air (programa de TV), 323, 324, 338, 344, 349, 372
On the Air, 323
One Saliva Bubble (roteiro não produzido), 255, 284, 296, 323, 361

592 ESPAÇO PARA SONHAR

Ontkean, Michael, 262, 263, 266, 273
Orbison, Barbara, 281
Orbison, Roy, 229, 257, 261, 281
Oscar
De Laurentiis e, 187
Farnsworth e, 404
Fellini e, 187
Fisk e, 405
Francis e, 160
Homem Elefante, O, 166, 180
Hurt e, 156
Ladd e, 294
Lynch com vaca, promovendo a atuação de Dern em *Império dos sonhos*, 433, *436*-437, 444
Lynch na cerimônia, 181
Lynch na festa do Oscar em Spago, 249-250
Veludo azul e, 233, 248-249
ovo da serpente, O (filme), 187
Oz, Mehmet, 508

Pakula, Alan J., 404
Panczenko, Paula, 336
Paramount Studios, 155, 287
Parceiros da noite (filme), 175
parceria criativa com Lynch, 230, 319, 364, 385, 512
Paris Suite, The (Lynch, série de litogravuras), 452
Paris, França
amor de Lynch por, 334, 460
exposição de Lynch, *The Air is on Fire*, 451, 469, 471
exposição Lynch-Louboutin, 453
Galerie Piltzer, 352
Lancaster Hotel, 469
Lynch e BlueBOB ao vivo performance em, 424, 447
Lynch em, com Emily Stofle, *417*
Lynch em, com Jack Fisk, 75
Lynch em, com Mary Fisk, 162, *169*
Lynch em, com Mary Sweeney, 316
Lynch em, *Elephant Man* e, 179
Lynch na Idem, 454, 472
Lynch no escritório de Bouygues em, 331-332
Lynch no Les Deux Magots, *448-449*
Lynch pede a mão de Emily em, 456, 477
Maison du Caviar, 332
Riley filho de Lynch nasce em, 321
segunda casa para Lynch, 352, 436, 454, 472
Silencio, clube noturno inspirado em *Cidade dos sonhos*, 460
Parker, Alan, 154
Parone, Ed, 133
Partly Fiction (documentário), 282
Pasolini, Pier Paolo, 52
Penderecki, Krzysztof, 427
Penn, Sean, 405
Perrin, Alain Dominique, 469

Perrin, Matte, 469
Persona (filme), 345
Peyton Place (programa de TV), 259
Peyton, Harley, 268, 272
Phipps-Wilson, V., 123
pianista, O (filme), 422
Pickler, Fred, *236-237*
Picture Factory, 371, 386, 391, 403
Pink Flamingos (filme), 123
Casa Rosada, Hollywood Hills, Ca., *8*, 254
casa cinza e, 388, 498
complexo, 323, 453, 498
estúdio de gravação, 353, 364-365, 381, 429, 446-447, 453, 479, *506*
foto da família na, *468*
Lynch adquire casas vizinhas, 323, 348, 364
Lynch adquire, 252, 277-278
orientação da casa, 335
Ponce e, 322
"Pink Room, The" (canção, Lynch), 476
"Pinky's Dream" (canção, Lynch), 460
Plant, Robert, 499
Platoon (filme), 249
Playing Lynch (filme), 464
poder do fogo, O (filme), 220
Point Dume, Malibu, Ca., 326
Polanski, Roman, 52, 424, 433
Polhemus, Artie, 335, 364
Polish Night Music (gravação, Lynch/Zebrowski), 454
Estrada perdida e, 246, 322, 345-352, 362, 364-368, 375, 394, 395
Industrial Symphony DVD, 269
Pollock, Tom, 216
Polygram, 293
Ponce, Alfredo, 322, 364, 428
Pope, Gaye, 318, 326, 376, 377, 392, 424
Portishead, 366, 445
Praga, Tchecoslováquia, 231, 246, 385
Prager, Bud, 353
Premonitions Following an Evil Deed (curta), 343-344, 359-360
Price, Ken, 255
Prilliman, Kathleen, 153
Prochnow, Jürgen, 210
Propaganda Films, 256, 257, 261, 263, 269, 294, 301, 316, 393
Pryor, Richard, 348, 366
Polônia, 384
Festival de Cinema Camerimage, 384-385, 431
Império dos sonhos e, 433-434
Lynch e a música polonesa, 429
Ver também Łód, Polônia
viagem de Lynch com Stofle, 433
presbiterianismo e, 17-18
Pullman, Bill, *341*, *342*, 345, 366, 348, 365
Puttnam, Judy, 34

ÍNDICE 593

Rancho Rosa Partnership, Inc. (produtora), 483
Randal, Doug, 95
Rathborne, Tina, 258, 288
Rauschenberg, Robert, 53
Ray, Aldo, 207, 222
Ray, Bingham, 368
Ray, Johanna, 220, 257, 261, 262
   Twin Peaks: The Return e, 454, 460, 463, 465, 483
Reagan, Nancy, 196, 211
Reagan, Ronald, 196, 211
"Real Indication, A", 320
"Real Indication, A" (canção, Lynch/Badalamenti), 320, 335
"Real Love" (canção, Lynch/Bell), 460
Reavey, Peggy (ex-mulher), 19, 47, 55, *74*, *86-87*, 78, 512
   casamento acaba, 114, 116-117, 135-136, 278
   conhece Lynch, 73
   divórcio de Lynch, 118, 145
   em Los Angeles, *104*, 105-106, 107, 112, 113, 114, 135-136
   Eraserhead e, 133
   filha nasce, 79, 94
   gravidez e casamento, 78, 94
   intruso na casa em Filadélfia, 80, 97-98
   Lynch, MT, e, 116, 141
   Mary Fisk e, 113
   na Academia de Belas Artes da Pensilvânia, 73
   na Filadélfia, 76-77, 79-80, 82, 83
   pai de Lynch os banca em Los Angeles, 103-104
   pai dela e Lynch, 139-140
   raiva de Lynch e, 141
   sobre a arte de Lynch, 76
   sobre Alfredo Ponce, 322
   sobre encomenda de Wasserman a Lynch, 77-78
   sobre filmagem de *The Grandmother*, 82
   sobre gravatas de pois de Lynch, 186
   sobre Lynch e rejeição, 120-121
   sobre primazia do trabalho de Lynch, 79, 94
   sobre primeiro filme de Lynch, 77
   sobre *The Alphabet*, 78-79
   sobre trabalho com Lynch, 110
   viver com Lynch, 76
recordações vívidas de Lynch de, 30
Redding, Otis, 428, 479, 490
Redford, Robert, 181
Reds (filme), 317
Reed, Lou, 366
renascido, O (filme), 407, 488
restaurante Muse, Los Angeles, 273, 301, 308, 371
restaurante Musso & Frank's, Los Angeles, 256, 363, 461, 483
restaurante Orso, Los Angeles, 372, 391
retorno de Jedi, O (filme), 185, 201
Reznor, Trent, 366
"Right Down to You" (canção, Lynch), 354

Riverside, Ca., 109, 116, 147
Roach, John, 372, 411
Robb, Bruce, 477
Roberts, Judith, 109
Robertson, Kimmy, 264, 267, 271, 485
Robie, Wendy, 262, 265, 268, 485
Robinson, Carol, 40
Rock with Seven Eyes (Lynch, pintura), 352
Rolling Stone
Ronnie Rocket (roteiro não produzido), 122, 146, 149-150, 151, 158, 171, 172, 183, 184, 201, 238-239, 252, 254-225, 294, 316, 333
Rose, Marv, 48
Rosenberg, Tom, 345
Rossellini, Isabella, 217, 222-226, 295, 301
   arte de Lynch e, 253
   casa em Long Isle, 276
   Coração selvagem e, 293-295
   filha, Elettra, 283
   jantar com Silvana e Lynch na Itália, 275-276
   Lynch conhece, 241-242
   Lynch rompe com, 300, 301
   relação amorosa com Lynch, 224-225, 230, 247-248, 253-254, 255, 275, 276
   sobre Lynch, 220, 223, 224
   Veludo azul e, *213*, 212, 216, 218, 220, 231-232, 242, 243
   Zelly e Me e, 258
Rossellini, Roberto, 132-133, 217
Roth, Bobby, 429, 430, 434, 445, 446, 454, 471, 474, 508, 512
   on Lynch, 455-456
Roth, Eli, 423, 445
Roth, Richard, 204, 240, 241
Roth, Tim, 508-509
Royal London Hospital Museum and Archives, 159-160
Ruscha, Ed, 255

Sala Parpalló, Valência, Espanha, 320
Salão do Móvel, Milão, Itália, 352
Salcedo, Dawn, 360
Samuel Goldwyn Company, 301
Samuelson, Bruce, 76, 79
Sandpoint, Idaho, 18, *25*, 18, *518*
Sanger, Jonathan, 153, 167, *170-171*, 173
   Homem Elefante, O, e, 151-155, 157, 159, 162, 172, 173
sangue das bestas, O (filme), 134
Sangue frio, A (filme), 348
Sangue negro (Anderson), 405
Sarde, Alain, 381, 382, 384, 386, 483
Scheid, Uwe, 439
Schrader, Paul, 106
Schwartz, Bernie, 254
Schwartz, Tina, 36
Scorsese, Martin, 222

594 ESPAÇO PARA SONHAR

Scott, Ridley, 186
Se meu apartamento falasse (filme), 395
Seattle, Wash., *Os últimos dias de Laura Palmer*
 e, 318
Secret History of Twin Peaks, The (Frost), 486
segredos da Cosa Nostra, Os (filme), 216
Sem amor (filme), 256
Shapiro, Jay, 326
Sheppard, Bob, 337, 367 Sheppard, W. Morgan,
 295
Shepperton Studios, 157, 163, 179
Shockwave, 440
Short, Martin, 255, 284
Showtime, 465, 484
 dá luz verde a *Twin Peaks: The Return*, 485-
  486, 509
 Lynch e conflito sobre orçamento, 486-487,
  509-519
 transmite primeiro episódio de *Twin Peaks: The
  Return*, 500
Sidewater, Fred, 232
Sighvatsson, Joni, 256, 257, 267, 293, 296, 297,
 301, 345, 456 Lakeshore Entertainment, 345
Silent Night, Deadly Night 3 (filme), 376
Silva, Frank, 287
Silva, Geno, *369*
Simpson, O. J., 322, 346
sindicato dos roteiristas, roteiro de *Ronnie Rocket*
 e, 124
Siskel, Gene, 196, 368
Six Men Getting Sick (Lynch, pintura em movi-
 mento), 79, 93, 512
Skarbek, Anna, 428, 429, 451-453, 455, 458,
 463, 472
Sloan, Phil, 360
Slusser, David, 319
Small, Doreen, 108-111, 117, 136
 Eraserhead e, 106-107, 108, 114, 134
 flerte de Lynch com, 114
Smith, Charlie, 64, 71, 97
Smith, Mark, 16-20, 21, 23, 24, 33
Smith, Randy "Pud", 20, *28*, 33, 421
Smooth Talk (filme), 218
Snowmen (Lynch), 451
sol da meia-noite, O (filme), 222
Solow, Sid, 119
"Song to the Siren" (This Mortal Coil), 245
Sorvino, Mira, 414
Spacek, Sissy, 115, 165, 185, 403
 agente de, 183, 201
 História Real e, 506-507
 sobre Fisk e Lynch, 208 on Lynch, 113, 164
Sparklehorse (banda), 460, 481
Spielberg, Steven, 415, 434
Splet, Alan, 84-85, 100, *92*, 105, 103, 108, 131,
 163, 164
 Eraserhead e, 106, 108, 110, 119, 120, 134,
  138, 143 espiritualidade e, 117, 139,
  142-143

Homem Elefante, O, e, 161-162, 177
 Veludo azul e, 227, 246 neutralizador usado
  por, 134
Spokane, Wash, *14-15*, 18, *26-27*, 29-30
Sprocket, 203, 317
Squarespace, 464
St. John, detetive John, 363-364
Stanton, Harry Dean, 108, 133, 177, 200, 257,
 281, 491, 501
 Brando e, 361, 362
 Coração selvagem e, 301, 308
 história contada por, 416
 História Real e, 505, 507, 414, 415
 Hotel Room e, 324, 338 *Império dos sonhos* e,
  175, *438*
 Lucky e, 503
 número de projetos de Lynch, 255
 The Cowboy and the Frenchman e, 255, 280,
  395 morte de, 503
 Twin Peaks: The Return e, *480-481*
 Últimos dias de Laura Palmer, Os, e, 318, 319
 Veludo azul e, 218
Stark, Ray, 372
Starr, Ringo, 477
Steiner, Nancy, 492
Sternberg, Tom, 349
Stevens, George, Jr., 105, 106, 119, 219, 349,
 512
Stewart, Charlotte, 109
 Eraserhead e, 107, 109, 111, 114, 120, *128-
  129*, 133
 Twin Peaks e, 111
Stewart, Jimmy, 249, 338
Sthapatya Veda, 335
Sting, 190-193, 197 Stockton, Ca., 333-334
Stockwell, Dean, 177, 190, 226, 243, 244
 Duna e, 188
 Veludo azul e, 224, *235*
Stoddard, Brandon, 260
Stofle, Emily. *Ver* Lynch, Emily Stofle
Stone, Oliver, 249
Storyville (filme), 271
Straight, Alvin, 372
Strobel, Al, 285, 485-488, 500
Struycken, Carel, 488, 497 Studio Bauton, 364,
 447
StudioCanal/Canal Plus, 383, 385, 388, 405,
 428, 445
Styles, Linda, 47, 63, 512
Summers, Anthony, *Goddess*, 253
Sundholm, Ed (avô), 17, 18, 29
Sundholm, Lily (avó), 17, 18
Sunset Boulevard (filme), 121, 122, 131, 135,
 165, 373
Sutherland, Sabrina, 324, 394, 430
 funções na organização de Lynch, 324, 485
 Twin Peaks: The Return e, 324, 485, 486, 494,
  509-510
Sutherle, Kiefer, *314*, 318

Suwała, Kazik, 385
Sweeney, Mary, 386-387, 397, 403
  Aaseng e, 420
  casa no Lago Mendota, Wisc., 431
  casamento/divórcio de Lynch, 434
  Conflito com o estúdio cinematográfico Ciby
    2000 e, 352-353
  coquetéis às sextas-feiras à noite, 350-351
  Coração selvagem e, *304- 305*, 317
  Estrada perdida e, 349, 350, 368
  fim do longo relacionamento com Lynch, 436
  gravidez de, 319
  História Real e, 374, 405, 408-409, 413
  Lynch e a família dela, 321, 336
  Miyakawa e, 430-431 *Cidade dos sonhos* e,
    382, 383-384
  nasce o filho Riley, 321
  produtora, Picture Factory, 373
  relacionamento com Lynch, 248, 288, 300,
    316, 319, 320, 322-323, 336, 431
  separação de Lynch, 432
  sobre Edelman, 399
  sobre Lynch filmando, 350 Lynch em Wisconsin
    com, 321-322, 336
  Twin Peaks e, 317
  Últimos dias de Laura Palmer, Os, e, 319, 320,
    321
  Veludo azul e, 300, 317 Brando e, 362
Swoiźska, Agnieszka, 385
Synchronicity (disco, The Police), 190

Talmadge, Herman, 118
Tamblyn, Russ, 262, 263, 266
Tandem Press, 336
Tannebaum, Ted, 345
Tao, Steve, 373, 380
Tarantino, Quentin, 320, 509
Tarses, Jamie, 373
Tartikoff, Brandon, 259
Tate, Grady, 335
Tati, Jacques, 323
Taylor, Elizabeth, 249-250
Taylor,
temas e motivos
  amor romântico, 213
  atrito entre estabilidade e caos, 83
  cortinas, 335
  década de 1950 e, 20
  destino e sorte, 298
  "dor terrível e decadência", 22
  dor, decadência e, 22
  dualidades, 216
  eletricidade, 149
  em *Twin Peaks: Os últimos dias de Laura Palmer*
    e *o retorno*, 511
  entropia, 22
  escuridão na sua obra, 20, 50
  espaços limitados, 335

espiritualidade e, 105-106, 150
fábricas e indústrias antigas, 91-92, 146, 163,
  189
Filadélfia, 215
fotografias: mulheres e fábricas abandonadas,
  163, 164
homem e natureza juntos, 91
infância como tema, 22
infância, 213
Los Angeles, 371
luz e escuridão, 20
minúcias do corpo humano, 297
mistério das coisas e, 215-216, 288-289
negócio do cinema e sonhos desfeitos, 376
obsessão erótica, 218, 374
pássaros azuis da felicidade, 352
personagens como seu alter ego, 229
realidade x fantasia, 217
recorrentes, 149-150
roda do nascimento e da morte, 150
Salão Vermelho, 265, 270, 288, *328-329*,
  335, 456
temas favoritos, 307-308
Ver também filmes específicos
violência e crueldade, 218
visão artística de, 15
visão de mundo de, 15
Temple, Julien, 163
Templeton, Gordon, 19, 20, 23, 38
Terra de ninguém (filme), 115
The Cowboy and the Frenchman (programa de TV),
  257
Theater West, 109
Theroux, Justin, *320, 377*, 425, 426, 463
  Cidade dos sonhos e, 379, 380, 382
  Império dos sonhos e, 427-428 discute *Cidade*
    dos sonhos, 388-389
"This Magic Moment" (canção), 366
This Train (disco, Lynch/Bell), 458
Thorne, John, 270
Thornton, Billy Bob, 442 *3 Women* (filme), 345
Thurman, Uma, 286
Toscan du Plantier, Daniel, 469
Toscan du Plantier, Melita, 469
Touchstone Television, 373
Travers, Peter, 432
Treves, Frederick, 153
Trouble (banda), 495
Trout Mask Replica (Captain Beefheart), 137
Truffaut, François, 52
Truffaut, François, 52
Trutnik, Debby, 254, 345
Tucker, Chris, 159, 160, 176, 177
Twentieth Century Fox, 106, 154, 155
Twin Peaks (programa de TV), 251, 257-265,
  267-270, 272, 273, 274-275, 276 284-
  289, 293, 294, 298, 299, 302
  Twin Peaks, 263-264

596 ESPAÇO PARA SONHAR

Twin Peaks: Os últimos dias de Laura Palmer, 319, 335
   Coração selvagem, 268, 294-295
   Twin Peaks: The Return, 486
   "Up in Flames", 294

Uncle John (filme), 461
Uncle Pete Releasing His Children (obra de arte), *562*
United Artists, 253
Universal Pictures, 387
   Cidade dos sonhos e, 387
   Duna e, 196
   Veludo azul e, 212, 239
Universidade Duke, 18, 30
Universidade Maharishi de Administração, 429
Up at the Lake (ideia para projeto), 254
"Up in Flames" (canção, Lynch/Badalamenti), 294

Vadim, Roger, 187
Van Dyke- Nance, Kelly Jean, 351
Van Gogh: Vida e obra de um gênio (filme), 508
Variety, crítica de *Eraserhead*, 123
Vega, Suzanne, 458
Vellani, Toni, 85, 101, 103, 105, 107, 111, 132, 512
   bicos para Lynch e, 131
Veludo azul (filme), 64, 197-198, *213, 214*, 215-250, 273, 492, 512
   álbum da trilha sonora, 231
   ambiente no set, 225-226, 241
   Badalamenti e, 230-231, 245-247
   Boise e roubo de carro em, 24
   cena de estupro, 222-223
   comentário de Lynch sobre, 217, 221-222, 239-240
   corte original, 231
   críticas, 233-234
   De Laurentiis e, 197-198, 216-217, 224, 232, 241, 247, 248
   distribuição, 232
   elenco, 217, 218, 220, 242-244, 365
   ensaio e, 244
   época de, 227
   equipe , 219, 220
   estilo visual de, 216, 227-228
   estúdio cinematográfico, Wilmington, N.C., 217, 219, 224, 241
   exibição para De Laurentiis, 232, 248
   exibições prévias, 233, 248-249
   figurinos e cenário, 246-247
   filmagem, 224, 241-242
   gravação de som, Praga, 231-232, 245-247
   impacto na carreira de Lynch, 253
   indicações ao Oscar, 233, 249
   investidores em, 216-217
   MacLachlan em, 189
   montador/montagem de, 227-228, 231, 247

"Mysteries of Love", e, 230
narrativa de, 218
objetos de cena, 227-228
orçamento de, 216-217, 224
pisco-de-peito-ruivo para o filme, 228-229
pós-produção, 232
pré-produção, 217
produtor de, 216, 241
público de, 233
Puxada de Cadeira (cena eliminada), 219, 247
residência de Lynch durante a filmagem, 164
roteiro, 181, 185-186, 197, 215-216, 217, 239-241
significados de, 217, 221, 225, 233-234
som para, 229-230, 247
Sparky, cão de Lynch em, 163, 179, 245
Sweeney e, 300, 317
temas de, 216
versão para TV, 317
Warner Bros. e, 198, 204, 240, 241
Veludo azul, 230-231, 245-246
vencedores, Os (filme), 261
Veneza, Itália, 191, 205, 209
Versace, Donatella, 325
Vida nua (filme), 156
Vinton, Bobby, 230
Viot, Pierre, 311
Virgin Records, 280
von Sydow, Max, 190
voz da lua, A (filme), 311

Wagner, Richard, 137
Wallace, David Foster, 324, 352
Walnut Creek, Ca., 53
Walsh, Jack, *409-410*
Wardle, Jake, 492, 498, 508
Warner Bros. Records, 231, 270
Warner Bros. Studios, 198, 240, 241
Wasserman, H. Barton, 79, 80
Waters, John, 123, 125
Watts, Naomi, 372, 376, 391, 392, 422, 460
   Aviso, O, e, 364, 383
   Cannes como ponto de inflexão para, 389
   grata a Lynch, 424 *Cidade dos sonhos* e, *370*, 379, 381, 385, 386, *388, 389*, 394
   Rabbits e, 421
   Twin Peaks: The Return e, 493
Welch, Frankie, 67
Wembley, Inglaterra, 157, 159, 163, 176, 178
Wentworth, John, 219, 221, 226, 254, 269, 282
West, Jocelyn (Jocelyn Montgomery), 353
Westerman, Judy, 52, 53, 64, 91, 95
Westwood, Ca., 248, 255
What Is It? (filme), 296
White, Richard, 84, 100
Wiegert, Donald, *409-410*
"Wild Thing" (canção), 428, 479
Wilder, Billy, 287, 374, 395

Williams, Charlie, 97
Wilmington, N.C., 164, 217, 219-221, 224, 225, 230, 241, 244, 245
Wilson, Rob, 456
Winters, Shelley, 294
Wise, Ray, 261, 266, 268, 319-321
"With a Little Help from My Friends" (canção), 477
Witt, Alicia, *199*, 324
Woodstock, N.Y., 100
Worden, Hank, 488
Wrapped in Plastic (fanzine), 270
Wright, Frank Lloyd, 264
Wurlitzer, Rudy, 186
Wyczółkowski, Dariusz, 385

Yeah Yeah Yeahs (banda), 460
Yontz, família, Boise, 38
Yoshiki e X Japan, 326, 336-337
"You Can't Judge a Book by the Cover" (canção), 445
You Play the Black and the Red Comes Up (Hallas), 257

Zabriskie, Grace, 261, 287, *306*, 308, *327*, 488
Zdunek, Adam, 385
Zebrowski, Marek, 385, 427, 433, 451, 454, 457, 461, 475
Zegarelli, Elena (prima), 19, 50
Zelly e eu (filme), 258, 280
Zydowicz, Marek, 385, 457
Zydowicz, Pawel, 385